法華経思想論

松本史朗

大蔵出版

まえがき

『法華経』が極めて重要な仏典であることは、言うまでもない。あるいは、最も重要な仏典であると言えるかもしれない。私自身、『法華経』以上に深く、仏教にとって根本的な問題を扱い得た経典はないと考えている。しかるに、その『法華経』の思想に対して、批判的な研究を試みようとしたものが、本書である。ただし、この書物が思想的な意味で真に批判的研究たりえているかどうかは、読者の判断に俟つしかないであろう。

『法華経』の思想に関する私の基本的な理解は、『法華経』の成立論について、「方便品」の散文部分を『法華経』の最古層と見る私見に基づいているが、その要点を述べれば、次の通りである。

梵本による限り、「方便品」散文部分は「一乗＝仏乗」を説くが、菩薩や大乗という語を全く使用していない。これが『法華経』最古層の根本的立場だと思われるが、「譬喩品」散文部分ではこの両者が使用され、「舎利弗という声聞も、実は過去世から菩薩行を行じてきた菩薩である」という理解から舎利弗に授記がなされる。この〝声聞も実は菩薩である〟というのは、〝菩薩だけが成仏できる〟という差別的な大乗の考え方であり、「方便品」散文部分の「一乗＝仏乗」の立場から変化したものである。「方便品」韻文部分も、「小乗」等の語を用いるから、「譬喩品」散文部分よりも後の成立と思われる。（「『法華経』の形成に関する一視点」『駒澤大学仏教学部研究紀要』六七、二〇〇九年）

本書は、基本的には、このような考え方を明らかにしようとするものであるが、各章に関して、その要点を述べれば次のようになるであろう。即ち、第一章は、本書全体の序説として、『法華経』の一乗思想に関する基本的考え方が、一乗真実説から三乗真実説または三乗各別説に変化したことを、主として「方便品」の散文部分と偈の部分とに用いられる術語の相違を通じて明らかにしたものである。

第二章から第四章までは、私が『法華経』成立の最古層と考える「方便品」散文部分の思想的内容について考察したものであり、第五章と第六章は、「譬喩品」散文部分の内容を、舎利弗（シャーリプトラ）に対する授記を中心とする前半と「火宅譬喩」を中心とする後半とに分けて分析したものである。この「火宅譬喩」は mahāyāna 大乗という語を『法華経』に初めて導入するために、小乗は劣り大乗は優れていると考える大乗主義者によって、巧みに構想されたものであり、これによって「一乗＝仏乗」という「方便品」散文部分の根本的立場は、「一乗＝大乗」に変更され、〝菩薩・大乗だけが成仏できる〟という立場が明らかにされたと考えられる。

第七章から第一〇章は、「方便品」と「譬喩品」の偈の内容を考察したものである。第七章で「譬喩品」の偈の方から先に考察を始めたのは、「方便品」偈の部分には考察すべき問題があまりにも多いと考えたからであるが、その第七章では、舎利弗のような〝実は菩薩〟である〝仮りの声聞〟とは異なり、永久に成仏することのできない〝真の声聞〟が存在するという考え方について考察がなされている。

第八章から第一〇章は、「方便品」偈の内容を扱っているが、第八章は仏陀による仏知見の説法が始まるまでの段階に対応する偈の所説を検討し、第九章は、散文部分の後に置かれている偈の内容を考察している。また、第一〇章では、「方便品」偈の所説のうち、残された問題、つまり、空思想、如来蔵思想、小善成仏等の問題が考察され、付随して、「如来寿量品」に説かれる久遠実成の仏についての私見も示されている。

第一一章では、「信解品」以後の諸章について、一乗思想の解釈という観点から重要と思われる所説が扱われ、特に「薬草喩品」とヒンドゥー教的一元論との関係や「常不軽菩薩品」の思想的意義等が考察されている。

このような内容をもつ本書を完成するために、私は多大な時間を要し、しかも本来の出版計画を変更せざるを得なかった。即ち、二〇〇四年に、大蔵出版から前著『仏教思想論 上』を公刊したときには、その翌年に『法華経』に関する論文を含む『仏教思想論 下』を刊行する予定であった。しかし、この論文を私はなかなか完成することができなかったばかりか、量的にますます増え続けた論文は『仏教思想論 下』の枠内に収まらないことになり、最終的には『法華経思想論』という一書の形で刊行することになったのである。

本書の完成にこれほど多大な時間を要したのは、ひとえに私の怠惰によるものであるが、それとともに私の能力不足ということも起因しているであろう。『法華経』について論じることは私の能力をこえていると感じることがしばしばであった。本書においても、特に文献学的な手続きにおいて、とりわけ梵語や漢訳のテキストの提示において、多くの問題を含んでいるであろうことを、私は予測している。それにもかかわらず、今から一五年ほど前にある論文で明らかにした私見を、ようやくにして一書として刊行できたことに安堵している。

学問的に言えば、私は、苅谷定彦博士の『法華経一仏乗の思想』から最も大きな影響を受けた。私の『法華経』研究はこの御著書を綿密に読むことから開始されたと言っても過言ではない。本書の中では、その苅谷博士の御研究に対して批判的な論説がなされているところもあるが、これは決して『法華経一仏乗の思想』の重要な学問的意義を否定するものではない。苅谷博士からは昨年秋に、新著『法華経〈仏滅後〉の思想——法華経の解明（Ⅱ）——』（東方出版、二〇〇九年）を御恵贈いただいたが、本書の原稿はすでに入稿済みであったため、本書の中にこの御著書の知見を生かすことはできなかった。

今回もまた、大蔵出版編集部長の井上敏光氏には、本当に筆舌に尽くしがたいお世話になった。出版計画の変更により御迷惑をおかけしたばかりか、いつ出来あがるとも知れない原稿の完成を忍耐強く待っていただき、ようやくにして完成した私の手書きの原稿をすべてワープロで清書していただいた。この一年は、正に井上氏との共同作業で、この書物は完成した。氏の暖かい激励と友情に心から感謝する。

今は『法華経』から解放され、これから自由に勉強ができるという気分を味わっている。しかし、今後さらに精進を続けて『仏教思想論 下』を成るべく早い時期に刊行したいと考えている。

この拙い一書を、私は愛する妻、富恵子にささげたい。

二〇一〇年七月一五日

東京にて　著者

法華経思想論——目　次

略号・使用テキスト

A　テキスト類

AAĀ	= *Abhisamayālaṃkārālokā Prajñāpāramitāvyakhyā*, Wogihara U. ed., Tokyo, 1932-1935.
AAV	= *Abhisamayālaṃkārakārikāśāstravivṛti*, Amano K.H. ed., Kyoto, 2000.
AN	= *Aṅguttaranikāya*
AS	= *Aṣṭasāhasrikāprajñāpāramitā*, Vaidya P.L. ed., Buddhist Sanskrit Texts 4, Darbhanga, 1960.
BBh	= *Bodhisattvabhūmi*, Wogihara U. ed., Tokyo, 1936.
BhG	= *Bhagavadgītā*
DN	= *Dīghanikāya*
K	= *Saddharmapuṇḍarīka*, Kern H. and Nanjio B. eds., Bibliotheca Buddhica 10, St. Petersburg, 1908-1912.
LAS	= *Laṅkāvatārasūtra*, Nanjio B. ed., Kyoto, 1923.
MN	= *Majjhimanikāya*
MSA	= *Mahāyānasūtrālaṃkāra*, Lévi S. ed., Paris, 1907.
RG	= *Ratnagotravibhāga*, Johnston E.H. ed., Patna, 1950.
SN	= *Saṃyuttanikāya*
SNS［L］	= *Saṃdhinirmocanasūtra*, Lamotte É. ed., Louvin-Paris, 1935.
Sukh	= *Sukhāvatīvyūha*（荻原雲来『梵蔵和英合璧・浄土三部経』（『浄土宗全書別巻』））一九三一年。
TGS［Z］	= *Tathāgatagarbhasūtra*, ed. Zimmermann M., *A Buddha Within: The Tathāgatagarbhasūtra*, Tokyo, 2002.
Toda	= Toda H., *Saddharmapuṇḍarīkasūtra, Central Asian Manuscripts, Romanized Text*, Tokushima, 1981.
VNS［T］	= *Vimalakīrtinirdeśasūtra*『梵蔵漢対照『維摩経』』大正大学綜合仏教研究所梵語仏典研究会、二〇〇四年。
W	= *Saddharmapuṇḍarīkasūtra, Romanized and Revised Text*, Wogihara U. and Tsuchida C. eds., Tokyo, 1934.

Ws ＝Watanabe S., *Saddharmapuṇḍarīka Manuscripts Found in Gilgit*, Pt. II, Romanized Text, Tokyo, 1975.

大正 ＝『大正新脩大蔵経』大蔵出版。

『正法華』＝『正法華経』大正、第九巻、二六三番。

『妙法華』＝『妙法蓮華経』大正、第九巻、二六二番。

『添品』＝『添品妙法蓮華経』大正、第九巻、二六四番。

『道行』＝『道行般若経』大正、第八巻、二二四番。

『写本集成』＝『梵文法華経写本集成』Sanskrit Manuscripts of Saddharmapuṇḍarīka, 梵文法華経刊行会、Tokyo, 1977.

諸写本の呼称は、『写本集成』に示された略号によるが、東洋文庫所蔵河口慧海将来写本のみはK′本と呼ぶ。

B 翻訳書類

Burnouf ＝Burnouf E., *Le Lotus de la Bonne Loi*, Paris, 1852.

Hurvitz ＝Hurvitz L., *Scripture of the Lotus Blossom of the Fine Dharma*, New York, 1976.

Kern ＝Kern H., *The Saddharmapuṇḍarīka or the Lotus of the True Law*, The Sacred Books of the East, 21, Oxford, 1884.

『岩波 上中下』＝坂本幸男・岩本裕『法華経』岩波文庫、一九六二年。

『中村 上下』＝中村瑞隆『現代語訳 法華経 上下』春秋社、一九九五年、一九九八年。

『南条・泉』＝南条文雄・泉芳璟『梵漢対照 新訳法華経』平楽寺書店、一九一三年。

『松浪 ⅠⅡ』＝松濤誠廉・長尾雅人・丹治昭義・桂紹隆『法華経 ⅠⅡ』（大乗仏典4・5）中央公論社、一九七五年、一九七六年。

「渡辺詳解」＝渡辺照宏「詳解・新訳法華経」第一回—第六〇回、『大法輪』、一九六六年一月号—一九七一年七月号。

C 研究書

『一仏乗』＝苅谷定彦『法華経一仏乗の思想』東方出版、一九八三年。

『縁起と空』＝松本史朗『縁起と空 如来蔵思想批判』大蔵出版、一九八九年。

『形成』＝高崎直道『如来蔵思想の形成』春秋社、一九七四年。

『原始浄土思想』＝藤田宏達『原始浄土思想の研究』岩波書店、一九七〇年。

『初期大乗』＝静谷正雄『初期大乗仏教の成立過程』百華苑、一九七四年。

『初期と法華』＝平川彰『初期大乗仏教と法華思想』（平川彰著作集6）春秋社、一九八九年。

『浄土三部経』＝藤田宏達『浄土三部経の研究』岩波書店、二〇〇七年。

『成立史』＝布施浩岳『法華経成立史』大東出版社、一九三四年。

『成立と思想』＝勝呂信静『法華経の成立と思想』大東出版社、一九九三年。

『禅批判』＝松本史朗『禅思想の批判的研究』大蔵出版、一九九四年。

Textual Study = Karashima S.: *The Textual Study of the Chinese Versions of the Saddharmapuṇḍarīkasūtra*, Tokyo, 1992.

D 研究論文

「一乗と三乗」＝藤田宏達「一乗と三乗」（横超慧日編『法華思想』平楽寺書店、一九八六年）

「『一仏乗』書評」＝勝呂信静「書評 苅谷定彦著『法華経一仏乗の思想』」『法華文化研究』一一、一九八五年。

「校訂の試み」＝山崎守一「梵文法華経校訂の試み」（勝呂信静編『法華経の思想と展開』平楽寺書店、二〇〇一年）。

「斎藤」＝斎藤明「一乗と三乗」（岩波講座 東洋思想 第一〇巻『インド仏教3』岩波書店、一九八九年）。

「乗と智慧」＝辛嶋静志「法華経における乗（yāna）と智慧（jñāna）」（田賀龍彦編『法華経の受容と展開』平楽寺書店、一九九三年）。

「備忘」＝山崎守一「梵文法華経備忘」（田賀龍彦編『法華経の受容と展開』平楽寺書店、一九九三年）。

「法華成立」＝勝呂信静「法華経の成立に関する私見——二十七品同時成立説の提唱——」『法華文化研究』一二、一九八六年。

E 辞書類

『正法華詞典』＝辛嶋静志『正法華経詞典』*A Glossary of Dharmaraksa's Translation of the Lotus Sutra*, Tokyo, 1998.

『妙法華詞典』＝辛嶋静志『妙法蓮華経詞典』*A Glossary of Kumārajīva's Translation of the Lotus Sutra*, Tokyo, 2001.

『梵和』＝荻原雲来『梵和大辞典』鈴木学術財団、一九七四年。

BHSG［BHSD］= Edgerton F., *Buddhist Hybrid Sanskrit Grammar and Dictionary*, New Haven, 1953.

Concordance = Jacob G.A., *A Concordance to the Principal Upaniṣads and Bhagavadgītā*, 1891.

Monier-Williams = Monier-Williams M., *A Sanskrit-English Dictionary*, Oxford, 1872, 1888.

PTSD = Rhys Davids T.W. and Stede W., *The Pali Text Society's Pali-English Dictionary*, 1921-1925.

SP-Index = Ejima and others, *Index to the Saddharmapuṇḍarīkasūtra*, Tokyo, 1985-1993.

第一章　一乗真実説から三乗真実説へ　―序説―

この書物は、『法華経』の一乗思想[1]について、すでにこの経自身の中に質的な変化が認められるという私見を論証しようとするものである。即ち、私は、『法華経』の一乗思想は、「方便品」の散文部分においては「仏乗」という語によって示される〝一乗真実説〟であったが、それが「譬喩品」散文部分においては「大乗」という語によって明示される〝三乗真実説〟（三乗各別説）に変化したと見るのであり、この私見を論証することが、本書の目的である。

しかるに、その論証に入る以前に『法華経』に関する私自身の問題意識について、若干説明しておきたい。個人的な話となるが、私は一九八一年に『法華経』を読んで、非常な感銘を受けた。つまり、『法華経』ほど、仏教にとって根本的な問題を扱っている経典はないと考えたのである。それ故、私は一九八六年には、次のように述べたこともある。

①仏教の宗教的時間論は『法華経』において完成し、完結した。『法華経』以上の経典はなく、『法華経』以外に仏教はない。従って、『法華経』を信ぜずして仏教徒たることはとうてい不可能である。（『縁起と空』一六頁）

しかし、私自身は、『法華経』を信じるという立場に向うことはできなかった。『法華経』以上の経典はないという考えは、今日でも変っていないが、他のあらゆる仏教文献と同様に、『法華経』についても思想解釈の面において、批判的な研究の必要性を感じるようになったのである。

私は、当初、「方便品」の〝一乗思想〟に衝撃を受け、〝一乗思想〟の解明を志して三つの論文を公けにしたが、それらも含めて、〝一乗思想〟及び『法華経』について論じた私の論文を挙げれば、次の通りである。

㋐「Madhyamakālokaの一乗思想―一乗思想の研究(Ⅰ)―」『曹洞宗研究員研究生研究紀要』一四、一九八二年。

㋑「唯識派の一乗思想―一乗思想の研究(Ⅱ)―」『駒沢大学仏教学部論集』一三、一九八二年。

㋒「『勝鬘経』の一乗思想について―一乗思想の研究(Ⅲ)―」『駒沢大学仏教学部研究紀要』四一、一九八三年〔後に『縁起と空』に再録〕。

㋓「成仏への道」『仏教の実践』(奈良康明編)第五章、東京書籍、一九八三年〔『仏教への道』東京書籍、一九九三年〕。

㋔「法華経と日本文化に関する私見」『駒沢大学仏教学部論集』二一、一九九〇年。

㋕「深信因果について」『十二巻本『正法眼蔵』の諸問題』(鏡島元隆・鈴木格禅編)大蔵出版、一九九一年〔後に『禅批判』に再録〕。

㋖「蓮華蔵と如来蔵―如来蔵思想の成立に関する一考察―」『禅批判』第四章、一九九四年。

㋗「『法華経』の思想―「方便品」と「譬喩品」―」『駒沢大学大学院仏教学研究会年報』二八、一九九五年。

㋘「Critical Considerations on the Lotus Sutra — Discrimination or Anti-Discrimination —」『こころ・在家仏教こころの研究所紀要』一、二〇〇五年。

㋙「『法華経』の文学性と時間性」『こころ・在家仏教こころの研究所紀要』二、二〇〇七年。

㋚「『法華経』における一分不成仏説の問題」『こころ・在家仏教こころの研究所紀要』三、二〇〇八年。

㋛「『法華経』の形成に関する一視点」『駒沢大学仏教学部研究紀要』六七、二〇〇九年。


このうち、㋐㋑㋒の三論文は、「一乗思想の研究」という副題を有するが、その場合の「一乗思想」を私は、次のように規定したのである。

②本研究では、「一乗思想」という語を「一乗に関する思想」という意味において使用し、その一乗思想の中に、互いに相反する二つの典型的学説・見解として所謂、一乗真実説と三乗真実説とがあると理解する。(㋐三〇〇頁)

つまり、〝一乗真実説〟と〝三乗真実説〟を包含するものとしての「一乗に関する思想」を「一乗思想」と規定し、論文㋐では、瑜伽行派の〝三乗真実説〟と中観派の〝一乗真実説〟を対比して、後者の〝一乗真実説〟を正当なものであると論証する八世紀の中観派カマラシーラ Kamalaśīla の『中観光明論』*Madhyamakāloka* の〝一乗思想〟関説部分について和訳と考察を提示した。また論文㋑では、主として『大乗荘厳経論釈』*Mahāyānasūtrālaṃkārabhāṣya* の第一一章にもとづき、瑜伽行派の〝三乗真実説〟について検討した。

さらに、論文㋒では、一般に〝一乗真実説〟を説くものと考えられている『勝鬘経』*Śrīmālāsūtra* の〝一乗思想〟の構造について考察し、『勝鬘経』においては、「一乗」は「三乗」の“locus”（基体 dhātu）とされているという解釈を示し、合せて如来蔵思想も唯識説も“dhātu-vāda”（基体説）を思想構造とする点で一致するという仮説も提示した。この仮説については、すでに繰返し述べてきたが、本書（五九六頁）を参照されたい。

しかるに、この論文㋒において、私が『法華経』「薬草喩品」の所謂「三草二木」の譬喩に関する所説に“dhātu-vāda”の起源を認めていたことは、すでにこの論文の段階で、私が『法華経』それ自体の中に非仏教的な要素の存在をも認めていたことを示しているであろう。

しかし、『法華経』の一乗思想に関する私の理解は、当初は重大な誤りを含んでいたことをここで明確に認めざるを得ない。即ち、「方便品」の〝一乗思想〟に関する私の当初の理解は、それを〝一乗真実説〟とは把えながらも、その「一乗」とは「大乗」を意味するという解釈であったのである。この点は、論文㋓「成仏への道」に、次のような論述があることによって明らかである。

③これに対して、さとりに至る乗りものはただ一つしかないと説いたのが『法華経』である。「方便品」には次のように説かれている。

舎利《しゃり》弗《ほつ》よ、如来は但《ただ》、一仏乗《いちぶつじょう》をもっての故にのみ、衆生のために法を説きたもう。余乗の若《も》しくは二、若しくは三あることなし。

十方の仏土の中には、唯《ただ》、一乗の法のみありて、二も無く、亦《また》、三も無し。仏の方便の説をば除く。

ここで、一乗、または一仏乗といっているのは、大乗をさす。また、二とか、三とかいうのは、二つや三つを意味するのではなく、「第二」「第三」の意味であり、具体的には独覚乗と声聞乗（小乗）をさす。そして一乗だけが真実であって、かつて三乗を説いたのは、衆生を導くための巧みな方法、つまり方便であったという。それについては明確に、

諸仏は方便をもって、一仏乗において分別して三と説きたもう。

と説かれている。これはつまり、小乗（声聞乗）・中乗（独覚乗）・大乗（菩薩乗）という三つの乗をかつて説いたが、それは方便であって、実はそのなかの大乗のみが真実である、という意味である。（㊁一二九―一三〇頁）

しかるに、このような私見、つまり、〝「一乗」＝「大乗」＝「菩薩乗」〟という解釈の妥当性について、私は次第に疑問をもつようになった。それは、私自身がかつて一度も疑ったことがなかった〝菩薩の思想〟というものに問題があるのではないかと考えるようになったからである。〝菩薩論〟に対する批判的視点を私が最初に明らかにしたのは、論文㋔「法華経と日本文化に関する私見」であり、そこでは、〝菩薩は本来生得的に菩薩の〝gotra〟「種姓」を有している〟という説を意味するものとして、「gotra 論」「菩薩 gotra 論」という語が用いられて、次のように述べられている。重要な論点を明らかにするためであるので、引用が若干長くなることを、ご了承頂きたい。

④そうすると、三乗は相互に異なったものとして並存し、しかも言うまでもなく、大乗は声聞乗・独覚乗よりも優れたものとしてあることになる。これは、三乗の並存と、それらの間の優劣を認める点において、『法華経』の一乗思想が現れる前の状態に類似している。しかも、それよりもさらに悪いことには、三乗の差別・優劣ということが単一なる基体によって存在論的に根拠づけられ、固定化されているため、明確な差別思想が形成されているのである。この段階の dhātu-vāda を私は特に〝gotra 論〟と呼びたい。……というのも、『法華論』は二乗が存在しないと説くものではなく、三乗の存在をまず認め、それらの間の差別、優劣を説くことにその真意があるか

らである。つまりこの論は明確にgotra論にもとづくものであり、それを明示するのが、この論に見られる〝四種声聞〟の説なのである。この〝四種声聞説〟は、他の唯識派系の論書にも見られるものであるが、その基本的構想は、声聞を〝決定声聞〟〝増上慢声聞〟〝応化声聞〟〝廻向菩提声聞〟の四種に分類し、この内『法華経』で授記されたのは、後二者だけだとするものである。つまり、声聞を成仏するもの（成仏することが決定しているもの）と成仏しないもの（成仏しないことが決定しているもの）の二者に分類するものである。しかも、何よりも重要なことは、これらのうちの前者、つまり成仏が決定している二種の声聞は、実は本来は菩薩のgotraをもつ菩薩であったのであるが、今は仮に声聞の姿をとっているだけであると見る点である。従って、ここに〝菩薩だけが成仏し、声聞は決して成仏できない〟という唯識派の三乗各別説（一分不成仏説）が成立するのである。

このようなgotra論にもとづく大乗優位の差別思想は、実は『法華経』それ自体にも入り込んでいるのである。

（オ二二六―二二七頁）

これと同様の私見は、論文カ「深信因果について」においても、次のように述べられている。

⑤『法華経』が〝一切皆成〟を説くことを意図した経典であったことは疑いを容れない。ただしその〝一切皆成〟説の核心は、声聞を成仏させることにあった（二乗作仏）のであり、この声聞の成仏というそれ以前の仏教史では考えることもできなかった事態を可能にしたのは、〝教えは一つだけであり、声聞や独覚の教えは教えではない〟という〝一乗〟の論理だったのである。しかるにこれに対して、〝成仏できるのは菩薩だけだ〟という菩薩gotra論的解釈が加えられると、唯識派の「四種声聞」説のように、『法華経』において成仏が授記された声聞とは、実は本来菩薩のgotraをもった菩薩なのであるが、今は仮りに声聞の姿を現じているだけだ〟と考えられることになる。そしてこの〝仮りの声聞〟が〝本来は菩薩である〟ことを示すためには、必ずその過去世が問題とされることになり、〝彼等は過去世において「供養諸仏」という菩薩行をなしたのであるから、実は菩薩なのである〟と論じられることになるのである。現行の『法華経』のテキスト自身、すでにこのような菩薩gotra論

的解釈によってその大部分が侵されているので、『法華経』の読解にあたっては充分に注意しなければならない。さもなければ、本来が声聞に対して成仏を説いていた『法華経』が、菩薩論、菩薩 gotra 論として解釈されることになるからである。道元が『十二巻本』で声聞・独覚から菩薩を超出させる原理である「菩提心」を強調し、過去世の菩薩行としての「供養諸仏」を力説した背景には、右に見たような『法華経』の菩薩 gotra 論的解釈と軌を一にするものが認められる。すなわち、人として生れ出家・受戒・著袈裟・聞法できたのは、我々が過去世に「供養諸仏」という菩薩行を積んだ菩薩だからであるというのである。

菩薩という語は、仏教思想史において、必ず声聞・独覚よりも優越したものとしてしか意味をもたない。とすれば、「一切衆生は菩薩である」というテーゼ[2]は、論理的に成り立たないのである。それ故、菩薩を肯定し礼讃するとすれば、そこに当然とり残され切り捨てられる衆生が生じる。㋕（『禅批判』六一九頁）

つまり、『法華経』「譬喩品」では、シャーリプトラ（Śāriputra 舎利弗）という声聞に将来、仏になるであろうという授記がなされており、従って声聞も成仏できるという立場が説かれていると考えられているが、これに対して、〝そのシャーリプトラ等の声聞も、声聞のように見えてはいるが、実は過去世において「供養諸仏」という菩薩行を長期間なしてきた菩薩に他ならない〟という解釈が加えられるようになると、結局〝『法華経』において授記されたのは、菩薩だけである〟ということになり、〝成仏できるのは、菩薩だけであり、本当の声聞は成仏できない〟という理解が成立することになるのである。瑜伽行派の「二種声聞」[3]説、「四種声聞」説は、正にこのような理解を示す典型的理論であると思われるが、問題は、すでに『法華経』それ自体の中に、このような理解が示されているということなのである。

かくして、「方便品」の〝一乗思想〟に関する私の当初の解釈は、私が〝菩薩論〟や、〝大乗〟思想に対して、疑問を抱くようになるに従って、私にとって容認できないものとなっていった。また、それとともに、私は、それまで抱いていた『法華経』の原始形態に関する私の単純な理解をも修正せざるを得なくなった。即ち、論文㋔の「追記」の末尾で、私は、次のように述べたのである。

⑥なお本稿執筆当時と現在では『法華経』の原始形態に関する私の理解は多少変化したことを記しておきたい。すなわち、私の『法華経』理解の基準は「方便品」にあるが、その「方便品」に関しても、現在では、基本的に、偈よりも散文部分が古いと考えるようになった。『法華経』に関する私の解釈はいづれ詳しく明らかにしたいと希望している。(㋔二三五頁)

即ち、論文㋓の論述③に示される「方便品」の一乗思想に関する私の当初の解釈、つまり〝「一乗」=「大乗」〟という解釈が、「方便品」の偈の所説、特にそれに対応する羅什訳『妙法蓮華経』の所説に依存したものであることは明らかであるが、[4] その偈の所説にもとづいて、私が自らの解釈を成立させたのは、単純に言えば「方便品」の偈の部分こそ、〝最古の『法華経』〟であるというような理解を私がもっていたからなのである。

では何故、私がそのような理解をもっていたかと言えば、それは主として、平川彰博士と布施浩岳博士の見解に依存している。即ち、平川博士は、

⑦『法華経』には序品ならびに譬喩品第三以下に、「この妙法蓮華経を説く」ことが、しばしばいわれている。従って、そこで『妙法蓮華経』として指示されているものは「方便品第二」をさすわけであり、これが最古の『法華経』である。[5]

と述べられたが、この論述は、今日の私から見ても、やはり適切なものと思われる。つまり、「方便品」を「最古の『法華経』」と見ることは、基本的には、妥当であろう。しかし、問題はその「方便品」において、散文(長行)の部分と偈の部分とでは、どちらが古いか、あるいは、どちらがより原始形態に近いかということなのである。というのも、両者の内容には、極めて大きな相違が認められるからである。

しかるに、この点について、私は、布施博士の『法華経成立史』(『成立史』と略す)に示された見解、つまり『法華経』諸品の内の「第一類」(「序品」から「人記品」に至る九品プラス「随喜品」)においては、〝偈が散文より古い(先

行する)〟という見解[6]に従ってしまった。従って、私は「方便品」の偈の部分こそ、〝最古の『法華経』〟であると単純に考えていたのである。

しかるに、論述⑥に示したように、私はその後「方便品」に関して、〝偈よりも散文(長行)の部分の方が古い〟と考えるようになったのであるが、そのきっかけは、勝呂信静博士の論文を読むことによって与えられた。即ち、博士は、一九八六年の「法華経の成立に関する私見—二十七品同時成立説の提唱—」(「法華成立」と略す)なる論文において、次のように述べられたのである。

⑧このように見てくると、偈が長行より先に成立したとは考えられないのであって、長行の後にそれに引きつづいて偈が作成されたと見るのが妥当ではあるまいかと考えるのである。長行中の会話でない部分が、偈の中に会話として取り入れられている例は、この外に、上掲の表にⒶの記号で示したように、宝塔品Ⅰ、涌出品Ⅲ、分別功徳品Ⅰ、神力品などがある。これらは第二類に属するものであるが、第二類の諸品においては一般に長行と偈は同時成立であると見られているのでその検討は省略する。

つぎに上掲Ⓑの場合もこの問題について示唆するところがある。『法華経』においては偈はすべて会話である。(「法華成立」二三頁下—二四頁上)

⑨一般的に見て、『法華経』は長行よりも偈の方に、仏陀の人格に対する帰依・讃仰の念が一層鮮明に表明されている。これは、偈が教団の上層部の指導者に対するものであるよりも一般信者向けのものであるということができよう。(同右、二五頁上)

⑩しかし、そうとしても、この偈の箇所の所説が、在家者を中心とする一般信者にふさわしいものであることは事実であろう。(同右、二五頁下)

⑪この譬喩物語について、長行と偈を比較すると、長行が先で偈はそれに基いたものであることが察知される。(同右、二七頁下)〔『成立と思想』一一八頁〕

⑫一般に偈と長行との間に著しい相違がある場合は、偈は長行にない説をそこに加上したものと見るべきであろう。

（同右、二八頁下）〔『成立と思想』一二〇頁〕〔以上、傍線＝松本〕

これらの論述は、直接的には、前述の布施博士の見解に対する批判として述べられたものであるが、しかし、いずれの論述も、『法華経』の成立史に関して、極めて重要な視点を提供していると思われる。

勝呂博士自身は、『法華経』について、「成立史的に見る」見方を排して、「二十七品同時成立説」を提唱され、従って、「方便品」自身についても、〝偈が長行より古い（先行する）〟という布施博士の見解を批判しながらも、〝長行が偈より古い（先行する）〟という立場をも否定されており、この点は、論述⑧の「長行の後にそれに引きつづいて」という表現に明示されている。つまり、長行と偈の成立は〝同時〟であるというのである。

勝呂博士の「同時成立説」については、末木文美士氏から批判が提示され、それに対して、博士が答えられ、さらに末木氏がそれに反論するという形で、論争が展開された。[7] 私の見解は末木氏の見解とほぼ一致するものであって、勝呂博士が、

⑬さらにこの一連の編纂作業がどの程度の期間継続するものであるかということが問題であるが、常識的に見て一世代以上ということはまれであろうから、数十年を限度としなければならないであろう。筆者が「二十七品の同時成立」というのは、以上のような意味においていうのであって、つまり「一世代における一連の編纂作業による成立」ということに外ならないのである。（『法華成立』一四頁下）

と述べられるとき、私はこの議論にはやや無理があるのではないかと思うのである。つまり、「一世代における一連の編纂作業による成立」を、「同時成立」と命名すること自体に、無理があるのではなかろうか。

私は、本書において、勝呂博士の「同時成立説」の個々の主張と、その論拠について一々具体的に検討を加えることはできないが、「方便品」から「譬喩品」への思想的変化という本書の基本的主張が成り立つとすれば、そのこと自体が、博士の「同時成立説」への批判となりうるかもしれない。

いずれにせよ、私は、論述⑧―⑫に示されたような、勝呂博士の見解に大きな刺激を受けて、〝最古の『法華経』〟である「方便品」において、基本的には、〝散文部分の成立が、偈の部分の成立に先行する〟〝偈よりも散文の方が古い〟と考えるようになった。そして、それによって、「方便品」の〝一乗思想〟に関する私の解釈は、一変され、私の「菩薩 gotra 論」批判も、ある程度、論理的に一貫したものとなったのである。つまり、私は、現在では、〝「一乗」=「大乗」〟という解釈は誤りであり、〝「一乗」=「仏乗」〟という主張こそが、「方便品」散文部分において提示された『法華経』本来の立場であると考えている。

しかるに、この本来の立場は、次の「譬喩品」散文部分（及び「方便品」の偈）においては、根本的な変更を蒙る。つまり、「譬喩品」散文部分では、「方便品」に説かれた「一乗」とは実は「大乗」であるとして、「一乗」を「仏乗」から「大乗」に変更しようとする傾向が、〝菩薩論〟の強調とともに、明確に認められるのである。かくして、本来「一仏乗」、つまり〝「一乗」=「仏乗」〟を説いていた『法華経』は、「大乗」「菩薩乗」を説く大乗経典の一つに転化したと考えられる。以下に、この点を中心に論証したいと思う。

しかるに、その論証にあたって、まず、様々な重要な用語の使用の仕方が、「方便品」散文部分と「方便品」偈（及び「譬喩品」「信解品」等）とでは、いかに大きく異なっているかを示すことにしたい。

まず、『法華経』の梵本（所謂「南条・ケルン本」）〔略号K〕による限り、"bodhisattva"「菩薩」という語は、「方便品」の偈には用いられているが、その散文の部分には全く認められない。即ち、次の通りである。

Ⓐ "bodhisattva" という語は、「方便品」の偈にはあるが、「方便品」散文部分にはない。

この点は、調べれば分ることであるが、非常に便利なものとして、『法華経』梵本に対する索引が、*Index to the Saddharmapuṇḍarīkasūtra*（略号 SP-Index）として公刊されている。この索引において、"bodhisattva" という語が、梵本の「序品」「方便品」「譬喩品」に用いられている個所は、次のように示されている。

⑭ $1^{1,2}$, 2^{10}, $3^{3,9}$, 4^{2}, 5^{9}, 6^{13}, $7^{1,4}$, $8^{3,8}$, 10^{9}(1.13), 11^{13}(1.22), 12^{1}(1.23), 12^{11}(1.28), 13^{7}(1.34), 14^{8}(1.43), 16^{4}(1.54), 16^{9}, 17^{15},

18^{12}, 19^{12}, $20^{12,15,16}$, $21^{6,12,13,17,18,19}$, $22^{4,9,11,12,15}$, 23^{6}(1.58), 24^{14}(1.70), 25^{4}(1.74), 25^{7}(1.76), 26^{5}(1.83), 28^{12}(1.100), ├→ 31^{6}(2.7), 32^{5}(2.14), 32^{11}(2.17), 51^{8}(2.88), 56^{4}(2.122), 57^{8}(2.131), 58^{10}(2.140), ←┤ $60^{5,12}$, 62^{10}(3.9), 64^{7}(3.22), $64^{12,13}$, $65^{1,5}$, $66^{3,6,7,9}$, $67^{2,3}$, 68^{5}(3.27), 71^{9}, $79^{6,10}$, 81^{4}, 90^{8}(3.90), 91^{6}(3.95), $92^{1,2}$(3.99), 93^{6}(3.108), (SP-Index, p.737)

ここで、例えば、4^{2}とあるのは、梵本の四頁二行目を指し、また括弧内は偈の番号である。また、├→と←┤というカギ印は、私が付したものであり、このカギ印に囲まれた部分が「方便品」に対応している。ということは、三一頁六行目の用例から、五八頁一〇行目の用例までが、「方便品」における“bodhisattva”の用例であるということになるが、これらの用例はすべて偈における用例であることは、頁数行数の後に偈の番号が括弧内に示されていることによって明らかであろう。つまり、梵本では第二章となる「方便品」における“bodhisattva”の用例は七例であって、第七偈、第一四偈、第一七偈、第八八偈、第一二二偈、第一三一偈、第一四〇偈における用例だけなのである。

しかるに、これは、『法華経』の他の諸章とは異なる「方便品」独自の著しい特徴であることに注目しなければならない。即ち、⑭を見れば、「序品」においても、「譬喩品」においても、“bodhisattva”という語は、散文と偈の双方の部分に多数用いられていることが知られる。これに対して、「方便品」では、偈の部分にしか“bodhisattva”の語は用いられていないのである。では、一体、他の諸章でも、このような現象は認められるのであろうか。そこで、『法華経』梵本の全二七章の内、散文と偈の双方の部分で“bodhisattva”の語が用いられている章を挙げれば、次の通りである。

1「序品」、3「譬喩品」、4「信解品」、5「薬草喩品」、6「授記品」、7「化城喩品」、8「五百弟子品」、9「学無学人記品」、10「法師品」、13「安楽行品」、14「涌出品」、15「寿量品」、16「分別功徳品」、18「法師功徳品」、19「不軽品」、20「神力品」〔合計、一六章〕

次に、“bodhisattva”の語が、その散文部分には用いられているが、偈には使用されていない諸章がある。即ち、次の通りである。

11「見宝塔品」、12「勧持品」、17「随喜功徳品」、21「陀羅尼品」、22「薬王本事品」、24「普門品」、25「妙荘厳王本事品」〔合計、七章〕

さらに、その散文部分に"bodhisattva"の語は用いられているが、偈そのものを欠いている諸章がある。次の通りである。

23「妙音品」、26「普賢勧発品」、27「嘱累品」〔合計、三章〕

このように見ると、その散文部分と偈の双方に"bodhisattva"の語が用いられている章が最も多く、散文部分には用いられているが、偈には用いられていない章の数がこれに次いでいる。しかし、最も重要なことは、"bodhisattva"の語が、その散文部分に用いられていない章というものは、「方便品」以外に一つも存在しないという事実である。これによって、「方便品」の散文部分というものが、他の諸章の散文部分と比較して、いかに特異な存在であるかが知られるであろう。従って、「方便品」の偈に"bodhisattva"という語が用いられているのは、⑫の勝呂博士の表現を用いれば、「長行にない説をそこに加上したもの」であると見るのが最も自然であろう。

では、「方便品」散文部分に"bodhisattva"という語が用いられていないのは単なる偶然であろうか、それとも、経典作者（または経典作者たち）の意図を反映したものであろうか。私は、『法華経』諸章の中で、その散文部分において"bodhisattva"という語が使用されていないのは「方便品」だけであるという特異な事実の重さを考えるとき、「方便品」散文部分の作者（または作者たち）は、この語の使用を意識的に避けたと考えざるを得ない。では、それは何故であろうか。それは、「方便品」散文部分の作者（または作者たち）が、自らの主張を"bodhisattva"「菩薩」という語によって理解してもらいたくないと考えたからであろう。ここに『法華経』の根本的立場を理解するための重要な鍵があると思われる。

では、次に「菩薩」との関連で、「大乗」の用例についても調べてみよう。"mahāyāna"「大乗」という語は、「方便品」散文部分に用いられているかと言えば、"mahāyāna"という語も「方便品」散文部分に全く用いられていない。

そればかりではなく、「方便品」偈にも使用されていないのである。即ち、次の通りである。

Ⓑ "mahāyāna" という語は、「方便品」全体にない。「譬喩品」の散文部分（三車の喩）より出る。

では "mahāyāna" という語はどこから出てくるかと言えば、「序品」の成立より「譬喩品」の成立が先行するという一般的理解は妥当と思われるので、この語は『法華経』の中では、「譬喩品」の散文部分で始めて用いられたと考えられる。即ち、「譬喩品」には長者が火宅から脱出した息子達に車を与えるという有名な〝三界火宅〟の譬喩があり、後論するように、そこにはじめて、"mahāyāna" という語が複数形（K, 76, 2）で用いられるのである。

では、"hīnayāna"「小乗」という語は、「方便品」に用いられているのであろうか。その答えは次の通りである。

Ⓒ "hīna" 及び "hīnayāna" という語は、「方便品」の偈には四例あるが、散文部分にはない。四例とは次の通りである。

"hīna-abhirata"（II, v.46）, "hīna-yāna"（II, v.55; v.57）, "hīna-adhimukta"（II, v.121）

即ち、"hīna"「小」も、"hīna-yāna"「小乗」も、「方便品」の偈には用いられているが、散文部分には全く用いられていないのである。

すると、以上のⒶⒷⒸの意義を考慮するとき、「方便品」の思想について、どのような理解が成立するであろうか。まず、Ⓑによれば、「方便品」には、散文部分にも偈にも "mahāyāna" という語は用いられていないのであるから、「方便品」の思想を "mahāyāna"「大乗」という語で理解することは適切ではないことが知られるであろう。従って、当然の帰結として、「方便品」に関して、〝「一乗」=「大乗」〟という解釈が成立しないことも、理解される。つまり、私の当初の〝「一乗」=「大乗」〟という解釈は、『法華経』「方便品」梵本に全く根拠をもっていなかったのである。

しかるに、「方便品」の偈では、"hīnayāna"「小乗」という語が用いられているのであるから、そこでは、「小乗」が非難されることによって、暗に「大乗」が肯定されていると見るのが自然であろう。しかし、すでに述べたように、「方便品」においては、散文部分の成立が偈の成立に先行すると考えられるから、そのような「大乗」意識、つまり、

「小乗」を明確に非難し、「大乗」を暗に肯定しようとする意識は、⑫の勝呂博士の言を用いれば、「長行にない説をそこに加上したもの」と見なすべきであろう。つまり、「方便品」の偈の作者〔達〕に認められる〝大乗〟意識は、基本的には『法華経』の原始形態と考えられる「方便品」散文部分の成立の後に「譬喩品」散文部分において明確に説かれるようになる「大乗」思想にもとづくものと考えられるのである。(8)

しかし、その「方便品」の偈でさえも〝mahāyāna〟「大乗」という語を用いて、自らの〝大乗〟意識を明確に表現することはできなかった。それは、「方便品」散文部分に〝mahāyāna〟という語が全く用いられていなかったからというだけではなく、そこでは〝ekam eva [.....] yānam [.....] yad idaṃ buddhayānam〟つまり「一乗、即ち仏乗」という表現が、次のように六回も繰返されていたからであろう。

〔1〕ekam evāhaṃ śāriputra yānam ārabhya sattvānāṃ dharmaṃ deśayāmi yad idaṃ buddhayānam / na kiṃcic chāriputra dvitīyaṃ vā tṛtīyaṃ vā yānaṃ saṃvidyate / (K, 40,13-15)

⑮シャーリプトラよ、私は一つ（eka）だけの乗（yāna）のために（ārabhya）、衆生たちに、法（dharma）を説く。それは即ち、仏乗（buddha-yāna）である。第二、または第三の乗は、全く存在しない。

〔2〕ekam eva yānam ārabhya sattvānāṃ dharmaṃ deśitavanto yad idaṃ buddhayānam（K, 41,4-5）

〔3〕ekam eva yānam ārabhya sattvānāṃ dharmaṃ deśayiṣyanti yad idaṃ buddhayānaṃ（K, 41,15）

〔4〕ekam eva yānam ārabhya sattvānāṃ dharmaṃ deśayanti yad idaṃ buddhayānaṃ（K, 42,6）

〔5〕ekam eva yānam ārabhya sattvānāṃ dharmaṃ deśayāmi yad idaṃ buddhayānaṃ（K, 42,15-16）

〔6〕ekam evedaṃ śāriputra yānaṃ yad idaṃ buddhayānaṃ // (K, 44,4)

従って、〝「一乗」は「仏乗」を意味する〟というのが、「方便品」散文部分の最も基本的な主張であることは誰の眼にも明らかであるから、「方便品」偈の作者〔達〕が、いかに明確な〝大乗〟意識をもっていたとしても、その「一乗」を明確に「大乗」と表現することはできなかったのではないかと思われる。

しかるに、この点に関連して、興味深い事実がある。それは、buddhayāna「仏乗」という語が、「方便品」の偈に全く用いられていないということなのである。即ち、

Ⓓ "buddhayāna" は、「方便品」偈に用いられていない。

しかるに、この事実は重要である。何となれば、"buddhayāna" は、「方便品」散文部分の冒頭（K, 29,2）にも出る "buddhajñāna"「仏智」という語とともに、「方便品」散文部分の思想的立場を明示する語と考えられるからである。しかも、この二つの語には極めて密接な関係が存在する。この点は、辛嶋静志氏の「法華経における乗（yāna）と智慧（jñāna）―大乗仏教における yāna の概念の起源について」（「乗と智慧」と略す）という優れた論文によって示されていると思われるが、氏は、この論文で、

⑯ Pkt では yāna も jñāna も jāṇa（あるいは *jāṇa）となるのである。（「乗と智慧」一四五頁）

という言語学的な基本的理解にもとづき、『法華経』の梵本諸本における "yāna" "jñāna" の用例とその漢訳語を詳細に分析して、その結論を、次の七点にまとめられた。

⑰ 一、SP の梵本諸本間・梵漢諸本間で yāna / jñāna の交替が見られ、MI 語形の jāṇa（*jāṇa）を介しての交替と考えられること（第1～4節）

二、SP の古い成立部分では、内容面から見て yāna と jñāna が同義に使われていること（第5～6節）

三、語例分析から見ても、SP の古い成立部分では yāna と jñāna が交替しえたこと（第7節）

四、古 SP に出る eka-, buddha-, agra-, udāra-yāna はいずれも〝仏の智慧（jñāna）〟を意味していたと考えられ、SP 全体を通じて、仏智を求めることを高揚することと一致すること（第5～7節）

五、mahāyāna も本来 mahājñāna（〝大いなる智慧〟）で仏智を意味していた可能性があること（7・2・2）

六、bodhisattva-yāna の成立は遅く、yāna が〝修行道〟の意味で捉えられるようになって初めて成立したこと（7・2・3）

七、古SPと般若思想とは互いに無関係に成立し、後に西北インドで出会った結果、SPは般若思想の影響を受けた第二類を付加し、般若経は古SPからyānaの思想を受けたと推定されること（第8節）（「乗と智慧」一八〇―一八二頁）〔SPとは『法華経』を指す〕

これらの指摘は、いずれも極めて重要であるが、右の結論の七点のうち、「一、二、三」の三つの論点からは、『法華経』の古い部分では、“jñāna”と“yāna”が同義に用いられること、または、この二つの語には、どちらの語を用いても同じ意味を表すという意味での互換性があるという帰結が導かれるであろう。

しかし、右の七点のうち「四」以下の論点を見ると、辛嶋氏の論証が、二つの語の同義性・互換性という以上に、“yāna”は“jñāna”を意味すること、または、“yāna”に対する“jñāna”の先行性という主張を強く含意していることが理解される。この点は、「四」に「いずれも〝仏の智慧（jñāna）〟を意味していたと考えられ」と言われること、さらには、氏によって、次のように指摘されることからも、知られるのである。

⑱諸写本でjñānaとあるのが中亜本でyānaとなることはあっても、諸写本のyānaが中亜本でjñānaとなる例はないということは注目される。（「乗と智慧」一四一頁）

というのも、おそらく、この指摘は、“jñāna”が“yāna”に変更されたことはあっても、その逆はなかったと述べることによって、“yāna”に対する“jñāna”の先行性を主張しようとするものと考えられるからである。

さて、以上の辛嶋氏の論証から帰結するものは、先の氏の結論の「七」にも若干示されるものであるが、従来の『法華経』の〝一乗思想〟に関する通説を根底から覆すかもしれない次のような重要な知見である。

⑲部派仏教が三種に智慧を分け、声聞・独覚・仏の差別を主張するのに対するアンチテーゼとして、本来SPには、〝只一つ仏智（buddha-jñāna）のみが存在する。jñānaが三つあるかの様に説くのは方便に過ぎない〟とあったのが、yāna / jñānaの交替でそれが見えなくなった可能性がある。それは、SPで全品通じて仏智（buddha-jñāna）を高揚することとも合致する。（「乗と智慧」一六二頁）

⑳要するに、古SPの主張するところは、声聞・独覚・仏を厳格に区別する部派仏教の教理のアンチテーゼとして、声聞比丘も〝仏の智慧を求めよ〟ということであり、三種菩提・三種の智慧の区別はなく、ただ仏の覚り・智慧のみあるということであった。それが、〝yāna（即ち〝智慧〟）はただ一つ。三つに説くのは方便〟（see 7・1・1）の意味するところである。〔同右、一七二頁〕

㉑古SPで、〝yāna（＝智慧・菩提）はただ一つ。三つに説くのは方便〟と言う場合、〝三〟とは声聞・独覚・仏のyāna（＝智慧・菩提）のことであり、この表現は部派仏教の三種菩提を否定したものだったろう。〔同右、一七四頁〕〔傍線＝松本〕

ここには、まず、『法華経』が方便として否定した〝三乗〟には、〝大乗〟が含まれるのか否かという大きな問題がある。これは、斎藤明氏によって、次のように説明される問題でもある。

㉒この場合、『法華経』の一仏乗がはたして、部派仏教による三乗（声聞乗、独覚乗、仏乗）の区別観そのものを批判するのか。あるいはまた、ただ単に部派仏教批判にとどまらず、声聞乗、独覚乗、ならびに菩薩乗（大乗）という三乗の内訳をもとに、声聞・独覚と菩薩との差異や、小乗と大乗の優劣をアピールする初期の『般若経』や『維摩経』に代表される、大小対立の大乗をも批判の対象とするのかという問題がある。〔「斎藤」四七―四八頁〕〔傍線＝松本〕

即ち、『法華経』の一乗思想は、部派仏教の〈声聞・独覚・仏〉の三乗思想を否定したものなのか、それとも、『般若経』の〈声聞・独覚・菩薩〉の三乗思想を否定したものなのかという問題であるが、辛嶋氏は、〝大乗・小乗の対立以後に『法華経』が成立した〟という従来の通説に反対して、明確に前者の理解を主張されているのである。(9)しかるに、同様の見解は、すでに藤田宏達博士の次のような論述によって示されていたと見ることができるかもしれない。

㉓『法華経』の主張する一乗は、まさしくこのような部派仏教、歴史的にいえば、恐らく説一切有部系の部派教団

における三乗観を批判するところに、基盤を置いて説かれたものである。（「一乗と三乗」三八八―三八九頁）

しかし、辛嶋氏の見解は、この藤田博士の見解よりも、さらに先を行っている。というのも、辛嶋氏によれば、『法華経』の最古の部分で説かれたのは、厳密に言えば、「一乗」でも、「仏乗」でもなく、「一智」であり、「仏智」であったということになるからである。即ち、⑲で、「本来SPには、〝只一つ仏智（buddha-jñāna）のみが存在する。jñānaが三つあるかの様に説くのは方便に過ぎない〟とあったのが」と言われる通りである。しかるに、この辛嶋氏の理解が妥当であるとすれば、『法華経』に関する〝一乗真実・三乗方便〟という理解も正確なものではなく、厳密には、〝一智真実・三智方便〟というのが『法華経』の本来の立場であったと言わなければならないであろう。

このように辛嶋氏の見解を要約することに大きな誤りがないとすれば、私は、この見解は、極めて重要なものだと考えるのである。しかし、これに必ずしも全面的に賛成するという訳ではない。そこで、まず、私が辛嶋説に賛同する点から説明しよう。

最初に、辛嶋氏は、⑲で「SPで全品通じて仏智（buddha-jñāna）を高揚すること」と言われるが、これには全面的に賛成したい。すでに述べたように、私が『法華経』成立の最古の部分と考える「方便品」散文部分冒頭の文章（後出〔59〕）に、主語として置かれた“buddha-jñāna〟という語こそが、『法華経』全体のテーマを決定するものであり、さらに言えば、〝「仏智」=「菩提」と「涅槃」の区別〟ということが、『法華経』の一貫したテーマとなると考えるからである。従って、辛嶋氏が、⑳で「古SP」の主張を、「声聞比丘も〝仏の智慧を求めよ〟ということであり」と説明されたことに賛成するのであるが、これは、「〝声聞比丘も、涅槃ではなく、仏智を求めよ〟ということであり」と説明した方が、私見によれば、より正確になると思われるのである。

次に、“yāna”と“jñāna”の同義性、または、“yāna”に対する“jñāna”の先行性という論点について言えば、これについても、私は基本的に賛成する。

というのも、「方便品」散文部分における“buddha-yāna”の初出例を示す前掲の記述〔1〕の直前には、如来は、

“eka-kṛtya”「一事」のために世間に生まれるが、その「一事」とは、“tathāgata-jñāna-darśana”「如来の知見」を衆生たちに示し、悟らせることであるという所謂「四仏知見」、乃至、梵本では〝五仏知見〟を説く文章が置かれているので、その直後に来る〔1〕の“buddha-yāna”は、“tathāgata-jñāna-darśana”と同義としての“buddha-jñāna”を意味すると解するのでなければ、〔1〕と、その直前にある〝五仏知見〟の文章との連絡がよく理解できないからである。つまり、“buddha-yāna”が“buddha-jñāna”を意味するのでなければ、何故〝五仏知見〟の文章の直後に、〔1〕で全く唐突に“buddha-yāna”という語が用いられたのか理解できないのである。

従って、私は〔1〕の“buddha-yāna”は“buddha-jñāna”をも意味していたであろうと考えるし、『法華経』全体を通しても、“buddha-yāna”はその内容としては、“buddha-jñāna”を意味すると見るのである。

しかし、問題となるのは、『法華経』は本来「乗」「乗りもの」という意味での“yāna”という語を全く用いていなかったのかという点である。即ち、『法華経』の最古層の部分においては、“jñāna”（または、辛嶋氏によればそれを意味するjāṇa等の俗語）しか用いられておらず、それが後に“yāna”に変更されたのかという問題である。

『法華経』の最古層とは何かについて、偈の部分を古いと見る辛嶋氏の見解と私見とでは大きく異なっているが、まず、「方便品」散文部分を基本的には、『法華経』の最古層と見る私見に従えば、〝五仏知見〟の文章の直後に置かれる〔1〕の“ekam ... yānam ... buddhayānam”が、『法華経』における“yāna”の最初の二つの用例ということになる。この〔1〕は、〝「一乗」即ち「仏乗」〟と説くものであるが、ここに見られる“yāna”は、本来“jñāna”と書かれていたものが、『般若経』等の影響により、後に“yāna”に変更されたのであろうか。つまり、この表現は、本来“ekam ... jñānam ... buddhajñānam”であったのであろうか。この想定は、極めて魅力的である。すでに述べたように、私自身も、〔1〕の“buddha-yāna”が“buddha-jñāna”を意味することを認めるからである。

しかし、私は〔1〕において、“jñāna”から“yāna”へのテキストの変更が起ったとまでは考えないのである。〔1〕における“jñāna”という語の存在は、諸写本にも漢訳にも全く確認されていないことも、その理由の一つであるが、それ以上に私は、『般若経』の〝大乗〟思想との関係を考えるのである。即ち、『道行般若経』の「道行品」（大正八、四二七下—四二八上）には「摩訶衍」という訳語が見られ、その原語が〝mahāyāna〟であることは明らかであるが、〝buddha-yāna〟の語を含む〔1〕の文章の成立は『般若経』の最古層と見なされる部分に見られる、その〝mahāyāna〟という用例をやはり踏えているのではないかと、今の所、考えているからである。それ故、〔1〕の〝buddha-yāna〟は、本来〝buddha-jñāna〟とあったものが、『般若経』、あるいは辛嶋氏によれば、『般若経』の〝yāna〟の思想に影響を与えた「譬喩品」の影響によって、〝buddha-yāna〟に変更されたという見方には、従うことができないのである。

すでに述べたように、『法華経』の最古層をいかに考えるかという点について、辛嶋説と私見とでは大きく異なっている。というのも、「方便品」散文部分を基本的には『法華経』の最古層と見る私見とは異なり、辛嶋氏は、『法華経』の成立について、次のような見解を示されているからである。

㉔なお、法華経の成立に関しては、方便品（2）（以下、品の名称はLにより、品の番号はKern-Nanjio本による）から授学無学人記品（9）を第一類とし、さらにそれを（A）triṣṭubh（或いはtriṣṭubh-jagatī）の部分と、（B）śloka と散文部分とに分け、順に第一期、第二期と呼び、また法師品（10）から如来神力品（20）と序品（1）、嘱累品（27）とを第二類と呼び、それ以外のSP末の諸品を第三類と呼ぶ。成立の絶対年代は不明だが、第一期・第二期・第二類・第三類の順で成立したと考える。〔「乗と智慧」一三八頁〕〔傍線＝松本〕

つまり、「方便品」から「授学無学人記品」までの章の偈の部分、それもtriṣṭubh という韻律で書かれた偈の部分を「第一期」と呼び、『法華経』成立の最古層（「古SP」）と見なされるのである。ただし、辛嶋氏は、

㉕ところが、古SPの使った方言ではjñāna もyāna も同じ語形jāṇa（jāna）になった。このことを利用したword playにより、経に〝語り物〟風の面白味を加えたのが譬喩品の〝火宅三車〟の比喩である。しかし、このword playにより、jñāna とyāna とが混乱する結果を招いた。古SPの方言ではjāṇa（jāna）は〝乗り物〟と〝智慧〟の両方の意味があったが、おそらく〝乗り物〟の意味で使ったのは、この譬喩品だけで、他の諸品では〝智慧〟の

意味で使われたろう（cf. 5・3）。あるいは、他の諸品でも両義を掛けた場合もあったかも知れぬが、本義的には〝智慧〟を意味していたはずである。しかし、やがて時代が下がると、本来の意図が忘れられ、譬喩品の影響を受け、〝智慧〟で解釈すべきところも〝乗り物〟で解釈することも行われる様になったであろう。（「一乗と智慧」一七三頁）〔傍線＝松本〕

というように、「「譬喩品」の影響」を指摘されているので、「譬喩品」より「方便品」が古いという観点も承認されていることは明らかである。すると、辛嶋氏によれば、「方便品」の偈のうち、śloka で書かれた部分（第一―七偈、第二二―二九偈、第三八―四一偈）を除いた、第八偈から、『法華経』の最古の部分は始まるということになるが、その部分における“yāna”の第一例である“[trīṇi ca] yānāny”（II, v.21; K, 33,4）にも、第二例である“[ekaṃ hi] yānaṃ”（II, v.54; K, 46,11）にも、“jñānāny”とか“jñānaṃ”という異読は、諸写本に確認されていないと思われる。[10]

勿論、これについては、写本に見られる“yānāny”や“yānaṃ”という形は、本来“jñāna”「智」を意味していた俗語“jāṇa”または“jāna”が、誤ってサンスクリット化されたものだと論じることは、不可能ではない。しかし、ともかく、“jñānāny”や“jñānaṃ”という異読が諸写本に確認されていないという事実は、やはり重要であろう。

辛嶋氏の見解は、偈、韻文の部分を『法華経』成立の最古層と見なす点で、布施浩岳博士の見解を基本的には踏襲するものと思われるが、特に最古の章と見なされる「方便品」に関しては、偈が散文部分に先行することはありえないと私は考えており、この点は、本書の重要なテーマの一つとして、以下にこれを詳しく論証したいと考える。

しかるに、『法華経』の成立に関する辛嶋氏の見解は、『法華経』の最古層である「方便品」散文部分には、“bodhisattva”という語も、“mahāyāna”という語も、また“hīnayāna”という語も使用されていないという事実の意義を重視する私見にとっては、実は、決して不都合なものではないのである。というのも、私は、辛嶋説に依存して、“bodhisattva”“mahāyāna”“hīnayāna”の語を欠く「方便品」散文部分こそが、『法華経』の最古層であり、それは『般若経』以前の成立であるから、そこでは、『般若経』の大乗思想・三乗思想が意識されることなく、単に部派仏教の三種菩提の説を否定するために、“buddha-yāna” ではなく、“buddha-jñāna” が説かれたのであり、『法華経』が “yāna” と “mahāyāna” の思想を取り入れたのは、「譬喩品」になってからであると論じることもできるからである。

この想定は、私にとって全く魅力的なものである。というのも、「方便品」散文部分は、『般若経』以前の成立であるため、“bodhisattva” “mahāyāna” “hīnayāna” だけでなく、“buddhayāna” という語も欠いているのだと主張すれば、私見は、より明快で首尾一貫した徹底したものとなると思われるからである。しかし、すでに述べたように、私は『法華経』を『般若経』以後と見る一般的理解が完全に誤っているとは、現在の所、考えることができない。『法華経』の最古層たる「方便品」散文部分では、やはり “buddha-yāna” という言葉が当初から用いられていたのであり、それは確かに “buddha-jñāna” をも意味するけれども、先行する『般若経』の “mahāyāna” という語を意識して用いられたのであろうというのが、現在の私の想定なのである。

辛嶋氏が「方便品」散文部分を、『法華経』の最古層と見なされない理由の一つは、俗語 “jāṇa” を介しての “jñāna” と “yāna” の交替は、偈の部分でしか起りえないからというものであろう。しかし、例えば、「方便品」散文部分〔1〕の “buddha-yāna” が “buddha-jñāna” を意味すること、または、この二つの語の互換性・同義性ということは、“jāṇa” という俗語の存在を想定しなくても、単に散文部分を読んでいるだけでも、ある程度了解されることであると思われる。[11] 従って、“jāṇa” という俗語を介する “jñāna” と “yāna” の交替を根拠にして、「方便品」の偈の部分が『法華経』の最古層であると主張することは、適切ではないであろう。私としては、以下に、「方便品」の偈の部分の成立が、「方便品」散文部分や、「譬喩品」散文部分よりも遅れることを、詳しく論証することにより、『法華経』の最古層に関する辛嶋説への批判を示したいと思う。

最後に「方便品」偈に何故 “buddha-yāna” という語が用いられていないかという理由について、私見を述べておきたい。この理由は、辛嶋説に依存すれば、「方便品」偈の成立は、「方便品」散文部分の成立に先行するからであると見なされるかもしれない。しかし、すでに見たように、「方便品」偈では、“hīna” 及び “hīna-yāna” という語が用いられ、その偈の作者が"mahāyāna"を奉ずる〝大乗主義〟者であることは、明らかだと思われる。このような立場に立つ偈の作者よりすれば、"buddha-yāna"という語は望ましいものではない。「一乗」とは「仏乗」ではなく「大乗」であるというのが、彼等が最も主張したい事柄だからである。従って、彼等は、「方便品」散文部分〔1〕―〔6〕で、「一乗」=「仏乗」と明言されたことに規制されて、"mahāyāna"という語を公然と用いることはできなかったのであるが、"buddha-yāna"という語の使用も意識的に避けたのではなかろうか。勿論、これに対しては、〝では何故〝大乗主義〟を明確に主張する「譬喩品」の散文部分（K, 81,13）と偈（III, v.91）に一回ずつ"buddha-yāna"という語が用いられているのか〟という反論もありうるであろうが、これも「一乗」=「仏乗」という「方便品」散文部分の主張が、あまりにも明確であり、いわば『法華経』のメッセージそのものとも受け取られるようになったため、"buddha-yāna"という語から、完全に訣別することはできなかったからであると一応推測しておきたい。充分に説得力のある答えとも思えないが、以上が現在の私見である。

では、次に"putra"「子」「息子」という語が「方便品」の散文部分と偈では、いかに用いられるか見てみよう。

Ⓔ"putra"は、「方便品」の散文部分には用いられていないが、その偈には六例がある。その六例とは、次の通りである。

"putra jinasya aurasā"(II, v.30), "jyeṣṭha-putra"(II, v.35), "buddha-putra"(II, v.50, v.68, v.133), "putrān dvipadottamānām"(II, v.128)

「方便品」の偈における"putra"の六つの用例は、すべて"buddha-putra"「仏陀の息子」つまり「菩薩」を意味していると思われるが、この"putra"がシャーリプトラ Śāri-putra という固有名詞を除けば、「方便品」の散文部分には全く用いられていないことは、そこに"bodhisattva"という語が皆無であることに対応しているであろう。

しかるに、右に挙げた六つの用例のうち、"jyeṣṭha-putra"「長子」「長男」の用例は、次のような第三五偈に見られるものである。

〔7〕bhāṣasva dharmaṃ dvipadānam uttamā ahaṃ tvam adhyeṣami jyeṣṭhaputraḥ / [II, v.35ab]（K, 38,2）

〔8〕我仏長子、今故啓勧、願両足尊、哀為解説。（『正法華』六九中八―九）

〔9〕無上両足尊、願説第一法、我為仏長子、唯垂分別説。（『妙法華』六下二六―二七）

㉖二足をもつもの（dvi-pada 人間）の最高のもの（uttama）よ。法（dharma）を説いてください。長子（jyeṣṭha-putra 長男）である私は、あなたに懇請します。

ここで、仏陀に説法を懇請しているのは、シャーリプトラであって、彼がここでは、仏陀の“jyeṣṭha-putra”「長子」と呼ばれている。シャーリプトラが、仏陀の息子と呼ばれること自体は、原始仏典に例が見られ、パーリ仏典『中部』第一一一経たる「不断経」Anupada-sutta には、次のように説かれている。

〔10〕sāriputtaṃ eva taṃ sammāvadamāno vadeyya: bhagavato putto oraso mukhato jāto dhammajo dhammanimmito dhammadāyādo no āmisadāyādo ti.（MN, III, 29,10-13）

㉗正しく語る者は、かのシャーリプトラだけについて、「世尊の嫡出（orasa, aurasa）の子（putta, putra）であり、〔世尊の〕口から生まれたもの（mukhato jāta）であり、法から生まれたもの（dhamma-ja）であり、法によって化作されたもの（dhamma-nimmita）であり、法の相続人（dhamma-dāyāda）であって、肉の相続人（āmisa-dāyāda）ではない[12]」と語るべきである。

ここで、“orasa”（aurasa）「嫡出」という語、及び“dāyāda”「相続人」という語が使用されていることから見て、ここでは、インドの家父長制社会における〝遺産相続〟や〝家系〟〝血統〟という観念、つまり、後に如来蔵思想において重要な役割を果すことになる観念[13]にもとづいて、論旨が組み立てられていることが、理解される。“orasa”“aurasa”を用いた“putra jinasya aurasā”という表現は、すでにⒺに示したように、「方便品」第三〇偈にも用いられるが、この表現が、〔10〕に述べられたような原始仏典の用例にもとづいていることは、明らかであろう。

ただし、原始仏典において、仏陀の子とか、「法の相続人」と呼ばれるのは、シャーリプトラだけではない。仏陀なき後、教団を率いたとされるマハーカーシャパ Mahākāśyapa（摩訶迦葉）も、同様に呼ばれているからである。[14]

また、“jyeṣṭha-putra”「長子」という語も、原始仏典に認められるが、[15]「方便品」第三五偈の〔7〕で、シャーリプトラが「長子」と呼ばれているのは、おそらく『法華経』において、シャーリプトラが最初に授記されるからであろう。しかるに、彼が授記されるのは、後出の「譬喩品」散文部分〔184〕に至ってからである。すると、「方便品」の偈の作者は、「譬喩品」散文部分の所説を知っていたと考えるのが適切であるように思われる。[16]これに対して、すでに述べたように、「方便品」散文部分は、シャーリプトラを「仏子」と呼ぶこともなく、また、そこには“[buddha]-putra”や“bodhisattva”という語自体が使用されていないのである。「方便品」散文部分におけるシャーリプトラの評価については、後に詳しく論じたいが、ここではまず、「方便品」の散文部分の所説とその偈の所説との根本的な相違について、基本的なポイントだけを指摘しておきたい。

では、次に“uttama”「最高の〔もの〕」という語について考えてみよう。この語の用例として、Ⓔには、“putrān dvipada-uttamānām”「二足をもつもの（人間）の最高のもの（仏陀）たちの息子たちを」が示され、また、〔7〕にも“dvipadānam uttamā”「二足をもつものの最高のものよ」という語が示されていた。しかし、このように用いられる“uttama”という語に、一体どのような問題があるというのであろうか。まず、この語が「方便品」の散文部分に全く用いられていない点を指摘したい。即ち、次の通りである。

Ⓕ “uttama”は「方便品」の散文部分には用いられていないが、偈には一四回用いられている。その主な例を挙げれば、次の通りである。

“puruṣa-uttama”(II, v.42, v.54, v.72), “nara-uttama”(II, v.29), “dvipada-uttama”(II, v.27, v.128), “uttama-lokanātha”(II, v.98), “ye prasthitā uttamam agrabodhim”(II, v.128)

ここで、“puruṣa-uttama” “nara-uttama” “dvipada-uttama”は、「最高の人間」を意味し、仏陀を指している。“puruṣa” “nara” “dvipada”は「人間」を意味するからである。つまり、仏陀のことを「最高の人間」と呼んでいるのであるが、このような呼称、表現は、私見によれば、仏教的というよりも、ヒンドゥー教的な表現だと思われる。というのも、「最高」という言葉は、〝これは素晴しい〟という讃辞として用いられることからも理解されるように、聞き手や読者の知性というよりも、むしろ感性に訴える sensational な表現、つまり、熱狂的信仰を呼びおこすような情緒的表現だと思われるからである。しかるに、それを非仏教的なヒンドゥー教的表現と見なすのは、仏教の基本とは、仏陀の人格や身体に対して熱烈な信仰を捧げるという以前に、仏陀が説いた教えを聞いて、それを知的に理解することから始まると、私は考えるからである。このように見れば、"uttama"「最高の」という語について、仏教的立場から批判的視点が必要であることが、理解されるであろう。

　第九八偈に見られる"uttama-lokanātha"「最高の世間の守護者」などという表現も、正に一神教的なヒンドゥー教の雰囲気を漂わすものではなかろうか[17]。

　そこで、この点に関連して勝呂博士の論述⑨を、以下に再び引用したい。

　一般的に見て、『法華経』は長行よりも偈の方に、仏陀の人格に対する帰依・讃仰の念が一層鮮明に表明されている。これは、偈が教団の上層部の指導者に対するものであるよりも一般信者向けのものであるということができよう。

さらに、博士は「譬喩品」の末尾に置かれる一連の偈について、

㉘極めて通俗的、感覚的に描写されていて、出家者よりも在家信者にふさわしい教えであることは疑いない。（『法華成立』二二五頁下）

と述べられている。このうち、㉘で、勝呂博士は、「極めて通俗的」とまで言われたが、後論するように、実際にはそこには、身体的な障害に対する差別的な表現が多用されるのである。博士は、「一般信者」とか「在家信者」という語を繰返されるが、私見によれば、インドにおける在家信者とは、基本的には、ヒンドゥー教の生活規範に従って生活するヒンドゥー教徒であると見る視点が、必要であるように思われる。従って、その在家信者を聴衆として強く

意識している偈の所説が、ヒンドゥー教的であるのは、ある意味で当然であろう。つまり、「方便品」にせよ、「譬喩品」にせよ、その偈に説かれるのは、仏陀を「最高の人間」としてあたかも最高神であるかのように讃仰するヒンドゥー教的世界観なのである。

それ故、「方便品」の偈には、その散文部分には見られない sensational な表現が多用されているが、"uttama"も、その一つであると私は考えるのである。また、『妙法華』では「慧日大聖尊」(六中一四) と訳される「方便品」第二二偈の "nara-āditya"「太陽のような人間」も、やはりヒンドゥー教的な表現の一つであろう。

では、次に"agra"について考察しよう。"agra"は、名詞として「頂点」「最高点」「始め」等を意味する他、形容詞として「最高の」「最も優れた」を意味し、「頂」「無上」「最上」「最勝」「第一」等と漢訳される語である。従って、形容詞としては、"uttama"とほぼ同義となるが、"uttama"と区別するために本書では、「最勝」という漢訳語に従い、「最勝の」という訳語を用いることにしたい。これは、「最も勝れた」という意味である。この"agra"も「方便品」散文部分には全く用いられていない。即ち、次の通りである。

Ⓖ"agra"は、「方便品」の散文部分には用いられていないが、偈には一五回用いられる。その例は、次の通りである。

"agra-dharma"(II, v.13, v.74, v.130, v.136), "agra-bodhi"[18](II, v.31, v.37, v.96, v.104, v.128, v.130, v.139, v.143)

このうち、"agra-bodhi"「最勝の菩提」は、すでにⒻに示した"ye prasthitā uttamam agrabodhim"という用例にも用いられていたが、この用例は"uttama"をも含んでいるので、この用例を含む第一二八偈を以下に示しておこう。

〔11〕yasmiṃś ca kāle ahu śāriputra paśyāmi putrān dvipadottamānām /
ye prasthitā uttamam agrabodhiṃ koṭīsahasrāṇi analpakāni // [II, v.128] (K, 57,1-2)

〔12〕[19]舎利弗当知、我見仏子等、志求仏道者、無量千万億。(『妙法華』一〇上一〇―一一)

㉙また、その時、舎利弗よ、私は最勝の菩提 (agra-bodhi) を求めて発趣した (prasthita)[20]、多数の幾千コーティもの

二足をもつもの（人間）の最高のもの（仏陀）たちの息子（putra）たちを見る。

ここでは、“uttama”“agra”“putra”という「方便品」散文部分には全く存在しない語が用いられ、しかも、“putra”つまり〝菩薩〟がテーマとされているのであるが、すでに述べたように、これは、「方便品」散文部分には存在しない説なのである。

“agra-bodhi”「最勝の菩提」というのは、仏教の伝統を考慮すれば、おそらく、“anuttara-samyaksaṃbodhi”「阿耨多羅三藐三菩提」「無上正等覚」というべきところであろうが、このような伝統的表現を用いず、単に「最勝の菩提」という語を用いることには、やはり問題があると思われる。これについて、“anuttara-samyaksaṃbodhi”は、偈に用いるには、単語として長すぎるので、“agra-bodhi”が用いられたのだという反論がありうるかもしれないが、それならば、偈によって思想を表現するということ自体にも、疑問をもつべきではなかろうか。これは、原始仏典についても言えることであるが、明確な論理的構造をもつ思想を偈によって表現できるかということ自体も、問題とされなければならないであろう。というのも、偈の所説は、どうしても感性的、情緒的なもの、あるいは大衆受けする通俗的で安易なものになりがちだからである。しかるに、安易なものといえば、後論するように、「方便品」の偈に見られる〝小善成仏〟の教説などは、正にその典型と言うべきであろう。

また、「方便品」第一〇四偈に出る“agra-bodhi”は、O本、つまり、所謂〝ペトロフスキー本〟を始めとして、多くの写本で、“agra-yāna”となっており、チベット訳“theg pa mchog”（P, chu,25b7）も、これに一致している。従って、渡辺照宏博士は、“agra-yāna”の読みの方が正しいという見解を述べられている。[21] ただし、この偈の直前にある第一〇三偈の“bodhim ... [prakāśayiṣyanti]”という表現を考慮するならば、“agrabodhim”という読みも、容易に捨て去ることはできないであろう。本来は、“agrabodhim”とあったものが、後に“agrayānam”に変更されたという見方も、充分に成り立つからである。従って、“theg pa mchog”というチベット訳や、諸写本における“agrayānam”という読みの存在から言えることは、“agrayānam”という読み方も、「方便品」第一〇四偈について、古くからなされていたということだけであろう。後論するように、この"agra-yāna"という語は、「譬喩品」散文部分〔256〕ⓐに用いられており[22]、それを知っていた「方便品」偈の作者が、その語を「方便品」第一〇四偈で用いたという可能性も考えられる。

しかし、"agra-yāna"「最勝の乗」という表現は、とにかく「それこそが最高だ」と讃嘆していることはわかるが、ではそれは一体、何を指しているのか、つまり、「仏乗」なのか、「大乗」なのかと問われても、それ自体としては、これに明確に答えることのできない曖昧な表現である。すでに述べたように、「方便品」の偈には、"buddha-yāna"「仏乗」という語も、"mahāyāna"「大乗」という語も、全く用いられていないので、偈の作者は、"agra-yāna"という表現を用いることによって、聴き手や読者に"agra-yāna"への讃仰を喚起するだけで、その言葉の指示対象が「仏乗」であるのか、「大乗」であるのかという最も重要な問題を曖昧にしているようにも見受けられる。

なお、松山俊太郎氏は、「方便品」を中心とする諸品は、本来"saddharma-puṇḍarīka"ではなく、"agra-dharma"を経名としていたと主張されているが[23]、"agra-dharma"は「方便品」の散文部分にはなく、偈にしか出ない語であるから、この見解に賛成することはできない。ただし、「方便品」が本来、"saddharma-puṇḍarīka"を経名としていなかったという氏の見解は重要なものであり、これには賛成したい。

さて、「方便品」偈における感性的な表現として、さらに、"ghoṣa"と"svara"を問題にしたい。

Ⓗ "ghoṣa"と"svara"は「方便品」の散文部分にはないが、偈に用いられる。即ち、"ghoṣa"は四回、"svara"は一回、次のように用いられている。

"ghoṣa"（II, v.30, v.66, v.119, v.123）

"svara"（II, v.30）

"ghoṣa""svara"は、響き、音声、よい音を意味し、いずれも、「音」とか「音声」と漢訳される。「方便品」第三〇偈には、"ghoṣa"も"svara"も、どちらも用いられているので、この偈を次に示してみよう。

〔13〕pramuñca ghoṣaṃ varadundubhisvarā udāharasva yatha eṣa dharmaḥ /

ime sthitā putra jinasya aurasā vyavalokayantaś ca kṛtāñjalī jinam // [II, v.30] (K, 35,9-10)

〔14〕唯願演分別、雷震音現説、如今所発教、猶若師子吼。

最勝諸子等、帰命皆叉手、欲聞正是時、願為分別説。(『正法華』六九上七―一〇)

〔15〕仏口所生子、合掌瞻仰待、願出微妙音、時為如実説。(『妙法華』六下一―二)

㉚音声(ghoṣa)を発してください。優れた太鼓(dundubhi)の音(svara)をもつ方よ、この法(dharma)がどのようなものであるか説いてください。これらの勝者(jina)の嫡出(aurasa)の息子(putra)たちは、勝者を見つめながら合掌して、立っています(sthita)。

ここには、"aurasa"や"putra"も用いられているので、〝菩薩〟を聴き手とする仏陀の説法の美しい〝響き〟が讃嘆されていることが知られる。

『正法華』〔14〕で「雷震音」とあるのは、"dundubhi-svara"「太鼓の音をもつもの」の訳であろうが、これは、「太鼓の音」を雷鳴と解した結果であろう。「猶若師子吼」というのは、原文に直接対応しないが、要するに、仏陀の説法の〝響き〟を讃嘆することに、この偈の主眼があると見れば、このような意訳も認められると思われる。

また、『妙法華』〔15〕冒頭の「仏口所生子」は、例えば、「不断経」〔10〕における"orasa"と"mukhato jāta"を同一視した結果であって、「仏口所生子」は、本来は"aurasa"ではなく、"mukhato jāta"の訳語であるべきである。また、〔15〕の「微妙音」は、"ghoṣa"の訳であろうが、"svara"の訳とも見なし得るであろう。(24) ただし、訳者の羅什は〔15〕で、極めて重要と思われる"dharma"「法」に対する訳語を与えていない。これは、知性の対象となる「法」よりも、感性、感覚の対象となる「音」の方が、この偈においては重要な意味をもつと、羅什が考えたからかもしれない。

しかるに、「法」か「音」かと言えば、仏教的には「法」の方が重要であることは言うまでもないであろう。つまり、我々にとって重要なのは、仏陀が説いた「法」の内容とは何かを知的に理解するということであって、その説法の〝響き〟に聞きほれるというようなことではない筈である。仏陀の音、法音というのは、一般によく用いられる表現ではあるが、〝仏陀の素晴しい音声〟というような表現自体、やはり感性に訴えるヒンドゥー教的な通俗的なものと見ざるを得ないであろう。というのも、そこでは、仏陀の説法の内容である「縁起」とか「一乗」とかが問題にされるのではなく、単にその説法の音楽的な響きのみが重視されているという点で、ヒンドゥー教的な熱狂的、感性的な信仰の世界が説かれていると思われるからである。

なお、後に詳論するように、「方便品」偈の成立は「譬喩品」散文部分の成立よりも後であると見る私見によれば、『法華経』で最初に“ghoṣa”の語が用いられたのは、「譬喩品」散文部分の冒頭に置かれたシャーリプトラの次の言葉においてであると思われる。

〔16〕āścaryādbhutaprāpto 'smi bhagavann audbilyaprāpta idam evaṃrūpaṃ bhagavato 'ntikād ghoṣaṃ śrutvā /（K, 60,3-4）

〔17〕今聞大聖講斯法要、心加歓喜、得未曾有。（『正法華』七三中五―六）

〔18〕今従世尊、聞此法音、心懐踊躍、得未曾有。（『妙法華』一〇下一―二）

㉛世尊よ、世尊から、この、この様な音声（ghoṣa）を聞いて、私は、希有（āścarya）・未曾有（adbhuta）〔であるという思い〕を得、歓喜踊躍（audbilya）を得ました。

ここで、“ghoṣa”に対する漢訳は「法要」「法音」であるが、漢訳者は、あまりに唐突に用いられた“ghoṣa”という感性的表現に対して、敢て「法」という知的、または仏教的な術語を補ったように思われる。

次に、“daridra”“andha”“bāla”“avidvas”という語は、「方便品」偈には用いられるが、その散文部分には使用されていない。即ち、次の通りである。

Ⓘ“daridra”“andha”“bāla”“avidvas”“ajānaka”は、「方便品」散文部分には用いられていないが、「方便品」偈に、次のように用いられている。〔「譬喩品」偈における用例の個所も、併せて示そう〕

“daridra”（II, v.110）[III, v.124, v.132]

“andha”（II, v.111, v.114, v.141）[III, v.132]

“bāla”（II, v.34, v.39, v.66, v.117, v.131, v.141）[III, v.63, v.64, v.68, v.70, v.75, v.85, v.88, v.101, v.109, v.111, v.114, v.118, v.119, v.120, v.129, v.136, v.140, v.148]

“avidvas”（II, v.46, v.114, v.121, v.131）

“ajānaka”（II, v.34, v.62）[III, v.111]

これらの語、つまり“daridra”「貧しい」“andha”「盲」“bāla”「愚かな」「愚者」“avidvas”「無知の」「知らない」“ajānaka”「知らない」「無知の」という語が、「方便品」散文部分には用いられていないが、その偈に用いられた意義とは何であろうか。私は、これらの表現は基本的には全く同じ衆生たちを指す差別的な表現だと考えている。即ち、これらの表現の差別的性格を理解するためには、後にも考察する「譬喩品」末尾の一連の偈（III, vv.109-136）において、身体的障害に対する明確に差別的な表現が多用されることの意義を知らなければならない。しかるに、この「譬喩品」末尾の一連の偈の趣旨を最も端的に示しているのは、次の第一三六偈・第一三七偈であろう。

〔19〕saṃpaśyamāno idam eva cārthaṃ tvāṃ saṃdiśāmī ahu śāriputra /
mā haiva tvaṃ bālajanasya agrato bhāṣiṣyase sūtram im evarūpam // [III, v.136]
ye tū iha vyakta bahuśrutāś ca smṛtimanta ye paṇḍita jñānavantaḥ /
ye prasthitā uttamam agrabodhiṃ tāñ śrāvayes tvaṃ paramārtham etat // [III, v.137]（K, 97,5-8）

〔20〕見是誼已、当観察之、今我故為、舍利弗説。
不為愚騃、不解道者、分別論講、如斯像法。〔第一三六偈〕
其有聡明、広博多聞、秉志堅強、常修憶弁。
若有勧発、遵尚仏道、爾乃聴受、未曾有法。〔第一三七偈〕（『正法華』七九中二一―二六）

〔21〕以是因縁、我故語汝。無智人中、莫説此経。
若有利根、智慧明了、多聞強識、求仏道者、

如是之人、乃可為説。（『妙法華』一六上九―一二）

㉜舎利弗よ、他ならぬこの意味を見ている私は、汝に説示する。愚かな人々（bāla-jana）の前で、この、この様な経（sūtra）を決して説いてはならない。しかし、ここに、聡明（vyakta）で、多聞（bahu-śruta）で、念をもち（smṛtimat）、智者（paṇḍita）で、有智（jñānavat）であり、最高（uttama）の最勝の菩提（agra-bodhi）を求めて発趣した（prasthita）人々がいる。彼等に、汝は、この勝義（paramārtha）を説いて聞かせなさい。

ここで、衆生は、「愚者」と「智者」に二分され、『法華経』は、「愚者」に説いてはならず、「智者」だけに説けと言われているのであるが、ここで「智者」とは、「最高の最勝の菩提を求めて発趣した人々」と言われているので、〝菩薩〟を指している。すると、ここでは、衆生は〝菩薩〟と〝非菩薩〟に二分されていることになるが、この場合の〝非菩薩〟とは、問題の〝「譬喩品」末尾の一連の偈〟の冒頭にある「譬喩品」第一〇九偈によれば、「声聞」と「独覚」を指している。従って、この第一〇九偈以下の〝一連の偈〟において〝一切衆生〟は次のように二分されていると考えられる。

ⓐ智者＝菩薩――――――――『法華経』の対機

ⓑ愚者＝非菩薩（声聞・独覚）――――――『法華経』の非機

つまり、このうち、ⓐの衆生については、『法華経』を信じる者であるから、これに対して『法華経』を説けと言われ、ⓑの衆生については、『法華経』を誹謗する者であるから、これに対して『法華経』は説くなと述べられるのである。しかるに、そのⓑの衆生について、〝「譬喩品」末尾の一連の偈〟において、身体的障害に対する差別的表現が繰返されるのであり、その〝一連の偈〟の中で、“daridra”“andha”“bāla”という語が用いられていることは、すでにⅠに示した通りである。

さらに、“ajānaka”も〝「譬喩品」末尾の一連の偈〟の中の一つである第一一一偈に、次のように用いられている。

〔22〕mā caiva tvaṃ stambhiṣu mā ca māniṣu māyuktayogīna vadesi etat /

bālā hi kāmeṣu sadā pramattā ajānakā dharmu kṣipeyu bhāṣitam // [III, v.111]（K, 93,11-12)

〔23〕仮使不応、斯経巻者、則為謗訕、仏天中天、
闇冥輩類、常懐愛欲、未曾解了、無所生法。（『正法華』七八下一三―一五）

〔24〕又舎利弗、憍慢懈怠、計我見者、莫説此経。
凡夫浅識、深著五欲、聞不能解、亦勿為説。（『妙法華』一五中二〇―二二）

㉝汝は、傲慢な人々（stambhin）と慢心をもつ人々（mānin）と修行を修さなかった人々（ayukta-yogin）[25]には、これを説いてはならない。というのも、愚者（bāla）たちは、諸の欲（kāma）に酔いしれ、説かれた法（dharma）を理解せずに（ajānaka）、誹謗するであろう（kṣipeyu）。

これによって、"daridra" "andha" "bāla" "ajānaka" は、『法華経』を説いてはならない対象である衆生ⓑ、つまり、〝非菩薩〟を形容する語として用いられていることが、理解されるであろう。

しかるに、〝『法華経』は、「智者」である「菩薩」ⓐだけに説け、「愚者」である「非菩薩」ⓑには説くな〟という「譬喩品」第一三六偈・第一三七偈〔19〕の差別的とも思われるメッセージ、及び、「愚者」ⓑが、『法華経』を誹謗して受ける罪の報いを説く「譬喩品」第一一一偈―第一三五偈における〝身体的障害に対する差別的用語の氾濫〟によって示される余りにも苛酷なメッセージは、一般に〝一切皆成〟と見なされる『法華経』の一乗思想とは合致しないという見方がなされてきた。即ち、例えば、布施博士は、「譬喩品」第一〇五偈から末尾までの四五偈を、次のように、「流通分」であり「後世の挿入」であると論じられたのである。

㉞以上の他、偈頌には第一〇五頌より末頌迄、四十五頌に及ぶ流通分がある。説法の用意と謗法罪を説けるもので、長行には其片影も無い。此の四十五頌は長行に無きのみならず、方便品、譬喩品が力説する開会思想にも矛盾するやうに思はれる節がある。例せば、

斯法華経　為㆓深智㆒説　浅識聞㆑之

迷惑不レ解　一切声聞　及辟支仏

於二此経中一　力所レ不レ及

と説く如きで、梵本では第一〇九頌に相当する。……察するに是等偈頌は後世の挿入であらう。（『成立史』二八—二九頁）〔傍線＝松本〕

ここで、布施博士が、「譬喩品」末尾の四五偈を、「後世の挿入」と断ぜられた最大の理由は、「方便品、譬喩品が力説する開会思想にも矛盾する」ということであろうが、これは、私見によれば、博士が「方便品」と「譬喩品」の思想的相違を理解されていないことにもとづく誤解であると思われる。というのも、私見の結論を簡略に言えば、「方便品」散文部分は、〝一乗真実説〟を説くが、この場合の「一乗」とは「仏乗」であるのに対して、「譬喩品」散文部分の最も重要な趣旨は、「火宅譬喩」を用いて、その「仏乗」を「大乗」に変更することにあったのである。従って、そこでは〝大乗〟と非〝大乗〟（小乗）が対比・対立させられ、また、〝菩薩〟と〝非菩薩〟の対立が説かれ、〝菩薩〟のみが成仏可能であり、〝非菩薩〟は成仏不可能とされる点で、〝一乗真実説〟ではなく、〝三乗真実説〟という差別的立場が説かれていると考えられるのである。さらに、「方便品」の偈、及び「譬喩品」の偈も、「譬喩品」散文部分よりも後に成立し、「譬喩品」散文部分の〝大乗〟思想、即ち、「一乗」＝「大乗」と説く差別的な立場を継承していると考えられる。従って、私見よりすれば、「譬喩品」末尾の第一〇五偈から末尾までの四十五偈の所説が、「方便品、譬喩品が力説する開会思想にも矛盾する」という評価は、成立しないのである。

ただし、布施博士が㉞で、「方便品、譬喩品」というとき、これは、両品の偈の部分を指していると考えられる。というのも、布施博士は、「序品」から「随喜功徳品」までの十品を、「法師品」から「神力品」までの「第二類」と区別して「第一類」と呼び、その「第一類」においては、偈の成立が散文部分（長行）の成立よりも先行するという説を主張されたからである。この布施説は、その後の『法華経』成立史の研究に大きな影響を与えたことは、すでに㉔で見た辛嶋氏の見解が、基本的には、この布施説を継承していることからも明らかであろう。即ち、辛嶋氏は、

「方便品」から「授学無学人記品」までの八品を「第一類」と見なし、そこにおいて、triṣṭubh という韻律で書かれた偈の部分の成立が、śloka という韻律の偈と散文部分の成立に先行すると主張されたのである。

従って、㉞の「方便品、譬喩品が力説する開会思想にも矛盾する」という布施博士の言明は、厳密には、「「方便品」と「譬喩品」との二品の偈が力説する開会思想と矛盾する」と解釈されるべきものと思われるが、そうであるとすれば、この布施説が不適切であることは、次のような「方便品」第三四偈を示すことによって、証明されるであろう。

〔25〕alaṃ mi[26] dharmeṇiha bhāṣitena sūkṣmaṃ idaṃ jñānam atarkikaṃ ca /
adhimānaprāptā bahu santi bālā nirdiṣṭadharmaṃ mi[27] kṣipe ajānakāḥ // [II, v.34]（K, 37,4-5）

〔26〕且止且止、用此為問、斯慧微妙、衆所不了、
仮使吾説、易得之誼、愚痴闇塞、至懐慢恣。（『正法華』六九中一―三）

〔27〕止止不須説、我法妙難思、諸増上慢者、聞必不敬信。（『妙法華』六下一九―二〇）

㉟止めなさい（alam）。ここで、私が法（dharma）を説く必要はない。この知（jñāna）は、微細（sūkṣma）[28]であり、また思量されないもの（atarkika）である。〔ここには〕増上慢を得た（adhimāna-prāpta）多くの愚者（bāla）たちがいる。〔彼等は〕私によって説示される法を、理解せずに（ajānaka）、誹謗するであろう（kṣipe）。

これは、「方便品」散文部分で釈迦牟尼仏が説法を止めようとする〝第三止〟に相当する偈であるが、この偈と「譬喩品」第一一一偈〔22〕を比べてみると、その趣旨が一致していることが、理解される。即ち〝慢心をもつ愚者たち（ⓑ）は、説かれた法を理解せずに、誹謗するであろう〟というのである。しかも、この二つの偈は、その表現においても、著しい一致を示している。即ち“adhimāna-prāpta”“bāla”“ajānaka”“dharma”“kṣipe”（II, v.34）は、“mānin”“bāla”“ajānaka”“dharma”“kṣipeyu”（III, v.111）と一致している。このような著しい表現上の一致は、両偈の作者が同一であるということさえ想定させるものであるが、少なくとも、両偈の趣旨がほぼ一致していることは、明らかであ

ろう。従って、「譬喩品」末尾の第一〇五偈から第一四五偈（結偈）までが、〝「方便品」と「譬喩品」との二品の偈が力説する開会思想と矛盾する〟という理解は、不適切であることが示されたであろう。「譬喩品」第一一偈〔22〕と「方便品」第三四偈〔25〕は、その趣旨と表現がほぼ一致するからである。

しかし、「方便品」第三四偈の趣旨と表現が「譬喩品」第一一偈のそれとほぼ一致するということは、「方便品」散文部分との不一致との対比において言えることなのである。即ち、「方便品」第三四偈〔25〕では、〝慢心をもつ愚者たちは、説かれた法を理解せずに、誹謗するであろう〟と言われるのであるが、後に見るように、この〝第三止〟に相当する散文部分〔109〕では、「増上慢を得た比丘たちは、大坑（mahā-prapāta）に落ちるであろう」と言われるだけで、“bāla”「愚者」とか、「誹謗するであろう」とかの表現は、使用されていない。

私見によれば差別的性格をもつと見られる“bāla”という語が、「方便品」散文部分に用いられていないことについては、既に述べたが、“√kṣip”「誹謗する」という語も、「方便品」の〝第三止〟に相当する散文部分だけではなく、「方便品」散文部分のどこにも用いられていない。さらに、「譬喩品」の散文部分にも使用されていない。これに対して、“√kṣip”は「方便品」の偈（II, v.34, v.117, v.142）と「譬喩品」の偈（III, v.111, v.112, v.113, v.118, v.121, v.128, v.129, v.130, v.135）では多用されている。このうち、「譬喩品」偈における“√kṣip”の使用は、すでに述べた衆生ⓑである〝非菩薩〟に関説する〝「譬喩品」末尾の一連の偈〟（III, vv.109-136）に限定されていることも、注目される。

“√kṣip”は〝誹謗する〟と訳されることが多いが、これは相当に強い表現である。“√kṣip”は本来、“throw”“cast”を意味し、派生的に“insult”“abuse”を意味することが辞書によって知られる。従って、「方便品」第三四偈〔25〕の“kṣipe”を、渡辺照宏博士は、おそらく“√kṣip”の本来の意味を尊重して、「放棄することであろう[29]」と訳されたと思われるが、これを「放擲するであろう」と訳すことも可能であろう。実際“kṣipe”のチベット訳は、“spoṅ”（P, chu,17b8）即ち、「捨てる」なのである。

つまり、私が言わんとするのは、“√kṣip”に〝誹謗する〟の意味があるのは確かであるとしても、この語が「方便品」偈や「譬喩品」偈で用いられたとき、この語の対象である“dharma”“sūtra”等は、あたかも常不軽菩薩に対して投ぜられた（√kṣipされた）土塊（loṣṭa）や杖（daṇḍa）のように[30]、〝投げ捨てられるべき物〟としての物理的存在、つまり、具体的に〝経巻〟（pustaka）となった『法華経』を意味しているのではなかろうかということなのである。もしそうであるとすれば、“√kṣip”が『法華経』の最古層では用いられなかったことの意味がよく理解されるであろう。即ち、それが用いられるようになったのは、『法華経』が一個の経典として、〝経巻〟という物の形をとってから後のことであると見られるのである。また、以上の理解が認められるならば、“√kṣip”の用例をもたない「譬喩品」散文部分は、それをもつ「方便品」偈・「譬喩品」偈よりも以前の成立であるということになるであろう。

さて、最後に「方便品」散文部分には用いられず、「方便品」偈と「譬喩品」偈に衆生ⓑ、つまり〝非菩薩〟を形容する語として使用される“daridra”について、一言しておきたい。この語も、“√kṣip”同様、「方便品」散文部分だけではなく、「譬喩品」散文部分にも用いられていない。この語が、散文部分において、あるいは、私見によれば、『法華経』において、最初に用いられるのは、「譬喩品」の次の「信解品」散文部分に説かれる「窮子譬喩[31]」においてなのである。

この譬喩において、“daridra”は、「窮子」の形容詞として多用されるのであるが、『妙法華』で多用される「窮子」という訳語は、ある意味で曖昧であり、“daridra”はストレートに「貧しい」を意味すると考えられる。この譬喩では、“daridra-puruṣa”（K, 102,5; 102,7; 102,14 etc.）という複合語も多用されるが、これは「貧しい人」を意味する。これに対して、「窮子」の父親である「長者」は、“āḍhyaḥ puruṣaḥ”[32]（K, 103,12; 106,2）と言われるが、これは「富める人」を意味する。従って、この“daridra-puruṣa”“āḍhyaḥ puruṣaḥ”に対して、ケルンが“the poor man”“the rich man”という訳語を与えたのは、全く適切であろう[33]。

しかし私は、〝貧人〟と〝富人〟、〝貧乏人〟と〝金持ち〟を対比させ、その〝富人〟に仏陀を喩えること自体、差別的な発想なのではないかと考えるのである。この点は、“daridra”が、その後、実際に、「方便品」と「譬喩品」の偈において、『法華経』を説いてはならない対象である「愚者」、つまり、『法華経』による救済からは切り捨てられる衆生ⓑである〝非菩薩〟の形容詞として用いられるようになることからも理解されるであろうが、さらに、〝daridra〟が『法華経』に〝最初に〟導入され、そして多用された「窮子譬喩」というのは、基本的には家父長制にもとづく財産家の実子（嫡出子）への遺産相続の話であることからも、知られるであろう。即ち、「窮子」と離別した父親である「長者」の苦悩は、次のように描かれるのである。

〔28〕 evaṃ ca cintayet / aham asmi jīrṇo vṛddho mahallakaḥ prabhūtaṃ me hiraṇyasuvarṇadhanadhānyakośakoṣṭhāgāraṃ saṃvidyate na ca me putraḥ kaścid asti / mā haiva mama kālakriyā bhavet sarvam idaṃ aparibhuktaṃ vinaśyet / sa taṃ punaḥ punaḥ putram anusmaret / aho nāmāhaṃ nirvṛtiprāpto bhaveyaṃ yadi me sa putra imaṃ dhanaskandhaṃ paribhuñjīta / (K, 102,9-13)

〔29〕窃惟、我老朽耄垂至、仮使終没、室蔵騒散、願得見子、恣所服食、則獲無為、不復憂感。（『正法華』八〇中九—一二）

〔30〕自念、老朽、多有財物、金銀珍宝倉庫盈溢、無有子息、一旦終没、財物散失、無所委付。是故慇懃毎憶其子。復作是念、我若得子、委付財物、坦然快楽、無復憂慮。（『妙法華』一六下七—一一）

㊱また、彼は次のように考えるであろう。「私は老い衰えて老衰している。私には、多くの（prabhūta）黄金・金・財宝・穀物の蔵（kośa）・倉庫（koṣṭha-agāra）がある。しかるに、私には、息子（putra）が全くいない。ああ、もしも、私が死ぬことがあれば、この全ては、享受（相続）されることもなく（aparibhukta）、消滅するであろう」。彼は、その息子を繰返し〔次のように〕想い出すであろう。「もしも、私のあの息子が、この財宝の集り（dhana-skandha）を享受（相続）してくれたら、私は安息を得たもの（nirvṛti-prāpta）[34]となるであろうに」。

また、「窮子」が初めて「長者」の家の前にやって来て、「長者」がすぐに「窮子」を自分の息子であると分ったとき、喜びながら、彼がまず考えたことは、次の通りである。

〔31〕āścaryaṃ yatra[35] hi nāmāsya mahato hiraṇyasuvarṇadhanadhānyakośakoṣṭhāgārasya paribhoktopalabdhaḥ / (K, 103,14-15)

〔32〕我[36]財物庫蔵、今有所付。(『妙法華』一六下二三)

㊲有難いことだ。この大きな、黄金・金・財宝・穀物の蔵・倉庫の享受者(相続者 paribhoktṛ)が得られたとは。

それ故、「長者」は息子のことより以上に、自分の財産のことばかり心配しているようにさえ見えるのである。

さらに、"daridra"に関連して「窮子譬喩」では、"daridra-vīthī"(K, 103,8; 105,8; 113,4)という語が用いられている。即ち、初めて「長者」の家の前に到り、その姿を見た「窮子」は、「長者」の非常な権勢を恐れて逃げ去り、"daridra-vīthī"に至って、そこに住むのであるが、この語を『正法華』(八〇中二六)も、『妙法華』(一六下二〇、一七上六、一八上一〇)も、「貧里」と訳し、チベット訳は、"dbul poḥi gnas"(P, chu,46b8)、つまり、「貧者の場所」と訳している。

"vīthī"は、"street"を意味するので、松濤訳は「貧しい人々のいる小路」、中村訳は「貧しい人たちのいるところ」、または「貧しい人たちのいる巷」、そして、岩本訳は「貧民窟」という訳語を与えているが[37]、この「貧民窟」という訳語こそが、原語のもつ差別的なニュアンスを最も的確に伝えているのではないかと思われる。カースト制度というものが、実際にはいつごろから、どのような形でインドに成立したのかは明らかではないが、しかし、インド社会には、「窮子譬喩」を含む「信解品」が成立した時代から、貧しい人々だけが暮すような地域が存在したのであろう。また、「窮子」は、「長者」の方便によって、その邸宅で、「除糞」の仕事をさせられることになるが、「貧里」に住んでいる「窮子」(貧人)が、「長者」の邸宅で、二〇年間、「除糞」の仕事に携るというストーリーには、やはりカースト制度的な差別的雰囲気が濃厚に感じられる。

さらに、「窮子譬喩」には、カースト制度と関係をもつと考えられる四姓制度(四 varṇa 制度, cāturvarṇya)に関説する記述が存在する。即ち、「窮子」が初めて「長者」の家に至ったとき、「長者」は、バラモン(祭司)・クシャトリヤ（王族）・ヴァイシャ（庶民）・シュードラ（隷民）という四姓の人々に囲まれ恭敬されていたという記述が、次のように認められるのである。

〔33〕 mahatyā brāhmaṇakṣatriyaviṭchūdrapariṣadā parivṛtaḥ puraskṛto (K, 103,1-2)

〔34〕 梵志君子大衆聚会眷属囲遶。（『正法華』八〇中一二―一三）

〔35〕 諸婆羅門刹利居士、皆恭敬囲繞。（『妙法華』一六下一三）

㊳〔彼は〕バラモン（brāhmaṇa）・クシャトリヤ（kṣatriya）・ヴァイシャ（viś）・シュードラ（śūdra）という大きな会衆（pariṣad）に囲まれ、恭敬されていた。

ただし、ここに四姓の名称が全て列挙されているのは、梵語テキストだけであり、『正法華』の「梵志君子」は、ヴァイシャ・シュードラの訳語を欠き、『妙法華』の「諸婆羅門刹利居士」は、ヴァイシャ・シュードラの代りに、“gṛhapati”「居士」の語が原文に置かれているように見える。実際この点に関して、梵語写本には様々の異読があり、ヴァイシャ・シュードラの後に“gṛhapati”を挙げるものや、ヴァイシャ・シュードラの代りに、“gṛhapati”を置くものも存在する。[38] 二つの漢訳に訳語が存在しないこと、及び、“viś”（“vaiśya”）も、“śūdra”も、〔33〕に見られるものが、『法華経』梵本における単独例であることを考慮すれば、“viṭ-chūdra”の部分は、本来のテキストには存在せず、後に付加されたという可能性も充分考えられる。

しかし、問題は何故ここに付加されたかということであろう。即ち、「窮子譬喩」を貫いているカースト制度的な差別的な観念、つまり、「貧里」に住み「除糞」を仕事とする“daridra-puruṣa”「貧人」と大邸宅で金融業を営み贅沢に暮す“āḍhyaḥ puruṣaḥ”「富人」を鋭く対比し、その「富人」に仏陀を喩えるような極めて世俗的な差別的観念が、〝庶民・隷民〟を意味する語を付加し、四姓制度をそのまま肯定するような表現を生み出したのではないかと推測されるのである。

なお、「窮子譬喩」が、〝二乗方便説〟を説いていることも、この譬喩の差別的性格と関連する。即ち、「長者」は、方便によって、「窮子」を何とか自分のもとに誘い寄せようとして、二人の男を派遣することが、次のように述べられる。

〔36〕atha khalu sa gṛhapatis tasya daridrapuruṣasyākarṣaṇahetor upāyakauśalyaṃ prayojayet / sa tatra dvau puruṣau prayojayed durvarṇāv alpaujaskau /（K, 105,9-10）

〔37〕父知子縁、方便与語。（『正法華』八〇中二七）

〔38〕爾時長者、将欲誘引其子、而設方便、密遣二人、形色憔悴、無威徳者。（『妙法華』一七上七―八）

㊴そのとき、その家長（gṛhapati）は、その貧しい人（daridra-puruṣa）を誘引する（ākarṣaṇa）[39]ために、方便善巧（upāya-kauśalya）を用いるでしょう。彼は、そこで、悪色（durvarṇa）で威勢の少ない（alpa-ojaska）二人の人（dvau puruṣau 家来）を用いるでしょう。

ここで、「二人の人」とは、〝二乗〟を指しており、ここに〝二乗方便説〟が述べられていることは、明らかである。しかるに、〝二乗方便説〟とは、真実なる〝一乗〟を〝大乗〟と規定することから帰結する。即ち、「譬喩品」は、〝一乗〟を〝大乗〟と規定することによって、〝大乗〟と〝小乗〟の対立を説くのであるが、〝小乗〟とは、〝声聞乗〟と〝独覚乗〟の〝二乗〟であるから、〝二乗〟は、真実なる〝大乗〟と対比されて、方便と見なされるのである。「譬喩品」には、〝二乗方便説〟を明示する明確な表現はないが、これは、「譬喩品」の表現がある程度、「方便品」の明確な〝三乗方便説〟に規定されているからであって、〝大乗〟と〝小乗〟の対立を説く「一乗＝大乗」説は、必然的に〝二乗方便説〟を帰結する。その明確な表現が、「信解品」〔36〕の「二人の人」という表現であって、「化城喩品」の「二つの涅槃地」、つまり“dve nirvāṇabhūmī”（K, 189,5）という表現[40]もまた、同様である。

さらに言えば、『法華論』末尾に出る「破二明一」（大正二六、一〇中二三）という表現も、同様の〝二乗方便説〟を説くものと考えられる。

なお、最後に、〔36〕で、「二人の人」の形容詞となる“durvarṇa”について述べておきたい。この語は、松濤訳でも、中村訳でも、「顔色も悪く」[41]と訳されるが、ケルン Kern は、これを “ill-favoured” と訳す他、“the artificial or so-called etymological meaning” として、“of bad caste” という訳語も与えている。[42] また、ビュルヌフ Burnouf は、“d'une classe inférieure”[43]と訳している。つまり、この訳語も、ケルンの “of bad caste” という訳語と同様、“durvarṇa” の “varṇa” を〝容色〟ではなく、むしろ〝階級〟〝姓〟、つまり、四 varṇa 制度でいうところの “varṇa” の意味に解した結果であることは、明らかである。おそらく、“durvarṇa” の “varṇa” には、〝容色〟と〝姓〟の両方の意味が込められているのであろうが、この “durvarṇa” という語のもつカースト的差別的性格は、〔36〕に対応する偈の表現を見るとより明確になる。即ち、〔36〕の「二人の人」は、「信解品」第二一偈では、次のように描かれるのである。

〔39〕 puruṣāṃś ca so tatra prayojayeta vaṅkāś ca ye kāṇaka kuṇṭhakāś ca / kucailakā kṛṣṇaka hīnasattvāḥ [IV, 21abc] (K, 113, 11-12)

〔40〕其人[44]慰喩、具解語之、有紫磨金、積聚於此、当以供仁、為飲食具。(『正法華』八二上四―六)

〔41〕即以方便、更遣余人、眇目矬陋、無威徳者。(『妙法華』一八上一六―一七)

㊵彼はそこで人々を用いるであろう。彼等は、傴僂 (vaṅka)、片目 (kāṇaka)、跛 (kuṇṭhaka)、粗末な衣服の人 (kucailaka)、黒い人 (kṛṣṇaka)、劣った〔小乗の〕衆生 (hīna-sattva) である。

ここで、「長者」によって派遣される人々は、〔36〕のように、「二人」ではなく複数形で「人々を」“puruṣāṃś” と言われているので、ここに〝二乗方便説〟の明確な表現はないが、しかし、派遣される人々に対する表現の差別性は、散文部分の〔36〕に比べて、一層顕著になり、特に身体的障害に対する差別的用語が多用されていることが、知られる。

では、散文部分の〔36〕と偈の〔39〕とでは、どちらが先に成立したと見られるべきであろうか。一般に、大乗経典における様々な差別的表現は、時代とともに、その差別的性格を益々強めていくと考えられる。[45] 従って、身体的障害に対する差別的用語を多用する「信解品」偈〔39〕が、「信解品」散文部分〔36〕よりも後に成立したことは、明らかであろう。即ち、〔39〕の差別的表現は、明らかに〔36〕の差別的性格をより露骨に展開したものなのである。この点から見ても、「第一類」において、偈の成立は散文部分の成立に先行すると見る布施説や辛嶋説は成立しないと考えられる。

なお、〔39〕に見られるような身体的障害に対する差別的用語は、後に詳しく見るように、〝「譬喩品」末尾の一連の偈〟で、衆生ⓑ、つまり〝非菩薩〟が『法華経』を誹謗する罪の報いを説く部分（III, vv.113-135）に多用されるものであり、〔39〕に出る“kāṇaka”も、“kuṇṭhaka”も、そこで用いられている。[46] しかし、それればかりではなく、〔39〕で使用された“vaṅka”が、「方便品」第六六偈で、次のように用いられていることが、注目される。

〔42〕 duḥśodhakā māni ca dambhinaś ca vaṅkāḥ śaṭhā alpaśrutāś ca bālāḥ /
te naiva śṛṇvanti mu[47] buddhaghoṣaṃ kadāci pi jjātisahasrakoṭiṣu // [II, v.66]（K, 48,7-8）

〔43〕 勢力薄少、而懐恐懼、未曾得聞、仏之音声、
恒当堕落、不離三処、億百千生、不能解法。（『正法華』七〇下一八―二〇）

〔44〕 我慢自矜高、諂曲心不実、於千万億劫、不聞仏名字。（『妙法華』八中一九―二〇）

㊶彼等は、浄めるのが難しいもの（duḥśodhaka）であり、慢心をもつもの（mānin）であり、欺くもの（dambhin）であり、曲（vaṅka）であり、詐者（śaṭha）であり、少聞（alpa-śruta）であり、愚者（bāla）である。彼等は決して、いかなるときも、幾千コーティもの生（jāti）においても、この仏陀の音声（buddha-ghoṣa）を聞かないのである。

「信解品」第二一偈〔39〕の“vaṅka”については、「傴僂」という訳語を与え、この「方便品」第六六偈の“vaṅka”については、「曲」という訳語を与えたのは、ここでは、“vaṅka”は身体的な意味ではなく、精神的な意味、つまり、〝心の曲ったもの〟というような意味に解されることが一般的だからである。確かに、この偈では、“vaṅka”を身体的な意味での“crooked”と解することは唐突に見える。というのも、この偈には、その他に、身体的障害に対する差別的な用語というものは挙げられていないからである。

では、"bāla"という語を有する、この「方便品」第六六偈には、差別的性格は全く認められないのかと言えば、そうではないであろう。"vaṅka"は、本来文字通りに、身体的な意味で"crooked"を意味する語であり、これが"vaṅka"の原義であると考えられる。とすれば、それをいわば比喩的に〝心の曲ったもの〟という意味で使用したとしても、原義のもつ差別的なニュアンスはそこで排除されてはいないであろう。まして、「信解品」第二一偈〔39〕では、この語は、明確に身体的障害に対する差別的表現として用いられているのである。それ故、「方便品」第六六偈の"vaṅka"の意味を、「信解品」第二一偈の"vaṅka"の意味から全く切り離して理解することは、不可能であろう。

しかるに、〔42〕に示した「方便品」第六六偈は、すでに見た〔22〕の「譬喩品」第一一一偈と、表現上の一致が著しい。即ち、"mānin""bāla"という語が、どちらの偈にも用いられているが、「方便品」第六六偈の"dambhinas"は、O本では"stambhinas"(55b5)となっている。"stambhin"は「傲慢な」という意味であり、こちらの方が『妙法華』〔44〕の「自矜高」という訳語に一致していると見られている。[48] しかるに、"stambhin"は「譬喩品」第一一一偈〔22〕に用いられているのである。すると、この二つの偈の趣旨がほぼ一致していることは最早明らかであると思われるが、「譬喩品」第一一一偈は、『法華経』を説いてはならない対象である衆生ⓑ、つまり〝非菩薩〟について述べたものなのである。とすれば、この偈と表現も趣旨もほぼ一致する「方便品」第六六偈〔42〕、つまり、「信解品」第二一偈と同様"vaṅka"の語を有する偈が、差別的性格をもつことも、明らかであろう。しかるに、このような差別的性格は、「方便品」散文部分には基本的には認められないと私は考えるのである。

では、次に、「方便品」散文部分には見られない「方便品」偈に独自の所説のうち、すでに諸学者によっても指摘されているものを列挙してみよう。即ち、次の通りである。

Ⓙその他、「方便品」の散文部分にはないが、その偈にあるものとして、次の所説がある。

「方等経」"vaipulya-sūtra"(II, v.50, v.52)

「舎利」"dhātu"(II, v.78, v.89, v.93, v.96)

「仏塔」“stūpa”（II, vv.78-82, v.89, v.95）
「仏像」“bimba”（II, v.83, v.84, v.94）, “vigraha”（II, v.85, v.86, v.87, v.89）
「小善成仏」（II, vv.78-97）
「六波羅蜜」（II, vv.75-76）
「実相印」“dharma-svabhāva-mudrā”（II, v.59）
「秘要」“rahasya”（II, v.140）
如来蔵思想 “dharma-netrī”（II, v.102）, “prakṛtiś ... prabhāsvarā”（II, v.102）, “dharma-niyāmatā”（II, v.103）
　空思想（II, v.68）

ここに列挙したもののうち、まず、“vaipulya-sūtra”「方等経」について言えば、この語は、複数形で“vaipulya-sūtrāṇi”（II, v.50, v.52）と用いられ、これを『正法華』では「方等経」（七〇中七、七〇中一二）と訳し、『妙法華』では「大乗〔経〕」（八上一〇、八上一四）と訳している。この語については、後に「譬喩品」散文部分の所説を検討するところで詳しく論じるが、この語は、後に見る「譬喩品」散文部分〔181〕で『法華経』の正式名称として提示される“saddharmapuṇḍarīkaṃ dharmaparyāyaṃ sūtrāntaṃ mahāvaipulyaṃ bodhisattvāvavādaṃ sarvabuddhaparigrahaṃ”（K, 65,1-2）という語のうちの“mahā-vaipulya”という語を承けたものと考えられる。この“mahā-vaipulya”は『妙法華』で「大乗」（一一中一五）と訳されるように、“mahāyāna”を意図しようとした語であるが、何故、このような語が『法華経』の経名の一部として提示されたかと言えば、「譬喩品」散文部分の作者が、「方便品」散文部分で説かれた「一乗」とは「仏乗」というよりも「大乗」であると主張する〝大乗主義〟を自らの思想的立場としていたからである。この〝大乗主義〟を「方便品」偈の作者も継承しているので、“vaipulya-sūtrāṇi”という語を、〝諸大乗経〟というような意味で用いたのであろう。

なお、この“vaipulya-sūtrāṇi”という語を含む「方便品」第五〇偈—第五二偈に関して、苅谷定彦博士は、

> ㊷しかしながら、この偈〔48〕及び偈〔50〕から〔52〕までは、あくまでも〈巧みな方法〉によって説かれた三乗中の大乗・菩薩乗のことを言うものであって、決して法華〈仏乗〉を述べたものと解すべきではない。法華〈仏乗〉の立場を明かしているのは偈〔53〕であり、それ故にこそ、それをうけて、その次の偈〔54〕に「一乗」の語が出てきているのである。（『一仏乗』一五一―一五二頁）

と論じられたが、この解釈には必ずしも従うことはできない。これについては、後に詳しく論じるが、ここでは単に、「譬喩品」散文部分〔181〕の〝mahā-vaipulya〟も、「方便品」偈の〝vaipulya〟も、いずれも〝mahāyāna〟を意図しようとしたものであり、これらの語の使用は、「譬喩品」散文部分の作者と「方便品」偈の作者という両者がともに奉じていた〝大乗主義〟にもとづいているという私見を述べるに留めておきたい。

次に、〝舎利〟〝仏塔〟〝仏像〟〝小善成仏〟〝六波羅蜜〟に関する所説は、すべて「方便品」偈の過去仏章（II, vv.71-97）に含まれるものである。しかるに、布施博士は、この過去仏章の諸偈のうち、「塔像関係の頌七八―九六頌」[49]（II, vv.78-96）について、散文部分に全く対応するものがないという理由で、「後世の挿入」[50]であるという見解を示された。この見解によれば、「方便品」偈には、本来〝舎利〟〝仏塔〟〝仏像〟及びそれに関連する〝小善成仏〟の教説は含まれていなかったということになるが、私はこの見解に従うことはできない。これについても後に詳論するが、私は、「方便品」偈は、基本的には、一様なもの、即ち、その全体が一時に成立したものとして扱うべきであると考えており、特に〝仏像〟に関する所説の成立が遅いと思われることは、「方便品」偈の成立が相当に遅いことを示しているであろう。

この点に関連して、平川彰博士は、

> ㊸なお「方便品」の偈文中には、仏像や仏画を作ることを説いているから、仏像の成立を予想している。学者によれば、仏像がガンダーラに出現したのは西紀一世紀の後半から二世紀前半と見られている。したがって法華経の最古層の成立を、西紀一〇〇年よりさかのぼらせることは困難である。（『初期と法華』四九六頁七―九行）

と述べられたのであるが、私見によれば、「方便品」の偈は、「『法華経』の最古層」ではないから、「方便品」の偈に見られる〝仏像〟に関する記述にもとづいて、『法華経』の最古層の成立年代を確定することはできないと思われる。㊸に述べられた平川説を批判して、辛嶋氏が指摘されたように、[51]『道行般若経』でも成立の遅い「曇無竭菩薩品」第二十九に〝仏像〟が言及されるのであるから、[52]『法華経』についても、その最古層と思われる「方便品」散文部分よりも成立の遅い「方便品」偈に〝仏像〟が述べられていると見るのは、むしろ当然であると思われる。

次に、〝小善成仏〟については、勝呂博士による次のような解説が参照されるべきであろう。

㊹小善成仏はストゥパ（塔）礼拝を中心とするものであって、塔に種々の供養をしたり、あるいはそれに向かって一度「南無仏」と唱えただけでも成仏する。あるいは子供が砂で塔を建てるまねをしたり、壁に仏像を画いただけでも成仏すると教えている。これはまさしく易行成仏といえるもので、在家信者にふさわしい教えといえるであろう。（『成立と思想』一二三頁一〇―一三行）

〝小善成仏〟は、〝小善によって成仏できる〟という説を意味する語として使用され、「方便品」偈の〝過去仏章〟（II, vv.71-97）に述べられる〝仏塔〟〝仏像〟に関連して説かれるものであり、具体的に、どの偈からどの偈までの所説を指すということについて、一致した見解があるわけではない。勝呂博士は、「とくに第七一―九七偈」とされて[53]いるが、〝仏塔〟について言及されるのは、第七八偈以降であるので、ここでは、一応、第七八偈―第九七偈に述べられる所説と見ておきたい。

その〝小善成仏〟について、勝呂博士が、㊹で「易行成仏といえるもので、在家信者にふさわしい」と述べられたのは重要であり、私見によれば、〝小善成仏〟とは、ヒンドゥー教的な在家信者の安易な要求に応えようとする傾向から生み出された教説であると思われる。

次に、「方便品」偈（II, vv.75-76）に、散文部分には述べられていない〝六波羅蜜〟の実践が説かれていることは、「方便品」偈の作者の〝大乗主義〟という思想的立場に一致していると考えられる。即ち、「方便品」偈に説かれるのは、基本的には大乗仏教の世界なのである。それ故、そこに大乗仏教の基本的実践としての〝六波羅蜜〟が述べられることに、何の不都合もないのである。

しかるに、重要なことは、「方便品」第七五偈・第七六偈には、単に〝六波羅蜜〟が説かれたというだけではなく、これに対応する「方便品」散文部分（K, 41,7-9）に〝聞法による菩提〟だけが説かれていたのに対し、この二偈では、さらに〝六波羅蜜による菩提〟という教説が付加されたと[54]いう点なのである。これは、明らかに、「方便品」第七五偈・第七六偈の作者が、「方便品」散文部分の内容を知っていて、その〝聞法による菩提〟という教説に、〝大乗主義〟という自らの思想的立場にもとづいて、〝六波羅蜜による菩提〟という教説を付加したことを意味しており、従って、「方便品」偈の成立がその散文部分の成立よりも後であることを明示しているのである。

次に、如来蔵思想について言えば、後に論じるように、[55]私は、諸法の“prakṛti”「本性」は常に清浄であると説く「方便品」第一〇二偈と、“dharma-niyāmatā”の語を有する第一〇三偈には、如来蔵思想、またはその起源が説かれていると考えている。しかるに、『八千頌般若経』*Aṣṭasāhasrikāprajñāpāramitā*（AS, Vaidya ed.）第一章の本来のテキストに、後になって、“prakṛtiś cittasya prabhāsvarā”（AS, 3,18）、つまり、「心の本性（prakṛti）は清浄である」という文章が付加されたという事実によっても示されるように、[56]私は、大乗仏教の思想は、基本的には〝空から有へ〟という変遷を遂げたと考えており、従って、如来蔵思想は基本的には、大乗仏教の空思想よりも後れて成立したと見ているが、この私見が正しいとすれば、如来蔵思想を説く「方便品」第一〇二偈・第一〇三偈の成立は相当に遅く、『般若経』の最古層の成立よりも遅れるということになるであろう。従って、この点からも、「方便品」偈の成立が遅いことが知られるであろう。

なお、『般若経』の空思想が「方便品」に影響を与えているかどうかは、大きな問題であろうが、後論するように、[57]「方便品」第六八偈に、〝一切法〟は“nitya-nirvṛta”であり、“ādi-praśānta”であると説かれるのは、『般若経』の空思想からの影響を示していると考えられるが、これに対して、「方便品」散文部分には、その影響を示す記述は存在しない。この点も、「方便品」偈の成立が、「方便品」散文部分の成立よりも遅いことを示しているであろう。

次に“rahasya”「秘密」とか“mudrā”「印」という語は、基本的には『法華経』の神秘化・秘教化という傾向と関連するように思われる。即ち、例えば、「法師品」には、次のように説かれている。

〔45〕tathāgatasyāpy etad bhaiṣajyarāja ādhyātmikadharmarahasyaṃ tathāgatabalasaṃrakṣitam apratibhinnapūrvam (K, 230, 7-8)

〔46〕如来正覚、無所毀敗、於内燕居、密従法師、受斯典者、即為如来威力所護、無能破壊、乃前世時、曾得聞之。(『正法華』一〇一中八—一〇)

〔47〕薬王、此経是諸仏秘要之蔵、不可分布妄授与人、諸仏世尊之所守護、従昔已来、未曾顕説。(『妙法華』三一中一八—二〇)

㊺薬王(Bhaiṣajyarāja)よ、これは、如来にとっても、内的な法の秘密(ādhyātmika-dharma-rahasya)であり、如来の力によって守護され、かつて顕わにされたことがないもの(apratibhinna)である。

即ち、ここで、『法華経』は、かつて顕わにされたことのない内的な“rahasya”「秘密」として神秘化されていると思われる。しかるに、『法華経』を神秘化する傾向とは、『法華経』それ自体の成立、つまり、『法華経』の最古層の成立以後でなければ起りえないと見られるから、『法華経』の神秘化に関係する“rahasya”という語も、『法華経』の最古層に用いられるべき語ではないであろう。

ただし、「方便品」第一四〇偈における“rahasya”の用例については、〝『法華経』の神秘化〟という傾向以外に、別の要素も考慮する必要がある。即ち、その用例は、「譬喩品」散文部分〔181〕における“rahasya”の用例(K, 64,12; 64,13)を踏えていると思われるのであるが、この点については、後にその個所を検討するときに詳しく論じたい。

次に“mudrā”「印」という語も、密教で重視されることからも知られるように、神秘的秘教的ニュアンスと切り離すことはできない。この語が用いられるのは、『法華経』では「序品」「方便品」「譬喩品」の偈だけにおいてであって、その三つの用例とは、次の通りである。

㋐“dharma-svabhāva-mudrā” [I, v.98]（K, 28,8）、「自然之教」（『正法華』六七下二三）、「実相義」（『妙法華』五中一九）

㋑“dharma-svabhāva-mudrā” [II, v.59]（K, 47,8）、「自然之印」（『正法華』七〇下二）、「実相印」（『妙法華』八中二）

㋒“dharma-mudrā” [III, v.105]（K, 92,13）、「法印」（『正法華』七八中二四）、「法印」（『妙法華』一五中七）

このうち、最初の二例は、“dharma-svabhāva-mudrā”という複合語に見られるものであるが、“svabhāva”に対する「自然」「実相」という漢訳語から見ても、ここには何等かの肯定的なもの、または実体的なものが意図されているように感じられる。即ち、“svabhāva”「自性」というのは、“prakṛti”「本性」の同義語であって、仏教的な「無自性」の立場からは本来否定されるべきものであろうが、それがここでは肯定されているのである。とすれば、“dharma-svabhāva-mudrā”の“svabhāva”を、すでに見た「方便品」第一〇二偈の“prakṛti”と同義と把え、そこで説かれている如来蔵思想が、この“dharma-svabhāva-mudrā”という語によっても説かれていると見ることも、不可能ではないであろう。このような解釈の妥当性は、「実相」という漢訳語が、中国仏教においては、如来蔵思想の立場から解釈されることが、一般的であった[58]という事実によっても、ある程度確認されるであろう。

さて次に、「方便品」第一四偈に、「新発意菩薩」、つまり“navayāna-samprasthita bodhisattvāḥ”[59]（K, 32,5）を形容する語として、“dharma-bhāṇaka”「法師」の語が用いられていることは、一応は、「方便品」偈の成立の遅さを示しているように見える。というのも、この語は、一般に「第二類」に属するとされ、明らかに成立の遅い「法師品」や「序品」等に多用されるものだからである。これは、「法師」の用例が、『道行般若経』においても、その成立の新しい部分にしか認められないことと対応している[60]ように見える。

かつて静谷正雄博士は、『小品般若経』以後の「初期大乗」以前に、「大乗」の語を用いない「原始大乗」の存在があったという仮説を提示されたが、この仮説において「原始大乗」の特徴として示されたのが、「大乗」という語を用いないこと以外に、「般若波羅蜜」の強調・『般若経』の「空」思想・経巻崇拝・「法師」等が、そこに説かれていないことであった[61]。

すでに述べたように、『道行般若経』の成立の古い部分、例えば「道行品」第一には、「大乗」「空」は説かれるが、「法師」は登場しない[62]。従って、「法師」の非存在が「大乗」や『般若経』以前であることを保証するものではないが、ある所に「法師」が説かれていれば、その成立は、『般若経』や「大乗」以後であるということは、ほぼ言えそうである。『法華経』についても、この点は同様であり、「法師品」や「序品」は、『般若経』や「大乗」以後であり、その影響を受けていると見ることは妥当であろう。

そのうち「法師品」については、すでに"rahasya"という語と関連して、そこに『法華経』自体の神秘化という傾向が認められることを指摘したが、この傾向は、『法華経』を経巻として崇拝する経巻崇拝を生じるのである。即ち、「法師品」には、次のように説かれている。

〔48〕tathāgataṃ sa bhaiṣajyarājāṃsena pariharati ya imaṃ dharmaparyāyaṃ likhitvā pustakagataṃ kṛtvāṃsena pariharati / (K, 227,8-9)

〔49〕則為如来肩所荷担[63]。(『妙法華』三一上五)

㊻薬王よ、誰であれ、この法門(dharma-paryāya)を書写し経巻(pustaka)となして、肩で担って運ぶもの、彼は、如来を肩で担って運んでいるのである。

ここでは、経巻としての『法華経』が神秘化され、絶対視され、如来そのものと見なされていることが理解される。しかも、この神秘化、絶対視の傾向は、『法華経』の経巻を所持している人間にまで及び、経巻崇拝は、「法師」崇拝にまで発展するのである。即ち、「法師品」には、次のようにも言われるのである。

〔50〕sa hi bhaiṣajyarāja kulaputro vā kuladuhitā vā tathāgato veditavyaḥ sadevakena lokena tasya ca tathāgatasyaivaṃ satkāraḥ kartavyo yaḥ khalv asmād dharmaparyāyād antaśa ekagāthām api dhārayet / (K, 226,1-3)

〔51〕其受是経持〔読誦写観聴供養幡華繒綵雑香芬薫〕、則当謂斯族姓子女成無上正真道。(『正法華』一〇〇下四—

六）

〔52〕若善男子善女人、於法華経乃至一句、受持読誦解説書写、種種供養経巻、華香瓔珞末香塗香焼香繒蓋幢幡衣服伎楽、合掌恭敬、是人一切世間所応瞻奉、応以如来供養而供養之。〔当知此人是大菩薩。〕（『妙法華』三〇下一七―二二）

㊼薬王（Bhaiṣajyarāja）よ、善男子（kula-putra）または善女人（kula-duhitṛ）が、この法門（dharma-paryāya）から僅か（antaśas）一つの詩頌（gāthā）でも受持する（dhārayet）ならば、その人は、如来（tathāgata）であると知るべきであり、その人に対して、如来に対してと同様に、天を含む世間によって、供養（satkāra）がなされるべきである。

ここで、この“dharma-paryāya”「法門」、つまり『法華経』から一つの“gāthā”「詩頌」を受持する人とは、実質的には「法師」を指している。というのも、この経文の後には、〝まして、この法門を全て受持し読誦し解説し書写し、様々に供養する人は、言うまでもない〟という趣旨の経文が続くからである。従って、ここには、『法華経』を受持する「法師」とは「如来」そのものであり、その「法師」に対しては、「如来」に対するのと同様の供養がなされるべきであるという主張がなされていると見ることができる。

この梵語テキスト〔50〕に見られる〝「法師」とは「如来」そのものである〟という主張[64]はかなり極端な思い切ったものと考えられるが、しかし、「法師品」には、「法師」を「如来」以上の存在と見る次のような経文も認められる。

〔53〕yaḥ khalu punar bhaiṣajyarāja kaścid eva sattvo duṣṭacittaḥ pāpacitto raudracittas tathāgatasya saṃmukhaṃ kalpam avarṇaṃ bhāṣet / yaś ca teṣāṃ tathārūpāṇāṃ dharmabhāṇakānāṃ asya sūtrāntasya dhārakāṇāṃ gṛhasthānāṃ vā pravrajitānāṃ vaikāṃ api vācam apriyāṃ saṃśrāvayed bhūtāṃ vābhūtāṃ vā / idam āgāḍhataraṃ pāpakaṃ karmeti vadāmi / （K, 227,4-7）

〔54〕仮使有人、志性殉嶮、常懐毒害、発意之頃、為其人説不可之事、其殃難測。若一劫中誹謗如来、毀斯人者、罪等無異。是皆悉為如世尊種。若族姓子、講斯典時、有小童子、受是経巻、白衣沙門、若以一言悪事向之、所不

可意、加於其人、使聞悪言、至誠虚妄、宣揚怨声、則在殃罪、猶如害意向於如来。（『正法華』一〇〇下一三―二〇）

〔55〕薬王、若有悪人、以不善心、於一劫中、現於仏前、常毀罵仏、其罪尚軽。若人以一悪言、毀呰在家出家読誦法華経者、其罪甚重。（『妙法華』三〇下二九―三一上三）

㊽薬王よ、ある衆生（sattva）が、邪心をもち、悪心をもち、怖しい心をもって、如来に向って、一劫（kalpa）の間、非難（avarṇa）を説くとしよう。また、ある衆生が、在家者（gṛhastha）であれ、出家者（pravrajita）であれ、このような法師（dharma-bhāṇaka）たち、つまり、この経典（sūtrānta）を受持する者（dhāraka）たちに対して、真実（bhūta）であろうと、虚妄（abhūta）であろうと、一つでも不愉快な言葉を聞かせるとしよう。〔この両者では、〕後者がより甚しい悪業であると、私は語る。

ここでは、〝「如来」を一劫の間、面と向って非難するよりも、「法師」に僅か一言でも不快な言葉を述べることの方が罪が重い〟という趣旨が述べられているから、ここでは、「法師」は「如来」よりも地位が高い存在とされていると思われる。ただし、『正法華』の〔54〕では、「罪等無異」とか「猶如害意向於如来」と言われているので、「法師」は「如来」と同等の存在とされていることになるが、「法師」の地位に対する高い評価は、経典が発展するにつれて、次第にエスカレートし、終には「如来」をも凌ぐ存在と見なされるに至ったと見ることができるであろう。

このような性格をもつ「法師」が「方便品」散文部分には現われず、「方便品」偈に登場することは、「方便品」偈の成立が遅いことを示していると理解することができるかもしれない。しかし、「法師」は「譬喩品」にも、「信解品」にも、散文部分と偈を含めて、登場しないのである。梵本において、「方便品」第一四偈以降、“dharma-bhāṇaka”「法師」が登場するのは、「化城喩品」散文部分に一例（K, 184,4）あるのみであるが、この用例については、この語を欠く写本も存在し、漢訳にも訳語を欠くことを理由に、辛嶋氏によって、疑問が提起されている。(65) 私もこの辛嶋氏の疑問を適切と考えるので、「方便品」第一四偈以降、梵本で“dharma-bhāṇaka”が最初に用いられるのは、「法師品」

の〔53〕においてであるということになるのである。「法師品」は、"dharma-bhāṇaka"「法師」の功徳がいかに優れているかを示すことをテーマとするので、そこにこの語が多用されるのは当然であるが、このような性格をもつ"dharma-bhāṇaka"が「方便品」第一四偈に使用されているというのは、いかにも奇異な感じを与えるのである。

しかるに、この用例についても、辛嶋氏は、疑義を表明されている。即ち、この偈における"dharma-bhāṇakās"は、O本では"dharmadeśakās"(39a7)となっており、漢訳も"dharma-bhāṇaka"の通常の訳語である「法師」とは異なり、「講説経法」(『正法華』六八中一六)、「能善説法」(『妙法華』六上一二)となっているので、「方便品」第一四偈の「dharmabhāṇaka は後の改変の可能性がある」と論じられたのである。[66] この指摘は、極めて重要であり、また基本的に妥当であると考えるが、しかし、後論するように、[67]"dharma-deśaka"という表現も、「方便品」散文部分には見られないものであり、「方便品」より後の章の一つである「五百弟子品」の散文部分〔342〕の表現にもとづいて使用されたものであると考えられる。

以上、「方便品」偈には、"bodhisattva" "mahāyāna" "putra"を始めとして、「方便品」散文部分には用いられていない様々の用語、概念、教説が説かれていることを具体的に示し、従って、「方便品」偈の成立は、「方便品」散文部分の成立よりも新しいと思われるという私見を提示した。この点については、さらに論証を加えるつもりであるが、少なくとも、「方便品」散文部分の所説を、「方便品」偈の所説にもとづいて理解することが、不適切であるということだけは、示すことができたのではないかと思われる。

では、以下に、私見によれば、『法華経』の最古層を形成する「方便品」散文部分の所説について、その冒頭部分から、簡潔に荒筋をたどるというような仕方で、検討を加えることにしよう。

第二章 「方便品」散文部分の前半部分の考察

まず、「方便品」散文部分は、次の文章によって始っている。[68]

〔56〕atha khalu bhagavān smṛtimān saṃprajānas tataḥ samādher vyutthito vyutthāyāyuṣmantaṃ śāriputram āmantrayate sma / (K, 29,1-2)

〔57〕於是世尊、従三昧覚、告賢者舎利弗。(『正法華』六八上一)

〔58〕爾時世尊、従三昧安詳而起、告舎利弗。(『妙法華』五中二五)

㊾そのとき、世尊は、念をもち正知をもって、その三昧(samādhi)から起ち、起ってから、尊者シャーリプトラに告げた。

ここで、仏陀は、シャーリプトラに告げたと言われているのであるから、『法華経』の聴き手は、第一にシャーリプトラという声聞であるとされていることが理解される。しかるに、これが「譬喩品」散文部分に至れば、シャーリプトラは〝実は菩薩である〟という趣旨が説かれるようになるのであり、この〝実は菩薩である〟という考え方こそが、すでに前章で若干述べたように、『法華経』の思想的立場を〝仏乗〟から〝大乗〟へ、または〝一乗真実説〟から〝三乗真実説〟へと変更するために用いられた最も重要な理論であると思われる。

さて、「方便品」散文部分の教説は、実質的には、〔56〕に続く次の文章から始まると考えられる。〔なお、以下の訳文、及び論述において〝仏陀によって悟られたもの〟をAと呼び、それに対して、二次的・方便的なものをBと呼称することにする〕

〔59〕 gambhīraṃ śāriputra durdṛśaṃ duranubodhaṃ buddhajñānaṃ tathāgatair arhadbhiḥ samyaksaṃbuddhaiḥ pratividdhaṃ[69] durvijñeyaṃ sarvaśrāvakapratyekabuddhaiḥ / (K, 29,2-3)

〔60〕 仏道甚深、如来至真等正覚、所入之慧、難暁難了、不可及知、雖声聞縁覚。（『正法華』六八上一―三）

〔61〕 諸仏智慧、甚深無量、其智慧門、難解難入、一切声聞辟支仏、所不能知。（『妙法華』五中二五―二七）

㊿シャーリプトラよ、如来・阿羅漢・正覚者たちによって通達された（pratividdha）仏智（buddha-jñāna）〔A〕は、甚深（gambhīra）であり、難見（durdṛśa）であり、難悟（duranubodha）であり、一切の声聞（śrāvaka）・独覚（pratyekabuddha）にとって難知（durvijñeya 識り難いもの）である。

これが、仏陀がシャーリプトラに説いた説法の第一声であるが、ここに見られる"buddha-jñāna"「仏智」、つまり「仏陀の智」という語こそが、「方便品」全体、あるいは『法華経』全体のテーマを根本的に規定することになるのである。即ち、この「如来」によって悟られた「仏智」を〝一切衆生〟が得ることができるかどうかということが、『法華経』全体の根本的テーマとなるのである。しかるに、その「仏智」は「難見」「難悟」であり、一切の「声聞」「独覚」にとって「識り難いもの」とされている。では何故、「声聞」であるシャーリプトラに対して説法がなされるのであろうか。

ここで、まず注意すべきは、「難」と「不可」の違いである。つまり、〔59〕において、「仏智」は、「声聞」「独覚」にとって、「難知」〝知るのが難しいもの〟であるとは言われているが、〝知ることができないもの〟〝不可知〟であるとは言われていない。従って、この点では、『正法華』〔60〕の「不可及知」も、『妙法華』〔61〕の「所不能知」も、"durvijñeya"を〝不可知〟の意味に解している点で、不適切な訳と考えられる。しかるに、このような不適切な訳が与えられたことに、理由がないわけではない。というのも、後に考察するように、〔59〕に対応する偈においては、「仏智」が〝不可知〟であることが力説されており、漢訳者はいずれも、散文部分と偈の所説を区別する意識を欠いていたが故に、偈に説かれる〝不可知〟説を、散文部分の翻訳である〔60〕〔61〕に導入してしまったと考えられるからである。おそらく、「仏智」を〝不可知〟と力説する偈の所説は、「仏智」を神秘化しようとするヒンドゥー教的・非主知主義的立場にもとづいているであろう。

さて、〔59〕については、注意すべき点がさらにある。それは、〔59〕の所説が、原始仏典において、仏陀が説法を躊躇するに至る理由を説明するものとして述べられる文章を下敷にして形成されていることである。即ち、例えば、パーリ仏典の『律蔵』「大品」では、仏陀が説法を躊躇する理由が次のように述べられている。[70]

〔62〕adhigato kho myāyaṃ dhammo gambhīro duddaso duranubodho santo paṇīto atakkāvacaro nipuṇo paṇḍitavedanīyo. ālayarāmā kho panāyaṃ pajā ālayaratā ālayasammuditā. ālayarāmāya kho pana pajāya ālayaratāya ālayasammuditāya duddasaṃ idaṃ ṭhānaṃ yad idaṃ idappaccayatā paṭiccasamuppādo.

idam pi kho ṭhānaṃ sududdasaṃ yad idaṃ sabbasaṃkhārasamatho sabbūpadhipaṭinissaggo taṇhakkhayo virāgo nirodho nibbānam. (*Vinaya*, I, 4,33-5,4)[71]

(51)実に、私によって証得された（adhigata）この法（dhamma）〔A〕は、甚深（gambhīra）であり、難見（duddasa, durdṛśa）であり、難悟（duranubodha）であり、寂静（santa）であり、優秀（paṇīta）であり、思量の領域を超えたもの（atakka-avacara）であり、鋭利（nipuṇa）であり、智者（paṇḍita）〔のみ〕によって知られるべきものである。しかるに、この衆生（pajā）は、アーラヤ（ālaya）を楽しみ、アーラヤを歓び、アーラヤを喜ぶものである。アーラヤを楽しみ、アーラヤを歓び、アーラヤを喜ぶ衆生にとって、この処（ṭhāna, sthāna）〔A〕、即ち、此縁性（idappaccayatā）、縁起（paṭiccasamuppāda）は、難見である。

この処、即ち、一切の諸行（saṅkhāra）の寂止（samatha）、一切の依（upadhi）の棄捨、渇愛（taṇhā）の滅尽（khaya）、離貪（virāga）、滅（nirodha）、涅槃（nibbāna）も、極めて難見（su-duddasa）である。

まず、ここに見られる"gambhīra"「甚深」"durdṛśa"「難見」"duranubodha"「難悟」という用語が「方便品」〔59〕でも用いられていることを考慮すれば、「方便品」〔59〕が原始仏典における右のような一節を踏まえて形成されていることは、明らかであろう。

しかるに、そうであるとすれば、「方便品」〔59〕の“buddha-jñāna”「仏智」「仏陀の智」に関して、その内容、または、対象が明らかになるように思われる。つまり、「方便品」〔59〕の「如来……たちによって通達された仏智」〔A〕は『律蔵』「大品」〔62〕の「私によって証得されたこの法」〔A〕に対応するが、〔62〕では〝「この法」=「この処」=「縁起」〟とされているから、「方便品」〔59〕の「仏智」も、「縁起」を内容・対象としていると見ることができるであろう。

ただし、「方便品」〔59〕において、「仏智」の内容が「縁起」であると明確に規定されていないことは、やはり事実として認めざるを得ない。しかるに、この点について、〝「方便品」〔59〕で経典作者が「仏智」の内容を「縁起」であると明確に規定していないのは、彼が「仏智」、つまり、悟り(bodhi)の内容を、一切の知的・概念的な規定を超えたものと見なしていたからである〟という解釈がなされるかもしれない。この解釈は「方便品」〔59〕の「難見」「難悟」「難知」を〝不可知〟とか〝不可説〟と見なす理解、即ち、後論するように、「方便品」の偈に明確に認められる理解と一致するものであろうが、しかし、〔59〕の解釈としては適切でないと思われる。

また、「方便品」〔59〕において、「仏智」の内容が「縁起」であると規定されていないことの理由の一つとして、『律蔵』「大品」においては、〝「この法」=「この処」=「縁起」〟であり、「法」は単数形で用いられていたが、「方便品」の〔59〕に続く個所においては、後論するように、仏陀が悟った「法」〔A〕を複数形として表現する個所も認められるということが、考えられるかもしれない。というのも、〝「仏智」=「諸法」〟であるとすれば、その「諸法」を「縁起」という単数名詞と等号で結ぶことはできないからである。

では、ここで再び、『律蔵』〔62〕と対照して、「方便品」〔59〕の意義を考えてみよう。〔62〕では、“pajā”“prajā”「衆生」にとって、〝「この法」=「この処」=「縁起」〟〔A〕は、〝知るのが難しい〟と言われていると考えられる。では何故〝知るのが難しい〟のかと言えば、その理由が〝「衆生」は“ālaya”を楽しむが故に〟と述べられているのであろう。すると、ここで、"ālaya" の語義とは何かが問題になるが、これについて五世紀頃の註釈者ブッダゴーサ Buddhaghosa は、次のように註釈している。[72]

〔63〕ālayarāmā ti sattā pañcakāmaguṇesu allīyanti, tasmā te ālayā ti vuccanti, tehi ālayehi ramantīti ālayarāmā.

(*Samantapāsādikā*, 961,19-21)

(52)「アーラヤを楽しむ」(ālaya-rāma) とは、衆生 (satta, sattva) たちは、五つの欲望の対象 (pañca-kāma-guṇa 五妙欲) に執着する (allīyanti) が故に、それら〔五つの欲望の対象〕が、アーラヤ (ālaya 執着の対象) と言われる。それらのアーラヤによって楽しむというわけで、〔衆生たちは〕「アーラヤを楽しむ」というのである。

つまり、"ālaya" とは、〝それに衆生が執着するところのもの〟、つまり「執着の対象」、または「執着の対象的基体」であり、それは具体的には、「色」「声」「香」「味」「触」という「五つの欲望の対象」を指すというのである。"ālaya" は、後の瑜伽行派において "ālaya-vijñāna" という語が用いられたことから考えても重要な用語であることは明らかであるが、少なくとも、『律蔵』「大品」〔62〕においては、"ālaya" が「執着」ではなく、「執着の対象」を意味することは、認めざるを得ないであろう。さもなければ、過去分詞を後分とする "ālaya-rata" "ālaya-sammudita" という複合語の意味がうまく理解できないからである。すると、『律蔵』「大品」〔62〕で、"ālaya" が〔63〕で解釈されたように、「五つの欲望の対象」を指すにせよ、あるいは、「五取蘊」を意味するにせよ、そこでは、「衆生」は「執着の対象」を楽しむが故に、「衆生」にとって〝「この法」=「この処」=「縁起」〟〔A〕は、〝知るのが難しい〟という趣旨が述べられたということになるであろう。

では、「方便品」〔59〕では、「声聞」「独覚」にとって、「仏智」が〝知るのが難しい〟理由は、どのように説かれているであろうか。その理由は、実は、〔59〕自体ではなく、〔59〕に続く次の一節で説かれているのである。

〔64〕tat kasya hetoḥ / bahubuddhakoṭīnayutaśatasahasraparyupāsitāvino hi śāriputra tathāgatā arhantaḥ samyaksaṃbuddhā bahubuddhakoṭīnayutaśatasahasracīrṇacaritāvino 'nuttarāyāṃ samyaksaṃbodhau dūrānugatāḥ kṛtavīryā āścaryādbhuta-

dharmasamanvāgatā durvijñeyadharmasamanvāgatā durvijñeyadharmānujñātāvinaḥ //（K, 29,3-6）
〔65〕従本億載、所事帰命、無央数劫、造立徳本、奉遵仏法、慇懃労苦、精進修行、尚不能了道品之化。（『正法華』六八上三―五）
〔66〕所以者何。仏曾親近百千万億無数諸仏、尽行諸仏無量道法、勇猛精進、名称普聞、成就甚深未曾有法。（『妙法華』五中二七―二九）
㊸それは何故かといえば、シャーリプトラよ、如来・阿羅漢・正覚者たちは、幾百千コーティ・ナユタもの多くの仏陀に親近供養し（paryupāsitāvin）、無上正覚（anuttara-samyaksaṃbodhi 無上の正しい菩提）〔A〕に向って、幾百千コーティ・ナユタもの多くの仏陀のもとで行を行じ、長い間、随順し、精進（vīrya）をなして、希有（āścarya）・未曾有（adbhuta）な〔諸〕法（dharma）〔A〕を具え（samanvāgata）、難知（durvijñeya）な〔諸〕法〔A〕を具え、難知な〔諸〕法〔A〕を知ったからである。

ここで、まず、“āścarya-adbhuta-dharma”「希有・未曾有な法」と“durvijñeya-dharma”「難知な法」とがイコールであることは、言うまでもない。しかるに、“durvijñeya”「難知」というのは、〔59〕において“buddha-jñāna”「仏智」の限定語として使用されていたから、次のような等式が成立するであろう。

buddhajñāna = durvijñeya = āścaryādbhuta-dharma = durvijñeya-dharma〔A〕

また、ここで「仏智」が「法」と言われたのは、『律蔵』「大品」〔62〕で、仏陀が悟った対象が、「この法」と言われたことにもとづいていると見ることもできるであろう。

では、「方便品」〔59〕〔64〕において、「仏智」は、「声聞」「独覚」にとって、何故〝知るのが難しいもの〟〝難知〟とされているのであろうか。その理由について見る前に、まず「方便品」の以下の説明では、「声聞」は重要な役割を果すが、「独覚」はそうではないという点を確認しておきたい。つまり、〔59〕の末尾に、「一切の声聞と独覚にとって難知である」と述べられていても、実際に問題となるのは、「声聞」だけなのである。このように考えることによって、「方便品」の以下の説明は、分り易いものとなるであろう。つまり、「方便品」〔64〕は、「仏智」が「声聞」にとって〝知るのが難しい〟理由を説明するものなのである。

では何故、〝知るのが難しい〟のか。〔64〕の説明は、簡単に言えば、その理由を「仏陀」と「声聞」の修行の期間の相違、つまり、供養諸仏・見仏聞法を中心とする修行の期間の相違として説明しているように思われる。つまり、「仏陀」は過去世において、長期間、無数の仏陀に仕え、また「無上の正しい菩提」に向って修行を積み、その結果として、漸くにして〝「仏智」=「知り難い法」〟を「知った」、つまり〝悟った〟と言われているのである。ということは、「声聞」の修行は、どれ程長く見ても、僅かに「四十余年」[73]にしかすぎないではないか、ということが意図されているものと思われる。つまり、仏陀が三十五歳で悟り、説法を開始してから、まだ「四十余年」しか経っていないので、「声聞」が仏陀から教えを受けて修行した期間も、それ以上ではありえないというのである。ここには、〝原因である修行、あるいは、聞法の期間の長短にもとづいて、結果である果報の優劣がある〟という極めて合理的な観念が認められるであろう。

勿論、「声聞」と「如来」とでは、修行の期間だけではなく、その目的も異なっているとされているという見方もありうるであろう。つまり、「如来」は、「方便品」〔64〕では「無上の正しい菩提」を目的として修行したとされるのに対し、「声聞」の方は〔64〕には述べられていないものの、「菩提」〔A〕ではなく「涅槃」〔B〕を目的として修行したとされているという見方も可能であろう。しかし、私見によれば、〔64〕で何よりも強調されているのは、やはり「声聞」と「如来」の修行の期間の相違ということであろうと思われる。

しかるに、仏陀が〝悟り〟を得たのは、長期間の苦難にみちた修行の結果なのであるという考え方は、すでに原始仏典にも認められる。即ち、『律蔵』「大品」の〔62〕のやや後に置かれる偈には、次のように説かれている。

〔67〕kicchena me adhigataṃ halaṃ dāni pakāsituṃ /
rāgadosaparetehi nāyaṃ dhammo susaṃbuddho /

paṭisotagāmi nipuṇaṃ gambhīraṃ duddasaṃ aṇuṃ /
rāgarattā na dakkhanti tamokhandhena āvuṭā //（*Vinaya*, I, 5,8-11）

(54)労苦（kiccha）によって、ようやく、私によって証得されたもの（adhigata）〔A〕を、今や、説く必要はない（halaṃ dāni pakāsitum）。
この法（dhamma）〔A〕は、貪・瞋に負かされた人々によって、容易に悟られるもの（su-saṃbuddha）ではない。[74]〔世間の〕流れに反して行くもの（paṭisotagāmin）であり、鋭利（nipuṇa）であり、甚深（gambhīra）であり、難見（duddasa）であり、微（aṇu）である。〔それを〕貪に執われ、闇に覆れた人々は見ない。

従って、「方便品」〔64〕の所説は、〔67〕の"kiccha"「労苦」を過去世における無数の仏陀のもとでの修行と解し、それを欠いている「声聞」には、「仏智」は〝知るのが難しい〟という趣旨を説くものと考えられる。つまり、ここでも、「方便品」は、原始仏典の所説、特に仏伝の説明に依存していることが、知られるのである。

しかるに、「方便品」〔64〕に続く、次の一節では、『法華経』独自の表現が多く認められる。

〔68〕durvijñeyaṃ śāriputra saṃdhābhāṣyaṃ tathāgatānām arhatāṃ samyaksaṃbuddhānām / tat kasya hetoḥ / svapratyayān dharmān[75] prakāśayanti vividhopāyakauśalyajñānadarśanahetukāraṇanidarśanārambaṇa[76]niruktiprajñaptibhis[77] tais tair upāyakauśalyais tasmiṃs tasmiṃl lagnān sattvān pramocayitum /（K, 29,7-9）

〔69〕又舎利弗、如来観察、人所縁起、善権方便、随誼順導、猗靡現慧、各為分別、而散法誼、用度群生。（『正法華』六八上五―七）

〔70〕随宜所説、意趣難解。舎利弗、吾従成仏已来、種種因縁、種種譬喩、広演言教、無数方便、引導衆生、令離諸著。（『妙法華』五中二九―下三）

(55)シャーリプトラよ、如来・阿羅漢・正覚者たちの意図所説（saṃdhā-bhāṣya 意図して説かれるもの）〔A〕は、難知（durvijñeya）である。それは何故かといえば、〔如来・阿羅漢・正覚者たちは〕自ら証した（sva-pratyaya）諸法

〔A〕を（dharmān）、様々の方便善巧（upāya-kauśalya）・知見（jñāna-darśana）[78]・因・原因・譬喩・語釈・仮説〔B〕によって、説き明す（prakāśayanti）のである。あれこれの方便善巧（upāya-kauśalya）[79]〔B〕によって、あれこれのものに執着している（lagna）衆生たちを解脱させるために（pramocayitum）。

ここでまず、冒頭の一文は、『正法華』には訳されていないようであるが、その一文に見られる“saṃdhā-bhāṣya”の意味とは何であろうか。これについて、諸学者の訳は、次の通りである。

“le langage énigmatique”（*Burnouf*, p.19, *l*.17）, “the mystery”（*Kern*, p.30, *l*.19）,「深く微妙な意義をもつ言葉」（『岩波上』六七頁一〇行）、「独自の教え」（「渡辺詳解」二八回、八二頁上四行）、「深い意味を秘めて語られたことば」（『松濤Ⅰ』三九頁一一行）、「密意をもってお説きになられた言葉」（『中村 上』二九頁一一行）、「『仏のある意図』（saṃdhā）によって説かれる所」（『一仏乗』六三頁七行）

これらの翻訳の多くは、“saṃdhā-bhāṣya”を「言葉」と見なしているが、この解釈に私は賛成できない[80]。というのも、〔68〕冒頭の“durvijñeya”という形容詞に注目すれば、ここで“saṃdhā-bhāṣya”と言われているのは、〝「仏智」=「希有・未曾有な法」=「難知な法」〟〔A〕を指しているのは、明らかだと思われるからである。即ち、次のような等式が成立する。

buddha-jñāna = durvijñeya = āścarya-adbhuta-dharma = durvijñeya-dharma = saṃdhā-bhāṣya〔A〕

従って、“saṃdhā-bhāṣya”は“buddha-jñāna”「仏智」〔A〕を意味するから、決して「言葉」ではない。即ち、“saṃdhā-bhāṣya”とは、〝何等かのもの *x* を意図して言葉が説かれるときのその *x*〟を意味すると思われる。それ故、“-bhāṣya”は、この場合、「言葉」ではなくて、「説かれるもの」を意味する未来受動分詞（gerundive）と見るべきであろう。『法華経』梵本には、“saṃdhā-bhāṣya”という語が、〔68〕における用例を初出として、九回用いられ[81]、その他にも、“saṃdhā-bhāṣita”という類似の複合語が五回用いられる[82]が、この複合語の後分をなす“bhāṣita”も、やはり「説かれたもの」を意味する過去受動分詞であって、「言葉」を意味しないであろう。

しかるに、『法華経』梵本には、明らかに「言葉」を意味する“saṃdhā-vacana”という複合語が二回用いられるという事実があり、これこそが、“saṃdhā-bhāṣya”は「言葉」を意味するという理解を生み出す原因となってきたように思われる。しかし、その二回の用例は、「方便品」の偈、しかも、最後の二つの偈（第一四四偈、第一四五偈）〔433〕に見られるものであり、「方便品」の偈の所説と散文部分の所説を同一視すべきではないという私見によれば、「方便品」偈に見られる“saṃdhā-vacana”という語によって、「方便品」散文部分〔68〕の“saṃdhā-bhāṣya”の語義を理解すべきではないと考えられるのである。

また、〔68〕の“saṃdhā-bhāṣya”が「言葉」を意味しないという私見は、漢訳、及びチベット訳によっても支持されるであろう。即ち、まず、“durvijñeyaṃ ... saṃdhābhāṣyaṃ”に対応する『妙法華』〔70〕の「随宜所説、意趣難解」という訳文において、「難解」とされるのは、「意趣」であって「言葉」ではない。しかるに、この場合の「意趣」が、“意図したところ”、つまり“何等かのもの x を意図して、ある言葉が説かれるときのその x”を指していることは、明らかであろうが、その“x”とは、〔68〕においては“「仏智」=「希有・未曾有な法」”〔A〕を指していると考えられるのである。

また、〔68〕の“saṃdhā-bhāṣya”のチベット訳は、“ldem por dgoṅs te bśad pa”（P, chu,14b6）であり、これは「意図して説かれたもの」を意味するであろうが、同じ“saṃdhā-bhāṣya”が別の個所では“ldem por dgoṅs te bśad paḥi don”（P, chu,18b8）、つまり、「意図して説かれた意味」と訳されている。即ち、「方便品」散文部分の後の個所、つまり、所謂“一大事因縁”を説く部分の少し前にある個所に、〔68〕の冒頭の一文と類似した次の文章が見られる。

〔71〕durbodhyaṃ śāriputra tathāgatasya saṃdhābhāṣyaṃ /（K, 39,10-11）

〔72〕〔如来……所説〕深経、誼甚微妙。（『正法華』六九中二六―二七）

〔73〕舎利弗、諸仏随宜説法、意趣難解。（『妙法華』七上一七―一八）

㊻シャーリプトラよ、如来の意図所説（saṃdhā-bhāṣya）〔A〕は、難悟（durbodhya）である。

この〔71〕の“saṃdhā-bhāṣya”が、すでに述べたように、“ldem por dgoṅs te bśad paḥi don”と訳されたのであるが、このチベット訳者による“don”「意味」という補いは重要である。即ち、〔71〕の“saṃdhā-bhāṣya”について、いかなる写本も、“saṃdhā-bhāṣya-artha”などという読みを示していないにもかかわらず、この“don”という補いによって、ここで“saṃdhā-bhāṣya”とは、“abhidhāna”「能詮」たる「言葉」ではなく、“abhidheya”「所詮」たる“artha”(don)「意味」であることが明示されているからである。

また、『妙法華』〔73〕においても、「難解」とされるのは、「説法」という「言葉」ではなくて、「意趣」という「意味」なのであり、『正法華』〔72〕においても、「微妙」とされるのは、「誼」=「義」、つまり“artha”「意味」なのである。

従って、“saṃdhā-bhāṣya”は、「言葉」ではなく、〝あるものxを意図して、ある言葉が説かれるときのそのx〟であるという解釈は、妥当なものとして成立するであろう。

しかも、この解釈の妥当性は、「方便品」〔68〕の後半を読み進めることによって、確認されると思われる。というのも、そこで、“svapratyayān dharmān”[83]「自ら証した諸法〔を〕」とあるのが、“saṃdhā-bhāṣya”つまり「意図して説かれたもの」〔A〕に相当すると思われるからである。

しかるに、ここに、疑問が生じるであろう。それは、「諸法」というような複数名詞が〝仏陀によって悟られたもの〟〔A〕でありうるであろうかという疑問である。これについて、まず、“dharma”「法」という語は、「方便品」散文部分において、〔68〕の“svapratyayān dharmān”におけるものが、初出なのではない。というのも、“dharma”はすでに〔68〕直前の〔64〕において“āścarya-adbhuta-dharma”「希有・未曾有な〔諸〕法」、“durvijñeya-dharma”「難知な〔諸〕法」という形で用いられていたからである。

では、この〔64〕の“āścarya-adbhuta-dharma”と“durvijñeya-dharma”は、経典作者によって、単数と見なされているのか、複数と見なされているのかといえば、おそらく後者であろう。というのも、〔68〕に続く〔74〕には、諸仏について、“jñāna-darśana-bala-vaiśāradya-āveṇika-indriya-bala-bodhyaṅga-dhyāna-vimokṣa-samādhi-samāpatty-adbhuta-dharma-samanvāgatā”「知見・〔十〕力・〔四〕無所畏・〔十八〕不共・〔五〕根・〔五〕力・〔七〕覚支・禅定・解脱・三昧・等至という未曾有な諸法を具え」という表現が認められるからである。つまり、ここで“adbhuta-dharma”とは、十力・四所無畏・十八不共仏法等の“buddha-dharmāḥ”「仏法」、即ち〝仏陀〔だけ〕がもつ諸法（諸性質）〟を指していると考えられる。従って、〔64〕の“āścarya-adbhuta-dharma”と“durvijñeya-dharma”も、やはり〝仏陀〔だけ〕がもつ諸法〟を指しているのであって、〔64〕では、諸仏はこれを“samanvāgata”「具え」、これを“anujñātāvin”「知った」と言われていたのである。

　とすれば、この諸仏が「知った」〝仏陀〔だけ〕がもつ諸法〟を〔68〕で“svapratyayān dharmān”「自ら証した諸法」と表現することに、何の不都合もないであろう。従って、以上の所論を要約すれば、〝仏陀によって悟られたもの〟〔A〕に関して、次のような等式が成立するのである。

buddha-jñāna = durvijñeya = āścarya-adbhuta-dharma = durvijñeya-dharma = saṃdhā-bhāṣya = svapratyaya-dharma

　つまり、『律蔵』「大品」〔62〕では“ayaṃ dhammo”「この法」と言われた〝仏陀によって悟られたもの〟〔A〕は、「方便品」〔59〕では“buddha-jñāna”「仏智」と表現されたと思われるが、両者はいずれも、単数名詞であるのに対し、「方便品」〔68〕の“svapratyayān dharmān”「自ら証した諸法」は複数形であるため、これを〔A〕と見なすことは不自然であると考えられるかもしれないが、すでに述べたように、「方便品」〔64〕の“durvijñeyadharmānujñātāvin”「〔諸仏は〕難知な諸法を知った」という表現は、〝仏陀によって悟られたもの〟〔A〕を複数と見ることを明確に許容しているのである。

　さて、〔68〕の趣旨をさらに検討しよう。〔68〕は、諸仏の“saṃdhā-bhāṣya”〔A〕が“durvijñeya”「難知」であることの理由を説明する文章と考えられる。この点は、“buddha-jñāna”〔A〕が「声聞」「独覚」にとって、“durvijñeya”であることの理由を説明する〔64〕に対応している。しかるに、〔68〕では、〔A〕は〝「声聞」「独覚」にとって〟

「難知」であるとは述べられていないし、また、その「難知」であることの理由として、〔64〕のように、〝「声聞」「独覚」〟が「菩提」に向けた長期間の修行を欠いていることも言われてはいない。〔68〕で〔A〕の「難知」性の理由として述べられるのは、〝諸仏が、自ら証した諸法〔A〕を「方便」「因」「譬喩」「仮説」等によって説き明す〟ということであり、その目的は、〝「執着」している「衆生」たちを「解脱」させるためである〟というのである。

しかし、〔A〕の「難知」性の理由として述べられたこのような説明は、必ずしも理解しやすいものではない。「衆生」は「執着」しているが故に、その「衆生」にとって、〝仏陀によって悟られたもの〟〔A〕は、「難知」であるということは、『律蔵』「大品」〔62〕に述べられたことであり、「方便品」〔68〕の「あれこれのものに執着している衆生たち」という表現は、おそらく、この〔62〕の説明を承けているであろう。しかし、「方便品」〔59〕〔64〕が、『律蔵』「大品」〔62〕と大きく異なる点は、すでに述べたように、〔59〕では〝仏陀によって悟られたもの〟〔A〕が「衆生」ではなく、「声聞」「独覚」にとって「難知」であるとされることなのである。しかるに、「方便品」〔68〕には、「声聞」「独覚」への言及はなく、〝仏陀によって悟られたもの〟〔A〕が、そこでは単に一般的に「難知」であると言われているように見えるのである。これをいかに理解すべきであろうか。

「方便品」〔68〕には、〝諸仏が自ら証した諸法を、「因」「譬喩」「仮説」等によって説き明す〟と言われているが、これは〝説法〟ということそれ自体に、「難知」性の契機が含まれているという理解を示すものであろう。しかるに、ここで注目すべきは、〝説法〟と「声聞」との不可離の関係なのである。即ち、"śrāvaka"「声聞」とは「聞く人」であり、〝説法〟を「聞く人」を意味するが、諸仏が「自ら証した諸法」〔A〕を説き明したとき、「声聞」によって聞かれるのは、この「自ら証した諸法」〔A〕それ自体ではなく、〝様々の「因」「譬喩」「仮説」等〟〔B〕か、または、〝様々の「因」「譬喩」「仮説」等によって説き明されたもの〟〔B〕なのである。従って、この〝様々の「因」「譬喩」「仮説」等〟〔B〕を聞く「声聞」が、それを通して、諸仏の「自ら証した諸法」〔A〕という"saṃdhā-bhāṣya"「意図所説」=「仏智」〔A〕を知るのは難しいという意味で、"durvijñeya"「難知」ということが〔68〕で言われたのではないかと考えられる。

しかるに、この場合、〝様々の「因」「譬喩」「仮説」等〟〔B〕を、もしも〝言葉〟全般と見なすならば、〝仏陀によって悟られたもの〟〔A〕は、言葉では表現できない〝不可説〟なものであり、また、各自直接体験されるべき〝自内証〟(pratyātmavedya) なものであるという体験主義的・神秘主義的理解が成立するであろう。その場合、“saṃdhā-bhāṣya” という語にも、また “svapratyaya” という語にも、神秘主義的・体験主義的解釈が加えられることになるであろうが、私見によれば、〝様々の「因」「譬喩」「仮説」等〟〔B〕が〝言葉〟全般を意味するとは考えられないので、このような解釈は、適切ではないであろう。

また、「方便品」〔68〕で、諸仏による説法の目的が、「あれこれの方便善巧によって、あれこれのものに執着している衆生たちを解脱させるために」と述べられたことにも、注目したい。この一文に従えば、諸仏による方便にもとづく説法の目的は、「解脱」〔B〕であって、「仏智」〔A〕ではない。私見によれば、『法華経』全体の最大のテーマの一つが〝「仏智」(「菩提」)〔A〕と「涅槃」〔B〕の区別〟ということであり、『法華経』の基本的主張は、仏教の真の理想は、「涅槃」〔B〕ではなく、[84]「仏智」〔A〕であるという立場から、「涅槃」〔B〕の理想に満足している「声聞」に対して、〝「仏智」〔A〕を求めよ〟と説くことにあったと思われる。このような理解からすれば、「方便品」〔68〕で諸仏による説法の目的が、「涅槃」〔B〕と基本的には同義と思われる「解脱」〔B〕とされていることは、『法華経』全体の趣旨に合致しないように見える。しかし、〔68〕において、説法の主体は、「如来・阿羅漢・正覚者たち」であって、釈迦仏(釈迦牟尼仏)ではない。つまり、釈迦仏による “eka-kṛtya”「一事」、つまり、諸仏出現の唯一の目的(=「仏智」〔A〕を衆生たちに悟らせること)に関する説法は、〔68〕においてはまだ開始されていないのである。

しかるに、このように考えるとき、「方便品」散文部分の実質的には冒頭にある〔59〕の「如来・阿羅漢・正覚者たちによって通達された仏智は、一切の声聞・独覚にとって難知である」というメッセージをいかに理解すべきであろうか。「声聞」は〔68〕によれば、「解脱」(「涅槃」)〔B〕を目的とする「方便」による説法、あるいは「方便」を聞いてきた人々である。とすれば、「解脱」(「涅槃」)〔B〕を目的としてきた「声聞」にとって、「仏智」〔A〕が「難知」であるというのは、当然であろう。

しかるに、もしも「仏智」〔A〕が「声聞」にとって「難知」ではなく、〝不可知〟であるとすれば、「声聞」は決して「仏」になることはできず、「声聞」「独覚」「仏」という三つのコースは決して交わることがないという意味で、「声聞」「独覚」「仏」の〝三乗各別説〟が帰結するであろう。これに対して、もし「仏智」〔A〕が、「声聞」「独覚」にとって「難知」であるというならば、この説示は、確かに「声聞」「独覚」「仏」という三乗の区別を前提としてはいるが、その三乗の絶対的各別を説くものではないと見るべきであろう。

なお、ここで注意すべきは、ここで三乗として意識されているのは、あくまでも、「声聞」「独覚」「仏」であって、「声聞」「独覚」「菩薩」ではないという点である。従って、「方便品」散文部分が、『般若経』等の大乗経典を前提としているという確証は、その冒頭部分である〔56〕〔59〕〔64〕〔68〕からは得られないということになるであろう。

では、次に、「方便品」〔68〕に続く一節を以下に示すことにしよう。

〔74〕mahopāyakauśalyajñānadarśanaparamapāramitāprāptāḥ śāriputra tathāgatā arhantaḥ samyaksaṃbuddhāḥ/asaṅgāpratihata-jñānadarśanabalavaiśāradyāveṇikendriyabalabodhyaṅgadhyānavimokṣasamādhisamāpattyadbhutadharmasamanvāgatā vividhadharmasaṃprakāśakāḥ / mahāścaryādbhutaprāptāḥ śāriputra tathāgatā arhantaḥ samyaksaṃbuddhāḥ / alaṃ śāriputra etāvad eva bhāṣitaṃ bhavatu paramāścaryaprāptāḥ śāriputra tathāgatā arhantaḥ samyaksaṃbuddhāḥ / (K, 29,10-30,1)

〔75〕以大智慧力無所畏一心脱門三昧正受、不可限量、所説経典、不可及逮、而如来尊較略説耳。大聖所説、得未曾有、巍巍難量。(『正法華』六八上七―一〇)

〔76〕所以者何。如来方便知見波羅蜜、皆已具足。舎利弗、如来知見広大深遠、無量無礙力無所畏禅定解脱三昧、深入無際、成就一切未曾有法。舎利弗、如来能種種分別、巧説諸法、言辞柔軟、悦可衆心。舎利弗、取要言之、

無量無辺未曾有法、仏悉成就。止、舎利弗、不須復説。所以者何。仏所成就、第一希有難解之法。（『妙法華』五下三―一〇）

㊼シャーリプトラよ、如来・阿羅漢・正覚者たちは、大きな方便善巧（upāya-kauśalya）と知見（jñāna-darśana）の最高の波羅蜜（pāramitā）〔A〕を得ている。〔即ち〕無障礙（asaṅga）・無礙（apratihata）な知見（jñāna-darśana）・〔十〕力（bala）・〔四〕無所畏（vaiśāradya）・〔十八〕不共（āveṇika）・〔五〕根（indriya）・〔五〕力（bala）・〔七〕覚支（bodhy-aṅga）・禅定（dhyāna）・解脱（vimokṣa）・三昧（samādhi）・等至（samāpatti）という未曾有な諸法（adbhuta-dharma）〔A〕を具え、様々な諸法（vividha-dharma）を説き明すもの（saṃprakāśaka）[85]である。シャーリプトラよ、如来・阿羅漢・正覚者たちは、大きな希有・未曾有な〔諸法〕〔A〕を得ている。シャーリプトラよ、ここまで説けば、充分である。〔さらに説く必要はない。〕

　シャーリプトラよ、如来・阿羅漢・正覚者たちは、最高の希有な〔諸法〕〔A〕を得ている。

まず、すでに述べたように、ここには、“jñānadarśana-bala ... samāpatty-adbhuta-dharma-samanvāgata”「知見・力……等至という未曾有な諸法を具え」という表現があり、これによって、〔64〕の“āścarya-adbhuta-dharma-samanvāgata”の“āścarya-adbhuta-dharma”も複数であり、「希有・未曾有な諸法」と訳し得ることが知られるのである。

　しかるに、〔64〕でも〔74〕でも、諸仏が「具える」“samanvāgata”とされるものは、「未曾有な諸法」という〝仏陀によって悟られたもの〟〔A〕なのであるから、〔74〕冒頭の“mahā-upāyakauśalya-jñāna-darśana-parama-pāramitā-prāpta”「大きな方便善巧と知見の最高の波羅蜜を得ている」という表現に疑問が生じるのではなかろうか。即ち、「得ている」と「具える」を同義と見なせば、ここに、“upāya-kauśalya”「方便善巧」の語があるのは不自然ではないかとも思うのである。そこで、漢訳を見ると、『妙法華』〔76〕の「如来、方便知見波羅蜜、皆已具足」は、梵本〔74〕の読みを支持しているが、『正法華』〔75〕には、そもそも問題の表現を含む文章、つまり、“[mahā-]upāyakauśalyajñānadarśana ... samyaksambuddhāḥ”自身が存在しないように見える。おそらく、これが本来の形ではなかろうか。つまり、『正法華』〔75〕の「以大智慧力無所畏……」は、"mahā-jñānadarśana-bala-vaiśāradya-"という原文を想定させるが、〔74〕冒頭の"[mahā-]upāya-kauśalya-jñānadarśana-parama-pāramitā"の語を含む文章は〃方便〃と〃智慧〃の双運というような考え方から、後に付加されたものではないかと想像されるのである。

なお、〔74〕の末尾には、所謂説法の〃第一止〃が、"alaṃ … etāvad eva bhāṣitaṃ bhavatu"という文章によって説かれているが、この文章は、『律蔵』「大品」の〔67〕の"halaṃ dāni pakāsituṃ"に類似しているので、これにもとづいていることは、明らかであろう。

では、次に「方便品」〔74〕に続く一節、つまり、実質的には、「方便品」第一段の散文部分の最後の部分について、考察しよう。その一節は、次の通りである。なお、漢訳としては、『妙法華』の後に、『法華論』（大正、一五一九番）に引用された経文をも、示すことにしたい。

〔77〕 tathāgata eva śāriputra tathāgatasya dharmān deśayed(86) yān dharmāṃs tathāgato jānāti / sarvadharmān api śāriputra tathāgata eva deśayati / sarvadharmān api tathāgata eva jānāti / ye ca te dharmā yathā ca te dharmā yādṛśāś ca te dharmā yallakṣaṇāś ca te dharmā yatsvabhāvāś ca te dharmāḥ / ye ca yathā ca yādṛśāś ca yallakṣaṇāś ca yatsvabhāvāś ca te dharmā iti / teṣu dharmeṣu tathāgata eva pratyakṣo 'parokṣaḥ // (K, 30,2-6)

〔78〕如来皆了、諸法所由、従何所来、諸法自然、分別法貌、衆相根本、知法自然。（『正法華』六八上一〇―一二）

〔79〕唯仏与仏、乃能究尽諸法実相。所謂諸法如是相、如是性、如是体、如是力、如是作、如是因、如是縁、如是果、如是報、如是本末究竟等。（『妙法華』五下一〇―一三）

〔80〕舎利弗、唯仏与仏説法。諸仏如来、能知彼法、究竟実相。舎利弗、唯仏如来、知一切法。舎利弗、唯仏如来、能説一切法。何等法、云何法、何似法、何相法、何体法。何等、云何、何似、何相、何体、如是等一切法、如来現見、非不現見。（『法華論』大正二六、四下二三―二八）

(58)シャーリプトラよ、如来が知っている（jānāti）ところの諸法〔A〕、つまり、如来の諸法〔A〕を、如来だけが説示するであろう（deśayet）。シャーリプトラよ、如来だけが一切法（sarva-dharma）〔A〕を説示する。如来だけが一切法〔A〕を知っている。それらの諸法が何（ye）であり、それらの諸法がどのように（yathā）あり、それらの諸法がどのようなもの（yādṛśa）であり、それらの諸法が何を相とするもの（yal-lakṣaṇa）であり、それらの諸法が何を自性とするもの（yat-svabhāva）であるか、それらの諸法が何であり、どのようにあり、どのようなものであり、何を相とするものであり、何を自性とするものであるかということを、知っているのである。それらの諸法〔A〕に対して、如来だけが現知し（pratyakṣa）、直知する（aparokṣa）のである。

この一節は、難解である。というのも、まず、ここには、今まで全く用いられていなかった“tathāgata”「如来」の単数形が、専ら使用されているからである。しかも、それは、「阿羅漢」「正覚者」に伴われてもいない。従って、この一節は、明らかに、〔74〕までとは、切り離されたものであり、別個の独立した文意をもっているように思われる。では、この一節〔77〕の趣旨とは何であろうか。まず、『妙法華』〔79〕には、「諸法実相」という語が用いられ、また、「諸法如是相」等の「十如是」が言われている。「十如是」は、梵本〔77〕より見ても、『法華論』〔80〕の「何等法、云何法、何似法、何相法、何体法」より見ても、渡辺照宏博士が言われるように[87]、本来「五項目」であったと思われるし、「諸法実相」という訳語にも、原文との厳密な対応を認めるのは困難であるが、しかし、「諸法実相」も、「十如是」も、『妙法華』においては、〔A〕、つまり〝仏陀によって悟られたもの〟に対応するとされていることは、確実であろう。従って、〔77〕は、全体として、〔A〕を主題として説くものであると考えられる。

そこで注目すべきは、〔77〕冒頭にある“deśayed yān dharmāṃs tathāgato jānāti”「如来が知るところの諸法……を説示するであろう」という表現なのである。私見によれば、この表現は、〔68〕の“svapratyayān dharmān prakāśayanti”「自ら証した諸法〔A〕を説き明かす」という表現と、基本的には同義であると思われる。すると、〔77〕は、全体として、〝「自ら証した諸法」=「如来が知る諸法」〟〔A〕について、〝それらが何であり、どのようなものであるかを如来は知る〟という形式を用いて説明したものと見ることができるであろう。

〔77〕には、上述の“deśayed yān dharmāṃs tathāgato jānāti”の後に“sarvadharmān api śāriputra tathāgata eva deśayati / sarvadharmān api tathāgata eva jānāti”「シャーリプトラよ、如来だけが、一切法を説示する。如来だけが一切法を知る」とあり、『法華論』〔80〕では、「舎利弗、唯仏如来、知一切法。舎利弗、唯仏如来、能説一切法」と訳されているが、ここで「一切法」“sarva-dharma”とは、単なる「一切法」ではなく、直前の“yān dharmāṃs tathāgato jānāti”「如来が知る諸法」〔A〕を指すものとしての「一切法」であろう。さもなければ、論旨が成立しないと思われるからである。従って、ここで、“「自ら証した諸法」＝「如来が知る諸法」＝「一切法」”〔A〕という等式が成立する。

また、これに関連する問題であるが、〔77〕冒頭の“tathāgata eva śāriputra tathāgatasya dharmān deśayed”を渡辺博士は、「シャーリプトラよ、如来が知るところの法を、ただ如来のみが、如来に説くべきである」と訳され、“tathāgatasya”を与格の意味に理解すべきことを力説された。[88] 確かに、チベット訳には“de bshin gshegs pas de bshin gshegs pa ñid la hchad do”(P, chu, 15a4)「如来は如来だけに説く」とあり、『法華論』〔80〕の「唯仏与仏説法」も、「如来に」という解釈を支持していることは、明らかである。それ故、渡辺博士は、おそらく、この〔80〕の訳文をも参照して、『妙法華』〔79〕の「唯仏与仏」という語についても、“ただ仏が仏に”と読まれ、この語の後に脱落があるのではないかと想定されたのである。[89]

確かに、“tathāgatasya”を「如来に」と読むことは文法的にも完全に可能である。しかし、従来の論旨の流れを考慮すれば、「方便品」のこの個所において、“如来が如来に説法する”、特に“如来に説法する”と述べることに、意味があるであろうか。如来の“説法の対象”“説法の相手”といえば、それは「如来」ではなくて、〔68〕の表現を用いれば、「衆生たち」であろう。従って、“如来に説法する”ということが、〔77〕の冒頭に説かれているとは考えられないのではなかろうか。つまり、〔77〕冒頭の“tathāgatasya dharmān”は、やはり「如来の諸法」であって、それは、具体的には、〔77〕直前の〔74〕に説かれた“「如来・阿羅漢・正覚者たち」が「具えている」”「知見・力・無所畏・不共・根・力・覚支・禅定・解脱・三昧・等至という未曾有な諸法」〔A〕を指していると見るべきであろう。それらは、諸仏によって“samanvāgata”「具えられたもの」であり、“prāpta”「得られたもの」であるが故に、後出〔315〕の「方便品」第二偈の表現を用いれば、“buddha-dharmāḥ”「仏陀の〔有する〕諸法」なのであり、従って、それらが〔77〕冒頭において、“tathāgatasya dharmān”「如来の諸法」と言われたのではなかろうか。

また、仮りに“tathāgatasya”を「如来に」と読むのが正しいとしても、“tathāgatasya dharmān deśayed”に対応する訳文が『正法華』〔78〕に欠落している点は、極めて重要である。さらに、『妙法華』〔79〕においてさえ、「唯仏与仏」とはあるものの、“deśayed”に対応する訳語は存在しない。つまり、いずれの漢訳においても、〝如来に説法する〟という趣旨は、認められないのである。従って、“tathāgatasya”を「如来に」と読むのが正しいと仮りに認めたとしても、“tathāgatasya dharmān deśayed”の文は、後代の付加と見るのが自然であろう。

さて、梵本〔77〕には、“eva”「だけ」という語が三度も用いられている。これは、〝如来だけが知る〟〝如来だけが説く〟を意味しているが、しかし、〔78〕〔79〕のいずれの漢訳においても、〝説く〟ということ自体が、全く述べられていない。従って、この一節の中心的な趣旨は、〝如来だけが知る〟、つまり“tathāgata eva jānāti”というところにあるであろう。この〝如来だけが知る〟という趣旨は、おそらく、「方便品」散文部分冒頭に置かれている〔59〕の〝「仏智」は一切の声聞・独覚にとって「難知」である〟という説との関連において述べられたのであろうが、ここでは、〝如来だけが知る〟が故に〝如来以外に説いても仕方がない〟という意味で、〝第一止〟の理由が説明されたのであろう。また〝如来以外に説いても仕方がない〟というような考え方から、〝如来だけに説く〟という表現も、後に生み出されたのかもしれない。

なお、〔77〕末尾の“teṣu dharmeṣu”以下は、『法華論』〔80〕では、「如是等一切法、如来現見、非不現見」と訳されているが、『正法華』〔78〕、『妙法華』〔79〕には訳文を欠き、チベット訳（P, chu,15a6）にも、訳文を欠いている。従って、この部分は、後に付加されたと見るのが妥当であろう。(90)

また、〔77〕で「如来」が単数形で示されるのは、釈迦仏が自らを「如来」と呼んで、その「如来が知っている諸法」〔A〕について語っていると見ることも可能である。というのも、この〔77〕に内容的に対応する後出〔315〕の第五偈には、“ahaṃ ca tat prajānāmi”「私はそれを知る」という表現がなされるからである。

以上、「方便品」第一段の散文部分の所説を要約するために、そこで〝仏陀によって悟られたもの〟〔A〕について、いかなる等式が得られたかを示しておこう。

buddhajñāna = gambhīra = durdṛśa = duranubodha = durvijñeya = āścarya-adbhuta-dharma = durvijñeya-dharma = saṃdhābhāṣya = svapratyaya-dharma = jñānadarśana = bala…samāpatti = adbhuta-dharma = vividha-dharma = mahā-āścarya-adbhuta = parama-āścarya = tathāgatasya dharma = sarva-dharma〔A〕

(ここで“dharma”はすべて複数、つまり「諸法」と見なされている)

では、以下に、「方便品」散文部分の第二段以下の内容について、考察しよう。散文部分の第一段と第二段の間には、第一偈―第二一偈が存在するが、私見では、これは後代の挿入と思われるので、それについては、後に考察する。

まず、第二段は、次の一節で始まっている。

〔81〕 atha khalu ye tatra parṣatsaṃnipāte mahāśrāvakā ājñātakauṇḍinyapramukhā arhantaḥ kṣīṇāsravā dvādaśavaśībhūtaśatāni ye cānye śrāvakayānikā bhikṣubhikṣuṇyupāsakopāsikā ye ca pratyekabuddhayānasaṃprasthitāḥ teṣāṃ sarveṣāṃ etad abhavat / (K, 33,5-7)

〔82〕 爾時大衆会中、一切声聞阿羅漢等、諸漏已尽、知本際党、千二百衆、及弟子学比丘比丘尼清信士清信女、諸声聞乗、各各心念。(『正法華』六八下八―一〇)

〔83〕 爾時大衆中、有諸声聞、漏尽阿羅漢、阿若憍陳如等千二百人、及発声聞辟支仏心、比丘比丘尼優婆塞優婆夷、各作是念。(『妙法華』六上二八―中一)

㊿そのとき、その会衆(parṣat-saṃnipāta)に、ⓧアージュニャータ・カウンディニヤ Ājñātakauṇḍinya(阿若憍陳如、知本際)を上首(pramukha)とする大声聞(mahā-śrāvaka)であり、漏尽(kṣīṇa-āsrava)の阿羅漢(arhat)であり、

自在を得たもの（vaśī-bhūta）であるもの千二百人と、ⓨ他の声聞乗の人々（śrāvakayānika）である比丘・比丘尼・優婆塞・優婆夷たちと、ⓩ独覚乗（pratyekabuddha-yāna）を求めて発趣した（samprasthita）人々がいたが、彼等〔ⓧⓨⓩ〕は、すべて次のように思った。

ここには、『法華経』の対告衆、つまり、聴衆が示されていると思われる。即ち、『法華経』「方便品」は、シャーリプトラに対して語られたものではあるが、それ以外に聴衆の中には、次の三種の人々がいるというのである。

ⓧ千二百人の「阿羅漢」＝「〔大〕声聞」（[mahā]-śrāvaka）

ⓨ他の「声聞乗の人々」＝比丘・比丘尼・優婆塞・優婆夷

ⓩ「独覚乗を求めて発趣した人々」

ただし、『正法華』〔82〕においては、ⓩの「独覚乗を求めて発趣した人々」のことが述べられていない。また、『妙法華』〔83〕の「及発声聞辟支仏心、比丘比丘尼優婆塞優婆夷」という訳では、ⓨとⓩが、明確に区別されていない。

しかるに、『法華経』の聴衆については、「序品」冒頭にも説明がなされているが、その説明は、「方便品」〔81〕における説明とは若干異なっている点が注目される。即ち、梵本（K, 1,6-5,6）による限り、『法華経』の聴衆は、「序品」冒頭では、次のように詳しく分類されている。

㋐千二百人の「阿羅漢」＝「大声聞」（mahā-śrāvaka）

㋑二千人の「学・無学」の「比丘」

㋒六千人の比丘尼

㋓八万の菩薩

㋔帝釈天・四天王・梵天とその従者

㋕龍（nāga）・緊那羅（kiṃnara）・乾闥婆（gandharva）・阿修羅（asura）・迦楼羅（garuḍa）・夜叉（yakṣa）・摩睺羅伽

(mahoraga)

㋖アジャータシャトゥル Ājātaśatru 王

この「序品」における説明の方が、「方便品」第二段における聴衆の説明と比べれば、遙かに発展していることは明らかであるが、両者の説明の相違の最も重要な点は、「序品」の説明では、〝八万の「菩薩」〟が聴衆に加えられている点であろう。すでに述べたように、"bodhisattva"「菩薩」という語は、「方便品」散文部分では全く用いられていないのであるから、「序品」において、聴衆の中に〝八万の「菩薩」〟が明確に位置づけられたことは、「方便品」散文部分の成立よりも後に、〝菩薩だけが成仏できる〟というような〝菩薩論〟が強調されるようになる傾向を反映しているであろう。

実際、後出の「方便品」第二段の第三〇偈〔360〕では、「これらの勝者の嫡出(aurasa)の息子(putra)たちは、合掌して勝者を見つめながら立っています」という表現によって、「菩薩」が聴衆に含まれていることが明示されており、その数も、次に来る第三一偈では、「八万」(sahasraśīti)と言われているのである。

次に、聴衆に関する「序品」の説明では、「方便品」〔81〕における㋙〝「他の声聞乗の人々」〟が㋑〝二千人の「学・無学」の「比丘」〟と㋒〝六千人の比丘尼〟に分けられるが、「方便品」〔81〕の㋚「独覚乗を求めて発趣した人々」の方は、欠落している。また、「序品」の説明では、㋔㋕として、所謂〝天龍八部衆〟が多数挙げられているが、これらは、「方便品」第二段の第二六偈〔357〕にも説かれている。しかし、アジャータシャトゥル王が、聴衆に加えられているのは、「序品」の説明のみに見られ、彼の名前は、『法華経』ではそこに一回出されるだけなのである。[91] なお、「序品」㋐の〝千二百人の「阿羅漢」〟の数は、『正法華』でも「千二百」(六三上五)とあるにもかかわらず、『妙法華』では、何故か、ひと桁多く「万二千人」(一下一七行)と示されている。

しかるに、「方便品」〔81〕における聴衆の説明において、最も問題にすべきは、そこに"mahā-śrāvaka"という語が用いられていることであろう。この語は、『正法華』〔82〕でも、『妙法華』〔83〕でも、単に「声聞」と訳されている。

つまり、“mahā-”の訳語を欠いているのである。すると、当然、そこには、本来用いられていた“śrāvaka”の前に“mahā-”が付加されて、“mahā-śrāvaka”という語が形成されたのではないかという推測がなされるであろう。しかし、まず、この個所のチベット訳“ñan thos chen po”（P, chu,16a7）は、梵本の“mahā-śrāvaka”という読みを支持しているし、『写本集成』（II-65）に収められた写本も、すべてこの読みを示している。すると、問題の個所には、やはり、本来から“mahā-śrāvaka”の語があり、漢訳者は、“mahā-”を訳す必要を感じなかったために、それを「大声聞」とせずに、単に「声聞」と訳したのであろうか。

そこで、“mahā-śrāvaka”に対する『正法華』と『妙法華』の訳例を検討することが必要となるであろう。まず、索引による限り、『法華経』梵本における“mahā-śrāvaka”の用例は、次の通りである。

⑥0 1^{9}, 2^{8}, 33^{5}, 121^{1}, $148^{3,4}$, 199^{2}, $206^{6,7,10}$, 207^{1}, 404^{7}, $405^{7,11}$, 410^{11}, $412^{5,13}$, 413^{4}, 487^{4}.（SP-Index, p.816）

即ち、「序品」（K, 1,9; 2,8）と「方便品」（K, 33,5）〔81〕と「薬草喩品」（K, 121,1）と「授記品」（K, 148,3; 148,4）と「五百弟子品」（K, 199,2; 206,6; 206,7; 206,10; 207,1）と「薬王品」（K, 404,7; 405,7; 405,11; 410,11; 412,5; 412,13; 413,4）と「嘱累品」（K, 487,4）に用例があるが、これらは全て散文部分に見られるもので、偈の部分には、“mahā-śrāvaka”の語は全く使用されていないことは、まず注意しなければならない。

さらに若干説明すれば、すでに述べたように、「序品」の冒頭には、聴衆の説明があり、その内の㋐について、二回“mahā-śrāvaka”という語が用いられているが、漢訳を見ると、『正法華』では、相当する個所に「比丘千二百」（六三上五）と言われているだけで、「声聞」という訳語も、「阿羅漢」という訳語も、認められない。これに対して、『妙法華』では、二回目の用例の個所に「大阿羅漢」（一下二五）という訳語が見られ、これが“mahā-śrāvaka”の訳語であると考えられる。[92]

次に、「序品」から「方便品」〔81〕を飛びこえて、「薬草喩品」の冒頭の次の一文に、その用例がある。

〔84〕atha khalu bhagavān āyuṣmantaṃ mahākāśyapaṃ tāṃś cānyān sthavirān mahāśrāvakān āmantrayām āsa /（K, 121,1-2）

〔85〕爾時世尊、告大迦葉及諸耆年声聞。（『正法華』八三中二）

〔86〕爾時世尊、告摩訶迦葉及諸大弟子。（『妙法華』一九上一七）

(61)そのとき、世尊は、尊者マハーカーシャパ Mahākāśyapa（摩訶迦葉）と、他の長老（sthavira）である大声聞（mahā-śrāvaka）たちに告げた。

ここでは、梵本にある"mahā-śrāvaka"が、『妙法華』〔86〕で「大弟子」と訳されている。つまり、この訳語は、『妙法華』の訳者が参照した梵語原典のこの個所に、"mahā-śrāvaka"という語が確かに存在したことを示している。しかし、『正法華』〔85〕の「声聞」という訳語によれば、その梵語原典のこの個所に、"śrāvaka"とあったのか、それとも、"mahā-śrāvaka"と書かれていたのか確定はできないが、普通は前者と見るのが自然であろう。また、"mahā-śrāvaka"を『妙法華』が何故「大声聞」とせずに、「大弟子」と訳したのかも、問題であろう。

さらに、「授記品」では、中国仏教において、「四大声聞」とも称せられる(93)マハーカーシャパ・スブーティ Subhūti（須菩提）・マハーカーティヤーヤナ Mahākātyāyana（大迦旃延）・マハーマウドガリヤーヤナ Mahāmaudgalyāyana（大目犍連）に授記がなされるが、その内、スブーティに対して授記がなされる部分の冒頭は、次の通りである。

〔87〕atha khalu bhagavāṃs teṣāṃ mahāśrāvakāṇāṃ sthavirāṇām imam evaṃrūpaṃ cetasaiva cetaḥparivitarkam ājñāya punar api sarvāvantaṃ bhikṣusaṃgham āmantrayate sma / ayaṃ me bhikṣavo mahāśrāvakaḥ sthaviraḥ subhūtis ... / (K, 148,3-5)

〔88〕於是世尊、見諸耆旧心志所念、即復重告諸比丘衆。比丘、当知、此大声聞耆年須菩提……。（『正法華』八七上一九—二〇）

〔89〕爾時世尊、知諸大弟子心之所念、告諸比丘。是須菩提……。（『妙法華』二一上一六—一七）

(62)そのとき、世尊は、それらの、大声聞（mahā-śrāvaka）・長老たちのこのような心の思念（cetaḥ-parivitarka）を心だけで知ってから、また、一切の比丘僧団（bhikṣu-saṅgha）に告げた。「比丘たちよ、この私の大声聞（mahā-śrāvaka）・長老であるスブーティは、……」。

ここでは、梵本に見られる“mahā-śrāvaka”の二つの用例のうち、後者が『正法華』で「大声聞」と訳され、前者が『妙法華』で「大弟子」と訳されたことが理解される。ここで、重要なことは、この個所では、『正法華』の原典に“mahā-śrāvaka”という原語が確かに存在したことが知られる点である。

そこで以下に、すでに挙げたものも含めて、梵本における“mahā-śrāvaka”が『正法華』と『妙法華』でいかに訳されているかを、一括してリスト（次頁参照）で示すことにしよう。なお、漢訳語の後には、大正蔵経第九巻の頁数・段・行数を示すことにする。

このリストによって、まず、『妙法華』が、“mahā-śrāvaka”という語を、一度も、「大声聞」と訳していないという事実が知られる。即ち、『妙法華』においては、“mahā-śrāvaka”に対する訳語としては、「大弟子」が大部分であり、その他⑵の「大阿羅漢」も、すでに述べたように、“mahā-śrāvaka”の訳語と考えられるが、「大声聞」という“mahā-śrāvaka”の訳語は、全く存在しない。

これに対して、『正法華』は、“mahā-śrāvaka”に対して、「大弟子」という訳語も一回用いているが、最も多いのは、三回用いられた「大声聞」という訳語である。『正法華』において「声聞」という訳語が与えられている個所⑶⑷⑺⑼⑽⑿⒀、及び「弟子」という訳語が与えられている個所⑾⒄の梵語原典には、“śrāvaka”という語があったのか、“mahā-śrāvaka”という語があったのか、確定はできないが、しかし、『正法華』が“mahā-śrāvaka”を明瞭に三回「大声聞」と訳し、一回「大弟子」と訳していることを考えれば、それらの「声聞」「弟子」の原語が、単に“śrāvaka”であった可能性は高いであろう。

このように見れば、右の⑶の例、つまり、「方便品」散文部分〔81〕における“mahā-śrāvaka”の用例については、『正法華』でも、『妙法華』でも、訳語は「声聞」であるから、本来そこには“śrāvaka”という原語が用いられており、それが後に、“mahā-”が付加されて、“mahā-śrāvaka”に変更されたと考えるのが、自然であろう。

では、何故“śrāvaka”が、“mahā-śrāvaka”に変更されたのか。この問題を考えるためには、まず“mahā-śrāvaka”とい

	梵本	『正法華』	『妙法華』	章名
(1)	K,1,9	欠（六三上七）	欠（一下一九）	「序品」
(2)	K,2,8	欠（六三上一一）	「大阿羅漢」（一下二五）	同
(3)	K,33,5〔81〕	「声聞」（六八下八）	「声聞」（六上二八）	「方便品」
(4)	K,121,1〔84〕	「声聞」（八三中二）	「大弟子」（一九上一七）	「薬草喩品」
(5)	K,148,3〔87〕	欠（八七上一九）	「大弟子」（二一上一六）	「授記品」
(6)	K,148,4〔87〕	「大声聞」（八七上二〇）	欠（二一上一七）	同
(7)	K,199,2	「声聞」（九四中二五）	「大弟子」（二七中一五）	「五百弟子品」
(8)	K,206,6	欠（九六下八）	「大弟子」（二八中二五）	同
(9)	K,206,7	「声聞」（九六下九）	欠（二八中二五）	同
(10)	K,206,10	「声聞」（九六下一一）	「大弟子」（二八中二八）	同
(11)	K,207,1	「弟子」（九六下一二）	「阿羅漢」（二八下二）	同
(12)	K,404,7	「声聞」（一二五上一一）	「声聞」（五三上一〇）	「薬王品」
(13)	K,405,7	「声聞」（一二五上二九）	「声聞」（五三上二三）	同
(14)	K,405,11	欠（一二五中一）	欠（五三上二四）	同
(15)	K,410,11	欠（一二五下二五）	「大弟子」（五三下一一）	同
(16)	K,412,5	「大声聞」（一二六上三）	「大弟子」（五三下二四）	同
(17)	K,412,13	「弟子」（一二六上一一）	欠（五四上一）	同
(18)	K,413,4	「大弟子」（一二六上一五）	欠（五四上四）	同
(19)	K,487,4	「大声聞」（一三四中一七）	「声聞」（五三上二）	「嘱累品」

う語が、必ずしも確固たる仏教的伝統を有するものではない点を確認しておく必要がある。即ち、少なくとも、PTSD（p.526）は、"mahā-śrāvaka" に対応するパーリ語 "mahā-sāvaka" の出典としては、『清浄道論』と、『法句経』の註釈を挙げるだけで、所謂〝五ニカーヤ〟（五部）における出典を示してはいない。ただし、BHSD（p.426）も、"mahā-śrāvaka" の項目を立てるが、その出典としては、*Divyāvadāna* に用例があることを指示している。また、『法華経』『ディヴヤ・アヴァダーナ』*Divyāvadāna*『ラリタヴィスタラ』*Lalitavistara*『マンジュシュリー・ムーラカルパ』*Mañjuśrīmūlakalpa* を挙げるのみである。すると、"mahā-śrāvaka" という語は、『法華経』において初めて用いられたという可能性さえも否定できないということになるであろう。

そこで、この "mahā-śrāvaka" という語に対する私見を述べれば、次の通りである。即ち、この語が『法華経』において初めて用いられたかどうかは、勿論、明らかではない。しかし、少なくとも『法華経』においては、〝『法華経』で授記されるシャーリプトラ等の「声聞」は、実は「菩薩」であり、本当の「声聞」ではない〟という「菩薩 gotra 論」にもとづいて、『法華経』で授記される「声聞」たちが、"mahā-śrāvaka"「大声聞」と呼ばれるようになったと考えるのである。つまり、「菩薩 gotra 論」は、「菩薩」と「大乗」の優越性を説く〝大乗主義〟であるから、"mahā-śrāvaka" の "mahā-" という語によって、実は "mahāyāna"「大乗」が意図されていると見るのである。

しかるに、「方便品」散文部分には、"bodhisattva" という語は皆無であり、また「方便品」全体にも "mahāyāna" という語は用いられていないから、「方便品」散文部分には、「菩薩 gotra 論」は説かれておらず、従って、「方便品」散文部分〔81〕の "mahā-śrāvaka" も、二つの漢訳における「声聞」という訳語が示しているように、本来のテキストには、"śrāvaka" と書かれていたものが、〝菩薩だけが成仏できる〟という〝大乗主義〟によって、"mahā-śrāvaka" に変更されたものであると思われる。

また、『妙法華』が、"mahā-śrāvaka" という原語を「大声聞」と訳すことを避けたのも、同じ理由によるであろう。つまり、羅什は、「菩薩 gotra 論」的解釈にもとづいて、『法華経』で授記される「声聞」たちは、〝実は菩薩である〟

と考えていたが故に、彼等を「大声聞」と呼ぶことによって、彼等が「声聞」と見なされることを回避しようとしたのであろう。従って、敢て「声聞」の語を避け、「大阿羅漢」とか、「大弟子」という曖昧な訳語を用いたのである。

なお、“mahā-”について言えば、「方便品」散文部分において、〔81〕の“mahā-śrāvaka”以前に、“mahā-”という語が用いられたのは、二回だけであり、その二つの用例は、いずれも、〔74〕に見られる。即ち、“mahā-upāyakauśalya-jñānadarśana-parama-pāramitā-prāptāḥ”という表現と“mahā-āścarya-adbhuta-prāptāḥ”という表現であるが、ここに、本来“mahā-”という語が用いられていたかどうか、漢訳〔75〕〔76〕を見ると疑問が生じるのである。即ち、まず、第一の表現は、『正法華』〔75〕には訳文が欠落している。ただし、〔75〕に「大智慧」という「大」を有する訳語がある点は、認めなければならない。また、この表現は、『妙法華』〔76〕では、「方便知見波羅蜜、皆已具足」と訳されているが、“mahā-”の訳語を欠いており、かつ、ここに、“upāya-kauśalya”という語が用いられること自体、すでに述べたように疑問がある。“upāya-kauśalya”が〔A〕に相当するとは考えられないからである。

次に、第二の表現も、『正法華』〔75〕では訳文を欠いているように見える。また、この表現は、『妙法華』〔76〕では、「無量無辺未曾有法、仏悉成就」と訳されていると思われるが、ここでも、“mahā-”の訳語を欠いている。すると、「方便品」散文部分〔74〕においても、〔81〕においても、本来のテキストには、“mahā-”は存在しなかったが、後になって、〝菩薩だけが成仏できる〟という「菩薩 gotra 論」的な〝大乗主義〟が起ることによって、そこに、“mahā-”「大」という語が、「大乗」を意味するために、付加されたのであろうと推測されるのである。

なお、“mahā-”が“mahāyāna”を意味するという解釈の妥当性は、「譬喩品」に見られる次の記述によっても、ある程度、確認されるであろう。

〔90〕 ta ucyante mahāyānam ākāṅkṣamāṇās traidhātukān nirdhāvanti / tena kāraṇenocyante bodhisattvā mahāsattvā iti / （K, 81,4-5）

〔91〕 欲求大聖、〔普見之慧力無所畏、謂如来道〕、菩薩大士所履乗也。（『正法華』七六上二四―二五）

〔92〕是名大乗、菩薩求此乗故、名為摩訶薩。（『妙法華』一三中二七―二八）

(63)彼等は、大乗（mahāyāna）を求めつつ、三界から脱出すると言われる。この理由によって、菩薩は摩訶薩（mahā-sattva）と言われる。

即ち、ここには〝mahāyāna を求めるが故に、mahā-sattva である〟という“mahā-sattva”の語義説明がなされている。従って、“mahā-śrāvaka”の“mahā-”も、“mahā-sattva”の“mahā-”と同様に“mahāyāna”を意味していると解することは、極めて自然であろう。しかるに、この“mahā-sattva”という語も、“mahāyāna”と同様に、「方便品」散文部分には、一切用いられていないことは、注意しておきたい。言うまでもなく、そこに〝大乗主義〟は認められないからである。

では、ここで、再び「方便品」散文部分の考察にもどることにしよう。すでに見た〔81〕で、ⓧ「阿羅漢」である千二百人の「声聞」と、ⓨ「他の声聞乗の人々」＝四衆と、ⓩ「独覚乗を求めて発趣した人々」という〝三種の人々〟が「思った」とされる内容は、〔81〕に続く次の一節で、次のように述べられている。

〔93〕ko nu hetuḥ kiṃ kāraṇaṃ yad bhagavān adhimātram upāyakauśalyaṃ tathāgatānāṃ saṃvarṇayati / gambhīraś cāyaṃ mayā dharmo 'bhisaṃbuddha iti saṃvarṇayati / durvijñeyaś ca sarvaśrāvakapratyekabuddhair iti saṃvarṇayati / yathā tāvad bhagavatā ekaiva vimuktir ākhyātā vayam api buddhadharmāṇāṃ lābhino nirvāṇaprāptāḥ / asya ca vayaṃ bhagavato bhāṣitasyārtham na jānīmaḥ / (K, 33,7-11)

〔94〕世尊何故慇懃諮嗟善権方便、宣暢如来深妙法業、致最正覚、慧不可及、声聞縁覚、莫能知者。如今世尊、乃演斯教、於是仏法、無逮泥洹。雖説此経、吾等不解、誼之所趣。（『正法華』六八下一一―一四）

〔95〕今者世尊、何故慇懃称歎方便而作是言、仏所得法、甚深難解。有所言説、意趣難知。一切声聞辟支仏、所不能及。仏説一解脱義、我等亦得此法、到於涅槃。而今不知、是義所趣。（『妙法華』六中一―六）

(64)世尊が如来たちの方便善巧（upāya-kauśalya）を非常に称讃し（saṃvarṇayati）、「私によって悟られたこの法（dharma）〔A〕は甚深（gambhīra）である」と称讃し、「〔この法は〕一切の声聞・独覚にとって難知（durvijñeya）〔A〕である」と称讃するのは、どのような因（hetu）、どのような原因（kāraṇa）があってのことであろうか。世尊によって、これまで（tāvat）、解脱（vimukti）〔B〕は一つだけであると説かれたのであるから、涅槃（nirvāṇa）〔B〕を獲得した（prāpta）我々も、仏陀の諸法（buddha-dharma）〔A〕を得るもの（lābhin）である。〔それ故〕我々は、世尊によって説かれたこのことの意味がわからない。

この一節は難解であるが、基本的には、「方便品」〔59〕で、「仏陀の智（buddha-jñāna）〔A〕は、一切の声聞・独覚にとって難知（durvijñeya）である」と説かれた釈迦仏の言葉に対して、シャーリプトラ以外の聴衆ⓧⓨⓩに生じた〝自分たちも「仏陀の諸法」〔A〕を得られる筈である〟という疑問を述べたものと解したい。では何故、自分たちも「仏陀の諸法」〔A〕を得られる筈だと彼等が考えたのかと言えば、その理由は、〝「解脱は一つだけである」と釈迦仏が「これまで」説いたから〟というのである。

ここで“tāvat”「これまで」とは、『法華経』が説かれるまでの時間を指しているであろう。つまり、釈迦仏は、今まで「解脱」は一つ（同一）であると説いてきたのであるから、我々も「仏陀の諸法」〔A〕を得られる筈だというのである。

これについてまず、「解脱は一つだけ（同一）である」という教説が、『法華経』以前に説かれてきたかどうかという点が問題となるが、藤田宏達博士は、そのような教説が原始仏典に認められることを示して、次のように論じられた。

⑮解脱においては、師弟一味であった。このことは、原始経典において、しばしば仏陀の法と律が、大海の同一鹹味であるのに喩えて、「一味なる解脱味」（ekaraso vimuttiraso）と称されている点に現われているが、具体的にこれを立証する経説は、このほかにも豊富に見出される。例えば、原始経典には、解脱の内容を表わす場合、幾種かの定型句をもって表わすのが常であるが、それらは、仏陀の場合でも仏弟子の場合でも同じように適用されている。また、初転法輪において、五比丘が解脱を得た時、律蔵では、仏陀も加えて、「その時世間に阿羅漢は六

人となった」(tena kho pana samayena cha loke arahanto honti)と記していることはよく知られている。これによると、仏陀と五比丘は、阿羅漢と呼ばれる点で、何ら差別がつけられていないのである。(「一乗と三乗」三七三―三七四頁)

"ekaraso vimuttiraso" と "ekaiva vimuktir" という二つの表現の類似性より考えても、ここで藤田博士によって指摘されたように、原始仏典に認められる〝解脱は、仏にとっても、弟子にとっても、同一である〟という教説が、「方便品」〔93〕で、「世尊によって、これまで、解脱は一つだけであると説かれた」という表現によって意図されたと見るのは、決して不適切ではないであろう。確かに、「これまで」、つまり、『法華経』以前の原始仏典に、〝仏と弟子(声聞)の解脱は等しい〟という説はなされていたからである。

しかし、問題は、〝解脱が等しければ、仏陀の諸法〔A〕も、等しいのか〟という点なのである。というのも、〔93〕で疑問を抱いた〝三種の人々〟(これは、右の論旨から考えても、また、『正法華』〔82〕で言われた聴衆に「独覚」が含まれていないことから考えても、実質的には、仏弟子、つまり、「声聞」を指していると思われるが)は、「解脱」(「涅槃」)〔B〕と「仏陀の諸法」〔A〕を区別せずに同一であると考えているからである。それ故、彼等は、〔93〕で、「涅槃〔B〕を獲得した我々も、仏陀の諸法〔A〕を得るものである〔筈だ〕」と考え、「〝「この法」〔A〕、または「仏陀の諸法」〔A〕が、声聞・独覚にとって難知である〟という仏説の意味が分らない」という疑問を抱いたと考えられるのである。

しかるに、以上の解釈は、〔93〕に出る "vayam api buddhadharmāṇāṃ lābhino nirvāṇaprāptāḥ" という一文を「涅槃を獲得した我々も、仏陀の諸法を得るものである」と読解することにもとづいているが、この読解については、読者に疑問が生じるであろう。というのも、この一文に対する従来の読解は、私のそれとは大きく異なっているからである。即ち、まず、『正法華』〔94〕の「於是仏法、無逮泥洹」は、"buddhadharmāṇāṃ" と "nirvāṇaprāptāḥ" という原語に対応していると思われるが、しかし、その対応の仕方は極めて不明確である。次に、『妙法華』〔95〕の「我等亦得此法、到於涅槃」は、原文とよく対応しているように思われるが、この漢文は、岩波文庫版では、「われ等も亦、この法を得て、涅槃に到れり[94]」と書下しされている。しかるに、この訳文では、「此法」を得ることと「涅槃」に到ることが、明確に区別されていないように思われる。しかも、『正法華』〔94〕においても正確に「仏法」と訳されていた"buddhadharmāṇām"が、「此法」と訳されている点に、かなり致命的な欠点があるように思われる。というのも、『妙法華』〔95〕の「仏説一解脱義、我等亦得此法」という訳文においては、「此法」は「一解脱義」を指すように見えるからである。

では、右の一文に対する研究者の翻訳はどうかといえば、それは、次の通りである。

nous aussi nous sommes devenus possesseurs des lois de Buddha, nous avons atteint le Nirvāṇa.（*Burnouf*, p.22, *ll.*18-19）

we also should acquire the Buddha-laws on reaching Nirvāṇa.（*Kern*, p.35, *ll.*9-10）

我等も亦仏の法を得て、滅度を得たるなり。（『南条・泉』四四頁）

われわれは仏の種々の教えを受けて、「さとり」の境地に達したにもかかわらず、（『岩波 上』七七頁）

われわれもまた仏陀の法を体得して、ネハンに到達しているというのに、（「渡辺詳解」三三回、八六頁上—下）

われわれもまた、仏陀の法を獲得したものであり、涅槃を得たものである。（『松濤Ⅰ』四四頁）

われわれも仏陀の法を体得し、涅槃に到達したものである。（『中村 上』三四頁）

これらの諸訳を見てみると、その大部分は、『妙法華』〔95〕の「我等亦得此法、到於涅槃」のように、「仏陀の諸法」を得ることと「涅槃」に到達することを区別せず、しかも、その両者を、例えば、『松濤Ⅰ』に「獲得したものであり、……得たものである」とあるように、すでに起った過去のこととして理解していると思われる。それに対して私は、〝すでに「涅槃」を獲得している我々声聞も、「仏陀の諸法」を得ることができる筈だ〟というように、「涅槃」の獲得を過去のこと、そして「仏陀の諸法」を得ることを、これから未来のことと解するのであるが、このような解釈をもつに至った理由の一つが、問題の一文に対する次のようなチベット訳なのである。[95]

〔96〕 bdag cag rnams kyaṅ saṅs rgyas kyi chos rnam rñed par ḥgyur shiṅ / mya ṅan las ḥdas pa thob pa yin mod kyi / (P, chu, 16b2-3)

この訳文は、“yin mod kyi”「……であるけれども」で終ることから考えても、極めて不自然なものに見えるが、もしこのチベット訳をそのまま和訳するとすれば、次のようになるであろう。

(66)我々も、仏陀の諸法を得るであろうし、涅槃を獲得したものであるけれども、

私が、このチベット訳を評価する点は、“prāpta”を“thob pa”という過去形で訳し、それに対して、“lābhin”を“rñed par ḥgyur”という未来形で訳した点なのである。即ち、私は、“nirvāṇa-prāpta”「涅槃を獲得した」というのは、すでに完了している既成の事実を示すのに対して、“buddhadharmāṇāṃ lābhino”「仏陀の諸法を得るものである」というのは、これから未来において起る〔かもしれない〕事態を示す表現だと見るのである。というのも、〔93〕で問題となっていたのは、〝仏陀によって悟られたもの〟〔A〕が、「声聞」〔・独覚〕によっても得られるかどうかという点であったと思われるからである。もしも、“vayam api buddhadharmāṇāṃ lābhino”が、松濤訳のように、「われわれもまた、仏陀の諸法を獲得したものであり」を意味するとしたら、これは、「われわれもまた仏陀である」という意味になってしまうであろう。従って、“lābhino”を、これから未来に起る〔かもしれない〕事態を示す表現と見る点では、ケルンの英訳、つまり、“we also should acquire the Buddha-laws”は、私見に一致するものと思われる。ただし、その後に続く“on reaching Nirvāṇa”「涅槃に達するときに」というのは、私から見れば、適切ではない。というのも、“vayam”「我々」は〝すでに涅槃に達している〟というのが、“nirvāṇa-prāpta”の意味する所だと思われるからである。

しかるに、ここで再び注意すべきは、“vayam”「我々」とは誰かという問題である。すでに見たように、梵語テキストによれば、それは〝三種の人々〟であるが、その中心は、「声聞」であり「漏尽」の「阿羅漢」であろう。即ち、それは『正法華』〔82〕によれば、「一切声聞阿羅漢等、諸漏已尽、千二百衆」であり、『妙法華』〔83〕によれば、「諸声聞、漏尽阿羅漢、阿若憍陳如等千二百人」なのである。つまり、彼等は「漏尽」の「阿羅漢」なので

あるから、従って、彼等はすでに“nirvāṇa-prāpta”「涅槃を獲得したもの」ということになるであろう。それ故、ここで問題となるのは、「涅槃を獲得したもの」＝「漏尽の阿羅漢」である“彼等”が、“仏陀によって悟られた”「仏陀の諸法」〔A〕を得られるか否かという点でなければならない。しかるに、この点について、“彼等”が抱いた疑問を述べたものが、「涅槃を獲得した我々も、仏陀の諸法を得るものである〔筈だ〕」、または、「涅槃を獲得したものであるから、我々も仏陀の諸法を得るものである〔筈だ〕」という〔93〕の問題の一文であると考えられる。

しかし、すでに述べたように、この聴衆が抱いた疑問には、「涅槃」〔B〕と「仏陀の諸法」〔A〕を区別しないで同一視するという根本的な誤りが認められるのである。

なお、“nirvāṇa-prāpta”という語は、「譬喩品」「信解品」「化城喩品」散文部分でも用いられているが、[96]“「涅槃」〔B〕と「菩提」〔A〕の区別”という『法華経』の根本的テーマは、「譬喩品」以降では、“声聞が獲得したと思っている「涅槃」〔B〕は、真の「涅槃」ではなく、「菩提」〔A〕こそが真の「涅槃」である”というやや曖昧な形で[97]表現されていくことになることに注意をしておきたい。というのも、この種の表現に災いされて、“「涅槃」〔B〕と「菩提」〔A〕の区別”という『法華経』の最重要のテーマが、明確に理解されない場合が多いからである。

では、次に、「方便品」第二段の散文部分〔93〕の後に続く経文を見ることにしよう。それは次の通りである。

〔97〕ⓐ atha khalv āyuṣmāñ śāriputras tāsāṃ catasṛṇāṃ parṣadāṃ vicikitsākathaṃkathāṃ viditvā cetasaiva cetaḥparivitarkam ājñāyātmanā ca dharmasaṃśayaprāptas tasyāṃ velāyāṃ bhagavantam etad avocat[98] / ⓑ ko bhagavan hetuḥ kaḥ pratyayo yad bhagavān adhimātraṃ punaḥ punas tathāgatānāṃ upāyakauśalyajñānadarśanadharmadeśanāṃ saṃvarṇayati / gambhīraś ca me dharmo 'bhisaṃbuddha iti / durvijñeyaṃ ca saṃdhābhāṣyam iti punaḥ punaḥ saṃvarṇayati / ⓒ na ca me bhagavato 'ntikād evaṃrūpo dharmaparyāyaḥ śrutapūrvaḥ / imāś ca bhagavaṃś catasraḥ parṣado vicikitsākathaṃkathāprāptās / tat sādhu bhagavān nirdiśatu yat saṃdhāya tathāgato gambhīrasya tathāgatadharmasya punaḥ punaḥ saṃvarṇanāṃ karoti // (K, 33,12-34,5)

〔98〕ⓐ賢者舎利弗、見四部衆、心懐猶豫、欲為発問、決其疑網、冀并蒙恩、前白仏言、ⓑ唯然世尊、今日如来、何故独宣、善権方便、以深妙法、逮最正覚、道徳巍巍、不可称限。（『正法華』六八下一四―一八）

〔99〕ⓐ爾時舎利弗、知四衆心疑、自亦未了、而白仏言。ⓑ世尊、何因何縁、慇懃称歎、諸仏第一方便、甚深微妙、難解之法。ⓒ我自昔来、未曾従仏、聞如是説。今者四衆、咸皆有疑。唯願世尊、敷演斯事。世尊何故、慇懃称歎、甚深微妙、難解之法。（『妙法華』六中七―一二）

(67)ⓐそのとき、尊者シャーリプトラは、それらの四衆たちの疑念（vicikitsā）と疑惑（kathaṃkathā）を知り、〔彼等の〕心の思念（parivitarka）を心だけで知って、また、自分でも、法に関する疑問（saṃśaya）を得たので、その時に、世尊に、次のように言った。ⓑ「世尊よ、どのような因（hetu）、どのような縁（pratyaya）があって、世尊は、繰返し、如来たちの方便善巧による知見の説法[99]（upāyakauśalya-jñānadarśana-dharmadeśanā）を非常に称讃なさる（saṃvarṇayati）のですか。また、『私によって悟られた法〔A〕は甚深（gambhīra）である』とか『意図所説（saṃdhā-bhāṣya）〔A〕は難知（durvijñeya）である』と繰返し称讃なさるのですか。ⓒしかるに、私は、世尊から、この様な法門（dharma-paryāya）を、以前に聞いたことはありません。また、世尊よ、これらの四衆たちも、疑念と疑惑を得ています。如来があるもの〔A〕を意図して（saṃdhāya）、甚深な如来の法（tathāgata-dharma）を繰返し称讃なさるところのもの、それ〔A〕を、世尊よ、よくお説きください」。

この一節は、基本的には、「方便品」第一段の散文部分〔59〕〔64〕〔68〕〔74〕でなされた説法に関して、第二段の散文部分〔93〕で、疑念をもったことが述べられた四衆たちの疑念を知ったシャーリプトラが、仏陀に説法を懇請する〝第一請〟を説くものと考えられる。即ち、四衆たちは、仏陀が何故、繰返し“upāyakauśalya-jñānadarśana-dharmadeśanā”や“gambhīra-dharma”を称讃するのかに関して疑念を懐いたのであるが、彼等の疑念と、自らの疑念を晴らすために、シャーリプトラは、仏陀に説法を懇請するのである。ただし、〔97〕ⓒの次の文章については、正確な理解が必要であろう。

(68) tat sādhu bhagavān nirdiśatu yat saṃdhāya tathāgato gambhīrasya tathāgatadharmasya punaḥ punaḥ saṃvarṇanāṃ karoti.

この文章は、松濤博士によって、

(69)如来が如来の深遠な法について、再三讃嘆されるのはなんのためか、その（理由）についてお話しください。

（『松濤Ⅰ』四五頁）

と訳されるが、

〔100〕de bshin gśegs pas ci la dgoṅs te de bshin gśegs paḥi chos zab mo yaṅ daṅ yaṅ gsuṅ ba mdsad pa de bcom ldan ḥdas kyis legs par bśad du gsol / (P, chu,16b7-8)

というチベット訳から見ても、(68)において、“tat”は“yat”という関係代名詞を承ける指示代名詞であることは明らかであり、従って、訳文には、この二つの語の関係が明示されるべきであろう。

松濤博士は、「その（理由）についてお話しください」という翻訳によって、“tat”を「理由」と見る解釈を示されているが、“saṃdhāya”を全く訳されていない。しかし、“yat saṃdhāya … tat”というときの“yat” = “tat”は、〔68〕の“saṃdhā-bhāṣya”〔A〕と同様に、〝あるものを意図して説法がなされるときのあるもの〟、つまり、〔A〕を指しているのであって、「理由」を指すものではないであろう。それ故にこそ、この〝〔A〕をお説きください〟というシャーリプトラの〝第一請〟に対して、後出の「方便品」第三段の散文部分〔101〕において、“kim anena arthena bhāṣitena”「この意味〔A〕を説く必要はない」という釈迦仏による〝第二止〟が述べられるのである。つまり、この〔101〕の“artha”と〔97〕の“yat” = “tat”は、同じもの、即ち、〔A〕を指していなければならないのである。従って、結論として言えば、〔97〕ⓒの“nirdiśatu”「お説きください」という語によって示されるシャーリプトラの〝第一請〟は、釈迦仏が“gambhīra-dharma”や“saṃdhā-bhāṣya”と言われる〔A〕を称讃する理由を、「お説きください」と言っているのではなくて、〔A〕そのものを「お説きください」と述べていると見るべきであろう。

では、次に、シャーリプトラによる〝第一請〟に、釈迦仏がどのように答えたかを示す「方便品」第三段の散文部分を見てみよう。その前半は次の通りである。

〔101〕evam ukte bhagavān āyuṣmantaṃ śāriputram etad avocat / alaṃ śāriputra / kim anenārthena bhāṣitena / tat kasya hetoḥ / uttrasiṣyati śāriputra sadevako loko 'sminn arthe vyākriyamāṇe // （K, 36,1-3）

〔102〕爾時世尊、告舎利弗。且止、且止。用問此誼。所以者何。諸天世人、聞斯説者、悉当恐怖。（『正法華』六九上一七―一八）

〔103〕爾時仏、告舎利弗。止止、不須復説。若説是事、一切世間諸天及人、皆当驚疑。（『妙法華』六下七―八）

(70)このように言われたとき、世尊は尊者シャーリプトラに、次のように言った。「やめなさい（alam）、シャーリプトラよ。この意味（artha）〔A〕を説く必要はない。何故かというと、シャーリプトラよ、この意味〔A〕が説明されるならば、天（deva）を含む世間（loka）は、恐れるであろう」。

これは、釈迦仏の所謂〝第二止〟を説く一節であるが、ここで、「この意味」とは、〔74〕における〝第一止〟における〝止〟の対象と同様、〔A〕、つまり、〝仏陀によって悟られたもの〟を指すと解するべきであろう。

また、ここには、釈迦仏が〝説法〟を止めようとする理由が、「この意味〔A〕が説明されるならば、天を含む世間は恐れるであろう」と述べられているが、この理由は、『律蔵』「大品」において、仏陀が〝説法〟を決意した直後に説いたとされる次のような偈において、〝説法〟を躊躇した理由とされるものと基本的に一致していると思われる。

〔104〕apārutā tesaṃ amatassa dvārā /
ye sotavanto pamuñcantu saddham /
vihiṃsasaññī paguṇaṃ na bhāsi
dhammaṃ paṇītaṃ manujesu brahme // （*Vinaya*, I, 7,6-7）

(71)耳をもつもの（sotavat）たちに、不死（amata）への門（dvāra）は、開かれた。彼等は、信（saddhā）を発せ。〔人々に対する〕害（vihiṃsā）を想って、正真の（paguṇa）鋭利な（paṇīta）法（dhamma）〔A〕を、私は人々に説かなかった。梵天（Brahmā）よ。

つまり、ここで“vihiṃsā”「害」と言われたことが、「方便品」〔101〕では、〝「恐れる」こと〟として述べられたと考えられる。なお、この「害」については、〝第三止〟を説く〝第四段〟の〔109〕で、さらに具体的に述べられることになるのである。

では、次に第三段の後半部分を見てみよう。

〔105〕dvaitīyakam apy āyuṣmāñ śāriputro bhagavantam adhyeṣate sma / bhāṣatāṃ bhagavān bhāṣatāṃ sugata etam evārtham / tat kasya hetoḥ / santi bhagavann asyāṃ[100] parṣadi bahūni prāṇiśatāni bahūni prāṇisahasrāṇi bahūni prāṇiśatasahasrāṇi bahūni prāṇikoṭīnayataśatasarasrāṇi pūrvabuddhadarśāvīni prajñāvanti yāni bhagavato bhāṣitaṃ śraddhāsyanti pratīyiṣyanty udgrahīṣyanti /（K, 36,4-6）

〔106〕時舎利弗、復重啓曰。唯願大聖、如是誼者、加哀説之。所以者何。於此衆会、有無央数億百千載蚑行喘息蜎蜚蠕動群生之類。曾見過仏、知殖衆徳。聞仏所説、悉当信楽、受持奉行。（『正法華』六九上一九―二二）

〔107〕舎利弗、重白仏言。世尊、唯願説之。唯願説之。所以者何。是会無数百千万億阿僧祇衆生、曾見諸仏、諸根猛利、智慧明了。聞仏所説、則能敬信。（『妙法華』六下八―一二）

⑫再びまた、尊者シャーリプトラは、世尊に懇請した。「ほかならぬこの意味（artha）〔A〕を、世尊はお説きください。善逝はお説きください。何故かというと、世尊よ、この会衆（parṣad）には、過去世に諸仏を見たもの（pūrva-buddha-darśāvin）[101]であり、般若をもつもの（prajñāvat）である、幾百もの多くの生類（prāṇin）、幾千もの多くの生類、幾百千もの多くの生類、幾百千コーティ・ナユタもの多くの生類がいます（santi）が、彼等は世尊によって説かれるもの（bhāṣita）〔A〕を、信じるでしょう（śraddhāsyanti）。信頼するでしょう。受持するでしょう」。

これは、シャーリプトラによる所謂〝第二請〟を説く一節であるが、ここには、釈迦仏に〝説法〟を懇請するに当って、その理由が述べられている。即ち、「この会衆」には、仏陀によって“bhāṣita”「説かれるもの」〔A〕を、

「信じる」であろう多数の衆生がいるので、それ〔A〕をお説きくださいというのである。このように、理由を述べて、仏陀に〝説法〟を懇請する仕方は、言うまでもなく原始仏典に見られる〝梵天勧請〟のエピソードにも認められる。即ち、『律蔵』「大品」において、〝梵天〟による〝説法〟の〝勧請〟（懇請）は、三回とも、すべて次の言葉によってなされるのである。

〔108〕desetu bhante bhagavā dhammaṃ desetu sugato dhammaṃ, santi sattā apparajakkhajātikā assavanatā dhammassa parihāyanti bhavissanti dhammassa aññātāro 'ti.（*Vinaya*, I, 5,24-26; 6,13-14; 6,22-23）

(73)尊師よ、世尊は法（dhamma）〔A〕をお説きください。善逝は法〔A〕をお説きください。〔何となれば〕少塵（apparajakkha）を生まれ（jāti）とする衆生（satta）たちがいます（santi）。彼等は法〔A〕を聞かないことにより、退堕します（parihāyanti）が、〔聞けば〕法〔A〕を了知するもの（aññātar）になるでしょう。

この〔108〕が、「方便品」〔105〕の素材とされたことは、両者に“bhagavat”“sugata”“santi”等の同じ表現が認められることから見ても、明らかであろう。つまり、ここで、「少塵を生まれ（jāti）とする衆生」と言われたものが、〔105〕では、「過去世に諸仏を見たものであり、般若をもつもの」である「生類」と表現されたのである。しかるに、「過去世に諸仏を見たもの」が、過去世に極めて長期間にわたって〝見仏聞法〟〝供養諸仏〟という菩薩行を為してきたもの、つまり、〝菩薩〟を指していることは、明らかであろう。従って、「方便品」散文部分には、“bodhisattva”「菩薩」という語は、全く使用されていないにもかかわらず、そこでは『法華経』の聴衆の中に〝菩薩〟の存在が認められていることは、否定できないと思われる。では、「方便品」散文部分は、何故〝菩薩〟の存在を認めながらも、“bodhisattva”という語を全く用いなかったのであろうか。また、何故その数を、すでに見た「序品」冒頭の聴衆の説明におけるように、「八万人」などと規定しなかったのであろうか。そこには、やはり何等かの理由があると思うのである。

そこで、再び『律蔵』「大品」〔108〕の「少塵を生まれとする衆生」という表現について考えてみよう。まず、この表現が、“jāti”「生まれ」を問題としている点で、差別的な性格をもつことは、明らかだと思われる。即ち、「衆生」の中には〝生まれつき〟塵垢が少ない者と多い者という二者が存在するというのである。従って、仏陀は、このような内容をもつ三度の〝梵天勧請〟を承けて、「仏眼」によって“loka”「世間」を観じて、「衆生」に“appa-rajakkha”「少塵のもの」と“mahā-rajakkha”「大塵のもの」、また“tikkhindriya”「利根のもの」と“mudindriya”「鈍根のもの」等[102]の区別があることを知って、〝説法〟を決意し、その決意を述べたものが〔104〕の言明であるとされるのである。すると、〔104〕の“sotavant”「耳をもつもの」とは、「少塵のもの」「利根のもの」に相当するものであり、それは、〝耳をもたないもの〟つまり「大塵のもの」「鈍根のもの」とは、区別されていることが知られるのである。

では、「方便品」〔105〕の「過去世に諸仏を見たもの」である「多くの生類」、つまり〝菩薩〟が、『律蔵』「大品」〔108〕の「少塵を生まれとする衆生」、及び〔104〕の「耳をもつもの」に対応するとすれば、そこにはどのような意義があるのであろうか。

まず、「方便品」〔105〕と『律蔵』「大品」〔108〕の表現上の一致より考えて、「方便品」散文部分の作者が、「少塵を生まれとしてもつ衆生」という表現を知らなかったとは考えられないが、しかし、彼は“jāti”「生まれ」という語を、「方便品」散文部分で全く用いることはなかった。しかるに、「生まれ」とは、〝前生〟や〝過去世〟と結びつく概念である。即ち、ある人が〝生まれつき〟塵垢が少ないとすれば、それは彼の〝過去世〟の行為の結果であるという見方も、容易に成立するであろう。

勿論、“jāti”「生まれ」が人の人生を決定するという考え方と、〝過去世〟の“karman”「業」がそれを決定するという考え方には、大きな相違があり、[103] 所謂〝カースト制〟というものは、一般に前者の考え方にもとづくと考えられている。しかし、すでに述べたように、〝生まれつき〟という考え方が、〝過去世〟の「業」による決定という考え方と結びつきやすいのも事実であろう。かくして、「方便品」散文部分の作者は、『律蔵』「大品」〔108〕に言われる「少塵を生まれとする衆生」を、〔105〕で「過去世に諸仏を見たもの」、つまり、〝菩薩〟に言い換えたとも考えられる。

しかるに、ここで問題となるのは、「方便品」散文部分における〝説法〟の対象とは誰かという点であろう。つまり、『律蔵』「大品」においては、仏陀の〝説法〟は、結局のところ〝五比丘〟という「声聞」に対してなされたのであるから、その「声聞」が〝説法〟に先立って予じめ「少塵を生まれとする衆生」「利根のもの」「耳をもつもの」と呼ばれたと考えられる。これに対して、「方便品」散文部分では、仏陀の〝説法〟を「信じる」のは、『律蔵』「大品」の「少塵を生まれとする衆生」に対応する「過去世に諸仏を見たもの」、つまり、〝菩薩〟であるとされるのであるが、実際には、仏陀の〝説法〟は、シャーリプトラを始めとする「声聞」に対してなされるのである。

すると、〔105〕におけるシャーリプトラの懇請の言葉は、奇妙なものとなるのではなかろうか。というのも、シャーリプトラが本来〝説法〟を懇請したのは、〝「仏智」〔A〕は、「声聞」「独覚」にとって「難知」である〟という仏陀の言葉に対して、「声聞」「独覚」が疑問を抱いたからであり、従って、仏陀の〝説法〟は、「声聞」「独覚」に対してなされるべきであるが、シャーリプトラは、〝説法〟を懇請する理由を、簡単に言えば、〝「この会衆」には、仏陀の所説〔A〕を「信じる」であろう菩薩がいるから〟と述べているからである。では、「この会衆」中の〝菩薩〟ではない「声聞」「独覚」は、「仏智」〔A〕を「信じる」のであろうか、「信じない」のであろうか。〝菩薩〟が「仏智」〔A〕を「信じる」であろうことは、〔105〕に言われているが、それとは反対に、もしも「この会衆」中の「声聞」「独覚」が「仏智」〔A〕を「信じない」とすれば、〝三止三請〟と〝五千人の退出〟の後、「シャーリプトラよ」“śāriputra”（K, 39,7）という呼びかけによって、シャーリプトラという「声聞」に対して「仏智」〔A〕の〝説法〟が開始されるということは、無意味なことになってしまうのではなかろうか。

そこで最も重要となるのが、〝シャーリプトラ等の「声聞」は、実は菩薩である〟という考え方、つまり、私の用語で言えば、「菩薩 gotra 論」が、「方便品」散文部分にもすでに説かれているか否かという問題なのである。私の基本的理解は、すでに述べたように、〝「声聞」も実は菩薩である〟という「菩薩 gotra 論」は、「譬喩品」散文部分に至って初めて説かれ、「方便品」散文部分にはまだ説かれていないというものであるが、しかし、この〝実は菩薩である〟という考え方を適用すれば、〔105〕におけるシャーリプトラの懇請の言葉は、〝我々は、「過去世に諸仏を見たもの」、即ち〝菩薩〟であり、「少塵を生まれとする衆生」であり、「利根」であり、仏陀の所説〔A〕を「信じる」であろうものですから、その我々に、「この意味」〔A〕をお説きください〟という意味に解されるであろう。しかし、このように解することには、次のような不合理が存在するのである。

即ち、まず第一に、シャーリプトラは、「方便品」散文部分では、〝自分は菩薩である〟という自覚をまだ得てはいない筈である。というのも、この自覚は、「譬喩品」散文部分に至って、仏陀による教えを受けて初めて獲得されるとされているからである。[104]

第二に、「方便品」〔105〕におけるシャーリプトラの懇請の言葉では、シャーリプトラ自身と、「過去世に諸仏を見たもの」（〝菩薩〟）＝〝仏陀の所説〔A〕を「信じる」であろうもの〟は、区別されているように思われる。それは、丁度、『律蔵』「大品」の〝梵天勧請〟のエピソードにおいて、〝説法〟を懇請する梵天と、〝説法〟を実際に聞くものである「耳をもつもの」＝「法を了知するもの」＝「少塵を生まれとするもの」である〝五比丘〟等の「声聞」が区別されていたのと同様である。しかるに、この点で重要であるのが、〔105〕における“santi ... asyāṃ parṣadi”「この会衆には……います」という表現なのである。即ち、この表現は、「過去世に仏陀を見たもの」たちが、「この会衆」の中の一部に存在していることを述べたものであって、「この会衆」の人々が、すべて「過去世に仏陀を見たもの」であると述べたものではない。

この点で、『正法華』〔106〕の「於此衆会、有……」という訳文は、“santi ... asyāṃ parṣadi”の正確な翻訳となっているが、『妙法華』〔107〕の「是会無数百千万億阿僧祇衆生、曾見諸仏、諸根猛利、智慧明了」という訳文は、適切なものとは言い難い。というのも、“santi”「います」も訳されていなければ、“asyāṃ parṣadi”「この会衆に」という語が於格であることも、示されていないからである。つまり、『正法華』の訳語でいえば、「於」と「有」を欠いているのである。従って、上掲の『妙法華』〔107〕の訳文は、「是会」と「衆生」が等号で結ばれているような理解を読者に生じるのである。しかるに、〝「是会」=「衆生」〟であるならば、シャーリプトラも、「曾見諸仏」、つまり〝菩薩〟であることになるのは言うまでもない。

しかも、『妙法華』の翻訳の仕方というのは、以下に見るように、常にこのようなものなのである。それ故、訳者の羅什は、「方便品」の所説と「譬喩品」の所説を矛盾のないものとして理解しようとする当時としては当然の立場から、「譬喩品」散文部分以下に説かれている〝シャーリプトラ等の「声聞」は、実は菩薩である〟という「菩薩 gotra 論」的解釈を、「方便品」散文部分の翻訳にも持ち込もうとしていると考えられる。

しかし、以上の考察にもかかわらず、「方便品」〔105〕で、聴衆における〝菩薩〟の存在が、〝説法〟を懇請する理由とされた意味は、明らかではない。即ち、〝聴衆の中には、世尊によって説かれるもの〔A〕を「信じる」であろう「過去世に諸仏を見たもの」、つまり〝菩薩〟が無数に存在するので、どうか「この意味」〔A〕をお説きください〟というシャーリプトラによる懇請に答えて、シャーリプトラという「声聞」に対して〝説法〟が開始されるということの意味が明らかではないのである。そこで、私としては、〝シャーリプトラも、実は過去世に菩薩行を行じてきた菩薩である〟という「譬喩品」散文部分の所説に依存して圧倒的になされてきた「菩薩 gotra 論」は「方便品」散文部分にはまだ説かれていないという私見を主張するために、ここで再び、梵本による限り、「方便品」散文部分には“bodhisattva”という語は全く使用されていないという事実、及び「方便品」以外の『法華経』の他の諸章の散文部分では“bodhisattva”という語が必ず使用されているという事実の重さを強調しておきたい。つまり、「方便品」〔105〕で、「過去世に諸仏を見たもの」が“bodhisattva”「菩薩」と表現されなかったところに重大な意味があるのではないかと思うのである。

では、次に「方便品」第四段の散文部分を示すことにしよう。

〔109〕atha khalu bhagavān dvaitīyakam apy āyuṣmantaṃ śāriputram etad avocat / alaṃ śāriputrānenārthena prakāśitena / uttrasiṣyanti śāriputrāyaṃ sadevako loko 'sminn arthe vyākriyamāṇe[105] 'dhimānapraptāś ca bhikṣavo mahāprapātaṃ prapatiṣyanti //（K, 36,11-37,2）

〔110〕於時世尊、難舎利弗、如是至三、告曰。勿重。諸天世人、悉懐慢恣。比丘比丘尼、墜大艱難。（『正法華』六九上二七―二八）

〔111〕仏復止舎利弗。若説是事、一切世間天人阿修羅、皆当驚疑。増上慢比丘、将墜於大坑。（『妙法華』六下一六―一七）

(74)そのとき、世尊は、尊者シャーリプトラに、再びまた、次のように言った。「止めなさい（alam）、シャーリプトラよ。この意味（artha）〔A〕を説き明す必要はない。〔何故かというと〕この意味〔A〕が説明されるならば、天（deva）を含む世間（loka）は、恐れるであろう。また、増上慢を得た（adhimāna-prāpta）比丘たちは、大坑（mahā-prapāta）に落ちるであろう」。

これは、所謂〝第三止〟を説く一段であるが、この〝第三止〟を説く釈迦仏の言葉は、〝第二止〟を説く〔101〕の言葉と、末尾の一文を除けば、殆んど変らない。即ち、ここでは、〝「増上慢を得た比丘たち」が「大坑に落ちる」ことのないように〟ということが、釈迦仏が〝説法〟しない理由の一つとして、新たに付加されたのである。この「増上慢を得た比丘たち」とは、言うまでもなく、この後に出る「方便品」第六段〔124〕で、釈迦仏の〝説法〟を聞かないで、退出していく「五千人」を指しているのである。なお、“adhimāna”は、『法華経』において極めて重要な意義をもつ言葉であるが、その初出がここにあることも、注意しておきたい。

次に、「方便品」第五段の散文部分は、次の通りである。

〔112〕traitīyakam apy āyuṣmāñ śāriputro bhagavantam adhyeṣate sma / bhāṣatāṃ bhagavān bhāṣatāṃ sugata etam evārtham / mādṛśānāṃ bhagavann iha parṣadi bahūni śatāni[106] saṃvidyante / anyāni[107] ca bhagavan bahūni prāṇiśatāni bahūni prāṇisahasrāṇi bahūni prāṇiśatasahasrāṇi bahūni prāṇikoṭīnayutaśatasahasrāṇi yāni bhagavatā pūrvabhaveṣu paripācitāni tāni bhagavato bhāṣitaṃ śraddhāsyanti pratīyiṣyanty udgrahīṣyanti / teṣāṃ tad bhaviṣyati dīrgharātram arthāya hitāya sukhāya iti // （K, 37,6-

二）

〔113〕賢者舎利弗、復白仏言。唯願大聖、以時哀説。無央数衆、昔過世時、曾受仏教。以故今者、思聞聖音、聞者則信。多所安隠。冀不疑慢。（『正法華』六九中四―六）

〔114〕爾時舎利弗、重白仏言。世尊、唯願説之。唯願説之。今此会中、如我等比、百千万億、世世已曾、従仏受化。如此人等、必能敬信。長夜安隠、多所饒益。（『妙法華』六下二一―二四）

(75)三たび、また尊者シャーリプトラは、世尊に懇請した。「ほかならぬこの意味（artha）〔A〕を、世尊は、お説きください。善逝は、お説きください。世尊よ、この会衆（parṣad）には、私と同様の（mādṛśa）、幾百もの多くのもの〔㋐〕が存在します（saṃvidyante）。また、世尊よ、他の（anyāni）、幾百もの多くの生類（prāṇin）、幾千もの多くの生類、幾百千もの多くの生類、幾百千コーティ・ナユタもの多くの生類〔㋑〕がいて、彼等は、過去の諸の有（pūrva-bhava）において、世尊によって成熟させられた（paripācita）ものたちですが、彼等〔㋑〕は、世尊によって説かれるもの（bhāṣita）〔A〕を信じるでしょう。信頼するでしょう。受持するでしょう。それ〔A〕は、長時に彼等〔㋑〕にとって、義（artha）のためとなり、利（hita）のためとなり、楽（sukha）のためとなるでしょう」。

ここでは、「この会衆」の中にいる人々をどのように理解するかが重要な問題となる。即ち、まず、梵語テキスト〔112〕による限り、ここには次のような二種の人々が区別されていると考えられる。

㋐「私と同様の、幾百もの多くのもの」＝千二百人の「声聞」

㋑「他の（anyāni）、幾百千コーティ・ナユタもの多くの生類」＝〝菩薩〟

しかるに、ここで、さらに問題となるのは、"yāni … tāni …"という関係文、あるいは、厳密に言えば、"yāni"という関係代名詞が、㋑だけに係るのか、それとも、㋐㋑の両者に係るのかという点である。私は、(75)の訳文において、"yāni"が㋑だけに係るという解釈を示したつもりである。即ち、㋑の「幾百千・コーティ・ナユタもの多くの生類」

は、「過去の諸の有において、世尊によって成熟させられたもの」であり、かつ、「世尊によって説かれるものを信じる」であろうものである、というのである。

しかし、問題の“yāni”という関係代名詞は、㋑だけではなく、“mādṛśānāṃ ... bahūni śatāni”「私と同様の、幾百もの多くのもの」という㋐の人々にも係るという解釈も、ありうるであろう。この解釈は、“saṃvidyante”の後で、一旦、文章が切れるという見方からすれば、かなり不自然なものではあるが、しかし、全く不可能という訳でもない。しかるに、この解釈に従えば、㋐の「私と同様のもの」も、「過去の諸の有において、世尊によって成熟させられたもの」であるということになるから、「私」、即ち、シャーリプトラも、「私と同様のもの」、即ち、千二百人の阿羅漢たる「声聞」も、〝実は菩薩である〟ということになるであろう。

しかるに、『妙法華』〔114〕の「今此会中、如我等比、百千万億、世世已曾、従仏受化。如此人等、必能敬信」という訳文は、正にこの後者の解釈を採用したものと思われる。というのも、この訳文では、「如我等比」㋐と「百千万億」㋑が区別されることなく、その後の「世世已曾、従仏受化」“yāni bhagavatā pūrvabhaveṣu paripācitāni”に係っていくからである。即ち、この訳文では、「如我等比」㋐＝「百千万億」㋑＝「世世已曾、従仏受化」とされていると思われる。

また、“yāni”が㋑だけに係り、㋐には係らないという前者の解釈にも、不自然な点がある。というのも、もしも、“yāni”が㋑だけに係るとすれば、㋑だけが、「世尊によって説かれるものを信じるでしょう」と言われているのであるから、「私と同様の、幾百もの多くのものが、存在します」という表現によって、㋐が単に存在することだけが言われることにいかなる意味があるのか理解できないことになるからである。つまり、世尊の所説を信じるであろうものではないもの㋐が、単に存在していたとしても、その存在がどうして説法を懇請する際に、理由として言及されるのか、明らかではないのである。

では、“mādṛśānāṃ ... bahūni śatāni”「私と同様の、幾百もの多くのもの」も、“yāni bhagavatā pūrvabhaveṣu “paripācitāni”「過去の諸の有において、世尊によって成熟させられたもの」であるという後者の解釈の方が正しいのであろうか。この問題を考察するために注意すべき語が、〔112〕には、まだ存在する。それは、㋑の人々を限定する“anyāni”「他の」という形容詞なのである。漢訳には訳されていないこの語の意味は、果して何であろうか。これについて、私は、この「他の」は、基本的には、「他の」“菩薩たち”を意味すると考える。即ち、この語は、㋑の人々を「他の」“菩薩たち”と呼ぶことによって、㋐「私と同様の、幾百もの多くのもの」も“実は菩薩である”ことを示すために用いられた語であると解するのである。つまり、この“anyāni”「他の」は、シャーリプトラ等の「声聞」も、“実は菩薩である”という解釈を示すために用いられた語に他ならないのである。

では、何故、このように考えられるのであろうか。そこで、私が注目するのは、「譬喩品」散文部分の冒頭部分に出るシャーリプトラの次の言葉なのである。

〔115〕aśrutvaiva tāvad ahaṃ bhagavann idam evaṃrūpaṃ bhagavato 'ntikād dharmaṃ tadanyān bodhisattvān dṛṣṭvā bodhisattvānāṃ cānāgate 'dhvani buddhanāma śrutvātīva śocāmy atīva saṃtapye bhraṣṭo 'smy evaṃrūpāt tathāgatajñānadarśanāt /
(K, 60,4-6)

〔116〕常従仏聞法説、化導諸菩薩乗、見余開士、聴承仏音、徳至真覚、甚自悼感、独不豫及、心用灼惕、所示現議、所不紹逮、我已永失、如来之慧。(『正法華』七三中六—九)

〔117〕我昔従仏、聞如是法、見諸菩薩、受記作仏、而我等不豫斯事、甚自感傷、失於如来無量知見。(『妙法華』一〇下二—四)

(76)世尊よ、私は、これまで(tāvat)、この、この様な法(dharma)を、世尊から全く聞かず、他の(tad-anyān)菩薩たちを見て、未来世における菩薩たちの仏陀の名前(buddha-nāman)を聞いて、非常に悲しみ、非常に苦しみました。「私は、この様な如来の知見(tathāgata-jñāna-darśana)〔A〕を失っている(bhraṣṭa)」と。

ここで、「菩薩たち」は“tadanyān bodhisattvān”「他の菩薩たち」と呼ばれているが、このうち“tad-anya”「他の」

とは、シャーリプトラが〝実は菩薩である〟ことを示すために用いられた語なのである。すでに⑤においても若干関説したことではあるが、後に詳しく論じるように、「譬喩品」散文部分〔181〕では、〝シャーリプトラは過去世に菩薩行を行じてきた菩薩であるが、その菩薩行を忘れてしまったので、それを思い出させるために『法華経』を説く〟という所説がなされるが、そこに、〝シャーリプトラは、実は菩薩である〟という解釈が述べられていることは明らかであろう。従って、「譬喩品」〔115〕の "tad-anya"「他の」も、シャーリプトラ等の声聞が〝実は菩薩である〟という理解を述べるために用いられた語であると考えられるのである。

また、「譬喩品」の次の「信解品」の散文部分にも、次のような一節がある。

〔118〕tato bhagavann asmābhir apy anye bodhisattvā avavaditā abhūvann anuttarāyāṃ samyaksaṃbodhāv anuśiṣṭāś ca / (K, 101,3-4)

〔119〕爾乃誨我、以奇特誼、楽於等一、則発大意、於無上正真道。(『正法華』八〇上一八—一九)

〔120〕於仏教化菩薩、阿耨多羅三藐三菩提。(『妙法華』一六中一九—二〇)

(77)それ故、世尊よ、私達によっても、他の(anye)菩薩たちは、無上正覚(anuttara-samyaksaṃbodhi)において、教授され(avavadita)、教誡され(anuśiṣṭa)ました。

ここでも、"anye bodhisattvā"「他の菩薩たち」の "anye"「他の」という語は、「私達」、つまり、スブーティ等の所謂〝四大声聞〟が〝実は菩薩である〟という理解を示すために用いられているのである。

従って、「方便品」〔112〕にもどれば、そこで㋑の衆生、即ち、無数の〝菩薩たち〟について "anyāni"「他の」という限定語が付されているのは、㋐の "mādṛśānāṃ … bahūni śatāni"「私と同様の、幾百もの多くのもの」、即ち、シャーリプトラ等の「声聞」も、㋑と同様に、〝実は菩薩である〟という理解を示すために他ならない。つまり、"anyāni"「他の」という限定語は、〝シャーリプトラ等の声聞も、実は菩薩である〟という「菩薩 gotra 論」を明確に説く表現なのである。

また、㋐“mādṛśānāṃ ... bahūni śatāni”「私と同様の、幾百もの多くのもの」には、“śatāni”の直前に、“prāṇi-”を付加した“mādṛśānāṃ ... bahūni prāṇiśatāni”という異読があることが知られている。即ち、“śatāni”は、C4、P3、N2本では“prāṇiśatāni”とあり、K本では、この読みを採用しているが、この読みを有する写本の相対的な少なさを考慮しないとしても、この読みは適切ではないであろう。というのも、“prāṇin”「生類」とは、〔112〕においても、また、「方便品」〔105〕においても、〝菩薩たち〟を意味する無数の衆生を指す語であって、「声聞」、それも、〔81〕によれば、「千二百人」というような数に限りのある「阿羅漢」である「声聞」を指すのに用いられるべき語ではないと思われるからである。また、対応する「方便品」第三七偈（〔366〕）においても、“asmādṛśā dvādaśime śatāś”「私達と同様の、これらの千二百人」は、“prāṇin”とは言われていない。即ち、「声聞」は単なる「生類」ではないのである。しかるに、その“prāṇin”が、三つの写本において、“śatāni”の前に付加されているということは、㋐の「声聞」も“prāṇin”、つまり、〝実は菩薩である〟という解釈を述べようとするものであろう。従って、“prāṇin”を“śatāni”の前に付加することは、思想的な理由にもとづいていると思われるが、“prāṇi-śatāni”という読みを有する写本の少なさを考慮すれば、本来のテキストには“prāṇi-”は欠けていたと見るのが適切であろう。

しかるに、すでに見たように、「方便品」〔112〕では、㋑の衆生、つまり、〝菩薩たち〟について、確かに“anyāni”「他の」という限定語が付されており、この限定語は、㋐の「声聞」も、〝実は菩薩である〟ということを意味している。とすれば、〝シャーリプトラ等の声聞も、実は菩薩である〟という理解は、「方便品」の散文部分において、すでに成立していたということにならないであろうか。しかも、私見によれば、「方便品」散文部分こそは、基本的には、『法華経』の最古層なのであるから、〝シャーリプトラ等の声聞も、実は菩薩である〟という「菩薩 gotra 論」は、『法華経』の最古層に認められるものであるということになり、従って、それは『法華経』最古層の趣旨から逸脱または発展した後代の解釈なのではなくて、むしろ、『法華経』最古層の趣旨そのもの、または、それに対する正しい解釈ということになるのではなかろうか。

この疑問は、確かに重要である。しかし、私は「方便品」〔112〕の梵語テキストに、さらなる疑問をもつのである。即ち、『正法華』〔113〕を見ると、そこには、〔112〕の㋐の人々、つまり、「私と同様の、幾百もの多くのもの」という「声聞」の存在が、全く言及されていないのである。即ち、"mādṛśānāṃ bhagavann iha parṣadi bahūni śatāni saṃvidyante" に対応する訳文は、『正法華』〔113〕には、全く認められない。勿論、そこには、㋐の人々の存在が全く言及されていないのであるから、㋑の衆生について、「他の」と限定することも、不要になる。従って、『正法華』〔113〕では、"anyāni ca" に対応する訳文も、欠けている。とすれば、㋐の人々、つまり、「私と同様の、幾百もの多くのもの」という「声聞」の存在に言及しない『正法華』〔113〕の訳文の方が、本来のテキストを反映しているのではないかという疑問が生じるのは、当然であろう。即ち、〔112〕の当該部分の本来のテキストを "saṃvidyante bhagavan bahūni prāṇiśatāni ... bahūni prāṇikoṭīnayutaśatasahasrāṇi yāni bhagavatā pūrvabhaveṣu paripācitāni tāni bhagavato bhāṣitaṃ śraddhāsyanti ..." というような形であったと想定することも可能ではなかろうか。

勿論、これに対しては、様々な反論がありうるであろう。まず、このような想定は、写本に根拠をもっていない。つまり、いかなる写本も、㋐の人々の存在に言及している。これは、何よりも重要な点であろう。しかし、『正法華』と梵語写本に、明らかな相違が見られる場合、この相違をどのように理解するかは、容易に解決できる問題ではないであろう。『正法華』の訳文は、極めて難解であり、そこには多くの誤訳・省略・付加が認められることは事実である。しかし、それにもかかわらず、二八六年とも言われる『正法華』の翻訳年代の圧倒的な古さは、何と言っても、重要視されなければならない。従って、梵語写本・チベット訳・『妙法華』に対して、『正法華』のみがテキストの本来の形を伝えているという場合も、可能性としては、ありうるのではなかろうか。このように考えて、私は、『正法華』〔113〕に従い、「方便品」〔112〕の本来のテキストには、㋐の人々、つまり、「私と同様の、幾百もの多くのもの」という「声聞」の存在に言及する文章は存在しなかったのではないかと推定するのである。

しかるに、これに対して、「方便品」〔112〕に対応する第三五偈—第三七偈〔366〕では、すでに述べたように

“asmādṛśā dvādaśime śatāś”「私達と同様の、これら千二百人」という表現によって、㋐の人々の存在が明確に言及され、しかも、この表現は、『正法華』〔367〕においても、「我之等類、千二百人」と訳されているではないかという反論がありうるであろう。この反論について言えば、まず、後に詳論するように、私は、「方便品」偈の成立を非常に遅く、少なくとも、「譬喩品」散文部分よりも後であると考えており、従って、「方便品」偈の所説は、「譬喩品」散文部分で成立した「菩薩 gotra 論」を説く〝大乗主義〟の影響下にあると見ている。しかるに、後に考察するように、「方便品」第三五偈―第三七偈が、㋑だけではなく㋐の人々の存在にも言及するのは、やはり、㋐の人々、つまり、「声聞」も、〝実は菩薩である〟という「菩薩 gotra 論」を述べるためであったと考えられるので、「方便品」第三五偈―第三七偈によって、「方便品」散文部分の本来のテキストを確定するという方法は、適切ではないと考えるのである。

しかるに、『正法華』が、「方便品」第三五偈―第三七偈の翻訳部分〔367〕において、㋐の人々に対応する「我之等類、千二百人」という訳文を有しているという事実は、極めて重要である。即ち、すでに『正法華』の翻訳がなされた時点で、訳者が使用した梵語原典の「方便品」第三五偈―第三七偈のテキストには、㋐の人々の存在が言及されていたことは明らかであるから、それに対応する散文部分〔112〕のテキストにも、㋐の人々の存在が言及されていた筈であるが、それが翻訳に際して、省略されたか欠落したのであると推定するのは、ごく自然であろう。しかし、『正法華』が使用した梵語原典は、「方便品」〔112〕という散文部分においても、また、それに対応する第三五偈―第三七偈という偈の部分においても、まさに『正法華』に訳された通りの形態のテキストを有していたと考えることも、不可能ではないであろう。つまり、〔112〕の散文部分では、㋐の人々の存在への言及を欠き、第三五偈―第三七偈の部分では、㋐の人々の存在への言及を有するテキストを『正法華』の梵語原典が有していたと考えるのも、可能ではないかと思うのである。

以上、「方便品」〔112〕のテキストに関して、そこには本来㋐の人々、つまり、「私と同様の、幾百もの多くのもの」

への言及はなかったし、また、㋑の衆生を限定する"anyāni"「他の」という語も存在しなかったのであるが、それが後に、「譬喩品」散文部分で説かれた〝シャーリプトラ等の声聞も、実は菩薩である〟という「菩薩 gotra 論」的解釈にもとづいて付加されたのではないかという推定を述べた。ただし、仮りにこの推定が正しいとしても、このような付加がいつなされたのかという点は、問題となるであろう。すでに述べたように、「方便品」偈の所説は、私見によれば、「譬喩品」散文部分で成立した〝大乗主義〟・「菩薩 gotra 論」の影響下にある。とすれば、「方便品」偈が成立し、それが散文部分に組み入れられた時点で、〔112〕に㋐の人々の存在に言及するテキストが付加されたのかもしれないし、あるいは、さらにそれよりも後の段階で、〔112〕に問題のテキストが付加されたという可能性もあるであろう。後者の可能性に従えば、〔112〕に対する『正法華』〔113〕は、「方便品」偈が成立し散文部分に組み入れられた時点よりも後に成立したものではあるが、しかし、㋐の人々の存在に言及するテキストがまだ付加されていない段階の古い形のテキストを反映しているということになるであろう。

以上の見解は、確かに、想定に次ぐ想定にもとづくものであって、確固たる論証とは言えないことは、明らかである。しかし、すでに述べたように、「方便品」〔112〕において、"yāni bhagavatā pūrvabhaveṣu paripācitāni"「過去の諸の有において、世尊によって、成熟させられたもの」という関係文が、㋐㋑の両者に係ると見ても、㋑の人々だけに係ると見ても、そのいずれにしても生じるであろう不合理を排除するためには、㋐の人々への言及を欠いた『正法華』〔113〕こそ、〔112〕の本来のテキストの形を示すものであると見て、〔112〕には、本来㋐の人々への言及はなかったと想定する以外に、適切な方法はないように思われるのである。

因みに、私は、菩薩たちに対する「他の」という限定語の『法華経』における最初の使用例は、「譬喩品」〔115〕の"tadanyān"であると見ているが、その理由の一つとして、この語が、『正法華』〔116〕でも「余」という語によって、明確に訳されており、かつ、〔115〕に対応する「譬喩品」の第九偈においても、"dṛṣṭvā ca anyān bahubodhisattvān"(K. 62,10)、「見余菩薩」(『正法華』七三下一四)という対応する表現が見られるという事実があることを述べておきたい。

これは、「方便品」〔112〕の“anyāni”が『正法華』〔113〕では訳されていないこととは、対照的であろう。即ち、「方便品」〔112〕の“anyāni”が本来のテキストに存在していたことは、この点からも疑問視されるのである。

さて、以上の私見に対しては、さらに、もしも「方便品」〔112〕の本来のテキストには、㋐の人々の存在への言及はなかったとするならば、〔112〕に示されたシャーリプトラによる〝第三請〟の言葉は、「方便品」〔105〕で述べられたシャーリプトラによる〝第二請〟の言葉と殆んど変らなくなり、改めて〝第三請〟を説くことの意味が理解できないのではないかという反論がありうるであろう。確かに、「方便品」〔112〕から、㋐の人々の存在に言及するテキストを削除するならば、〔112〕に示された〝第三請〟は〔105〕の〝第二請〟と殆んど変らなくなるのである。しかし、全同になるという訳でもない。つまり、『正法華』〔113〕にも、「多所安隠」という語によって確かに訳されている〔112〕の最終部分、つまり、“teṣāṃ tad bhaviṣyati dīrgharātram arthāya hitāya sukhāya”「それは、長時に、彼等にとって、義のためとなり、利のためとなり、楽のためとなるでしょう」という一文は、〔105〕の〝第二請〟には全く認められず、またその漢訳も存在しないのである。従って、この一文が加ったことが、〝第二請〟に対する〝第三請〟の独自性であると見ることもできるであろう。

最後に、以上の所論のまとめとして、次のように述べておきたい。「方便品」〔112〕に、㋐の人々、つまり、「私と同様の、幾百もの多くのもの」の存在が言及されているかどうかは、そこに〝シャーリプトラ等の声聞も、実は菩薩である〟という「菩薩 gotra 論」が説かれているか否かに関る極めて重要な問題である。即ち、現存の梵語写本の読みに示されるように、もしも〔112〕のテキストに本来㋐の人々の存在が言及されているとすれば、その㋐の人々も、㋑の衆生たちと同様に、〝実は菩薩である〟という「菩薩 gotra 論」が、そこに説かれている可能性が高くなる。すると、私見によれば、〔112〕を含む「方便品」散文部分こそが『法華経』の原始形態を伝えるものであるから、〝シャーリプトラ等の声聞も菩薩である〟という「菩薩 gotra 論」こそが、『法華経』最古層の根本的主張であるということにもなるであろう。

「声聞もぼさつ」という語は、末木文美士氏が、『法華経』第一類の基本的主張を明示するものとして、繰返し使用されたものである。即ち、末木氏は、「一切衆生皆悉ぼさつ」を『法華経』の根本的立場と見なす苅谷博士の説(108)を、大筋では承認して、次のように論じられた。

> ⑺8しかし、少なくとも本経の第一類に関して言えば、そこで主張されている「声聞もぼさつ」という思想は、如来蔵思想に頼らずに一乗思想を成り立たせる十分な根拠を持っているように思われる。すなわち、そこで「ぼさつ」たることを自覚し、授記を授けられる声聞たちは、いずれも過去において釈迦仏の教化を受けているのである。このことは、譬喩品における舎利弗授記をはじめ各所に見えるが、特に化城喩品（宿世因縁品）に見える大通智勝仏の物語は、釈迦仏と声聞との過去世における関係をもっとも典型的に表わしているということができる。この話は、第二類における久遠の釈迦仏と地涌の菩薩との関係に対比することができる。このことは、以下のように図式化することができるであろう。
>
> | 過去世 | | 現在世 | | 未来世 |
> |---|---|---|---|---|
> | 釈迦仏の教化 | → | 自覚→授記 | → | 成　仏 |
>
> このように考えれば、過去世における釈迦仏との因縁こそが「声聞もぼさつ」たる根拠となるものと思われる。如来蔵のように何か実体的なものが声聞の中にも存在して、それ故「声聞もぼさつ」と言われるのではない。そうではなく、過去世における釈迦仏との人格的関係こそが「声聞もぼさつ」と言われる根拠と考えられよう。しかし、声聞は過去世における仏との関わりを忘れ、それ故に本来「ぼさつ」であったのに自分を声聞と思い込んでいるのである。それを想起させ、自覚させる方法が「方便」であり、その自覚が生じたところに未来の成仏の授記が成り立つと考えられるのである。(109)（傍線＝松本）

しかるに、この末木氏の主張では、「方便品」散文部分の所説と、「譬喩品」散文部分の所説が、思想的に区別されていない。即ち、末木氏が「過去世における釈迦仏との因縁」とか「過去世における釈迦仏との人格的関係」と呼ばれたものは、具体的には、「過去において釈迦仏の教化を受けている」ことを意味しているが、それは、「譬喩品における舎利弗授記をはじめ各所に見える」とか「声聞は過去世における仏との関わりを忘れ、それ故に本来「ぼさつ」であったのに自分を声聞と思い込んでいるのである。それを想起させ」と言われるように、実質的には、「譬喩品」散文部分におけるシャーリプトラに対する授記に先立つ一節〔181〕、つまり、〃シャーリプトラは、過去世において、釈迦仏によって、教化され成熟させられ、菩薩行を行じてきたが、それを忘れてしまっているので、思い出させるために『法華経』を説く〃という趣旨の一節に説かれるものを指している。しかるに、私見によれば、この一節こそが、『法華経』の立場を〃仏乗〃から〃大乗〃へ、〃一乗〃から〃三乗〃へ転化させた「菩薩 gotra 論」、即ち、〃菩薩だけが成仏できる〃という理解の最初の明確な表現なのである。つまり、すでに示した論述⑤で、「そしてこの〃仮りの声聞〃が〃本来は菩薩である〃ことを示すためには、必ずその過去世が問題とされることになり、〃彼等は過去世において「供養諸仏」という菩薩行をなしたのであるから、実は菩薩なのである〃と論じられることになるのである」と述べた通りなのである。

この「譬喩品」散文部分に見られる一節〔181〕に、『法華経』第一類の基本的思想が示されていると考えるならば、(78)における「声聞もぼさつ」という末木説は成立するであろうが、すでに見たように、「譬喩品」散文部分は“mahāyāna”や“bodhisattva”等の語を使用する点で、「方便品」散文部分とは、その思想内容が大きく異なっている。従って、私見によれば、「譬喩品」散文部分の所説にもとづいて、「方便品」散文部分の所説や、『法華経』第一類の思想を論じることは適切ではない。即ち、論述⑤の言葉を繰返せば、「現行の『法華経』のテキスト自身、すでにこのような菩薩 gotra 論的解釈によって、その大部分が侵されているので、『法華経』の読解にあたっては充分に注意しなければならない」ということになるのである。

では、次に、「方便品」第六段の散文部分を、その冒頭から見ていくことにしよう。

〔121〕atha khalu bhagavāṃs traitīyakam apy āyuṣmataḥ śāriputrasyādhyeṣaṇāṃ viditvāyuṣmantaṃ śāriputram etad avocat /

yad idānīṃ tvaṃ śāriputra yāvat traitīyakam api tathāgatam adhyeṣase / evam adhyeṣamāṇaṃ tvāṃ śāriputra kiṃ vakṣyāmi[110] / tena hi śāriputra śṛṇu sādhu ca suṣṭhu ca manasikuru / bhāṣiṣye 'haṃ te // (K, 38,8-11)

〔122〕于時世尊、見舎利弗三反勧助、而告之曰。爾今慇懃所啓至三、安得不説。諦聴諦聴、善思念之。吾当解説。（『正法華』六九中一六—一八）

〔123〕爾時世尊、告舎利弗。汝已慇懃三請、豈得不説。汝今諦聴、善思念之。吾当為汝、分別解説。（『妙法華』七上五—七）

⑺⑼そのとき、世尊は、尊者シャーリプトラが三たび懇請したことを知って、尊者シャーリプトラに、次のように言った。「シャーリプトラよ、汝は、今、三たびまでも、如来に懇請した。このように懇請する汝に、〔その懇請を拒絶するために、これ以上、〕何を言うべきであろうか。それ故、シャーリプトラよ、よく聞きなさい。よく思惟しなさい。私は汝に語るであろう」。

これは、釈迦仏が、シャーリプトラの三度の懇請に応えて、説法を開始しようとする言葉を述べる部分であるが、ここに、思想的な問題は殆んどないと思われる。それ故、次の〝五千人の退出〟を述べる部分を見ることにしよう。

〔124〕samanantarabhāṣitā ceyaṃ bhagavatā vāg atha khalu tataḥ parṣada adhimānikānāṃ bhikṣūṇāṃ bhikṣuṇīnāṃ upāsakānāṃ upāsikānāṃ pañcamātrāṇi sahasrāṇy utthāyāsanebhyo bhagavataḥ pādau śirasābhivanditvā tataḥ parṣado 'pakrāmanti sma / yathāpīdam[111] adhimānākuśalamūlenāprāpte prāptasaṃjñino 'nadhigate 'dhigatasaṃjñinaḥ / ta ātmānaṃ savraṇaṃ jñātvā tataḥ parṣado 'pakrāntāḥ / bhagavāṃś ca tūṣṇīṃbhāvenādhivāsayati sma // (K, 38,12-39,2)

〔125〕世尊適発此言、比丘比丘尼清信士清信女五千人等、至懐甚慢、即従座起、稽首仏足、捨衆而退。所以者何。慢無巧便、未得想得、未成謂成。収屏蓋蔵衣服臥具靡何而去。世尊黙然、亦不制止。（『正法華』六九中一八—二二）

〔126〕説此語時、会中有比丘比丘尼優婆塞優婆夷五千人等、即従座起、礼仏而退。所以者何。此輩罪根深重、及増

上慢、未得謂得、未証謂証。有如此失。是以不住。世尊黙然、而不制止。（『妙法華』七上七―一一）

(80)この言葉が世尊によって語られるや否や、そのとき、その会衆（parṣad）から、増上慢をもつ（adhimānika）比丘・比丘尼・優婆塞・優婆夷の五千人ほどが、座から起って、世尊の両足に頭で礼拝してから、その会衆から退出した。何となれば、〔彼等は〕増上慢という不善根（adhimāna-akuśalamūla）によって、未だ獲得されていないもの（aprāpta）について、すでに獲得されたという想をもち（prāpta-saṃjñin）、未だ証得されていないもの（anadhigata）について、すでに証得されたという想をもつもの（adhigata-saṃjñin）であったからである。彼等は自らを、傷あるもの（sa-vraṇa）と知って、その会衆から退出したのである。しかるに、世尊は、沈黙（tūṣṇīṃbhāva）によって、〔これを〕承認された（adhivāsayati）。

以上が、〝増上慢をもつ五千人の退出〟そのものを述べる部分である。ここに見られる「増上慢」という語は、この後も、例えば、「常不軽菩薩品」〔645〕において、重要な意味で用いられ、『法華経』のキーワードの一つと考えられるが、「増上慢をもつ」という形容詞、及び「増上慢」という名詞についても、諸写本は、様々な語形を伝えている。即ち、前者に関しては、〝adhimānika〟〝ādhimānika〟〝abhimānika〟〝ābhimānika〟、後者に関しては、〝adhimāna〟〝abhimāna〟であるが、本書では、パーリ仏典に出る語形とも一致する〝adhimānika〟〝adhimāna〟という読みを採用することにしたい。

その〝adhimāna〟「増上慢」は、「方便品」〔124〕では、〝「未だ獲得されていないものについて、獲得されたという想をもつ」こと〟〝「未だ証得されていないものについて、証得されたという想をもつ」こと〟として説明されているが、この説明は、原始仏典以来の伝統にもとづいていることが、『増支部』Aṅguttara-nikāya の第八六経の、次の一節によって理解される。[112]

〔127〕adhimāniko kho ayaṃ āyasmā adhimānasacco appatte pattasaññī akate katasaññī anadhigate adhigatasaññī adhimānena aññaṃ vyākaroti khīṇā jāti vusitaṃ brahmacariyaṃ kataṃ karaṇīyaṃ nāparaṃ itthattāyā ti pajānāmīti.（AN, V, 162,21-25）

(81)実に、この尊者は、増上慢を諦とし（adhimāna-sacca）、未だ獲得されていないものについて、すでに獲得されたという想をもち（appatte patta-saññin）、未だ為されていないものについて、すでに為されたという想をもち（akate kata-saññin）、未だ証得されていないものについて、すでに証得されたという想をもち（anadhigate adhigata-saññin）、増上慢によって、了知（aññā）を宣言する。「『生（jāti）はすでに尽き、梵行（brahma-cariya）はすでに完成し、所作（karaṇīya）はすでに為され、さらに後有はない』と私は知る」と。

また、同様に、パーリ仏教で「七論」と言われるアビダルマ論書の一つである『分別論』*Vibhaṅga* にも、次のように説かれている。[113]

〔128〕tattha katamo adhimāno ? appatte pattasaññitā, akate katasaññitā, anadhigate adhigatasaññitā, asacchikate sacchikatasaññitā: yo evarūpo māno maññanā maññitattaṃ uṇṇati uṇṇāmo dhajo sampaggāho ketukamyatā cittassa: ayaṃ vuccati adhimāno. (*Vibhaṅga*, PTS ed., 355,35-39)

(82)そこで、増上慢（adhimāna）とは何か。未だ獲得されていないものについて、すでに獲得されたという想をもつこと（appatte patta-saññitā）であり、未だ為されていないものについて、すでに為されたという想をもつこと（akate kata-saññitā）であり、未だ証得されていないものについて、すでに証得されたという想をもつこと（anadhigate adhigata-saññitā）であり、未だ現証されていないものについて、すでに現証されたという想をもつこと（asacchikate sacchikata-saññitā）である。何であれ、このような慢（māna）・思慮（maññanā）・思念（maññitatta）、心の高挙（uṇṇati）・高揚（uṇṇāma）・幢（dhaja）・高慢（sampaggāha）・卓越への欲求（ketu-kamyatā）なるもの、これが増上慢と言われる。

即ち、ここで、〔127〕〔128〕に見られる“appatte patta-saññin”“anadhigate adhigata-saññin”と「方便品」〔124〕の“aprāpte prāpta-saṃjñin”“anadhigate 'dhigata-saṃjñin”との一致より考えて、〔124〕における“adhimāna”の説明が原始仏典以来の伝統的説明を踏襲したものであることが理解されるのである。

また、「方便品」〔124〕の "bhagavāṃś ca tūṣṇīṃbhāvenādhivāsayati"「世尊は沈黙によって承認した」という表現も、原始仏典に見られる "adhivāsesi bhagavā tuṇhībhāvena"[114] 等の表現を採用したものであろう。

従って、「方便品」〔124〕の所説の多くが、原始仏典以来の伝統的表現にもとづいていることが知られるが、この点は、「方便品」〔124〕の後に続く、次の一節でも同様なのである。

〔129〕atha khalu bhagavān āyuṣmantaṃ śāriputram āmantrayate sma / niṣpalāvā me śāriputra parṣad apagataphalguḥ śuddhā[115] sāre pratiṣṭhitā / sādhu śāriputraiteṣām adhimānikānām ato 'pakramaṇam / tena hi śāriputra bhāṣiṣya etam artham / sādhu bhagavann ity āyuṣmāñ śāriputro bhagavataḥ pratyaśrauṣīt // (K, 39,3-6)

〔130〕又舎利弗、衆会辟易有窃去者、離広大誼、声味所拘。又舎利弗、斯甚慢者、退亦佳矣。(『正法華』六九中二二—二四)

〔131〕爾時仏告舎利弗。我今此衆、無復枝葉、純有貞実。舎利弗、如是増上慢人、退亦佳矣。汝今善聴。当為汝説。舎利弗言。唯然世尊。願楽欲聞。(『妙法華』七上一二—一五)

(83)そのとき、世尊は尊者シャーリプトラに告げた。「シャーリプトラよ、私の会衆(parṣad)は、粃《しいな》(palāva)がなく、皮材(phalgu)を離れ、清浄となり(śuddha)、芯(sāra)に確立した(pratiṣṭhita)。シャーリプトラよ、これらの増上慢をもつもの(adhimānika)たちが、ここから退出すること(apakramaṇa)は、結構である(sādhu)。それでは、シャーリプトラよ、この意味(artha)〔A〕を説こう(bhāṣiṣye)」。「結構です。世尊よ」と、尊者シャーリプトラは、世尊に答えた。

即ち、この〔129〕でも、その前半に見られる "niṣpalāvā me ... parṣad apagataphalguḥ śuddhā sāre pratiṣṭhitā" という文章が、原始仏典で用いられた表現にもとづいていることは、明らかなのである。私は、この点を、北知秀氏の指摘によって知ることができたが、以下、主として、氏の論文に依存して、右の一文と原始仏典との関係を確認しておこう。

まず、『中部』Majjhima-nikāya 第一一八経「出入息念経」Ānāpānasati-sutta には、次のような表現がある。[116]

〔132〕apalāpā 'yaṃ bhikkhave parisā nippalāpā 'yaṃ bhikkhave parisā suddhā sāre patiṭṭhitā.（MN, III, 80,6-8）

㉔比丘たちよ、この会衆（parisā, parṣad）は、粃（palāpa）がない。比丘たちよ、この会衆は、粃がなく、清浄となり（suddha）、芯（sāra）に確立している（patiṭṭhita）。

この〔132〕に見られる表現が、「方便品」〔129〕の“niṣpalāvā ... parṣad apagataphalguḥ śuddhā sāre pratiṣṭhitā”の下敷とされていることは、明らかであろう。

しかも、〔129〕の“apagata-phalgu”という表現も、原始仏典に見られるのである。即ち、『中部』第七二経「火ヴァッチャ経」Aggivacchagotta-sutta には、次のような一節がある。(117)

〔133〕seyyathā pi bho gotama gāmassa vā nigamassa vā avidūre mahā sālarukkho, tassa aniccatā sākhāpalāsaṃ palujjeyya, tacapapaṭikā palujjeyyuṃ, pheggu palujjeyya, so aparena samayena apagatasākhāpalāso apagatatacapapaṭiko apagatapheggukо suddho assa sāre patiṭṭhito, evaṃ ev' idaṃ bhoto gotamassa pāvacanaṃ apagatasākhāpalāsaṃ apagatatacapapaṭikaṃ apagatapheggukaṃ suddhaṃ sare patiṭṭhitaṃ.（MN, I, 488,28-33）

㉕ゴータマ尊よ、例えば、村または町の近くに、大きなサーラ樹があり、それが無常であるため、その枝葉（sākhā-palāsa）が落ちるであろう。樹皮・若芽（taca-papaṭikā）が落ちるであろう。皮材（pheggu, phalgu）が落ちるであろう。その後、その〔樹〕は、枝葉を離れ、樹皮・若芽を離れ、皮材を離れ（apagata-phegguka）、清浄となり（suddha）、それの芯（sāra）に確立している（patiṭṭhita）。それと同様に、ゴータマ尊の語（pāvacana）は、枝葉を離れ、樹皮・若芽を離れ、皮材を離れ、清浄となり、芯に確立している。

ここに見られる“apagata-phegguko ... suddho ... sāre patiṭṭhito”“apagata-pheggukaṃ suddhaṃ sāre patiṭṭhitaṃ”という表現が、「方便品」〔129〕の“apagata-phalguḥ śuddhā sāre pratiṣṭhitā”という表現の下敷とされたことは、明らかであろう。また、『妙法華』〔131〕の「無復枝葉」が、〔133〕の“apagata-sākhā-palāso”に対応していることも、確実であろう。

では、“phalgu”（Pāli “pheggu”）の意味とは何であろうか。「方便品」〔129〕の“phalgu”を、渡辺照宏博士は、「屑」

〔「渡辺詳解」三七回、一二六頁下〕と訳され、ケルンは、“trash”（*Kern*, p.39, *l*.10）と翻訳した。松濤訳は「無価値なもの」（『松濤Ⅰ』五〇頁九行）であり、中村訳は「枝葉」（『中村 上』三八頁一七行）である。しかし、「方便品」〔129〕の“phalgu”の意味を明らかにするためには、やはり、原始仏典の所説を参考にせざるを得ないであろう。即ち、「方便品」〔129〕の“phalgu”の意味を理解するためには、「火ヴァッチャ経」〔133〕における“pheggu”の意味を知る必要があるであろうし、そのためには、さらに、『中部』第二九経「大芯喩経」Mahāsāropama-sutta、第三〇経「小芯喩経」Cūḷasāropama-sutta に見られる次のような表現を参照する必要があると思われる。

〔134〕seyyathā pi bhikkhave puriso sāratthiko sāragavesī sārapariyesanaṃ caramāno mahato rukkhassa tiṭṭhato sāravato atikkamm' eva sāraṃ atikkamma phegguṃ atikkamma tacaṃ atikkamma papaṭikaṃ sākhāpalāsaṃ chetvā ādāya pakkameya sāran ti maññamāno.（MN, I, 192,14-19 ≑ MN, I, 198,20-24）

(86)例えば、比丘たちよ、ある人が、芯（sāra）を求め、芯を探し、芯の探求を行じていたとき、芯をもって立っている大樹の芯を過ぎ、皮材（pheggu）を過ぎ、樹皮（taca）を過ぎ、若芽（papaṭikā）を過ぎて、枝葉（sākhā-palāsa）を切り取って、「〔これが〕芯である」と思い込んで（maññamāna 慢心して）持ち去るであろう。

ここで、“sākhā-palāsa”“papaṭikā”“taca”“pheggu”“sāra”は、『大芯喩経』によれば、順次に、“lābha-sakkāra-siloka”「利得・恭敬・名声」、“sīla-sampadā”「戒の具足」、“samādhi-sampadā”「定の具足」、“ñāṇa-dassana”「知見」、“samaya-vimokha”「時解脱」を意味すると説明されているが、ここで重要なことは、樹木の最も内部にあるものが“sāra”であり、その外側に順次に“pheggu”“taca”“papaṭikā”“sākhā-palāsa”があると見なされていることであろう。従って、“pheggu”つまり“phalgu”が、厳密には、樹木のどのような部分を指しているかは、明らかではないが、しかしそれは、単なる「屑」“trash”ではなく、樹木の最も内部にある“sāra”と対比されて、それよりも外部にあるもの、劣ったもの、無用なものを意味すると考えられていることは、確実であろう。[118]

かくして、「方便品」〔129〕の“niṣpalāvā ... parṣad apagataphalguḥ śuddhā sāre pratiṣṭhitā”という問題の文章においても、

"sāra" と "phalgu" との二者が、〝中心にある真実なもの〟と〝外部にある無用なもの〟として対比されていることが理解されたであろう。では、"niṣpalāva" または "palāva" の意味とは何であろうか。これについて、渡辺博士は詳論されたが、しかし、"apalāpā ... parisā nippalāpā ... suddhā sāre patiṭṭhitā" という「出入息念経」〔132〕と「方便品」〔129〕とに対応があることは示されていない[119]。この対応を、私自身は、北氏の論文によって、初めて知り得たのである。では、〔132〕の "apalāpā ... nippalāpā" において、"palāpa"（"palāva"）の意味とは何であろうか。北論文に示されているように[120]、これについては、『勝義灯明』*Paramatthajotikā* の説明を参照する必要があるであろう。即ち、『経集』*Suttanipāta* 第八九偈の "palāpa" を、『勝義灯明』では、次のように註釈しているのである。

〔135〕palāpasadisattā *palāpo*, yathā hi palāpo anto taṇḍularahito pi bahi thusena vīhi viya dissati, evam idh' ekacco anto sīlādiguṇasāravirahito pi bahi subbatacchadanena samaṇavesena samaṇo viya dissati, so evam palāpasadisattā palāpo ti vuccati. Ānāpānasatisutte pana "apalāpâyaṃ bhikkhave parisā nippalāpâyaṃ bhikkhave parisā suddhā sāre patiṭṭhitā" ti evaṃ puthujjanakalyāṇako pi palāpo ti vutto, idha pana Kapilasutte ca "tato palāpe bāhetha assamaṇe samaṇamānine" ti evaṃ pārājitako palāpo ti vutto（*Paramatthajotikā*, II, vol.I, 165,12-21）

(87)粃（palāpa）に似ているので、粃（palāpa）である。というのも、内に（anto）米粒（taṇḍula）が無くても、外に（bahi）もみがら（thusa）によって、もみ米（vīhi）のように見えるのと同様に、ここで、ある人は、内に戒等の功徳という芯（sāra）が無くても、外に善行者（subbata）を装うこと（chadana）によって、沙門（samaṇa）の見せかけ（vesa）によって、沙門のように見える。彼は、このように粃に似ているので、粃と言われる。しかるに、「出入息念経」では、「比丘たちよ、この会衆は、粃がない。比丘たちよ、この会衆は、粃がなく、清浄となり、芯に確立している」（＝〔132〕）とこのように、善い凡夫も、粃と言われる。しかし、ここと「カピラ経」では、「それから、沙門でないのに沙門であるという慢心をもつもの（samaṇa-mānin）である粃たちを、追放せよ」と、このように、僧団追放罪（波羅夷罪）にあたる者（pārājitaka）が粃と言われる。

この『勝義灯明』〔135〕では、まず、〝palāpa〟の意味が「粃」、つまり、〝中身のない穀物〟であると説明され、その〝中身〟が〝sāra〟と呼ばれて、〝palāpa〟と〝sāra〟が鋭く対比されているが、「方便品」〔129〕でも、〝palāva〟と〝sāra〟が対比されているので、「方便品」〔129〕でも、〝palāva〟は「粃」を意味すると解するのが、妥当であろう。

しかも、『勝義灯明』〔135〕では、〝palāpa〟の語義を明らかにするために、『経集』第二八二偈前半（Sn, v.282ab）が「カピラ経」からの引用として引かれている点が極めて注目される。というのも、その偈では、〝palāpa〟は〝mānin〟「慢心をもつもの」であるとされ、かつ、僧団から追放されるべき人々、つまり、『勝義灯明』の表現を用いれば、〝pārājitaka〟「僧団追放罪にあたる者[121]」とされるのであるが、「方便品」〔129〕においても、〝palāva〟と呼ばれた〝退出した五千人〟は、〝adhimānika〟「増上慢をもつもの」とされ、会衆からの退出を釈迦仏によって黙認されるからである。

かくして、「方便品」〔129〕における〝増上慢の五千人の退出〟に関する説明が、「出入息念経」〔132〕や「火ヴァッチャ経」〔133〕や「大芯喩経」〔134〕、さらには『経集』第二八二偈等の原始仏典に見られる〝palāpa〟や〝phalgu〟や〝sāra〟や〝māna〟を巡る所説にもとづいて形成されていることは、明らかであろう。あるいは、さらに端的に言えば、「方便品」〔129〕における〝増上慢の五千人の退出〟のエピソードは、僧団追放ではなく、僧団からの退出を黙認するものであるとはいえ、『経集』第二八二偈前半の「沙門でないのに沙門であるという慢心をもつものである粃たちを、追放せよ」という経文の直接の延長線上に成立した話であると見ることもできるであろう。

しかるに、「方便品」〔124〕で、会衆から退出していった〝増上慢をもつ五千人〟を、どのように評価するかは、『法華経』の思想を理解する上で、最も重要な問題であることは、言うまでもない。というのも、彼等を〝声聞〟と見なし、退出せずに会衆に残った人々を〝非声聞〟たる〝菩薩〟と見るならば、その〝菩薩〟に対してのみ、『法華経』は説かれ、従って、その〝菩薩〟だけが成仏できるという解釈、即ち、〝『法華経』で授記されるシャーリプトラ等の声聞は実は菩薩である〟という「菩薩 gotra 論」的解釈が、すぐにでも成立することは、明らかだからである。

実際、後に詳論するように、「方便品」散文部分〔124〕〔129〕に対応する「方便品」第三八偈―第四一偈〔369〕においては、基本的にはそのような解釈が説かれることになるのである。

しかし、『経集』第二八二偈や「出入息念経」〔132〕を代表とする原始仏典の所説との関係を考えれば、〝会衆から退出した五千人〟である〝palāva〟を〝声聞〟と見なし、〝会衆に残ったもの〟を〝菩薩〟と見ることは、不可能に近いであろう。何となれば、原始仏典において〝会衆〟とは〝声聞〟の僧団であり、〝会衆〟に〝菩薩〟は存在しないからである。従って、私見によれば、「方便品」〔124〕において〝会衆から退出した五千人〟とは〝増上慢をもつ声聞〟であり、〝会衆に残った人々〟とは〝増上慢をもたない声聞〟であると見なすのが、適切であると思われる。

では、釈迦仏は、その〝増上慢をもたない声聞〟の代表であるシャーリプトラに何を語ろうとするのであろうか。ここからが、「方便品」散文部分においては、〝真実〟の教えを説く部分と見なされるので、ここで章を改めて考察を続けることにしたい。

第三章　「方便品」散文部分「仏知見の説法」部分の考察

釈迦仏のシャーリプトラへの〝仏知見の説法〟は、次のように始まっている。

〔136〕bhagavān etad avocat / kadācit karhacic[122] chāriputra tathāgata evaṃrūpāṃ dharmadeśanāṃ kathayati / tadyathāpi nāma śāriputrodumbarapuṣpaṃ kadācit karhacit[123] saṃdṛśyate evam eva śāriputra tathāgato 'pi kadācit karhacid evaṃrūpāṃ dharmadeśanāṃ kathayati / śraddadhata me śāriputra bhūtavādy aham asmi tathāvādy aham asmy ananyathāvādy aham asmi / durbodhyaṃ śāriputra tathāgatasya saṃdhābhāṣyam / tat kasya hetoḥ / nānāniruktinirdeśābhilāpanidarśanair[124] mayā śāriputra vividhair upāyakauśalyaśatasahasrair dharmaḥ saṃprakāśitaḥ / atarkyo[125] 'tarkāvacaras tathāgatavijñeyaḥ śāriputra sa dharmaḥ[126] /

（K, 39,7-13）

〔137〕如来云何説此法乎。譬霊瑞華、時時可見。仏歎斯法、久久希有。爾等当信、如来誠諦、所説深経、誼甚微妙、言輒無虚。若干音声、現諸章句、各各殊別、人所不念。本所未思、如来悉知。（『正法華』六九中二四―二八）

〔138〕仏告舎利弗。如是妙法、諸仏如来、時乃説之。如優曇鉢華、時一現耳。舎利弗、汝等当信、仏之所説、言不虚妄。舎利弗、諸仏随宜説法、意趣難解。所以者何。我以無数方便、種種因縁譬喩言辞、演説諸法。是法非思量分別之所能解、唯有諸仏、乃能知之。（『妙法華』七上一五―二一）

⑱世尊は、次のように言われた。「シャーリプトラよ、如来は、ある時に、何等かの時に、このような説法（dharma-deśanā）を語る。シャーリプトラよ、例えば、ウドゥンバラ（udumbara）の花（puṣpa）が、ある時に、何等かの時に、見られる（saṃdṛśyate）ように、そのように、シャーリプトラよ、如来も、ある時に、何等かの時に、このよ

うな説法を語るのである。

シャーリプトラよ、あなた方は私を信じなさい（śraddadhata）。私は真実を説くもの（bhūta-vādin）である。私は如実に説くもの（tathā-vādin）である。私はありのままに説くもの（ananyathā-vādin）である。

シャーリプトラよ、如来の意図所説（saṃdhā-bhāṣya）〔A〕は難悟（durbodhya）である。それは何故かと言うと、シャーリプトラよ、私によって、様々な語釈・解説・言辞・譬喩〔B〕によって、様々の幾百千の方便善巧（upāya-kauśalya）〔B〕によって、法（dharma）〔A〕が説き明された（saṃprakāśita）からである。シャーリプトラよ、その法〔A〕は、思量されえないもの（atarkya）であり、思量の領域を超えたもの（atarka-avacara）であり、如来〔だけ〕によって識られるべきもの（vijñeya）である」。

この一節は、三つに分けられると思われる。その内、第一の部分では、ウドゥンバラの花が極めて稀にしか咲かないのと同様に、如来の説法が極めて稀になされることが述べられる。つまり、そこに見られる“kadācit karhacit”「ある時に、何等かの時に」という表現は、如来の説法が稀になされることを示していると考えられる。しかるに、『正法華』〔137〕の「久久希有」や『妙法華』〔138〕の「時乃」という表現は、如来の説法が単に稀になされるということよりも、〝非常な長時を経た後で、最後に漸くにしてなされる〟[127]というニュアンスを表しているように思われる。おそらく、このように解する方が、〝三止三請〟の後、漸くにして『法華経』の真実の教えが説かれるというこの場面にはふさわしいように見えるが、しかし、この「時乃」や『正法華』〔137〕の「久久希有」に示されていると思われる〝長時を経た後で、『法華経』の真実の教えが説かれる〟という考え方、つまり、簡単に言えば、〝「方便」の後で「真実」〟という〝時間の二分法〟という考え方は、後に考察する「譬喩品」散文部分〔178〕に至って初めて説かれるものであり、〝方便〟と〝真実〟を〝小乗〟と〝大乗〟として対比する〝大乗主義〟にもとづくものと考えられるから、「方便品」〔136〕の“kadācit karhacit”の訳語としては、不適切であると思われる。

次に、第二の部分は、漸くにしてなされる今後の説法について、「信」を要求するものであろう。ただし、具体的には、説法をなす「私」、つまり、釈迦仏に対して〝「私」は真実を語るものである〟という理由で、「信」を要求していると考えられる。つまり、この部分は、説法の開始に当って、説法者に対する「信」を要求するものであるが、同様の趣旨が、「方便品」散文部分末尾の〔169〕、つまり、説法の終了を述べる場面にも見られることに、注意したい。

最後に、第三の部分は、「如来の意図所説」である「法」〔A〕が「難悟」であり、「如来〔だけ〕によって識られるべきもの」であることを説くものと考えられるが、この部分はおそらく、これからなされる説法が、仏教史においては未曾有なものであるが故に、それが誤解されるかもしれないという懸念をもった経典作者が、その説法の「難悟」性を強調することによって、当然予想される誤解に対して、いわば予防線を張ったものと見るべきであろう。

なお、この部分に見られる「法」〔A〕の「難悟」性を示す多くの表現、つまり、“durbodhya” “tathāgata-vijñeya” “saṃdhā-bhāṣya” “nānā-nirukti-nirdeśa-abhilāpa-nidarśanair … vividhair upāya-kauśalya-śata-sahasrair … saṃprakāśitaḥ” 等の表現については、同様の表現をもつ「方便品」散文部分の〔59〕〔68〕〔71〕の所説を参照して、その意味が理解されるべきであろう。ただし〔71〕の “durbodhyaṃ śāriputra tathāgatasya saṃdhābhāṣyam” については、全く同一の文章が、〔136〕に認められる。

また、ここに見られる “atarkyo 'tarkāvacaras” という表現は、『律蔵』「大品」〔62〕の “dhammo … duranubodho … atakkāvacaro” という表現にもとづくであろうが、〔62〕や「方便品」〔59〕の “duranubodha” にせよ、この部分の “durbodhya” にせよ、いずれも、「法」〔A〕の「不可知」性ではなく、「難知」性を述べたものと考えられるから、この部分の “atarkyo 'tarkāvacaras” という表現も、「不可知」性を説くものと解すべきではないというのが、私の基本的な理解である。ただし、この表現に対応する「方便品」第一八偈〔345〕に見られる “atarkika” という語は、むしろ、「不可知」性を意味すると思われるが、これについては、後に論じたい。

では、次に、シャーリプトラに対する釈迦仏の説法の具体的内容を見てみよう。それは、次の通りである。

〔139〕ⓐ tat kasya hetoḥ / ekakṛtyena śāriputraikakaraṇīyena tathāgato 'rhan samyaksaṃbuddho loka utpadyate mahākṛtyena mahākaraṇīyena / katamaś ca śāriputra tathāgatasyaikakṛtyam ekakaraṇīyaṃ mahākṛtyaṃ mahākaraṇīyaṃ[128] yena kṛtyena tathāgato 'han samyaksaṃbuddho loka utpadyate /

ⓑ yad idaṃ ① tathāgatajñānadarśanasamādāpanahetunimittaṃ sattvānāṃ tathāgato 'han samyaksaṃbuddho loka utpadyate / ② tathāgatajñānadarśanasaṃdarśanahetunimittaṃ sattvānāṃ tathāgato 'han samyaksaṃbuddho loka utpadyate / ③ tathāgatajñānadarśanāvatāraṇahetunimittaṃ sattvānāṃ tathāgato 'han samyaksaṃbuddho loka utpadyate / ④ tathāgata-jñānadarśanapratibodhanahetunimittaṃ sattvānāṃ tathāgato 'han samyakasaṃbuddho loka utpadyate / ⑤ tathāgatajñāna-darśanamārgāvatāraṇahetunimittaṃ sattvānāṃ tathāgato 'han samyaksaṃbuddho loka utpadyate /

ⓒ idaṃ tac chāriputra tathāgatasyaikakṛtyam ekakaraṇīyaṃ mahākṛtyaṃ mahākaraṇīyam ekaprayojanaṃ loke prādurbhāvāya / iti hi śāriputra yat tathāgatasyaikakṛtyam ekakaraṇīyaṃ mahākṛtyaṃ mahākaraṇīyaṃ tat tathāgataḥ karoti / (K, 39,13-40,10)

〔140〕ⓐ所以者何。正覚興世、嗟歎一事、為大示現、皆出一原。

ⓑ以用衆生望想果応、勧助此類、出現于世。黎元望想、希求仏慧、出現于世。蒸庶望想、如来宝慧、出現于世。以如来慧、覚群生想、出現于世。示寤民庶、八正由路、使除望想、出現于世。

ⓒ以故当知。正覚所興、悉為一諦。以無極慧、而造大業。猶一空慧、以無蓋哀、興出于世。如仏所行、所化利誼、亦復如是。而為説法。(『正法華』六九中二八―下七)

〔141〕ⓐ所以者何。諸仏世尊、唯以一大事因縁故、出現於世。舎利弗、云何名諸仏世尊、唯以一大事因縁故、出現於世。

ⓑ諸仏世尊、欲令衆生、開仏知見使得清浄故、出現於世。欲示衆生、仏之知見故、出現於世。欲令衆生、悟仏知見故、出現於世。欲令衆生、入仏知見道故、出現於世。

ⓒ舎利弗、是為諸仏以一大事因縁故、出現於世。(『妙法華』七上二一―二八)

⑧⑨ ⓐ何故かといえば、シャーリプトラよ、如来・阿羅漢・正覚者は、一つの仕事（eka-kṛtya）・一つの所作（eka-karaṇīya）・大きな仕事（mahā-kṛtya）・大きな所作（mahā-karaṇīya）のために世間に生まれる。シャーリプトラよ、如来・阿羅漢・正覚者が、その仕事のために世間に生まれる、如来の一つの仕事・一つの所作・大きな仕事・大きな所作とは何か。

ⓑ即ち、①衆生たちに、如来の知見（tathāgata-jñāna-darśana）を受け取らせること（samādāpana）のために、如来・阿羅漢・正覚者は、世間に生まれる。②衆生たちに、如来の知見を示すこと（saṃdarśana）のために、如来・阿羅漢・正覚者は、世間に生まれる。③衆生たちを、如来の知見に入らせること（avatāraṇa）のために、如来・阿羅漢・正覚者は、世間に生まれる。④衆生たちに、如来の知見を悟らせること（pratibodhana）のために、如来・阿羅漢・正覚者は、世間に生まれる。⑤衆生たちを、如来の知見の道に入らせること（mārga-avatāraṇa）のために、如来・阿羅漢・正覚者は、世間に生まれる。

ⓒシャーリプトラよ、これが、如来の一つの仕事・一つの所作・大きな仕事・大きな所作であり、如来が世間に出現するための、一つの目的（eka-prayojana）である。シャーリプトラよ、このようにして、如来の一つの仕事・一つの所作・大きな仕事・大きな所作、それを如来は為すのである。

これが、『妙法華』〔141〕ⓑにもとづいて、一般に「四仏知見」と呼ばれる経文であり、「方便品」散文部分の教説の中核をなす一節であることは、確実である。このうち、ⓐは序文、ⓑは本論、ⓒは結びとも見られるであろう。

まず、そのうちのⓐについて論じるならば、ⓐは〝仏陀は、一つの仕事・目的のために世間に生まれる〟というのが、その趣旨であろう。この仕事・目的は、〔139〕ⓐⓒでは、“kṛtya”“karaṇīya”、つまり、「為されるべきこと」という名詞（未来受動分詞）によって示されているが、ⓒでは、さらに“prayojana”という語によっても、述べられている。また、〔139〕ではこの仕事について、それが「一つ」であることが、“eka-kṛtya”“eka-karaṇīya”と述べられるだけでなく、それが「大きいもの」であることが、“mahā-kṛtya”“mahā-karaṇīya”という二つの語によって示されている。しかし、私は、この二つの語は、本来のテキストにはなかった後代の付加ではないかという疑問をもつのである。即ち、既に見た“mahā-śrāvaka”における“mahā-”と同様、“mahā-kṛtya”“mahā-karaṇīya”における“mahā”という語は、“eka-yāna”「一乗」を“mahāyāna”「大乗」と見なそうとする後代の解釈、つまり、〝大乗主義〟によって付加されたのではないかというのが、私の基本的理解なのである。

現に、〔139〕ⓐの“katamaś ca śāriputra tathāgatasyaikakṛtyaṃ ekakaraṇīyaṃ mahākṛtyaṃ mahākaraṇīyaṃ”中の“mahākṛtyaṃ mahākaraṇīyaṃ”という表現については、これを欠く写本も存在する。[129] また、後出の『妙法華』〔144〕の「諸仏如来……諸有所作、常為一事」の「一事」や、〔139〕に対応する「方便品」第五五偈（〔387〕）の“ekaṃ hi kāryaṃ”という語を考慮してみても、元来“ekakṛtyam ekakaraṇīyam”という表現であったものに、〝「一乗」は「大乗」を意味する〟という「譬喩品」散文部分において明確に成立し、そして、その後は『法華経』を思想的に支配していく〝大乗主義〟によって、“mahākṛtyam mahākaraṇīyam”という語が付加されたと見るのが、妥当ではないかと思われる。

では、その如来の“ekakṛtya”“ekakaraṇīya”「一事」とは具体的には何を意味するのか。それを五つに分けて説く〔139〕ⓑの内容を検討しよう。

まず、〔139〕ⓑ①の“tathāgata-jñānadarśana-samādāpana-”という表現について、苅谷博士が、この表現は、本来“bodhisattva-samādāpana-”とあったものが変更されたものであると論じられたこと[130]を問題としたい。苅谷博士は、さらに、この“bodhisattva-samādāpana”「菩薩を教化すること」という表現によって示される「一切衆生皆悉ぼさつ」という立場こそが『法華経』の根本的立場であると繰返し力説されたが、[131] この苅谷説についても検討したい。

まず、〔139〕ⓑ①の“tathāgata-jñānadarśana-samādāpana-”という個所について“bodhisattva-samādāpana-”という読みを示している写本は、一つも存在しない。この点で、勝呂博士は、次のように苅谷説を批判されている。

(90)四仏知見の第一、tathāgata-jñāna-darśana-samādāpana-hetu-nimittaṁ sattvānāṁ……（羅什訳、令衆生開仏知見使得清浄）は、本来はbodhisattva-samādāpanaとあったもので、それが現形のごとく改竄されたというのが氏の主張であるが、しかし現存テキストは、梵漢蔵にわたっていずれのテキストも氏のいうごとき形を示していない。したがってこれは正常な文献学の限界を越える主張であることは確かである。そこでこの補強のために氏は、ペトロフスキー本に bodhisattva-samādapaka とある（ただし当該箇所にではない）のを持ち出されるのである。周知のようにペトロフスキー本の長行は書き込みの多いものであって、これを第一資料に用いるのはどうかと思われるのであるが、同本を用いたところで、当該箇所がそうなっていないのであるから、証明にはならない。（『一仏乗』書評」二二一—二二三頁）

ここには、「正常な文献学の限界を越える主張」という表現が見られるが、いかなる写本も、当該個所について、苅谷博士が想定する"bodhisattva-samādāpana-"という読みを示していないのであるから、この批判は妥当であると見ざるを得ないであろう。また後出の〔142〕①の"tathāgatajñānadarśanasamādāpaka"（K, 40,11）というテキストについて、O本、つまり、所謂ペトロフスキー本が、"bodhisatvasamādāpaka"（47a4）という読みを示していることが、苅谷説の重要な根拠とされるのであるが、これに関する勝呂博士の「周知のようにペトロフスキー本の長行は書き込みの多いものであって」というコメントも、所謂ペトロフスキー本、つまり、カシュガル写本（O本）の特異性、後代性を指摘したものとして、適切であると考えられる。[132]

勝呂博士は、結論として、

⑨このように見て来ると四仏知見の第一は、現形文のとおり tathāgata-jñāna-darśana-samādāpana-hetu-nimittaṁ sattvānāṁ……（令衆生開仏知見）とあるのが正しいであろう。つまり、仏知見が一乗法であるからそれに向けて教化（samādāpana 開）せられる衆生（sattvāni）が普遍的なぼさつの意味を持つのである。仏知見は菩提と同じである。この仏知見の語は、一乗（一大事）をあらわすためにここになくてはならない語であって、これを改竄された結果であると見る氏の説は、誤りであるといわねばならない。（「『一仏乗』書評」二二三頁）〔傍線＝松本〕

と言われるのであるが、私もまた、この結論に賛同せざるを得ない。確かに、「仏知見の語」は、「ここになくてはならない語」であると思われるからである。

ただし、私は勝呂説に全面的に賛成するというのでもない。(91)について言えば、傍線を付した部分の説明には、私は必ずしも賛同できないのである。つまり、「普遍的なぼさつ」という考え方に関して、私の意見は異なるのである。即ち、すでに繰返し述べてきたように、「方便品」梵本の散文部分に“bodhisattva”という語は全く用いられていない。写本までを含めて見ても、苅谷博士が指摘されたペトロフスキー本の“bodhisatva-samādapaka”が唯一の例外なのである。しかも、私見によれば、“bodhisattva”や“mahāyāna”という語を全く用いることのない「方便品」散文部分こそ、『法華経』の最古の部分に相当すると考えられる。とすれば、問題のペトロフスキー本の“bodhisatva-samādapaka”にしても、「方便品」散文部分の羅什訳に三回用いられる「但教化菩薩」（七上二九、七中一六、七中二七）という訳語にしても、「譬喩品」において大乗思想、菩薩思想が『法華経』に導入されたことに影響されて生じた表現であると見るのが、適切であろう。

後出の「譬喩品」散文部分の冒頭近くの一節〔181〕に示される『法華経』の所謂正式名称には、“bodhisattva-avavāda”「教菩薩法」（『妙法華』一一中一五—一六）という語が含まれているが、これこそ、〝『法華経』は、ただ菩薩だけを教化するものである〟という考え方を明示するものであり、羅什訳の「但教化菩薩」という訳語ともピタリと合致する表現であるが、しかし、このような考え方は、“bodhisattva”の語を欠く「方便品」散文部分には、存在しないと見るべきであろう。従って、少なくとも、「方便品」散文部分には、「普遍的なぼさつ」の観念もなく、また、苅谷博士が主張されるような、「一切衆生皆悉ぼさつ」という立場も認められないと思われる。では、「普遍的なぼさつ」の観念や「一切衆生皆悉ぼさつ」という立場は、「方便品」散文部分には認められないにしても、「譬喩品」以降は説かれるようになるかと言えば、それについても、私は疑問をもっている。何となれば、「譬喩品」散文部分以降『法華経』に導入されて優勢になっていくのは、〝菩薩だけが成仏できる〟という差別的な、つまり、「普遍的」ではない〝菩薩〟の観念であると考えられるからである。

また、私は、苅谷博士が「一切衆生は皆悉く本来よりぼさつである」として、ぼさつの本来性を主張されることについても、疑問を感じざるを得ない。これについては、既に末木氏による次のような批判がある。

(92)このように、苅谷説によって従来の諸説に較べて遙かに明晰に、本経の一乗思想の特徴は解明されたと考えられる。しかし、なお疑問がないわけではない。例えば、「一切衆生皆悉ぼさつ」を本経の「公理」(三一五頁)とするが、それ自体は理論的に基礎付けられないもののようである。

しかし、もしそれが十分に基礎付けられないならば、結局如来蔵思想にその基礎を求めるようになるのもやむを得ないことではあるまいか。「一切衆生皆悉ぼさつ」からは、当然の帰結として「一切衆生悉有仏性」が出てくるのではないか[133]。

この末木氏による苅谷説批判の意義を理解するためには、まず、苅谷博士が『法華経』と如来蔵思想の関係について、否定的な評価を示されていることを、知る必要がある。即ち、博士は、次のように言われるのである。

(93)以上の『法華経論』の考察をもとにして、翻って羅什訳『妙法華』の「欲令衆生開仏知見使得清浄」を考えてみるに、これもやはり上述したような如来蔵思想を表わしたものと解するより他ないであろう。勿論、インド仏教において如来蔵思想は『法華経』より後代のものであり、『法華経』自体には如来蔵思想は全く存在しないと考えられる。(『一仏乗』一〇一頁四—六行)〔傍線＝松本〕

(94)一体、インド初期大乗経典としての『法華経』は決して如来蔵思想を説く経典ではなく、又、『法華経』の主張する〈仏乗〉思想と如来蔵思想との間には大きな隔りがあるのであって、それ故に、『法華経』の tathāgata-jñāna-darśana(如来の智慧の直観、仏知見)は決して「如来蔵」あるいは「仏性」の同義語とは考えられず、それ故に又、『妙法華』の「開仏知見使得清浄」が表わしているような思想は、その片鱗さえ『法華経』には見出しえないのである。かくして、この「開仏知見使得清浄」という文及びその含意する如来蔵思想は、訳者羅什によって『妙法華』に持ち込まれたものであって、羅什の依用した梵文原本がこの訳文に相応したもの、乃至はそ

れに近いものであったとは到底考えられないのである。（同右、一〇三頁六―一二行）〔傍線＝松本〕

この⑨③⑨④に示された『法華経』と如来蔵思想の関係に関する苅谷博士の否定的な評価に、私は基本的には賛成する。基本的にはというのは、「方便品」散文部分に限って言えば、そこには、如来蔵思想は説かれていないと見る点で、賛成するという意味である。というのも、すでに述べたように、また、後に詳しく論じるように、私は、「方便品」第一〇二偈・第一〇三偈〔489〕には、如来蔵思想が説かれていると見るからである。従って、如来蔵思想は『法華経』のテキストに次第に浸透してくると考えられるのである。

しかしながら、苅谷説が従来の諸説と比べて優れている点は、『法華経』と如来蔵思想の関係を明確に否定した点にあったであろう。とりわけ、⑨④に示されたように、『妙法華』〔141〕ⓑの「開仏知見、使得清浄」という羅什の訳文について、『法華経論』、及び漢訳『如来蔵経』を参照して、この訳文によって説かれているのは、「開仏知見」の語を有する『法華経論』『如来蔵経』に説かれているのと同じ如来蔵思想であり、それはこの訳文の梵語原文には全く説かれていないとした論証[134]は、極めて優れたものであったと思われる。

しかし、それにもかかわらず、末木氏の批判⑨②にもあるように、苅谷博士は、「一切衆生皆悉ぼさつ」を「公理」と呼び、そこから、「声聞も又ぼさつである」という定理が導き出されると、次のように論じられたのである。

⑨⑤つまり、この「一切衆生皆悉ぼさつ」という仏智を公理とするならば、そこからは当然「声聞も又ぼさつである」という言わば定理が導き出されるのであり、この定理に従来からの大乗仏教に共通する「菩薩に対する授記」という言わば公式が適用されるとき、そこにおのずと「声聞に対する授記」が成立するのである。（『一仏乗』二九四―二九五頁）〔傍線＝松本〕

この「一切衆生皆悉ぼさつ」という「公理」―これを苅谷博士は、ここにも示されているように、「仏知見」の「内容」と規定されるのであるが[135]―は、末木氏の表現を用いれば、「それ自体は理論的に基礎付けられないもの」、つまり、私見によれば、あたかも、すべてに先行する永遠不変の真理のごとく主張されているのである。しかし、このような本来から存在する永遠不変の真理という考え方は、如来蔵思想形成の理論的根拠なのであって、必ず如来蔵思想に帰着していく性格をもっているのであり、この点を何よりも明確に示すものが、次の苅谷博士の言明であろう。

⑯それは勿論、この定理の導き出される公理たる「一切衆生皆悉ぼさつ」が仏智であるからに他ならない。この点において『法華経』はまさしく〈如来教〉である。そして、これら声聞のみならず、一切衆生の皆悉くぼさつであることは、後の如来蔵思想の言葉で言えば、「無始時来」なのである。即ち、一切衆生は本来からぼさつであるのである。ここにこそ、『法華経』におけるぼさつ思想の特色があると言えよう。『法華経』以前の大乗菩薩思想にあっては、凡夫が菩提に心を向け、誓願を立てることによって菩薩になるのであり、そして、菩薩行をなして成仏するのである。それが所謂〈菩薩教〉と言われるものである。それに対して、『法華経』は、仏智においては、一切衆生は皆悉く本来から即ち無始時来、ぼさつなのだと主張するものである。(『一仏乗』二九九頁六―一二行)〔傍線＝松本〕

即ち、ここで、博士自身が認めておられるように、「本来」「無始時来」とは、「後の如来蔵思想の言葉」なのである。ということは、「一切衆生皆悉ぼさつ」という公理の本来性、あるいは、永遠不変性を主張することによって、苅谷説は、博士自身の意図に反して、如来蔵思想に接近したものとなっていると考えられるのである。⑫の「結局如来蔵思想にその基礎を求めるようになるのもやむを得ないことではあるまいか。「一切衆生皆悉ぼさつ」からは、当然の帰結として「一切衆生悉有仏性」が出てくるのではないか」という末木氏の批判も、この点を突いたものと言えるであろう。

以上、苅谷博士の見解に関して若干の批判を示したが、結論として言えば、「方便品」〔139〕ⓑ①の "tathāgata-jñānadarśana-samādāpana-" が本来は、"bodhisattva-samādāpana-" であったとする苅谷説は適切ではないと思われる。従って、「方便品」散文部分には、一度も "bodhisattva" という語は用いられていなかったのであり、すでに述べたように、この点が、私見によれば、『法華経』の最古層と見られる「方便品」散文部分の著しい特徴であると考えられるのである。

では、再び、「方便品」〔139〕ⓑの内容について検討しよう。そこでは、①衆生たちに、如来の知見“tathāgata-jñānadarśana”を「受け取らせること」“samādāpana”のために、②衆生たちに、如来の知見を「示すこと」“saṃdarśana”のために、③衆生たちを、如来の知見に「入らせること」“avatāraṇa”のために、④衆生たちに、如来の知見を「悟らせること」“pratibodhana”のために、⑤衆生たちを、如来の知見の「道に入らせること」“mārga-avatāraṇa”のために、如来は世間に生まれる、という趣旨が説かれている。

このうち、まず、“sattvānām”「衆生たち」とは誰を指すのであろうか。“sattva”は複数形で用いられてはいるが、ここで“sarva-sattva”「一切衆生」という語が使用されている訳ではない。しかし、ここで言われる「衆生たち」とは、意味としては、〃一切衆生〃を指しているのではなかろうか。この点で注意すべきは、ここで「衆生たち」という語は、全く無限定に用いられていることである。つまり、〔124〕で述べられたように、〃増上慢をもつ五千人〃と〃会衆に残った人々〃が区別されている訳でもなく、また、〔112〕で説かれたように、「私と同様の、幾百もの多くのもの」〔㋐〕と「他の、幾百・幾千……コーティ・ナユタもの多くの生類」〔㋑〕が区別されているのでもなく、単に無限定に「衆生たち」と述べられているのである。これは、すべての衆生を区別しないという意味では、〃一切衆生〃を意味すると見てもよいのではなかろうか。[136]

また、“sattva”「衆生」という言葉自体、「方便品」散文部分で、これまで何度も使われてきたものではないことにも、注意しなければならない。即ち、「方便品」散文部分で“sattva”という語が〔139〕以前に使用されたのは一回だけであり、それは、〔68〕において、“tasmiṃs tasmiṃl lagnān sattvān pramocayitum”「あれこれのものに執着している衆生たちを解脱させるために」という表現において用いられたのである。私見によれば、〔139〕の「衆生たち」を、この〔68〕の「あれこれのものに執着している衆生たち」と同一視することも、不可能ではないであろう。すでに述べたように、〔139〕の「衆生たち」は〃一切衆生〃を意味していると見られるのであるが、その〃一切衆生〃を「あれこれのものに執着している衆生」と見なすことも可能であるように思われる。かくして、〔139〕における「衆生たち」とは、「あれこれのものに執着している」〃一切衆生〃であると見ておきたい。

次に、“tathāgata-jñānadarśana”「如来の知見」という語も、「方便品」散文部分において〔139〕以前にすでに何度も用いられてきたものではない。というよりも、〔139〕ⓑにおける用例こそが、「方便品」散文部分における初出なのである。では、その意味は何かと言えば、それは、「方便品」散文部分の冒頭〔59〕に出る“buddha-jñāna”「仏智」と異なるものではないであろう。即ち、“jñāna-darśana”は“jñāna”と同義であろうし、[137] “tathāgata”も“buddha”の別の呼称と見るべきであろう。ただし、〔139〕ⓐとⓒに出る“tathāgatasyaikakṛtyam”という表現を見ても分る通り、〔139〕では、“buddha”ではなくむしろ“tathāgata”という語が中心的な役割を果している。そこに理由があるのかどうか必ずしも明らかではないが、『妙法華』は〔139〕の訳文たる〔141〕において、一度も「如来」という訳語を用いることなく、“tathāgata-jñānadarśana”も「仏知見」と訳している。これは、“tathāgata”と“buddha”を区別せず、全く同一視する解釈を示すものであろう。「方便品」散文部分で〔139〕以前に“tathāgata”の語が多用されるのは、“sarvadharmān api tathāgata eva jānāti”「如来だけが、一切法を知る」という文章を含む〔77〕においてであるが、そこにおいても、〔139〕においてと同様、直前には“tathāgata, arhat, samyaksaṃbuddha”「如来・阿羅漢・正覚者」という表現が用いられているので、〔77〕においても、そして〔139〕においても、“tathāgata”の語は、「如来・阿羅漢・正覚者」という表現を承けて、いわば、その三者の省略語として用いられたと見ることもできるかもしれない。

次に、〔139〕ⓑの①“samādāpana”②“saṃdarśana”③“avatāraṇa”④“pratibodhana”⑤“mārga-avatāraṇa”について言えば、〔139〕ⓐに“tathāgatasyaikakṛtyam ekakaraṇīyam”「如来の一つの仕事・一つの所作」と述べられている以上、これら五つは、基本的には、同一の行為であると見ることができるであろう。しかるに、このうち、“samādāpana”の語義については、検討すべき問題が少なくない。

まず、〔139〕ⓑ①の“samādāpana-”について、諸訳を挙げておこう。

“communiquer”（*Burnouf*, p.26, *l*.8）, “show” [?]（*Kern*, p.40, *l*.7）,「〔如来の智見に〕安立せしめん」（『南条・泉』五一頁四行）、「受け入れさせる」（「渡辺詳解」三七回、七〇頁上一七行）、「得させる」（『松濤Ⅰ』五一頁一二行）、「開かせる」（『中村　上』三九頁一五行）、「〔ぼさつを〕教化すること」（『一仏乗』八九頁一五行）

また、平川彰博士は、この“samādāpana-”を「得させる」と訳されている。[138] これらの諸訳のうちでは、私は渡辺博士の「受け入れさせる」、松濤博士と平川博士の「得させる」という訳語に同調したいのであるが、その理由を以下に述べてみよう。

まず、“samādāpana”“samādāpaka”“samādāpayati”等の語義については、BHSD におけるエジャトン Edgerton の説明が参照されるべきであろう。[139] 彼は、“samādāpayati”について、(1) causes to assume, (2) incites (to), (4) inspires, excites, (5) assumes 等の語義を用例とともに示している。“samādāpayati”（Pāli, “samādapeti”）は、sam-ā√dā「受け取る」「取る」の使役形であるから、“causes to assume”は、この語の原義に一致しているであろう。エジャトンも言うように、“yaṅ dag par ḥdsin du ḥjug”というチベット訳は、“cause to take”「取らせる」という意味の使役形なのである。この点は、〔139〕ⓑ①の“samādāpana-”の“yaṅ dag par ḥdsin du gzud pa”[140]（P, chu,19a4-5）も同様であり、『大乗荘厳経論釈』*Mahāyānasūtrālaṃkārabhāṣya* に出る“samādāpanā”（MSABh, 116,7）のチベット訳“yaṅ dag par len du ḥjug pa”（D, phi, 209b7）も、やはり“len”「受け取る」の使役形を用いている。しかるに、エジャトンは、この“samādāpayati”の原義に変化があったという理解を示しているようである。即ち、(2)の“incites [to]”「〔……に対して〕鼓舞する」「〔……に対して〕勧める」「〔……に対して〕促す」という意味は、特に於格名詞と結合する場合に認められ、『法華経』の“te codārāyāṃ buddhabodhau samādāpitāḥ”（K, 110,7）等が、その例とされるのであるが、エジャトンは、この(2)の“incites [to]”を、(1)の「取らせる」「受け取らせる」という原義の弱まったもの（“which seems to imply weakening of the orig. lit. mg.”）と解している点が注目される。また、(4)の“inspires, excites”は、於格名詞との結合がなく、従って、何に対して鼓舞され、促され、勧められているのかが示されることなく、単に、誰を鼓舞し勧励しているのかが、特に目的格名詞によって示される場合であり、その例としては、“tān sarvasattvān samādāpayet”（K, 347,8）等が挙げられている。また、エジャトンによれば、原始仏典の“dhammiyā kathāya saṃdassesi samādapesi samuttejesi saṃpahaṃsesi”（DN, II, 42,8）における“samādapesi”も、その例とされ、彼は、この語を“incited”と訳している。

以上のエジャトンの説明は、基本的には妥当であろう。即ち、“samādāpayati”の原義は、「受け取らせる」「取らせる」であろうが、そこから、〝誰々を何々に対して勧め鼓舞し刺激し促す〟という意味が生じたのであろうと思われる。従って、『梵和』（p.575, p.1418）に示される“samādāpayati”や“samādāpana”に対する「勧」「勧導」「勧修」「勧化」「教導」、そして、『妙法華』に多用される「教化」等の漢訳語も、エジャトンの言う⑵の“incites [to]”や⑷の“inspires”“excites”という派生的な意味に対応しているのであろう。

しかしながら、私は“samādāpayati”や“samādāpana”に関しては、やはり「受け取らせる」という原義を重視すべきだと思うのである。例えば、『法華経』「譬喩品」に出る“[sattvānām] ... anuttarāyāṃ samyaksaṃbodhau samādāpana-hetoḥ”（K, 77,10-12）という一文には、“samādāpana”と“anuttara-samyaksaṃbodhi”の於格形との結合が見られるにもかかわらず、『妙法華』は、これを「教化令得阿耨多羅三藐三菩提」（一二上一八）と訳しているのである。このうち、「令得」は「得させる」「取らせる」「受け取らせる」という原義に対応し、「教化」は、“incites”や“inspires”の派生的な意味に対応しているように見えるが、ここで重要なことは、“incites”等の派生的な意味も、あくまでも、「受け取らせる」「得させる」という原義にもとづいて生じたものであるという点であろう。エジャトンが言及した原始仏典における“saṃdassesi samādapesi samuttejesi saṃpahaṃsesi”における“samādapesi”の用例についても、そこに、「受け取らせる」とか「得させる」という意味が全くないかと言えば、おそらく、そうではないであろう。

そこで問題の〔139〕ⓑ①の“tathāgata-jñānadarśana-samādāpana-”における“samādāpana”の語義について言えば、私の基本的な理解は、ここでの“samādāpana”は、「鼓舞すること」「勧励すること」「促すこと」という派生的な意味ではなく、「受け取らせること」「得させること」という原義において使用されているのではないかというものである。

では、何故そのように考えられるかについて、以下に説明しよう。

まず、すでに見た通り、〔139〕ⓑ①の“tathāgata-jñānadarśana-samādāpana-”は、本来は“bodhisattva-samādāpana-”というテキストであったと主張される苅谷博士は、その主張の根拠として、『法華経』において“samādāpana”が“bodhisattva”と結合して使用される例が多いことを、次のように指摘されている。

(97)ちなみに、『法華経』全体、それを一応は「序品」から「如来神力品」までとして、そこでのsamādāpanaについて検討するに、この語はこの仏出現の唯一目的を明かす文の六箇所を除いても、二十四箇所に使用されている。そのなかで、bodhisattvaを教化するとあるものは実に十一箇所あり、又、人々を菩提に向けて教化するとあるものは十一箇所ある。これは、bodhisattvaを教化するというのと同じ意味であると考えられるから、合計二十二箇所でsamādāpanaという語はbodhisattva又はそれに近い意味の語と結合していることになる。このことから、いかに『法華経』においてsamādāpanaという語はbodhisattvaという語と深い結合関係をもっているかがわかるであろう。そのことからしても、この仏出現の唯一目的を明かす文の①をbodhisattva-samādāpanaと復元することが決して不当でないことが理解されよう。（『一仏乗』九六頁四―一一行）〔傍線＝松本〕

この論述において、「人々を菩提に向けて教化するとあるものは……bodhisattvaを教化するというのと同じ意味である」と述べられることに、私は必ずしも賛同できないが、しかし、苅谷博士が作成された「仏出現の唯一目的を明かす文の六箇所」を除く「二十四箇所」の“samādāpana”の用例のリスト[141]は、極めて有益なものであり、以下、そのリストに示された用例に即して、“samādāpana”の語義を検討してみよう。苅谷博士のリストを、私なりに補い書き換えれば、次のようになる。

①「序品」第二八偈：samādapento bahubodhisattvān（K, 12,11）〔byaṅ chub sems dpaḥ maṅ po yaṅ dag ḥdsud（P, chu, 6b7-8）、勧助開化、無数菩薩（『正法華』六四下二二―二三）、化諸菩薩（『妙法華』三上二七）〕

②「序品」第三〇偈：tāṃś caiva bodhāya samādapenti（K, 12,16）〔de dag byaṅ chub la yaṅ dag ḥdsud（P, chu,7a2）、開化度衆、令発道意（『正法華』六四下二八）、令入仏道（『妙法華』三中一）〕

③「序品」第五八偈：samādapeti bahubodhisattvān acintyān uttami buddhajñāne（K, 23,6）〔byaṅ chub sems dpaḥ bsam yas bye ba stoṅ // maṅ po de dag ye śes yaṅ dag ḥdsud（P, chu,12a3）、勧助発起、無数菩薩（『正法華』六六下二）、無数億菩薩、令入仏智慧（『妙法華』四中二四）〕

④「方便品」散文：kriyāṃ tathāgatasya buddhayānasamādāpanaṃ（K, 43,8-9）〔de bshin gśegs paḥi bya ba saṅs rgyas kyi theg pa yaṅ dag par ḥdsin du ḥjug pa（P, chu,21b7）、勧化声聞及縁覚者、若説仏乗（『正法華』六九下二三）、諸仏如来、但教化菩薩事（『妙法華』七中二八）〕

⑤「方便品」第八八偈：samādapentā bahubodhisattvān（K, 51,8）〔byaṅ chub sems dpaḥ maṅ po yaṅ dag ḥdsud（P, chu,24b8-25a1）、無数菩薩、神通三昧[142]（『正法華』七一中二一）、但化諸菩薩（『妙法華』九上九）〕

⑥「方便品」第一二二偈：samādapemo bahubodhisattvān（K, 56,4）〔byaṅ chub sems dpaḥ maṅ po yaṅ dag btsud（P, chu,26b7）、勧助無数菩薩（『正法華』七二中二七）、但為教菩薩（『妙法華』九下二七）〕

⑦「方便品」第一三二偈：tāṃś caiva bodhāya samādapemi（K, 57,10）〔de dag byaṅ chub la ni yaṅ dag btsud（P, chu, 27a7）、或以勧助使入仏道（『正法華』七二下二〇）、但説無上道（『妙法華』一〇上一九）〕

⑧「方便品」第一三九偈：samādapemī aham agrabodhau（K, 58,8）〔byaṅ chub dam pa ḥdi la yaṅ dag gzud（P, chu, 27b5）、則便勧助、以尊仏道（『正法華』七三上九―一〇）、但以一乗道、教化諸菩薩（『妙法華』一〇中五―六）〕

⑨「譬喩品」第二二偈：samādapento bahubodhisattvān（K, 64,7）〔byaṅ chub sems dpaḥ maṅ po kun ḥdsud（P, chu, 30a4-5）、当勧助化、於衆菩薩（『正法華』七四上二一）、教化諸菩薩（『妙法華』一一中八）〕

⑩「譬喩品」散文：bodhisattvān（bodhisattvayānam）[143] eva samādāpayati（K, 71,9-10）〔byaṅ chub sems dpaḥi theg pa ḥdi ñid la yaṅ dag par ḥdsud（P, chu,33b3）、為菩薩也（『正法華』七五中四）、皆為化菩薩故（『妙法華』一二中一一）〕

⑪「譬喩品」散文：anuttarāyāṃ samyaksaṃbodhau samādāpanahetoḥ（K, 77,12）〔bla na med pa yaṅ dag par rdsogs paḥi byaṅ chub tu gzud paḥi phyir（P, chu,36a8）、誘導三乘、漸漸勧示無上正真之道（『正法華』七五下一七―一八）、教化令得阿耨多羅三藐三菩提（『妙法華』一三上一八）〕

⑫「信解品」散文：te codārāyāṃ buddhabodhau samādāpitāḥ（K, 110,7）〔de dag ni saṅs rgyas kyi byaṅ chub rgya chen po la yaṅ dag par btsud do（P, chu,50a4）、転復勧進入微妙誼（『正法華』八一上二一）、然仏実以大乘教化（『妙法華』一七下七―八）〕

⑬「化城喩品」散文：anuttarāyāṃ samyaksaṃbodhau paripācitavān samādāpitavān saṃharṣitavān samuttejitavān saṃpraharṣitavān avatāritavān（K, 182,9-11）〔yaṅ dag par gzeṅ bstod / yaṅ dag par rab tu dgaḥ bar byas / yaṅ dag par ḥdsin du bcug / shugs par byas nas bla na med pa yaṅ dag par rdsogs paḥi byaṅ chub tu yoṅs su smin par byas so（P, chu,80a8）、化度……処於無上正真道、皆立大乘（『正法華』九二上五―六）、度……示教利喜、令発阿耨多羅三藐三菩提心（『妙法華』二五中八―一〇）〕

⑭「化城喩品」散文：bodhāya samādāpitāny（K, 183,14）〔byaṅ chub tu yaṅ dag par gcud par gyur te（P, chu,80b8-81a1）、開化（『正法華』九二上一七）、所化（『妙法華』二五中二〇）〕

⑮「化城喩品」散文：samādāpitāny anuttarāyāṃ samyaksaṃbodhau（K, 185,7）〔bla na med pa yaṅ dag par rdsogs paḥi byaṅ chub la yaṅ dag par btsud pa（P, chu,81b8-82a1）、開化……発無上正真道（『正法華』九二中六―七）、教化……為阿耨多羅三藐三菩提（『妙法華』二五下七―九）〕

⑯「五百弟子品」散文：catasṛṇāṃ parṣadāṃ saṃdarśakaḥ（W, 176,4）samādāpakaḥ samuttejakaḥ saṃpraharṣako（K, 200,4-5）〔ḥkhor bshi yaṅ dag par rab tu dgaḥ bar byed pa yaṅ dag par ḥdsin du ḥjug pa yaṅ dag par gzeṅ bstod pa（P, chu,87a4-5）、勧助開仏説法、諷受奉宣、散示未聞、而無懈廃、闡弘誼趣、解暢槃結、応答四部、不以厭倦（『正法華』九五下二―四）、能於四衆、示教利喜（『妙法華』二七中二六）〕

⑰「従地涌出品」散文：samādāpitāḥ samuttejitāḥ saṃpraharṣitā anuttarāyāṃ samyaksaṃbodhau pariṇāmitāḥ（K, 309,5-6）〔bla na med pa yaṅ dag par rdsogs paḥi byaṅ chub la btsud de yoṅs su bsṅos so（P, chu,133a3）、勧悦斯等、立不退転、使成大道（『正法華』一一二上二三—二四）、教化示導、是諸菩薩、調伏其心、令発道意（『妙法華』四一中三—四）〕

⑱「従地涌出品」散文：bodhisattvā ... samādāpitāḥ paripācitāś cānuttarāyāṃ samyaksaṃbodhau（K, 310,15-311,1）〔bla na med pa yaṅ dag par rdsogs paḥi byaṅ chub tu yaṅ dag par btsud de yoṅs su smin par mdsad（P, chu,133b8）、欠（『正法華』一一二中二二）、教化……諸大菩薩、令住阿耨多羅三藐三菩提（『妙法華』四一下二—三）〕

⑲「従地涌出品」散文：bodhisattvagaṇo bodhisattvarāśir ... anuttarāyāṃ samyaksaṃbodhau samādāpitaḥ paripācitaś（K, 311,6-7）〔byaṅ chub sems dpaḥi tshogs daṅ byaṅ chub sems dpaḥi phuṅ po ... bla na med pa yaṅ dag par rdsogs paḥi byaṅ chub tu btsud ciṅ yoṅs su smin par mdsad（P, chu,134a4-5）、多所勧益、所建権慧、而不可議。今是菩薩大会之衆、悉皆如来之所開導（『正法華』一一二中二七—二八）、教化如是無量大菩薩衆、当成阿耨多羅三藐三菩提（『妙法華』四一下七—九）〕

⑳「従地涌出品」散文：samādāpitāḥ samuttejitāḥ paripācitāḥ pariṇāmitāś cāsyāṃ bodhisattvabhūmāv（K, 312,4-5）〔byaṅ chub sems dpaḥi sa ḥdi la yaṅ dag par btsud de / yoṅs su smin par byas śiṅ yoṅs su bsṅos te（P, chu,134b5）、教化于斯品類、誘導建立於菩薩地（『正法華』一一二下一一—一二）、初令発心、教化示導（『妙法華』四一下二一）〕

㉑「寿量品」第二偈：samādapemī bahubodhisattvān bauddhasmi jñānasmi sthapemi caiva（K, 323,9）〔byaṅ chub sems dpaḥ maṅ ḥdi yaṅ dag gzud // saṅs rgyas ye śes la ni de dag dgod（P, chu,140a2-3）、勧助発起、無数菩薩、皆建立之、於仏道慧（『正法華』一一四下五—六）、教化無数億衆生、令入於仏道（『妙法華』四三中一四—一五）〕

㉒「随喜功徳品」散文：tān sarvasattvān samādāpayet samādāpayitvā tathāgatapravedite dharmavinaye（K, 347,8）〔sems can de dag thams cad de bshin gśegs pas gsuṅs paḥi chos ḥdul ba la yaṅ dag par btsud de / yaṅ dag par btsud nas（P, chu,149a3-4）、化入如来法律（『正法華』一一八上二五）、当以仏法、而訓導之、即集此衆生、宣布法化、示教利喜

〔『妙法華』四六下一六―一七）〕

㉓「常不軽菩薩品」散文：anuttarāyāṃ samyaksaṃbodhau samādāpitāny（K, 380,4）〔bla na med pa yaṅ dag par rdsogs paḥi byaṅ chub tu yaṅ dag par btsud do（P, chu,161b6）、便立無上正真道意（『正法華』一二三上二二）、化千万億衆、令住阿耨多羅三藐三菩提（『妙法華』五一上一一―一二）〕

㉔「如来神力品」第一三偈：samādapetī bahubodhisattvān（K, 394,4）〔byaṅ chub sems dpaḥ maṅ po yaṅ dag ḥdsud（P, chu,167a3）、勧化発起、無数菩薩（『正法華』一二五上四）、教無量菩薩、畢竟住一乗（『妙法華』五二中二八）〕

このリストにおいて、まず注目すべき点は、ここには“samādapayati”“samādapeti”という動詞が“bahu-bodhisattvān”「多数の菩薩たちを」という名詞の目的格（複数）と結合する用例が、七例（①③⑤⑥⑨㉑㉔）も認められることである。これらの極めて印象的な用例が、おそらくは論述97における苅谷博士の「いかに『法華経』においてsamādāpanaという語はbodhisattvaという語と深い結合関係をもっているかがわかるであろう」という理解を生み出す有力な根拠となったと思われる。しかし、“samādāpayati”が“bahu-bodhisattvān”と結合する七個の用例は、すべて偈だけにおいて認められるものであることは、注意しなければならない。例えば、「方便品」偈には、“samādāpayati”という動詞が“bahu-bodhisattvān”と結合する用例が二つ（⑤⑥）存在するが、「方便品」散文部分には、“bodhisattva”の用例が全く存在しないのであるから、“samādāpayati”という動詞、または、そこから派生した“samādāpana”という名詞などが、“bodhisattva”と結合する用例が、そこに皆無であることは言うまでもない。

しかるに、私見によれば、「方便品」偈の成立は、「方便品」散文部分や「譬喩品」散文部分の成立よりも後であると考えられる。とすれば、『法華経』の偈のみに認められる“samādāpayati”が“bahu-bodhisattvān”と結合する用例は、その成立が遅いと見ることができるのではなかろうか。ただし、問題となるのは、「譬喩品」散文部分の用例⑩であって、そこに“bodhisattvān”とあるのは、K本では、“bodhisattvayānam”であるが、両漢訳やO本の読みから見て、

“yāna” は後から付加された語であると思われる。すると、“bodhisattvān” と “samādāpayati” との結合は、すでに「譬喩品」散文部分に認められ、これを最古の用例として、『法華経』の偈の部分で、“bahu-bodhisattvān” と “samādāpayati” が結合する七つの用例が生み出されたと考えられるのではなかろうか。

さて、『法華経』の偈だけに認められる “samādāpayati” が “bahu-bodhisattvān” と結合する七個の用例のうち、“buddhajñāne” という於格の名詞と結合している③を除いた他の六例においては、於格名詞との結合は認められない。つまり、これはエジャトンの言う、於格名詞との結合を欠く(4) “inspires” “excites” の用例に相当する。これに対して、“bahu-bodhisattvān” と結合する七例を除く、他の一七例の大半においては、“samādāpayati” や “samādāpana” は於格名詞と結合している。それらの於格名詞は、“bodhi”（②⑦⑭）、“agra-bodhi”（⑧）、“anuttara-samyaksaṃbodhi”（⑪⑬⑮⑰⑱⑲㉓）、“buddha-bodhi”（⑫）、“bodhisattva-bhūmi”（⑳）である。この於格名詞と結合する用例は、基本的には、〝誰々を（目的格）、何々に対して（於格）samādāpayati する〟という構造をとっていると考えられる。さらに、偈のみに認められる “samādāpayati” が “bahu-bodhisattvān” と結合する用例は、“buddha-jñāne” という於格名詞を有する③を除けば、〝誰々を（目的格）samādāpayati する〟という構造をもち、これは、〝誰々を（目的格）、何々に対して（於格）samādāpayati する〟という構造から、〝何々に対して（於格）〟という要素が欠落したもの、または省略されたものと見なされるであろう。

従って、結論より言えば、『法華経』において、“samādāpayati” に関する用例の構造は、次の三段階に展開したのではないかと考えられる。

ⓐ 〝何々を（目的格）samādāpayati する〟

ⓑ 〝誰々を（目的格）何々に〔対して〕（於格）samādāpayati する〟

ⓒ 〝誰々を（目的格）samādāpayati する〟

このうちのⓑとⓒに関しては、“samādāpayati” を、エジャトンの言う(2) “incites” や(4) “inspires” の意味に解することができるであろうが、ⓐについては、それは不可能である。何故なら、「誰々を鼓舞する」なら意味をもつが、「何々を鼓舞する」という表現は、不合理に思われるからである。

では、ⓐにおいて“samādāpayati”の意味をどのように理解すればよいかと言えば、それは、この語の原義、つまり、エジャトンの言う(1)“causes to assume”の意味に解する以外に方法はないであろう。従って、このⓐの構造における“samādāpayati”を、私は「受け取らせる」と訳すことにしたい。では、ⓑとⓒの二つの構文における“samādāpayati”は、いかに訳すべきであろうか。右のリストを見ると、『正法華』は「勧助」という訳語を多用し、『妙法華』は「教化」という訳語を好んで使用しているように見える。更に、他の文献では、『菩薩地』*Bodhisattvabhūmi*「摂事品」saṃgrahavastu-paṭala では、特に“artha-caryā”「利行」を説明する個所〔BBh, 221,1-225,20〕に、“samādāpayati”や“samādāpana”が多用されているが、それらについて、玄奘訳は「勧導」という訳語を多用している。[144] エジャトンは、漢訳を参照しなかったようであるが、“samādāpayati”や“samādāpana”に〝勧める〟という意味が確かにあることは、「勧助」や「勧導」という訳語があることによって明らかである。しかしながら、私は、『妙法華』の重要性をも考慮して、〝誰々を〔目的格〕〔何々に〔於格〕〕samādāpayati する〟というⓑⓒの構文における“samādāpayati”を「教化する」と訳すことにしたい。この「教化」という訳語は、上述した『菩薩地』の「利行」を説明する個所に対応する、『菩薩善戒経』〔大正、九八九下—九九〇下〕においても、使用されていることにも注意しておきたい。

従って、私は、“samādāpayati”をⓐ〝何々を〔目的格〕samādāpayati する〟の構文においては、「〔何々を〕受け取らせる」と訳し、ⓑⓒ〝誰々を〔目的格〕〔何々に〔於格〕〕samādāpayati する〟という構文においては、「〔誰々を、何々に〕教化する」と訳したいと思う。しかるに、このような訳し分けは、実は、チベット訳にも認められることを、確認しておきたい。即ち、“samādāpayati”や“samādāpana”に関するチベット訳は、基本的には、二種に区別される。即ち、「〔何々を〕取らせる」と訳すものと、「〔誰々を何々に〕入れる」と訳すものの二種類である。議論の発端となった〔139〕の“samādāpana”のチベット訳“yaṅ dag par ḥdsin du gzud pa”は、前者の例であり、前掲リストの「方便品」散文④の“yaṅ dag par ḥdsin du ḥjug pa”、「化城喩品」散文⑬の“yaṅ dag par ḥdsin du bcug”、「五百弟子品」散文⑯の“yaṅ dag par ḥdsin du ḥjug pa”も同様であるが、その他はすべて後者の例である。即ち、①②③⑤⑩㉔の“yaṅ dag [par] ḥdsud”⑥⑦⑫⑮⑱⑳㉒㉓の“yaṅ dag [par] btsud”⑧㉑の“yaṅ dag gzud”⑨の“kun ḥdsud”⑪の“gzud”⑭の“yaṅ dag par gcud”⑰⑲の“btsud”はすべて「入れる」を意味する。“yaṅ dag [par]”と“kun”は、いずれも“sam-”という接頭辞の訳語と見られるが、前者の例においては、“yaṅ dag [par]”は〝正しく〟とか〝正しいものに〟という意味が付与されているかもしれない。

以上のチベット訳の二種の訳し方は、基本的には、「〔何々を〕受け取らせる」と「〔誰々を何々に〕教化する」に対応していると思われる。その点からすれば、「化城喩品」⑬には、“anuttarāyāṃ samyaksaṃbodhau”という於格名詞が見られるので、チベット訳は“yaṅ dag par ḥdsin du bcug”ではなくて、“yaṅ dag par btsud”のようにすべきであったと思われるかもしれないが、チベット訳では、この於格名詞と“samādāpitavān”との結合を認めず、この於格名詞は“paripācitavān”とだけ結合するという解釈を示しているように見える。いずれにせよ、チベット訳も、「方便品」散文部分の訳においては、「……を取らせる」という意味の“yaṅ dag par ḥdsin du gzud pa”“yaṅ dag par ḥdsin du ḥjug pa”という訳語だけを使用していることが、注目される。というのも、これこそが、「方便品」散文部分〔139〕の“samādāpana”の語義を明示していると考えられるからである。

さて、〔139〕の“samādāpana”が、決して「〔誰々を何々に〕勧めること」でも、「〔誰々を何々に〕教化すること」でもなく、この語の原義通りに、「〔何々を〕受け取らせること」を意味することは、写本の読みからも示唆されると思われる。即ち、『写本集成』（II-155）によれば、〔139〕の“samādāpana”について、八つの写本（Pk, C1, C2, T4, T5, T9, A2, A3）が“samādāna”という読みを示しているのである。この事実をどのように考えるべきであろうか。“samādāna”は、“samādāpana”の単なる誤写であろうか。この読みを示す写本の多さより考えて、おそらくそうではないであろう。つまり、この個所を“samādāna”と読むという読み方も、一つの確かな伝承として存在したのであり、その場合、その伝承によれば、〔139〕の“tathāgata-jñānadarśana-samādāna-hetunimittaṃ”は「如来の知見を受け取るために」と理解されたのではないかと思われる。とすれば、〔139〕の“samādāpana”の部分のテキストは、確かに当初から“samādāpana”であり、“samādāna”ではなかったと思われるが、その語義は“samādāna”「受け取ること」と大きく異なるものではなく、「受け取ること」のいわば使役形である「受け取らせること」であると見ることができるであろう。(145)

さて、「方便品」散文部分〔139〕の“samādāpana”について、苅谷博士の所論との関連で、もう一点述べておきたいことがある。即ち、博士は、次のように論じられる。

(98)さて、現行梵本では、仏知見（tathāgata-jñāna-darśana）に対して付せられている① samādāpana ② saṃdarśana ③ avatāraṇa ④ pratibodhana ⑤ mārga-avatāraṇa の五項目をどのように理解するか、ということがまず問題になる。なかでも、① samādāpana（教化）と② saṃdarśana（示）以下の四項目とはどう関連するのかということである。なぜなら、②から⑤の四項目については問題はないからである。……かくしてこの②から⑤の四項目は②提示→③理解→④めざめ（悟認）→⑤実践と順序次第を追って述べられたものと解されるのである。

これに対して、① samādāpana はこの語の「刺激、鼓舞、教唆、教化」という意味からみて、②より⑤に至る一連の項目と同じ資格で、しかもその始めに位置しているとは到底考えられない。なぜなら、②の仏知見の「提示」に先立つ①の仏知見の「教唆、教化」というようなことは全く理に合わないからである。従って、①と②から⑤とは、②から⑤がそうであるように序列的な関係にあるのではなく、① samādāpana と② saṃdarśana から⑤ mārga-avatāraṇa の四項目との間には、それが何と結合しているかとは関係なく、語自体の意味の上から、差異があると解さねばならないであろう。（『一仏乗』九三—九四頁）〔傍線＝松本〕

ここで苅谷博士は、〔139〕ⓑの①“samādāpana”②“saṃdarśana”③“avatāraṇa”④“pratibodhana”⑤“mārga-avatāraṇa”という五項目について、①の“samādāpana”は、序列的関係にある②から⑤までとは、大きく異なった独自の意義をもっていると主張されているように思われる。博士によれば、②から⑤までは、“tathāgata-jñānadarśana”の後に結合するにもかかわらず、①の“samādāpana”のみは、“tathāgata-jñānadarśana”ではなく、写本上は確認されていない“bodhisattva”という語に後続して、“bodhisattva-samādāpana”という複合語を形成しているとされるのであるから、博士が序列的関係にある②から⑤までに対して、①“samādāpana”の独自性を主張されるのは、理解できないわけではない。しかし、その主張の根拠として、博士が(98)で、「②の仏知見の「提示」に先立つ①の仏知見の「教唆、教化」というようなことは全く理に合わないからである」という一文を述べられている点は、注意すべきであろう。というのも、この一文には、次のような註記が付されているからである。

(99)「阿含」以来の定型句として、saṁdarśayati samādāpayati samuttejayati saṁpraharṣayati（漢訳では「示教利喜」とされる）があるが、その順序とも逆になっている。（『一仏乗』一一九頁、註〔16〕）

確かに、原始仏典には、“saṃdarśayati” “samādāpayati” “samuttejayati” “saṃpraharṣayati”が順次に並記される定型句が認められ[146]、それは、“samādāpayati” “samādāpana”に関する前掲のリストの⑯「五百弟子品」散文部分の“saṃdarśakaḥ samādāpakaḥ samuttejakaḥ saṃpraharṣako”という表現にも反映されている。しかし、この定型句と〔139〕ⓑの五項目とは全同なのではない。一致しているのは、この定型句中の“saṃdarśayati” “samādāpayati”と〔139〕ⓑの①“samādāpana”②“saṃdarśana”だけなのである。

苅谷博士は、(98)で「②の仏知見の「提示」に先立つ①の仏知見の「教唆、教化」というようなことは全く理に合わない」と言われるが、「この語の「刺激、鼓舞、教唆、教化」という意味からみて」とも述べられているように、博士は“samādāpana”の語義を、「受け取らせること」という原義においてではなく、もっぱら派生的な意味においてのみ理解されている。もしも、〔139〕ⓑの“samādāpana”が「教唆すること」「教化すること」という派生的な意味ではなく、「受け取らせること」という原義において使用されているとすれば、この語が“saṃdarśana”の前に置かれていたとしても、何の問題もないのではなかろうか。

私は、苅谷博士が〔139〕ⓑの五項目中において、“samādāpana”の独自性を主張されたことには、ある意味では賛成したいのである。つまり、原始仏典以来の“saṃdarśayati”“samādāpayati”という語順は、〔139〕ⓑでは敢て採用されなかったのであろう。また、“samādāpana”が五項目の冒頭に置かれたという事実は、この語が経典作者によって最も重要なものと考えられたことを意味していると思われる。それ故にこそ、“samādāpayati”と“bahu-bodhisattvān”が結合する用例が、偈において多数使用されることになったのであろう。つまり、〔139〕ⓑの“samādāpana”が、仏知見に関する五項目を代表するものと見なされたことは明らかであると思われる。

では、〔139〕ⓑにおける“samādāpana”の語義とは何かと言えば、「受け取らせること」、あるいは、「与えること」であろう。つまり、〝衆生たちに如来の知見を受け取らせ、与えるために、如来は世間に生まれる〟というのが、〔139〕ⓑ①の趣旨だと思われる。このように考えれば、仏知見に関して、“samādāpana”が“saṃdarśana”の前に置かれたことの意義が理解されるであろう。つまり、衆生に仏知見を「受け取らせ」「与える」のと、仏知見を「示す」のとでは、時間的には確かに後者が先行するかもしれない。しかし、単に「示す」だけで、衆生がそれを「受け取ら」なければ、何の意味もない。そこで、衆生に仏知見を「受け取らせる」「与える」といういわば最終的結論が、如来が世間に生まれる最も重要な動機を示すものとして最初に述べられ、これが、五項目を代表するものと見なされることになったのではなかろうか。その意味では、この〔139〕ⓑ①の“samādāpana”に、〝一切衆生は成仏できる〟という意味での〝一切皆成〟という「方便品」散文部分の根本主張が具現化されていると言っても過言ではないであろう。

なお、「方便品」〔139〕ⓑの漢訳について言えば、『正法華』〔140〕ⓑが、極めて難解であることは、認めざるを得ない。そこで、「出現于世」という語が五回用いられていることを考慮すれば、〔140〕ⓑでは、仏知見に関する五項目は、①「勧助」“samādāpana”、②「希求」“saṃdarśana”、③「宝」“avatāraṇa”[147]、④「覚」“pratibodhana”、⑤「路、使除」“mārga-avatāraṇa”という語によって述べられているように見えるが[148]、「勧助」が“samādāpana”に対応し、「覚」が“pratibodhana”に対応することを除けば、他の②③⑤に関しては、梵語原語との対応は、明確ではない。特に第五項目に見られる「示寤」の語は、“saṃdarśana”や“pratibodhana”に対応しているようにも見えるのである。

結論的に言えば、『正法華』〔140〕ⓑは、その大部分が私には読解不能であるが、少なくとも、「出現于世」の五回の用例によって、その原典には、"tathāgata-jñānadarśana"に関して、梵本と同様に、五項目が述べられていたと考えられるであろう。

では、次に「方便品」散文部分〔139〕に続く個所について考察しよう。梵語テキスト・漢訳・私訳等は、次の通りである。

〔142〕tat kasya hetoḥ / ① tathāgatajñānadarśanasamādāpaka evāhaṃ śāriputra ② tathāgatajñānadarśanasaṃdarśaka evāhaṃ śāriputra ③ tathāgatajñānadarśanāvatāraka evāhaṃ śāriputra ④ tathāgatajñānadarśanapratibodhaka evāhaṃ śāriputra ⑤ tathāgatajñānadarśanamārgāvatāraka evāhaṃ śāriputra / (K, 40,10-13)

〔143〕教諸菩薩、現真諦慧、以仏聖明、而分別之。(『正法華』六九下八―九)

〔144〕仏告舎利弗。諸仏如来、但教化菩薩。諸有所作、常為一事。唯以仏之知見、示悟衆生。(『妙法華』七上二九―中二)

(100)それは何故かというと、①シャーリプトラよ、私は、如来の知見(tathāgata-jñānadarśana)を受け取らせるもの(samādāpaka)にほかならず、②シャーリプトラよ、私は、如来の知見を示すもの(saṃdarśaka)にほかならず、③シャーリプトラよ、私は、如来の知見に入らせるもの(avatāraka)にほかならず、④シャーリプトラよ、私は、如来の知見を悟らせるもの(pratibodhaka)にほかならず、⑤シャーリプトラよ、私は、如来の知見の道に入らせるもの(mārga-avatāraka)にほかならないからである。

この〔142〕は、仏知見に関する五項目を、釈迦牟尼仏である「私」を主語にして繰返したものと考えられる。ただし、ここにも問題がある。即ち、まず第一に、"aham"「私は」という「私」を主語にした〔142〕の表現は、『妙法華』〔144〕には認められない。それどころか、そこには、「諸仏如来」とあって、主語は複数形であるとされている。では、この点は、『正法華』〔143〕では、どうかと言えば、そこでは、「教」「現」「分別」等と述べられる動詞の主語は、明記されていない。また、漢訳は、いずれにおいても、五項目が整然と配列されているようには見えない。

また、〔142〕の第一項目中、“tathāgata-jñānadarśana-samādāpaka” については、すでに若干述べたように、O本では“bodhisatva-samādapaka” という読みが示されていることが、苅谷博士によって指摘され重視されている。即ち、この事実と、さらに、この “bodhisatva-samādapaka” という読みが『妙法華』〔144〕の「教化菩薩」に一致していることをも根拠として、博士は、〔139〕ⓑ①の “tathāgata-jñānadarśana-samādāpana-” の本来のテキストは、“bodhisattva-samādāpana-” であったと、次のように主張されたのである。

(101)しかも、現存する多数の梵本写本の中で、写本『ペトロフスキー本』には、ただ一箇所ではあるが、実にbodhisatva-samādapaka（仏はぼさつを教化するものである）とあるのであって、これは、現行梵本では他の箇所と同様、tathāgata-jñāna-darśana-samādāpaka とあるのであるが、『妙法華』ではこの図式のⒷ―Ⅱの「教化菩薩」に当る箇所であり、正しく『妙法華』と一致しているのである。これらにもとづいて、我々は諸仏出現の唯一目的を明かす文の現行梵本の① tathāgata-jñāna-darśana-samādāpana を、そうではなくて、bodhisattva-samādāpana（ぼさつを教化すること）と復元し、そしてそれら全体を図式Ⓐの如く理解すべきだとしたのである。（『一仏乗』九五―九六頁）

この苅谷博士の主張については、すでに否定的な見解を述べたが、〔142〕の第一項目 “tathāgata-jñānadarśana-samādāpaka” とO本の “bodhisatva-samādapaka”、及び『妙法華』〔144〕の「教化菩薩」の関係をいかに考えるかについて、ここで再度、論じておきたい。

まず、O本の “bodhisatva-samādapaka” が『妙法華』〔144〕の「教化菩薩」と「一致している」か否かという点については、これは一致していると見るべきであろう。それのみならず、『正法華』〔143〕の「教諸菩薩」も、“bodhisatva-samādapaka” に一致しているように見える。『正法華』は、すでに見たように、“samādāpana” や “samādāpayati” 等を「勧助」と訳すことが多いが、前掲の “samādāpana” や “samādāpayati” 等の用例リスト⑳の「教化于斯品類」という訳語を見ると、「教」や「教化」という訳語も全く使用しなかった訳ではないことが理解される。すると、『正法華』〔143〕の「教諸菩薩」と『妙法華』〔144〕の「教化菩薩」は、O本の "bodhisatva-samādapaka" という読みを支持しているように見える。しかし、このことから、〔142〕①の "tathāgata-jñānadarśana-samādāpaka" の本来のテキストは "bodhisattva-samādāpaka" であったとか、あるいは、さらに〔139〕ⓑ①の "tathāgata-jñānadarśana-samādāpana" の本来のテキストが、"bodhisattva-samādāpana" であったとか結論づけるとすれば、それは適切ではないであろう。すでに述べたように、「方便品」散文部分の梵語テキストには、〔142〕の "tathāgata-jñānadarśana-samādāpaka" に関するO本の "bodhisatva-samādapaka" を唯一の例外として、"bodhisattva" の用例は全く存在しないのであるから、"bodhisattva" の語が「方便品」散文部分に持ち込まれたのは、「譬喩品」において、菩薩思想、大乗思想が『法華経』に導入されたことに影響されたものと見るのが、自然であると思われる。

なお、すでに述べたように、『妙法華』〔144〕では、主語が「諸仏如来」とされており、この点は、"aham"「私」が主語とされ、"aham" という語が六回繰返されるO本の構文（47a4-7）とは異なっている。

結論として言えば、私は、〔142〕は基本的には、本来のテキストの形を示していると考えたい。即ち、そこに本来 "bodhisattva" という語が使用されていたと見るのは、妥当ではないであろう。『正法華』〔143〕は難解であるが、『妙法華』〔144〕についても、梵語テキストとの対応を確認することは、容易ではない。そこに「諸仏如来……諸有所作、常為一事」とあるのは、おそらく〔139〕末尾の "tat tathāgataḥ karoti" に対応しているであろう。しかも、〔144〕の「教化」と「示悟」は、〔142〕の① "samādāpaka" ② "saṃdarśaka" ④ "pratibodhaka" に対応していると思われる。とすれば、『妙法華』〔144〕は、極めて複雑な仕方で、梵語テキストと対応していることになる。このような事情を踏まえずに、『妙法華』〔144〕の「教化菩薩」とO本の "bodhisatva-samādapaka" の一致を根拠にして、〔139〕や〔142〕の本来のテキストに "bodhisattva" という語の存在を想定することは、適切とは思えないのである。

次に、「方便品」散文部分〔142〕に続く個所について、梵語テキスト等を示すことにしよう。

〔145〕 ekam evāhaṃ śāriputra yānam ārabhya sattvānāṃ dharmaṃ deśayāmi yad idaṃ buddhayānaṃ / na kiṃcic chāriputra dvitīyaṃ vā tṛtīyaṃ vā yānaṃ saṃvidyate / (K, 40,13-15)

〔146〕 転使増進、唯大覚乗、無有二乗、況三乗乎。(『正法華』六九下九)

〔147〕 舎利弗、如来但以一仏乗故、為衆生説法。無有余乗、若二若三。(『妙法華』七中二―三)

(102) シャーリプトラよ、私は、一つだけ (ekam eva) の乗 (yāna)〔A〕のために (ārabhya)、衆生たちに法 (dharma) を説く。それは即ち (yad idam)、仏乗 (buddha-yāna)〔A〕である。

ここに、「方便品」散文部分において初めて“yāna”“buddha-yāna”“ekam eva … yānam”という語が用いられており、「一乗」「仏乗」が言われている。しかし、ここにも、様々な問題が含まれている。

まず、前半の文章において、“ārabhya”という語は、何を意味するのであろうか。そこで、この語に関する諸学者の訳を示せば、次の通りである。

“commençant par” (*Burnouf*, p.26, *l*.20)、“by means of” (*Kern*, p.40, *l*.22)、「を以て始めとして」(『南条・泉』五二頁五―六行)、「を依りどころとして」(「渡辺詳解」三七回、七三頁上六行)、「について」(『岩波 上』九一頁八行、『松濤I』五二頁九行)、「に関して」(『中村 上』四〇頁九行)

これらの諸訳は、“ārabhya”を「……から始めて」と解するものと、「……について」「……に関して」と解するものの二つに、ほぼ大別できるであろう。

“ārabhya”は、「つかむ」「把える」「着手する」「始める」等を意味する“ā√rabh”から派生した不変化詞 (gerund) であるから、確かに「……から始めて」という訳は可能であるし、〔145〕の“ārabhya”のチベット訳“las brtsams te”[149]も、正に「……から始めて」を意味すると思われる。また、“ārabhya”に「……に関して」「……について」という意味があることも、『梵和』やBHSDに明記されている。[150] さらに、渡辺博士の「を依りどころとして」という訳は、“ā√rabh”を「……を把える」「……を依りどころとして把える」と解するところからなされたものであろう。“ārabhya”が「依」

「依止」と漢訳されたことは、『梵和』にも示されているので[151]、このような解釈もありうるのであろう。ただし、ケルンの“by means of”という訳は、〔145〕において“ekam eva ... yānam”、つまり、〃一乗〃が、“means”即ち〃方便〃とされているかのような理解を生ぜしめかねず、その点では問題があるように思われる。

次に、漢訳について言うと、“ārabhya”が『正法華』で訳されているのかどうか、また「転使増進」という訳語が、“ārabhya”といかに関係するかについても、何等明らかではない。辛嶋氏は、「転使増進」を、むしろ、直前の梵語テキスト〔142〕の翻訳の一部として、『正法華』〔143〕の最後に続くものとされ、〔143〕の末尾を「以仏聖明、而分別之、転使増進」という一連の表現と見なされているようである[152]。それに対して私が、「転使増進」の語を、むしろ、その後の「唯大覚乗」に続くものと見なし、〔146〕の冒頭を「転使増進、唯大覚乗」という表現と解した理由は、「唯大覚乗」という名詞だけでは、動詞を欠いていて表現として落ちつきが悪いように感じられたからというだけであって、「転使増進」という語の意味について、私自身が特に明確な理解をもっているわけではない[153]。

次に、『妙法華』〔147〕を見てみると、そこで“ārabhya”が「以……故」と訳されていることは明らかであるが、この「以……故」に、「……から始めて」という意味を読み込むことは、不可能であろう。では、〔147〕の「以……故」は、「……について」を意味するかと言えば、これも疑問である。例えば、辛嶋氏の『妙法華詞典』によれば、「以……故」の意味は、“with, by means of”、つまり、「……〔という手段〕によって」とされ、その例の一つとして、「以方便力故」(『妙法華』一〇上五)が挙げられ、これは“upāyena”(K, 56,10)つまり、「方便によって」の訳語であることが示されている[154]。すると、『妙法華』においては、「以……故」という表現中の破線で示した部分に、正に「方便」という語も置かれることが知られるが、しかし、この「以方便力故」という表現は、〔147〕の「以一仏乗故」という表現とは、矛盾するようにも見受けられる。何故なら、「方便力」は〃方便〃であるが、「一仏乗」は〃真実〃であると見られるからである。

しかし、『妙法華』は、“ārabhya”を常に「以……故」と訳しているのではない。それを、「為……故」と訳す例も、見られるからである。そこで、次に『法華経』梵本における"ārabhya"の用例を、その漢訳とともに示してみよう。

①「序品」散文：bodhisattvānāṃ ca mahāsattvānāṃ[155] ṣaṭpāramitāpratisaṃyuktaṃ anuttarāṃ samyaksaṃbodhim ārabhya sarvajñajñānaparyavasānaṃ dharmaṃ deśayati sma // (K, 17,15-18,1)、為諸菩薩大士之衆、顕揚部分、分別六度無極、無上正真道[156]（『正法華』六五下二四—二五）、為諸菩薩、説応六波羅蜜、令得阿耨多羅三藐三菩提、成一切種智（『妙法華』三下二四—二五）

②「序品」散文：bodhisattvānāṃ ca mahāsattvānāṃ ṣaṭpāramitāpratisaṃyuktam anuttarāṃ samyaksaṃbodhim ārabhya sarvajñajñānaparyavasānaṃ dharmaṃ deśitavān // (K, 18,12-14)、為諸菩薩、講六度無極、使逮無上正真道、至諸通慧（『正法華』六六上七—八）、欠（『妙法華』四上一）

③「序品」散文：sa ca bhagavāṃs tataḥ samādher vyutthāya taṃ varaprabhaṃ bodhisattvam ārabhya saddharmapuṇḍarīkaṃ nāma dharmaparyāyaṃ saṃprakāśayām āsa (K, 20,16-21,1)、仏三昧正受、従三昧起、為超光菩薩、講正法華、方等之業（『正法華』六六中二一—二三）、是時日月灯明仏、従三昧起、因妙光菩薩、説大乗経、名妙法蓮華、教菩薩法、仏所護念（『妙法華』四上二三—二五）

④「方便品」散文：〔145〕(K, 40,13-15)

⑤「方便品」散文：te 'pi sarve śāriputra buddhā bhagavanta ekam eva yānam ārabhya sattvānāṃ dharmaṃ deśitavanto yad idaṃ buddhayānaṃ sarvajñatāparyavasānaṃ (K, 41,4-5)、而為説法、皆興[157]大乗、仏正覚乗、諸通慧乗（『正法華』六九下一一—一二）、過去諸仏……而為衆生、演説諸法、是法皆為一仏乗故（『妙法華』七中四—六）

⑥「方便品」散文：te 'pi sarve śāriputra buddhā bhagavanta ekam eva yānam ārabhya sattvānāṃ dharmaṃ deśayiṣyanti yad idaṃ buddhayānaṃ sarvajñatāparyavasānaṃ (K, 41,14-15)、『正法華』は⑤に同じ。未来諸仏……而為衆生、演説諸法、是法皆為一仏乗故（『妙法華』七中七—一〇）

⑦「方便品」散文：te 'pi sarve śāriputra buddhā bhagavanta ekam eva yānam ārabhya sattvānāṃ dharmaṃ deśayanti yad idaṃ buddhayānaṃ sarvajñatāparyavasānaṃ（K, 42,5-7）、『正法華』は⑤に同じ。現在十方……諸仏世尊……而為衆生、演説諸法、是法皆為一仏乗故（『妙法華』七中一一―一五）

⑧「方便品」散文：aham api śāriputraikam eva yānam ārabhya sattvānāṃ dharmaṃ deśayāmi yad idaṃ buddhayānaṃ sarvajñatāparyavasānaṃ（K, 42,15-16）、吾……而講法誼、皆為平等正覚大乗、至諸通慧（『正法華』六九下一四―一六）、我今亦復如是……而為説法、舎利弗、如此皆為得一仏乗一切種智故（『妙法華』七中一八―二二）

⑨「譬喩品」散文：saced bhagavān asmābhiḥ pratīkṣitaḥ syāt sāmutkarṣikīṃ dharmadeśanāṃ kathayamāno yad idam anuttarāṃ samyaksaṃbodhim ārabhya（K, 60,10-11）、所講演法、大聖等心、為開士歎、思奉尊者、為受第一如来訓典、堪至無上正真之道（『正法華』七三中一三―一五）、若我等待説所因成就阿耨多羅三藐三菩提者（『妙法華』一〇下七―一八）

⑩「譬喩品」散文：so 'pi śāriputra padmaprabhas tathāgato 'rhan samyaksaṃbuddhas trīṇy eva yānāny ārabhya dharmaṃ deśayiṣyati /（K, 65,12-13）、蓮華光正覚、亦当承続、説三乗法（『正法華』七四中九―一〇）、華光如来、亦以三乗、教化衆生（『妙法華』一一中二三―二四）

⑪「譬喩品」散文：imām eva anuttarāṃ samyaksaṃbodhim ārabhya sarvadharmadeśanābhir bodhisattvān eva samādāpayati /（K, 71,9-10）、皆為無上正真道故、我所諮嗟、皆当知之、為菩薩也（『正法華』七五中三―四）、皆為阿耨多羅三藐三菩提耶、是諸所説、皆為化菩薩故（『妙法華』一二中一〇―一一）

⑫「信解品」散文：te vayaṃ bhagavan bodhisattvānāṃ mahāsattvānāṃ tathāgatajñānadarśanam ārabhyodārāṃ dharmadeśanāṃ kurmas（K, 109,10-110,1）、又世尊為我等、示現菩薩大士慧誼、余党奉行、為衆説法（『正法華』八一上八―九）、我等又、因如来智慧、為諸菩薩、開示演説（『妙法華』一七中二九）

⑬「化城喩品」散文：'smākam anukampām upādāyānuttarāṃ samyaksaṃbodhim ārabhya dharmaṃ deśayatu（K, 180, 13-

14）、惟為我等、講演無上正真道誼（『正法華』九一下一八）、当為我等、説阿耨多羅三藐三菩提法（『妙法華』二五上二二―二三）

⑭「法師品」散文：atha khalu bhagavān bhaiṣajyarājaṃ bodhisattvam mahāsattvam ārabhya tāny aśītiṃ bodhisattva-sahasrāṇy āmantrayate sma /（K, 224,1-2）、爾時世尊、因薬王菩薩、告八万菩薩、因薬王開士、縁諸菩薩等（『正法華』一〇〇中一四―一五）、爾時世尊、因薬王菩薩、告八万大士（『妙法華』三〇中二九）

⑮「常不軽菩薩品」散文：anuttarāṃ samyaksaṃbodhim ārabhya tathāgatajñānadarśanaparyavasānaṃ dharmaṃ deśayati sma /（K, 376,7-8）、〔為諸菩薩、講六度無極、〕使至無上正真之道、現如来慧、所行常連（『正法華』一二二下一二―一四）、〔為諸菩薩、〕因阿耨多羅三藐三菩提、説応六波羅蜜法、究竟仏慧（『妙法華』五〇下五―七）

以上の“ārabhya”の用例に関するリストを通覧すると、まず、“ārabhya”は『法華経』において、散文部分にしか用いられていないことが知られる。次に全十五の用例のうち、最も多いのが、“anuttarāṃ samyaksaṃbodhim ārabhya”（①②⑨⑪⑬⑮）であり、その次に多い用例は、〔145〕における用例を含む“ekam eva yānam ārabhya”（④⑤⑥⑦⑧）となっている。この二種の用例が、“ārabhya”の全十五の用例の大半を占めるわけであるが、ここで注意すべきことは、この二種の用例においては、“ārabhya”の前に置かれる名詞、つまり、“anuttara-samyaksaṃbodhi”と“eka-yāna”は、いずれも〝真実なるもの〟、つまり、〝仏陀によって悟られたもの〟〔A〕に相当するものであり、その点では、等号で結ばれるべきもの（“anuttara-samyaksaṃbodhi ＝ eka-yāna”〔A〕）であるという点である。また、⑫の“tathāgatajñānadarśanam ārabhya”においても、“ārabhya”の前に置かれる“tathāgata-jñānadarśana”は、〔A〕に相当する。つまり、“anuttara-samyaksaṃbodhi ＝ tathāgata-jñānadarśana ＝ eka-yāna”〔A〕である。

ただし、「譬喩品」散文部分の⑩“trīṇy eva yānāny ārabhya”においては、“ārabhya”の前に「三乗」という語が置かれており、これは「譬喩品」散文部分の思想的立場が、「方便品」散文部分で説かれた〝一乗真実説〟ではなくて、

〝三乗真実説〟であることを示しているであろう。

なお、“ārabhya”の用例としては、“ārabhya”の前に「無上正覚」や「一乗」や「三乗」という名詞ではなく、特定の個人の名前が置かれる例があることも、無視できない。即ち、③の“varaprabhaṃ bodhisattvam ārabhya”と⑭の“bhaiṣajyarājaṃ bodhisattvam ārabhya”であって、ここでは、“ārabhya”の前に特定の菩薩の名前が置かれているのである。

では、次に“ārabhya”の漢訳について検討しよう。すでに見たように、“ārabhya”の前に〝真実なるもの〟〔A〕に相当する名詞が置かれる用例が、“ārabhya”に関する用例の大半を占めるのであるが、その場合、“ārabhya”の漢訳を見てみると、ほぼ次のようになる。

『正法華』：使逮、興、堪至、為、為……故、使至

『妙法華』：令得、為……故、為、所因成就、以、以……故、因

結論から言うと、ここで、注目したい訳語は、『正法華』でも『妙法華』でも用いられた「為……故」という訳語なのである。用例④、つまり、〔145〕に対する『妙法華』〔147〕では、“ārabhya”は「以……故」と訳されたのであり、すでに見たように、辛嶋氏は、この「以……故」という表現の意味を“by means of”と解されている。しかし、「以……故」よりも、「為……故」の方が、〔A〕の後に置かれる“ārabhya”の語義を明示しているのではなかろうか。つまり、“〔A〕ārabhya”とは、〝〔A〕の為に〟〝〔A〕を目的として〟を意味するのではなかろうか。そこで注意すべきは、「令得」「堪至」「使至」「使逮」という訳語なのである。これらは、〝目的としての〔A〕を得させる〟〝目的としての〔A〕に至らせる〟という意味ではなかろうか。つまり、ここで強調したいのは、“ārabhya”の前に置かれる名詞〔A〕は、決して手段（means）でも、原因（cause）でもなく、目的、目標なのではないかという点なのである。

『妙法華』では、確かに「所因成就」や「因」という訳語も使われている。しかし、⑫の「因如来智慧」とか⑮の「因阿耨多羅三藐三菩提」は、「如来智慧」や「菩提」を、原因（cause）として、というよりも、それを目的として、

という意味であると思われる。従って、私としては、敢て“ārabhya”を「……を目的として」「……を目的として把って」という意味で、「……のために」と訳したいと思うのである。しかるに、この「目的」という語は、また、「方便品」〔139〕で用いられる“kṛtya”“karaṇīya”“prayojana”の語義とも重なるであろう。つまり、“「如来の知見」=「阿耨多羅三藐三菩提」=「一乗」”〔A〕を、衆生たちに「受け取らせること」が、如来の説法の目的なのであり、この目的が“ārabhya”という語によっても示されたと見るのである。

しかるに、この「……のために」という訳語は、“ārabhya”の前に菩薩の名前が置かれる③と⑭にも適用できると思われる。というのも、それらの用例は、「……菩薩のために」と訳すことができるからである。従って、本書では、一応、“ārabhya”の訳語を「……のために」と確定して用いることにしたい。

以上で、「方便品」散文部分〔145〕に現われる“ārabhya”の語義の検討を終り、次に“ekam eva … yānam”について考察したい。「方便品」散文部分を基本的には『法華経』の最古層と見る私見によれば、この個所こそが『法華経』において“yāna”という語が最初に用いられた個所と見られるのであるが、ではその意味とは何であろうか。この問題を考えるためには、ここで再び辛嶋説の妥当性について吟味しなければならない。即ち、すでに検討したように、辛嶋説によれば、『法華経』の最古層は、「方便品」の偈（triṣṭubh のみ）の部分ということになり、第二一偈の“[trīṇi ca] yānāni”が、『法華経』において“yāna”が用いられた第一例、第五四偈の“[ekaṃ hi] yānaṃ”が第二例ということになると思われるが、辛嶋氏は、そこに用いられた“yāna”は、本来は“jñāna”「智」を意味するMI語形の“jāṇa”が、後に“yāna”「乗」を意味すると解されて、“yāna”に変化したと主張されたものと思われる。これに対して、私は、まず第一に、「方便品」偈の成立よりも、「方便品」散文部分の成立が先行するので、「方便品」散文部分こそが、『法華経』の最古層であると見るのであるが、その最古層における“yāna”の最初の用例である〔145〕の“ekam eva … yānam”において、“yānam”が本来は“jñānam”を意味する“jāṇam”であって、それが“yānam”に変化したとは考えないのである。“jāṇa”を介する“jñāna”と“yāna”から“yāna”への変化ということは、辛嶋氏も認められるように、基本的には、偈においてしか起り得ないであろうし、諸写本にも、この〔145〕の“ekam eva ... yānam”の“yānam”について、“jāṇam”という異読も“jñānam”という異読も示されてはいない。とすれば、この個所には最初から、“ekam eva ... yānam”という読みが存在していたと見るのが妥当であろう。

しかるに、この個所のテキストには、最初から“ekam eva ... yānam”という読みが存在したと見なしつつも、すでに述べたように、“yāna”と“jñāna”の同義性、または“yāna”に対する“jñāna”の先行性という辛嶋氏の重要な論点については、私もこれに賛同するのである。即ち、〔145〕の“ekam eva ... yānam ... buddhayānam”における“yāna”は、“jñāna”をも意味していたであろうと私は考えるのである。というのも、この表現における“yāna”が“jñāna”をも意味するのでなければ、この表現における“yāna”という語の使用は、余りにも唐突であり、直前の文章との連絡がつかないということになると思われるからである。即ち、〔145〕における“buddha-yāna”という語は、直前の〔139〕と〔142〕における“tathāgata-jñānadarśana”の同義語として使用されたのであり、従って、その語は、“buddha-jñāna”をも意味していると考えるべきであろう。

では何故、〔145〕において、“buddha-jñāna”ではなく、“buddha-yāna”という語が用いられたのかと言えば、それを私はやはり『般若経』の最古層で“mahāyāna”という語が用いられたことに(158)、影響されたものだと考えるのである。あるいは更に言えば、「方便品」〔145〕において、“buddha-yāna”“eka-yāna”が説かれたのは、『般若経』で“mahāyāna”という語が用いられ、〝三乗〟説が説かれたことに対する批判を意図したものだと見るのである。ただし、「方便品」散文部分と『般若経』最古層の前後関係については、さらに別に詳しく論じる必要があると考えている。

かくして、私見によれば、〔145〕には、本来、“jñāna”ではなく、“yāna”という語が用いられており、そこで、“buddha-yāna”は“buddha-jñāna”をも意味し、かつまた、“ekam eva yānam ... yad idaṃ buddhayānam”、即ち、〝「一乗」=「仏乗」〟という主張は、『般若経』の最古層において“mahāyāna”が説かれ、〝三乗〟説が述べられたことへの批判だと考えられるのである。さもなければ、〔145〕で“buddha-jñāna”“eka-jñāna”ではなく、“buddha-yāna”“ekam eva ...

yānam”という語が用いられたことの意味が理解できないであろう。

「方便品」散文部分の作者は、“mahāyāna”という語だけではなく、“bodhisattva”という語さえも用いなかった。しかし、これは所謂〝大乗経典〟としては、極めて異常であることを理解しなければならない。即ち、静谷博士は、かつて『初期大乗仏教の成立過程』において、『小品般若』以後の大乗仏教とは区別して、〝大乗〟の語を使用しない「原始大乗」の存在を主張された。[159] しかし、博士によって、その「原始大乗」の代表的経典とされた『大阿弥陀経』『阿閦仏国経』『舎利弗悔過経』のいずれにおいても、「菩薩」という語は用いられている。[160] 従って、「菩薩」の語を使用しない「方便品」散文部分が、静谷説の「原始大乗」の枠内に収まらない内容をもつことは明らかであろう。

では、「方便品」散文部分の成立を、『般若経』以前、あるいは更に「原始大乗」の経典以前と見なしうるかといえば、それは不可能であろう。「方便品」散文部分には、後出の〔148〕〔151〕に〝三世十方の諸仏〟の存在が説かれているが、このような考え方は、〝初期大乗〟も〝原始大乗〟も含めて、所謂〝大乗〟以前には存在しないであろう。

従って、「方便品」散文部分も、所謂〝大乗仏教〟の産物であることは確実であろうが、私見によれば、この「方便品」散文部分の作者には、新興の〝大乗仏教〟など無視して相手にしないというような態度、つまり、それ以前の伝統的な本来の仏教の立場にもとづいて、問題を根本から考えるというような態度が見受けられるように思われる。

従って、「方便品」散文部分の作者は、所謂〝大乗仏教〟で多用される“bodhisattva”や“mahāyāna”という語を敢て用いなかったのであろうと思われる。〝大乗仏教など相手にしない〟というような立場が、もしも「方便品」散文部分の作者に存在したとすれば、「方便品」散文部分〔145〕に説かれた〝「一乗」＝「仏乗」〟の説は、部派仏教で説かれていた〝声聞・独覚・仏〟の〝三種菩提〟に対する批判であるという㉓や㉑に説かれた藤田博士や辛嶋氏の見解が有力なものとなるように見える。しかし、私は〔145〕の〝「一乗」＝「仏乗」〟説を、部派仏教の〝三種菩提〟説に対する批判であるとは見ないのである。というのも、すでに所謂〝大乗仏教〟が興起している時代に、しかも、私見によれば、『般若経』において“mahāyāna”が説かれ、〝阿羅漢・独覚・菩薩〟の〝三乗〟説[161]が述べられている時代に、〝乗は一つだけであり、第二、第三の乗はない〃と述べられたとすれば、その批判は、部派仏教の〃三種菩提〃説ではなく、『般若経』の「大乗」説とその〃三乗〃説に向けられたと見るのが妥当ではないかと考えるからである。

従って、〔145〕に説かれる〃「一乗」＝「仏乗」〃という教えは、私見によれば、やはり従来伝統的に理解されてきたように、『般若経』の〃三乗〃説と「大乗」説に対する批判であると考えるのが適切であると思われるのである。

では、次に「方便品」散文部分〔145〕に続く個所について検討しよう。梵語テキスト等は、次の通りである。

〔148〕ⓐ sarvatraiṣā śāriputra dharmatā daśadigloke / tat kasya hetoḥ / ⓑ ye 'pi te śāriputrātīte 'dhvany abhūvan daśasu dikṣv aprameyeṣv asaṃkhyeyeṣu lokadhātuṣu tathāgatā arhantaḥ samyaksaṃbuddhā bahujanahitāya bahujanasukhāya lokānukampāyai mahato janakāyasyārthāya hitāya sukhāya devānāṃ ca manuṣyāṇāṃ ca / ye nānābhinirhāranirdeśavividhahetukāraṇanidarśanārambaṇaniruktyupāyakauśalyair nānādhimuktānāṃ sattvānāṃ nānādhātvāśayānāṃ āśayaṃ viditvā dharmaṃ deśitavantaḥ / te 'pi sarve śāriputra buddhā bhagavanta ekam eva yānam ārabhya sattvānāṃ dharmaṃ deśitavanto yad idaṃ buddhayānaṃ sarvajñatāparyavasānaṃ yad idaṃ tathāgatajñānadarśanasamādāpanam eva sattvānāṃ tathāgatajñānadarśanasaṃdarśanam eva tathāgatajñānadarśanāvatāraṇam eva tathāgatajñānadarśanapratibodhanam eva tathāgatajñānadarśanamārgāvatāraṇam eva sattvānāṃ dharmaṃ deśitavantaḥ / ⓒ yair api śāriputra sattvais teṣāṃ atītānāṃ tathāgatānāṃ arhatāṃ samyaksaṃbuddhānāṃ antikāt sa dharmaḥ[162] śrutas te 'pi sarve 'nuttarāyāḥ samyaksaṃbodher lābhino 'bhūvan // (K, 40,15-41,9)

〔149〕ⓐ十方世界、諸仏世尊、去来現在、亦復如是。ⓑ以権方便、若干種教、各各異音、開化一切。而為説法、皆興大乗、仏正覚乗、諸通慧乗。ⓒ又舎利弗、斯衆生等、悉更供養、諸過去仏、亦曾聞法、随其本行、獲示現誼。

(『正法華』六九下一〇―一四)

〔150〕ⓐ舎利弗、一切十方諸仏法亦如是。ⓑ舎利弗、過去諸仏、以無量無数方便種種因縁譬喩言辞、而為衆生、演説諸法、是法皆為一仏乗故。ⓒ是諸衆生、従諸仏聞法、究竟皆得一切種智。(『妙法華』七中三―七)

(103)ⓐシャーリプトラよ、一切の十方世界（daśa-dig-loka）において、これが法性（dharmatā）である。何故かと言うと、

ⓑシャーリプトラよ、過去世に、十方の無量・無数の世界において、如来・阿羅漢・正覚者たちが多くの人々の利益のために、多くの人々の楽のために、世間を哀れむために、多数の人々と神々と人々の利と利益と楽のために、生じ（abhūvan）、様々な完成（abhinirhāra）の教示（nirdeśa）・様々な因・原因・譬喩・語釈という方便善巧（upāya-kauśalya）〔B〕によって、様々に信解をもち（nānā-adhimukta）、様々な界（dhātu）と意楽（āśaya）をもつ衆生たちの意楽を知ってから、法（dharma）〔A〕を説いた（deśitavat）が、シャーリプトラよ、彼等すべての仏・世尊たちも、一つだけの乗（ekam eva yānam）〔A〕のために（ārabhya）、衆生たちに、法を説いた。それは即ち、仏乗（buddha-yāna）〔A〕であり、一切智性（sarvajñatā）を究極（paryavasāna）とするものである。それは即ち、衆生たちに如来の知見（tathāgata-jñānadarśana）〔A〕を受け取らせ、如来の知見〔A〕を示し、如来の知見〔A〕に入れ、如来の知見〔A〕を悟らせ、如来の知見〔A〕の道に入らせる法を、衆生たちに、説いたのである。

ⓒシャーリプトラよ、彼等過去の如来・阿羅漢・正覚者たちから、その法（sa dharmaḥ）〔A〕を聞いた衆生たちも、すべて無上正覚（anuttara-samyaksaṃbodhi）〔A〕を得るもの（lābhin）となった（abhūvan）。

この記述では、基本的には、まずⓐにおいて、仏陀が「一乗」＝「仏乗」のために、衆生たちに法を説くのは、十方の世界においても、「法性」つまり、常法であること、ⓑにおいて、過去の十方諸仏も、「一乗」＝「仏乗」のために法を説いたこと、ⓒにおいて、過去の諸仏から法を聞いたものは、無上正覚を得るもの（lābhin）となったことが述べられていると思われる。ただし、『正法華』〔149〕は、ⓐの部分で「去来現在、亦復如是」と述べているため、『妙法華』や梵語テキストのように、同様の説明を、過去の諸仏・未来の諸仏・現在の諸仏に分けて三回繰返すという形式を採っていないので、〔149〕のⓑも、三世十方の諸仏に関する説明となっている。

次に、梵語テキストは、特にⓑの部分に大きな問題を含んでいると思われる。まず、漢訳との対照を度外視して、梵語テキストだけを読んだとしても、“yad idaṃ buddhayānam …”の後に、もう一回“yad idam”が繰返されるという形

が、梵文として異様なものであることは、明らかであろう。最初の“yad idaṃ buddhayānam”は“ekam … yānam”を言い換えて、「即ち、仏乗である」と述べたものであると解されるが、第二の“yad idam”は、何を言い換えて「即ち……」と述べたものなのであろうか。それを仮りに“buddhayānam”を言い換えたものだと見るとしても、つまり、“buddhayāna”＝“… samādāpana”“… saṃdarśana”“… avatāraṇa”“… pratibodhana”“… mārga-avatāraṇa”であると解するとしても、この等号で結ばれたものと、最後にある“dharmaṃ deśitavantaḥ”の“dharma”との関係はどのように理解すればよいのであろうか。もし、それもまた等号で結ばれるとすると、次のような等式が成り立つことになるであろう。

eka-yāna ＝ buddha-yāna ＝ tathāgatajñānadarśana-samādāpana[-saṃdarśana, -avatāraṇa, -pratibodhana, -mārga-avatāraṇa]
＝ dharma

しかし、“buddha-yāna”が“tathāgatajñānadarśana”そのものではなく、“tathāgatajñānadarśana-samādāpana”等と等号で結ばれるこの等式の妥当性には、若干の疑問を感じるのである。

そこで、『正法華』〔149〕ⓑと『妙法華』〔150〕ⓑを参照すると、そこには、所謂〝五仏知見〟のことが全く言及されていない[163]ので、第二の“yad idam”以下は、本来のテキストにはなかった後代の付加ではないかという疑問が生じる。実際、この第二の“yad idam”以下がない方が文章は明快なのである。しかし、そればかりではなく、その第二の“yad idam”の直前に出る“sarvajñatā-paryavasānam”という語に関しても、全く疑問がないというわけではない。

これについて、まず『正法華』〔149〕の「諸通慧乗」と『妙法華』〔150〕の「一切種智」が、“sarvajñatā”に対応していることは、明らかであり、また、〔150〕の「究竟皆得一切種智」の「究竟」も“paryavasāna”の訳であろう。すると、『正法華』〔149〕と『妙法華』〔150〕の梵語原典には“sarvajñatā-paryavasāna”に類した語が存在したことは、確実であろう。

しかるに、『正法華』〔149〕の「諸通慧乗」を、辛嶋氏は“sarvajñatā”ではなく、“sarvajña-jñāna”の訳語であると見なされるようである[164]。つまり、すでに述べた辛嶋氏の説により、“jāṇa”を介して、“jñāna”と“yāna”は交替するので、

『正法華』の訳者は、原文の“jñāna”に相当する所に、「乗」の訳語を与えたというのである。実際、辛嶋氏が指摘されるように、O本では、この個所に“sarvajña-jñāna-paryavasānam”（48a4-5）という読みが示されているのである。

しかし、『正法華』〔149〕の「大乗、仏正覚乗、諸通慧乗」において、「大乗」は梵語原典に原語のない付加であり、「諸通慧乗」の「乗」も、「……乗……乗……乗」というように、訳者が「乗」の語を繰返すために補った語ではないかと推測される。というのも、辛嶋氏の『正法華詞典』に明らかなごとく[165]、『正法華』では、梵本に出る“sarvajña-jñāna”（K, 18,13; 81,1; 121,9; 124,3; 198,7; 211,11）も、「諸通慧乗」と訳されることはなく、単に「諸通慧」と訳されているからである。さらに“sarvajña-jñāna”ばかりではなく、“sarvajñatā”（K, 186,1; 211,8; 291,1）も、「諸通慧」と訳されている。とすれば、〔149〕の「諸通慧乗」の「諸通慧」は“sarvajñatā”の訳語であり、「乗」は「……乗……乗……乗」というように、単に「乗」の語を繰返すために、訳者が原語にもとづかないで補った語であると見るべきではなかろうか。この想定の妥当性は、「乗」の語を有する「諸通慧乗」という語が、『正法華』において、この〔149〕にしか現れないという事実によっても、確認されるであろう。

さらに、“sarvajñatā”と“sarvajña-jñāna”とでは、どちらが仏教文献において古くから用いられた語なのであろうか。まず、“sarvajña”という語について言えば、この語は、仏教成立以前であることが明確な『ブリハドアーラニヤカ・ウパニシャッド』*Bṛhadāraṇyaka-upaniṣad* や『チャーンドーギヤ・ウパニシャッド』*Chāndogya-upaniṣad* には用いられていない。仏教文献においては、パーリ仏典の『中部』等[166]に、“sabbaññū”「一切智者」という語が用いられているが、“sabbaññutā”という語となると、これは *Jātaka* 等で用いられただけで、所謂「四部」の経典には、その用例は無いようである。従って、“sabbaññū”よりも“sabbaññutā”という用語の方が新しいものと考えられる。

次に、大乗経典の『道行般若経』の「道行品」には、「薩芸若」という訳語が一八例認められ、その原語を、対応する『八千頌般若経』第一章で調べてみると、それは“sarvajñatā”であると考えられる[167]。これに対し、同じ第一章で“sarvajña-jñāna”の用例が認められるかと言うと、それは、僅か二例にしかすぎず、しかも、この用例は『道行般若経』との対応が明確ではない。(168)しかるに、『道行般若経』第二六品には、「薩芸若智慧」（大正八、四六九下一—二）という訳語が一回だけ用いられ、その原語は、『八千頌般若経』第二八章によれば"sarvajña-jñāna"（AS, 232,7）であるから、もしも「道行品」の梵語原典に"sarvajña-jñāna"という語が用いられていれば、それは当然「薩芸若智慧」と訳されてしかるべきであったと思われるが、「道行品」には、この訳語は存在しない。

また、『法華経』に関して言えば、"sarvajñatā"は、「方便品」散文部分では"sarvajñatā-paryavasāna"という表現において、〔148〕を含めて、過去仏・未来仏・現在仏・釈迦仏の順で、四回（K, 41,5; 41,15; 42,7; 42,16）用いられるのに対し、"sarvajña-jñāna"は「方便品」全体で全く使用されず、他の諸章で一三回用いられている。以上の事実を考慮するならば、"sarvajña-jñāna"よりも"sarvajñatā"という語の方が、仏教文献において古くから用いられたようであり、従って、『法華経』の最古層と考えられる「方便品」散文部分の〔148〕においては、"sarvajña-jñāna"ではなく、諸写本が伝えるように、"sarvajñatā"という語が用いられたと見る方が妥当であろう。

しかし、"sarvajñatā-paryavasāna"を巡る問題は、以上で尽されたのではない。実は、この語は、〝「一乗」=「仏乗」〟が「方便品」において最初に宣言された〔145〕の"yad idaṃ buddhayānaṃ"の後にも、G1本では、"sarvajñatā-paryavasānaṃ"として置かれていたのである。勿論、これは〔148〕以後、四回にわたって、過去仏・未来仏・現在仏・釈迦仏の説法に関して、"yad idaṃ buddhayānaṃ sarvajñatāparyavasānaṃ"という表現が用いられたことに影響されて、〔145〕でも"buddhayānaṃ"の後に"sarvajñatāparyavasānaṃ"が付加されたと見るべきであろうが、しかし、この事実は"sarvajñatā-paryavasāna"という語のいわば後代性を表わしてはいないであろうか。つまり、「方便品」〔148〕に"buddhayānaṃ sarvajñatāparyavasānaṃ"という表現があることは確かであるが、そこにおける"sarvajñatā"という語の使用は、かなり唐突に思われるのである。即ち、"sarvajñatā"とは、"sarvajña"「一切を知るもの」、つまり、"buddha"であること、"buddha"である状態を指すから、"buddhatva"「仏果」や"buddha-jñāna"「仏智」と、基本的には同じものを指すであろう。すると、"sarvajñatā-paryavasāna"とは〝仏果（仏智）を究極とする〟を意味するbahuvrīhi複合語と考えられる。しかし、直前に置かれる"buddha-yāna"も、辛嶋氏が力説されたように、"buddha-jñāna"「仏智」を意味するから、"buddhayānaṃ sarvajñatāparyavasānam"は、言ってみれば、〝仏果（仏智）を究極とする仏智〟という意味になってしまい、不合理な表現となるのではなかろうか。

そこで考えられるのは、"paryavasāna"は"yāna"との対比において用いられた語なのではないかということである。即ち、"buddha-jñāna"は"buddha-yāna"を意味するという本来の理解が失われ、〝yāna は、人を目的地にまで運ぶ乗物であり、手段である〟と考えられたとき、その手段に対する目的地の意味で"paryavasāna"「究極」「終極」の語が用いられたのではなかろうか。そして、その目的地を表す語としては、『八千頌般若経』の最古層をなすと見なされる第一章において「仏果」を表す語として多用された"sarvajñatā"が採用されたのではなかろうか。このように考えるならば、「方便品」散文部分〔148〕ⓑにおいて、"buddha-yāna"を形容する語として用いられる"sarvajñatā-paryavasāna"という語は、『般若経』からの影響を受けて付加されたものであるという想定も、可能であるように思われる。

さて、梵語テキスト〔148〕のⓑに関しては、二つの漢訳と対照するとき、一致しない部分がかなり存在する。即ち、まず〔148〕ⓑでは、その前半部分に出る二つの"ye"の内、第一の"ye"以下に説かれた内容が漢訳では殆んど欠落している。つまり、その第一の"ye"以下では、過去の諸仏が十方世界に〝多くの人々の安楽や、世間への哀愍のために生じた〟と述べられているが、この趣旨は、二つの漢訳〔149〕〔150〕には、認められない。即ち、"bahujanahitāya bahujanasukhāya lokānukampāyai mahato janakāyasyārthāya hitāya sukhāya devānāṃ ca manuṣyāṇāṃ ca"という表現は、漢訳に対応部分を欠いている。従って、この表現は後代の付加であり、本来のテキストに"ye"は一つしかなかったと見るべきかもしれない。ただし、『妙法華』においては、後に現在の諸仏の出現を言う個所〔153〕で、「多所饒益、安楽衆生」（七中一九―二〇）という訳文が出るので、この表現が漢訳に全く対応を欠いているという訳ではない。

さらに、二番目の"ye"以下の内容に関しても、"nānādhimuktānāṃ sattvānāṃ nānādhātvāśayānāṃ āśayaṃ viditvā"とい

う表現には、充分注意する必要があるであろう。というのも、この表現は、一見すると、『正法華』〔149〕と『妙法華』〔150〕では、訳されていないように見えるからである。しかし、注意深く読むならば、実は〔149〕ⓒの「随其本行」が、この表現に対応していることが、理解される。それは次の理由による。

まず、この表現を含む“nānābhinirhāranirdeśavividhahetukāraṇanidarśanārambaṇaniruktyupāyakauśalyair nānādhimuktānāṃ sattvānāṃ nānādhatvāśayānāṃ āśayaṃ viditvā”は、『法華経』梵本で五回（K, 41,2-3; 41,12-14; 42,4-5; 42,14-15; 71,7-8）用いられている。このうち、前の四回は、「方便品」散文部分で、過去仏・未来仏・現在仏・釈迦仏の説法について用いられているものであり、最後の一回は、「譬喩品」散文部分で、“三界火宅の譬喩”が述べられる直前において、仏陀の説法に関して、使用されるものである。この五回の用例において、後半の“nānādhimuktānāṃ ... viditvā”という部分がどのように漢訳されているかというと、まず過去仏について述べる〔148〕ⓑの“nānādhimuktānāṃ ... viditvā”は、すでに述べたように、『妙法華』〔150〕には訳されていないが、『正法華』〔149〕ⓒの「随其本行」、つまり、“過去の行為に応じて”というのが、この部分に対応していると思われる。次に、未来仏と現在仏について言われる“nānādhimuktānāṃ ... viditvā”（K, 41,12-14; 42,4-5）は、『正法華』では三世諸仏についての説明が、〔149〕で一つにまとめられているため、やはり〔149〕の「随其本行」がこれに対応していると考えられるが、『妙法華』〔153〕では、対応する訳文は欠落している。次に、釈迦仏について言われる“nānādhimuktānāṃ ... viditvā”（K, 42,14-15）が問題となるが、これは後に見るように、『正法華』〔155〕では「吾見群生、本行不同、仏観其心、所楽若干」と訳され、『妙法華』〔156〕では「知諸衆生、有種種欲深心所著、随其本性」と訳されたと思われる。このうち、『正法華』の「本行不同」、さらには『妙法華』の「随其本性」という訳語を見れば、『正法華』〔149〕の「随其本行」が“nānādhimuktānāṃ ... viditvā”に、何等かの仕方で対応していることが知られるであろう。また、“nānādhimuktānāṃ ... viditvā”という表現が、すべてそのままの形で、釈迦仏について言われる『正法華』〔155〕と『妙法華』〔156〕の前掲の訳文の原語として存在したかどうかは、必ずしも明らかではないが、しかし、『妙法華』〔156〕の訳文中、「有種種欲」というのは、

“nānādhimukta” に対応し、「深心所著」は、“āśaya” に対応し、「本性」は、“dhātu” を訳したものであろう。
最後に、「譬喩品」散文部分〔213〕ⓐに用いられる “nānādhimuktānāṃ ... viditvā” について言えば、『妙法華』〔215〕の相当個所には、その訳文が欠けているが、『正法華』〔214〕では「随其因縁」が、これに対応しているように思われる。

“nānādhimuktānāṃ ... viditvā” という表現には、“nānā” “adhimukta” “dhātu” “āśaya” という単語が用いられているが、これらはいずれも、衆生に様々な機根や能力の相違があることを説く点で、〝三乗〟の区別を指示する語であり、所謂〝三乗各別説〟というものと関連する。勿論、この問題の表現の直前には、“nānā-abhinirhāra ... upāyakauśalyair” という語があるので、この表現は、〝三乗の区別〟は〝方便〟であるという立場を説くものであるという解釈も、当然成り立つであろう。しかし、衆生の “adhimukti” “dhātu” “āśaya” の区別を力説することは、論理的には、〝三乗各別説〟に接近する傾向をもつであろうし、事実、瑜伽行派等の〝三乗各別説〟において、“adhimukti” “āśaya” “dhātu” の区別は力説されたのである。[169] 従って、この “nānādhimuktānāṃ ... viditvā” という表現が、〔148〕ⓑに本来存在したのか、それとも、『法華経』の思想的立場が〝一乗真実説〟から〝三乗真実説〟に変化したこと、あるいは少なくとも、傾斜したことに伴って、付加されたのかを考察することは、極めて重要であろう。後者の可能性も充分に考えられるからである。現に “adhimukta” “dhātu” “āśaya” の語が、「方便品」散文部分で使用されたのは、この〔148〕が最初であり、この個所以前に「方便善巧」による説法について述べられた表現、つまり、〔68〕の “svapratyayān dharmān prakāśayanti vividhopāyakauśalyajñānadarśanahetukāraṇanidarśanārambaṇaniruktiprajñaptibhis tais tair upāyakauśalyais” という表現においても、また、〔136〕の “nānāniruktinirdeśābhilāpanidarśanair mayā śāriputra vividhair upāyakauśalyaśatasahasrair dharmaḥ saṃprakāśitaḥ” という表現においても、様々に異なった衆生の機根・傾向・能力が言及されることはなく、“adhimukta” “adhimukti” “dhātu” “āśaya” などの語も使用されていなかったのである。

では、次に〔148〕ⓒの内容について検討しよう。この部分は、過去の諸仏から法（dharma）を聞いた（śruta）ものは、すべて無上正覚を得るものとなったという趣旨を述べるものであり、従って、ここには、〝聞法による菩提〟〝聞法↓成仏〟という因果関係が述べられていると思われる。しかるに、すでに別に論じたように、[170]この〔148〕ⓒに対応する「方便品」第七五偈・第七七偈〔390〕には、〝聞法による菩提〟に加えて〝六波羅蜜による菩提〟という説も付加されて説かれているが、これは「方便品」偈の思想的立場が、大乗を優れたものとする〝大乗主義〟であることを示しているであろう。即ち、この〝大乗主義〟にもとづいて、大乗仏教における基本的な行と考えられている六波羅蜜が、成仏の手段として〝聞法〟に付加されたと考えられる。これに対して、「方便品」散文部分に六波羅蜜が全く説かれていないことは、その思想的立場が〝大乗主義〟ではないことを意味するであろう。

では、次に「方便品」散文部分で〔148〕に続く個所について検討しよう。そこでは、次のように未来仏と現在仏の出現と説法に関して、同様の説明が述べられている。

〔151〕ⓐ ye ’pi te śāriputrānāgate ’dhvani bhaviṣyanti ... tathāgatā ... ye ca nānābhinirhāra- ... -upāyakauśalyair nānādhimuktānāṃ sattvānāṃ ... āśayaṃ viditvā dharmaṃ deśayiṣyanti / te ’pi sarve śāriputra buddhā bhagavanta ekam eva yānam ārabhya ... dharmaṃ deśayiṣyanti ... / ye ’pi te ... sattvās ... taṃ dharmaṃ śroṣyanti te ’pi sarve anuttarāyāḥ samyaksaṃbodher lābhino bhaviṣyanti / ⓑ ye ’pi te śāriputraitarhi pratyutpanne ’dhvani ... tathāgatā ... tiṣṭhanti dhriyante yāpayanti dharmaṃ ca deśayanti ... ye nānābhinirhāra- ... -upāyakauśalyair nānādhimuktānāṃ sattvānāṃ ... āśayaṃ viditvā dharmaṃ deśayanti / te ’pi sarve śāriputra buddhā bhagavanta ekam eva yānam ārabhya ... dharmaṃ deśayanti / ye ’pi te ... sattvās ... taṃ dharmaṃ śṛṇvanti te ’pi sarve anuttarāyāḥ samyaksaṃbodher lābhino bhaviṣyanti / （K, 41,10-42,11）

〔152〕前掲〔149〕と同じ（『正法華』）

〔153〕ⓐ舎利弗、未来諸仏、当出於世、亦以無量無数方便種種因縁譬喩言辞、而為衆生、演説諸法、是法皆為一仏乗故。是諸衆生、従仏聞法、究竟皆得一切種智。ⓑ舎利弗、現在十方無量百千万億仏土中、諸仏世尊、多所饒益、安楽衆生、是諸仏亦、以無量無数方便種種因縁譬喩言辞、而為衆生、演説諸法、是法皆為一仏乗故、是諸衆生、

従仏聞法、究竟皆得一切種智。ⓒ舎利弗、是諸仏但教化菩薩、欲以仏之知見、示衆生故。欲以仏之知見、悟衆生故。欲令衆生入仏之知見故。（『妙法華』七中七―一八）

（104）ⓐシャーリプトラよ、未来世に、……如来……が、生じ（bhaviṣyanti）……様々な完成……という方便善巧によって、様々に信解をもち……衆生たちの……意楽を知ってから、法を説くであろう（deśayiṣyanti）が、シャーリプトラよ、彼等すべての仏・世尊も、一つだけの乗のために……法を説くであろう。その法を聞くであろう（śroṣyanti）衆生たちも、すべて無上正覚を得るもの（lābhin）となるであろう（bhaviṣyanti）。

　ⓑシャーリプトラよ、この現在世に……如来……が、住し（tiṣṭhanti）、とどまり（dhriyante）、暮らし（yāpayanti）、法を説き、様々な完成……という方便善巧によって、様々に信解をもち……衆生たちの……意楽を知ってから、法を説いている（deśayanti）が、シャーリプトラよ、彼等すべての仏・世尊も、一つだけの乗のために……法を説いている。その法を聞く（śṛṇvanti）衆生たちも、すべて無上正覚を得るものとなるであろう（bhaviṣyanti）。

ここに、未来仏と現在仏の説法に関して、過去仏の説法に関する説明〔148〕ⓑⓒとほぼ同様の記述が繰返されるのであるが、この〔151〕ⓑでは、現在仏に関して、十方世界に〝生じた〟（abhūvan）とか〝生じるであろう〟（bhaviṣyanti）というように、“√bhū”「生じる」という動詞を用いた表現が使われるのではなく、“tiṣṭhanti dhriyante yāpayanti” というやや特殊な表現が用いられている。また、〝聞法による菩提〟を説く部分で、未来の諸仏から聞法する衆生だけではなく、現在の諸仏から聞法する衆生に関しても、無上正覚を得るものと〝なるであろう〟（bhaviṣyanti）というように、動詞の未来形が用いられていることには、注意したい。つまり、現在の諸仏から聞法している者も、無上正覚を得て成仏するのは、未来の時点であると考えられているのである。

　次に、『妙法華』〔153〕ⓒは、梵文〔151〕に対応がなく、かなり異質である。というのも、ここには、梵文では、過去・未来・現在・釈迦に関して述べられている “tathāgata-jñānadarśana” に関する “samādāpana” “saṃdarśana” “avatāraṇa” “pratibodhana” “mārga-avatāraṇa” という五項目、つまり、〔148〕ⓑの第二の “yad idam” 以下に対応するものが「但教化菩薩、欲以仏之知見、示衆生故。欲以仏之知見、悟衆生故。欲令衆生入仏之知見故」として訳されているように見えるからである。つまり、「教化」「示」「悟」「入」が、"samādāpana" "saṃdarśana" "pratibodhana" "avatāraṇa" の訳語であることは、明らかであろう。すると、〔148〕ⓑの第二の "yad idam" 以下の "tathāgata-jñānadarśana" に関する五項目は、過去仏・未来仏・現在仏・釈迦仏の説法に関する説明のそれぞれに、含まれていたのではなくて、元来は『妙法華』の指示する位置に、つまり、現在仏の説法に関する説明の後に、三世諸仏の説法の目的を総括するものとして、置かれていたものが、後になって、過去仏・未来仏・現在仏・釈迦仏という四者の説法に配当されたという可能性もあるであろう。ただし、『正法華』においては、"tathāgata-jñānadarśana" に関する五項目は、この過去仏・未来仏・現在仏・釈迦仏の説法に関する説明を述べる個所である〔149〕及び〔155〕に全く認められない。あるいは、こちらの方が、本来のテキストを反映しているのかもしれない。

では、次に釈迦仏による説法に関する同様の説明を見ることにしよう。

〔154〕aham api śāriputraitarhi tathāgato ’rhan samyaksaṃbuddho ... nānābhinirhāra- ... -upāyakauśalyair nānādhimuktānāṃ sattvānāṃ ... āśayaṃ viditvā dharmaṃ deśayāmi / aham api śāriputraikam eva yānam ārabhya sattvānāṃ dharmaṃ deśayāmi yad idaṃ buddhayānam ... / ye ’pi te śāriputra sattvā etarhi mamemaṃ dharmaṃ śṛṇvanti te ’pi sarve ’nuttarāyāḥ samyaksaṃbodher lābhino bhaviṣyanti / (K, 42,12-43,2)

〔155〕吾見群生、本行不同、仏観其心、所楽若干、善権方便、造立報応、而講法誼、皆為平等正覚大乗、至諸通慧。
(『正法華』六九下一四—一六)

〔156〕舎利弗、我今亦復如是、知諸衆生、有種種欲、深心所著、随其本性、以種種因縁譬喩言辞方便力、而為説法。
舎利弗、如此皆為得一仏乗一切種智故。(『妙法華』七中一八—二二)

(105)シャーリプトラよ、私も、今(etarhi)、如来・阿羅漢・正覚者であり、様々な完成……という方便善巧によって、様々に信解をもち……衆生たちの……意楽を知ってから、法を説いている(deśayāmi)が、シャーリプトラよ、私も、ただ一つだけの乗のために衆生たちに法を説いている。それは即ち、仏乗である。……シャーリプトラよ、今、私に、この法を聞いている（śṛṇvanti）衆生たち、彼等もすべて無上正覚を得るものとなるであろう（bhaviṣyanti）。

この経文の趣旨は、以上の過去仏・未来仏・現在仏の説法に関する説明から明らかであろうが、それはほぼ次のようなものであろう。即ち、〝私、釈迦仏は、今、〔この娑婆世界で〕様々の方便によって、法を説いているが、私も「一乗」＝「仏乗」のために法を説いているのであって、その法を私から聞いている衆生たちは、すべて将来、無上正覚を得るであろう〟というのである。この論旨も、やはり、"buddha-yāna"「仏乗」が"buddha-jñāna"「仏智」を意味するのでなければ成立しないように思われる。何故ならば、"anuttara-samyaksaṃbodhi"「無上正覚」は、「仏智」を言い換えた語と見られるからである。

なお、漢訳について言えば、『正法華』〔155〕に「平等正覚大乗、至諸通慧」とあるうち、「大乗」または「大」は、〔149〕ⓑの「大乗、仏正覚乗、諸通慧乗」における「大乗」と同様に、漢訳者である竺法護が有していた〝大乗主義〟にもとづいて付加された語であろう。この点は、『正法華』〔146〕の「唯大覚乗」の「大」も同様である。また、「平等正覚大乗、至諸通慧」のうち「平等」は、"eka"を意訳したものかもしれないが、「至諸通慧」の「至」は、"paryavasāna"を訳したものであろう。つまり、「至諸通慧」は"sarvajñatā-paryavasāna"の訳語なのである。

次に、『妙法華』〔156〕の「一切種智」も"sarvajñatā"の訳語であろう。即ち、『妙法華』〔150〕〔153〕において"sarvajñatā-paryavasāna"は「究竟皆得一切種智」と訳されていたが、それが、ここでは「皆為得〔一仏乗〕一切種智故」と訳されたのであろう。また、「為……故」は、すでに論じたように、"ārabhya"の訳語である。

では、次に、過去仏・未来仏・現在仏・釈迦仏の四者による説法に関する説明の結論を示す文章を見ることにしよう。それは、次の通りである。

〔157〕 tad anenāpi śāriputra paryāyeṇaivaṃ veditavyaṃ yathā nāsti dvitīyasya yānasya kvacid daśasu dikṣu loke prajñaptiḥ kutaḥ punas tṛtīyasya //（K, 43,2-3）

〔158〕道徳一定、無有二也。十方世界、等無差特、安得三乘。（『正法華』六九下一六—一八）

〔159〕舎利弗、十方世界中、尚無二乘、何況有三。（『妙法華』七中二一—二三）

(106)それ故、シャーリプトラよ、このようなわけで、次のように知るべきである。即ち、十方世界のどこにも、第二の（dvitīya）乗（yāna）の仮説（prajñapti）は無いし、まして、第三の（tṛtīya）乗が無いことについては、言うまでもない。

これは、結論として、第二・第三の乗は無く、一乗だけがあることを言うものと思われるが、本来の原文に、〔68〕の "vividhopāyakauśalyajñānadarśanahetukāraṇanidarśanārambaṇanirukti<u>prajñapti</u>bhis" という表現でも用いられていた "prajñapti" という語が使われていたかどうか、漢訳からは必ずしも明らかではないように思われる。

さて、「方便品」散文部分は、以上で〝仏知見の説法〟という中心部分を終り、その結論部分に入ることになるが、これについては、章を改めて論じることにしたい。

まず、「方便品」散文部分〔157〕に続く部分のテキスト等を示すことにしよう。

〔160〕 api tu khalu punaḥ śāriputra yadā tathāgatā arhantaḥ samyaksaṃbuddhāḥ kalpakaṣāye votpadyante sattvakaṣāye vā kleśakaṣāye vā dṛṣṭikaṣāye vāyuṣkaṣāye votpadyante / evaṃrūpeṣu śāriputra kalpasaṃkṣobhakaṣāyeṣu bahumaleṣu[171] sattveṣu lubdheṣv alpakuśalamūleṣu tadā śāriputra tathāgatā arhantaḥ samyaksaṃbuddhā upāyakauśalyena tad evaikaṃ buddhayānaṃ triyānanirdeśena nirdiśanti / (K, 43,4-8)

〔161〕又舎利弗、設如来説、衆生瑕穢、一劫不竟、今吾興出、於五濁世、一曰塵労、二曰凶暴、三曰邪見、四曰寿命短、五曰劫穢濁。為此之党本徳浅薄慳貪多垢故、以善権現三乗教。（『正法華』六九下一八―二二）

〔162〕舎利弗、諸仏出於五濁悪世。所謂劫濁煩悩濁衆生濁見濁命濁。如是舎利弗、劫濁乱時、衆生垢重、慳貪嫉妬、成就諸不善根故、諸仏以方便力、於一仏乗、分別説三。（『妙法華』七中二三―二七）

(107)しかし、シャーリプトラよ、如来・阿羅漢・正覚者たちが、劫の汚濁（kalpa-kaṣāya）、または衆生の汚濁（sattva-kaṣāya）、または煩悩の汚濁（kleśa-kaṣāya）、または見解の汚濁（dṛṣṭi-kaṣāya）、または寿命の汚濁（āyuṣ-kaṣāya）において、つまり、劫の乱れと汚濁において、衆生たちが多くの垢をもち、貪欲で、少ない善根をもつ（alpa-kuśala-mūla）ときに、生まれる（utpadyante）。そのときには、シャーリプトラよ、如来・阿羅漢・正覚者たちは、方便善巧（upāya-kauśalya）によって、ほかならぬその一つの仏乗（ekaṃ buddha-yānam）を、三乗の説示（triyāna-nirdeśa）によって説示する。

この経文には、諸仏が、所謂〝五濁の悪世〟[172]に出現するときには、「一乗」=「仏乗」を方便によって「三乗」という説示（nirdeśa）によって説くことが述べられていると考えられる。しかるに、このうち、〝五濁の悪世〟について言えば、〝五濁〟の中心となるのは、「劫濁」と「衆生濁」であると思われる。つまり、〝五濁の悪世〟とは、結局のところ、「衆生」が汚れている「劫」、つまり、時代を言うのであろう。では、「衆生」がどのように、あるいは、何によって、汚れているかと言えば、それは、「煩悩」と「見解」によって汚れているので、その結果として、「寿命」が短いというのが「寿命濁」であろう。従って、〝五濁〟といっても、それは決して別々のものではなく、「衆生」が「煩悩」と「見解」によって汚れ、その結果として、その「寿命」が短い、そのような「劫」を指すと見るべきであろう。

次に、『妙法華』〔162〕の「分別説三」は、別に論じたように[173]、不適切な訳であると思われる。というのも、「分別」に原語は存在しないからである。また、「説三」も、「三」、つまり、"triyāna"「三乗」を"nirdiśanti"「説」の目的語であるかのように示しており、これも必ずしも適切とは言えない。

この点で、〔160〕の"tadā"以下の部分を正確に理解することが必要となるであろうが、この部分は基本的には、次のような構造をもっていると考えられる。

ⓐ tathāgatā ... upāyakauśalyena ... ekaṃ buddhayānaṃ triyānanirdeśena nirdiśayanti.

ⓑ svapratyayān dharmān prakāśayanti vividha-upāyakauśalyajñānadarśanahetukāraṇanidarśanārambaṇaniruktiprajñaptibhis （〔68〕）

しかるに、この構造は、すでに見た「方便品」散文部分〔68〕〔136〕〔148〕ⓑの次のような表現にも認められるのである。

ⓒ nānāniruktinirdeśābhilāpanidarśanair mayā ... vividhair upāyakauśalyaśatasahasrair dharmaḥ saṃprakāśitaḥ / （〔136〕）

ⓓ nānābhinirhāranirdeśavividhahetukāraṇanidarśanārambaṇaniruktyupāyakauśalyair ... dharmaṃ deśitavantaḥ / （〔148〕ⓑ）

即ち、ここでも、“upāya-kauśalya” と “nirdeśa” は、具格で示されているのである。では、〝説示される対象〟とは何かと言えば、それはⓑⓒⓓでは、“dharma”（ただし、ⓑでは複数形）であったが、ⓐ、つまり、〔160〕では、“buddha-yāna” であると考えられる。従って、ここで “buddha-yāna” とは、すでに使用してきた記号を用いれば〔A〕に相当することが理解される。「方便品」散文部分の冒頭にある〔59〕では、この〔A〕が “buddha-jñāna” と表現されていたのであるが、それが、この〔160〕では “buddha-yāna” であると言われている。このことからも、“buddha-yāna” は “buddha-jñāna” を意味するという理解が適切であることが知られるであろう。

さらに、ⓐとⓑⓒⓓの構文上の基本的な一致にもとづいて、次の点が明らかになると思われる。即ち、まず第一に、〝方便による説法〟というものは、〝説法〟である限り、「法」〔A〕を説いているということ、つまり、方便によって説かれる「法」とは、やはり、〝真実なるもの〟〔A〕であると考えられる。第二に、〝方便による説法〟は、〔160〕では〝五濁の悪世〟において、つまり、「衆生」が汚れている時代になされるとされているが、その時代とは、決して特殊なものではないということである。何となれば、〝五濁〟が言われていないⓑⓒⓓにおいても、〝方便による説法〟がなされると言われているからである。ただし、「劫濁」、つまり、〝五濁の悪世〟においては、「衆生」は「煩悩」や「見解」によって汚れていると言われているが、この点が、「方便品」散文部分で、最初に〝方便による説法〟が言われ、“upāya-kauśalya” の語が用いられた〔68〕では、“tasmiṃs tasmiṃl lagnān sattvān”「あれこれのものに執着している衆生たち」と表現されたと考えられる。なお、後論するように、[174] この〔160〕では、後に「譬喩品」散文部分で導入されることになる〝時間の二分法〟、つまり、〝まず方便（小乗）があり、後に真実（大乗）がある〟という考え方が説かれていない点が、極めて重要であろう。

では、〔160〕に続く経文を見てみよう。それは、次の通りである。

〔163〕tatra śāriputra ye śrāvakā arhantaḥ pratyekabuddhā vemāṃ kriyāṃ tathāgatasya buddhayānasamādāpanaṃ[175] na śṛṇvanti nāvataranti nāvabudhyanti na te śāriputra tathāgatasya śrāvakā veditavyā nāpy arhanto nāpi pratyekabuddhā veditavyāḥ // (K,

43,8-10)

〔164〕勧化声聞及縁覚者、若説仏乗、終不聴受、不入不解、無謂如来法有声聞及縁覚道、深遠諸難。（『正法華』六九下二二—二四）

〔165〕舎利弗、若我弟子、自謂阿羅漢辟支仏者、不聞不知、諸仏如来但教化菩薩事、此非仏弟子、非阿羅漢、非辟支仏。（『妙法華』七中二七—二九）

(108) そのとき、シャーリプトラよ、誰であれ、阿羅漢である声聞たち、または独覚たちが、仏乗を受け取らせること（buddhayāna-samādāpana）という如来のこの作用（kriyā）を、聞かず（na śṛṇvanti）、悟入せず（nāvataranti）、理解しない（nāvabudhyanti）ならば、シャーリプトラよ、彼等は如来の声聞ではないと知られるべきである。また、阿羅漢でも、独覚でもないと知られるべきである。

この経文の大意を、渡辺博士は、「仏陀の真意が判らないものは、どんな意味においてもその弟子ではない[176]」と説明されたが、私見によれば、この経文の論旨は、“śṛṇvanti”「聞く」という語と、“śrāvaka”「声聞」、つまり〝聞く者〟という語の密接な関係によって規定されていると思われる。つまり、「声聞」は、〝聞く者〟でなければ「声聞」とは言えない筈であるから、“buddhayāna-samādāpana”という如来の作用を聞かないものは、如来の「声聞」ではないというのである。

漢訳の『正法華』〔164〕を見ると、そこには、「声聞」「縁覚」とあるのみで、「阿羅漢」のことが言われていない。つまり、そこでは、「声聞」「縁覚」「如来」（「仏」）の三者が言及されているのであって、この三者は「方便品」散文部分冒頭の〔59〕で述べられた三者と一致しているのである。おそらく、この三者は直前に述べられた「三乗」という語との関連において言及されたのであろう。一方、『妙法華』〔165〕では、「非仏弟子、非阿羅漢、非辟支仏」という訳文で、「弟子」、つまり、「声聞」と「阿羅漢」と「辟支仏」、つまり、「独覚」という三者が並列されているように見えるが、「若我弟子、自謂阿羅漢辟支仏者」という個所を見ると、「声聞」が自ら「阿羅漢」と思うものと「独覚」と思うものに二分されているように見える。これらの訳語の相違を考慮するならば、中心に据えられているのは、やはり「声聞」の問題であって、〝仏説を聞かない者が、どうして「声聞」と言えようか〟というのが〔163〕の主旨であろうと思われる。それ故、「阿羅漢」への言及を欠いている『正法華』〔164〕の形が、おそらく原型に近いと思われるのであって、「阿羅漢」に関する問題は、次に出る経文〔166〕で扱われるから、そこから混入されたものではないかと想像される。従って、梵語テキスト〔163〕の“śrāvakā arhantaḥ pratyekabuddhā vā”を「声聞たち、または阿羅漢たち、または独覚たち」ではなく、「阿羅漢である声聞たち、または独覚たち」と読解することにしたい[177]。

かくして、〔163〕の主旨を〝buddhayāna-samādāpana を聞かない者は、声聞（聞く者）ではない〟と把えることができるであろうが、次に生じる問題は、〝buddhayāna-samādāpana を聞かない者〟とは、具体的には誰を指しているかという点であろう。それは、私見によれば、「方便品」散文部分〔124〕で、〝buddhayāna-samādāpana を聞かないで退出していった増上慢をもつ（adhimānika）五千人の四衆〟であるとしか考えられないのである。彼等は、〔129〕で、仏陀によって“palāva”「粃」であると言われたのであるが、ここではさらに、“buddhayāna-samādāpana”を聞かないが故に、彼等は“śrāvaka”「聞く者」「声聞」ではないとされたのである。なお、ここでも、“buddha-yāna”は“buddha-jñāna”を意味するという理解が必要であろう。何故ならば、ここで、“buddhayāna-samādāpana”とは、具体的には、〔139〕ⓑの“tathāgata-jñānadarśana-samādāpana”という表現を中心とする〝仏知見の説法〟を指すと思われるからである。

では、次に、〔163〕に続く経文を示すことにしよう。

〔166〕ⓐ api tu khalu punaḥ śāriputra yaḥ kaścid bhikṣur vā bhikṣuṇī vārhattvaṃ pratijānīyād anuttarāyāṃ samyaksaṃbodhau praṇidhānam aparigṛhyocchinno 'smi buddhayānād iti vaded etāvan me samucchrayasya paścimakaṃ parinirvāṇaṃ vaded adhimānikaṃ taṃ śāriputra prajānīyāḥ / ⓑ tat kasya hetoḥ / asthānam etac chāriputrānavakāśo yad bhikṣur arhan kṣīṇāsravaḥ saṃmukhībhūte tathāgata imaṃ dharmaṃ śrutvā na śraddadhyāt sthāpayitvā parinirvṛtasya tathāgatasya / ⓒ tat kasya hetoḥ / na hi te śāriputra śrāvakās tasmin kāle tasmin samaye parinirvṛte tathāgata eteṣāṃ evaṃrūpāṇāṃ sūtrāntānāṃ dhārakā vā deśakā vā bhaviṣyanti / anyeṣu punaḥ śāriputra tathāgateṣv arhatsu samyaksaṃbuddheṣu niḥsaṃśayā bhaviṣyanti imeṣu dharmeṣu /[178] (K, 43,11-44,3)

〔167〕ⓐ若比丘比丘尼、已得羅漢、自已達足、而不肯受無上正真道教、定為誹謗、於仏乗矣。雖有是意、仏平等訓。然後至于般泥洹時、諸甚慢者、乃知之耳。ⓑ所以者何、又諸比丘為羅漢者、無所志求、諸漏已尽、聞斯経典、而不信楽。若滅度時、如来面現、諸声聞前、大聖滅度、不以斯行、令受持説方等頌経。尋於異仏至真等正覚、決其狐疑。然後於彼、〔乃当篤信。〕（『正法華』六九下二四—七〇上三）

〔168〕ⓐ又舎利弗、是諸比丘比丘尼、自謂已得阿羅漢、是最後身、究竟涅槃、便不復志求阿耨多羅三藐三菩提、当知此輩皆是増上慢人、ⓑ所以者何、若有比丘、実得阿羅漢、若不信此法、無有是処。除仏滅度後、現前無仏。ⓒ所以者何、仏滅度後、如是等経、受持読誦解義者、是人難得。若遇余仏、於此法中、便得決了。（『妙法華』七中二九—下七）

(109)ⓐまたシャーリプトラよ、誰かある比丘や比丘尼が、阿羅漢であると自認し（pratijānīyāt）、無上正覚〔A〕に対して願（praṇidhāna）を取らずに、「私は、仏乗（buddha-yāna）〔A〕から、切り離されている（ucchinna）」と語り、「ここまで（etāvat）が、私の身（samucchraya）の最後の般涅槃（parinirvāṇa）である」と語る（vadet）ならば、シャーリプトラよ、彼を増上慢をもつもの（adhimānika）であると知りなさい。

ⓑそれは何故かというと、シャーリプトラよ、漏尽（kṣīṇa-āsrava）の阿羅漢である比丘が、如来が現前しているときに、この法（dharma）〔A〕を聞いて（śrutvā）信じない（na śraddadhyāt）ということはあり得ないし、起り得ないからである。ただし、如来が般涅槃したときを除いて（sthāpayitvā）。

ⓒそれは何故かというと、シャーリプトラよ、それらの声聞たちは、如来が般涅槃したとき、その時、その時期には、これらの、この様な（evaṃrūpa）諸経典（sūtrānta）を、受持する者（dhāraka）や説示する者（deśaka）とならないからである。しかし、シャーリプトラよ、〔彼等は〕他の如来・阿羅漢・正覚者たちがいるときに、こ

れらの法（dharma）〔A〕に対して、疑問のないもの（niḥsaṃśaya）となるであろう。

この経文は難解である。まず、ⓐに言及される「比丘や比丘尼」は「阿羅漢であると自認し」と言われているのであるから、「方便品」散文部分の作者によれば、彼等は「阿羅漢」ではないのに、慢心によって「阿羅漢」であると自認している者と見なされているのであろう。従って、彼等は“adhimānika”「増上慢をもつもの」と言われるのである。すると、ここでも、直前に出る〔163〕におけると同様、“buddhayāna-samādāpana”「仏乗（仏智）を受け取らせること」を聞かないで、退出していった〝増上慢をもつ五千人〟が、言及されているのではないかと思われるのである。特に「私は仏乗（仏智）から切り離されている」とか、「ここまでが、私の身の最後の般涅槃である」という言明は、“buddhayāna-samādāpana”を聞くことなく、会衆から退出して行った〝増上慢をもつ五千人〟が述べる言葉として、よく理解できるように思われる。

しかるに、苅谷博士は、〔166〕ⓐに言及される人々について、次のように論じられる。

⑽これは、法華〈仏乗〉を聞いても自分こそは仏教の正統派たる比丘にして、すでに阿羅漢位に達し、最後身を得ており、それで充分であるとして〈仏乗〉を拒否する、そういうものの存在を予想した法華者団の言葉であり、しかも、そのものを増上慢即ち一過性の精神錯乱におちいっているものと見なすべきだと言うものである。〔『一仏乗』一三四頁六―八行〕〔傍線＝松本〕

つまり、苅谷博士によれば、彼等は〝聞いても、信じない人々〟であるというのである。[179] そこで、問題となるのは、〔166〕ⓐで言及された「阿羅漢であると自認しているもの」は、“buddhayāna-samādāpana”を〝聞く者〟なのか、それとも〝聞かない者〟なのかという点であろう。

しかるに、この点について検討するためには、〔166〕ⓑの内容を参照する必要がある。即ち、そこでは、「何故なら、阿羅漢である比丘が……この法を聞いて、信じないことはあり得ない」と言われている。論理的に言えば、この文章が意味をもつためには、この〔166〕ⓑの直前のⓐにおいて、「阿羅漢」ではない「比丘」について、彼等は「聞いて、信じない」、つまり、〝聞いても、信じない人々〟であるということが言われていなければならない筈である。さもなければ、ⓐで言及された〝阿羅漢でない比丘〟とⓑで言われる〝阿羅漢である比丘〟との「この法」に対する態度を論理的に明確に区別できないということになるであろう。従って、〔166〕ⓐにおいて言及された〝阿羅漢でない比丘〟について、これを〝聞いても、信じない人々〟と解された苅谷博士の解釈が有力なものであることは、明らかであろう。

それにもかかわらず、私はこの解釈に疑問をもつのである。というのも、「方便品」散文部分〔148〕ⓒの"samyak-saṃbuddhānām antikāt sa dharmaḥ śrutas te 'pi sarve 'nuttayāyāḥ samyaksaṃbodher lābhino 'bhūvan"という一文、及び〔151〕ⓐⓑの同様の文章は、〝諸仏から法を聞くものは、すべて菩提を得るものとなる〟という理解、即ち、〝聞法→菩提〟という理解を示しているように思われるからである。つまり、この理解は、『妙法華』で、「声聞若菩薩、聞我所説法、乃至於一偈、皆成仏無疑」と訳される「方便品」第五三偈（〔387〕）にも説かれているように、〝法を聞けば、必ず菩提を得る〟という意味であるから、〝法を聞いても、信じないもの〟の存在を認めるならば、この〝聞法→菩提〟という『法華経』の最も根本的な主張が崩れてしまうであろう。従って、私としては、〔166〕ⓐで言及された〝阿羅漢でない比丘〟とは、具体的には、「この法」＝"buddhayāna-samādāpana"〔A〕を聞くことなく退出した〝増上慢をもつ五千人〟を指していると解しておきたい。

なお、彼等は〔166〕ⓐにおいて、「私は、仏乗〔A〕から切り離されている」とか、「ここまでが、私の身の最後の般涅槃である」と語るが、この二つの言明のうち、前者は理解しやすいが、後者は難解である。その梵語テキスト、及び対応すると思われる漢訳、さらにチベット訳は、次の通りである。

etāvan me samucchrayasya paścimakaṃ parinirvāṇaṃ

然後至于般泥洹時（『正法華』）

是最後身、究竟涅槃（『妙法華』）

ṅaḥi lus ḥdi tha ma mya ṅan las ḥdaḥ baḥo（P, chu,22a1-2)

これを見ると、梵文にある“samucchraya”が『正法華』では訳されていないように見える。一方、『妙法華』では「最後身」とあり、“paścimaka”が“parinirvāṇa”ではなく“samucchraya”の形容詞とされているようであり、これはO本の“samucchrayaṃ paścimakaṃ”（52a2）という読みと一致している。さらに、チベット訳では、“paścimaka”が“tha ma”と訳されているが、これも“lus”つまり、“samucchraya”の形容詞とされているように見える。しかし、このチベット訳を、「私のこの最後の身は涅槃である」と訳しても、意味は理解できないであろう。

要するに、この第二の言明については、テキストに問題があると思われるが、その言明の趣旨は、「この法」＝「仏智」〔A〕ではなく、自らが得た「涅槃」〔B〕を、仏教の最終的な理想と思い込むことにあるであろう。従って、仏教の最終的な理想〔A〕を〝得ていないのに、得たと思い込む〟、つまり、〔124〕の表現を用いれば、“aprāpte prāpta-saṃjñin”「未だ獲得されていないものについて、すでに獲得されたという想をもつもの」であるから、ここでも、彼等は“adhimānika”「増上慢をもつもの」と言われたと考えられるのである。

次に、〔166〕ⓑにおいては、〝阿羅漢である比丘〟は、「この法」〔A〕を、如来から直接、聞いて信じないということはあり得ないと説かれたが、ここで〝阿羅漢である比丘〟とは、すでに「方便品」〔81〕において会衆の中の匹頭に挙げられた「漏尽の阿羅漢」である声聞の千二百人を指すのであろう。彼等は、『妙法華』〔83〕では、「諸声聞漏尽阿羅漢、阿若憍陳如等千二百人」と表現されていたが、注意すべき点は、「方便品」散文部分において、釈迦仏が語りかけている相手であるシャーリプトラも、この中に含まれているであろうということなのである。言うまでもなく、シャーリプトラは、〔124〕で会衆から退出した五千人には含まれず、まだ会衆にいて、現に釈迦仏の説法を聞いているのである。

従って、この経文の〔166〕ⓑにおいては、シャーリプトラを始めとする〝阿羅漢である声聞〟たちが、テーマとされていると考えられるが、彼等が如来から直接「この法」を聞いて信じないことはあり得ないというのは、彼等、特にシャーリプトラに、〝「この法」を聞いて信じなさい〟と述べていることになるのであろう。実際、次に来る経文、つまり、「方便品」散文部分の最後に置かれる経文〔169〕で、釈迦仏は、〝あなたがたは、私を信じなさい〟と、シャーリプトラに述べることになるのである。

従って、〔166〕の中心的な趣旨は、シャーリプトラ等の〝阿羅漢である声聞〟たちに〝私を信じなさい〟と述べて、〝信〟を要求する点にあるのであろう。

では、〔166〕ⓒは何を説いているのであろうか。〔166〕ⓑでは、〝阿羅漢である声聞〟は、「この法」を如来から直接聞いて信じないことはあり得ないと言われたが、この〔166〕ⓑの末尾では、〝sthāpayitvā〟「を除いて」という語が置かれ、そこに〝「如来」、即ち、釈迦仏が涅槃した後は除く〟という除外例が設けられている。すると、これは、釈迦仏が涅槃し入滅した後には、〝阿羅漢である声聞〟が「この法」〔A〕を聞いて信じないこともあり得ると述べているように思われる。つまり、〔166〕ⓒの「それらの声聞たち」とは、〝阿羅漢である声聞〟たちを指すと見るのである。

これについて、〝釈迦仏が入滅した後は、釈迦仏から直接「この法」〔A〕を聞くことはできないわけであるから、それを聞くことも、信じることも、できないのは言うまでもない〟という疑問があるかもしれない。しかし、この経文では、おそらく、〝釈迦仏が入滅した後で、「この法」〔A〕を聞くこともある〟という立場が認められているように思われる。というのも、この経文、あるいは、「方便品」散文部分は、いうまでもなく、実際には、釈迦仏の入滅後に作成されたものであって、その聴者、読者、あるいは〝信者〟としては、釈迦仏の入滅後、何百年も経過したある時点を現在とする人々が意識されているからである。つまり、「方便品」散文部分の作者としては、自らが作成した「この法」〔A〕を聞いて、当時の人々が信じてくれるか否かが最大の問題であったであろう。従って、釈迦仏の入滅後、〝阿羅漢である声聞〟たちが、「この法」〔A〕を聞いても信じないこともあり得る、とここで述べたのであろうと思われる。この場合、釈迦仏入滅後における〝阿羅漢である声聞〟たちとは、その実態は不明ではあるものの、当時の伝統的な僧団に属し、かつ、伝統的な聖典と教義に従っている比丘たちが意図されていることは、明らかであろう。

さらに、〔166〕ⓒでは、釈迦仏入滅後の〝阿羅漢である声聞〟たちが、「この法」〔A〕を信じない〝理由〟が述べられているようであるが、それが果して〝理由〟の説明になっているかどうか、明らかではないし、また、その趣旨も難解である。

梵語テキストによれば、釈迦仏の入滅後は、"te ... śrāvakās"「それらの声聞たち」、つまり、〝阿羅漢である声聞〟たちは"eteṣāṃ evaṃrūpāṇāṃ sūtrāntānāṃ"「これらの、この様な諸経典」を"dhāraka"「受持する者」や"deśaka"「説示する者」とならないからと言われているが、ここで、前掲のⓑの趣旨に対する〝理由〟として期待されているのは、〝釈迦仏の入滅後は、彼等は「この法」〔A〕を信じないから、または、信じないこともありうるから〟という文章ではなかろうか。というのも、もしも、このような文章がここに置かれていたならば、ⓒ末尾にある「〔彼等は〕他の如来……たちがいるときに、これらの法に対して疑惑なきものとなるであろう」という表現が、極めて明快なものとなると思われるからである。即ち、釈迦仏の入滅後、「この法」〔A〕を信じなかった〝阿羅漢である声聞〟たちは、『妙法華』〔168〕の印象的な表現を用いれば、「若遇余仏」、つまり、後に出現する他の仏陀に出会って、その仏陀のもとで、「この法」〔A〕を信じるようになるであろう、ということになるからである。すると、「この法」〔A〕に対する〝阿羅漢である声聞〟たちの態度は、釈迦仏現在時は〝信〟、釈迦仏入滅後は〝不信〟、余仏出現後は〝信〟ということになって、極めて明快な三段階の説明がなされているということになるであろう。

しかし、実際には、すでに述べたように、〔166〕ⓒでは、釈迦仏入滅後に〝阿羅漢である声聞〟たちは、「この法」〔A〕を信じない、と述べる文章は省かれていて、むしろその文章の理由を示すものとして、釈迦仏入滅後には、〝阿羅漢である声聞〟たちは、〔166〕ⓑで言われた「この法」ではなく、"eteṣāṃ evaṃrūpāṇāṃ sūtrāntānāṃ"「これらの、この様な諸経典」を"dhāraka"「受持する者」や"deśaka"「説示する者」にならないということが、述べられているのである。

では、「これらの、この様な諸経典」とは、何を指すのであろうか。このうち、まず、“sūtrānta”という語は、「方便品」散文部分では、ここだけにしか用いられていない。さらに、“sūtra”という語も、「方便品」散文部分には、全く使用されていない。“sūtrānta”という語は、『法華経』の〝正式名称〟とされる“saddharmapuṇḍarīkaṃ dharmaparyāyaṃ sūtrāntaṃ mahāvaipulyaṃ bodhisattvāvavādaṃ sarvabuddhaparigraham”（K, 21,6; 22,15; 65,1; 181,6; 389,8）の中に出るものであって、この〝正式名称〟自体、「方便品」散文部分には存在せず、「譬喩品」散文部分〔181〕（K, 65,1）に至って初めて『法華経』に導入されたものと考えられる。従って、〔166〕ⓒにおける“sūtrānta”という語の使用は、後代の要素を反映しているという見方もあり得るかもしれない。しかし、諸写本がほぼ一様に“eteṣāṃ evaṃrūpāṇāṃ sūtrāntānāṃ”という読みを示していることから見ても、また、「方等頌経」（『正法華』）、「如是等経」（『妙法華』）という漢訳を考慮しても、ここに“asya dharmasya”「この法の」などという単数属格の表現があったとは、まず考えられないであろう。

従って、〔166〕ⓒについては、“na … te … śrāvakā … eteṣāṃ evaṃrūpāṇāṃ sūtrāntānāṃ dhārakā vā deśakā vā bhaviṣyanti”という表現が、当初からこの個所に置かれていたと見るべきであろう。すると、どのようなことが、ここで言われているのであろうか。まず、ⓑとの関係を考えれば、すでに述べたように、釈迦仏入滅後には、〝阿羅漢である声聞〟たちが「この法」〔A〕を信じないこともあり得るという主張の理由が、ここに示されなければならない。では、何故、彼等が「この法」〔A〕を信じないことがあり得るのか。それは、彼等は「これらの、この様な諸経典」を「受持する者」や「説示する者」にならないからであるというのであるが、これは、裏返せば、釈迦仏入滅後に、もしも〝阿羅漢である声聞〟たちが「これらの、この様な諸経典」を「受持する者」や「説示する者」になっていたならば、必ず「この法」〔A〕を信じていた筈だということを意味するであろう。

そこで問題となるのは、「この法」と「これらの、この様な諸経典」の関係なのである。[180]「この法」〔A〕とは、「方便品」散文部分が〝真実なもの〟として説く「仏智」＝「仏乗」を意味するであろうが、同時にまた、『法華経』それ自体、つまり、「方便品」散文部分そのものをも指すであろう。これに対して、「これらの、この様な諸経典」というのは、この「方便品」散文部分に類似した経典群、所謂〝大乗経典〟を指すと解するのが、最も自然であろう。苅谷博士も、「「これらの諸経典」とは、『法華経』を含めた諸大乗経典を指すのであって」[181]と言われているのである。

「方便品」散文部分は"mahāyāna"という語を欠き、〝大乗〟を説いてはいないので、その意味で言えば、それは、〝大乗経典〟とは言えないが、しかし、伝統的な阿含経典、つまり、伝承されてきた経典ではなく、新たに作成された経典であることは、言うまでもない。「方便品」散文部分の作者自身がそのことを知らなかったなどということはありえない。すると、その作者は当然、彼以前にも、新たに作成された経典群があるのを意識していた筈である。その経典群のすべてが〝大乗〟を説いていたかどうかという問題は別として、それを所謂〝大乗経典〟と呼ぶならば、「方便品」散文部分の作者は、自らの作品と、この所謂〝大乗経典〟との類同性、つまり、伝承されてきた経典ではなく、新たに作成された経典であるという意味での類同性を認めざるを得なかったであろう。従って、「方便品」散文部分の作者は、彼に先行する所謂〝大乗経典〟の多くが、〝大乗〟の理念を説いたことに対しては否定的であったけれども、彼に先行する所謂〝大乗経典〟と自らの作品の類同性を一応は承認して、前者を「これらの、この様な諸経典」と呼んだのではないかと思われる。従って、この点では、〔166〕ⓒに対する苅谷博士の次のような説明は、適切であると考えられるのである。

⑾従って、この文は、『法華経』を含めた諸大乗経典が伝統ある仏教の正統派たる比丘教団（声聞乗）の手によって産まれ伝承されてきたものでは全くないことを言明しているのであり、又、それは歴史的事実であったと言えよう。（『一仏乗』一三九頁六—八行）

即ち、〔166〕ⓒの"na ... te ... śrāvakās ... eteṣām evaṃrūpāṇāṃ sūtrāntānāṃ dhārakā vā deśakā vā bhaviṣyanti"というのは、「方便品」散文部分が作成された当時のインドの仏教界の現状を示しているように思われる。つまり、当時、伝統的な出家僧団が厳然として存在していたことは、言うまでもない。その中には、〝阿羅漢である声聞〟と見られる比丘たちも多数存在したであろうが、彼等の大多数は当時、盛んに作成されるようになっていた所謂〝大乗経典〟には、目もくれなかった、つまり、それを「受持する者」にも「説示する者」にもならなかったのである。彼等には、別に「受持」「説示」すべきものとして、伝承されてきた阿含経典やアビダルマ論書があったからである。

一方、「方便品」散文部分の作者も、伝統的な出家僧団に属していなかったとは、まず考えられない。「方便品」散文部分に示された阿含経典に関する知識という確固たる仏教的教養を見れば、彼もまた伝統的な僧団に属する歴とした比丘であったであろうが、しかし、彼は所謂〝大乗経典〟に目もくれようとしない〝阿羅漢である比丘〟たちとは異なって、新たに作成された経典群に一定の仏教的価値、仏教的真理性を認め、自らもまた経典の作成という伝統的な僧団では全く認められなかった作業に踏み切ることになったのであろう。

すると、〔166〕ⓒ前半では、〝もしも、現在の僧団の中にいる〝阿羅漢である声聞〟たちが、新たに作成され、すでに流布している所謂〝大乗経典〟に対して、多少なりとも共感的であったとしたならば、「この法」〔A〕、つまり、この私の作品である『法華経』を聞けば信じたであろう〟という「方便品」散文部分の作者の述懐が述べられていると見るべきであるかもしれない。

私見によれば、「それらの声聞たちは、これらの、この様な諸経典を、受持する者や説示する者にならない」と説く〔166〕ⓒ前半の趣旨は、以上述べたようなものとして理解されるのであるが、しかし、このような解釈が、明確な根拠を欠いているということも、認めざるを得ないであろう。

最後に〔166〕ⓒの後半で、“anyeṣu … tathāgateṣv … niḥsaṃśayā bhaviṣyanti imeṣu dharmeṣu”と言われたことは、すでに述べたように、釈迦仏入滅後の〝阿羅漢である声聞〟たちは、「この法」〔A〕を聞いて信じないことがあり得るとしても、彼等はその後、他の諸仏の出現に会えば、その諸仏のもとで、「この法」〔A〕を信じるであろうという趣旨を述べたものと思われる。ここで、「この法」〔A〕ではなく、「これらの法」という複数形が用いられているが、この複数形が採用されたのは、直前に出る“eteṣāṃ evaṃrūpāṇāṃ sūtrāntānāṃ”「これらの、この様な諸経典」という複数形に影響されたものかもしれない。しかし、それに影響されたとはいえ、“imeṣu dharmeṣu”「これらの法」は、“eteṣāṃ evaṃrūpāṇāṃ sūtrāntānāṃ”「これらの、この様な諸経典」を指していると見るべきではないであろう。何故ならば、「これらの法」とは、K本で採用された“imeṣu buddha-dharmeṣu”というC1本・T4本等の異読が示しているように、「これらの仏法」であり、従って、「この法」〔A〕、即ち、『法華経』自体と等号で結ばれるべきものであるのに対し、「これらの、この様な諸経典」は、所謂〝大乗経典〟であって、〔A〕そのものではないとされていると考えられるからである。

以上で、「方便品」散文部分〔166〕に関する考察を終り、次にこれに続く「方便品」散文部分の結語を示すことにしよう。

〔169〕śraddadhādhvaṃ me śāriputra pattīyatāvakalpayata / na hi śāriputra tathāgatānāṃ mṛṣāvādaḥ saṃvidyate / ekam evedaṃ śāriputra yānaṃ yad idaṃ buddhayānam // (K, 44,3-4)

〔170〕然後於彼、乃当篤信、如来言誠、正有一乗、無有二也。(『正法華』七〇上二一―三)

〔171〕舎利弗、汝等当一心信解受持仏語。諸仏如来、言無虚妄。無有余乗、唯一仏乗。(『妙法華』七下七―九)

⑿シャーリプトラよ、あなた方は、私を信じなさい(śraddadhādhvam)。信頼しなさい(pattīyata)。信用しなさい(avakalpayata)。というのも、シャーリプトラよ、如来たちに、妄語(mṛṣā-vāda)は存在しないからである。シャーリプトラよ、乗は、これ一つだけであり、それは即ち、仏乗(buddha-yāna)である。

これは、シャーリプトラ等に対して語られた語であって、すでに述べたように、シャーリプトラは、仏前にあって、直接「この法」〔A〕を聞いている〝阿羅漢である声聞〟たちの代表であると考えられる。彼等は、「この法」〔A〕を聞いて信じないことはあり得ないと言われていたのであるから、従って、彼等、仏前にいる〝阿羅漢である声聞〟たちに〝「この法」〔A〕を信じなさい〟というのが、この個所の趣旨であろうと思われる。しかし、実際には、ここでは、〝「この法」〔A〕を信じなさい〟ではなく、「私を信じなさい」ということが言われ、その理由が、〝如来たちに妄語は無いから〟と述べられている。「妄語」が無いということは、「仏語」は〝真実語〟であるという意味になるので、『妙法華』〔171〕では、信の対象を仏そのものではなく、やはり「仏語」であるとして、「汝等当一心信解……仏語」と訳しているのであろう。しかるに、その「仏語」の結論が、最後に〝ekam evedam ... yānam yad idam buddhayānam〟「乗は、これ一つだけであり、それは即ち、仏乗である」と述べられているのである。「方便品」散文部分の所説を要約していると思われるこの言葉は、直接的には、仏前にいるシャーリプトラ等という〝阿羅漢である声聞〟たちに発せられたことになっているが、それはまた「方便品」散文部分が作成された当時に存在した〝阿羅漢である声聞〟たちに対して発せられた語でもあり、さらには、所謂〝大乗経典〟の信者たちをも含む当時の仏教徒一般に対して語られた言葉でもあると見られるであろう。

「方便品」散文部分は、〝buddha-yāna〟という語で終っている、その冒頭にある〔59〕の主語も、〝buddha-jñāna〟であったから、「方便品」散文部分は〝buddha-jñāna〟に始まり〝buddha-yāna〟で終ったと見ることができる。従って、「方便品」散文部分の中心テーマは〝buddha-jñāna = buddha-yāna〟〔A〕であると考えられるが、すでに述べたように、私は梵語テキストに出る〝buddha-yāna〟について、それは「仏乗」を意味せず、「仏智」だけを意味するとか、本来は〝buddha-jñāna〟と書かれていたとか考えるものではない。即ち、「方便品」散文部分が〝eka-yāna〟「一乗」を説き、〝buddha-yāna〟「仏乗」を説いた理由は、やはり、『般若経』等で〝mahāyāna〟「大乗」という語がすでに使用されていたことに影響されたものだと見るのである。

「大乗」という用語の使用は、必然的に〝大乗は優れている〟という優劣の考え方、敢て言えば、〝三乗各別説〟的な考え方にもとづいているが、「方便品」散文部分の作者は、この「大乗」という語の使用を避け、「一乗」=「仏乗」を言うことによって、この優劣の考え方を否定したものと考えられる。この点で私は、「方便品」散文部分が説く「一乗」の主張が、単に部派仏教の〝三種菩提〟説を否定したものにすぎないと見なすことはできない。つまり、その「一乗」は、やはり「大小対立の後の一乗」、つまり、〝大乗〟に対する否定・批判というものを根本的な契機として構想されたものであると見ざるを得ないのである。

しかるに、「一乗」とは「仏乗」であり、それは「仏智」をも意味する。あるいは、「仏智」をその内容としている。即ち、〔139〕の〝五仏知見〟を説く文章に示された通り、"tathāgata-jñānadarśana"「如来の知見」、つまり、「仏智」を衆生たちに、受け取らせ、悟らせることが、「仏乗」の具体的内容なのである。従って、その意味では、「仏乗」は「仏智」であり、〔166〕によれば、「聞法」によって、あるいは、「この法」を信じることによって、この「仏智」が得られるというのが、「方便品」散文部分の根本的主張であると言ってよいであろう。

第五章　「譬喩品」散文部分の前半部分の考察

「譬喩品」の中心的思想は、〝大乗〟が優れているという〝大乗主義〟であって、この章の有名な譬喩、即ち、「火宅譬喩」も、〝「一乗」＝「仏乗」〟という「方便品」散文部分に示された根本的立場を、〝「一乗」＝「大乗」〟という図式に変更するために構想されたものであると思われる。また、この章では、シャーリプトラに対して、所謂〝声聞授記〟がなされるが、この〝声聞授記〟も、シャーリプトラは、実は声聞ではなく、過去世から菩薩行を行ってきた菩薩である、つまり、〝実は菩薩である〟という理解からシャーリプトラという声聞（実は菩薩）に対して授記がなされるものであり、ここには、〝菩薩だけが成仏できる〟〝真の声聞は成仏できない〟という〝三乗各別説〟的な〝大乗主義〟、あるいは、差別的な立場が認められるであろう。従って、「方便品」散文部分の思想と「譬喩品」散文部分の思想は、「仏乗」の立場、つまり〝一乗真実説〟と、「大乗」の立場、即ち〝三乗真実説〟として、根本的に対立するものであると考えられる。この点を以下の考察によって論証したい。

なお、「譬喩品」に関しても、散文部分の成立が先か、偈の部分の成立が先か、という問題があるが、「方便品」と同様、ここでも、散文部分の成立が先行すると考える。これには様々な理由があるが、一例を挙げれば、「譬喩品」第一四偈〔259〕では、シャーリプトラに対する授記のことが言及されているが、現在の梵本等のテキストでは、第二二偈の後に位置する散文部分〔184〕において、この授記のことが初めて言われるのであって、第一四偈でこの授記が言及されるのは、不自然である。これは、「譬喩品」偈の作者が、その散文部分全体の内容を最初から知っていたことを示しているであろう。

私見によれば、「方便品」偈の成立は実はかなり遅く、おそらくは、「方便品」から「人記品」までの散文部分が成立した後であろう。少なくとも、「譬喩品」散文部分の成立よりも後であり、また、「譬喩品」偈の成立は「方便品」偈の成立よりも後であると考えられる。

このような理解にもとづき、まず「譬喩品」散文部分の思想を考察するが、最初に冒頭部分からシャーリプトラに対する授記に至る前半部分のテキスト・和訳を示して考察し、次に後半の「火宅譬喩」等について、検討したい。

まず、「譬喩品」散文部分の冒頭には、次のような経文が置かれている。

〔172〕atha khalv āyuṣmāñ śāriputras tasyāṃ velāyāṃ tuṣṭa udagra āttamanāḥ pramuditaḥ prītisaumanasyajāto yena bhagavāṃs tenāñjaliṃ praṇāmya bhagavato 'bhimukho bhagavantam eva vyavalokayamāno bhagavantam etad avocat /（K, 60,1-3）

〔173〕於是賢者舍利弗、聞仏説此、欣然踊躍、即起叉手、白衆祐曰。（『正法華』七三中四―五）

〔174〕爾時舍利弗、踊躍歓喜、即起合掌、瞻仰尊顔、而白仏言。（『妙法華』一〇中二六―下一）

⑬そのとき、尊者シャーリプトラは、満足し、喜び、悦び、歓び、歓喜と悦意を生じ、世尊に合掌して、世尊の面前で、世尊だけを見ながら、世尊に、次のように言った。

この冒頭の経文は、シャーリプトラが、非常に歓喜して世尊に語り始めたということを述べたもので、特に問題とすべき内容はないが、シャーリプトラの歓喜の描写が、かなり大袈裟であるように思われる。『正法華』には、「聞仏説此」とあり、「方便品」の所説を聞いて喜んだとされているが、この非常な歓喜の理由は、シャーリプトラ自身によって、以下に説明されることになる。

ただし、一つ注意しておきたいのは、この「譬喩品」散文部分の冒頭の経文が、「方便品」散文部分の末尾〔169〕の後に、あまりうまく接続していないように見える点である。〔169〕は、「乗は、これ一つだけであり、それは即ち、仏乗である」という文章で終っている。この末尾の文章を承けて、シャーリプトラが非常に歓喜するというのは、不自然に見えるかもしれない。むしろ、「方便品」末尾に置かれる第一四五偈（〔433〕）の“bhaviṣyathā buddha janetha harṣam”「あなたたちは、仏陀（buddha）になるであろう。歓喜（harṣa）を生じなさい」という表現の後に接続する方が、自然であるようにも見える。しかし、私見によれば、「方便品」偈の成立は、「譬喩品」散文部分よりも後であると思われるので、もしも〔172〕が本来のテキストを反映しているとすれば、〔172〕におけるシャーリプトラの歓喜の表明は、例えば、「方便品」散文部分〔154〕の「シャーリプトラよ、今、私に、この法を聞いている衆生たち、彼等もすべて無上正覚を得るものとなるであろう」というような文章の趣旨を承けたものと見ることができるかもしれない。いずれにせよ、〔169〕の「仏乗」という語には、「仏智」という意味が含まれているので、このような趣旨もそこに込められていると考えられる。従って、それを承けたシャーリプトラの歓喜が意味をもつのであろう。

では、〔172〕に続いて、シャーリプトラが自らの歓喜の理由を説明する経文を次に示そう。〔一部は〔115〕として既出〕

〔175〕āścaryādbhutaprāpto 'smi bhagavann audbilyaprāpta idam evaṃrūpaṃ bhagavato 'ntikād ghoṣaṃ śrutvā / tat kasya hetoḥ / aśrutvaiva tāvad ahaṃ bhagavann idam evaṃrūpaṃ bhagavato 'ntikād dharmaṃ tadanyān bodhisattvān dṛṣṭvā bodhisattvānāṃ cānāgate 'dhvani buddhanāma śrutvātīva śocāmy atīva saṃtapye bhraṣṭo 'smy evaṃrūpāt tathāgatajñāna-darśanāt[182] / （K, 60,3-7）

〔176〕今聞大聖、講斯法要、心加歓喜、得未曾有。所以者何。常従仏聞説法化導、諸菩薩乗、見余開士、聴承仏音、徳至真覚、甚自悼感、独不豫及、心用灼惕、所示現議、所不紹逮、我已永失如来之慧。（『正法華』七三中五—九）

〔177〕今従世尊、聞此法音、心懐踊躍、得未曾有。所以者何。我昔従仏聞如是法、見諸菩薩受記作仏、而我等不豫斯事、甚自感傷、失於如来無量知見。（『妙法華』一〇下一—四）

(114)世尊よ、私は、世尊から、この、この様な（evaṃrūpa）音声（ghoṣa）〔A〕を聞いて、希有・未曾有〔であるという思い〕を得（āścarya-adbhuta-prāpta）、歓喜踊躍（audbilya）を得ました。それは何故かというと、世尊よ、私は、これまで[183]（tāvat）、この、この様な法（dharma）〔A〕を、世尊から全く聞かず、他の（tad-anya）菩薩たちを見て、菩薩たちの未来世における仏陀の名前（buddha-nāman）を聞いて、「私は、このような如来の知見（tathāgata-jñānadarśana）〔A〕を失っている（bhraṣṭa）」と、非常に悲しみ、非常に苦しみました。

この経文〔175〕の冒頭部分は、すでに本書第一章で〔16〕として提示し、漢訳・和訳も示して検討した。それは、ここに「方便品」偈でも用いられる"ghoṣa"「音声」という感性的な表現が用いられているからであり、この点は、この語を欠く「方便品」散文部分とは、異質である。〔175〕で"idaṃ evaṃrūpam ... ghoṣaṃ śrutvā"とあるのは、本来なら"idaṃ evaṃrūpam ... dharmaṃ śrutvā"「この、この様な法を聞いて」とあるべきであろうが、ここではこの"dharma"が"ghoṣa"という感性的表現に変えられている。従って、この点を踏えて、『妙法華』は"ghoṣa"を敢て「法音」と訳したのであろう。また、梵語テキスト〔175〕も、次に繰返される類似の表現、つまり、"aśrutvā ... idam evaṃrūpaṃ ... dharmaṃ"では、やはり"dharma"という語を使用しているのである。

さて、次に考察すべきは、"aśrutvaiva tāvad ahaṃ bhagavann idam evaṃrūpaṃ bhagavato 'ntikād dharmaṃ"「私は、これまで（tāvat）、この、この様な法〔A〕を、世尊から全く聞かず」という文章の意味であろう。果して、シャーリプトラは、この時点まで、世尊から「法」を聞いたことはなかったのであろうか。「方便品」散文部分の冒頭部分の〔68〕では、"svapratyayān dharmān prakāśayanti vividhopāyakauśalya ... prajñaptibhis"と言われ、また、〔136〕では、"nānānirukti ... nidarśanair mayā śāriputra vividhair upāyakauśalyaśatasahasrair dharmaḥ saṃprakāśitaḥ"とも述べられたのである。つまり、これまでも、〝方便〟によって〝説法〟はなされて来たのであり、〝説法〟とは、たとえ〝方便〟によるものであっても、それは〝説法〟である限りは、"dharma"「法」〔A〕を説くものである筈である。即ち、〔68〕でも、〔136〕でも、"[sam-]prakāśayati"の対象は、"dharma"〔A〕なのである。では何故、〔175〕において、シャーリプトラは、〝これまで世尊から「法」を聞いたことはない〟と述べたのであろうか。〔175〕では、単に「法」というのではなく、"idaṃ evaṃrūpaṃ dharmaṃ"「この、この様な法〔を〕」という表現が用いられている。勿論、この表現は、"idam evaṃrūpaṃ ghoṣaṃ"とパラレルな関係にあるが、"idam evaṃrūpaṃ dharmaṃ"とは、「方便品」散文部分で説かれた「仏乗」（仏智）を内容とする「法」、あるいは、「方便品」散文部分そのものを指すのであろう。おそらく、「方便品」散文部分の末尾にある〔166〕ⓒで、所謂〝大乗経典〟が、“eteṣām evaṃrūpāṇāṃ sūtrāntānāṃ”「これらの、この様な諸経典」と呼ばれたことに影響されて、「方便品」散文部分の「仏乗」の説示、あるいは、「方便品」散文部分そのものが、「この、この様な法」と呼ばれたのではないかと思われる。

しかるに、もしもこの想定が成り立つとすれば、「方便品」散文部分は、「譬喩品」散文部分の作者の眼の前に、一個の経典のようなものとして、存在していたということになるかもしれない。〔175〕末尾では、「如来の知見」にも、“evaṃrūpa”「この様な」という形容詞が付せられており、従って、この形容詞は、〔175〕で三度も用いられていることになるが、このことからも、「この、この様な法」が単なる「法」ではなく、「仏乗」（仏智）を内容とする「方便品」散文部分で説かれた「法」、あるいは「方便品」散文部分そのものを指していることが理解されるであろう。

さて、〔175〕には、さらに、注目すべき表現が認められる。それは、“tadanyān bodhisattvān”「他の菩薩たち」という表現であるが、これは何を意味するのであろうか。これは、すでに論じたように、「方便品」散文部分〔112〕の“anyāni”「他の」という語と同様に、シャーリプトラが〝実は菩薩である〟ということを述べる表現に他ならない。つまり、「他の菩薩たち」とは、〝シャーリプトラ以外の菩薩たち〟を意味していると考えられる。シャーリプトラが〝実は菩薩である〟ことは、この〔175〕よりもやや後の〔181〕になって、釈迦仏から明されることになるのであるが、「譬喩品」散文部分の作者は、すでにこの〔175〕においても、後に出る説明を先取りする形で、シャーリプトラも〝実は菩薩である〟という立場を前提とした表現を、用いていると考えられる。

また、「譬喩品」散文部分〔175〕で「菩薩たちの未来世における仏陀の名前」というのは、菩薩たちが未来世に成仏したときの仏陀の名前という意味であろうが、「非常に苦しみました」というのは、シャーリプトラが〝自分は、「他の菩薩たち」のように、如来の知見を得て仏陀に成ることはできない〟と考えて、苦しんだという意味であろう。『妙法華』〔177〕の「見諸菩薩受記作仏、而我等不豫斯事、甚自感傷、失於如来無量知見」という訳文は、この趣旨をよく表現していると思われる。

では、〔175〕に続く経文を示すことにしよう。

〔178〕ⓐ yadā cāhaṃ bhagavann abhīkṣṇaṃ gacchāmi parvatagirikandarāṇi vanaṣaṇḍāny ārāmanadīvṛkṣamūlāny ekāntāni divāvihārāya tadāpy ahaṃ bhagavan yadbhūyastvenānenaiva vihāreṇa viharāmi / tulye[184] nāma dharmadhātupraveśe vayaṃ bhagavatā hīnena yānena niryātitāḥ / evaṃ ca me bhagavaṃs tasmin samaye bhavaty asmākam evaiṣo 'parādho naiva bhagavato 'parādhaḥ / ⓑ tat kasya hetoḥ / saced bhagavān asmābhiḥ pratīkṣitaḥ syāt sāmutkarṣikīṃ dharmadeśanāṃ kathayamāno yad idam anuttarāṃ samyaksaṃbodhim ārabhya teṣv eva vayaṃ bhagavan dharmeṣu niryātāḥ syāma / yat punar bhagavann asmābhir anupasthiteṣu bodhisattveṣu saṃdhābhāṣyaṃ bhagavato 'jānamānais tvaramāṇaiḥ prathamabhāṣitaiva tathāgatasya dharmadeśanā śrutvodgṛhītā dhāritā bhāvitā cintitā manasikṛtā / so 'haṃ bhagavann ātmaparibhāṣaṇayaiva bhūyiṣṭhena rātriṃ divāny atināmayāmi / ⓒ adyāsmi bhagavann nirvāṇaprāptaḥ[185] / adyāsmi bhagavan parinirvṛtaḥ / adya me bhagavann arhatvaṃ prāptaṃ / adyāhaṃ bhagavan bhagavataḥ putro jyeṣṭha auraso mukhato jāto dharmajo dharmanirmito dharmadāyādo dharmanirvṛttaḥ / apagataparidāho 'smy adya bhagavann imam evaṃrūpam adbhutadharmam aśrutapūrvaṃ bhagavato 'ntikād ghoṣaṃ śrutvā /（K, 60,6-61,4）

〔179〕ⓐ仮使往返、山林巌藪、曠野樹下、閑居独処、若在宴室、謹勅自守、一身経行、益用愁毒、深自惟言。法号等入、世尊為我、現若干教、而志小乗、自我等咎、非如来也。ⓑ所講演法、大聖等心、為開士歎思奉尊者、為受第一如来訓典、堪至無上正真之道。我等所順、而被衣服、所建立願、不以頻数、唯然世尊、鄙当爾時、用自剋責、昼夜寝念。ⓒ雖従法生、不得自在、偏蒙聖恩、得離悪趣、今乃逮聞時。（『正法華』七三中九―一八）

〔180〕ⓐ世尊我常独処山林樹下、若坐若行、毎作是念。我等同入法性、云何如来以小乗法、而見済度。是我等咎、非世尊也。ⓑ所以者何。若我等待説所因成就阿耨多羅三藐三菩提者、必以大乗、而得度脱、然我等不解方便随宜所説、初聞仏法、遇便信受思惟取証。世尊我従昔来、終日竟夜、毎自剋責。ⓒ而今従仏聞所未聞未曾有法、断諸

疑悔、身意泰然、快得安隠。今日乃知、真是仏子、従仏口生、従法化生、得仏法分。(『妙法華』一〇下四―一四)

⑮ⓐまた世尊よ、私が、繰返し山岳や山窟や林や密林や遊園や川や樹下という人里離れた所に、昼を過すために行くとき、そのときも、世尊よ、私は、大部分は次のように考えて過しました。即ち、「法界(dharma-dhātu)に入ることは、実に等しい(tulya)けれども、私たちは世尊によって、小乗によって(hīnena yānena)出離させられた(niryātita)」と。また世尊よ、そのとき、私は、「これは、私たちだけの過失(aparādha)であり、決して世尊の過失ではない」と考えました。

ⓑそれは何故かというと、もし、私たちが、世尊が無上正覚〔A〕のための卓越した(sāmutkarṣika)説法(dharma-deśanā)〔A〕を語るのを待っていた(pratīkṣita)ならば、私たちは、世尊よ、ほかならぬそれらの法〔A〕において、出離していたでしょう。しかし、世尊よ、私たちは、菩薩たちがまだそばに来ていない(anupasthita)とき〔α〕、世尊の意図所説(saṃdhā-bhāṣya)〔A〕を知らず、あわてて、如来によって最初に説かれた(prathama-bhāṣita)説法〔B〕だけを聞いて、保持し、受持し、修習し、思量し、思惟したのです。世尊よ、その私は、自己を非難することだけによって、昼夜の大部分を過しました。

ⓒしかし、世尊よ、この、この様な未曾有な法(dharma)〔A〕、以前に聞いたことがない音声(ghoṣa)〔A〕を聞いて、世尊よ、今(adya)〔β〕、私は涅槃(nirvāṇa)を得ました。世尊よ、今、私は般涅槃しました(parinirvṛta)。世尊よ、今、私は阿羅漢果(arhatva)を得ました。世尊よ、今、私は世尊の嫡出(aurasa)の長子(putro jyeṣṭha)であり、世尊の口から生まれたもの(mukhato jāta)であり、法から生まれたもの(dharma-ja)であり、法によって化作されたもの(dharma-nirmita)であり、法の相続人(dharma-dāyāda)であり、法によって完成されたもの(dharma-nirvṛtta)です。世尊よ、今、私は、苦悩を離れました(apagata-paridāha)」。

ここで、まずⓐにおいて、シャーリプトラは、自分が昼間、山林等に行って過したときも、「法界に入ることは等しいけれども、私たちは小乗によって出離させられた」と考えたと述べている。「小乗」という語は、「方便品」の偈には出るが、「方便品」散文部分には用いられていないので、『法華経』の成立に関して従来説明してきた私見によれば、『法華経』において、ここで初めてこの語が用いられたと考えられる。後に見るように、この「譬喩品」散文部分では“mahāyāna”「大乗」という語が使用されるので、この散文部分の作者が、「大乗」は優れ、「小乗」は劣っているという〝大乗主義〟の支持者であることは明らかであるが、その〝大乗主義〟が、“mahāyāna”「大乗」という語が「火宅譬喩」において正式に導入される以前に、すでにここで、“hīna-yāna”「小乗」の否定という形で、呈示されていると見ることができる。

しかるに、上述のシャーリプトラの思惟の内容において、“dharma-dhātu”「法界」と“hīna-yāna”「小乗」という二者の関係はどのようなものか、といえば、「法界」は〝一切衆生にあるもの〟であり、「小乗」は〝特定の衆生だけにあるもの〟である。瑜伽行派の種姓論によれば、これは、“dharma-dhātu”と“gotra”の関係に対応すると思われるが、[186] 一乗思想に関する瑜伽行派の解釈である〝三乗各別説〟も、『大乗荘厳経論』第一一章第五三偈では、“dharma[-dhātu]”「法〔界〕」が“tulya”「等しい」ことを、第一の論拠にして主張されたことが、[187]〔178〕の“tulye … dharmadhātu-praveśe”という表現との関連で、注目されるであろう。

なお、上述のシャーリプトラの思惟の内容について、苅谷博士は、次のように論じられる。

(116) ここには、菩薩が成仏しうるのに対して声聞は不成仏であり、それ故に声聞乗は小乗（劣った乗物）であるとされており、声聞蔑視の差別思想とさえ言いうるものである。しかし、それはあくまでも『法華経』以前の大乗・菩薩乗の側の声聞観であって、『法華経』の声聞観ではない。それ故、これがいくら舎利弗の言葉とされていても、声聞乗の実際の心境、即ち仏教の正統派をもって自負する現実の比丘教団の立場を表明したものでないことは勿論、彼等の容認するところのものであるとは到底考えられない。とすれば、これは明らかに声聞乗をもって劣った乗（小乗）とする大乗・菩薩乗の声聞観に対する法華者団の批判に他ならないと考えられる。しかも、それを声聞の口を通してあらわしているために、このような被差別者的な言葉となっているのである。そこからして、「法界に入る点では（声聞も菩薩も）平等である」という舎利弗の発言は、声聞乗を小乗と貶称する大乗・菩薩乗の差別観に対する鋭い糾弾の言葉と見なされてしかるべきである。（『一仏乗』二一三―二一四頁）〔傍線＝松本〕

このコメントについて、私は、「声聞蔑視の差別思想とさえ言いうるものである」までの趣旨には、賛成である。しかし、私は、シャーリプトラの思惟の内容を、「声聞乗をもって劣った乗（小乗）とする大乗・菩薩乗の声聞観に対する法華者団の批判」であるとも、「声聞乗を小乗と貶称する大乗・菩薩乗の差別観に対する鋭い糾弾」であるとも、見なすことはできない。というのも、私は「譬喩品」散文部分の作者を、"mahāyāna"「大乗」という語を『法華経』に導入した〝大乗主義者〟であると見ているからである。従って、「譬喩品」散文部分において、「大乗」はその作者自身の立場であるから、そこに「大乗」に対する批判は認められないと考えられるのである。

苅谷博士は、ここで「『法華経』以前の大乗・菩薩乗の側の声聞観」と「『法華経』の声聞観」とを区別されているが、このうち「『法華経』の声聞観」という表現は、不明確であると思われる。というのも、私見によれば、「方便品」散文部分の声聞観と「譬喩品」散文部分の声聞観は、明確に異なっており、後者の声聞観は、苅谷博士の言われる「『法華経』以前の大乗・菩薩乗の側の声聞観」、つまり、〝大乗主義〟にもとづく声聞観であると考えられるからである。この点を、以下に詳しく論証したい。

まず、〔178〕ⓑの部分には"anupasthiteṣu bodhisattveṣu"「菩薩たちがまだそばに来ていないとき」という極めて重要な表現が存在する。この表現について、苅谷博士は、次のようにコメントされている。

⑪「菩薩たちが不在の時」とは、大乗・菩薩乗の出現以前という意味であり、これは、同じ三乗の中でも、初めに声聞、独覚の二乗が、次に大乗・菩薩乗が出現したという時間的順序のあることを表わしている。勿論、それはインド仏教上の歴史的順序に他ならない。（『一仏乗』二五〇頁、註〔6〕）

これは、全く適切なコメントであると思われる。つまり、「菩薩たちがまだそばに来ていないとき」とは、所謂

〝大乗仏教〟出現の以前を指しており、ここで「菩薩たち」とは、所謂〝大乗仏教〟の信奉者たちを指すと思われる。しかし、苅谷博士の⑪⑦のコメントについて一言しておきたいのは、博士は、「大乗・菩薩乗の出現」の後に、『法華経』一仏乗の出現があると考えられているであろうということなのである。この点は、⑪⑥の「大乗・菩薩乗の声聞観に対する法華者団の批判」という言葉によっても明らかであるが、この三段階の時間的順序、つまり、まず声聞の教えがあり、次に菩薩の教えが大乗として説かれて、声聞の教えが小乗として貶称され、その後、〝「一乗」=「仏乗」〟を説く『法華経』（「方便品」散文部分）が成立したという時間的順序は、「インド仏教史上の歴史的順序」として、私も基本的に承認するのである。ただし、すでに述べたように、「譬喩品」散文部分の作者は、〝bodhisattva〟と〝mahāyāna〟という語を『法華経』に初めて導入することによって、『法華経』を大乗仏教化することに努めた〝大乗主義者〟であって、彼にとっては、三段階の時間的順序は存在しない。即ち、時間は、〝『法華経』出現以前〟（小乗）〔α〕と〝『法華経』出現以後〟（大乗）〔β〕とに二分されるだけなのである。

この極めて単純明快な〝時間の二分法〟が〔178〕ⓑでは、かなり明確に説かれていることに注意したい。即ち、「菩薩たちがまだそばに来ていないとき」というのが〝『法華経』出現以前〟（小乗）〔α〕に相当し、ⓒで五回も繰返される〝adya〟「今」という語が〝『法華経』出現以後〟（大乗）〔β〕、またはその起点を表している。この〝adya〟という語は、「方便品」の偈の部分でも多用されるが、その散文部分には全く用例がなく、時間を〔α〕と〔β〕とに二分するために、ここで導入された語であると考えられる。

さらに、ⓑには、〝pratīkṣita〟「待つ」という印象的な表現も認められる。これは、言うまでもなく、〝時間〟〔α〕にいるものが、〝時間〟〔β〕における新たな説法を「待つ」ことを意味している。つまり、〔178〕では、時間が〝『法華経』出現以前〟（小乗）〔α〕と〝『法華経』出現以後〟（大乗）〔β〕とに二分されるだけでなく、それに対応して、「説法」もまた、「最初に説かれた説法」と「無上正覚のための卓越した説法」とに二分されている。このような〝時間の二分法〟も、また、この二分法にもとづいて、「説法」を二種に分けることも、「方便品」散文部分には、全く説かれなかったことに注意したい。「説法」とは、〝「方便」によって「法」を「説く」こと〟であるというのが、〔68〕や〔136〕に示された「方便品」散文部分の基本的考え方であるが、〔178〕では、この〝「方便」による「説法」〟のことが、全く言及されずに、「説法」が、「最初に説かれた説法」と「無上正覚のための卓越した説法」との二種に分けられているのである。

繰返して言えば、〔178〕には、三段階の時間的順序は説かれていない。あるいは、時間は、端的に言えば、声聞乗（小乗）・菩薩乗・仏乗（一乗）の三つに応じて三分されているのではない。即ち、〔178〕においては、時間は、あくまでも二分されているのであって、そこでは〝大乗〟と『法華経』自身の立場は区別されていないのである。従って、「菩薩たちがまだそばに来ていないとき」〔α〕の後に、「今」〔β〕という〝大乗〟の『法華経』が説かれる時が来るのである。つまり、後者は〝菩薩たちが出現して、大乗仏教が起り、『法華経』が説かれた時〟〔β〕を意味しているのである。

さて、〔178〕ⓒでは、シャーリプトラが〝「この、この様な法」を聞いて、今（adya）、私は、涅槃を得た、阿羅漢果を得た、世尊の長子である〟云々ということが言われている。しかし、このⓒの内容も、〝涅槃を得た、般涅槃した、阿羅漢果を得た〟というところまでの文章と、それ以下の文章とでは、区別して考えるべきものと思われる。現に『正法華』〔179〕ⓒを見ると、そこに“nirvāṇa”や“parinirvṛta”や“arhatva”の訳語は存在しないが、「従法生」という訳語は認められる。これは“dharma-ja”等の訳語であろう。一方、『妙法華』〔180〕ⓒには、“arhatva”の訳語は存在しないが、「安隠」は“nirvāṇa”の訳語であろう。では何故、羅什は、この“nirvāṇa”を「涅槃」ではなく、「安隠」と訳したのであろうか。それは、ここに“nirvāṇa”という原語のあることを、隠したいと考えたからであろう。

即ち、原文と正確には対応しない「今日乃知、真是仏子」という訳語から見て、羅什は、〝シャーリプトラは、ここで自分が「仏子」、つまり、菩薩であるという自覚を得た〟という理解をもっていたと考えられるが、その〝菩薩〟であるシャーリプトラに、「私は涅槃を得た」という言葉を語らせるのはふさわしくないと、羅什は考えたのであろう。「涅槃」〔B〕は〝菩薩〟ではなく〝声聞〟の理想と見なされるからである。

また、シャーリプトラについて、「世尊の嫡出子（実の子）であり、世尊の口から生まれたものであり、法の相続人である」というような表現がなされることは、すでに〔10〕で見たように、原始仏典にも見られたのであるが、〔178〕では、「仏子」とは、将来仏陀となるもの、つまり、菩薩を意味しているであろう。従って、〝シャーリプトラは、ここで自らが「仏子」または「菩薩」であるという自覚を得た〟という解釈[188]がなされることが多いが、この解釈については、二つの疑問があるであろう。即ち、その第一は、シャーリプトラが「菩薩」であるという自覚をここで得てから、次の一段〔181〕で、釈迦仏によって〝汝は実は過去世以来、菩薩行を行じてきた菩薩なのだ〟という秘密が明されるという話の進展は、はたして自然であろうかという疑問である。つまり、シャーリプトラがいわば〝仏子であるという自覚〟を得てから、改めて釈迦仏によって〝仏子であるという説明〟がなされるという順序は、不自然ではなかろうか。苅谷博士は釈迦仏による〝説明〟を「舎利弗の自覚に対する仏の追認[189]」と理解されているが、釈迦仏から〝説明〟を受けた結果〝自覚〟を得るというのが、自然の順序ではなかろうか。即ち、もしもシャーリプトラが、この段階で〝自分は菩薩である〟という〝自覚〟をもっていたとすれば、その後で釈迦仏がシャーリプトラに〝汝は実は菩薩なのだ〟と告げること自体、不要になるであろう。

第二の疑問は、第一のものとも関連しているが、『正法華』〔179〕ⓒの訳文に関連するものである。即ち、そこに、「従法生」という訳語があることは確かであるが、"putra"「子」に相当する訳語は見られない。すると、シャーリプトラが、「仏子」であるという〝自覚〟を得たということが、『正法華』が参照した梵語原典では、言われていなかった可能性があるであろう。私見によれば、おそらく、それが本来の形であって、釈迦仏によって、シャーリプトラに対し、〝汝は実は菩薩である〟という秘密が明らかにされる次の一節〔181〕よりも前にあるこの〔178〕の段階では、〝菩薩である〟というシャーリプトラの〝自覚〟は、まだ語られていなかったのではないかと考えられる。

では、その次の一節を見ることにしよう。

〔181〕ⓐ evam ukte bhagavān āyuṣmantaṃ śāriputram etad avocat / ārocayāmi te śāriputra prativedayāmi te 'sya sadevakasya lokasya purataḥ samārakasya sabrahmakasya saśramaṇabrāhmaṇikāyāḥ prajāyāḥ purato ⓑ mayā tvaṃ śāriputra viṃśatīnāṃ buddhakoṭīnayutaśatasahasrāṇām antike paripācito 'nuttarāyāṃ samyaksaṃbodhau / mama ca tvaṃ śāriputra dīrgharātram anuśikṣito 'bhūt / sa tvaṃ śāriputra bodhisattvasaṃmantritena bodhisattvarahasyeneha mama pravacana upapannaḥ / ⓒ sa tvaṃ śāriputra bodhisattvādhiṣṭhānena tat paurvakaṃ caryāpraṇidhānaṃ bodhisattvasaṃmantritaṃ bodhisattvarahasyaṃ na samanusmarasi / nirvṛto 'smīti manyase / ⓓ so 'haṃ tvāṃ śāriputra pūrva-caryāpraṇidhānajñānānubodham anusmārayitukāma imaṃ saddharmapuṇḍarīkaṃ dharmaparyāyaṃ sūtrāntaṃ mahāvaipulyaṃ bodhisattvāvavādaṃ sarvabuddhaparigrahaṃ śrāvakāṇāṃ saṃprakāśayāmi / （K, 64,8-65,2）

〔182〕ⓐ仏告賢者舎利弗。今吾班告天上世間沙門梵志諸天人民阿須倫。ⓑ仏知舎利弗、曾以供奉三十二千億仏、而為諸仏之所教化、当成無上正真道。吾身長夜、亦開導汝。以菩薩誼、爾縁此故、興在吾法。ⓒ如来威神之所建立、亦本願行、念菩薩教、未得滅度、自謂滅度、ⓓ舎利弗、汝因本行、欲得識念、無央数仏、則当受斯正法華経一切仏護、普為声聞、分別説之。（『正法華』七四上二一―中一）

〔183〕ⓐ爾時仏告舎利弗。吾今於天人沙門婆羅門等大衆中説。ⓑ我昔曾於二万億仏所、為無上道故、常教化汝。汝亦長夜、随我受学。我以方便、引導汝故、生我法中。ⓒ舎利弗、我昔教汝志願仏道。汝今悉忘、而便自謂已得滅度。ⓓ我今還欲令汝憶念本願所行道故、為諸声聞、説是大乗経、名妙法蓮華、教菩薩法、仏所護念。（『妙法華』一一中九―一六）

(118)ⓐこのように言われたとき、世尊は、尊者シャーリプトラに、次のように言った。「シャーリプトラよ、私はあなたに告げる。私はあなたに知らせる。この天と魔と梵天を含む世間（loka）の前で、沙門（śramaṇa）・婆羅門（brāhmaṇa）を含む生類（prajā）の前で。ⓑシャーリプトラよ、あなたは、私によって、二百万コーティ・ナユタもの諸仏のもとで、無上正覚において、成熟させられてきた（paripācita）。また、シャーリプトラよ、あなたは、長い期間、私に従って学んできた（anuśikṣita）。シャーリプトラよ、そのあなたは、菩薩の密勅（saṃmantrita）によって、菩薩の秘密（rahasya）によって、この私の教説（pravacana）〔の場〕に生まれたのである。ⓒシャーリプトラよ、そのあなたは、菩薩の加持（adhiṣṭhāna）によって、その過去世の（paurvaka）行と願（caryā-praṇidhāna）と菩薩の密勅と菩薩の秘密を思い出さずに（na samanusmarasi）、『私は涅槃した』（nirvṛto 'smi）と考えている。ⓓシャーリプトラよ、そこで私は、過去世の行と願と知の理解（jñāna-anubodha）を、あなたに思い出させたいと欲して（anusmārayitu-kāma）、この『正法蓮華（saddharma-puṇḍarīka）という法門（dharma-paryāya）、経典（sūtrānta）、大方等（mahā-vaipulya）、菩薩を教えるもの（bodhisattva-avavāda）、一切の仏陀に護持されるもの（sarva-buddha-parigraha）』を、声聞たちに、説くのである（saṃprakāśayāmi）。

ここでまず、ⓐの部分は、釈迦仏がシャーリプトラに聴衆の前で説法を開始する場面を述べるものであるが、その叙述の仕方が、「……を含む世間の前で、あなたに告げる、知らせる」というようなやや大袈裟なものとなっていることが、注目される。このような大袈裟な表現が採用されたのは、以下に、シャーリプトラに関して、〝実は菩薩である〟という重大な秘密が、初めて明らかにされるからであろう。また、ここで、聴衆は「天・魔・梵天を含む世間」「沙門・婆羅門を含む生類」とされているが、これを〔81〕で述べられる、「方便品」散文部分でその聴衆とされるものと比較すると、大きな相違があることが理解される。つまり、そこでは、㋐阿羅漢である声聞千二百人、㋑他の声聞乗の比丘・比丘尼・優婆塞・優婆夷、㋒独覚乗に発趣したものが、聴衆とされたのであるが、ここでは、これらの人々、即ち、仏教徒は言及されることなく、「天・魔・梵天」や「沙門・婆羅門」を含む「世間」（loka）が言われているが、これは、『法華経』の聴衆が仏教的なものから、ヒンドゥー教的なものにシフトしたことを意味しているかもしれない。すでに論じたように、[190] これが、さらに「序品」になると、聴衆には、「八万の菩薩」や帝釈天・四天王・龍・阿修羅・緊那羅等が加えられ、聴衆のヒンドゥー教化が一層進展するように思われる。

次に〔181〕ⓑでは、シャーリプトラの過去世に関する〝秘密〟がいよいよ明らかにされる。ではその〝秘密〟とは、何かといえば、それは〔181〕ⓑによると、⑴シャーリプトラは過去世において、無数の諸仏のもとで、釈迦仏[191]によって、無上正覚に向って成熟させられてきたということ、⑵シャーリプトラは、過去世において、長い間、釈迦仏に学んできたということ、⑶シャーリプトラは、「菩薩の秘密」によって、この釈迦仏の教説の場に生まれたということであるとされている。

しかるに、この⑴⑵⑶の趣旨が漢訳にも認められるかというと、⑴と⑵については、それは、ほぼ問題なく認められると思われる。即ち、要点のみ言えば、⑴は、『正法華』〔182〕では、「為諸仏之所教化、当成無上正真道」とあり、『妙法華』〔183〕では、「我昔曾……為無上道故、常教化汝」と言われている。つまり、“paripācita”は両漢訳で「教化」と訳されたことが知られる。次に、⑵については、『正法華』では、「吾身長夜、亦開導汝」、『妙法華』では、「汝亦長夜、随我受学」とされている。問題は、⑶についてであって、「私の教説〔の場〕に生まれた」が、『正法華』では「興在吾法」、『妙法華』では「生我法中」と訳されたと見られるが、すでに指摘されているように、[192]“bodhisattva-saṃmantritena bodhisattvarahasyena”が、いかに漢訳されたかが、明確ではない。まず、『妙法華』〔183〕では、相当する個所に「我以方便、引導汝故」があるが、これが“bodhisattvasaṃmantritena bodhisattvarahasyena”という表現の意訳と言えるかどうかは問題であろう。次に『正法華』〔182〕では、「以菩薩誼」が、この表現に対応し、このうちの「誼」が“saṃmantrita”の訳語であるように見える。“saṃmantrita”という語は、『法華経』梵本には、この個所と直後の〔181〕ⓒにしか出ないので、その漢訳語の他の例を確認することはできないが、“rahasya”の方は、『正法華』では「密」、『妙法華』では「秘要」等と訳されるのが、一般的であるから、[193]「菩薩誼」の「誼」が“rahasya”の訳であるとは、通常は考えられないであろう。従って、“rahasya”は後代の付加である可能性がある。

しかるに、G2本を見ると、そこでは、⑶の趣旨を述べる文章それ自体、つまり、“sa tvaṃ śāriputra bodhisattva-saṃmantritena bodhisattvarahasyeneha mama pravacana upapannaḥ”が、全部欠落しているのである。では、本来のテキストを、どのように想定すべきであろうか。

まず、“saṃmantrita” にせよ “rahasya” にせよ、あるいは更に “adhiṣṭhāna” にせよ、それらはいずれも、密教的雰気をもつ語であると思われる。“saṃmantrita” という特殊な語の意味は必ずしも明らかではないが、しかし、この語が「秘密」や「密呪」とも漢訳される “mantra” という語と関連することは、否定できないであろう。すると、本来のテキストに “bodhisattva-saṃmantrita” とか “bodhisattva-rahasya” とか “bodhisattva-adhiṣṭhāna” とかの語が確かに使用されていたかどうかは確定できないが、ここには、シャーリプトラに関する〃ある秘密〃が述べられたという理解から、“saṃmantrita” や “rahasya” あるいは更に “adhiṣṭhāna” という密教的な用語が用いられたのではないかと想像される。

では、そのシャーリプトラに関する〃ある秘密〃とは何かといえば、それが〔181〕ⓑの(1)(2)の趣旨として述べられたのであって、それは、〃シャーリプトラは過去世から長期間にわたって、釈迦仏から教えを受け、釈迦仏によって無上正覚に向って成熟させられてきた者、つまり、菩薩である〃ということなのである。〃シャーリプトラは、声聞ではなく、実は菩薩である〃というこれ以上の驚くべき〃秘密〃はないであろう。従って、経典作者は、この〃秘密〃を初めて明らかにするにあたって、〔181〕ⓐで、「天・魔・梵天を含む世間の前で、私はあなたに告げる。あなたに知らせる」等というような大袈裟な表現を用いざるを得なかったのであろう。

次に、ⓒの段落に至ると、そこでは、シャーリプトラは、過去世に長期間、釈迦仏に受学し、無上正覚に向って成熟させられてきたにもかかわらず、その過去世のことをすべて忘れてしまって、過去世に、無上正覚を得たいとして発した “praṇidhāna” 「願」も、その後、無上正覚を得るために修めた “caryā” 「行」、つまり、菩薩行 (bodhisattva-caryā) も思い出せず、従って、自分が菩薩であることも知らず、自らは声聞であると考えて、「私は涅槃した」と思っているので、その過去世の菩薩行と願を思い出させるために、私は、この『法華経』を声聞たちに説くのだという趣旨が述べられていると考えられる。

ここでも、梵本と漢訳との異同が問題となるが、まず、今シャーリプトラが現に〃思い出していない〃(na samanusmarasi) 対象として、梵本では、“paurvakaṃ caryāpraṇidhānaṃ bodhisattvasaṃmantritaṃ bodhisattvarahasyaṃ” が言われるのに対し、『妙法華』〔183〕ⓒは単に「汝今悉忘」と述べるのみで、その対象を明記していない。おそらく、「我昔教汝志願仏道」という直前の文章の内容が、その対象とされているのであろう。これに対して『正法華』〔182〕ⓒでは、「亦本願行、念菩薩教」とあり、原梵文の“na samanusmarasi”という否定文が肯定文に誤訳されているが、そこで、「菩薩教」は“bodhisattva-saṃmantrita”に対応しているように見える。すると、『正法華』は、この語をⓑでは「菩薩誼」と訳し、このⓒでは「菩薩教」と訳したと想定される。これは、〔181〕の原テキストに少なくとも、“bodhisattva-saṃmantrita”という語だけは確かに使用されていたことを示す有力な根拠となるであろう。実際、『妙法華』〔183〕だけを見る限り、その原典に“saṃmantrita”や“rahasya”や、更には“adhiṣṭhāna”という語さえも、確かに使用されていたという確証は認められないのである。しかるに、もしも本来“saṃmantrita”という語が原典に存在しなかったとすれば、“rahasya”というような密教的な雰囲気をもつ語が付加されるということもなかったであろう。従って、ここでは、一応“bodhisattva-saṃmantrita”という語は、この個所の原テキストに本来存在したと見ておきたい。

次に、このⓒにおいて、シャーリプトラが過去世の菩薩行や願を忘れた理由として、梵本では“bodhisattva-adhiṣṭhānena”「菩薩の加持によって」ということが言われていると思われる。この“bodhisattva-adhiṣṭhānena”は、O本では“tathāgata-adhiṣṭhāne[na]”（69b2）となっているが、私は、この読みが意外に本来の形を伝えているのではないかと思うのである。その第一の理由は、すでに渡辺博士や辛嶋氏によって指摘されていること[194]であるが、『正法華』〔182〕の「如来威神之所建立」が、この読みに対応していると考えられるからである。渡辺博士は、このO本の“tathāgata-adhiṣṭhānena”という読みに従えば、ここは「如来がわざとシャーリプトラに過去を想起させないようにした[195]」という意味になると論じられたが、正にそのようなことが、ここで言われたのではないかと思われる。

また、第二の理由は“tathāgata-adhiṣṭhānena”と同義と思われる“buddha-adhiṣṭhānena”という表現が、『八千頌般若経』で多用され、しかも、そのうちの幾つかは、『道行般若経』にも訳されているから[196]である。その『八千頌般若経』には、“tathāgata-adhiṣṭhānena”という表現も一例認められるが、この表現は『道行般若経』では、明確に訳されておらず[197]、その個所に本来“tathāgata-adhiṣṭhānena”という読みがあったかどうかは明らかではない。しかしながら、「譬喩品」〔181〕ⓒの“bodhisattva-adhiṣṭhānena”という表現は、『八千頌般若経』には認められないようである。従って、〔181〕ⓒの当該個所には、梵本の“bodhisattva-adhiṣṭhānena”という読みよりも、O本に従って、“tathāgata-adhiṣṭhānena”という読みの存在を想定する方が、より適切であろう。勿論、すでに述べたように、G2本には、この個所に“bodhisattva-adhiṣṭhānena”も“tathāgata-adhiṣṭhānena”も欠けているし、『妙法華』もまた、これらの表現の訳語を欠いているから、元来“adhiṣṭhānena”という語自体がそこには存在しなかったと考えることも不可能ではない。しかし、ここでは、一応、『正法華』〔182〕ⓒの「如来威神之所建立」とO本の読みを尊重し、この個所に“tathāgata-adhiṣṭhānena”という語が用いられていたと考えておきたい。その読みが、後に“bodhisattva-adhiṣṭhānena”に変更されたとすれば、それは“bodhisattva-saṃmantrita”とか“bodhisattva-rahasya”という“bodhisattva”を前分とする複合語が何度も繰返されたことに影響された結果であると見ることができるかもしれない。なお、苅谷博士は、“bodhisattva-adhiṣṭhānena”という梵本にある通りの読みを採用し、この複合語の前分をなす“bodhisattva”とは、釈迦仏が成仏する以前の菩薩、つまり、釈迦菩薩と解されたが[198]、それは適切ではないであろう。というのも、〔181〕において、“bodhisattva”という語は、もっぱらシャーリプトラ等の声聞について〝実は菩薩である〟ということを述べるために、用いられたと考えられるのであるが、釈迦仏について、〝実は菩薩である〟と述べることは、意味をなさないからである。

次に、〔181〕ⓓにおいて、釈迦仏がシャーリプトラに思い出させたいと思っている対象として、“pūrva-caryā-praṇidhāna-”の後に、“jñāna-anubodha”という語が置かれているが、この語はO本（69b5）には欠き、『妙法華』〔183〕ⓓにも対応する訳語が存在しない。また、この“jñāna-anubodha”という語は、『法華経』梵本では、ここにしか使用されない語であり、しかも、その意味も明瞭ではない。従って、突然ここに現われたこの語は、むしろ無い方が論旨がすっきりするように思われる。ただし、辛嶋氏の指摘によれば[199]、『正法華』の「無央数仏」の「仏」は、“jñāna-anubodha”の“bodha”と対応しているとされている。即ち、O本では、“jñāna-anubodham”の語を欠く代りに、その個所に“buddhānāṃ sāntike kṛtam”（69b5）という表現が置かれているが、この“buddhānāṃ sāntike”に類似する“buddhānantike”という形が「無央数仏」と訳されたと見るのである。つまり、“anantika”が「無央数」と訳されたというのである。この想定の妥当性については判断しかねるが、仮りにこの想定が妥当であるとしても、ここに本来“jñāna-anubodha”の語が無かったということだけは、ほぼ確実であろう。

次に、〔181〕ⓓには、『法華経』の所謂〝正式名称〟というものが述べられるのであるが、これについては、漢訳等を参照して若干検討することにしよう。

まず、〔181〕ⓓに述べられた〝正式名称〟、及びそれとほぼ同じものが、『法華経』梵本では、〔181〕ⓓを含めて五回述べられている。それを、漢訳とともに示せば、次のようになる。

① saddharmapuṇḍarīkaṃ dharmaparyāyaṃ sūtrāntaṃ mahāvaipulyaṃ bodhisattvāvavādaṃ sarvabuddhaparigrahaṃ（K, 21,6），法華、方等経典（『正法華』六六中七）、大乗経、名妙法蓮華、教菩薩法、仏所護念（『妙法華』四上二四―二五）〔「序品」〕

② saddharmapuṇḍarīkaṃ〔以下①と全同〕（K, 22,15-16），正法華、方等典籍（『正法華』六六中二五）、大乗経、名妙法蓮華、教菩薩法、仏所護念（『妙法華』四中一七―一八）〔「序品」〕

③ saddharmapuṇḍarīkaṃ〔以下①と全同〕（K, 65,1-2），正法華経、一切仏護（『正法華』）、大乗経、名妙法蓮華、教菩薩法、仏所護念（『妙法華』）＝〔181〕〔182〕〔183〕ⓓ〔「譬喩品」〕

④ saddharmapuṇḍarīkaṃ nāma dharmaparyāyaṃ sūtrāntaṃ mahāvaipulyaṃ bodhisattvāvavādaṃ sarvabuddhaparigrahaṃ（K, 181,5-6），正法華、方等経典、菩薩所行、一切仏護（『正法華』九一下二三―二四）、大乗経、名妙法蓮華、教菩薩法、仏所護念（『妙法華』二五上二八―二九）〔「化城喩品」〕

⑤ saddharmapuṇḍarīkaṃ〔以下④と全同〕（K, 389,7-8），正法華経、方等典詔、一切諸仏普護（『正法華』一二四中三―四）、

大乗経、名妙法蓮華、教菩薩法、仏所護念（『妙法華』五二上五—六）（「神力品」）

このうち、①②の用例は、「序品」に見られるものであるが、その「序品」には、所謂『法華経』の〝正式名称〟と類似した「無量義」経の名称が二回挙げられているので、それも以下に示しておこう。

⑥ mahānirdeśaṃ nāma dharmaparyāyaṃ sūtrāntaṃ mahāvaipulyaṃ bodhisattvāvavādaṃ sarvabuddhaparigrahaṃ (K, 5,8-9), 〔経〕講演菩薩、方等大頌、一切諸仏、厳浄之業（『正法華』六三中二五—二六）、大乗経、名無量義、教菩薩法、仏所護念（『妙法華』二中八—九）

⑦ mahānirdeśaṃ〔以下⑥と全同〕(K, 19,12), 勧発菩薩、護諸仏法、〔而為衆会、〕講演大頌、方等正経（『正法華』六六上一七—一八）、大乗経、名無量義、教菩薩法、仏所護念（『妙法華』四上九）

以上の用例を見て、まず言えることは、『妙法華』の訳語が一定していることである。即ち、①から⑤までと、⑥⑦の訳語を見れば、単に前者において「妙法蓮華」とあるものが、後者において「無量義」と変っているだけで、他の訳語は完全に一致している。これに対して『正法華』では、完全に一致する訳語は一度も与えられていない。これは、『正法華』の訳者の段階では、『法華経』の〝正式名称〟というものに対する意識が未だに明確ではなかったことを示しているであろう。

そこでまず、最古の用例と思われる梵文の「譬喩品」〔181〕ⓓ、即ち③について、この〝正式名称〟を検討してみると、まず冒頭にある "saddharmapuṇḍarīka" という語が、一般的な意味での経名であることは、この語の後に "nāma"「という名前の」という語が置かれる用例が④と⑤にあることによって理解される。従って、梵本では、上述の〝正式名称〟とは異なって、単に "saddharmapuṇḍarīko dharmaparyāyaḥ" という名称が用いられることが非常に多い。[200] しかし、まず "puṇḍarīka" という言葉自体、『法華経』の経名に用いられるものを除けば、『法華経』梵本に殆んど用いられていない。[201] 従って、そのような語が何故、経名として採用されたのかという疑問が生じるのである。これについては、『薩曇分陀利経』との関係や "padma" の用例の問題等を含めて、すでに若干論じたことがあるので、[202] ここでの検討は割愛したい。

次に、"mahā-vaipulya"と"bodhisattva-avavāda"という語について言えば、『法華経』の所謂〝正式名称〟が最初に用いられたと思われる〔181〕ⓓにおいて、当初からこの語が用いられていたかどうかについては、疑問がある。というのも、その名称は『正法華』〔182〕ⓓでは、単に「正法華経、一切仏護」と訳されているだけで、ここには、"mahā-vaipulya"の訳語もなければ、"bodhisattva-avavāda"の訳語も存在しないからである。すると、この二つの語、あるいは更に"sūtrānta"も欠く形、つまり"saddharmapuṇḍarīko dharmaparyāyaḥ sarvabuddhaparigrahaḥ"が「譬喩品」〔181〕ⓓで与えられた『法華経』の〝正式名称〟の本来の形であると見るべきかもしれない。しかるに、この想定の妥当性は、次の事実によっても、補強されるように思われる。即ち、『正法華』では、③〔182〕ⓓ以外の①②④⑤⑥⑦においては、「方等」という訳語が使用されているので、もしも③においても、"mahā-vaipulya"あるいは"vaipulya"という原語が存在していれば、それは当然、「方等」と訳されていた筈であろう。この点は、"bodhisattva-avavāda"に関しても、ほぼ同様であって、この語は、④で「菩薩所行」、⑥で「講演菩薩」、⑦で「勧発菩薩」と訳されているようであるから、この語も、③における『正法華』の梵語原典に存在したようには見えないのである。また、"sūtrānta"も『正法華』では「経典」(①④)、「典籍」(②)、「典詔」(⑤)、「正経」(⑦)と訳されたようであるから、この語も、問題の③の〔182〕ⓓの個所の原文には、存在しなかったと思われる。すると、その個所の『正法華』の梵語原典に与えられた『法華経』の所謂〝正式名称〟は、"saddharmapuṇḍarīko dharmaparyāyaḥ sarvabuddhaparigrahaḥ"であったであろうという想定がなされるのである。

勿論、これが〔181〕ⓓで『法華経』に最初に与えられた経名の原型であるかどうかは確定できない。原型は、現在梵本に示されているような形であったが、『正法華』が参照した梵語写本では、偶々"sūtrāntaṃ mahāvaipulyaṃ bodhisattvāvavādaṃ"という部分が欠けていただけであると見ることも、不可能ではないからである。しかし、常識的に見れば、「譬喩品」散文部分が成立した時点では、簡略な経名が与えられ、それが時代とともに次第に増大していったという理解の方が自然であろう。すると、経名の最後にある“sarvabuddha-parigraha”というものが、〔181〕ⓓで与えられた本来の経名にあったかどうかという疑問も生じるであろうが、ここでは一応、その本来の経名を、『正法華』〔182〕ⓓに従って、“saddharmapuṇḍarīko dharmaparyāyaḥ sarvabuddhaparigrahaḥ”であると見ておきたい。つまり、“mahā-vaipulya”と“bodhisattva-avavāda”は本来の経名に後から付加されたものであると見るのである。

では、この二つの語が付加された意味、あるいは、理由とは何であろうか。まず“bodhisattva-avavāda”「菩薩を教えるもの」という語は、〝『法華経』は菩薩〔だけ〕を教えるものである〟という考え方、あるいは、〝菩薩だけが『法華経』を聞くことによって、成仏できる〟という考え方、即ち、〝大乗主義〟を表明するために付加されたものと考えられる。すでに、『法華経』の経名が与えられる直前の〔181〕ⓑでは、シャーリプトラは〝実は菩薩である〟ということが繰返し主張されていた。つまり、彼は過去世以来、釈迦仏から学び、無上正覚〔A〕を得るべく願を発し、菩薩行を行じてきた菩薩であるというのである。従って、〔181〕ⓓで与えられる経名には、その〝実は菩薩である〟声聞たちを教えるのが『法華経』であるという理解が示されていなければならないと、本来の経名を見て、人々が考えたとしても、不思議ではないであろう。

しかるに、ここで注意すべきことは、〔181〕ⓓの末尾に、“śrāvakāṇāṃ saṃprakāśayāmi”「声聞たちに、私は説くのである」という表現が見られることである。ここで、「声聞たち」と言っているのは、シャーリプトラと同様〝実は菩薩〟であるから、この「声聞たちに説く」という表現と“bodhisattva-avavāda”「菩薩を教えるもの」という語との間に矛盾がある訳ではないが、しかしそれは〝声聞たちは、実は菩薩である〟という解釈を適用したために、矛盾が回避されるのであって、その解釈を容れずに、単に表現として見れば、“bodhisattva-avavāda”と“śrāvakāṇāṃ saṃprakāśayāmi”とが矛盾した表現となっていることは、明らかであろう。しかるに、『正法華』〔182〕ⓓを見ると、この二つの表現のうち、前者は訳されていないが、後者は「普為声聞、分別説之」として、明確に訳されている。ということは、やはり“bodhisattva-avavāda”という語が、本来の経名に後から付加されたものであることを示しているように思われる。つまり、本来の経名には、“bodhisattva-avavāda”「菩薩を教えるもの」という語が欠けていたので、その語と「声聞たちに説く」という表現との矛盾は生じなかったのである。

さて、次に問題となるのは、“mahā-vaipulya”という語である。この語も、本来の経名には存在しなかった付加であると、すでに推測した。しかし、この推測が妥当であるとしても、この語が新たに付加されたとき、実際に付加されたのは、“mahā-vaipulya”であったのか、それとも“mahā-”を欠いた単なる“vaipulya”であったのかということが、まず問題となるであろう。というのも、前掲の①②④⑤⑥⑦において、『正法華』に「方等」という訳語はあっても、“mahā-vaipulya”に直接対応すると思われる「大方等」という訳語はないからである。『正法華』全体に「方等」の語は、一五回用いられるが、実はそれ以外に「大方等」という訳語も、一例だけ認められる。即ち、「化城喩品」の第八二偈に相当する個所に、「大方等経」（『正法華』九三下四）という訳語が見られるのである。ただし、その原語を調べてみると、“vaipulya-sūtram”（K, 193,7）とあり、「大方等」という訳語から予想されるような“mahā-vaipulya”という語がある訳ではない。つまり、「大方等経」という訳語は、単に漢字四字の訳語を形成したいという訳者の意図から生じたものと考えられる。すると、④等で『正法華』に「方等」という訳語が与えられていたとしても、そこから直ちに、その原語は“vaipulya”であって、“mahā-vaipulya”ではないと断定することもできないことになるであろう。

しかるに、“vaipulya”という語は、すでに述べたように、「方便品」の偈の部分に二回（第五〇偈・第五二偈）使われている。[203] また、「方便品」だけではなく、『法華経』全体に、偈の部分では、“vaipulya”は用いられるが、“mahā-vaipulya”は全く用いられないという事実がある。これらを総合的に考えると、「譬喩品」〔181〕ⓓにおいて最初に与えられた経名には、“vaipulya”も“mahā-vaipulya”も含まれていなかったであろうが、始めに“vaipulya”の語が付加され、次にそれに更に“mahā-”が付加されて、“mahā-vaipulya”という語が形成されたというのが、一応は妥当な想定のように見えるのである。

原始仏典の分類法としての九分教の第八支、及び十二分教の第九支に用いられる“vedalla”と“vaipulya”については、前田惠学博士による詳しい研究があり、そこでは、大乗『涅槃経』や『大智度論』等に見られる「vaipulya をもって大乗経典であると規定している」「vaipulya 即大乗の説」について説明される[204]だけでなく、『法華経』と九分教の関係についても、次のように論じられている。

(119)『法華経』諸本に見られる九分教は、実は真の意味での九分教ではない。十二分教を知った上での九分教と思われる。『法華経』類は十二分教のうち、vyākaraṇa, udāna, vaipulya の三分をもって自経に当て、残りの九支をもって「九部法」と称したのであろう。従って自経の構成要素とならなかった九部法は、やがて『法華経』の立場からは低く見られる結果となった。『法華経』の九分教説が、〈小乗九分大乗十二分説〉の起源であるとせられるゆえんである。

ところで『法華経』の作者が、十二分教の中から任意に三分を抽出し、特別扱かいしたとしても、わざわざ九分教の形式を保持しているのは、やはり九分教の権威を承認しているからであろう。学者はこの点に関し、「一は復古精神に基いて、古き九分教と言ふ型に則り、他は法華経の特殊的地位を確保する為め、内容的に九分教、十二部経の各支分を検討して、以て必要なる九部を選び出したものであろう」と主張している。一般に『法華経』の九分教説が、十二分教からの変形であることは、今日学者の間にほぼ見解の一致を見ている。[205]

確かに『法華経』には、伝統的な九分教ではない「九分教」が説かれ、『法華経』自らは“vaipulya”と称して、その「九分教」の立場を自らの立場よりも低く見ているのであるが、これはすべて『妙法華』及び梵本において、「方便品」の偈に見られる所説であって、その散文部分には認められない。

さらに、後論するように、[206]『正法華』の梵語原典には、「九分教」の個々の名称も、“navāṅgam”「九分」という語も用いられていたと考えられるが、『正法華』の訳者は、「方便品」第四五偈〔372〕に述べられる「九分教」の個々の総体を「九分教」として把握する意識を欠いていたように思われる。というのも、彼は、「方便品」第四九偈〔381〕の“navāṅgam”を、〔382〕で「諸新学者」と訳したと見られるからである。[207]従って、『正法華』の訳者の段階では“navāṅga”

対“vaipulya”という図式は、まだ明確に意識されていなかったことになるが、そうであるとすれば、〔181〕ⓓで最初に『法華経』に与えられた経名に、その後、まず付加されたのは“mahā-vaipulya”ではなくて、“vaipulya”であったという結論を導くことも、困難になるかもしれない。

そこで注目すべきは、『妙法華』の「大乗経」という訳語なのである。この訳語が与えられたとき、その梵語原典には、“mahā-vaipulya”という語が置かれていたのであろうか、それとも“vaipulya”という語が置かれていたのであろうか。訳者の羅什は、『大智度論』の訳者でもあり、そこに説かれた「vaipulya即大乗の説」を知っていたであろうから、“vaipulya”の語を見て、これを「大乗」と訳したという可能性は充分考えられる。しかし、もう一つの想定として、羅什が原文に“mahā-vaipulya”とあるのを見て、この“mahā-”は“mahāyāna”を意味している筈だと考えて、これを「大乗」と訳したという見方もあり得るであろう。ここで、〔181〕ⓓで『法華経』の本来の名称にまず付加されたのは“mahā-vaipulya”であったのか、“vaipulya”であったのかという問題を一応別にした上で言えば、私見によれば、少なくとも、一つだけ確かに思われることがある。それは即ち、“mahā-vaipulya”という語の“mahā-”は“mahāyāna”を意味する、あるいは、“mahāyāna”を意味するために、伝統的な“vaipulya”という語に“mahā-”を加えて形成されたものが、“mahā-vaipulya”という語であろうということなのである。言うまでもなく、『法華経』に“mahāyāna”「大乗」という語を導入することに成功した「譬喩品」散文部分の作者の思想的立場は〝大乗主義〟であったから、“mahā-vaipulya”という語が、そこで経名に付加されたことは、充分に理由のあることと見なされたであろう。

しかるに、〔181〕ⓓに与えられた『法華経』の経名において、“vaipulya”から“mahā-vaipulya”への変化があったと想定することについては、一つの疑問が生じるであろう。即ち、もし最初に“vaipulya”という語が付加されたとするならば、あるいは更に最初から“vaipulya”という語が経名に使用されていたとするならば、九分教や十二分教という伝統的な経典分類法の中に一支として組み込まれている“vaipulya”と『法華経』の経名の一つとしての“vaipulya”が明確に区別できないことにならないであろうか。つまり、梵本の「方便品」第四五偈や第四九偈の所説のように、

“navāṅga”対“vaipulya”という図式によって、“vaipulya”を伝統的な経典群とは明確に異なるものとして位置づけられるのならばよいが、この図式は「譬喩品」散文部分の梵語原典成立時にはまだ形成されていなかったと推測される。とすれば、伝統的な“vaipulya”とは区別して、新たに大乗経典の“vaipulya”として“mahā-vaipulya”という語が、当初から用いられたと考えるべきではなかろうか。勿論、この想定には、「方便品」偈には“mahā-vaipulya”の用例はなく、“vaipulya”のみが用いられているという事実が難点として存在するであろうが、しかし、「方便品」偈において、“navāṅga”対“vaipulya”という図式が一旦明確に成立した後では、“vaipulya”ではなく“mahā-vaipulya”という語を偈において用いるのも、かえって不適切なことと考えられたであろう。

いずれにせよ、〔181〕ⓓに関して結論的に言えば、そこで用いられている“mahā-vaipulya”と“bodhisattva-avavāda”という語は、本来の経名に後から付加されたものである可能性が高いが、思想的には、この「譬喩品」散文部分の基本的立場である〝大乗主義〟を的確に表現した言葉であると考えられるのである。

さて、「譬喩品」散文部分〔181〕において、〝シャーリプトラは、実は菩薩である〟という一種の「秘密」が明らかにされた。つまり、〝彼は過去世以来、長期間に渡って釈迦仏から教化を受け、最高の菩提〔A〕を求めて願を発し、菩薩行を行じてきた菩薩である〟というのである。そこで次に、このように〝実は菩薩である〟シャーリプトラに対して、釈迦仏によって成仏の予言、即ち、授記がなされるのである。では、その経文を以下に示すことにしよう。

〔184〕 api khalu punaḥ śāriputra bhaviṣyasi tvam anāgate 'dhvany aprameyaiḥ kalpair acintyair apramāṇair bahūnāṃ tathāgata-koṭīnayutaśatasahasrāṇāṃ saddharmaṃ dhārayitvā vividhāṃ ca pūjāṃ kṛtvemām eva bodhisattvacaryāṃ paripūrya padmaprabho nāma tathāgato 'rhan samyaksaṃbuddho loke bhaviṣyasi vidyācaraṇasaṃpannaḥ sugato lokavid anuttaraḥ puruṣadamyasārathiḥ śāstā devānāṃ ca manuṣyāṇāṃ ca buddho bhagavān / (K, 65,3-7)

〔185〕 仏語舎利弗。汝於来世無量無数不可計劫、供養億百千仏、受正法教、奉敬修行、此方等経、具足衆行、当得仏道、号蓮華光如来、至真、等正覚、明行成為、善逝、世間解、無上士、道法御、天人師。（『正法華』七四中一

一五）

〔186〕舎利弗、汝於未来世、過無量無辺不可思議劫、供養若干千万億仏、奉持正法、具足菩薩所行之道、当得作仏、号曰、華光如来、応供、正遍知、明行足、善逝、世間解、無上士、調御丈夫、天人師、仏世尊。（『妙法華』一一中一六—二〇）

⑿また実にシャーリプトラよ、あなたは、未来世において、無量無数不可思議の劫を過ぎて、幾百千コーティ・ナユタもの多くの諸仏の正法（saddharma）を受持してから（dhārayitvā）、それらの諸仏に様々の供養（pūjā）を為してから、ほかならぬこの菩薩行（bodhisattva-caryā）を満たしてから（paripūrya）、世間においてパドマプラバ（Padmaprabha 蓮華光）という名の如来・阿羅漢・正覚者・明行足・善逝・世間解・無上士・調御丈夫・天人師・仏・世尊となるであろう。

このシャーリプトラに対する授記は、一般には〝声聞授記〟、つまり、〝声聞に対する授記〟と解されるのであるが、これは、むしろ〝菩薩授記〟、即ち、〝菩薩に対する授記〟と見るべきであろう。何となれば、シャーリプトラは、過去世以来、長期にわたって、無上正覚〔A〕を求めて菩薩行を行じて来た者、つまり、〝実は菩薩である〟ということが、直前の経文〔181〕で宣言されたからである。従って、シャーリプトラは、ここで、声聞として授記されたのではなく、〝実は菩薩である〟からこそ授記されたと見なければならないであろう。それ故、ここには、〝菩薩だけが成仏できる〟〝真の声聞は成仏できない〟とする〝大乗主義〟という「譬喩品」散文部分の一貫した立場が認められるのである。

しかるに、その証拠にとでも言うべきか、〔184〕には“bodhisattvacaryāṃ paripūrya”「菩薩行を満たしてから」という表現が存在する。これは、過去世以来、長期にわたって菩薩行を行じてきたシャーリプトラは、今後さらに未来においても、〝供養諸仏〟等の「菩薩行」をすべて完遂・完了してから成仏することができるが、もし菩薩行を完遂・完了しなければ成仏することはできないという意味であり、ここでは、〝菩薩行の完遂〟がいわば〝成仏の条件〟とされていると考えられる。これは正に〝菩薩だけが成仏できる〟という立場を示しているであろう。

ただし、梵本〔184〕のテキストによる限り、正確には〝成仏の条件〟として三つのことが言われているように見える。即ち、〔184〕には"tathāgato ... bhaviṣyasi"「如来……となるであろう」に先立って、三つのgerund（遊離分詞）が置かれている。即ち、"dhārayitvā"「受持してから」、"kṛtvā"「為してから」、"paripūrya"「満たしてから」である。この三つのgerundが〝成仏の条件〟を示していると考えるならば、〝成仏の条件〟は次の三者となるであろう（相当する漢訳とともに示そう）。

㋐諸仏の正法（saddharma）を受持すること（「受正法教、奉敬修行、此方等経」「奉持正法」）

㋑諸仏に供養（pūjā）を為すこと（「供養億百千仏」「供養若干千万億仏」）

㋒ほかならぬこの菩薩行（bodhisattva-caryā）を満たすこと（「具足衆行」「具足菩薩所行之道」）

この三者は、漢訳では、基本的には、㋐と㋑の順序を逆にして述べられていると思われるが、ここで注目したいのは、㋒に見られる"imām eva"「ほかならぬこの」という限定語なのである。つまり、"imām eva"は、「この同じ」とも訳し得るであろうが、その場合、「この同じ」とは何を意味するのであろうか。勿論、これは"eva"がなくて、単に「この」という場合でも同じであるが、では、「この」は何を指しているのであろうか。常識的には、「この」は直前に出る語を指示するから、「この同じ菩薩行」とは、㋑の〝諸仏に供養を為すこと〟、つまり、〝供養諸仏〟を指していると考えられる。つまり、"pūjā = bodhisattvacāryā"と見るのである。[208] すると、〔184〕で述べられた三つの〝成仏の条件〟とは、実は〝諸仏の正法を受持すること〟と〝供養諸仏＝菩薩行の完遂〟という二者に集束するように思われる。では、〝諸仏の正法を受持すること〟と〝供養諸仏という菩薩行を完遂すること〟というこの二つの〝成仏の条件〟のうち、〔184〕ではどちらが重視されていると見るべきであろうか。

しかるに、この点を明らかにするためには、まず、「諸仏の正法」とは何を意味するかが明らかにされなければならないであろう。「諸仏の正法」の「正法」の原語は、"saddharma"であり、しかも、この〔184〕の直前には、

“saddharma-puṇḍarīka …”という『法華経』の経名が示されたばかりであるから、この“saddharma”とは、『法華経』を指す、つまり、“saddharma = saddharma-puṇḍarīka”という解釈が極めて自然に導かれるであろう。しかし、意外なことに、従来の研究者による翻訳等を見ても、ここでの“saddharma”は単に「正しい法」[209]などと訳されるだけで、これが『法華経』を指すという解釈、つまり、“saddharma = saddharma-puṇḍarīka”という解釈を示したものは、殆んど見られない。これは何故であろうか。その一つの理由として、『妙法華』が〔184〕の“saddharma”を「妙法」と訳さないで、「正法」と訳したということが、考えられるであろう。つまり、『妙法華』では、直前の〔181〕ⓓに出された経名については、“saddharma-puṇḍarīka”の“saddharma”を「妙法」と訳し、この〔184〕の“saddharma”は「正法」と訳しているのである。すると、訳者である羅什は、両者を区別し、〔184〕の“saddharma”は、〔181〕の“saddharma-puṇḍarīka”を指すとは見ていなかったということが、考えられる。実際、『妙法華』における「正法」という訳語の用例を見てみると、「像法」との対比で言われるのが大部分であり、この語が明確に『法華経』を指している用例は見当らないように思われる。[210]これに対して、後出〔420〕の「方便品」第一四〇偈後半が、『妙法華』〔422〕で「当知是妙法、諸仏之秘要」と訳されるとき、そこで「妙法」とは『法華経』を指していると見るべきであろう。[211]するとやはり、羅什は〔184〕の“saddharma”を〔181〕ⓓの“saddharma-puṇḍarīka”と同一視してはいなかったと考えられるのである。

しかるに、これは『正法華』の訳文に見られる解釈とは、大きく異なるのである。即ち、まず『正法華』〔185〕において、“saddharmaṃ dhārayitvā”はどのように訳されているかと言えば、「受正法教」というのがその訳であると思われる。ここに、「正法教」とあるのが“saddharma”の訳語であるが、この「正法教」という訳語によって訳者である竺法護が、『法華経』を意図したものであるかどうかは明らかではない。もしも明確に『法華経』を意図しようとしたとすれば、〔182〕ⓓの「正法華経一切仏護」という経名に従って、「正法華」というような訳語を用いるべきであったと思われるからである。しかし、この「受正法教」の直後を見てみると、そこには「奉敬修行、此方等経」という語が置かれている。これは原文に直接対応するものをもたない訳者による補いであるように見えるが、「此方等経」が『法華経』を指していることは、明らかであろう。すると、「奉敬修行」の原語は存在しないかもしれないが、竺法護は“saddharmaṃ dhārayitvā”を、言ってみれば「受正法教、奉敬修行、此方等経」という三句によって訳すことによって、「正法教」=「此方等経」、つまり、ここでの“saddharma”は“saddharma-puṇḍarīka”を指すという理解を示そうとしたのではないかと考えられる。

　では、ここで再び〔184〕において、〝成仏の条件〟として重視されているのは、〝諸仏の正法を受持すること〟なのか、それとも〝供養諸仏という菩薩行の完遂〟なのかという問題意識に立ち返って考えてみよう。『妙法華』では、「正法」は『法華経』を指しているとは考えられないから、後者の〝菩薩行の完遂〟が〝成仏の条件〟として重視されていると思われる。つまり、〝菩薩行→菩提〟という図式が強調されているのである。これに対して、『正法華』では、「正法教」=「此方等経」と見なされ、“saddharma”は『法華経』を指すという解釈が示されていると考えられるから、〝成仏の条件〟としては、前者の〝「諸仏の正法」=『法華経』の受持〟の方が重視されているように見える。では『正法華』において〝菩薩行の完遂〟は、どのように位置づけられているかと言えば、驚くべきことに、そこに「菩薩行」という語は認められないのである。即ち、〔185〕の「具足衆行」が“bodhisattvacaryāṃ paripūrya”に対応していることは明らかであるが、ここには、“bodhisattva”の訳語である「菩薩」という語は欠落している。これは、おそらく訳者である竺法護が見た梵語原典には“bodhisattva”の語が欠けていたためではないかと思われる。この個所の本来のテキストが“bodhisattvacaryāṃ paripūrya”であったのか、それとも“bodhisattva”を欠いた“caryāṃ paripūrya”であったのかは、容易には確定できない[212]が、しかし、直前の〔181〕では、単に“paurvakaṃ caryāpraṇidhānaṃ”とか“pūrvacaryāpraṇidhāna-”と言われていただけで、そこに“bodhisattvacaryā”という語は用いられていなかったのであるから、ここでも、本来の“caryāṃ paripūrya”に“bodhisattva-”が付加されて“bodhisattvacaryāṃ paripūrya”になったという可能性も考えられる。いずれにせよ、『正法華』〔185〕では〝菩薩行→菩提〟という図式は成立しておらず、むしろ

〝諸仏の正法である『法華経』を受持することによって成仏できる〟、つまり、〝正法＝『法華経』の受持→菩提〟という図式が強調されていると考えられる。

しかるに、〝菩薩行→菩提〟という図式と〝『法華経』という正法の受持→菩提〟という図式では、いずれが『法華経』の本来の立場、あるいは「方便品」散文部分の基本的立場に合致しているであろうか。「方便品」散文部分〔148〕には〝聞法による菩提〟、つまり、〝聞法→菩提〟という図式が説かれていたが、これが、対応する「方便品」の偈の部分（II, vv.75-76）になると、「方便品」偈の思想的立場である〝大乗主義〟にもとづいて、〝六波羅蜜→菩提〟という大乗仏教的な図式が付加されるということについては、すでに触れた通りである。[213] この点から考えれば、〝『法華経』という正法の受持→菩提〟という考え方の方が、「方便品」散文部分の〝聞法→菩提〟という立場に合致し、〝菩薩行→菩提〟の方は、「方便品」偈で付加された〝六波羅蜜→菩提〟という考え方に一致していると考えられる。勿論、〔184〕には、〝六波羅蜜〟ではなく〝供養諸仏〟が〝菩薩行〟の具体的内容として説かれており、また、その〔184〕の直前にある〔181〕では、シャーリプトラは〝実は菩薩である〟ことが力説されたのであるから、〔184〕では、“bodhisattva-caryā”「菩薩行」についても、本来は単に“caryā”と言われていた可能性も否定できないが、しかし、「方便品」散文部分の〝聞法による菩提〟という立場に合致すると思われる〝『法華経』という正法の受持→成仏〟という図式よりも、〝菩薩行→成仏〟という大乗仏教的な図式の方が重視されていると見ることができるであろう。

なお、私はすでに〔184〕の“bodhisattvacaryām”に“imām eva”という限定語が付せられていることを根拠に、“bodhisattvacaryā＝pūjā”、即ち、「菩薩行」とは〝供養諸仏〟を指すという解釈を示したのであるが、二つの漢訳を見ると、そこでは、前述のように、㋐〝諸仏の正法（saddharma）を受持すること〟と㋑〝諸仏に供養（pūjā）を為すこと〟を列挙する順序が梵文とは逆に置かれているため、㋑に述べられた〝供養諸仏〟と㋒に言われた〝菩薩行の完遂〟は、切り離されて示されている。つまり、『正法華』〔185〕の「衆行」や、『妙法華』〔186〕の「菩薩所行之道」が、そこから切り離された所に出る「供養億百千仏」とか「供養若干千万億仏」という語によって表される〝供養諸仏〟

を指しているという解釈は生じにくい状況となっているように思われる。では、そこで「衆行」や「菩薩所行之道」というのは、訳者によって具体的にはどのようなものを指すと考えられていたのであろうか。それは〝菩薩行〟の代表としての〝六波羅蜜〟であるという解釈は、容易に生じるであろう。

しかるに、この点で興味深いのが、『正法華』に出る「衆行」という訳語なのである。つまり、このうち、「衆」というのは、複数を意味するであろう。すると、『正法華』の訳者が見た原文には、"[imāḥ] … caryāḥ" という複数形を示す読みがあったのではないかという疑問が生じるが、しかし、そのような読みを示す写本は、全く存在しない。では、このような疑問は全く無意味かと言えば、必ずしもそうではない。というのも、この個所のチベット訳は、"[byaṅ chub sems dpaḥi] spyod pa ḥdi dag" (P, chu,30b5)、つまり、「これらの菩薩行」となっているからである。では、"imāḥ … [bodhisattva-]caryāḥ" という複数形の想定が成立するかと言えば、この想定は、写本上に全く根拠をもたない以上、やはり成立しないであろう。また、もしも "imāḥ … caryāḥ" が本来のテキストであるとすると、"imāḥ"「これらの」によって指示される複数形の名詞が、これ以前になければならないであろうが、そのようなものは存在しない。従って、"imāḥ … caryāḥ" という複数形の想定は成立せず、「衆行」とか "spyod pa ḥdi dag" というのは、おそらく訳者による意訳と見るべきであろうが、仮りにそれが意訳であるとしても、複数の「行」を言うことによって、具体的には、やはり〝六波羅蜜〟が訳者によって意図されていたという可能性は充分に考えられる。いずれにせよ、〔184〕の梵語テキストでは、「譬喩品」散文部分の基本的立場である〝大乗主義〟にもとづいて、〝成仏の条件〟としては、〝正法の受持〟よりも〝菩薩行の完遂〟の方が強調されていると見ることはできるであろう。

なお、すでに若干触れたように、「譬喩品」散文部分〔184〕のシャーリプトラに対する授記について、苅谷博士は、

⑿これは、舎利弗の成仏宣言たる先の偈〔22〕で言うところの「私は疑いもなく如来になります」(v-22a) という言葉に対する仏の後からの承認（追認）に他ならない。(『一仏乗』二二九頁一三―一四行)

と論じられたが、この見解に私は従うことはできない。というのも、まず私は基本的に、「譬喩品」の偈の部分は、

「方便品」の偈の部分と同様に、「譬喩品」散文部分よりも後に成立したと考えるからである。苅谷博士は、現行の『法華経』においては、〔184〕よりも前に置かれている一連の偈（第一偈—第二二偈）の中の第二二偈に、"niḥsaṃśayaṃ bheṣyi tathāgato 'haṃ" (K, 64,6)、「疑いもなく、私は如来になります」とあるのを、「舎利弗の成仏宣言」と理解され、〔184〕におけるシャーリプトラに対する授記を、この「成仏宣言」に対する「仏の後からの承認」「追認」と見なされるのであるが、第二二偈以前の第一四偈〔259〕において、シャーリプトラに対する授記はすでに言及されているのである。従って、この一連の偈の作者が散文部分〔184〕におけるシャーリプトラに対する授記を予じめ知っていて、この一連の偈を作成したことは明らかであるから、この授記を「舎利弗の成仏宣言」に対する「追認」と見ることはできないであろう。

最後に、「譬喩品」散文部分〔184〕における授記について一言しておきたいのは、シャーリプトラが未来世において仏となったときの仏陀の名前が、パドマプラバ Padmaprabha とされ、ここに"padma"「蓮華」という語が使用されていることである。この"padma"は、「方便品」散文部分だけではなく、その偈の部分にも用いられていない。しかし、「提婆達多品」に多用されていて、この品と『薩曇分陀利経』との密接な関係を示す重要な語であると考えられる。それがこの「譬喩品」散文部分にも用いられていることは、「譬喩品」と「見宝塔品～提婆達多品」との何等かの関係を示しているように思われる。[214]

では、次にシャーリプトラに対する授記の続きの部分を、見ることにしよう。即ち、次のように説かれている。

〔187〕 tena khalu punaḥ śāriputra samayena tasya bhagavataḥ padmaprabhasya tathāgatasya virajaṃ nāma buddhakṣetraṃ bhaviṣyati samaṃ[215] ramaṇīyaṃ prāsādikaṃ paramasudarśanīyaṃ pariśuddhaṃ ca sphītaṃ carddhaṃ ca kṣemaṃ ca subhikṣaṃ ca bahunaranārīgaṇākīrṇaṃ ca maruprakīrṇaṃ ca vaiḍūryamayaṃ suvarṇasūtrāṣṭāpadanibaddham / teṣu cāṣṭāpadeṣu ratnavṛkṣā bhaviṣyanti saptānāṃ ratnānāṃ puṣpaphalaiḥ satatasamitaṃ samarpitāḥ / (K, 65,8-11)

〔188〕 其世界名離垢、平等快楽、威曜巍巍、諸行清浄、所立安隠、米穀豊賤、人民繁熾、男女衆多、具足周備、琉

璃黄金、以為長縄、連綿路傍、一切路辺、有七宝樹、八重交道、行樹枝葉、華実常茂。（『正法華』七四中五―九）

〔189〕国名離垢、其土平正、清浄厳飾、安隠豊楽、天人熾盛、琉璃為地、有八交道、黄金為縄、以界其側、其傍各有七宝行樹、常有華菓。（『妙法華』一一中二〇―二三）

(122)また、シャーリプトラよ、そのとき、そのパドマプラバ如来・世尊には、ヴィラジャ（Viraja 離垢）という名の仏国土（buddha-kṣetra）があるであろう。それは、平等（sama）[216]で好ましく（ramaṇīya）美妙（prāsādika）で最高に美しく（parama-sudarśanīya）、清浄（pariśuddha）で、繁栄し（sphīta）、富裕であり（ṛddha）、安穏（kṣema）で、食物が豊富であり（subhikṣa）、多数の男女（nara-nārī）によって満たされ（ākīrṇa）、神々によって満たされ、〔地面は〕瑠璃からできていて、黄金の縄で碁盤の目（aṣṭāpada）のように区画され、その碁盤の目には宝樹（ratna-vṛkṣa）があり、常に七宝の花と実を具えているであろう。

ここでは、シャーリプトラが、未来世にパドマプラバという仏陀となったときの仏国土がいかに美しく清らかなものであるかが述べられており、ここに所謂〝浄土〟の描写がなされている。しかるに、この〝浄土〟の描写が、阿弥陀仏の極楽世界の描写と、極めて類似していることは、藤田宏達博士によって詳しく明らかにされている。[217] 即ち、例えば、『無量寿経』*Sukhāvatīvyūha* の梵本（Sukh）には、次のような一節がある。[218]

〔190〕 tasya khalu punar ānanda bhagavato 'mitābhasya sukhāvatī nāma lokadhātur ṛddhā ca sphītā ca kṣemā ca subhikṣā ca ramaṇīyā ca bahudevamanuṣyākīrṇā ca / (Sukh, 66,17-68,1)

(123)また、アーナンダよ、かの世尊アミターバ（Amitābha 無量光）の極楽（Sukhāvatī）という名の世界（loka-dhātu）は、富裕であり（ṛddha）、繁栄し（sphīta）、安穏（kṣema）であり、食物が豊富であり（subhikṣa）、好ましく（ramaṇīya）、多数の神（deva）や人（manuṣya）によって満たされている（ākīrṇa）。

ここで、「極楽」を描写するために用いられる "ṛddha" "sphīta" "kṣema" "subhikṣa" という四つの形容詞、及び、"ramaṇīya" という形容詞は、「譬喩品」散文部分〔187〕で用いられたものと全く一致しており、その後に続く

"bahudevamanuṣyākīrṇa" も、〔187〕の "bahunaranārīgaṇākīrṇam ca maruprakīrṇam ca" に表現や趣旨が類似している。

しかるに、藤田博士は、更に同様の表現が、すでに『八千頌般若経』第三〇章「常啼菩薩章」にも見られることを指摘されている。[219] 即ち、そこでは、東方に五百由旬を過ぎた所にあるガンダヴァティー（Gandhavatī）という都城（nagarī）が、"saptaratna-maya"「七宝でできている」ということが述べられているとともに、その都城が、次のように描写されているのである。

〔191〕 rddhā ca sphītā ca kṣemā ca subhikṣā ca ākīrṇabahujanamanuṣyā ca （AS, 240,10)

(124) 富裕であり、繁栄し、安穏であり、食物が豊富であり、多数の人民、人によって満たされている。

しかも、この表現が古くから『八千頌般若経』のテキストに存在したことは、これが『道行般若経』で次のように訳されていることによって確認される。

〔192〕〔其国〕豊熟、熾盛富楽、人民衆多。（大正八、四七一下六）

藤田博士は、記述〔191〕をも含むガンダヴァティーという都城の描写について、「極楽の描写との驚くべきほどの一致が認められる」として、その一致点を詳しく指摘されているが、[220] 博士によって「初期無量寿経」と見なされている[221]『大阿弥陀経』と『平等覚経』には、『無量寿経』梵本〔190〕に対応する訳文が欠けている。[222] また〔190〕や〔191〕に見られるような表現は、その起源を尋ねれば、原始仏典の、例えば『長部』第一七経「大善見王経」Mahāsudassana-suttanta に見られる次のような表現にもとづいていることも、藤田博士によって指摘されている。[223]

〔193〕 kusāvatī ānanda rājadhānī iddhā c'eva ahosi phītā ca bahujanā ca ākiṇṇamanussā ca subhikkhā ca. (DN, II, 170, 5-7)

(125) アーナンダよ、王都（rāja-dhānī）であるクサーヴァティー（Kusāvatī）は、富裕であり（iddha, ṛddha）、繁栄し（phīta, sphīta）、多くの人民をもち（bahu-jana）、人によって満たされ（ākiṇṇa-manussa, ākīrṇa-manuṣya）、食物が豊富である（subhikkha, subhikṣa）。

この記述は、『八千頌般若経』〔191〕、『無量寿経』梵本〔190〕、そして、「譬喩品」〔187〕中の問題の部分と殆んど一致している。しかも、『長部』〔193〕のKusāvatīと『八千頌般若経』〔191〕で描写されるGandhavatīと『無量寿経』梵本〔190〕のSukhāvatīとでは、その国（都城）の名称までも類似している。[224]

しかるに、私が「譬喩品」〔187〕に関連して論究したいのは、〝浄土における女性の存在〟という問題なのである。即ち、まず、藤田博士の次の論述を見てみよう。

⑯まず、「初期無量寿経」特有の描写として、極楽世界には女人はなく、女人が往生すると男子に変わる、という記述がある。これは、前節で検討したとおり、『大阿弥陀経』の第二願前半に当たるものであるが、『平等覚経』には相当の願文はない。ところが、「後期無量寿経」の諸本では、『無量寿経』第三十五願（女人往生）をはじめとして、いずれにも対応する願文がある。しかしそれらは、他方国土に関する願文であり、その成就文もない。したがって極楽国土の描写として、女性が存在しないと明記するのは、『大阿弥陀経』と『平等覚経』だけであり、『無量寿経』には認められないのである。ただ、これが世親の『浄土論』に見られるように、後に極楽に女人なしとする見方に変わっていったことは、すでに論及したごとくである。（『浄土三部経』三五八頁一二―一八行）

〔傍線＝松本〕

まず、藤田博士が明らかにされているように、『大阿弥陀経』と『平等覚経』には、極楽世界に女性が存在しないことが、次のように明記されている。

〔194〕其国中悉諸菩薩阿羅漢、無有婦女、寿命無央数劫、女人往生、即化作男子。（『大阿弥陀経』大正一二、三〇三下八―九）

〔195〕其国中悉諸菩薩阿羅漢、無有婦女、寿命極寿、寿命亦無央数劫、女人往生者、則化生皆作男子。（『平等覚経』同右、二八三上一九―二〇）

即ち、極楽世界に往生した女性は、皆、男性に変るので、つまり、〝変成男子〟の故に、〝極楽に女性はいない〟というのである。

勿論、これは阿弥陀仏の本願にもとづいており、『大阿弥陀経』の第二願前半には、
〔196〕使某作仏時、令我国中、無有婦人。女人欲来生我国中者、即作男子。(大正一二、三〇一上二七―二八)
と述べられているのである。[225]
しかるに、「後期無量寿経」の一つである『無量寿経』の第三十五願、所謂「女人往生願」[226]には、
〔197〕設我得仏、十方無量不可思議諸仏世界、其有女人、聞我名字、歓喜信楽発菩提心、厭悪女身、寿終之後、復為女像者、不取正覚。(大正一二、二六八下二一―二四)
と述べられているが、藤田博士が⑫⑥で言われたように、これは、「他方国土に関する願文」であり、極楽世界に関する願文ではない。従って、博士は右の第三十五願について、
⑫⑦この願文は女性の極楽往生を直接説いたものではなく、実際四十八願系の経典では極楽世界に女性が存在しないということも説いてはいない。ここには「初期無量寿経」から「後期無量寿経」への展開過程において、浄土の女性観について明らかに変化のあったことが看取される。(『浄土三部経』三四〇頁一四―一七行)〔傍線＝松本〕
と述べられ、浄土の女性観の変化について、指摘されている。

ただし、論述⑫⑥の締括りとしては、「後に極楽に女人なしとする見方に変わっていったこと」が指摘され、この最終的な変化を明示するものとして、世親の『浄土論』の所説が取り上げられている。その所説とは、具体的には、
〔198〕大乗善根界、等無譏嫌名、女人及根缺、二乗種不生。(大正二六、二三一上一三―一四)
という『浄土論』の一句、及び、その註釈文(大正二六、二三一上三―九)を指しており、ここに、極楽世界(安楽世界)に女性が存在しないことが明言されている。すると、問題になるのは、女性の存在について〝極楽世界に女性は存在する〟という立場から〝極楽世界に女性は存在しない〟という立場に変化したと断定することは可能かという点であろう。このように俄に断定することが困難であることは、すでに見たように、「初期無量寿経」に属する『大阿弥陀経』〔194〕と『平等覚経』〔195〕に「無有婦女」と明言されていること、及び、⑫⑦の「四十八願系の経典では極楽

世界に女性が存在しないということも説いてはいない」という藤田博士の説明によって、明らかであろう。

しかしながら、藤田博士が、

> (128)むしろ、他の多くの大乗経典に説かれるように、仏国土に女性なしとする考え方が支配的になったことによるものであろう。後世、世親の『浄土論』において、安楽国に女人の存在を認めていないのも、このような考え方の系列にあるものと思われる。（『浄土三部経』三四一頁一―三行）〔傍線＝松本〕

と述べておられることも見落せないのであって、〝極楽世界に女性は存在する〟という立場は、確かに極楽世界に関する最も初期の経典に述べられていないかもしれないが、〝極楽世界に女性は存在しない〟というのが、いわば最終的に確定した立場であるということだけは言えるであろう。

しかるに、この点で、注意すべきは、『大阿弥陀経』〔194〕、及び、『平等覚経』〔195〕と『浄土論』〔198〕との趣旨の違いなのである。即ち、これらはともに、極楽世界における女性の非存在を述べているにもかかわらず、〝二乗〟に関する理解が大きく異なっている。即ち、『浄土論』〔198〕では、「二乗種不生」と述べられるのに対し、『大阿弥陀経』〔194〕、『平等覚経』〔195〕には、「其国中悉諸菩薩阿羅漢」と言われ、「菩薩」以外に「阿羅漢」が極楽世界に存在することが認められているのである。それが、『浄土論』〔198〕に至ると「二乗種不生」[227]と言われるようになるのは、〝菩薩だけが極楽世界に往生できる〟という〝大乗主義〟によるものと考えられる。現に〔198〕では、極楽世界は「大乗善根界」と述べられているのである。つまり、極楽世界についても、おそらくはヒンドゥー教の影響が大きくなるのにつれて、差別や排除の論理は次第に強化されていくのであって、『浄土論』〔198〕では、「女人」も「根欠」も「二乗種」も排除され、〝菩薩だけ〟という〝大乗主義〟の立場が明示されているのである。

しかも、〔198〕では、"dhātu"「界」という言葉と"sama"「等」「平等」という言葉が、極楽世界を形容する語として用いられている。つまり、これは、この二つの語を用いる『大乗阿毘達磨経』の〝無始時界の偈〟〔493〕と同様に"dhātu-vāda"を説いているのであって、ここには〝基体〟の「平等」（単一性）を言いつつ、現実の差別を肯定するという“dhātu-vāda”共通の差別的思想が認められる。おそらく、この『浄土論』〔198〕の偈を作成する際に、著者である世親が〝無始時界の偈〟を意識しなかったとは、考えられないであろう。[228]

そこで、「譬喩品」〔187〕のパドマプラバ如来（シャーリプトラ）の〝浄土〟における女性の存在をどのように考えるかが問題となる。そこには、“bahunaranārīgaṇākīrṇam”「多数の男女によって満たされ」と述べられているのであるから、ここでは〝浄土における女性の存在〟は認められているように見える。しかし、この部分には異読が多く、例えば、渡辺博士は、〔187〕で“bahunaranārīgaṇākīrṇam ca marukīrṇam ca”とあるところを、G2本等によって、“bahunaramaruprakīrṇam ca”と読まれているのである。[229] 確かに博士が言われる通り、この読みは『妙法華』〔189〕の「天人熾盛」と一致しており、この読みに従えば、〝浄土における女性の存在〟は、言及されていないことになるのである。しかし、『正法華』〔188〕の「人民繁熾、男女衆多」の「男女衆多」は、むしろ〔187〕の“bahunaranārīgaṇākīrṇam”に一致しており、〝浄土における女性の存在〟を明確に認めている。

では、パドマプラバ如来の〝浄土〟では、本来〝女性の存在〟は認められていたのか、いなかったのかと言えば、この点を解決するのは容易ではない。『正法華』の訳出年代の方が、『妙法華』のそれよりも古いからと言って、そこから直ちに、ここでは本来のテキストでは女性の存在が認められていたが、それが後になって女性が〝浄土〟から排除されることになったという結論を導くことは危険であろう。

しかし、ここで注目したいのは、『八千頌般若経』第三〇章におけるガンダヴァティー都城の描写についてなのである。即ち、このガンダヴァティーに〝女性の存在〟は認められているのであろうか。そこで、経典を見てみると、〔191〕よりもやや後の部分に、ダルモードガタ（Dharmodgata）菩薩が、その都城で女性たちと暮らしていたことが、次のように述べられている。[230]

〔199〕tatra ca dharmodgato bodhisattvo mahāsattvaḥ saparivāro 'ṣṭaṣaṣṭyā strīsahasraiḥ sārdhaṃ pañcabhiḥ kāmaguṇaiḥ samarpitaḥ samanvaṅgībhūtaḥ krīḍati ramate paricārayati /（AS, 241,17-19）

(129)そこで、ダルモードガタ菩薩・摩訶薩は、お供に伴われ、六万八千人の女性（strī）とともに、五妙欲（pañca-kāmaguṇa）を具え、具足し、遊び楽しみ歓楽している。

これに相当する訳文は、『道行般若経』では、次の通りである。

〔200〕其国中有菩薩、名曇無竭、在衆菩薩中最高尊、有六百八十万夫人采女、共相娯楽。（大正八、四七一下二三―二五）

従って、ガンダヴァティー都城で〝女性の存在〟が認められていることは、明らかである。

これについて、ガンダヴァティーはパドマプラバ如来の離垢世界や、阿弥陀仏の極楽世界のように、仏国土ではなく、単なる都城であるから、そこに〝女性の存在〟が認められていることは当然であり、それと仏国土、あるいは、〝浄土〟における〝女性の存在〟の問題とは区別して考えなければならないという見方がありうるであろう。しかし、ガンダヴァティーや、スカーヴァティー（極楽）や、パドマプラバ如来の離垢世界に関する描写が類似していることを考えるならば、阿弥陀仏の極楽世界も、パドマプラバ如来の離垢世界も、「極楽」という訳語が示すように、当初は極めて楽天的に〝美しい楽しい所〟と考えられていたと見るべきではなかろうか。そして、その〝美しい楽しい所〟には、言うまでもなく、〝女性の存在〟は認められていたと思われる。従って、〝浄土〟と〝女性〟の関係は、大乗経典において、基本的には〝浄土における女性の存在〟から〝浄土における女性の非存在〟という立場に変化し、〝浄土〟から女性が排除されることになったのであろうと推測される。

しかるに、この点で、極めて注目すべきものと思われるのが、「五百弟子品」に説かれるプールナ（Pūrṇa 富楼那）の仏国土の描写なのである。即ち、声聞であるプールナが、未来世にダルマプラバーサ（Dharmaprabhāsa 法明）如来となったときの仏国土の描写の一部を示せば、次の通りである。[231]

〔201〕tena khalu punar bhikṣavaḥ samayenedaṃ buddhakṣetram apagatapāpaṃ bhaviṣyaty apagatamātṛgrāmaṃ ca / sarve ca te sattvā aupapādukā bhaviṣyanti brahmacāriṇo manomayair ātmabhāvaiḥ svayaṃprabhā ṛddhimanto vaihāyasaṃgamā vīryavantaḥ smṛtivantaḥ prajñāvantaḥ suvarṇavarṇaiḥ samucchrayair dvātriṃśadbhir mahāpuruṣalakṣaṇaiḥ samalaṃkṛta-vigrahāḥ /（K, 202,4-7）

〔202〕其土無有九十六種六十二見、憍慢羅網。一切化生、不由女人、浄修梵行、各有威徳、以大神足、飛行虚空、常志精進、所作備具、智慧普達、紫磨金容、三十二表、大人之相。（『正法華』九五下二九―九六上四）

〔203〕無諸悪道、亦無女人。一切衆生、皆以化生。無有婬欲、得大神通。身出光明、飛行自在。志念堅固、精進智慧。普皆金色、三十二相、而自荘厳。（『妙法華』二七下二五―二八）

(130)比丘たちよ、そのとき、この仏国土（buddha-kṣetra）は、悪〔趣〕を離れ、女性（mātṛ-grāma）を離れているであろう。また、〔その国土の〕一切の衆生は、化生（aupapāduka）であり、梵行者（brahma-cārin）であり、意よりできた（mano-maya）身体（ātma-bhāva）をもち、自ら輝き、威力（ṛddhi）をもち、空中を飛行し、精進をもち、念をもち、般若をもち、金色の身と三十二の大人相（mahā-puruṣa-lakṣaṇa）によって飾られた姿をもっている。

ここには、〝浄土における女性の非存在〟が明言されている。しかるに、この記述について、苅谷博士は、次のように論じておられる。

(131)さらに、その住民に関しては著しい相違がある。即ちそこには「（子を産むものとしての）女性（mātṛ-grāma）が存しない」（p.202.5）のであり、それ故、「一切の衆生は化生である」（p.202.5）とされ、さらに、そこの人々は「意所成の身体をもち、自ら光明を出しており」（p.202.6）、「金色の身、三十二相で飾られた身」（p.202.7）をもっており、食物は「法喜食、禅悦食」（p.202.8-9）という全く精神的なものであるとされている。これらの点は舎利弗等の仏国土の記述には全くないところであって、それ故に、これを舎利弗等の仏国土と同一視することは到底出来ず、それらとは異質の仏国土観であると言わざるを得ない。舎利弗等の仏国土が上述の如く『阿弥陀経』的だとすれば、富楼那のそれは『無量寿経』的浄土だと言えるであろう。即ち、女性の存しないことや一切衆生が皆金色で三十二相を有すること、さらに、神足自在等は『無量寿経』における法蔵菩薩の本願として述べられている所と同一であるし、国土が「掌の如くである」とか、「宮殿がある」とか、衆生は空中を行くとか、人々には光明のあることとか、さらには、食物が物質的でないこと等も、『無量寿経』、その中でも特に「後期無量寿経」と共通することがらであって、しかも、これらは『阿弥陀経』には全く存しないものである。（『一仏乘』三〇七―三〇八頁）〔傍線＝松本〕

この指摘は、大変重要なものであろう。というのも、博士が言われるように、仏国土における一切の衆生は、「化生」であるとか、「空中を飛行する」とか、「三十二の大人相」をもつ等ということは、パドマプラバ如来（シャーリプトラ）の仏国土の衆生については、全く言われていなかったからである。また、苅谷博士が、パドマプラバ如来の仏国土を「『阿弥陀経』的」であると見なし、ダルマプラバーサ如来（プールナ）の仏国土を「『無量寿経』的浄土」と見なされた視点も、それ自体としては、重要なものと思われる。『阿弥陀経』が『無量寿経』に歴史的に先行するか否かという問題は、容易に解決できるものではないであろうが、確かに『阿弥陀経』には、〝極楽浄土における女性の非存在〟は述べられていないのである。

また『阿弥陀経』には〝極楽浄土における女性の非存在〟が言われていないだけではなく、『大阿弥陀経』〔194〕や『平等覚経』〔195〕で説かれたような〝極楽浄土に往生した女性は男性に変る〟という〝変成男子〟説も、説かれていない。すると、〝浄土における女性の排除〟という問題に関して言えば、『阿弥陀経』の立場は、『大阿弥陀経』や『平等覚経』よりも緩やかであるように感じられる。この点が『阿弥陀経』の歴史的先行性を示すかどうかは別にして、少なくとも、大乗経典の一般的傾向が、〝浄土における女性の存在〟から〝浄土における女性の非存在・排除〟へと変化したという大筋だけは、ここに認めることができるであろう。しかるに、この変化は『法華経』の歴史的形成に関しても起ったのであり、「譬喩品」散文部分〔187〕で描かれるパドマプラバ如来（シャーリプトラ）の仏国土においては、〝女性の存在〟は認められていたが、後に成立した「五百弟子品」散文部分〔201〕で述べられるダルマプラバーサ如来（プールナ）の仏国土においては、〝女性の非存在・排除〟が明言されるようになったという変化を想定することができると思われる。

では、次に「譬喩品」散文部分〔187〕に続く経文を見てみよう。それは、次の通りである。

〔204〕ⓐ so 'pi śāriputra padmaprabhas tathāgato 'rhan samyaksaṃbuddhas trīṇy eva yānāny ārabhya dharmaṃ deśayiṣyati / ⓑ kiṃ cāpi śāriputra sa tathāgato na kalpakaṣāya utpatsyate / api tu praṇidhānavaśena dharmaṃ deśayiṣyati // (K, 65,12-14)

〔205〕ⓐ蓮華光正覚、亦当承続説三乗法。ⓑ而仏説法、具足一劫、所可演経、示奇特願。(『正法華』七四中九―一一)

〔206〕ⓐ華光如来、亦以三乗、教化衆生。ⓑ舎利弗、彼仏出時、雖非悪世、以本願故、説三乗法。(『妙法華』一一中二三―二五)

(132)ⓐシャーリプトラよ、そのパドマプラバ如来・阿羅漢・正覚者は、三乗だけのために(ārabhya)、法(dharma)を説くであろう。ⓑまた、シャーリプトラよ、その如来は劫濁(kalpa-kaṣāya)には生まれないであろうが、しかし、願(praṇidhāna)の力によって、法を説くであろう。

まず、この〔204〕ⓐには、次の表現が認められる。

⓪ trīṇy eva yānāny ārabhya dharmaṃ deśayiṣyati

しかるに、これは驚くべき言明であると思われる。というのも、「方便品」散文部分では、全く逆のことが言われていたと考えられるからである。即ち、そこでは、「一乗だけのために、法を説く」という表現が、五回も繰返されたのであるが、それらを再び以下に示しておこう。

① ekam evāhaṃ śāriputra yānam ārabhya sattvānāṃ dharmaṃ deśayāmi yad idaṃ buddhayānam (K, 40,13-14)(〔145〕)
② ekam eva yānam ārabhya sattvānāṃ dharmaṃ deśitavanto yad idaṃ buddhayānam (K, 41,4-5)(〔148〕ⓑ)
③ ekam eva yānam ārabhya sattvānāṃ dharmaṃ deśayiṣyanti yad idaṃ buddhayānam (K, 41,15)(〔151〕ⓐ)
④ ekam eva yānam ārabhya sattvānāṃ dharmaṃ deśayanti yad idaṃ buddhayānam (K, 42,6)(〔151〕ⓑ)
⑤ ekam eva yānam ārabhya sattvānāṃ dharmaṃ deśayāmi yad idaṃ buddhayānam (K, 42,15-16)(〔154〕)

このリストを見ればわかるように、全く同じ構造の文章において、ここで「一乗」と言われたものが、「譬喩品」散文部分の〔204〕ⓐでは、「三乗」に変えられているのである。即ち、次の通りである。

"ekam eva yānam ārabhya" → "trīṇy eva yānāny ārabhya"

しかるに、すでに"ārabhya"の用例を検討した際に見たように、"ārabhya"の前には〝真実なるもの〟〔A〕が置かれるのが一般的である。とすれば、この〔204〕ⓐには、「方便品」散文部分の〝一乗真実説〟とは逆の立場、即ち、〝三乗真実説〟が説かれていると見るのが、妥当であろう。

しかるに、私にとって不思議に思われることは、従来の研究者が、この"ekam eva yānam ārabhya"と"trīṇy eva yānāny ārabhya"の決定的な相違を、必ずしも〝一乗真実説〟と〝三乗真実説〟との相違とは理解してこなかったように見える点なのである。即ち、例えば、苅谷博士は、〔204〕ⓐについて次のように言われている。

⑬③その仏の衆生教化という活動については、

舎利弗よ、かの華光如来・応供・等正覚者も又、三乗（の教法）にもとづいて法（正覚内容）を説示するであろう。（p.65.12-13）

とある。これは、〈巧みな方法〉によって仏智をまず三乗に展開するということを述べたものであり、先の舎利弗の成仏宣言の中の「私はこの仏の覚りを『仏のある意図』でもって説きます」（v-22c）という言葉に対する仏の追認の言葉である。勿論、仏智から展開された三乗の教法は後に「ぼさつ教化」たる〈仏乗〉に止揚・統合されるのであって、それ故に、舎利弗はその成仏宣言において「（究極的には）私は多くのぼさつを教化するのです」（v-22d）と言っていたのである。それというのも、三乗の展開とそれの〈仏乗〉への止揚ということは三世十方における法性（常法、説法之儀式）であるからに他ならない。（『一仏乗』二二九—二三〇頁）〔傍線＝松本〕

しかし、まず、すでに述べたように、「譬喩品」の偈にもとづいて、その散文部分の所説を理解するという方法自体が、私見によれば、適切であるとは思えない。偈の成立よりも散文部分の成立の方が先行すると思われるからである。次に、博士は、「仏智から展開された三乗の教法は後に「ぼさつ教化」たる〈仏乗〉に止揚・統合される」とか、「三乗の展開とそれの〈仏乗〉への止揚」と言われるが、しかし、〔204〕ⓐの"triṇy eva yānāy ārabhya dharmaṃ deśayiṣyati"という文章のどこに「〈仏乗〉への止揚」が説かれているのであろうか。それについて苅谷博士は、位置とすれば、現行の『法華経』では、〔204〕よりも前に置かれている「譬喩品」第二二偈の"samādapento bahu-bodhisattvān"(K, 64,7)、つまり、「多数の菩薩たちを教化しつつ」という表現に、「〈仏乗〉への止揚」が説かれていると見なされるようであるが、この表現に出るのは、"bodhisattva"「菩薩」という語であって、"buddha"「仏」という語ではないから、ここに「〈仏乗〉への止揚」を認めることはできないであろう。

勿論、博士がこの表現中の"bodhisattva"を「菩薩」ではなく、「ぼさつ」と訳されたのは、これが通常の意味での「菩薩」ではなく、博士が『法華経』の根本的立場と見なされる「一切衆生は本来よりぼさつ」というテーゼにおける「ぼさつ」を意味すると言おうとするものであろうが、この苅谷博士の「ぼさつ」理解に賛成できないという私見については、すでに述べた通りである。また、私より見れば、"samādapento bahubodhisattvān"とは、〝『法華経』は菩薩だけを教化するものである〟という〝大乗主義〟を明言したものに他ならず、その点では、〔204〕の趣旨である〝三乗真実説〟〝三乗各別説〟とも、完全に一致するのである。

では、次に渡辺博士の解釈について見てみよう。苅谷博士は(133)において、「劫濁」や「願」について述べる〔204〕ⓑを引用されていないが、この〔204〕ⓑは実は極めて重要であり、渡辺博士は、これについても解釈を示して、次のように言われている。

(134)時世が堕落したときは寿命も短く、生類の能力も劣るから三乗の方便を説かないと理解されない。蓮華光如来はすぐれた時世に出現するから三乗の方便説は必要ではないが、かつてボサツとして修行していたころ「仏陀となって三乗を説こう」という誓願を立てたからやはり三乗を説くのである。〔「渡辺詳解」五六回、九八頁下―九九頁上〕〔傍線＝松本〕

これについて、まず、〔204〕ⓑの"kalpa-kaṣāya"「劫濁」に関して言うと、これは渡辺博士の説明によっても示唆されているように、「方便品」散文部分の〔160〕で"kalpa-kaṣāya"という語が用いられたことを踏まえて述べられたものであって、その〔160〕では、"kalpa-kaṣāya"の時代には、衆生が汚れているので、諸仏は「方便善巧によって、ほかならぬその一つの仏乗を、三乗の説示によって説示する」"upāyakauśalyena tad evaikaṃ buddhayānaṃ triyānanirdeśena nirdiśanti"と言われていたのである。すでに述べたように、そこでは、「一仏乗」が〃真実〃であるのに対して、「三乗の説示」または「三乗」が「方便」であるという趣旨が述べられたと考えられる。従って、渡辺博士の(134)における「三乗の方便説」という表現は、その意味では、適切であると思われる。

しかるに、(134)で渡辺博士が言われる通り、未来世でシャーリプトラがパドマプラバ如来となる時代は、〔187〕でも言われたように、衆生も時代も汚れてはいない。それどころか、"ratna"「宝」と呼ばれる[232]無数の勝れた菩薩たちがいる勝れた時代なのであるから、その時代に「劫濁」などはないのである。従って、渡辺博士が言われる通り、その時代には、「三乗の方便説は必要ではない」が、シャーリプトラの「仏陀となって三乗を説こう」という「願」によって、パドマプラバ如来となってから三乗を説くであろうというのである。この渡辺博士の理解は適切であると思われるが、しかし、最も重要な点は、「劫濁」や「願」について説く〔204〕ⓑは、〔204〕ⓐで説かれた「三乗」は、実は〃方便〃ではなく〃真実〃であると、いわばダメを押すために、そこに置かれた記述であるということなのである。

つまり、〔204〕ⓐで"trīṇy eva yānāny ārabhya dharmaṃ deśayiṣyati"と述べられた文章を見ても、多くの読者は、この文章が「方便品」散文部分の"ekam eva yānam ārabhya ..."とは逆の趣旨を述べていることには気がつかずに、相変らず、ここでも、「方便品」散文部分と同様に〃三乗＝方便〃ということが言われていると考えるであろう。その誤解を払拭するために〔204〕ⓑは、いわばダメ押しとして、パドマプラバ如来が説く「三乗」とは、〃方便〃ではなく〃真実〃であることを理解させるために置かれた文章なのである。即ち、「劫濁」においては、「三乗」は「方便」として説かれるが、パドマプラバ如来が成仏するときは「劫濁」は存在しないから、その如来が「三乗」を説くのは、

「方便」としてではなく、過去世の「願」によって、つまり、〝真実〟として説くのであるというのが、〔204〕ⓑの最も重要な趣旨なのである。即ち、「三乗」の説法は、「劫濁」によるのではなく「願」によるということは、それが〝方便〟ではなく〝真実〟であるということを意味しているのである。

従って、〔204〕のⓐⓑによって、〝三乗真実説〟が正に明確に説かれたのであって、これこそ、「方便品」散文部分の〝一乗真実説〟とは根本的に矛盾する「譬喩品」散文部分の基本的立場なのである。しかるに、ここで注意しておかなければならないのは、〝三乗真実説〟とは、必然的に〝大乗主義〟であるという点である。即ち、〝三乗真実説〟というのは、声聞乗・独覚乗・菩薩乗（大乗）の三つが単に真実なものとして、また、各別なものとして、分立しているということを言うのではなくて、その内の〝大乗〟が他よりも優れており、かつ〝菩薩だけが成仏できる〟という〝大乗主義〟を説くものに他ならないのである。

さて、「譬喩品」の散文部分では、〔204〕の後で、パドマプラバ如来の仏国土がいかに優れた菩薩たちで満たされているかが述べられる〔K, 66,7-8〕。つまり、彼等は初心者（ādikarmika）ではなく、無数の仏陀のもとで久しく梵行（brahma-carya）を行じてきた菩薩たちであるというのである。[233] そして、その後、パドマプラバ如来の寿命が、王子（kumāra）であったときを除いて十二中劫であることが述べられた後で、そのパドマプラバ如来が、ある菩薩に授記をしてから入滅するということが、次のように説かれるのである。

〔207〕 sa ca śāriputra padmaprabhas tathāgato dvādaśānāṃ antarakalpānām atyayena dhṛtiparipūrṇaṃ nāma bodhisattvaṃ mahāsattvaṃ vyākṛtyānuttarāyāṃ samyaksaṃbodhau parinirvāsyati / （K, 67,1-2）

〔208〕 蓮華光如来、過十二劫、有菩薩名堅満、当授其決。（『正法華』七四中一九―二〇）

〔209〕 華光如来、過十二小劫、授堅満菩薩、阿耨多羅三藐三菩提記。（『妙法華』一一下六―七）

(135) また、シャーリプトラよ、そのパドマプラバ如来は、十二中劫を過ぎてから、堅満（Dhṛtiparipūrṇa）菩薩・摩訶薩（mahāsattva）を、無上正覚において、授記してから（vyākṛtya）般涅槃するであろう。

ここで、シャーリプトラが未来世に成仏したときのパドマプラバ如来は、十二中劫という寿命が尽きるとき、堅満という菩薩に授記してから入滅すると言われているのであるが、これは何を意味するのであろうか。これは、釈迦仏とシャーリプトラの関係は、実はパドマプラバ如来と堅満菩薩の関係と同じであるということを意味しているのである。つまり、パドマプラバ如来が授記する相手である堅満が菩薩であるのと同様に、釈迦仏が授記する相手であるシャーリプトラも、声聞ではなくて、〝実は菩薩である〟ということが、ここで言われていると考えられる。このように、パドマプラバ如来と堅満菩薩の関係が、釈迦仏とシャーリプトラの関係になぞらえて構想されているということは、パドマプラバ如来がかつて王子（kumāra）であったという説明がなされたことによっても知られるであろう。というのも、釈迦仏もまた、かつて出家以前には、王子であったからである。従って、〔207〕に示された堅満菩薩に対する授記の話は、シャーリプトラが〝実は菩薩である〟ということを示すために構想されたものであると考えられる。

なお、〔207〕ではさらに、釈迦仏が『法華経』を説くのは、その入滅の直前であるという理解も、示されているであろう。というのも、〔207〕には、パドマプラバ如来は、その寿命である十二中劫を過ぎてから、堅満に授記してから入滅すると言われているからである。つまり、これは、釈迦仏がシャーリプトラに授記するのも、そして彼に『法華経』を説くのも、その入滅の直前であることを意味しているのである。しかるに、釈迦仏が『法華経』を説くのは入滅の直前であるという説は、「方便品」散文部分には示されていないが、「譬喩品」以降の『法華経』の諸章では、基本的に継承されたと考えられる。即ち、例えば「従地涌出品」では、釈迦仏が成道してから「四十余年」（『妙法華』四一下六）“sātirekāṇi catvāriṃśadvarṣāṇi”（K, 311,4）「四十年余り」であると言われているが、「四十余年」というのは、八〇歳入滅の釈迦仏の成道を三十五歳と考えれば、やはり『法華経』説示の今の時点を、入滅直前と規定するものであろう。『法華経』の説示の時点を釈迦仏の入滅直前とする説は、老齢の〝長者〟が死の直前に実子である〝窮子〟に莫大な遺産を相続させるという「信解品」の「窮子譬喩」にも認められるが、これはおそらく、『法華経』は釈迦仏の最後の教説であり、従って、最も優れた教説であるとする立場から構想された説であろう。

さて、「譬喩品」散文部分では、〔207〕の後で、堅満菩薩に授記するパドマプラバ如来の言葉が具体的に示され、さらに、その後、釈迦仏によるシャーリプトラに対する授記を聞いて、比丘・比丘尼・優婆塞・優婆夷の四衆と天の八部衆と人・非人が非常に歓び、各自の衣を釈迦仏に献上したこと、及び、帝釈天・梵天や、その他の天子（deva-putra）が天衣を釈迦仏に献上し天華を降らし、次のように言ったということが、述べられている。

〔210〕pūrvaṃ bhagavatā vārāṇasyāṃ ṛṣipatane mṛgadāve dharmacakraṃ pravartitam idaṃ punar bhagavatādyānuttaraṃ dvitīyaṃ dharmacakraṃ pravartitam /（K, 69,12-13）

〔211〕今所聞法、自昔未有。前波羅奈鹿苑之中、始転法輪、蓋不足言。今仏世尊、則復講説無上法輪。（『正法華』七五上四―六）

〔212〕仏昔於波羅棕初転法輪、今乃復転無上最大法輪。（『妙法華』一二上一五―一七）

⑬⑥以前に（pūrvam）世尊によってヴァーラーナシーの仙人堕処（ṛṣipatana）の鹿野苑（mṛgadāva）で、法輪（dharma-cakra）が転ぜられましたが、今（adya）また（punar）、世尊によって、この無上（anuttara）の第二の（dvitīya）法輪が転ぜられました。

ここには、“pūrvam”と“adya”という語が対比的に使われている。すでに〔178〕ⓒの“adya”について論じたように、“adya”というのは、時間を二分割するために、つまり、〝『法華経』出現以前〟（小乗）〔α〕と〝『法華経』出現以後〟（大乗）〔β〕とに二分割するために、「譬喩品」散文部分において、『法華経』に導入された語であって、〔178〕では、この二つの時間に応じて、説法もまた、「最初に説かれた説法」と「無上正覚のための卓越した説法」とに二分されていたが、この〔210〕でも、「法輪」がヴァーラーナシーで、“pūrvam”「以前に」転ぜられた法輪と、“adya”「今」転ぜられた「無上の」法輪とに分けられているのである。すでに論じたように、このような極めて単純明快な〝時間の二分法〟、及びそれに応じた〝説法の二分法〟は、〝小乗は劣り、大乗は優れている〟とする価値二元論的な〝大乗主義〃によって、『法華経』に持ち込まれたものであるが、そこには、〃方便による説法〃という「方便品」散文部分の基本的理解は存在せず、従って、「方便」についても全く言及されることはない。この点でも、〔210〕は〔178〕に一致している。

また、すでに、(117)の苅谷説に対する批判として述べたことであるが、〃大乗主義〃による〃時間と説法の二分法〃というのは、決して〃小乗・大乗・仏乗〃という三分法ではないことを、改めて強調しておきたい。即ち、この二分法を主張する「譬喩品」散文部分の基本的立場は、「仏乗」ではなく「大乗」であり、そこではすべてが〃小乗は劣り、大乗は優れている〃という〃大乗主義〃の立場から述べられているのである。

なお、〔210〕には、"dvitīyaṃ"「第二の」〔法輪〕という、私より見れば、かなり驚くべき大胆な言葉が存在するが、これについては、渡辺博士による、次のような解説を参照すべきであろう。

(137)底本には〃第二の〃という語があるが、この一語はネパールの比較的新しい紙写本のみに見いだされ、すべての貝葉本（G第二本、P本を含む）およびチベット語訳にも両漢訳にもないから削った方がよい。むろん意味の上からいえばあとの第三四頌にもあるように〃第二の法輪〃には違いない。（『渡辺詳解』五八回、一一五頁上）

即ち、"dvitīyaṃ"は、両漢訳・チベット訳（P, chu,32b5）や、古い貝葉本の写本にも存しないから「削った方がよい」というのである。おそらく、この見解は妥当であろうが、[234]ここでは問題を明確化するために、敢えて"dvitīyaṃ"をテキストから削除しなかった。では、その問題とは何かと言えば、それは渡辺博士が指摘されたように、"dvitīyaṃ"の語が、現行のテキストでは、〔210〕よりも後に置かれている第三四偈に、用いられているという点なのである。即ち、そこには"prathamaṃ pravartitaṃ tatra dvitīyam iha nāyaka"（K, 70,1）、つまり、「導師よ、そこで最初の〔法輪〕が転ぜられ、ここで第二の〔法輪〕が転ぜられた」と明確に述べられているのである。しかるに、すでに述べたように、「第二の法輪」という表現は、かなり大胆なものであろう。というのも、時間が〃『法華経』出現以前〃（小乗）〔α〕と〃『法華経』出現以後〃（大乗）〔β〕とに二分された「譬喩品」散文部分〔178〕においてさえも、第二の時間〔β〕

になされる説法は、原始仏典[235]に用いられたのと同様の"sāmutkarṣikī dharmadeśanā"「卓越した説法」という語によって表現されていたのであって、「第二の法輪」などとは呼ばれていなかったからである。すると、〔210〕の"dvitīyaṃ dharmacakram"「第二の法輪」という大胆な表現を形成する"dvitīyam"という語は、その明確な〃大乗主義〃によって、何事によらず、二元論的に単純化された主張を好む偈の性格にもとづいて、「譬喩品」第三四偈で最初に述べられ、それが散文部分〔210〕に異読として持ち込まれたと考えるのが自然であろう。しかるに、そうであるとすれば、これもまた、「譬喩品」偈の成立が、その散文部分の成立よりも遅いことを示す一つの証拠となるであろう。[236]

さて、「譬喩品」散文部分では、〔210〕の後で、以上の説法を受けて、シャーリプトラは〃自分に対する授記を聞いて、自分には疑惑がなくなったが、他の千二百人の阿羅漢や学・無学の声聞たちは疑惑をもっているので、その疑惑がなくなるようにお説き下さい〃と告げ、それに対して釈迦仏が、次のように答えたとされている。

〔213〕ⓐ nanu te mayā śāriputra pūrvam evākhyātaṃ yathā nānābhinirhāranirdeśavividhahetukāraṇanidarśanārambaṇaniruktyupāyakauśalyair nānādhimuktānāṃ sattvānāṃ nānādhātvāśayānām āśayaṃ viditvā tathāgato 'rhan samyaksaṃbuddho dharmaṃ deśayati / ⓑ imām evānuttarāṃ samyaksaṃbodhim ārabhya sarvadeśanābhir bodhisattvān eva[237] samādāpayati / ⓒ api tu khalu punaḥ śāriputraupamyaṃ te kariṣyāmi asyaivārthasya bhūyasyā mātrayā saṃdarśanārtham / tat kasya hetoḥ / upamayehaikatyā vijñapuruṣā bhāṣitasyārtham ājānanti / (K, 71,6-12)

〔214〕ⓐ向者吾不説斯法耶。以若干種善権方便、随其因縁、而示現之。如来至真等正覚。ⓑ所分別演、皆為無上正真道故、我所諮嗟、皆当知之、為菩薩也。ⓒ又舎利弗、今吾引喩、重解斯誼、有明慧者、当了此譬喩。(『正法華』七五中一―五)

〔215〕ⓐ我先不言、諸仏世尊、以種種因縁譬喩言辞、方便説法。ⓑ皆為阿耨多羅三藐三菩提耶。是諸所説、皆為化菩薩故。ⓒ然舎利弗、今当復以譬喩、更明此義。諸有智者、以譬喩得解。(『妙法華』一二中九―一三)

(138)ⓐシャーリプトラよ、私は、あなたに、以前に（pūrvam）、「如来・阿羅漢・正覚者は、様々な完成の教示・様々な因・原因・譬喩・語釈という方便善巧〔B〕によって、様々に信解をもち、様々な界と意楽をもつ衆生たちの意楽を知ってから、法〔A〕を説く」と説明したではないか。

ⓑ〔如来は〕ほかならぬこの無上正覚〔A〕のために、一切の説示（deśanā）〔B〕によって、菩薩たちだけを、教化する（samādāpayati）のである。ⓒしかし、シャーリプトラよ、ほかならぬこの意味を、更に明らかに示すために、あなたに譬喩（aupamya）を作ることにしよう。何故かというと、この世間では、譬喩（upamā）によって、智者（vijña-puruṣa）であるある人々（ekatya）は、説かれたことの意味を理解するからである。

ここでまず、ⓐにおいて、“pūrvaṃ ... ākhyātaṃ”「以前に……説明した」というのは、「方便品」散文部分の所説を指している。というのも、〔213〕ⓐの“nānābhinirhāra ... upāyakauśalyair nānādhimuktānāṃ sattvānāṃ nānādhātvāśayānām āśayaṃ viditvā ... dharmaṃ deśayati”とほぼ同文が、「方便品」散文部分の〔148〕〔151〕〔154〕で、四回（K, 41,2-3; 41,12-14; 42,4-5; 42,14-15）繰返されたからである。従って、ここには「方便品」散文部分からの引用文が置かれていると見ることもできるであろう。ただし、すでに述べたように、「方便品」散文部分の四回の用例においても、また、この〔213〕ⓐにおいても、上述の文章の後半にある“nānādhimuktānāṃ sattvānāṃ nānādhātvāśayānām āśayaṃ viditvā”という衆生の様々の機根・能力に言及する表現が、テキストに本来存在したものであるのか、それとも、後に〝三乗各別説〟の立場から付加されたものであるのかは、必ずしも明らかではない。というのも、この〔213〕ⓐにおいても、この表現に対応する訳文が、両漢訳の〔214〕ⓐ・〔215〕ⓐに見出されないからである。

次に、〔213〕のⓑについて言うと、すでに“samādāpayati”の用例について、検討したように、ⓑの末尾が“bodhisattvān [eva] samādāpayati”であるか“bodhisattvayānam eva samādāpayati”であるかは、大きな問題であろう。しかし、二つの漢訳に“yāna”の訳語が欠けている以上、また、O本にも“tayā bodhisatvā samādapīyaṃti”（76a7）とあることを考慮しても、「yāna の語は後代の誤った挿入であろう」[238] という苅谷博士の理解は、妥当であろう。もしもO本以外の写本にある“bodhisattvayānam eva samādāpayati”が本来の読みを示しているとすると、“bodhisattva-yāna”「菩薩乗」という語は、『法華経』において、ここで最初に用いられたということになるが、もしそうであるとすると、この語の使用は、やや唐突であるように思われる。即ち、『法華経』梵本において、“bodhisattva-yāna”の用例は、一三例あるが、その内訳を見ると、最初の三例（K, 71,9; 79,6; 79,10）だけが、「譬喩品」散文部分にあり、他の一〇例のうち、最初の一例は「法師品」にあり、次の八例は「薬王菩薩品」にあり、残りの一例は、「普賢菩薩品」にあるという状況になっている。すると、「法師品」よりも前の所謂〝第一類〟においては、“bodhisattva-yāna”の用例は、「譬喩品」散文部分に三つあるだけということになる。しかるに、すでに述べたように、その第一の用例、即ち、〔213〕の“bodhisattvayānam eva samādāpayati”という用例は、漢訳に“yāna”の訳語を欠いている。では、三乗を列挙する“śrāvakayānaṃ pratyekabuddhayānaṃ bodhisattvayānam iti”（K, 79,6; 79,10）という他の二つの用例についてはどうかというと、それについては後に論じるが、少なくとも、『妙法華』では、この二つの“bodhisattva-yāna”に対応するのは、「仏乗」（一三中九、一三中一三）という訳語であり、『妙法華』が用いた梵語原典では、“bodhisattva-yāna”の代りに“buddha-yāna”という語が置かれていたであろうということが推測される。

そもそも“bodhisattva-yāna”という語の成立は、“mahāyāna”という語の成立よりも新しいと考えられている。[239] それは、『道行般若経』「道行品」に“mahāyāna”の訳語である「摩訶衍」という語は存在しても、“bodhisattva-yāna”の訳語は存在しないことからも、理解される。従って、平川彰博士は、「般若経や法華経に「菩薩乗」の語が用いられるのは、大乗の原始期を過ぎてからのようである[240]」とか「大乗仏教の初期の三乗は、声聞乗・独覚乗（縁覚乗）・仏乗の三乗であったであろう[241]」と言われている。すると、「譬喩品」散文部分における“bodhisattva-yāna”の三つの用例については、いずれも疑問が生じるのであって、その第一例については、本来“yāna”が欠けていたのではないかと考えられ、後の二例については、本来の“buddha-yāna”から変更されたものではないかという疑問があるのである。

いずれにせよ、〔213〕における“bodhisattva-yāna”という新しい語の使用は余りにも唐突であると思われる。つまり、私見によれば、〔213〕の直後に置かれる所謂「火宅譬喩」では、“mahāyāna”という語が、用意周到な準備を経て、『法華経』に初めて導入されるのであるが、その“mahāyāna”という語も未だ導入されていない〔213〕の段階で、“mahāyāna”よりも成立の新しい“bodhisattva-yāna”という語が用いられるということは、まず考えられないであろう。従って、〔213〕ⓑには本来“bodhisattvayānam eva samādāpayati”ではなく、“bodhisattvān eva samādāpayati”という読みが存在したと考えておきたい。すでに第三章で“samādāpayati”の用例に関して論じたように、この表現にもとづいて、『法華経』の偈の部分において、“bahubodhisattvān”と“samādāpayati”が結合する多くの用例が生み出されたと推測されるのである。

なお、〔213〕ⓑの問題の文章について、苅谷博士は、「それ故、『版本』をbodhisattvān samādāpayatiと校訂する」[242]と言われたが、何故“eva”「だけ」という語を省かれたのかは、明らかではない。あるいは、O本の対応個所に“eva”は用いられていないという理由によるものかもしれない。しかし、私見によれば、“sarvadeśanābhir”「一切の説示によって」の“sarva”「一切の」と“eva”「だけ」は、意味的に呼応しているように感じられる。つまり、全体の文意を“あらゆる多様な教説によって、菩薩だけを教化する”と考えるならば、“eva”「だけ」の語は、有意義なものとなるのではなかろうか。従って、ここに“eva”の語は省かずに保存しておきたい。即ち、“yāna”という語だけをK本から省くのである。

しかるに、〔213〕ⓒには「ほかならぬこの意味を更に明らかに示すために」譬喩を説くと言われている。ここで“asyaivārthasya”「ほかならぬこの意味」と、次に出る“bhāṣitasyārtham”「説かれたことの意味」とは、おそらく、同じものを指すであろう。では、その「意味」とは何か。あるいは、別の言い方をすれば、そこで“bhāṣita”「説かれたこと」とは何を指すのであろうか。私見によれば、“bhāṣita”とは、〔213〕ⓐと〔213〕ⓑの両方を指すのではなく、〔213〕ⓑだけを指すと思われる。“asyaiva”「ほかならぬこの」という“eva”を含む表現は、基本的には直前のものを指すと考えられるからである。すると、以下に述べられる「火宅譬喩」とは、〔213〕ⓐではなく、〔213〕ⓑの所説に対する譬喩であると理解すべきであろう。すでに述べたように、〔213〕ⓐの大半は、「方便品」散文部分からの引用文といってもよいものであるが、〔213〕ⓑの文章は「譬喩品」散文部分に独自なものである。従って、「譬喩品」散文部分としては、〔213〕ⓑの方が、自らの立場を示すものという意味では、遙かに重要であり、その重要な〔213〕ⓑの譬喩として、以下に「火宅譬喩」が説かれるということになるのであろう。

では、その〔213〕ⓑの趣旨とはどのようなものなのであろうか。"imām evānuttarāṃ samyaksaṃbodhim ārabhya sarvadeśanābhir bodhisattvān eva samādāpayati" というのが、その全文である。このうち、冒頭の "imām eva"「ほかならぬこの」というのは、やはり直前の語との同一性を示すと思われるが、その直前の語とは、〔213〕ⓐの "dharmaṃ"「法」であろう。つまり、"imām eva" というのは、〔213〕ⓐの所説との緊密な関係を示すために用いられた語であって、〔213〕ⓑ自体の中心的な趣旨は、"anuttarāṃ" 以下に述べられていると思われる。では、"anuttarāṃ samyaksaṃbodhim ārabhya sarvadeśanābhir bodhisattvān eva samādāpayati" というのは、何を意味しているのであろうか。まず、"ārabhya" は、すでに論じたように、「……のために」を意味すると思われるから、これは、"anuttarāyāṃ samyaksaṃbodhau sarvadeśanābhir bodhisattvān eva samādāpayati"「無上正覚に向けて（において）、一切の説示によって、菩薩だけを教化する」という文章と同義であろう。また、"sarvadeśanābhir" というのは、〔213〕ⓐの "nānābhinirhāranirdeśavividhahetu-kāraṇanidarśanārambaṇaniruktyupāyakauśalyair" に対応しており、従って、"sarva-deśanā"「一切の説示」というのは、"多様な言辞等という方便" を意味すると思われる。それを後に出る「火宅譬喩」の言葉でいえば、"三乗の教説という方便" ということになるであろう。つまり、"sarva" は多様性を表す語なのである。

しかるに、"三乗の教説という方便によって、「無上正覚」という「法」を説く" というならば、この構文は、「方便品」散文部分〔160〕の "upāyakauśalyena tad evaikaṃ buddhayānaṃ triyānanirdeśena nirdeśanti" という一文にも認められるものであって、「譬喩品」散文部分に独自なものとは考えられない。従って、〔213〕ⓑの "anuttarāṃ samyak-saṃbodhim ārabhya sarvadeśanābhir bodhisattvān eva samādāpayati" という文章の中で、「譬喩品」散文部分の独自性が示されているのは、"bodhisattvān eva samādāpayati"「菩薩たちだけを教化する」という部分だけであろうと思われる。

しかるに、この「菩薩たちだけを教化する」という表現には、「譬喩品」散文部分の根本的立場である〝三乗各別説〟〝大乗主義〟が明確に示されているのである。即ち、〔181〕では、シャーリプトラは、過去世以来、無上正覚を求めて菩薩行を行じてきたもの、つまり、〝実は菩薩である〟ことが明され、〔184〕では、シャーリプトラは〝菩薩行を満たしてから〟成仏するであろうという授記がなされたのであるから、釈迦仏はシャーリプトラ等という「菩薩たちだけを教化する」ということが、ここで述べられたと考えられる。また、〔207〕では、シャーリプトラはパドマプラバ如来という仏陀になってから、堅満という菩薩に授記すると言われている。つまり、パドマプラバ如来（シャーリプトラ）も、釈迦仏と同様に、「菩薩だけを教化する」のである。

〝無上正覚に向けて、菩薩だけを教化し、声聞は教化しない〟というのは、〝『法華経』は「智者」（菩薩）だけに説け、「愚者」（声聞）には説くな〟という「譬喩品」第一三六偈・第一三七偈〔19〕の趣旨と同様に、〝三乗各別説〟であり、大乗の方が優れているという〝大乗主義〟、そして〝菩薩だけが成仏できる〟という〝大乗主義〟を説くものであろう。しかるに、この〝大乗主義〟を、さらに明確に説くために、“mahāyāna”「大乗」という語を『法華経』に導入しようとして巧みに構想されたのが、「火宅譬喩」なのである。では、その譬喩の内容を以下に見てみよう。

第六章　「譬喩品」散文部分の後半部分の考察

まず、「火宅譬喩」の冒頭部分は、次の通りである。

〔216〕ⓐ tadyathāpi nāma śāriputreha syāt kasmiṃścid eva grāme vā nagare vā nigame vā janapade vā janapadapradeśe vā rāṣṭre vā rājadhānyāṃ vā gṛhapatir jīrṇo vṛddho mahallako 'bhyatītavayo 'nuprāpta āḍhyo mahādhano mahābhogaḥ / ⓑ mahac cāsya niveśanaṃ bhaved ucchritaṃ ca vistīrṇaṃ ca cirakṛtaṃ ca jīrṇaṃ ca dvayor vā trayāṇāṃ vā caturṇāṃ vā pañcānāṃ vā prāṇiśatānām āvāsaḥ / ekadvāraṃ ca tan niveśanaṃ bhavet / ⓒ tṛṇasaṃcchannañ ca bhavet / vigaḍitaprāsādaṃ ca bhavet / pūtistambhamūlaṃ ca bhavet / saṃśīrṇakuḍyakaṭalepanaṃ ca bhavet / ⓓ tac ca sahasaiva mahatāgniskandhena sarvapārśveṣu sarvāvantaṃ niveśanaṃ pradīptaṃ bhavet / tasya ca puruṣasya bahavaḥ kumārakāḥ syuḥ pañca vā daśa vā viṃśatir vā sa ca puruṣas tasmān niveśanād bahir nirgataḥ syāt /（K, 72,1-8）

〔217〕ⓐ如郡国県邑、有大長者、其年朽邁、坐起苦難、富楽無極、財宝無量。ⓑ有大屋宅、周匝寛博、垣牆高広、其舎久故。数百千人、而在其内、唯有一門、及監守者。ⓒ堂屋傾危、梁柱腐敗、軒窓既多、多積薪草。ⓓ時失大火、従一面起、普焼屋宅、長者有子、若十若二十。（『正法華』七五中五―一一）

〔218〕ⓐ舎利弗、若国邑聚落、有大長者、其年衰邁、財富無量、多有田宅、及諸僮僕。ⓑ其家広大、唯有一門。多諸人衆、一百二百乃至五百人、止住其中。ⓒ堂閣朽故、牆壁隤落、柱根腐敗、梁棟傾危。ⓓ周匝倶時、欻然火起、焚焼舎宅。長者諸子、若十二十或至三十、在此宅中。（『妙法華』一二中一三―一九）

(139) ⓐ例えば、シャーリプトラよ、ある村か町か市か県か郡か王国か王都かに、一人の家長（gṛha-pati）がいるとしよう。彼は、老いていて（jīrṇa）、老年で高齢で老齢に達しているが、富んでいて（āḍhya）、大きな財をもち（mahā-dhana）、大きな財産をもっている（mahā-bhoga）としよう。ⓑまた、彼には、大きな家（niveśana）があるとしよう。それは高く広く、作られてから久しく（cira-kṛta）、老朽化し、二百か三百か四百か五百の生類（prāṇin）の住居であり、その家は一つの門をもつもの（eka-dvāra）であるとしよう。ⓒそれは、草に覆われ、高楼は傾き、柱の根もとは腐り、外壁と壁と塗料がはげ落ちているとしよう。ⓓしかるに、その家は、突然あたり一面全体が、大きな火の塊（mahā-agni-skandha）によって燃やされたとしよう。そして、この人（puruṣa）には、五人か十人か二十人かの多数の子供（kumāraka）がいたとしよう。しかるに、その人は、その家から外に出た（nirgata）としよう。

ここで、まずⓐにおいて、ある町か村等に、「大長者」、つまり、非常な財産家が住んでいたとされるが、仏陀を「大長者」になぞらえること自体に、この譬喩の差別的な性格が認められると思われる。ここには、“āḍhya”「富んでいる」という形容詞が用いられているが、この語は、「信解品」の「窮子譬喩」では、“daridra”「貧しい」という語と対比的に、つまり、「富者」と「貧者」（窮子）として対比的に用いられる語である。しかるに、「富者」と「貧者」という対比以上に明確な差別的発想はないであろう。この「火宅譬喩」それ自体には、“daridra”という語は用いられていないが、しかし、身体的障害に対する差別的な言葉が多用される〝「譬喩品」末尾の一連の偈〟（III, vv.109-136）には、“daridra”（III, v.132）も“daridraka”（III, v.124）も、一回ずつ用いられている。また、この“daridra”が「方便品」散文部分には全く用いられておらず、その偈（II, v.110）には用いられていることについては、すでに述べた通りである。[243] 勿論、“āḍhya”も、「方便品」散文部分には、全く使用されていない。

また、〔216〕ⓐでは「大長者」がいかに富んでいるかを示すために“mahā-dhana”“mahā-bhoga”という語が用いられ、彼の邸宅については、“mahac ... niveśanaṃ”ということが言われている。つまり、〔216〕では、“mahatāgniskandhena”という用例をも含めて、“mahā”“mahat”「大きい」という語が四度も用いられているのであるが、これは、後に、この「火宅譬喩」で〝mahāyāna〟「大乗」という語を『法華経』に導入するための伏線として、使用されていると思われる。

なお、〔216〕ⓐでは、「大長者」が高齢であることが、四つの形容詞を使って力説されているが、これは、すでに述べたように、『法華経』は仏陀の最晩年に説かれた最終的な最高の経典であるという理解にもとづいて言われたのであろうが、〔216〕では、〝jīrṇa〟「老いた」という形容詞が「大長者」だけではなく、彼の家についても用いられているので、「大長者」に関する高齢・老衰の強調は、〔216〕ⓒにおける彼の家の老朽化に関するややくどいような詳細な説明から影響を受けている面もあるかもしれない。なお、〔216〕ⓒにおける「大長者」の家の老朽化に関する説明は、「譬喩品」の偈（第三九偈―第六一偈）になると更に増幅され、その家には悪獣や毒虫や悪鬼が充満しているという説明が延々として続けられることになるのであるが、この悪獣等の意味については、後に論じることにしたい。

さて、〔216〕において、次に問題となるのは、「大長者」の家の住人の数であろう。梵本の〔216〕ⓑによれば、その数は、二百人から五百人、『正法華』〔217〕ⓑでは「百千人」、『妙法華』〔218〕ⓑでは百人から五百人とされている。『正法華』の「百千人」は、意訳のように感じられるから、『妙法華』の〝百人から五百人〟というのが、チベット訳（P, chu,33b6）とも合致する穏当な数であろう。なお、これに対応する第四一偈では、〝śatāna pañcāna anūnakānāṃ〟（K, 83,3）「五百より少なくない」と言われている。

これに対して、そこに住む「大長者」の子供の数はというと、梵本〔216〕ⓓでは「五人か十人か二十人」、『正法華』〔217〕ⓓでは「若十若二十」、『妙法華』〔218〕ⓓでは「若十二十或至三十」、チベット訳（P, chu,33b8）では「五人か十人か二十人」、更にO本（72a5）では「八人か十人か二十人か三十人か四十人か五十人」とされ、ここでもO本には加筆・増広が多いことが理解される。なお、家の中の息子の数は、第七五偈では、〝viṃśa〟（K, 88,3）「二十人」とされている。ここでは、一応、梵本に従い〝五人から二十人〟と考えておきたい。すると、「大長者」の家に住んでいたのは、〝百人から五百人〟であるのに対し、「大長者」の子供は、そのほぼ二十分の一から二十五分の一にしかすぎない〝五人から二十人〟であり、彼等だけが「大長者」によって、所謂〝火宅〟から救済されることになるのである。何故かと言えば、彼等は、〝仏陀の息子〟、つまり、〝菩薩〟であり、〝菩薩だけを教化する〟〝菩薩だけが成仏できる〟というのが、この譬喩の直前におかれた〔213〕ⓑにおいて、〝所喩〟、つまり、譬喩によって示される意味として述べられた「譬喩品」散文部分の根本的立場だからである。「大長者」の家に住む子供以外の残りの人々は、〝非菩薩〟、つまり、〝菩薩ではないもの〟と見なされているであろうが、彼等については、「譬喩品」散文部分では〔216〕以降に言及がなされない。ということは、彼等は〝火宅〟に取り残されるということを意味しているであろう。これが〝菩薩だけを教化する〟という「譬喩品」散文部分の〝大乗主義〟の実態なのであり、これを“universal salvation”などと呼ぶことはできないであろう。

しかるに、これに対して、〝「大長者」の家に住む人々の数と「大長者」の子供たちの数に差があるのは、大きな問題ではない。その家に多くの住人が住んでいたというのは、それがいかに大きな邸宅であったかを言おうとするための表現にしかすぎない。経典作者の意図は、むしろ子供たちをいかなる方便を用いて救済するかにあるのであって、子供たち以外の住人のことは、経典作者の念頭にはなかった〟という反論があるかもしれない。しかし、私見によれば、「火宅譬喩」は、実に用意周到な意図のもとに精密に構想されているのであって、その作者が、残りの住人たちのことはうっかり忘れていたなどということは、到底考えられない。やはり、ここには〝菩薩だけを教化する〟あるいは〝菩薩だけが成仏できる〟という〝大乗主義〟の差別的な立場が示されていると見るべきであろう。

なお、〔216〕の末尾には、「大長者」が燃えている邸宅から、外に脱出したことを述べる“sa ca puruṣas tasmān niveśanād bahir nirgataḥ syāt”という文章が置かれている。この文章は、中村博士の訳では、「そして、その人〔長者〕だけが燃える邸宅から外にのがれ出ることができたとしよう」(『中村 上』七三頁)と訳されているが、この訳文で「だけが」というのは、訳者である中村博士による補いであろう。しかし、父親が子供たちを置いたまま〝火宅〟から脱出したとすれば、「その人だけが」と言われても致し方ないであろう。この文章は、いずれの漢訳にも欠落しているが、これは、子供たちを置き去りにしたという非難が「大長者＝仏陀」に向けられないようにという配慮から、訳者たちが敢て訳文を省略したためではないかと思われる。渡辺博士は、問題の文章について、

⑭この一文はすべての原典（G両本、P本を含む）とチベット語訳とにあるが、両漢訳ともに欠く。ない方がスッキリする。（「渡辺詳解」六〇回、九八頁上）

と言われるが、「ない方がスッキリする」という評価には必ずしも賛成できない。というのも、問題の文章は、仏陀に関して、〝三界からの解脱〟を述べたものであり、その点では重要なものと思われるからである。

また、この一文に関連して、散文部分の内容とそれに対応する偈の内容が異なることが、布施博士によって問題とされている。即ち、対応する「譬喩品」第五六偈によると、「大長者」が外出していたときに、家に火災が起ったことになっているが、散文部分の〔216〕ⓒでは、「大長者」が家の中にいるときに火災が起り、「大長者」は家から脱出したとされるのである。

この点について、布施博士は、

⑭此の両長者の描写は長行偈頌に於て確かに相異してゐる。偈頌の物語は本当らしいが長行の長者はいかにも間がぬけてゐるではないか。若し一人の作なれば斯かる二種の長者を描写する筈はなく、又其の必要も無い。（『成立史』一二三頁一〇―一三行）

という理解を示され、更にこの理解を一つの根拠として、「第一類」における散文部分と偈頌部分の成立の前後関係について、次のように論じられていた。

⑭斯くして第一類にあつてはビルヌフ説を採用すること不可能なるも、ケルン説は是を採用するも差支へ無いと言ふ結論に到達した訳であつて、長行よりも偈頌が古く、原始形にあつては長行初頭の短い連絡文のみがあつて、偈頌と偈頌とを結んでゐたこととなる。従つて現存経典にある長い長行は偈頌を模倣して後世布衍したものに相違ないのである。（『成立史』一三五―一三六頁）〔傍線＝松本〕

しかるに、この布施説については、勝呂博士によって詳しい批判がなされており、勝呂博士が、問題の「火宅譬喩」について、

⑭この譬喩物語について、長行と偈を比較すると、長行が先で偈はそれに基づいたものであることが察知される。

（『成立と思想』一一八頁一三行）

と論じられたことも、また、結論的に、

⑭一般に偈と長行との間に著しい相違がある場合は、偈は長行にない説をそこに加上したものと見るべきであろう。

（『成立と思想』一二〇頁三行）

と主張されたことも、私見によれば完全に妥当であると思われる。

さて、「譬喩品」散文部分において、この譬喩の荒筋を更にたどって見ると、まず「大長者」は〝火宅〟から脱出した後で、子供たちが火災に気づかずに相変らず遊び戯れ走りまわっている様子を見て心配し、最初は、腕力を用いて、子供たちをひとまとめにかかえて連れ出したらどうかと考えたが、その後、家が燃えているのですぐに家から出てきなさいと声をかけたことになっている。しかし、子供たちは遊びに夢中になっていて、父親の声に耳を傾けようともしない。そこで、「大長者」は、「方便善巧によって」"upāyakauśalyena"（K, 73,14）、子供たちを家から脱出させようと考える。即ち、彼は子供たちの各自の「意楽を知り」"āśaya-jña"（K, 73,15）、「信解」"adhimukti"（K, 73,15）を知り、各自が様々な多様な「遊具」"krīḍanaka"（K, 74,1）を好むことを理解して、彼等に次のように言ったとされている。

〔219〕yāni tāni kumārakā yuṣmākaṃ krīḍanakāni ramaṇīyakāni āścaryādbhutāni yeṣām alābhāt saṃtapyatha nānāvarṇāni bahuprakārāṇi tadyathā gorathakāny ajarathakāni mṛgarathakāni yāni bhavatām iṣṭāni kāntāni priyāṇi manaāpāni tāni ca mayā sarvāṇi bahir niveśanadvāre sthāpitāni yuṣmākaṃ krīḍanahetoḥ / āgacchantu bhavanto nirdhāvantv asmān niveśanād ahaṃ vo yasya yasya yenārtho yena prayojanaṃ bhaviṣyati tasmai tasmai tat pradāsyāmi / āgacchata śīghraṃ teṣāṃ kāraṇaṃ nirdhāvata / (K, 74,3-8)

〔220〕〔即為陳設、象馬車乘、遊観之具、開示門閣、使出于外、〕鼓作倡伎、絶妙之楽、戯笑相娯、令済火厄。当賜衆乘、象車馬車羊車伎車、吾以厳弁、停在門外。速疾走出、出避火災、自恣所欲、従意所楽。(『正法華』七五中一四―一九)

〔221〕汝等所可玩好、希有難得、汝若不取、後必憂悔、如此種種羊車鹿車牛車、今在門外、可以遊戯。汝等於此火宅、宜速出来、随汝所欲、皆当与汝。(『妙法華』一二下八―一一)

(145)子供たちよ、お前たちの楽しい(ramaṇīyaka)希有・未曾有(āścarya-adbhuta)な遊具(krīḍanaka)で、それを得なければ、お前たちが後で苦しむであろうような様々の色をした(nānā-varṇa)多くの種類の(bahu-prakāra)遊具、即ち、お前たちが欲し、愛好し、好み、気に入っている牛の車(go-rathaka)・羊の車(aja-rathaka)・鹿の車(mṛga-rathaka)、それらが全て、お前たちが遊ぶために、私によって、外の家の門のところに置かれている。お前たちよ、こちらへ来なさい。この家から走って出てきなさい。そうすれば、お前たち一人ひとりが、何を望み何を求めようとも、それを、それぞれ一人ひとりに与えよう。〔だから〕それら〔遊具〕のために、速く走って出て来なさい。

ここに、所謂〝三車〟が示されている。即ち、「大長者」は「火宅」から子供たちを脱出させるために、子供たちがそれぞれに好む“krīḍanaka”「遊具」として〝三車〟を示し、それを与えるので「火宅」から出て来るようにと告げているのである。しかるに、この〝三車〟の名称や、それが指すものについては大きな問題があり、多くの議論が所謂〝三車家〟〝四車家〟の問題とも絡めて研究者によってなされてきたが、ここでも、この譬喩が何を意図したものであるかを明らかにするために、これについて論じざるを得ないであろう。

まず、〝三車〟の名称について言えば、ここでは、梵本の〔219〕では〝三車〟が“go-rathaka”“aja-rathaka”“mṛga-rathaka”の順で示され、『妙法華』〔221〕の「羊車鹿車牛車」と名称そのものは一致しているが、列挙の順序は一致しない。因みに、O本(79b4)では〝三車〟が“go-rathaka”“mṛga-rathaka”“aja-rathaka”の順で示され、『妙法華』は、これを、劣ったものから優れたものへという順序に変更して訳しただけであるかもしれない。

しかるに、『正法華』〔220〕では、“三車”の名称が異なるだけではなく、論旨も、梵本や『妙法華』に一致しているかどうか明確ではない。即ち、まず、冒頭の「陳設」というのは、「……を設けた」「……を作った」という意味であろうが、その目的語は「象馬車乗、遊観之具」である。このうち、「遊観之具」は、“krīḍanaka”の訳語と思われる。また、「象馬車乗」というのは、漢訳仏典に多用される語であるが、『正法華』にも約一〇の用例がある。(244) その原語を調べてみると、殆んどの場合、それはⓐ“hasy-aśva-ratha”の訳語であるが、しかし、ⓑ“go-ratha”“aśva-ratha”“hasti-ratha”の三車を列挙したものの訳語である場合も一例ある。(245) このうち、前者は「象と馬と車」を意味し、特に金銀琉璃珊瑚等とともに列挙されて、豊富な財産の一部を示すことが多いが、後者は「牛車」と「馬車」と「象車」を意味すると考えられる。では、〔220〕では、「象馬車乗」はどちらを意味するのであろうか。あるいはまた、それ以外のものを意味するのであろうか。これについて、「象馬車乗」の原語は“hasy-aśva-ratha”であり、従って、「象と馬と車」を意味するという解釈も容易には捨て切れないが、しかし、ここでは、一応、梵本〔219〕の“gorathakāny ajarathakāni mṛgarathakāni”との対応を尊重し、また、『正法華』〔220〕末尾に「象車馬車羊車伎車」とあることを重視しておきたい。つまり、「大長者」が作ったのは、「象と馬と車」ではなくて、とにかく、「象車・馬車・羊車」というような様々の「車」、あるいは、三種類の「車」であったと見るのである。

この「象馬車乗」という訳語は、辛嶋氏の後出の論述(146)によって指摘されている竺法護訳『修行道地経』に見られる類似の譬喩（後出の〔222〕）にも用いられているが、そこで、この語が何を意味するかについては、後に検討したい。

さて、『正法華』〔220〕には、その後に「鼓作倡伎、絶妙之楽」とあるが、これは、後に検討する上述の『修行道地経』の譬喩〔222〕に「作諸伎楽」「作伎楽」とあるのに対応しているから、何等かの音楽をなすことを言っているように見えるが、後論するように、「伎楽」も、やはり“krīḍanaka”の訳語であるように思われる。さらに、〔220〕では、「当賜衆乗」から「大長者」の言葉が始まるように見えるが、そこに「吾……停」とあるのは梵本〔219〕の“mayā…

sthāpitāni”に対応するから、「象車馬車羊車伎車」とあるのが、“gorathakāny ajarathakāni mṛgarathakāni”に対応するように思われる。しかし、まず、辛嶋氏によって“a carriage for amusement”[246]と訳される「伎車」の原語は何か、また、その意味は何かということが、明らかではない。また、「伎車」はそこで「象車馬車羊車」という〝三車〟と並列されて、〝第四車〟を構成しているのか、それとも、「象車馬車羊車」を形容する語なのかも、不明である。このうち、前者の想定に従った場合、梵本の〝三車〟とは異なって、ここでは〝四車〟が言われたことになってしまうが、これはやはり不適切であろう。しかし、後者の想定に従ったとしても、梵本〔219〕の“gorathakāny ajarathakāni mṛgarathakāni”と『正法華』〔220〕の「象車馬車羊車」とでは、一致するのは“ajarathakāni”と「羊車」だけであり、他の二車については名称が一致しない。

これについて、辛嶋氏は、

> (146) mṛga には、〝鹿〟の意以外に〝野生の動物〟の意があり、Zの理解では〝馬〟をもって、野生の動物の代表としたのかも知れない。go の様な一般的な語を「象」と訳したとは奇妙だが（III. 406（K. 89.7）. goṇā も Z. 77c-13.「象」とある）、原語が違ったとは考えられない。なお、同じく竺法護が284年に訳した『修行道地経』の火宅の比喩の部分にも、「象・馬・車乗」とある（T. 15. 226c2）。（『乗と智慧』一八六頁、註一六）〔Z＝『正法華』：松本補〕

と論じられた。“mṛga”が「馬」と訳される可能性があるかどうかは別にして、〔220〕の「象」が〔219〕の“go”「牛」に、少なくとも対応していることは、確実だと思われる。辛嶋氏が(146)で指摘されたように、「譬喩品」第八三偈に出る“goṇā”も、『正法華』では「象」と訳されていることは、後出の〔240〕と〔241〕に示されている。すると、梵本で“go”または“goṇa”とあるところは、『正法華』では規則的に「象」と訳されていることが理解される。その理由は明らかではないが、あるいは、『正法華』が参照した梵語写本には、“go”や“goṇa”ではなく“gaja”「象」というような語が置かれていたのであろうか。

さて、辛嶋氏は、(146)で『修行道地経』の「火宅の比喩の部分」にも、「象馬車乗」の語があることを指摘されたが、この語の意味や〝三車〟の名称を検討するためにも、『修行道地経』のこの譬喩について考察することは、避けられない。それは、次のようなものである。(247)

〔222〕ⓐ譬如長者、年又老極、其子衆多、有大殿舎。柱久故腐、中心火興。諸子放逸、淫於五楽、不覚此災。父時念言。此舎久故、柱心火然、転恐柱摧、壊殿鎮之。当奈之何、欲作方便、誘化使出、令免火難。ⓑ父則於外、作諸伎楽、使人呼諸子。各当賜汝、象馬車乗、摩尼之珠。ⓒ諸子遙聞、伎楽之声、又被父命、悉馳出舎、往詣父所。ⓓ父則各賜諸子、宝車好乗、等而不偏。ⓔ諸子白曰。向者尊父、呼我等出、各賜異珍。今者何故、所賜一等。ⓕ長者告曰。吾殿久故、柱中心腐、而内生火。吾恐柱摧、鎮殺汝等、故作伎楽、呼汝輩出。吾心乃安。皆是我子、等愛念之。故悉与之、珍宝車乗。ⓖ仏言。其故殿舎、謂三界也。柱腐欲壊者、謂三毒之患、周旋生死。柱内火然、謂衆想念也。長者、謂如来也。諸子放逸、謂著三界欲也。作伎楽者、謂仏説罪福、呼諸子出。各賜与者、現三道教也。諸子悉出、父等与宝者、為現大乗、無有三道。臨滅度時、乃了之耳。(大正一五、二二六中二六―下一四)

ここには、「譬喩品」散文部分の「火宅譬喩」と基本的に合致する譬喩が述べられていることは明らかであるが、ⓑが問題の個所である。そこには、まず「父則於外、作諸伎楽、使人呼諸子」とある。すでに述べたように、「作諸伎楽」は、『正法華』〔220〕の「鼓作倡伎、絶妙之楽」に対応して、何か太鼓を用いて音楽をなしたように見受けられるが、「伎楽」は、"krīḍanaka" に対応していると思われる。

次に、「使人呼諸子」というのは、「父」が自分で直接、子供たちに呼びかけたのではなくて、他人に語らせたことを意味するが、このような趣旨は、「譬喩品」散文部分〔219〕には認められない。しかるに、その語らせた内容というのは、「各当賜汝、象馬車乗、摩尼之珠」であるが、ここでは「象馬車乗」の後に「摩尼之珠」が置かれているので、ここで「象馬車乗」とは、七宝等と並列されて、豊富な財産を示すために用いられる語、つまり、"hasty-aśva-ratha" であるように見える。すると、ここには "hasty-aśva-ratha-maṇiratna" というような原語があったことが想像されるが、これは、おそらく不適切であろう。というのも、この『修行道地経』と訳者が等しい『正法華』の〔220〕において、「象馬車乗」は梵本〔219〕の“gorathaka”“ajarathaka”“mṛgarathaka”に対応していると考えられるからである。

さらに、〔222〕ⓖの「呼諸子出。各賜与者、現三道教也」という表現を考慮するならば、「賜与」すると約束されたものは、「三道教」という語によって示されているように、三つのものでなければならないであろうが、“hasty-aśva-ratha-maṇiratna”は、常識的には、四者より成るものであるから、〔222〕ⓑで“hasty-aśva-ratha”を「象馬車乗」の原語として想定することは、妥当ではないであろう。さらに言えば、ⓓにおいて、実際に「賜与」されたのは「宝車好乗」という「車」であるから、「賜与」すると約束された「象馬車乗」も三種の「車」であったと見るべきであろう。

では、ここで再び「譬喩品」散文部分にもどって、「火宅譬喩」のその後の話の展開を逐ってみよう。梵本によると、〔219〕の後に、“子供たちは、各自が以前から望んでいた通りの愛らしい「遊具」(krīḍanaka)の「名前を聞いてから」(nāmadheyāni śrutvā)、努力して(ārabdha-vīrya)、互いに体をぶつけ合いながら、その燃えている家から速かに脱出した”という一節(K, 74,8-12)が置かれている。この一節に対応する漢訳は、次の通りである。

〔223〕諸子聞父所勅所賜象馬車乗、音楽之属、各共精進、広設方計、土坌水澆、奔走得出。(『正法華』七五中一九―二一)

〔224〕爾時諸子、聞父所説珍玩之物、適其願故、心各勇鋭、互相推排、競共馳走、争出火宅。(『妙法華』一二下一一―一三)

このうち、〔223〕で「象馬車乗、音楽之属」とあるのは、『正法華』〔220〕の「象馬車乗、遊観之具」に対応している。従って、“「音楽之属」=「遊観之具」”ということになり、いずれも、『妙法華』〔224〕の「珍玩之物」と同様、“krīḍanaka”の訳語と考えられる。また、この個所は、『修行道地経』〔222〕のⓒに対応しているので、そこに「聞伎楽之声」とあるのは、“音楽の〔出す〕音声を聞いてから”というのではなくて“krīḍanakānāṃ … nāmadheyāni śrutvā”(K, 74,8-10)「諸の遊具の名前を聞いてから」に対応していると思われる。とすれば、〔222〕において、「伎楽」というのは“krīḍanaka”の訳語であることが理解されるのである。しかるに、その“krīḍanaka”とは、「音楽」のことではなく、具体的には、〔223〕の「象馬車乗」という語によって示されるような“rathaka”「車」を指しているのである。なお、『正法華』〔223〕の「象馬車乗」という語は、梵本にも、『妙法華』〔224〕にも、『修行道地経』〔222〕ⓒにも、対応する語を欠いている。おそらく、これは“krīḍanaka”の具体的内容を明らかにするために訳者によって補われた語であろう。

さて、「譬喩品」散文部分の「火宅譬喩」では、その後、子供たちが「火宅」から安全に脱出し、町の四辻の露地に坐っているのを見て、父親が歓び、安心したことが述べられるが、その父親に近づいて、子供たちは次のように言ったとされている。

〔225〕dehi nas tāta tāni vividhāni krīḍanakāni ramaṇīyakāni[248] / tadyathā gorathakāni ajarathakāni mṛgarathakāni / (K, 75,3-5)

〔226〕願父賜我、諸所見許、若干種伎相娯楽具、象馬車乗。(『正法華』七五中二一―二二)

〔227〕父先所許玩好之具、羊車鹿車牛車、願時賜与。(『妙法華』一二下一六―一七)

⑭⑦父よ、牛車(go-rathaka)・羊車(aja-rathaka)・鹿車(mṛga-rathaka)という様々の楽しい(ramaṇīyaka)遊具(krīḍanaka)を、私たちに与えて下さい。

ここでも、『正法華』〔226〕の「伎相娯楽具」は、〔225〕の“krīḍanakāni ramaṇīyakāni”に対応しているように思われる。つまり、“krīḍanakāni”は直後の“ramaṇīyakāni”とともに、「伎相娯楽具」と訳されたのであろうが、“krīḍanakāni ramaṇīyakāni”を有する〔219〕に対応する『正法華』〔220〕でも、「相娯」という語が出るので、これを“ramaṇīyakāni”の訳語であると見て、「伎相娯楽具」から差し引けば、「伎……楽具」が“krīḍanakāni”の訳語であることになるであろう。とすれば、これによって『修行道地経』〔222〕ⓑⓒの「伎楽」を“krīḍanaka”の訳語と見る想定の妥当性が確認されるであろう。

なお、子供たちが父親に〝遊具を下さい〟と述べる〔225〕〔226〕〔227〕の懇願の言葉に対応するものは、『修行道地経』〔222〕には、存在しない。

さて、「譬喩品」散文部分の「火宅譬喩」において、次に述べられるのは、父親である「大長者」が子供たちに何等かのものを与える場面である。それは、次のように述べられている。

〔228〕ⓐ atha khalu śāriputra sa puruṣas teṣāṃ svakānāṃ putrāṇāṃ vātajavasaṃpannān gorathakān evānuprayacchet saptaratnamayān savedikān sakiṅkiṇījālābhipralambitān uccān pragṛhītān āścaryādbhutaratnālaṃkṛtān ratnadāmakṛtaśobhān puṣpamālyālaṃkṛtāṃs tūlikāgoṇikāstaraṇān dūṣyapaṭapratyāstīrṇān ubhayato lohitopadhānāñ śvetaiḥ prapāṇḍaraiḥ śīghrajavair goṇair yojitān bahupuruṣaparigṛhītān savaijayantān / ⓑ gorathakān eva vātabalajavasaṃpannān ekavarṇān ekavidhān ekaikasya dārakasya dadyāt / (K, 75,5-10)

〔229〕ⓐ又舎利弗、彼大長者、等賜諸子、七宝大車。珠交露幔、車甚高広、諸珍厳荘、所未曾有。清浄香華、瓔珞校飾、敷以繒褥、氍毹綩綖。衣被鮮白、鑠如電光、冠幘履屣、世所希有。若干童子、各各手持。ⓑ一種一色、皆悉同等、用賜諸子。(『正法華』七五中二三―二八)

〔230〕ⓐ舎利弗、爾時長者、各賜諸子、等一大車。其車高広、衆宝荘校、周匝欄楯、四面懸鈴。又於其上、張設幰蓋、亦以珍奇雑宝、而厳飾之。宝縄絞絡、垂諸華纓。重敷綩綖、安置丹枕。駕以白牛、膚色充潔、形体姝好、有大筋力、行歩平正、其疾如風、又多僕従、而侍衛之。(『妙法華』一二下一八―二四)

(148)ⓐシャーリプトラよ、そのとき、その人(puruṣa)は、それら自分の(svaka)息子(putra)たちに、風のような速さをもった牛の車(go-rathaka)〔複数〕だけを与えるであろう。それらは、七宝(saptaratna-maya)でできていて、欄楯(vedikā)をもち、鈴のついた網が垂れ下り、高く(ucca)、広く、希有・未曾有の宝石(ratna)によって飾られ、宝縄(ratna-dāman)で作られた輝きをもち、華鬘によって飾られ、綿布と毛布が敷かれ、細布と絹で覆われ、両側に赤い枕があり、白い(śveta)非常に白い(prapāṇḍara)速い牛(goṇa)につながれていて、多くの人々によって護衛され、〔王の〕幡が立っている。ⓑ〔このような〕風のような力と速さをもち、一色(eka-varṇa)で一種(eka-vidha)の牛車(go-rathaka)だけを、〔その人は〕一人一人の子供に、与えるであろう。

ここで、梵本の〔228〕に従えば、子供たちに与えられたのは、白い牛がつながれた七宝でできた"gorathaka"「牛の車」であったとされている。それは、欄楯をもち、鈴のついた網が垂れていると言われているが、ここには壮麗な仏塔に関する描写と同様なものが述べられているように見える。例えば、「見宝塔品」の冒頭で地中から涌出した“stūpa”「塔」も、“saptaratna-maya”「七宝でできている」が故に、“ratna-stūpa”「宝塔」と呼ばれるが、“vedikā”「欄楯」や“vaijayanta”「幡」をもち、“ratna-dāman”「宝縄」や“ghaṇṭā”「鈴」が垂れ下っているとされるのである。(249) このような壮麗な仏塔のような描写は、『正法華』〔229〕でも、『妙法華』〔230〕でも、ほぼ同様に認められる。

また、〔228〕では「牛の車」は、“eka-varṇa”「一色」“eka-vidha”「一種」であったとされるのであるから、「大長者」が息子たちに約束した〝三車〟ではなく、実際には、一種類の車が与えられたというのである。この両者を、布施博士によって用いられた「仮説の三車」と「賜与の牛車」という対比的な呼称(250)に倣って、ここでは、〝方便の三車〟と〝賜与の一車〟と呼んで区別することにしたい。「方便」という語は、〔219〕〔220〕〔221〕に先立って、“upāyakauśalyena ... niṣkrāmayeyam”(K, 73,14)「私は、方便によって〔子供たちを、この家から〕脱出させよう」(『正法華』七五中一四、『妙法華』一二下六)として使用されており、「大長者」によって〝三車〟が説かれたのは、子供たちを「火宅」から脱出させるための「方便」であるとされているからである。

しかるに、ここで何よりも重要なことは、〝賜与の一車〟が『正法華』〔229〕では、「牛の車」であるとは言われていないことなのである。まず第一に、〔229〕には、「牛」という語も、「象」という語も、全く存在しない。即ち、そこで〝賜与の一車〟は「七宝大車」であると言われているだけなのである。しかるに、その「七宝大車」は「衣被鮮白」であるともされ、そこに「白」という語が用いられていることは確かであるが、この「白」は、「牛」を形容する語なのではない。「牛」という語が、そこに存在しない以上、この点は、改めて言うまでもないであろう。

そこで、今度は、『修行道地経』〔222〕ⓓを見てみると、そこでも「父則各賜諸子、宝車好乗」と言われている。つまり、そこでも〝賜与の一車〟は「宝車好乗」と呼ばれているだけであり、「牛」や「象」等の動物のことは、そこに全く言及されていないのである。しかるに、この点は、〔222〕ⓕ末尾でも同様であって、そこでも〝賜与の一車〟

は「珍宝車乗」と言われているだけなのである。

さらに翻って、『妙法華』〔230〕を見てみよう。そこには、確かに「駕以白牛」という語があるが、これは、〔228〕の“śvetaiḥ prapāṇḍaraiḥ … goṇair yojitān”の訳語と考えられ、〔228〕の冒頭近くにある“gorathakān”に対応する訳語は、『妙法華』〔230〕にも存在しない。何故なら、対応する個所には「各賜諸子、等一大車」とあるだけだからである。なお、『妙法華』〔230〕には、〔228〕ⓑに対応する訳文が欠けているので、〔228〕ⓑが、本来のテキストに存在したかどうかという疑問も生じるのであるが、少なくとも、この〔228〕ⓑにある“gorathakān”の語は、本来のテキストには存在しなかった後代の付加であると見てよいであろう。すると、『正法華』と『修行道地経』の成立の古さを考えるならば、“賜与の一車”は、本来は「牛の車」であると規定されていなかったのではないかという想定が成り立つのである。即ち、例えば〔228〕についても、本来そこに“go”や“goṇa”の語は無かったが、まず“goṇair yojitān”の語が付加され、それが『妙法華』〔230〕の「駕以白牛」という訳文に反映され、次に〔228〕ⓐの“[go-]rathakān”の個所に、本来なかった“go”が付加されたのではないかと想定されるのである。

かつて、布施博士は、

(149)仮説の牛車にも簡単ではあるが vara, ucca, mahanta, samalaṃkṛta の如き、最上の又は含みのある形容詞が使用せられ、賜与の牛車は其れを今少し詳説したに過ぎないと見られる。少くとも本品の偈頌で論ずる限り、さう見らるべき可能性は充分にある。即ち仮説の三車中の最勝牛車は賜与の大白牛車と同一なるを意味し得るので、かくて此の有名な譬諭も方便品の三乗観と合致し、開会思想を説明する生きた譬諭となり、法華経中欠く可からざる地位を獲得する理である。若し反之、三車中に大白牛車を含まぬ、含み得ぬこと明白となれば本品は法華経にとつて有害無益の存在となり、引いては法華経の価値を失墜せしむる。して見れば本品が法華経中の一品なる限り、其所説の譬諭は四車に非ず、三車にして其三車中に大白牛車を含むと解し得るのも亦当然ではないか。(『成立史』二三三―二三四頁)〔傍線＝松本〕

と述べて、「仮説の三車」、つまり、私の用語では〝方便の三車〟以外に、「大白牛車」という〝賜与の一車〟があるという所謂〝四車家〟の理解を批判されたのであるが、〝賜与の一車〟が、本来は「大白牛車」ではなくて、「牛」"go"を欠いた「大白車」であったとしたら、布施博士の批判は、「譬喩品」散文部分〔228〕に関しては、全く成立しないことになるであろう。

そこで、まず、問題の〝賜与の一車〟が「譬喩品」散文部分のその後の説明において、果して"go-rathaka"「牛の車」と規定されているかどうか、あるいは、「牛につながれている」と言われているかどうかを調べてみると、驚くべきことに、そこでは、〝賜与の一車〟は、新しい要素を多く含んでいると考えられる梵本においてさえ、"go"「牛」と全く関連づけられることなく、また、"ratha"「車」と呼ばれることもなく、専ら"mahāyāna"「大きな乗りもの」(K, 76,2; 76,3; 76,4; 76,6; 77,2; 79,3; 82,5) と呼ばれているのである。これは、〝賜与の一車〟とは実は"mahāyāna"「大きな乗りもの」であったと述べることによって、"mahāyāna"という語を『法華経』に導入するために、この「火宅譬喩」が構想されたことを示すものであるが、それはともかく、〝賜与の一車〟は、すでに見た「譬喩品」散文部分〔228〕の後では、梵本でも「牛」とは全く関連づけられていないのである。そこで、この点を確認するためにも、〔228〕の後に続くテキストを見てみよう。それは、次の通りである。

〔231〕ⓐ tat kasya hetoḥ / tathā hi śāriputra sa puruṣa āḍhyaś ca bhaven mahādhanaś ca prabhūtakośakoṣṭhāgāraś ca / sa evaṃ paśyet / alaṃ ma eṣāṃ kumārakāṇām anyair yānair dattair iti / ⓑ tat kasya hetoḥ / sarva evaite kumārakā mamaiva putrāḥ sarve ca me priyā manaāpāḥ / saṃvidyante ca ma imāny evaṃrūpāṇi mahāyānāni samaṃ ca mayaite kumārakāḥ sarve cintayitavyā na viṣamam / ⓒ aham api bahukośakoṣṭhāgāraḥ sarvasattvānām apy aham imāny evaṃrūpāṇi mahāyānāni dadyām / kiṃ aṅga punaḥ svakānāṃ putrāṇām / ⓓ te ca dārakās tasmin samaye teṣu mahāyāneṣv abhiruhya āścaryādbhutaprāptā bhaveyuḥ / ⓔ tat kiṃ manyase śāriputra mā haiva tasya puruṣasya mṛṣāvādaḥ syād yena teṣāṃ dārakāṇāṃ pūrvaṃ trīṇi yānāny upadarśayitvā paścāt sarveṣāṃ mahāyānāny eva dattāny udārayānāny eva dattāni / (K,

75,10-76,7)

〔232〕ⓑ所以者何。今此幼童、皆是吾子、寵敬等愛、意無偏党、以故賜与、平等大乗。ⓒ又舎利弗、吾亦如是。為衆生父。停儲庫蔵、満無空缺。如斯色像、教化誘進、得示大乗。ⓓ諸子則尋、獲斯大乗。以為奇珍、得未曾有。而乗遊行。ⓔ於意云何。長者賜子、珍宝大乗、将無虚妄乎。（『正法華』七五中二八―下五）

〔233〕ⓐ所以者何。是大長者、財富無量、種種諸蔵、悉皆充溢。而作是念。我財物無極、不応以下劣小車、与諸子等。ⓑ今此幼童、皆是吾子、愛無偏党、我有如是七宝大車、無数無量。応当等心、各各与之、不宜差別。ⓒ所以者何。以我此物、周給一国、猶尚不匱、何況諸子。ⓓ是時諸子、各乗大車、得未曾有。非本所望。ⓔ舎利弗、於汝意云何、是長者、等与諸子、珍宝大車、寧有虚妄不。（『妙法華』一二下二四―一三上三）

(150)ⓐそれは何故かというと、シャーリプトラよ、その人は、富んでいて（āḍhya）、大きな財産をもち（mahā-dhana）、多量の（prabhūta）蔵や倉庫をもっているからである。彼は、次のように考えるであろう。「私は、これらの子供たちに、他の（anya）乗りもの（yāna）[251]を与えるのは、やめよう。ⓑそれは何故かというと、これらの子供たちは、全て私だけの息子（putra）である。全てのものは、私にとって愛すべきもの（priya）であり、意にかなったものである。しかるに、私には、これらの、この様な大きな乗りもの（mahāyāna 大乗）が存在する。しかるに、私は、これらの子供たちを、全て平等に（samam）考えるべきであって、不平等に（viṣamam）考えるべきではない[252]。ⓒ私も（aham api）、多くの蔵や倉庫をもっているので、私は、一切衆生（sarva-sattva）にさえも、この、この様な大きな乗りもの（mahāyāna）を与えることができるであろうが、自分の息子たちについては言うまでもない」と。ⓓそして、それらの子供たちは、そのとき、それらの大きな乗りもの（mahāyāna）に乗って、希有・未曾有〔の思い〕を得るとしよう。ⓔシャーリプトラよ、あなたは、どう思うか。その人に妄語（mṛṣā-vāda）はないであろうか。それらの子供たちに、以前に（pūrvam）三つの乗りもの（trīṇi yānāni）を示してから、後に（paścāt）、全て〔の子供たち〕に、大きな乗りもの（mahāyāna）だけを与え、高大な乗りもの（udāra-yāna）だけを与えたのであるから。

ここで、まず〝賜与の一車〟は、梵本〔231〕で、専ら“mahāyāna”と言われており、“go”「牛」と関連づけられることもなければ、“ratha”「車」と呼ばれてもいない。この〔231〕は、譬喩に関する説明であり、所喩（譬喩によって喩えられる意味）の説明ではないから、ここで“mahāyāna”は、仏教用語としての「大乗」を意味するのではなく、「大きな乗りもの」の意味で使われている筈である。従って、二十人とも言われる子供たち全員の一人一人に、この一種類の「大きな乗りもの」が与えられたのであるから、“mahāyāna”は、当然、複数形で示されている。ただ、これが後出の〔256〕ⓐになると、「大きな乗りもの」の意味であっても、単数形の“mahāyāna”が使用されることになる。

すでに述べたように、“mahāyāna”という語は、「方便品」散文部分には使用されておらず、〔231〕ⓑの“saṃvidyante ca ma imāny evaṃrūpāṇi mahāyānāni”において、初めて『法華経』に導入されたと考えられるが、これは、「方便品」散文部分の基本的立場である「一仏乗」、つまり、“ekayāna = buddhayāna”という立場を〝大乗主義〟にもとづいて、“ekayāna = mahāyāna”という立場に変更すること、即ち、端的に言えば、“buddhayāna”を“mahāyāna”に変えることが、「譬喩品」散文部分の作者の最大の課題だったからである。そして、この課題を果すために構想されたのが「火宅譬喩」だったのであるが、その中で“mahāyāna”という用語を『法華経』で最初に用いるのに際しては、実に用意周到な準備がなされたのである。即ち、まず〝父親が、子供たちに rathaka「車」を与える〟という基本的な話の筋が考案され、次に、その“rathaka”が“yāna”「乗りもの」という語に変更され、さらに、父親が財産家であり、“mahā-dhana”「大きな財をもつ」からという理由で、“yāna”に“mahā”が付加されて、“mahāyāna”「大きな乗りもの」という語が作られ、最後に、これを単数形で使用することによって、仏教用語としての「大乗」が意味されるように構想されたのである。

〝子供たちに与えられたのは、実は“mahāyāna”「大きな乗りもの」であった〟という譬喩を前にして、読者は、何の抵抗もなく、つまり、“mahāyāna”という語が「方便品」散文部分には全く使用されていなかったという事実に気づくこともなく、この語を容易に受け入れたのであろう。こうして、“mahāyāna”という語を『法華経』に導入し、〝大乗主義〟によって『法華経』の立場を説明しようとする「譬喩品」散文部分の作者の意図は、見事に成功したと考えられるのである。

しかるに、「方便品」散文部分で説かれた「一乗」の内容を「仏乗」から「大乗」へと変更することに、「火宅譬喩」の最も重要なポイントがあったことは、次の一文によっても示されているであろう。

〔234〕 ekavarṇāny ekayānāni dattāni yad uta mahāyānāni / nāsti bhagavaṃs tasya puruṣasya mṛṣāvādaḥ // (K, 77,2-3)

〔235〕 以一色類平等大乗、賜子不虚。(『正法華』七五下一〇―一一)

〔236〕 等与大車。(『妙法華』一三上一〇)

⑮一色(eka-varṇa)の一つの乗りもの(ekayāna)、即ち、大きな乗りもの(mahāyāna)が与えられました。ですから、世尊よ、その人に妄語はありません。

これは、〔231〕ⓔにおいて、釈迦仏がシャーリプトラに、「大長者」に妄語はないのかと問うた質問に対するシャーリプトラからの返答の末尾に置かれる一文であるが、この〔234〕に見られる“ekayānāni … yad uta mahāyānāni”を、「方便品」散文部分〔1〕—〔6〕(〔145〕〔148〕〔151〕〔154〕〔169〕)でも繰返された“ekaṃ … yānaṃ … yad idaṃ buddhayānam”と比較するならば、同じ「即ち」“yad idam”“yad uta”という語が用いられているにもかかわらず、“ekayāna”の内容が“buddhayāna”から“mahāyāna”に変更されたことが、明らかに知られるであろう。即ち、次の通りである。

ekayāna = (yad idam) = buddhayāna (〔1〕—〔6〕)

ekayāna = (yad uta) = mahāyāna (〔234〕)

さて、ここで再び「譬喩品」散文部分〔231〕について検討すれば、そのⓒでは、「自分の息子たち」と「一切衆生」が区別されていること(svaka-putra ≠ sarva-sattva)に注目しておきたい。即ち、ここで「自分の息子たち」とは〝菩薩〟のことであるから、〝「一切衆生」=「菩薩」〟という等式が成立しないことが、ここに明示されている。つまり、これは〔213〕ⓑに説かれた〝菩薩だけを教化する〟という立場、つまり、「譬喩品」散文部分の基本的立場である〝菩薩だけが成仏できる〟という〝大乗主義〟を表しているのである。この「自分の息子たち」と「一切衆生」の区別は、『妙法華』〔233〕ⓒでは、「諸子」と「一国」の区別として示されていると思われるが、おそらく、この「一国」という語は、「自分の息子たち」と「一切衆生」の区別を曖昧にするためになされた意訳であって、『妙法華』が参照した原文にも“sarva-sattva”「一切衆生」という語は存在したのではないかと思われる。というのも、『正法華』〔232〕のⓒには、「又舎利弗、吾亦如是。為衆生父」の語があり、この「衆生」が“sarva-sattva”あるいは少なくとも“sattva”に対応していると考えられるからである。「吾亦」というのは、〔231〕ⓒの“aham api”に対応していると思われるが、これに対応する訳語は、『妙法華』〔233〕ⓒには存在しない。おそらく、ここには、何等かのテキストの混乱があり、“aham api”「吾亦」というのは釈迦仏が自分を指す語であると思われる。即ち、ここには、譬喩を説明する釈迦仏が〝私も大長者と同様である〟と述べる所喩の文章が、何等かの混乱によって割り込んできているのであろう。

その他、重要なポイントとして、梵文の〔231〕ⓔには〝以前に（pūrvam）三つの乗りものが示され、後に（paścāt）大きな乗りものだけが与えられた〟という趣旨が述べられている。この“pūrvam”と“paścāt”との対比は、すでに述べたような〝時間の二分法〟という「譬喩品」散文部分の時間解釈にもとづいているが、両漢訳には、この対比は示されておらず、また“trīṇi yānāni”「三つの乗りもの」の訳語も存在しないので、これは「譬喩品」散文部分で後に出る〔256〕ⓑの同様な文章から影響されて、本来のテキストに付加されたものではないかと思われる。

なお、〔231〕に対応する部分を『修行道地経』〔222〕について見てみると、〔222〕のⓔⓕがこれに対応すると思われるが、そこでは話の展開がかなり異なっており、「宝車好乗」を与えられた子供たちが、父親に向って〝我々には各々「異珍」をくれると言って呼び出したのに、何故「一等」を賜ったのか〟という質問を投げかけ、これに対して、父は、〝「吾殿」が老朽化しているので、汝等が焼き殺されるのを恐れて、「伎楽」を作って呼び出したのであるが、汝等が「火宅」から脱出して安心した。汝等は全て自分の子であり、汝等を等しく愛しているから、全員に「珍宝車乗」を与えたのだ〃という趣旨を答えたことになっている。ここでも、「伎楽」は“krīḍanaka”の訳語であろうが、“賜与の一車〃である「珍宝車乗」については、それが「伎楽」“krīḍanaka”であるとも言われず、またすでに述べたように、その「珍宝車乗」＝「宝車好乗」は、「象」や「牛」とも関連づけられてはいない。

そこで、再び、“賜与の一車〃は、本来は“gorathaka”「牛車」と規定されることもなく、「牛」と関連づけられることもなかったのではないかという問題意識に立ち戻ることにしよう。すでに述べたように、“賜与の一車〃が「譬喩品」散文部分で最初に述べられた梵本〔228〕では、それが“gorathaka”であり、かつ“goṇair yojitān”であることが明記されていたが、対応する『正法華』〔229〕には「象」や「牛」という訳語は全く存在しないし、対応する『修行道地経』の〔222〕ⓓでも、“賜与の一車〃は「宝車好乗」と言われるだけで、「象」や「牛」と全く関連づけられてはいない。従って、“賜与の一車〃について、「牛の車」とか「牛につながれている」と規定されることは、本来のテキストには存在せず、後代の付加によるのではないかと想定されたのである。

しかるに、この想定に対しては、当然、次のような反論がありうるであろう。即ち、“「譬喩品」の偈においては“賜与の一車〃が「牛の車」であることや「牛がつながれている」ことが明記されているし、対応する『正法華』でも、そのように訳されているのではないか〃という反論である。確かに、その通りであって、「譬喩品」第八〇偈と第八三偈では、“賜与の一車〃が「牛」に関連づけられているのである。しかし、そこにも問題がある。そこで、この二つの偈を、次に示して、検討することにしよう。

〔237〕ratnamayān goṇarathān viśiṣṭān savedikān kiṅkiṇijālanaddhān /
chatradhvajebhiḥ samalaṃkṛtāṃś ca muktāmaṇījālikachāditāṃś ca[253] // [III, v.80]（W, 83,9-12; K, 89,1-2）

〔238〕最尊難及、荘校厳飾、周匝欄楯、珠璣瓔珞、
幢幡繒綵、而為光観、金銀交露、覆蓋其上。（『正法華』七七下九―一一）

〔239〕荘校厳飾、周匝欄楯、四面懸鈴、金縄交絡、真珠羅網、張施其上。（『妙法華』一四下九―一一）

(152)〔それらは〕七宝でできている（ratna-maya）牛の車（goṇa-ratha）であり、勝れたものであり、欄楯をもち、鈴の網が結びつけられ、傘蓋と旗で飾られ、真珠と摩尼の網によって覆われている。

〔240〕śvetāḥ supuṣṭā balavanta goṇā mahāpramāṇā abhidarśanīyāḥ /
ye yojitā ratnaratheṣu teṣu parigṛhītāḥ puruṣair anekaiḥ // [III, v.83]（K, 89,7-8）

〔241〕其象多力、鮮白如華、象身高大、儀体擾馴、調駕宝車、以為大乗。（『正法華』七七下一七―一九）

〔242〕有大白牛、肥壮多力、形体姝好、以駕宝車、多諸儐従、而侍衛之。（『妙法華』一四下一四―一六）

(153)それらの宝車（ratna-ratha）につながれている（yojita）のは、よく肥った、力強い、大柄の（mahā-pramāṇa）、非常に美しい、白い（śveta）牛（goṇa）であり、多くの人々によって護衛されている。

まず、この二つの偈は、〃賜与の一車〃が「譬喩品」散文部分で最初に述べられた〔228〕ⓐと内容的に対応していることが知られる。即ち、第八〇偈〔237〕の“ratnamayān goṇarathān”が、〔228〕ⓐ冒頭の“gorathakān ... saptaratnamayān”に対応し、第八三偈〔240〕の“śvetāḥ ... goṇā ... yojitā”が、〔228〕ⓐ末尾近くの“śvetaiḥ ... goṇair yojitān”に対応していることは、明らかであろう。従って、ここで偈の作者が、〔228〕ⓐを参照しつつ、偈を作成していることは、確実だと思われるのであるが、第八三偈の“parigṛhītāḥ puruṣair anekaiḥ”「多くの人々によって護衛されている」が、〔228〕ⓐの“bahupuruṣaparigṛhītān”とは異なって、「牛の車」ではなく「牛」を形容する表現となっているように見えるのは、偈を作成する技術の拙さを表しているかもしれない。常識的に考えれば、「多くの人々によって護衛されている」のは、「牛」ではなくて「車」の方であると思われるから、この表現が「牛」を形容している第八三偈〔240〕が、散文部分の〔228〕ⓐよりも後に成立したことは、明らかであると思われる。

さて、〃賜与の一車〃は、「譬喩品」第八〇偈・第八三偈においては、「牛の車」であると規定され、さらに「牛がつながれている」とも言われ、これが『正法華』にも訳されていると、すでに述べたが、正確に言えば、これは正しくない。というのも、第八三偈〔240〕の“śvetāḥ ... goṇā ... yojitā”の“goṇa”については、『正法華』〔241〕では「象」という訳語が与えられ、『妙法華』〔242〕では「牛」と訳されているが、第八〇偈〔237〕に出る“goṇarathān”の“goṇa”については、『正法華』〔238〕ばかりか、『妙法華』〔239〕でも、対応する訳語を欠いている。しかも、第八〇偈の“goṇarathān”は、O本では“so ratha”（94a7）となっており、このO本の読みに従えば、第八〇偈に「牛」の原語は存在しないことになるのである。

すると、どのように考えるべきであろうか。すでに見たように、「譬喩品」散文部分の〔228〕ⓐには〃賜与の一車〃を「牛」と関連づける㋐“gorathakān”と㋑“goṇair yojitān”という二つの表現が見られたのであるが、このうち、㋐“gorathakān”の“go”については、両漢訳とも訳語を欠いているばかりか、この㋐に対応する第八〇偈〔237〕の“goṇarathān”についても、両漢訳は訳語を欠いており、しかもO本は、これについて、“goṇarathān”ではなく“so ratha”という読みを示している。これに反して、〔228〕ⓐの㋑“goṇair yojitān”の“goṇa”については、『正法華』〔229〕では訳語を欠くが、『妙法華』〔230〕では「牛」という訳語を示しており、この㋑に対応する第八三偈〔240〕の“goṇā … yojitā”の“goṇa”については、両漢訳とも、「象」「牛」という訳語を示しているのである。すると、次のように想定するのが最も穏当なのではないかと思われる。つまり、まず散文部分〔228〕ⓐでは、〃賜与の一車〃は本来“go”「牛」と全く関連づけられていなかったであろう。この段階を反映しているのが、『正法華』〔229〕と『修行道地経』〔222〕である。しかるに、その後、作成された「譬喩品」偈の第八三偈において、“goṇā yojitā”という表現が作られ、〃賜与の一車〃に「牛がつながれる」ことになったのである。そして、この表現が散文部分〔228〕ⓐ末尾に影響を与え、そこに“goṇair yojitān”という表現が生み出され、それが『妙法華』〔230〕に「駕以白牛」として訳されたのであろう。しかるに、この段階では、まだ第八〇偈〔237〕に“goṇarathān”という表現は生み出されていなかったであろう。それに対応する訳語を、『正法華』〔238〕ばかりか『妙法華』〔239〕も欠いているからである。

従って、〃賜与の一車〃と“go”「牛」との関係について、次のような三段階を想定することができるように思われる。

(i)「譬喩品」散文部分の成立。〔228〕ⓐには、本来“go”「牛」の語が存在せず、〝賜与の一車〟は「牛の車」とも言われず、「牛」もつながれていなかった。

(ii)「譬喩品」偈の部分の成立。第八三偈で“goṇā ... yojitā”という表現が用いられ、〝賜与の一車〟に「牛がつながれた」。

(iii)「譬喩品」偈の部分に付加。第八〇偈で“goṇaratha”という語が用いられ、〝賜与の一車〟は「牛の車」であると規定された。

このような三段階を想定するとき、最も重要な段階が、第二段階、つまり、「譬喩品」の偈が作成され、その第八三偈に“goṇā ... yojitā”という表現が用いられた段階であることは、言うまでもない。では何故、第八三偈の作者は、「牛」という語を欠いている散文部分〔228〕ⓐを参照していたにもかかわらず、“goṇā ... yojitā”という表現を生み出したのであろうか。つまり、偈の作者は、何故、元来「牛」と関連づけられていなかった〝賜与の一車〟に〝牛をつなげた〟のであろうか。その答えは最早、明らかであろう。即ち、それは〝賜与の一車〟とは〝方便の三車〟中の一車と同じものであると主張するために他ならない。それ故、布施博士が、⑭で「其所説の譬諭は四車に非ず、三車にして其三車中に大白牛車を含むと解し得る」と述べられたことも、「譬喩品」の偈を基準にして、この「火宅譬喩」の意味を解釈するものとしては、適切であったと見るべきであろう。つまり、結論を要約して言えば、「譬喩品」の「火宅譬喩」において、その散文部分では〝方便の三車〟以外に「牛車」ではない〝賜与の一車〟を説く〝四車説〟が述べられていたのに対し、その偈の部分では〝方便の三車〟中の「牛車」を〝賜与の一車〟と見なす〝三車説〟が述べられたと考えられるのである。

しかるに、四車か三車かという問題は、実は〝三乗方便〟か〝二乗方便〟かという問題と関っているのである。即ち、「譬喩品」偈に説かれる〝三車説〟においても、「羊車・鹿車」というような〝二車〟が〝方便〟であると明確に規定されている訳ではない。しかし、〝賜与の一車〟もやはり「牛車」であったと述べることによって、この〝三車〟

の間に、真実なる「牛車」と方便的な「羊車・鹿車」との対立が、〝大乗〟と〝小乗〟の対立として、〝大乗主義〟によって、持ち込まれたことは、明らかである。すると、建て前としては〝方便の三車〟（布施博士の用語では「仮説の三車」）ということを標榜しながらも、実質的には、そこから〝二車方便説〟〝二乗方便説〟が帰結することは避けられないであろう。

明確な〝二乗方便説〟が説かれるのは、「譬喩品」散文部分よりも後であって、「信解品」散文部分の「窮子譬喩」において、「窮子」を誘い出すために、「長者」は "dvau puruṣau" (K, 105,10)「二人の人」の使者を派遣したと説かれること（〔36〕）や、「化城喩品」散文部分の「化城譬喩」において、仏陀は衆生たちを休息させるために、方便によって、声聞地と独覚地という "dve nirvāṇabhūmī" (K, 189,5)「二つの涅槃地」を示すと述べられることにおいて、明確な〝二乗方便説〟が成立することになるのであるが、「譬喩品」偈の作者は、この〝二乗方便説〟を、すでに知っていて、それを「譬喩品」に導入するために、第八三偈・第八〇偈において〝三車説〟を説いたのであろうという想定がなされるのである。

以上、「火宅譬喩」において、〝賜与の一車〟が本来は「牛車」ではなかったことを論証したが、次に所喩（譬喩によって示される意味）が、「譬喩品」散文部分で、どのように説明されているかを見ることにしたい。まず、譬喩における〝方便の三車〟を説明するものとして、次の一節がある。

〔243〕ⓐ tatra śāriputra tathāgato yad yathāpi nāma sa puruṣo bāhubalikaḥ sthāpayitvā bāhubalaṃ upāyakauśalyena tān kumārakāṃs tasmād ādīptād agārān niṣkāsayen niṣkāsayitvā ca teṣāṃ paścād udārāṇi mahāyānāni dadyāt ⓑ evam eva śāriputra tathāgato 'py arhan samyaksaṃbuddhaḥ tathāgatajñānabalavaiśāradyasamanvāgataḥ sthāpayitvā tathāgatajñānabalavaiśāradyam upāyakauśalyajñānenādīptajīrṇapaṭalaśaraṇaniveśanasadṛśāt traidhātukāt sattvānāṃ niṣkāsanahetos trīṇi yānāny upadarśayati yad uta śrāvakayānaṃ pratyekabuddhayānaṃ bodhisattvayānam iti / (K, 79,1-6)

〔244〕ⓐ譬如長者、立強勇猛、多力諸士、救彼諸子、使離火患、方便誘之、適出在外。然後乃賜、微妙奇特、衆宝

車乘。ⓑ如是舍利弗、如来正覚、以力無畏、建立衆徳、善権方便、修勇猛慧、観見三界、熾然之宅。欲以救済、衆生諸難、故現声聞縁覚菩薩之道。(『正法華』七六上二一―七)

〔245〕ⓐ如彼長者、雖復身手有力、而不用之。但以慇懃方便、勉済諸子、火宅之難。然後各与珍宝大車。ⓑ如来亦復如是。雖有力無所畏、而不用之。但以智慧方便、於三界火宅、抜済衆生、為説三乘、声聞辟支仏乗。(『妙法華』一三中五―九)

⒂ⓐシャーリプトラよ、実に、その人が、強い腕力(bāhu-bala)をもちながら、〔その〕強い腕力をさし置いて、方便善巧(upāya-kauśalya)によって、それらの子供たちを、その燃えている家から、脱出させ、脱出させてから、後に(paścāt)彼等に高大な(udāra)、大きな乗りもの(mahāyāna)を与えるように、ⓑ正にそのように、シャーリプトラよ、如来・阿羅漢・正覚者も、如来の智・力・無所畏〔A〕を具えてはいるが、如来の智・力・無所畏〔A〕をさし置いて、方便善巧の知によって、梁も屋根も朽ちた燃えている家に似た三界から、衆生たちを脱出させるために、三乗(trīṇi yānāni)、即ち、声聞乗(śrāvaka-yāna)と独覚乗(pratyekabuddha-yāna)と菩薩乗(bodhisattva-yāna)を、示すのである(upadarśayati)。

ここでは、譬喩に説かれた〝方便の三車〟の意味するところが、"trīṇi yānāni"「三乗」であると言われている。しかるに、この「三乗」のうち、第三の乗の名称が、梵本〔243〕・『正法華』〔244〕と『妙法華』〔245〕とでは、一致していない。即ち、その第三の乗は、梵本では"bodhisattva-yāna"とあり『正法華』でも「菩薩之道」とあるのに対し、『妙法華』では「仏乗」と言われているのである。「菩薩之道」は"bodhisattva-yāna"の訳語と見られるから、"bodhisattva-yāna"と"buddha-yāna"「仏乗」のいずれの読みが、本来のテキストに存在していたのかが問題となるであろう。

これについて、苅谷博士は、次のように論じられた。

⒃これまで度々出てきた「三乗」の内容が「声聞乗、独覚乗、菩薩乗」であることを明示しているのは、この箇所

が初出である。これを『妙法華』のみは「声聞、辟支仏、仏乗」（p.13b）とするが、そのような梵本異本は全く存しない。『正法華』には「声聞縁覚菩薩之道」（p.76a）とあり、『チベット訳』（37a-7）も『版本』の通りである。『写本集成』（III-272）を見るに、bodhisattva-yāna を欠くものが二種（これは恐らく写脱）と、代りに mahāyāna とあるものが九種ある。しかし、次下に再出する箇所（『版本』p.79.10、『写本集成』III-276）では、全ての写本が『版本』の通りである。それ故、『妙法華』で三乗中の一つが「仏乗」とあるのは、訳者羅什の見解にもとづく変更と考えざるを得ない。ここにも羅什の法華経観が考究される必要があろう。（『一仏乗』二五八頁、註〔79〕）

これは有力な解釈であろう。即ち、写本上に「仏乗」に対応する“buddha-yāna”の語が無い以上、『妙法華』の訳者である羅什が“bodhisattva-yāna”という原語を敢て「仏乗」と訳したというのである。しかし、この解釈にも疑問がある。まず、第一に注意しておきたいことは、すでに見たように、「譬喩品」散文部分〔213〕ⓑにおいて、K本にある“bodhisattvayānam eva samādapayati”という読みは、苅谷博士の指摘に従い、“bodhisattvān eva samādapayati”に変更すべきだと思われるが、そうであるとすれば、この〔243〕ⓑ末尾の“bodhisattvayānam”こそが、“bodhisattva-yāna”という語が『法華経』で使用された最初の用例であるということになるであろう。しかるに、もしこれが“bodhisattva-yāna”の最初の用例であるとすれば、この語の意味が読者にとって、詳しい説明なしに充分に理解されたであろうかという疑問が生じるように思われる。

次に、これに関連したことであるが、三乗の列挙に関しては、これを声聞乗・独覚乗・仏乗とするものの方が、声聞乗・独覚乗・菩薩乗とするものよりも古いことが、すでに従来の諸研究によって明らかにされている。即ち、まず、アビダルマには声聞・独覚・仏の三種菩提の説があり、これが所謂〝大乗仏教〟の三乗説の成立に影響を与えたと見られている。この点を平川博士は、次のように説明されている。

(156)三種菩提は、大乗仏教の出現よりも先に成立しており、大乗の三乗の説に影響を与えたものと見てよかろう。もしそうであるとすれば、三乗は、最初は声聞乗・独覚乗（縁覚乗）・仏乗であったと考えられる。

三種菩提は声聞菩提・独覚菩提・無上正等菩提であるから、これから三乗が導き出されたとすれば、声聞乗・独覚乗・仏乗（如来乗）と呼ばれるのが自然だからである。このことは、「菩薩乗」がアビダルマ論書に見当らないことからも考えられる。（『初期と法華』三七二頁八―一二行）

(157)以上のごとく、『大品般若経』でも、三乗を示すときには、声聞乗・辟支仏乗・仏乗となすのが一般的である。『放光般若経』にも「三乗教の処、阿羅漢・辟支仏、及び仏亦不可得」等と説いて、三乗教を阿羅漢・辟支仏・仏で示している。おそらく『小品般若経』や『大品般若経』が成立した時代には、三乗を示すのに声聞乗・辟支仏乗・仏乗をもってしたのであり、これが古い形であったと見てよかろう。この第三の仏乗を、菩薩乗や大乗に取りかえたのは、後になってからであると解すべきであろう。その理由は、この三乗が、小乗の三種菩提から発展したためであろうと考える。（同右、三七七―三七八頁）

(158)ただし『小品般若経』の上記の二箇所の「菩薩乗」の語は、『道行般若経』や『大明度経』の相当箇所には見当らない。これでみると、「菩薩乗」の語の成立は、三乗の語の成立よりもおそいと見てよいのではなかろうか。（同右、三七八頁一〇―一一行）

この説明は、極めて妥当なものであって、三乗の内容に「声聞乗・独覚乗・仏乗」→「声聞乗・独覚乗・菩薩乗」という変化・発展が見られたことは、確実だと思われる。また、“bodhisattva-yāna”「菩薩乗」という語の成立が新しいことも、平川博士の言われる通りであろう。すると、「譬喩品」散文部分〔243〕ⓑで「三乗」の内訳が最初に示されるときに、「菩薩乗」という語が用いられて、「声聞乗・独覚乗・菩薩乗」として「三乗」が説明されたと見ることについて、疑問が生じるのではなかろうか。

そもそも、「三乗」という語は、「方便品」散文部分の〔160〕に出る“upāyakauśalyena tad evaikaṃ buddhayānaṃ triyānanirdeśena nirdiśanti”という文章において、『法華経』では最初に用いられたと考えられるが、そこでは“triyāna”「三乗」が具体的には何を指すかは示されていない。しかし、常識的に考えれば、その「三乗」に“bodhisattva-yāna”

「菩薩乗」が含まれるという解釈は、成立が困難であろう。というのも、「方便品」散文部分には、“mahāyāna”という語だけではなく、“bodhisattva”という語も、全く用いられていないからである。しかも、「方便品」散文部分冒頭の〔59〕には、“buddha-jñāna”「仏智」が、すべての「声聞と独覚」にとっては、知り難いもの（durvijñeya）であると言われていたのである。つまり、ここで「声聞」と「独覚」と「仏」という三者が並列的に述べられていることは明らかであるから、「方便品」〔160〕の「三乗」に含まれているのは「菩薩乗」ではなく「仏乗」であるという解釈は、充分に可能なのである。従って、「譬喩品」散文部分〔243〕ⓑ末尾の“bodhisattvayānam”について、大多数の写本の読みがこれを指示し、かつ“buddhayānam”という読みを示す写本は皆無であるとしても、また、『正法華』〔244〕に「菩薩之道」という訳語があるとしても、『妙法華』〔245〕が指示する通り、ここに本来“buddhayānam”「仏乗」という語が置かれていた可能性も、排除することはできないであろうと思われる。

しかるに、この問題を追求するためには、「譬喩品」散文部分で〔243〕よりも後に出る次の一節について、検討する必要があるであろう。

〔246〕ⓐ tatra śāriputra ye sattvā paṇḍitajātīyā bhavanti te tathāgatasya lokapitur abhiśraddadhanti / abhiśraddadhitvā ca tathāgataśāsane 'bhiyujyanta udyogam āpadyante / ⓑ tatra kecit sattvāḥ paraghoṣaśravānugamanam ākāṅkṣamāṇā ātmaparinirvāṇahetoś caturāryasatyānubodhāya tathāgataśāsane 'bhiyujyante / ta ucyante śrāvakayānam ākāṅkṣamāṇās traidhātukān nirdhāvanti tadyathāpi nāma tasmād ādīptād agārād anyatare dārakā mṛgaratham ākāṅkṣamāṇā nirdhāvitāḥ / ⓒ anye sattvā anācāryakaṃ jñānaṃ damaśamatham ākāṅkṣamāṇā ātmaparinirvāṇahetor hetupratyayānubodhāya tathāgataśāsane 'bhiyujyante / ta ucyante pratyekabuddhayānam ākāṅkṣamāṇās traidhātukān nirdhāvanti tadyathāpi nāma tasmād ādīptād agārād anyatare dārakā ajaratham ākāṅkṣamāṇā nirdhāvitāḥ / ⓓ apare punaḥ sattvāḥ sarvajñajñānaṃ buddhajñānaṃ svayaṃbhujñānam anācāryakaṃ jñānam ākāṅkṣamāṇā bahu-janahitāya bahujanasukhāya lokānukampāyai mahato janakāyasyārthāya hitāya sukhāya devānāṃ ca manuṣyāṇāṃ ca sarvasattvaparinirvāṇahetos tathāgatajñānabala[254]vaiśāradyānubodhāya tathāgataśāsane 'bhiyujyante / ta ucyante mahāyānam ākāṅkṣamāṇās traidhātukān nirdhāvanti / tena kāraṇenocyante bodhisattvā mahāsattvā iti / tadyathāpi nāma tasmād ādīptād agārād anyatare dārakā goratham ākāṅkṣamāṇā nirdhāvitāḥ // (K, 80,4-81,6)

〔247〕ⓐ又舎利弗、其有衆生、未興起者、如来出世、有信楽者。楽仏法教、精進奉行。ⓑ最後竟時、欲取滅度、謂声聞乗。遵求羅漢、孚出三界。譬如長者、免済子難、許以羊車。ⓒ若復有人、無有師法、自従意出、求至寂然。欲独滅度、覚諸因縁。於如来法、而行精進。謂縁覚乗。出之火宅、許以馬車。ⓓ仮使有人、求諸通慧、諸仏道慧、自在聖慧、自従心出、無師主慧、多所哀念、多所安隠、諸天人民、欲利天上、世間人民、滅度黎庶、於如来法。奉修精進、欲求大聖普見之慧力無所畏。謂如来道。菩薩大士所履乗也。譬如長者、勧誘其子、免火患難。許以象車、駆出火宅。(『正法華』七六上一四―二六)

〔248〕ⓐ舎利弗、若有衆生、内有智性。ⓑ従仏世尊、聞法信受、慇懃精進、欲速出三界、自求涅槃、是名声聞乗。如彼諸子、為求羊車、出於火宅。ⓒ若有衆生、従仏世尊、聞法信受、慇懃精進、求自然慧、楽独善寂、深知諸法因縁、是名辟支仏乗。如彼諸子、為求鹿車、出於火宅。ⓓ若有衆生、従仏世尊、聞法信受、勤修精進、求一切智仏智自然智無師智如来知見力無所畏、愍念安楽無量衆生、利益天人、度脱一切、是名大乗。菩薩求此乗故、名為摩訶薩。如彼諸子、為求牛車、出於火宅。(『妙法華』一三中一八―二九)

(159) ⓐシャーリプトラよ、そのうち、智者の生まれをもつ(paṇḍita-jātīya)ある衆生たちは、世間の父(loka-pitṛ)である如来を信じ、信じてから、如来の教誡(śāsana)において精励し修行する。ⓑそのうち、他人の音声(ghoṣa)を聞くこと(śrava)に随うこと(anugamana)を求めている(ākāṅkṣamāṇa)ある衆生たちは、自らの般涅槃(parinirvāṇa)のために、四聖諦(catur-āryasatya)を悟ろうとして、如来の教誡において精励する。彼等は、声聞乗(śrāvaka-yāna)を求めて、三界から脱出すると言われる。それは例えば、その燃えている家から、ある子供たちが、鹿の車(mṛga-ratha)を求めて、脱出したようなものである。

ⓒ無師（anācāryaka）の智（jñāna）と、調伏（dama）と止（śamatha）を求めている他の衆生たちは、自らの般涅槃のために、因縁（hetu-pratyaya）を悟ろうとして、如来の教誡において精励する。彼等は、独覚乗（pratyekabuddha-yāna）を求めて、三界から脱出すると言われる。それは例えば、その燃えている家から、ある子供たちが、羊の車（aja-ratha）を求めて、脱出したようなものである。

ⓓしかし、一切智者の智（sarvajña-jñāna）、仏陀の智（buddha-jñāna）、自生者の智（svayaṃbhu-jñāna）、無師の智〔A〕を求めている他の衆生たちは、多くの人々の利益のため、多くの人々の楽のため、世間を哀愍するために、大きな人々の集りと、天と人との利と利益と楽のために、一切衆生（sarva-sattva）の般涅槃のために、如来の知と力と無所畏（jñāna-bala-vaiśāradya）〔A〕を悟ろうとして、如来の教誡において精励する。彼等は大乗（mahāyāna）を求めて、三界から脱出すると言われる。その理由によって、菩薩、摩訶薩（mahā-sattva）と言われる。それは例えば、その燃えている家から、ある子供たちが、牛の車（go-ratha）を求めて、脱出したようなものである。

このうち、まず〔246〕ⓐの問題について考えてみよう。苅谷博士は、この〔246〕のⓐが以下のⓑⓒⓓに述べられる“三乗”に関する説明の「総括」[255]であると見なされているが、基本的には妥当だと思われる。ただし、両漢訳を参照すると、〔246〕のⓐが、本来、次に出るⓑから独立したものとして存在していたかどうかについて、若干の疑問が生じるのである。即ち、両漢訳は、いずれも、ⓐとⓑを分けていないのであって、『正法華』〔247〕においては、「其有衆生」から「許以羊車」までが、そして、『妙法華』〔248〕では、「若有衆生」から「為求羊車、出於火宅」までが、「声聞乗」の説明になっているように見える。しかるに、〔246〕の解釈において、最大のポイントとなるのが、ⓐの“paṇḍita-jātīya”という語をいかに理解するかという点であろう。この語は、『正法華』〔247〕では、明確に訳されていないが、しかし、そこでは「未興起者」というのが対応する訳語ということになるであろう。つまり、「未興起者」は“paṇḍitajātīya”の“ajāti”あたりに対応する訳語と見られるのである。従って、“paṇḍita-jātīya”という語が『正法華』〔247〕で明確に訳されていない点は認めざるを得ないが、「未興起者」という訳語の存在は、この語が本来の梵語テキストに存在したことを、ある程度は保証していると見ることができるであろう。

しかるに、“paṇḍita-jātīya”の“paṇḍita”「智者」という語は、“bāla”「愚者」と対比されて、〝菩薩〟を意味する語であることは、すでに「譬喩品」第一三六偈・第一三七偈〔19〕に関する考察で示した通りである。また、この“paṇḍita”が〝菩薩〟を意味することは、苅谷博士が、〔246〕ⓐの“paṇḍita-jātīya”という語における“paṇḍita”の意味を明らかにするために引用された[256]「神力品」の最終偈（第一四偈）によっても示されている。というのも、そこには、“ye paṇḍita bodhisattvāḥ”（K, 394,5）というように、“paṇḍita”と“bodhisattva”が等置されているからである。

従って、少なくとも漢訳による限りは、「声聞乗」の説明をなしているように見えるこの個所に、〝菩薩〟を意味する“paṇḍita”という語が置かれているのは不自然ではないかという疑問が生じるかもしれない。しかるに、この点で興味深いのが、『妙法華』〔248〕の「内有智性」という訳語なのである。「智性」の「性」は、“jāti”を訳したものであり、「智」の原語である“paṇḍita”は〝菩薩〟を意味すると考えられる。すると、この「内有智性」という訳語は、「内に智者（菩薩）の性（種性）をもっている」という意味に解することができるであろう。「内」は、おそらく訳者が、意味を考えて補った語と見られる。すると、ここですぐに想起されるのは、後出の『妙法華』「五百弟子品」〔631〕にある「内秘菩薩行、外現是声聞」という有名な経文であろう。ここでも、「内秘菩薩行」の原文は、〔629〕の“ajñātacaryām ca caranti”「知られていない〔菩薩〕行を行じている」であるから、「内」や「秘」に直接対応する原語があるわけではないが、しかし、「内秘菩薩行」というのは、〝声聞も、実は菩薩である〟という「譬喩品」散文部分以降に明確に説かれる重要な考え方を明示しているのである。従って、『妙法華』の訳者である羅什は、“paṇḍita-jātīya”という表現に、〝声聞も、実は菩薩である〟という考え方が説かれていると見なして、「内有智性」という訳語を形成したのであろうと考えられる。つまり、「内有智性」とは、より明確に言えば「内秘智性」であり、〝実は菩薩である〟ということを意味しているのである。以上は、あくまでも羅什の解釈ではあるが、この羅什の解釈が妥当なものであることは、後に見る「譬喩品」第九〇偈・第九一偈〔286〕を検討することによって、明らかになるのである。

つまり、〔246〕ⓐの“paṇḍita”「智者」とは〝菩薩〟を指し、〝実は菩薩である〟という考え方を明示するために、そこに置かれている語が、“paṇḍita-jātīya”なのである。

しかるに、〝実は菩薩である〟のは、〔246〕ⓑに説かれる「声聞」だけであろうか。そうではないであろう。つまり、〔246〕のⓒに説かれる「独覚」も、更に言えば、奇妙な表現にはなるが、ⓓに言われる「菩薩」も、〝実は菩薩である〟と説かれていると考えられる。この点は、〔246〕のⓑⓒⓓに“tadyathāpi nāma tasmād ādīptād agārād anyatare dārakā ... nirdhāvitāḥ”「その燃えている家から、ある子供たちが、脱出したようなものである」という同じ文章が認められることによっても、知られるであろう。即ち、〔246〕ⓑⓒⓓに述べられる「声聞」「独覚」「菩薩」は、すべて“dāraka”「子供たち」、つまり、長者の息子である〝菩薩〟なのである。

従って、“paṇḍita-jātīya”という語を有する〔246〕のⓐは、「声聞」について説明するⓑだけと結合するのではなく、ⓒともⓓとも結合し、ⓑⓒⓓに述べられる三種の衆生、つまり、「声聞」「独覚」「菩薩」を、すべて〝実は菩薩である〟と説くために、冒頭に置かれていると見るべきであろう。その点からすれば、〔246〕ⓐを〔246〕ⓑⓒⓓの「総括」と見なすことは妥当であろう。〔246〕においては、“tathāgataśāsane 'bhiyujyante”という表現がⓐⓑⓒⓓの全てに認められるが、この事実は、ⓐがⓑだけと結合してⓑの中に解消されるというのではなくて、ⓐがⓑから独立して存在していることを示していると思われる。

なお、〔246〕ⓐに見られる“loka-pitṛ”「世間の父」という語についても、疑問がないわけではない。『妙法華』〔248〕では、これに対応する訳語が欠けているからである。また、『正法華』〔247〕では、「如来出世」という訳語が“tathāgatasya lokapitur”という表現に何等かの仕方で対応しているようであるが、“[loka-]pitṛ”「〔世間の〕父」という語が正確に訳されているわけではない。従って、“lokapitur”という語を欠く写本は存在しないが、この語が〔246〕ⓐの本来のテキストに存在したかどうかについて、若干の疑問は避けられないであろう。

次に、「譬喩品」散文部分〔246〕のⓑⓒⓓでは、〝三乗〟の名称が挙げられ、その内容の説明がなされたのであるが、そこで示された〝三乗〟の名称と内容等の原語を、次のようにまとめておこう。

ⓑ śrāvakayāna = mṛgaratha : ㋐ para-ghoṣa-śrava-anugamana, ㋑ ātma-parinirvāṇa, ㋒ catur-āryasatya-anubodha

ⓒ pratyekabuddhayāna = ajaratha : ㋐ anācāryakaṃ jñānam, dama-śamatha, ㋑ ātma-parinirvāṇa, ㋒ hetu-pratyaya-anubodha

ⓓ mahāyāna = goratha : ㋐ sarvajña-jñāna, buddha-jñāna, svayaṃbhu-jñāna, anācāryakaṃ jñānam, [bahujanahitāya etc.], ㋑ sarva-sattva-parinirvāṇa, ㋒ tathāgata-jñāna-bala-vaiśāradya-anubodha

このうち、ⓓの括弧内に“bahujanahitāya etc.”とあるのは、〝多くの人々の利益や楽のため〟という定型句がここに置かれていることを示しているが、これに対応するものはⓑやⓒにはないため、括弧内に括ったのである。また、冒頭には〝三乗〟と〝三車〟の名称を示し、㋐㋑㋒ではその内容の要点を表すと思われる語を挙げたが、〝三乗〟と〝三車〟の名称をも含めて、前掲のリストに示された原語は、全て基本的には、衆生によって〝求められるもの〟、つまり、〝目的〟と見てよいものだと思われる。

では、まず〔246〕ⓑにおける「声聞乗」の説明を見てみよう。最初に名称について言えば、そこで“śrāvaka-yāna”が“mṛga-ratha”に喩えられているが、両漢訳はいずれも、「羊車」という訳語を示しており、「羊車」の原語は“aja-ratha”と考えられるから、これは梵本の“mṛga-ratha”と一致しない。

次に、梵本では“śrāvaka-yāna”を「求める」“ākāṅkṣamāṇa”衆生たちは“para-ghoṣa-śrava-anugamana”を「求める」と言われているが、この表現に対応する訳語を、漢訳に見出すのは容易ではない。『妙法華』〔248〕ⓑには、「従仏世尊、聞法信受」の語があり、これが対応する訳語であるようにも見えるが、この「従仏世尊、聞法信受」は、〔248〕のⓒとⓓにも見られ、ⓑの「声聞乗」を特徴づける語とはされていない。しかし、おそらく、“śrava”と“śrāvaka”の関係、つまり、「聞く」者が「声聞」であるという関係から見て、“śrava”という語が「声聞乗」を説明する個所だけにある梵本の説明は適切であろう。しかるに、この“śrava”を構成要素としてもつ“para-ghoṣa-śrava-anugamana”という複合語は、『正法華』〔247〕ⓑには対応する訳語を欠いている。即ち、そこには、「声聞乗」という語を除けば、「聞」

という訳語さえ現れないのである。

次に、〔246〕ⓑの“ātma-parinirvāṇa-hetos”という語は、「独覚乗」を説明する〔246〕ⓒでも用いられ、これが「大乗」を説明する〔246〕ⓓの“sarva-sattva-parinirvāṇ-hetos”と対比されていることは明らかであるが、まず『妙法華』〔248〕を見ると、「声聞乗」を説明するⓑにある「自求涅槃」という語が、この“ātma-parinirvāṇa-hetos”に対応しているように見える。しかし、この「自求涅槃」は、「辟支仏乗」を説明する〔248〕ⓒには認められない。次に、『正法華』〔247〕ⓑを見ると、「欲取滅度」が“ātma-parinirvāṇa-hetos”に対応しているように見えるが、「縁覚乗」を説明する〔247〕ⓒには「欲独滅度」の語があり、この「独」がもしも“ātman”の訳語であるとすると、本来のテキストでは、「声聞乗」には“parinirvāṇa-hetos”、「独覚乗」には“ātma-parinirvāṇa-hetos”が配当され、両者は区別されていたのかもしれない。

次に、〔246〕ⓑの「声聞乗」の説明では、“catur-āryasatya-anubodha”が修行の目的として述べられるが、いずれの漢訳にも、これに対応する訳語はなく、「四聖諦」のことは全く言及されていない。では、「声聞乗」の教説の具体的内容とは何かと言えば、それは両漢訳によれば、「滅度」「涅槃」、つまり、“nirvāṇa”か“parinirvāṇa”とされているように見える。しかるに、梵本に対する両漢訳の相対的な古さを考慮すれば、本来のテキストでも、「声聞乗」の教説の具体的内容は、「涅槃」であると規定されていたと見るのが自然であろう。

では、次に〔246〕ⓒにおける「独覚乗」の説明について見てみよう。まず、「独覚乗」は、梵本〔246〕ⓒでは“aja-ratha”に喩えられているが、これに対応するのが、『正法華』〔247〕ⓒでは「馬車」、『妙法華』〔248〕ⓒでは「鹿車」となっていて、梵本とは一致しない。次に、梵本の“anācāryakaṃ jñānam”に対応する訳語は、『妙法華』〔248〕ⓒに存在しない代りに、そこには「自然慧」という訳語が置かれているが、これは“svayambhu-jñāna”の訳語と見るべきであろう。これに対して『正法華』〔247〕ⓒには「無有師法」とあり、これが“anācāryakaṃ [jñānam]”に対応すると考えられる。ただし、その直後の「自従意出」という語が何を意味するのか、何の訳語であるのかは、明らかではない。

この点は、〔247〕ⓓにある類似の語「自従心出」に関しても同様である。ただし、「自従意出」も「自従心出」も、「無師」という語の直前と直後に置かれているので、「無師」の意味を説明する表現なのかもしれない。

「独覚」の規定に“anācāryakaṃ jñānam”「無師の智」を置くのは、適切なことと思われるが、仏陀もまた無師独悟したとされるから、梵本では“anācāryakaṃ jñānam”の語は、「独覚乗」を説明する〔246〕ⓒだけではなく、「大乗」を説明する〔246〕ⓓにも“buddha-jñāna”と並んで置かれていて、後者が『正法華』〔247〕ⓓでは「無師主慧」と訳されている。しかるに、これに対して『妙法華』では、すでに述べたように、「辟支仏乗」を説明する〔248〕ⓒに“anācāryakaṃ jñānam”の訳語はなく、「大乗」を説明する〔248〕ⓓにその訳語が「無師智」として出されている。

ここで、再び〔246〕ⓒにおける「独覚乗」の説明にもどれば、そこでは、“dama-śamatha”が「求められる」対象として述べられているが、これは、基本的には『正法華』〔247〕ⓒの「求至寂然」や、『妙法華』〔248〕ⓒの「楽独善寂」という表現において訳出されていると思われる。次に〔246〕ⓒでは“hetu-pratyaya-anubodha”「因縁を悟ること」が修行の目的とされるが、この語は『正法華』〔247〕ⓒにおいて「覚諸因縁」、『妙法華』〔248〕ⓒにおいて「深知諸法因縁」という訳語によって明確に訳されている。従って、「独覚乗」の教説の具体的内容とは、「因縁」であると見ることにおいて、梵本も両漢訳も一致していると言えるであろう。

では、次に〔246〕ⓓにおける「大乗」の説明について検討しよう。そこで衆生によって「求められる」対象として挙げられる四つの智、つまり、“sarvajña-jñāna”“buddha-jñāna”“svayaṃbhu-jñāna”“anācāryakaṃ jñānam”については、両漢訳で、明確に、しかも列挙の順序通りに、訳されていると考えられる。即ち、『正法華』〔247〕ⓓでは「諸通慧」「諸仏道慧」「自在聖慧」「無師主慧」と訳され、『妙法華』〔248〕ⓓでは「一切智」「仏智」「自然智」「無師智」と訳されているのである。

また、〔246〕ⓓの“sarva-sattva-parinirvāṇa-hetos”に関しては、『正法華』〔247〕ⓓの「滅度黎庶」と『妙法華』〔248〕ⓓの「度脱一切」が、その訳語であろう。さらに“bahujanahitāya”等の「多くの人々の利益と楽のため」云々という定型句は、〔247〕ⓓにおいても〔248〕ⓓにおいても、この「滅度黎庶」と「度脱一切」という訳語の直前に、「多所哀念……」「愍念安楽……」という表現によって訳されている。

さて、〔246〕ⓓにおいては、“sarva-sattva-parinirvāṇa-hetos”の後に“tathāgata-jñana-bala-vaiśāradya-anubodha”という語が、修行の目的を示すものとして置かれているが、『妙法華』〔248〕ⓓでは、“sarva-sattva-parinirvāṇa-hetos”に対応する「度脱一切」という訳語よりも前の個所に、上述の四つの智と並列されて、「如来知見力無所畏」の語が置かれている。

これに対して、『正法華』〔247〕ⓓでは、梵本の順序通りに、“sarva-sattva-parinirvāṇa-hetos”の訳語と考えられる「滅度黎庶」よりも後に、「欲求大聖普見之慧力無所畏」という表現があり、これが“tathāgata-jñāna-bala-vaiśāradya anubodha”に対応していると考えられる。というのも、「大聖」が『正法華』において、“tathāgata”の訳語ともなることは、辛嶋氏によって明らかにされているからである。[257]

さて、梵本においても、漢訳においても、ⓓの末尾の部分に最も問題となる文章が存在することは明らかである。今、それを次のように列挙してみよう。

(1)〔欲求大聖普見之慧力無所畏、〕謂如来道、菩薩大士所履乗也。(『正法華』〔247〕ⓓ)

(2)〔度脱一切、〕是名大乗。菩薩求此乗故、名為摩訶薩。(『妙法華』〔248〕ⓓ)

(3) ta ucyante mahāyānam ākāṅkṣamāṇās traidhātukān nirdhāvanti / tena kāraṇenocyante bodhisattvā mahāsattvā iti /

以上の三つの文章を対比してみると、この個所の本来のテキストに、“bodhisattva”と“mahāsattva”という語が存在したことは確実であろう。この二つの語は、二つの漢訳にも明確に訳されているからである。しかるに、問題となるのは、(3)の“mahāyāna”が『妙法華』の(2)には「大乗」として訳されているにもかかわらず、『正法華』の(1)には対応する訳語を欠いていることなのである。では、そこでは、“mahāyāna”「大乗」に代って、どのような語が“yāna”「乗」の名称として置かれているかと言うと、「如来道」という語がそれであると考えられるが、この「如来道」は、辛嶋氏が想定されたように、[258]“tathāgata-yāna”の訳語であり、また、これも同氏によって指摘されたように、O本では、正にこの個所に“tathāgatayānam”という語が置かれているのである。ただし、辛嶋氏も注意されているように、O本でも、その直前には“mahāyāna”の語が用いられている。つまり、その部分は、

〔249〕mahāyānam abhirūḍhukāmās te ucyaṃti tathāgatayānam ākāṃkṣamāṇā mahāyānīyās traidhātukān nirdhāpitām iti（87b7-88a1）[*Toda*, p.45]

となっているのである。しかし、ここで“te ucyaṃti”（＝“ta ucyante”）の直後に置かれているのは、“tathāgatayānam”であるから、この“tathāgatayānam”が、前掲の梵本(3)の“mahāyānam”の位置に置かれていることは明らかであろう。すると、〔246〕ⓓの本来のテキストでは、〝方便の三乗〟のうちの第三番目の乗が、“tathāgata-yāna”と呼ばれていたのか、それとも“mahāyāna”と呼ばれていたのかという問題が生じるであろう。

これについて、苅谷博士は、次のように論じられる。

⑯0『写本集成』（III-294）を見るに、P本のみ tathāgata-yānam ākāṃkṣamāṇā mahāyānīyās（如来乗を求める大乗のものたち）とあるが、他の写本（『写本集成』III-293）は全て『版本』の通りである。これは、勿論、大乗・菩薩乗のことであるが、菩薩乗とせずに「大乗」（mahāyana）としたのは、次下に出てくる「大士」（mahāsattva）の語源解釈を示さんがためであろう。一方、P本の tathāgata-yāna をもって buddhayāna と同義語とするならば、三乗とは声聞、独覚、仏乗となり、『妙法華』の訳者羅什の立場（＝二乗廻心の一乗説、三車家）と同じになる。しかし、『法華経』において「仏乗」を tathāgata-yāna（如来乗）と表現した箇所は全くないのである。（『一仏乗』二五九頁、註〔91〕）

確かに、“tathāgatayānam”という読みを示すO本（苅谷博士の「P本」）を除いて、全ての写本は“mahāyānam”という読みを示しているのであるから、“mahāyānam”という読みを本来のものと見る解釈は、自然なものであろう。まして、O本には、明らかに付加と思われる語や文章が多く、後代に発展した要素が含まれていることを考慮すれば、尚

更のことである。しかし、問題の個所に“tathāgata-yāna”「如来道」の語を有する『正法華』の古さは、やはり尊重されなければならないであろう。また、苅谷博士は「『法華経』において「仏乗」を tathāgata-yāna（如来乗）と表現した箇所は全くない」と言われるが、“tathāgata-yāna”という語自体は、O本では、〔249〕以外にも使われていて、K本で“kaḥ punar vādas tṛtīyasya”（K, 186,12-187,1）とあるところが、O本で“kutaḥ punas tṛtīyaṃ parinirvāṇam vā anyatra tathāgatayānam eva tathāgataparinirvāṇam eva”（181a1-2）となっていることが、索引によって知られるのである。[259] しかし、勿論、“tathāgata-yāna”という語が、『法華経』梵本（K本）には全く存在しないという事実は、認めざるを得ないであろう。

そこで今度は、前掲⑴⑵⑶の論旨を考えてみよう。そこには、〝方便の三車〟ではなく、〝方便の三乗〟のうちの第三乗の名称が示されていて、それが本来“mahāyāna”であるのか“tathāgata-yāna”であるのかが当面の問題となっているのであるが、しかし、何故そこで“bodhisattva-yāna”という語が、使用されなかったのであろうか。つまり、梵本〔243〕の末尾で、“śrāvakayānaṃ pratyekabuddhayānaṃ bodhisattvayānam”として〝方便の三乗〟が示されたのであるから、そのうちの第三乗である“bodhisattvayānam”に対応する訳語が『妙法華』〔245〕末尾では「仏乗」となっていたとしても、梵本が〝方便の三乗〟の名称に一貫性を保ちたいと望むならば、この〔246〕ⓓの⑶でも、第三乗の名称を“bodhisattva-yāna”として示すのが当然ではなかろうか。しかるに、この疑問に対して、苅谷博士は、(160)で「菩薩乗とせずに「大乗」（mahāyāna）としたのは、次下に出てくる「大士」（mahāsattva）の語源解釈を示さんがためであろう」と言われている。確かに、前掲の⑶を見ると、“mahāyāna”を求めるが故に、“bodhisattva”“mahāsattva”と言われる、という趣旨が認められる。⑶末尾の“tena kāraṇenocyante bodhisattvā mahāsattvā iti”は、「それ故に〔“mahā-yāna”を求めるが故に〕、菩薩は“mahā-sattva”と言われる」とも読めるであろう。⑵の『妙法華』の「是名大乗。菩薩求此乗故、名為摩訶薩」という訳文は、正にこのような解釈を示している。

では、⑴の『正法華』の文章の論旨は、どのようなものであろうか。そこでは「如来道」、つまり、“tathāgata-yāna”

という語は、直前に出る「大聖普見之慧力無所畏」、つまり、“tathāgata-jñāna[darśana]-bala-vaiśāradya”[260]を承けて、使用されているように見える。つまり、“tathāgata-jñāna[darśana]-bala-vaiśāradya”を「求める」が故に、“tathāgata-yāna”を「求める」ものであると言われているように見えるのである。ここには、辛嶋氏が主張されている“yāna”と“jñāna”の同義性、または、“yāna”が“jñāna”を意味するということが、確かに認められるであろう。この点を、辛嶋氏は、次のように言われている。

(161)独覚・菩薩の例に明確に見られるように、jñāna を求めることと、yāna（あるいは ratha）を求めることが、同一視されている。（「乗と智慧」一五四頁）

しかるに、『正法華』の⑴には、「如来道」の後に、「菩薩大士所履乗也」という表現が置かれており、この表現の原文をどのように想定すべきかが問題となるであろうが、まず、ここに“bodhisattva-yāna”とか“mahāsattva-yāna”という原語は存在しなかったであろうと思われる。“mahāsattva-yāna”なる語は、仏典での使用例は確認されていないし、“bodhisattva-yāna”という語が存在すれば、『正法華』〔244〕ⓑのように、「菩薩之道」等と訳されていたと思われるからである。従って、ここには、梵本の⑶にあるように、“bodhisattva”と“mahāsattva”という名詞の複数形が並置されていたと考えられる。しかるに、「所履」という語は、『妙法華』の⑵や梵本の⑶に対応するものをもたないのである。また逆に、『妙法華』⑵の「故、名為」や梵本⑶の“tena kāraṇenocyante ... iti”「その理由によって……と言われる」は、『正法華』の⑴には、対応するものを欠いている。従って、「所履」と「故、名為」や“tena kāraṇenocyante”とでは、どちらが古いかということが問題になるであろうが、『正法華』⑴の「所履」の原語の想定に関しては、O本〔249〕の“abhirūḍhukāmās”という表現が参考になるであろう。即ち、〔231〕ⓓに“teṣu mahāyāneṣv abhiruhya”とあるように、『法華経』では、“yāna”や“ratha”に「乗る」のを表現するのに、“abhi√ruh”という動詞が一般的に用いられたようであるから、この⑴でも、「所履」の原語としては、“abhi√ruh”から派生した何等かの語が用いられたのではないかと思われる。つまり、最も単純に想定するならば、ここには“tathāgatayānaṃ yatrābhirūḍhā bodhisattvā mahāsattvāḥ”というような文章があったかもしれないと見られるのである。

しかるに、私が最も問題にしたいのは、次の点なのである。即ち、所喩ではなく、譬喩そのものを問題にするのであるが、そこにおいては、まず〝方便の三車〟が示され、後に〝賜与の一車〟が与えられるという点において、時間が明確に二分割されていたが、その場合〝賜与の一車〟は、本来は「牛の車」と規定されることもなく、「牛」と関連づけられることもなく、専ら“mahāyāna”「大きな乗りもの」と呼ばれていたのである。この点は、〔231〕における“mahāyāna”という語の四つの用例によって明確に示されている。しかるに、そうであるとすれば、その〝賜与の一車〟を意味する“mahāyāna”という語が、今度は、所喩において〝方便の三乗〟のうちの第三乗を意味するものとして使用されるということがあり得るであろうか。さらに言えば、〝方便の三乗〟中の第三乗が、もしも“mahāyāna”と呼ばれるならば、それに対応する〝方便の三車〟中の第三車も“mahāyāna”と呼ばれるか、たとえ“mahāyāna”と呼ばれないにしても、少なくとも“mahat”「大きい」という形容詞を用いて表現されている個所がなければならないと思われるが、そのような個所は全く存在しないのである。即ち、「火宅譬喩」において、「大長者」が「私は、方便善巧によって、これらの子供たちを、この家から脱出させよう」“aham upāyakauśalyenemān kumārakān asmād gṛhān niṣkrāmayeyam”（K, 73,14）と考えたと言われる個所よりも後に“mahat”という形容詞が用いられるのは、〔231〕ⓐの“mahā-dhana”が最初なのである。すでに述べたように、ここで“mahā”は〝賜与の一車〟が“mahāyāna”であることを述べるための伏線として用いられているのであって、〝方便の三車〟中の第三車に関連するものではない。しかるに、この〔231〕よりも前の〔219〕〔225〕には、〝方便の三車〟が描写されているが、そこにも“mahat”という形容詞は、一切用いられていないのである。

従って、いかに大多数の写本によって支持されていたとしても、〔246〕ⓓの(3)において〝方便の三乗〟中の第三乗が“mahāyāna”と呼称されることは、奇異であると見ざるを得ないであろう。

しかるに、この問題を考えるとき、忘れてはならないのは、『法華経』自身の中で、〝四車説から三車説への変化〟

があったという点である。即ち、すでに論じたように、「譬喩品」散文部分においては、〝賜与の一車〟は本来「牛の車」であると規定されることもなく、「牛」がつながれていると述べられることもなかった。それが「譬喩品」の偈になると、その〝賜与の一車〟に「牛」がつながれていると述べられ、「牛の車」であるとも規定されるようになった。これは明らかに、〝賜与の一車〟を〝方便の三車〟中の第三車と同一視しようとする傾向を示すものであって、〝三中一〟を説く〝三車説〟であり、また〝二乗方便説〟とも言えるものである。このような〝四車説から三車説への変化〟が『法華経』自体の中に認められる以上、『正法華』や『妙法華』と比べれば、その成立が新しい梵語写本の読みについては、そこに後代の解釈、つまり、具体的には〝三車説〟的な解釈が加わっているのではないかと疑ってみる必要があるであろう。このような観点から見て、私は、〔246〕ⓓの問題の個所(3)において、〝方便の三乗〟中の第三乗は、“mahāyāna”と呼ばれたのではなく、O本〔249〕の“tathāgatayānam”という読みと『正法華』〔247〕ⓓの「如来道」という訳語によって示されている通り、“tathāgata-yāna”と呼ばれたと見ておきたい。

辛嶋氏もまた、〔246〕の和訳を示した後で、次のように言われているのである。

> (162)ここでは、鹿・山羊・牛の車（ratha）を求める子を、他人から聞くことに従うことを求める声聞、無師の智慧（anācāryaka jñāna）を求める独覚、仏の智慧（buddha-jñāna）を求める菩薩に譬えており、後者を声聞・独覚・如来の乗り物（yāna）を求める者たちと名付けている。（「乗と智慧」一五四頁）〔傍線＝松本〕

ここで辛嶋氏が、何故、梵本の“mahāyānam”という読みと『妙法華』の「大乗」という訳語よりも、O本の“tathāgatayānam”という読みと『正法華』の「如来道」という訳語を尊重して、本来のテキストには、“mahāyāna”ではなく“tathāgata-yāna”という語が存在したであろうと推定されたのかというその理由は、明示されていないが、しかし、この(162)の直後には、「jñāna を求めることと、yāna（あるいは ratha）を求めることが、同一視されている」という前掲の(161)が連結するから、氏は、〝tathāgata-jñāna を求めるが故に、tathāgata-yāna を求める者と言われる〟という論理が〔246〕ⓓには説かれたと判断されたのであろう。すでに述べたように、私もまた同様に考えるのである。

さて、「譬喩品」散文部分〔246〕ⓓにおいて、〝方便の三乗〟中の第三乗が、本来は“mahāyāna”ではなくて、“tathāgata-yāna”と呼ばれたとするならば、〔243〕ⓑで〝方便の三乗〟中の第三乗が“bodhisattva-yāna”と呼ばれたことについても、疑問が生じる筈である。即ち、この“bodhisattva-yāna”に対応する訳語は、『正法華』〔244〕ⓑでは「菩薩之道」であり、『妙法華』〔245〕ⓑでは「仏乗」であったのであるが、〝方便の三乗〟中の第三乗が〔246〕ⓓにおいて“tathāgata-yāna”と呼ばれたとすれば、〔243〕ⓑでも、それは同様に“tathāgata-yāna”と呼ばれたか、または、『妙法華』の「仏乗」という訳語によって指示される“buddha-yāna”という語によって呼ばれたのではないかという疑問が生じるのは、当然であろう。

これについて、まず“buddha-yāna”というのは、「方便品」散文部分〔1〕―〔6〕で“ekaṃ yānaṃ ... yad idaṃ buddha-yānam”という表現によって、真実なる「一乗」と繰返し同一視されたものであるから、それが〝方便の三乗〟中の第三乗の名称となることはあり得ないという反論がありうるであろう。即ち、苅谷博士の見解がそれであって、博士は〝方便の三乗〟中の第三乗が『妙法華』〔245〕ⓑで「仏乗」と訳されていることについて、すでに見た⑮⑤で『妙法華』で三乗中の一つが「仏乗」とあるのは、訳者羅什の見解にもとづく変更と考えざるを得ない。ここにも羅什の法華経観が考究される必要があろう」と言われたのである。ここで、「羅什の見解」とか「羅什の法華経観」と言われるのは、おそらく、〝三車説〟または〝二乗方便説〟を指すものと思われる。[261]

すでに述べたように、私もまた〝三車説〟、即ち、〝二乗方便説〟は、〝四車説〟、即ち、〝三乗方便説〟から発展したものだと考えている。しかし、〝方便の三乗〟中の第三乗を「仏乗」、または、「如来乗」と呼んだとき、これが〝三車説〟〝二乗方便説〟となるのは、〝賜与の一車〟に対応する〝真実の一乗〟が「仏乗」と規定される場合だけに限られるであろう。というのも、その〝真実の一乗〟が「仏乗」と規定されていない場合には、〝方便の三乗〟中の第三乗が「仏乗」と呼ばれたとしても、〝真実の一乗〟は、その第三乗と同一なものとはならないからである。

では、この「譬喩品」散文部分の「火宅譬喩」において、〝賜与の一車〟に喩えられる〝真実の一乗〟が何と呼ばれたかと言えば、それは基本的には、「仏乗」ではなく「大乗」と呼ばれたと見るのが妥当ではないかと思われる。その理由を、以下に説明しよう。

まず、これは従来殆んど注意されていない点であるが、"buddha-yāna"という語は、「方便品」散文部分とは大いに異なり、「譬喩品」散文部分では、梵本にただ一度しか使用されていない。即ち、それは、〔246〕の後に続く次のような一節で、一回使用されるだけなのである。

〔250〕ⓐ tadyathāpi nāma śāriputra sa puruṣas tān kumārakāṃs tasmād ādīptād agārān nirdhāvitān dṛṣṭvā kṣemasvastibhyāṃ parimuktān abhayaprāptān iti viditvātmānaṃ ca mahādhanaṃ viditvā teṣāṃ dārakāṇām ekam eva yānam udāram anuprayacchet ⓑ evam eva śāriputra tathāgato 'py arhan samyaksaṃbuddho yadā paśyaty anekāḥ sattvakoṭīs traidhātukāt parimuktā duḥkhabhayabhairavopadravaparimuktās tathāgataśāsanadvāreṇa[262] nirdhāvitāḥ parimuktāḥ sarvabhayopadravakāntārebhyo nirvṛtisukhaprāptāḥ / ⓒ tān etāñ śāriputra tasmin samaye tathāgato 'rhan samyaksaṃbuddhaḥ prabhūto me[263] jñānabalavaiśāradyakośakoṣṭhāgāra iti viditvā sarve caite mamaiva putrā iti jñātvā buddhayānenaiva tān sattvān parinirvāpayati / na ca kasyacit sattvasya pratyātmikaṃ parinirvāṇaṃ vadati / sarvāṃś ca tān sattvāṃs tathāgataparinirvāṇena mahāparinirvāṇena parinirvāpayati / ⓓ ye cāpi te śāriputra sattvās traidhātukāt parimuktā bhavanti teṣāṃ tathāgato dhyānavimokṣasamādhisamāpattīr āryāṇi paramasukhāni krīḍanakāni ramaṇīyakāni dadāti sarvāṇy etāny ekavarṇāni / (K, 81,7-82,3)

〔251〕ⓐ父見子安済難無懼、自察家中財宝無量、等賜諸子、高大殊妙七宝大乗。ⓑ如来正覚、亦復如是。覩無数衆、億百千姟、使度三難勤苦怖懼、従其所願、開生死門、遂令脱出、難嶮恐患、使滅度安。ⓒ又舎利弗、如来爾時、従終始宅、以無数慧力無所畏、観衆罪厄、矜哀喩子、普勧進使、帰於仏乗。不令各各従意、而滅度也。如来悉誘、以仏滅度、而滅度之。ⓓ仮使衆生得度三界、以如来慧脱門定意賢聖度門、安慰歓娯施楽法誼、恵以一貌仏之大道。

(『正法華』七六上二六―中七)

〔252〕ⓐ舎利弗、如彼長者、見諸子等、安隠得出火宅、到無畏処。自惟財富無量、等以大車、而賜諸子。ⓑ如来亦復如是。為一切衆生之父。若見無量億千衆生、以仏教門、出三界苦怖畏険道、得涅槃楽。ⓒ如来爾時、便作是念。我有無量無辺智慧力無畏等諸仏法蔵。是諸衆生、皆是我子。等与大乗、不令有人独得滅度。皆以如来滅度、而滅度之。ⓓ是諸衆生、脱三界者、悉与諸仏禅定解脱等娯楽之具。皆是一相一種、聖所称歎、能生浄妙第一之楽。

(『妙法華』一三中二九―下一〇)

(163)ⓐ例えば、シャーリプトラよ、その人は、それらの子供たちが、その燃えている家から脱出したのを見て、安穏と幸運によって解放され、畏れの無い状態を得たのを知り、また自分は大きな財をもっている(mahā-dhana)のを知って、それらの子供たちに、ただ一つの高大な乗りもの(ekam eva yānam udāram)を与えるであろう。ⓑシャーリプトラよ、それと同様に、如来・阿羅漢・正覚者も、多くのコーティの衆生たちが、三界から解放され、苦と恐怖と災難から逃れ出て、如来の教誡の門(dvāra)から脱出し、すべての畏れと災難の荒野(kāntāra)から逃れ出て、涅槃(nirvṛti 安息)〔B〕の楽を得たのを見るとき、ⓒそのとき、シャーリプトラよ、如来・阿羅漢・正覚者は、「私には、豊富な智・力・無所畏の倉と倉庫がある」と知って、また、「これらは全て、私だけの息子である」と知って、それらの衆生を、仏乗(buddha-yāna)〔A〕だけによって般涅槃させる(parinirvāpayati)。しかし、いかなる衆生にも、各自の(pratyātmika)般涅槃〔B〕(parinirvāṇa)を語らない。また、それらの衆生をすべて、如来の般涅槃(tathāgata-parinirvāṇa)〔A〕によって、大きな般涅槃(mahā-parinirvāṇa)によって、般涅槃させる。ⓓまた、シャーリプトラよ、三界から解脱したそれらの全ての衆生に、如来は、これら一色(eka-varṇa)の禅定・解脱・三昧・等至〔A〕という聖なる最高の楽(parama-sukha)〔A〕である楽しい遊具(krīḍanaka)を全て与える(dadāti)。

ここで、"buddhayāna"という語は、〔250〕ⓒに用いられているが、この語の意味については、充分な検討が必要であろう。まず、この〔250〕のⓐでは、所喩ではなく、「大長者」を主人公とする譬喩が述べられているが、そこでは

〝賜与の一車〟が“ekam eva yānam udāram”[264]であると言われている。しかるに、ここで「乗りもの」を意味する“yāna”が複数形ではなく単数形で用いられるようになっていることに注意したい。「乗りもの」としての“yāna”が単数形で言われているのは、言うまでもなく、〝賜与の一車〟に喩えられる〝真実の一乗〟としての“mahāyāna”「大乗」が、専ら単数形で表されるので、それに一致させたものと考えられる。

　しかるに、この〝賜与の一車〟である“ekam eva yānam udāram”は、O本では“ekam eva yānaṃ mahā(yā)naṃ udārayānaṃ gorathaṃ evānuttarayānam eva”(88a6-7)となっている。このO本の文章では、多くの言葉が本来のテキストに付加されていることは自明であろうが、問題は、ここに“mahāyāna”という語があることなのである。というのも、対応する漢訳を見てみると〝賜与の一車〟は、『正法華』〔251〕ⓐでは「高大殊妙七宝大乗」と言われ、『妙法華』〔252〕ⓐでは「大車」と言われている。この「大車」の原語は、『妙法華』〔233〕ⓓの「各乗大車」が、〔231〕ⓓの“teṣu mahāyāneṣv abhiruhya”に対応していることを考えても、“mahāyāna”と見るのが自然であろうと思われる。また、『正法華』〔251〕ⓐの「高大殊妙七宝大乗」においても、「大乗」の原語は“mahāyāna”であり、「高大」の原語は“udāra”であろう。また、“ekam eva yānam”の“ekam”は、いずれの漢訳においても、「等」と訳されたと思われる。すると、〔250〕ⓐでは〝賜与の一車〟について、〔231〕におけると同様に、本来は“mahāyāna”という語が用いられていたのではないかと想定されるのである。しかるに、この想定の妥当性は、そのほぼ直前に“mahā-dhanaṃ viditvā”という語が置かれていることによっても、確認されるであろう。というのも、“mahā-dhanaṃ”の“mahā-”は〔231〕ⓐの“mahā-dhana”と同様、その後に出る“mahāyāna”という語を導き出す役割を果していると思われるからである。

　では、〔250〕のⓒにおいて、〝賜与の一車〟に喩えられる〝真実の一乗〟が、何故“mahāyāna”と呼ばれずに“buddha-yāna”と呼ばれたのであろうか。これには理由があるのである。即ち、まず〔250〕ⓓにおいて“buddha-yāna”は“buddhayānena”という具格で表現されていることに注意したい。というのも、このように“yāna”を具格で用いる表現というのは、かなり特殊なものであり、これ以前には、〔243〕の直後に置かれる“tribhiś ca yānaiḥ sattvāṃl lobhayaty”（K, 79,6-7）「そして、三乗によって、衆生たちを、誘うのである」という文章以外には用いられなかったからである。

では、この〔250〕ⓒで何故“buddhayānena”という具格表現が用いられたかと言えば、それが“parinirvāpayati”「般涅槃させる」という動詞と結びついたからであろう。つまり、ここでは「……乗によって、般涅槃させる」と言われているのであって、決して『妙法華』〔252〕ⓒの「等与大乗」という訳語にあるように「……乗を、与える」とは言われていないのである。では、“buddhayānenaiva … parinirvāpayati”「仏乗だけによって……般涅槃させる」という文章は、何を意味するのであろうか。すでに見たように、ここを『妙法華』は「等与大乗」と訳しているが、ここに本来“buddhayāna”ではなく“mahāyāna”という語が用いられていたということは、まず考えられないであろう。というのも、後代の要素を多く含むO本でさえ、ここでは、“buddhayānenaiva”という梵本に全く一致する読みが与えられており、“mahāyāna”という語は使用されていないからである。また、〔250〕ⓒ末尾に“tathāgataparinirvāṇena”とあるところを、『妙法華』〔252〕ⓒでは「以如来滅度」と訳していることから考えても、“buddhayānena”という読みが本来からのものであることが知られるであろう。というのも、この二つの表現、つまり、“buddhayānena”と“tathāgata-parinirvāṇena”が意味的に対応していることは、明らかだと思われるからである。おそらく、『妙法華』〔252〕ⓒの「等与大乗」という表現は、原梵文との一致を無視して、〔252〕ⓐの「等以大車、而賜諸子」という表現と、その構造を強いて一致させようとしたために生じたものであろう。

さて、〔250〕ⓒの“buddhayānenaiva … parinirvāpayati”の意味を考えるためには、〔250〕ⓑの内容について検討しなければならない。そこでは、〝無数の衆生たちが、三界と苦から脱出し、「涅槃の楽」nirvṛti-sukhaを得た〟と言われている。そこには、“parimukta”“parimukta”“nirdhāvita”“parimukta”というように、〝脱出した〟〝解放された〟ことを意味する語が、四つも繰返して使用されているが、やや繰返しが多すぎるように思われる。つまり、〝荒野からの脱出〟ということは、“muktā vayam aṭavīkāntārād iha nirvāṇaprāptā vihariṣyāma”（K, 188,5-6）「我々は、密林・荒野から逃れて、ここで涅槃を得たものとして過そう」という「化城喩品」の文章にも示されるように、元来「化城譬喩」において言われることであって、そこで用いられた表現がここに持ち込まれて、“parimuktāḥ sarva-bhayopadravakāntārebhyo”という表現が付加されたのではないかと考えられるのである。問題の“kāntāra”「荒野」という言葉自体、『法華経』梵本では、「化城喩品」で五回用いられる以外は、この〔250〕ⓑで一回使用されるだけである。『妙法華』〔252〕ⓑの「険道」が“kāntāra”の訳語であることは明らかであり、『正法華』〔251〕ⓑの「嶮」の語も“kāntāra”の訳語であるかもしれないが、“kāntāra”は、この〔250〕ⓑで用いられる必然性が認められない場違いな語であって、本来のテキストには用いられていなかったであろうと思われる。

しかし、その場違いな語が、ここで、おそらくは付加されたことに、全く理由がなかったという訳ではない。即ち、この“kāntāra”という語は、「化城喩品」の「化城譬喩」との関連で、ここに付加されたと思われるからである。つまり、〔250〕ⓑでは〝無数の衆生たちが三界と苦から脱出し、「涅槃の楽」を得た〟と言われるのであるが、ここでの“nirvṛti”「涅槃」という語を踏まえて、〔250〕ⓒで“buddhayānenaiva … parinirvāpayati”「仏乗だけによって、般涅槃させる」という表現が用いられたことは確実であろう。では、それはどのような意味かと言えば、それは〝方便〟によって得られた涅槃〔B〕は、真の涅槃、つまり、完全な涅槃である般涅槃“parinirvāṇa”〔A〕ではない、あるいは、仏教の真の目的は、“nirvṛti”「涅槃」〔B〕ではなくて、“buddha-jñāna”「仏智」〔A〕であるということを意味していると思われる。つまり、ここで“buddha-yāna”とは、“nirvṛti”〔B〕と対比されたものとしての“buddha-jñāna”〔A〕を意味すると考えられるのである。

しかるに、これと全く同じ論理が「化城喩品」の「化城譬喩」中のある一節にも、説かれているのである。そこで、この〔250〕の趣旨を明らかにするためにも、その一節を見てみよう。それは、次の通りである。

〔253〕na khalu punar bhikṣavo yūyaṃ kṛtakṛtyāḥ kṛtakaraṇīyāḥ / api tu khalu punar bhikṣavo yuṣmākaṃ abhyāśa itas tathāgatajñānaṃ vyavalokayadhvaṃ bhikṣavo vyavacārayadhvaṃ yad yuṣmākaṃ nirvāṇaṃ naiva nirvāṇam / (K, 189,7-9)

〔254〕爾等〔聞之〕、謂悉備足、不知所作尚未成弁。又如来慧普見世間、一切人心、示現泥洹。（『正法華』九二下二七―二九）

〔255〕汝等所作未弁、汝所住地、近於仏慧、当観察籌量、所得涅槃、非真実也。（『妙法華』二六上二〇―二一）

(164)比丘たちよ、実に、あなたたちは、まだ為すべきことを為しおえた（kṛta-kṛtya）のではない。まだ為すべきことを為しおえてはいない。そうではなくて、比丘たちよ、あなたたちにとって、如来の智（tathāgata-jñāna）〔A〕は、ここから近くにある。比丘たちよ、あなたたちの涅槃（nirvāṇa）〔B〕は、決して〔真の〕涅槃ではないということを、よく観察し、観察しなさい。

これは、「化城」“ṛddhi-mayaṃ nagaraṃ”（K, 188,1; 188,8; 189,3; 189,4）に喩えられる「二つの涅槃地」“dve nirvāṇabhūmī”（K, 189,5）に衆生が達したとき、釈迦仏が衆生に語る言葉であるが、ここにも〝方便によって得られた涅槃は、真の涅槃ではない〟という考え方[265]が示されている。しかし、これは実は、仏教の真の目的とは「涅槃」〔B〕ではなく「仏智」〔A〕であるということを意味しているのであって、この〔253〕でも、「宝処」“ratna-dvīpa”（K, 187,5）や「大宝処」“mahā-ratna-dvīpa”（K, 187,10; 188,4; 188,9）に喩えられる「仏智」〔A〕が、“tathāgata-jñāna”と呼ばれているのである。勿論、“tathāgata-jñāna”は“buddha-jñāna”と同義であって、「化城譬喩」では、「宝処」に喩えられるものを表現する語としては、“tathāgata-jñāna”が〔253〕において一回用いられるだけであるのに対し、“buddha-jñāna”の方は〔253〕よりも前の個所に二回（K, 189,1; 189,2）用いられている。

従って、「化城喩品」〔253〕には、〝方便によって得られた涅槃は真の涅槃ではない〟と説かれていたが、これは実際には、〝「涅槃」〔B〕ではなくて、「仏智」〔A〕が、仏教の真の目的である〟ということを意味していることが、理解されたであろう。しかるに、この同じ考え方が、「譬喩品」〔250〕にも説かれているのであって、そこで「涅槃の楽」を得たと思っている衆生たちを、「仏乗だけによって、完全に涅槃させる」というのは、「涅槃」〔B〕ではなくて、「仏乗」＝「仏智」〔A〕こそが、仏教の真の目的であることを述べようとするものである。即ち、すでに述べたように、そこでは“buddha-yāna ＝ buddha-jñāna”であって、その“buddha-jñāna”とは、直前に述べられた“jñāna-bala-vaiśāradya”という表現中の“jñāna”を指していると見ることもできるのである。

しかるに、〝「涅槃」〔B〕は、方便によって説かれたものであり、仏教の真の目的は「仏智」〔A〕である〟というこの考え方を、「火宅譬喩」の作者が、“mahāyāna”という語によって表現することはできなかったであろう。つまり、〔250〕ⓒの“buddhayānena ... parinirvāpayati”中の“buddhayānena”は、“mahāyānena”ではなくて、どうしても、この“buddhayānena”という語でなければならなかったのである。さもなければ、“buddha-jñāna”を意味することができないからである。しかし、〝賜与の一車〟が〔231〕で専ら“mahāyāna”と表現されたことの重さを考えれば、この〝賜与の一車〟に喩えられる〝真実の一乗〟を意味する〔250〕ⓒの“buddha-yāna”を“mahāyāna”と表現したいという欲求は、その後すぐに生じたであろう。それを示すものが、“buddhayānena”という原語に対する『妙法華』〔252〕ⓒの「大乗」という訳語であると思われる。

また、〔250〕ⓒ末尾には、“tathāgata-parinirvāṇena mahā-parinirvāṇena parinirvāpayati”とあるが、ここで、“tathāgata-parinirvāṇena ... parinirvāpayati”とは、“buddha-yānena ... parinirvāpayati”と同義であろう。つまり、ここで、“tathāgata-parinirvāṇa”とは、“buddha-yāna ＝ buddha-jñāna”〔A〕を意味しているのである。しかるに、その後に、“mahā-parinirvāṇa”とあるのは、やはり“buddha-yāna”を“mahāyāna”と表現したいという欲求を示すものであろう。つまり、“mahā-”は、“mahāyāna”を意味するのである。しかるに、“mahā-parinirvāṇena”には、これに対応する訳語が、いずれの漢訳にも欠けている。ということは、“mahā-parinirvāṇena”という語は、“buddha-yāna”とは実は“mahāyāna”であるということを主張しようとして、おそらくは、後出の〔256〕ⓑに出る“mahāyānenaiva sattvān parinirvāpayati”というような表現にもとづいて、本来のテキストに付加された語であると見るべきであろう。

なお、〔250〕ⓒでは“pratyātmikaṃ parinirvāṇam”と“tathāgata-parinirvāṇam”が対比されているが、前者は〝方便によって得られた涅槃〟〔A〕、後者は〝真の涅槃〟、つまり、「仏智」〔A〕を意味しているであろう。つまり、前者の

“pratyātmikam”「各自の」とは、〝方便の三乗〟の多数性に対応する語であって、〝三乗に相応した各自の〟という意味をもっていると思われる。

次に、〔250〕ⓓの趣旨は何かというと、これは、その直前の〔250〕ⓒで、“parinirvāṇa”や“parinirvāpayati”という「涅槃」を意味する語が用いられたことに対する一種の修正・補足であると思われる。即ち、「涅槃」〔B〕ではなく、「仏智」〔A〕が仏教の最終的な目的であるという見方に立てば、〔250〕ⓒにおいて〝方便によって得られた涅槃は真の涅槃ではない。如来の涅槃こそ真の涅槃である〟と説かれたことは、誤解を招きやすい表現と見られたであろう。というのも、〝真実の一乗〟に関して、“parinirvāṇa”とか“parinirvāpayati”という「涅槃」を意味する語による説明が繰返されたからである。そこで〝真実の一乗は、涅槃させるものではない〟として、「涅槃」の語を用いずになされた説明が、〔250〕ⓓであると思われる。そこでは、〔250〕ⓒで“parinirvāpayati”という動詞が用いられたのに対し、“dadāti”「与える」と言われている。“nirvṛti”“nirvāṇa”「涅槃」は、離脱や脱却を意味する否定的な語感をもつ語であるのに対し、「与える」は、積極的な意味をもつ語である。即ち、まず「火宅」から「脱却」して安堵している衆生たちに、今度は、素晴らしいもの〔A〕を「与える」ことを意味している。従って、〝真実の一乗〟を〝賜与の一乗〟、つまり、〝与えられた一乗〟と呼ぶことも可能になるであろうが、不思議なことに、この〔250〕ⓓには、“yāna”という語は用いられていない。また、『正法華』〔251〕ⓓの「大道」も“mahāyāna”の訳ではないであろう。[266]

では、〔251〕ⓓにおいて、如来が「与える」ものとは何かと言えば、“dhyāna-vimokṣa-samādhi-samāpatti”「禅定・解脱・三昧・等至」であると言われている。これは、「方便品」散文部分の〔74〕で説かれた“jñāna-darśana-bala-vaiśāradya-āveṇika-indriya-bala-bodhyaṅga-dhyāna-vimokṣa-samādhi-samāpatty-adbhuta-dharma”に相当する。つまり、仏陀が有している諸法〔A〕である。従って、『正法華』〔251〕ⓓの「以如来慧脱門」と『妙法華』〔252〕ⓓの「与諸仏禅定解脱等」による限り、いずれの漢訳も、〔250〕ⓓの“tathāgato dhyāna ...”を“tathāgatadhyāna ...”「如来の禅定……」と読んでいるように見える。[267] この如来が「与える」ところの「〔如来の〕禅定・解脱・三昧・等至」は“parama-sukha”

「最高の楽」と言われているが、これは、〔250〕ⓑで、衆生たちによって獲得されたものと述べられた“nirvṛti-sukha”「涅槃の楽」〔B〕と対比して、「最高の楽」〔A〕と言われたのである。

さらに、〔250〕ⓓでは、如来が「与える」ところの「禅定・解脱・三昧・等至」が「楽しい遊具」であると言われているが、これについて苅谷博士は、次のように論じられた。

⑯⑤ Dr. Naresh Mantri は、この「三車火宅の喩」について、三車（三乗）は玩具（toy）であり、大白牛車（仏乗）のみが実際の車であるとして、『法華経』の一乗について論じている（*The Lotus Sūtra*, a new interpretation, Hokké Journal Co. Ltd., Tokyo, 1977. p.133）。又、Nalinaksha Dutt も同様のことを述べている（*Mahāyāna Buddhism*, new Edition, 1977. p.v）。しかし、三車をもって玩具（toy）だとし、〈仏乗〉は実際の車だとして、『法華経』の一乗と三乗の関係を論じるのは、経に三車について krīḍanaka（p.74. 1）（心をとりこにするもの、それ故、子供にとっては玩具）とあるによるのであろう。『松濤訳』Ⅰも三車は玩具、大白牛車は実際の車と見なしているようだ（pp.93-94）。しかし、そのような解釈は、ここに（『版本』、p.82.2-3）〈仏乗〉についても krīḍanaka とあることを見落しており、到底、首肯できるものではない。（『一仏乗』二六〇頁、註〔101〕）

確かに、〔250〕ⓓでは、〝真実の一乗〟に関して“krīḍanakāni ramaṇīyakāni”という語が用いられており、これが『正法華』〔251〕ⓓでは「安慰歓娯施楽法誼」、『妙法華』〔252〕ⓓでは「娯楽之具」と訳されている。しかし、この〔250〕ⓓよりも前の個所では、〔219〕でも〔225〕でも“krīḍanakāni ramaṇīyakāni”は専ら〝方便の三車〟について言われる語であって、この語が〝賜与の一車〟を表すのに用いられたこともなく、ましてや〝真実の一乗〟を意味するものとして使用されたことなど、全くないのである。[268] また、『修行道地経』〔222〕ⓖにも「作伎楽者、謂仏説罪福、呼諸子出」とあり、“krīḍanaka”は〝真実の一乗〟と関連づけられてはいない。とすれば、この〔250〕ⓓで〝真実の一乗〟に関して“krīḍanakāni ramaṇīyakāni”という表現が用いられたのは、極めて不自然であると見ざるを得ない。おそらくは、直前にある“parama-sukha”「最高の楽」という語に何となく導き出されて、本来は〝方便の三車〟を意味する

“krīḍanakāni ramaṇīyakāni”という語が、ここに用いられるようになったのであろう。

さて、以上の考察によって、何故「譬喩品」〔250〕で“buddha-yāna”という語が、「譬喩品」散文部分においては、ただ一回だけ使用されなければならなかったかが明らかになったであろう。つまり、“buddha-yāna”という語は、〝「涅槃」〔B〕は方便によって説かれたものであり、仏教の真の目的は“buddha-yāna”「仏乗」＝“buddha-jñāna”「仏智」〔A〕である〟ことを示すために用いられたのである。しかるに、何故“nirvṛti”「涅槃」が大きなテーマとされたのかと言えば、〝三界〟から解脱し、「火宅」から脱出したときの安心感が“nirvṛti”「涅槃」と表現されたからであろう。

さて、〝賜与の一車〟は、〔231〕で専ら“mahāyāna”と呼ばれたのであるから、その〝賜与の一車〟に喩えられる〝真実の一乗〟についても、これを“mahāyāna”と呼ぶのは極めて自然であり、従って、〔250〕の“buddha-yāna”という語を“mahāyāna”と表現したいという欲求はすぐに生じたであろうと、すでに述べたが、このような欲求は〔250〕の直後に置かれる一節、即ち、「譬喩品」散文部分の末尾を形成する一節に、すでに明確に現れているのである。そこで、以下にこの一節について検討しよう。それは、次の通りである。

〔256〕ⓐ tadyathāpi nāma śāriputra tasya puruṣasya na mṛṣāvādo bhaved yena trīṇi yānāny upadarśayitvā teṣāṃ kumārakāṇāṃ ekam eva mahāyānaṃ sarveṣāṃ dattaṃ saptaratnamayaṃ sarvālaṃkāravibhūṣitam ekavarṇam evodārayānam eva sarveṣām agrayānam eva dattaṃ bhavet ⓑ evam eva śāriputra tathāgato ’py arhan samyaksaṃbuddho na mṛṣāvādī bhavati yena pūrvaṃ upāyakauśalyena trīṇi yānāny upadarśayitvā paścān mahāyānenaiva sattvān parinirvāpayati / ⓒ tat kasya hetoḥ / tathāgato hi śāriputra prabhūtajñānabalavaiśāradyakośakoṣṭhāgārasamanvāgataḥ pratibalaḥ sarvasattvānāṃ sarvajñajñānasahagataṃ dharmam upadarśayitum / anenāpi śāriputra paryāyenaivaṃ veditavyam / yathopāyakauśalyajñāna-abhinirhārair tathāgata ekam eva mahāyānam deśayati // (K, 82,3-10)

〔257〕ⓐ如彼長者、本許諸子、以三品乗、適見免難、各賜一類平等大乗、誠諦不虚。各得踊躍、無有慍恨。ⓑ如来如是。本現三乗、然後皆化使入大乗、不為虚妄。ⓒ所以者何。当知如来等覚、有無央数倉庫帑蔵。以得自在、為

諸黎庶、現大法化、諸通愍慧。当作是知、当解此誼。如来等正覚、善権方便、以慧行音、唯説一乗、謂仏乗也。
（『正法華』七六中七—一四）

〔258〕ⓐ舎利弗、如彼長者、初以三車、誘引諸子、然後但与大車、宝物荘厳、安隠第一。然彼長者、無虚妄之咎。ⓑ如来亦復如是、無有虚妄。初説三乗、引導衆生、然後但以大乗而度脱之。ⓒ何以故。如来有無量智慧力無所畏諸法之蔵。能与一切衆生、大乗之法、但不尽能受。舎利弗、以是因縁、当知諸仏方便力故、於一仏乗、分別説三。
（『妙法華』一三下一〇—一八）

(166)ⓐ例えば、シャーリプトラよ、その人が、三つの乗りもの（trīṇi yānāni 三乗）〔B〕を示してから（upadarśayitvā）、それらの子供たちすべてに、七宝でできた（sapta-ratna-maya）一つだけ（ekam eva）の大きな乗りもの（mahāyāna 大乗）〔A〕、つまり、すべての飾りで飾られた一色（eka-varṇa）の高大な乗りもの（udāra-yāna）、最勝の乗りもの（agra-yāna）だけを与えたとしても、その人に、妄語（mṛṣā-vāda）はないであろう。ⓑ正にそれと同様に、シャーリプトラよ、如来・阿羅漢・正覚者も、以前に（pūrvam）方便善巧（upāya-kauśalya）によって、三乗（trīṇi yānāni）〔B〕を示してから（upadarśayitvā）、後に（paścāt）大乗（mahāyāna）〔A〕だけによって、衆生たちを般涅槃させる（parinirvāpayati）としても、虚言者とはならないのである。ⓒそれは何故かというと、シャーリプトラよ、如来は、豊富な智・力・無所畏の倉と倉庫〔A〕を具えているので、一切衆生（sarva-sattva）に、一切智者の智（sarvajña-jñāna）〔A〕をともなった法（dharma）を示すことができるからである。このような訳で、シャーリプトラよ、如来は、方便善巧・知・完成によって、一つだけの大乗（ekam eva mahāyānam）〔A〕を説示するのである。

まず、ここで、〔256〕のⓐとⓑは譬喩と所喩の関係にある。しかるに、この両者は非常によく対応していて、そこには、次のような類似の文章が認められる。

㋐ trīṇi yānāny upadarśayitvā ... ekam eva mahāyānam ... dattaṃ（〔256〕ⓐ）〔譬喩〕

㋑ pūrvam upāyakauśalyena trīṇi yānāny upadarśayitvā paścān mahāyānenaiva sattvān parinirvāpayati（〔256〕ⓑ）〔所喩〕

即ち、“trīṇi yānāny upadarśayitvā” という表現は、両者に共通して用いられるのであるが、“pūrvam”「以前に」と“paścāt”「後に」という対比的表現は、すでに述べたように、「譬喩品」散文部分で『法華経』に導入された“時間の二分法”という考え方を示しているのであって、このような考え方も、このような表現も、「方便品」散文部分には、認められない。また、すでに〔231〕ⓔにおいて、所喩ではなく、譬喩に関して、㋐と類似した“[teṣāṃ dārakāṇām] pūrvaṃ trīṇi yānāny upadarśayitvā paścāt [sarveṣām] mahāyānāny eva dattāny” という表現も用いられている。

さて、前掲の㋐では“方便の三車”が“trīṇi yānāni”と言われ、“賜与の一車”が“mahāyānam”と言われているのであるが、直前に言及した〔231〕ⓔの“mahāyānāny eva dattāny”とは異なり、“mahāyāna”「大きな乗りもの」は、単数形で述べられている。これは、すでに述べたように、所喩において“mahāyāna”が単数形で用いられて「大乗」を意味するのに影響されて、単数形が使用されたのであろうと思われる。なお、〔256〕ⓐには、㋐の“mahāyāna”のいわば同義語として“udāra-yāna”と“agra-yāna”という語が置かれているが、これらが本来のテキストに存在したかどうかは明確ではない。というのも、『正法華』〔257〕の「各賜一類平等大乗」という訳文を見ると、そこには、この両者に対応する訳語は認められないと思われるからである。一方、『妙法華』〔258〕ⓐには「但与大車、宝物荘厳、安隠第一」とあり、この「第一」が“agra-yāna”の“agra”の訳語であると思われる。ただし、“agra-yāna”という言葉自体、『法華経』梵本では、ここ以外に二回、それも偈において用いられるだけであるから[269]、“agra-yāna”という語は、偈からの影響を受けて、〔256〕ⓐの本来のテキストに後に付加されたものであるかもしれない。勿論、この「譬喩品」散文部分の〔256〕における“agra”という語の使用に影響されて、「方便品」の偈や「譬喩品」の偈等において、“agra”という語が多用されるようになったという可能性もあるであろう。

さて、次に、所喩を説く〔256〕ⓑの㋑は、“方便の三乗”と“真実の一乗”について述べるものであるが、ここで“真実の一乗”が明確に“mahāyāna”「大乗」と規定されていることは何よりも重要である。即ち、㋑の“mahāyānenaiva sattvān parinirvāpayati”という文章が、〔250〕ⓒの“buddhayānenaiva tān sattvān parinirvāpayati”を意識して作成されていることは確実であろうが、そうであるとすれば、この文章では、〔250〕ⓒの“buddha-yāna”が意図的に“mahāyāna”に変更されたと考えられるのである。これは、言うまでもなく、この〔256〕ⓑ㋑の作者が“真実の一乗”とは、“賜与の一車”である“mahāyāna”に喩えられるものであり、従って、それは“mahāyāna”でなければならないと考えたからであろう。というよりも、むしろ彼が「火宅譬喩」を構想したのは、「方便品」散文部分で「一乗」の内容であるとされた“buddha-yāna”を“mahāyāna”に変更するためであったと考えられるから、“真実の一乗”は、「仏乗」ではなくて、「大乗」であるというのが、彼が本来、最も主張したかったことなのである。従って、この〔256〕ⓑの“mahāyāna”は、〔257〕ⓑと〔258〕ⓑのいずれの漢訳においても、「大乗」と訳されているのであって、決して「仏乗」とは訳されていない。この点は、O本も同様であって、〔256〕ⓑの“mahāyānenaiva”に対応するO本の読みは、“mahāyānameva ekayānenaiva”（89b4）となっているのである。

改めて言えば、〔250〕ⓒにおいては、“buddha-yāna”を用いた“buddhayānenaiva ... parinirvāpayati”という表現は、避けられなかったのである。何故なら、そこでは「涅槃」“nirvṛti”〔B〕と「仏智」“buddha-jñāna = buddha-yāna”〔A〕の対比がテーマとされていたからである。しかし、〔256〕では、この二者の対比がテーマとされているのではなく、“方便の三車”である“trīṇi yānāni”と“方便の三乗”である“trīṇi yānāni”との対応、及び、“賜与の一車”である“mahāyāna”と“真実の一乗”である“mahāyāna”の対応が最大のテーマとされているのである。従って、経典作者は、“「一乗」とは「大乗」である”という自らの根本的な所信を、ストレートに表明することができたのである。

では、末尾の〔256〕ⓒは何を説くものであろうか。ここには、大きな問題があるのである。まず、「火宅譬喩」、あるいは、「譬喩品」散文部分の所説の結論を示すものとも考えられる末尾の一文を、「方便品」散文部分の末尾の一文と並置してみると、次のようになる。

(1) ekam evedaṃ śāriputra yānam yad idaṃ buddhayānam（〔169〕）

(2) upāyakauśalyajñānābhinirhārair tathāgata ekam eva mahāyānaṃ deśayati（〔256〕ⓒ）

この両者を比べてみると、「方便品」散文部分の末尾では「一乗」は即ち「仏乗」であると説かれていたのに対し、「譬喩品」散文部分の末尾では、「一乗」は「大乗」であると説かれ、従って、「一乗」の内容である「仏乗」が、ここで「大乗」に変更されたように見えるのである。すでに繰返し論じているように、「譬喩品」散文部分の作者の思想的立場は、大乗が優れていると考える〝大乗主義〟であるから、この「仏乗」から「大乗」への変更に、作者の〝大乗主義〟が明確に示されていると見ることもできるであろう。しかし、〔256〕ⓒの末尾の一文⑵に、本来“mahāyāna”という語が使用されていたかどうかについては、大きな疑問がある。何故なら、『正法華』〔257〕ⓒの「謂仏乗也」、及び『妙法華』〔258〕ⓒの「於一仏乗」を見れば分るように、いずれの漢訳においても、対応する個所には「仏乗」という訳語が置かれ、かつ、O本では“mahāyānaṃ”の代りに“buddhayānaṃ”(90a1)という読みが示されているからである。[270]

では、ここに本来は“mahāyāna”ではなく“buddha-yāna”という語が置かれていたのかと言えば、実は問題はかなり複雑であって、『妙法華』〔258〕ⓒには「能与一切衆生、大乗之法」のところに、「大乗」という語があり、『正法華』〔257〕ⓒにも「為諸黎庶、現大法化、諸通愍慧」のところに、「大法」という語があるのである。この「大法」の原語が“mahāyāna”であるとは思えないが、『妙法華』〔258〕ⓒの「大乗」の原語は、常識的には“mahāyāna”と考えるべきであろう。しかも、この二つの訳語「大法」と「大乗」は、同じ〝位置〟、つまり、“sarvasattvānāṃ”の訳語と見られる「為諸黎庶」と「一切衆生」の直後に置かれているのである。すると、原文の“sarvasattvānāṃ”の後に、何か「大」を意味する“mahā-”のような語が置かれていたのではないかという想定もなされるかもしれない。

しかし、私は、ここの“sarvasattvānāṃ”の直後に「大乗」や「大法」という訳語によって示される“mahāyāna”や“mahā-”を冠する語は、置かれていなかったのではないかと考えるのである。即ち、まず“sarvasattvānāṃ”の直後にある“sarvajñajñāna-”という語に注目すると、この語は、『正法華』〔257〕ⓒでは、明確に「諸通愍慧」と訳されているので、当初からテキストのこの個所に置かれていたことは確実であろう。しかるに、『妙法華』〔258〕ⓒでは

“sarvajñajñānasahagataṃ dharmam” が「大乗之法」と訳されていて、「大乗」は “mahāyāna” ではなく “sarvajñajñāna-” の訳語であると思われる。確かに、『正法華』〔257〕ⓒの「大法化」[271]の「大」は、この「大乗」という『妙法華』の訳語に対応していて、“mahāyāna” という原語の存在を指示しているように見えるが、しかし、辛嶋氏の『正法華詞典』によると、『正法華』では「大法」という語が、梵語の原語が無い個所にも用いられる傾向が認められる。[272]更に、氏自身が、この個所の「大法」を “dharma” の訳語と見なされているようであるから、「大法」の「大」は、原梵文に根拠のない訳者による補いであって、この個所の原文に “mahāyāna” とか “mahā-” を冠する語が存在したと見るべきではなく、“sarvajña-jñāna” という語が『妙法華』においては「大乗」と訳されたと見るのが妥当だと思われる。

では何故、羅什は “sarvajña-jñāna” という語を直訳せずに「大乗」などと訳したのであろうか。ここに問題を解く鍵があると考えられる。即ち、〔256〕ⓒの “tathāgato ... pratibalaḥ sarvasattvānāṃ sarvajñajñānasahagataṃ dharmam upadarśayitum” 「如来は、一切衆生に、一切智者の智をともなった法を示すことができる」という文章は、端的に言えば、〝一切皆成〟を説いているように見える。というのも、〝「一切衆生」に「仏智」をともなう法を示すことができる〟と述べているからである。しかし、「譬喩品」散文部分の思想的立場は、〔213〕ⓑで「菩薩たちだけを、教化する」と言われたように、〝菩薩だけが成仏できる〟という〝大乗主義〟にもとづく〝三乗各別説〟であって、〝衆生の一部分は成仏できない〟とする〝一分不成仏説〟であったのではなかろうか。

では、「譬喩品」散文部分の思想的立場を〝大乗主義〟〝三乗各別説〟〝一分不成仏説〟と見る私見の成立しないことが、右の文章に示されているのであろうか。そこで注目したいのが、『妙法華』〔258〕ⓒで「能与一切衆生、大乗之法」の直後に置かれた「但不尽能受」〝但し尽くは受くること能わず〟という語なのである。この原文に全く対応をもたない語、従って、羅什によって補われたと思われる語は、〝ただし、〔一切衆生の〕全員が受けとることができるわけではない〟と説くのであるから、明確に〝一分不成仏説〟を説いていると考えられる。[273]『妙法華』における羅什の翻訳には、〝三乗各別説〟にもとづく〝一分不成仏説〟の傾向が強いことは、すでに別に論じたが、[274]しかし、羅什が“sarvajña-jñāna”を「大乗」と訳し、また、原文のないところに「但不尽能受」の語を補ったのは、テキストから離れて、勝手に自らの所信を表明しようとしたためではないであろう。そうではなくて、このような操作を加えることによって、羅什は問題となっている一文の真義を明らかにできると考えたのである。即ち、〝一切皆成〟を説いているように見える〔256〕ⓒの文章は、実は、すでに見た「譬喩品」〔231〕ⓒの文章との対比において理解されなければならないのである。即ち、この両者を列挙すれば、次の通りである。

(3) aham api bahukośakoṣṭhāgāraḥ sarvasattvānāṃ apy aham imāny evaṃrūpāṇi mahāyānāni dadyām / kim aṅga punaḥ svakānāṃ putrāṇāṃ（〔231〕ⓒ）

(4) tathāgato hi śāriputra prabhūtajñānabalavaiśāradyakośakoṣṭhāgārasamanvāgataḥ pratibalaḥ sarvasattvānāṃ sarvajña-jñānasahagataṃ dharmam upadarśayitum（〔256〕ⓒ）

まず、この両者が、(3)は譬喩の中の文章であり、(4)は所喩の説明に出る文章であるという相違はあるにしても、極めて類似した文章であることは明らかであろう。というのも、いずれの文章にも“kośa-koṣṭha-agāra”の語が見られ、さらに「方便品」散文部分では全く用いられていなかった“sarva-sattva”「一切衆生」という語が、“sarvasattvānām”という全く同じ形で置かれているからである。従って、羅什は、この二つの文章の趣旨を同一であると見なし、『妙法華』〔258〕ⓒで、(4)の“sarvajña-jñāna”を(3)の“mahāyāna”に従って「大乗」と訳し、(4)の“upadarśayitum”も(3)の“dadyām”に一致させて「与」と訳したのであろう。では、羅什の「但不尽能受」という訳語は、どこに根拠をもつのであろうか。この訳語に対応するような考え方、つまり、〝一分不成仏説〟が(3)に述べられていると言えるのであろうか。すでに論じたように、(3)では“sarva-sattva”「一切衆生」と“svaka-putra”「自分の息子たち」が明確に区別されている。「自分の息子たち」とは、“buddha-putra”「仏子」、つまり、〝菩薩〟であって、「火宅」に住む五百とも言われる“prāṇin”「生類」の中から僅かに二十人程の彼等だけが、方便によって「火宅」から救出され、その後、“mahāyāna”と呼ばれる〝賜与の一車〟を与えられて受けとることができたというのである。言うまでもなく、これは〝菩薩だけが成仏できる〟という〝一分不成仏説〟の立場を示している。従って、羅什は、この点で、⑶における“sarva-sattva”と“svaka-putra”との区別の思想的意味を正確に理解して、⑷の訳文中に〝一分不成仏説〟を明示する「但不尽能受」という訳語を補ったのであろうと推測される。

また、これは、⑶の“dadyām”が、“je pourrais donner”（*Burnouf*, p.48, *l*.33）,“I could give”（*Kern*, p.75, *l*.21）,「与えることができる」（『松濤Ｉ』九五頁八行、『中村 上』七六頁一三行）と訳されることにも関連するが、⑷の“pratibala”は「できる」という〝能力〟を言っているだけであって、〝能力〟があるからといって、それが必ず実現されるとは限らないのである。従って、羅什訳の「能与一切衆生……不尽能受」は、“pratibala”「できる」という語の論理的意味を正確に表現していると思われる。つまり、〝如来は一切衆生に仏智を示すことはできるけれども、それを実際に受けとるのは、「自分の息子」である菩薩だけである〟というのである。

以上の結論を言えば、羅什の理解と同様に、私は、〔256〕ⓒの⑷の文章を、〔231〕ⓒの⑶の文章と同趣旨であると見なし、いずれの文章にも、〝菩薩だけが成仏できる〟という〝一分不成仏説〟が説かれていると考えるのである。

では、〔256〕ⓒ末尾の“ekam eva mahāyānam”の“mahāyāna”の語をどのように考えるべきであろうか。この読みが本来のテキストを反映しているのか、それとも、ここには、両漢訳やO本によって指示されるように、本来は“ekam eva buddhayānam”という読みが存在したのであろうか。すでに繰返し論じているように、“mahāyāna”こそ「譬喩品」散文部分の趣旨と思想的立場を一語で明示する言葉であることは確実であるが、両漢訳の古さを考えるならば、ここには、やはり、“buddhayāna”という語が置かれていたと見るのが適切であろう。しかるに、もしも両漢訳の古さを言うならば、『正法華』同様、竺法護によって訳された『修行道地経』〔222〕の末尾にある「為現大乗、無有三道」の訳文をいかに考えるべきかという問題が生じるであろう。ここに見られる「大乗」が、〔256〕ⓒ末尾の“mahāyāna”に対応していることは明らかだからである。すると、『修行道地経』〔222〕末尾の「大乗」と『正法華』〔257〕ⓒ末尾の

「仏乗」とでは、どちらが〔256〕ⓒ末尾の“mahāyānam”に相当する個所について、その本来の読みを反映しているのかが問題になるであろうが、私は基本的には、梵語仏典において、“buddha-yāna”という語が“mahāyāna”に変更されることはあっても、“mahāyāna”という語が“buddha-yāna”に変更されることはないであろうと見るのである。それは、“buddha-yāna”が〝大乗主義〟にもとづいて“mahāyāna”に変更されることには意味があるとしても、その逆の変更には意味が認められないと思われるからである。従って、〔256〕ⓒ末尾には、やはり“buddha-yāna”という語が置かれていたのであり、ここで「譬喩品」散文部分の作者は、「譬喩品」散文部分の末尾を、「方便品」散文部分末尾の〔169〕と同様、「仏乗」という語によって、その論説を締め括ったと考えられるのである。これは、おそらく、「方便品」散文部分の結語である前掲の(1)（〔169〕）の表現に対して、一応の敬意を払ったためと見るべきであろうと思われる。即ち、「譬喩品」散文部分末尾の前掲の(2)をもう一度挙げてみると、

(2) upāyakauśalyajñānābhinirhārair tathāgata ekam eva mahāyānaṃ deśayati / （〔256〕ⓒ）

となっていて、ここには、

(5) <u>pūrvam</u> upāyakauśalyena trīṇi yānāny upadarśayitvā <u>paścān</u> mahāyānenaiva sattvān parinirvāpayati / （〔256〕ⓑ）

という直前の文章に見られるような〝時間の二分法〟、つまり、〝方便の三乗〟が先で〝真実の一乗〟が後であるというような「譬喩品」散文部分で創出された考え方は認められない。むしろ、(2)には「方便品」散文部分の末尾近くにあった、

(6) upāyakauśalyena tad evaikaṃ buddhayānaṃ triyānanirdeśena nirdiśanti （〔160〕）

という文章と同じ構造、つまり、〝方便の三乗によって、真実の一乗を説く〟というような構造が認められるのである。従って、羅什は、おそらく、この点を踏まえて、(2)には「三乗」を意味する語は欠けているにもかかわらず、〔162〕で(6)に対して与えた「於一仏乗、分別説三」という訳文を、(2)の訳文としても使用したのである。

従って、「譬喩品」散文部分の末尾を形成する〔256〕ⓒの(2)には、やはり“mahāyāna”ではなく“buddha-yāna”とい

う語が置かれていたと思われる。つまり、この文章には、「一乗」とは「仏乗」であるという「方便品」散文部分の末尾で述べられた立場が説かれているということになるが、しかし、私は、これは「譬喩品」散文部分の作者が、自らの真の意図を述べたのではなく、「方便品」散文部分の〝「一乗」=「仏乗」〟説に一応の形式的配慮を示しただけであると見るのである。この作者の真の意図である〝「一乗」=「大乗」〟説は、むしろ〔234〕の“ekayānāni dattāni yad uta mahāyānāni”「一つの乗りもの、即ち、大きな乗りものが、与えられた」という文章に明示されているのであり、『修行道地経』〔222〕末尾の「諸子悉出、父等与宝者、為現大乗、無有三道」も、正にこの「譬喩品」散文部分の作者の真の意図を正確に理解して、それをストレートに表現したものであろう。しかし、いかに「譬喩品」の散文部分の作者と言えども、「方便品」散文部分の「一乗」説の権威を無視することはできなかったであろう。即ち、もしも、「譬喩品」散文部分の末尾で〝「一乗」=「大乗」〟と明言されたとすれば、それは、「方便品」散文部分の末尾にある〝「一乗」=「仏乗」〟説と相違することは、誰の目にも明らかであり、経典としての連続性、一貫性に疑問がもたれることになるであろう。つまり、前の章と後の章で所説が相違するというのでは、経典自身の信頼性にも疑問が生じるであろう。従って、私は「譬喩品」散文部分の末尾には“buddha-yāna”という語が置かれ、そこでは、「方便品」散文部分の所説である〝「一乗」=「仏乗」〟説が説かれたと見るのであるが、しかし、ここに、「譬喩品」散文部分の作者が真に主張したかった立場が示されているとは思わないのである。その立場とは、言うまでもなく、〝「一乗」=「大乗」〟と説く〝大乗主義〟を指すのである。

では、以下に〝三車〟〝四車〟という観点から、「火宅譬喩」の内容を簡単にまとめておこう。まず、〝方便の三車〟は、〔246〕によれば、“mṛga-ratha”“aja-ratha”“go-ratha”と言われ、これに対して、〝賜与の一車〟は、〔231〕では、専ら“mahāyāna”と呼ばれている。しかるに、ここで注意すべきことは、この〝賜与の一車〟が、本来は“go-rathaka”「牛車」であるとも規定されず、“go”「牛」がつながれているとも言われていなかったという点である。即ち、〔228〕ⓐの“gorathakān”と“goṇair yojitān”は、本来のテキストには存在しなかった、後代の付加であると考えられるが、この付加は、偈の所説から影響されたものと思われる。即ち、〝賜与の一車〟は、「譬喩品」の第八〇偈〔237〕では“goṇa-ratha”と規定され、第八三偈〔240〕では“goṇā … yojitā”と述べられたのである。このように、「譬喩品」の偈が〝賜与の一車〟に「牛」をつなげ、「牛車」であると規定した理由は、〝賜与の一車〟は〝方便の三車〟中の第三車と同一であると主張するために他ならない。つまり、基本的には、「譬喩品」偈の立場は〝三車説〟であり、「譬喩品」散文部分は〝四車説〟であると考えられる。

また、「譬喩品」散文部分において、〝方便の三乗〟は、〔246〕によれば“śrāvaka-yāna”“pratyekabuddha-yāna”“mahāyāna”と呼ばれているが、このうちの第三乗は、本来は“tathāgata-yāna”と呼ばれたのではないかと思われる。次に、〝真実の一乗〟は、〔250〕と〔256〕で、それぞれ“buddha-yāna”と“mahāyāna”と呼ばれたが、これを“mahāyāna”と呼ぶのが、「譬喩品」散文部分の作者の真意であろうと思われる。従って、「譬喩品」散文部分の「火宅譬喩」の内容は、簡潔には、次のように要約されるであろう。

〔譬　喩〕	〔所　喩〕
〝方便の三車〟	〝方便の三乗〟
①鹿車	①声聞乗
②羊車	②独覚乗
③牛車	③如来乗（仏乗）
〝賜与の一車〟	〝真実の一乗〟
④大乗	④大乗

このように、「譬喩品」散文部分の「火宅譬喩」の内容を要約することに関しては、特に「仏乗」「如来乗」を〝方便の三乗〟中の第三乗に位置づけることについて、多くの反論が予想されるが、しかし、「譬喩品」散文部分の作者が、「大乗」という語を、この「火宅譬喩」において『法華経』に初めて導入し、「方便品」散文部分の〝「一乗」＝

「仏乗」〟という図式を〝「一乗」＝「大乗」〟という図式に変更して、端的に言えば、〝「仏乗」よりも「大乗」〟と力説したことを考慮すれば、「大乗」と「仏乗」を、それぞれ〝真実の一乗〟と〝方便の三乗〟中の第三乗として区別したということも充分にあり得たのではないかと考えられるのである。おそらく、この問題を考えるときに、何よりも注意すべきことは、「譬喩品」散文部分の作者といえども、「方便品」散文部分の結論である〝「一乗」＝「仏乗」〟説を、全く無視することはできなかったであろうという点である。従って、単に表現として見れば、「譬喩品」散文部分の末尾には、「方便品」散文部分と同じ〝「一乗」＝「仏乗」〟説が認められると思われるが、しかし、それは「方便品」散文部分の所説の権威を一応は承認しただけであって、そこに「譬喩品」散文部分の作者が最も主張したかった立場は、示されてはいないであろう。すでに繰返し述べているように、その立場とは〝「一乗」＝「大乗」〟という〝大乗主義〟であり、このように見れば、「仏乗」が「大乗」とは区別されて、いわば「大乗」よりも低いものと見なされて、〝方便の三乗〟中の第三乗に位置づけられたことの意味も理解されるであろう。

なお、すでに述べたように、基本的には、〝三車説〟は〝二乗方便説〟であり、〝四車説〟は〝三乗方便説〟であるが、「譬喩品」散文部分の「火宅譬喩」に説かれる〝四車説〟、即ち、〝三乗方便説〟は、「方便品」散文部分に説かれる〝三乗方便説〟とは、その構造が異なっていることに、注意しておきたい。即ち、「譬喩品」散文部分の「火宅譬喩」には、"pūrvam"「以前に」と"paścāt"「後に」という対比的な表現によって、〝先に方便があり、後に真実がある〟という考え方、つまり、〝時間の二分法〟という考え方が認められるが、このような表現も、考え方も、「方便品」散文部分には、全く認められない。「方便品」散文部分の〝三乗方便説〟の基本的構造は、〔160〕に示されたように、〝方便の三乗によって、一乗を説く〟というものであって、〝以前に方便によって三乗を示してから、後に一乗を説く〟というものではない。従って、同じく〝三乗方便説〟であるといっても、「方便品」散文部分と「譬喩品」散文部分では、その構造が全く異なっていることに、注意しなければならない。ということは、「三車」「四車」という表現を用いて、「方便品」散文部分の〝三乗方便説〟を論じることにも限界があるということになるであろう。

勿論、「方便品」散文部分〔160〕で“ekaṃ buddhayānaṃ triyānanirdeśena”と言われたとき、その“triyāna”「三乗」とは何を指すかという問題を問うことは必要であろう。この「三乗」が具体的に何を指すかは、「方便品」散文部分で全く説明されていないのであるが、すでに述べたように、常識的には、これを「声聞乗」「独覚乗」「仏乗」と見ることが可能であろう。すると、「仏乗」を含む「三乗」によって、一つの「仏乗」を説くというのは、矛盾に見えるかもしれないが、注意すべきことは、〔160〕の問題の文章では、“triyāna”の後に“nirdeśa”という語が置かれていることであり、その具格形である“nirdeśena”は、「方便品」散文部分〔68〕に見られる“vividhopāyakauśalyajñānadarśana-hetukāraṇanidarśanārambaṇaniruktiprajñaptibhis”という具格形とも対応していることなのである。従って、〔160〕の「三乗」が「声聞乗」「独覚乗」「仏乗」であったとしても、“upāyakauśalyena ... ekaṃ buddhayānaṃ triyānanirdeśena nirdiśanti”は、それ自体が必ずしも矛盾した表現となっている訳ではないであろう。

また、「譬喩品」散文部分の〝四車説〟は、基本的には、〝方便の三乗〟と〝真実の大乗〟というものであるから、これは、〝大乗〟と〝非大乗〟を〝真実〟と〝方便〟として対立させる図式でもあり、その意味で〝大乗が優れている〟という〝大乗主義〟を説いていると考えられる。しかるに、〝大乗〟と〝非大乗〟の対立の図式は、「譬喩品」偈に説かれる〝三車説〟になると、より明確なものとなる。即ち、〝賜与の一車〟を「牛車」と規定して、〝方便の三車〟中の第三車と同一であると見なす「譬喩品」偈の〝三車説〟は、実質的には、〝二乗方便説〟であるが、その二乗の中の独覚乗は、殆んど実体の無いものであるから、〝二乗方便説〟は、〝声聞乗（小乗）は方便（非真実）で劣っており、大乗は真実で優れている〟という二元対立的な極めて明確な構造をもつことになる。この〝大乗と小乗の優劣〟を力説する明確な〝大乗主義〟は、「譬喩品」第一三六偈・第一三七偈〔19〕で述べられた〝『法華経』は菩薩（智者）だけに説け。非菩薩（愚者）には説くな〟という主張にも、明示されている。従って、簡単に言えば、「譬喩品」の〝大乗主義〟は、散文部分の〝四車説〟〝三車説〟よりも、偈の部分の〝三車説〟〝二乗方便説〟において、一層明確化され、また、強化されたと見ることができるであろう。

では、最後に、「譬喩品」散文部分の所説を簡単にまとめておこう。「譬喩品」散文部分は、シャーリプトラへの授記を説く前半と、「火宅譬喩」を説く後半とに、ほぼ二分できるであろう。そのシャーリプトラに対する授記を説く前半では、〔181〕において、シャーリプトラは〝実は過去世から、釈迦仏に学び、菩薩行を行じてきた菩薩であるが、それを忘れてしまっているので、それを思い出させるために『法華経』を説く〟と言われ、シャーリプトラという声聞も〝実は菩薩である〟という秘密、つまり、“bodhisattva-rahasya”「菩薩の秘密」が明らかにされる。従って、シャーリプトラに対する授記も、声聞に対して授記がなされたと見るべきではなく、〝実は菩薩である〟からこそ授記されたのであって、これは、〝菩薩だけが成仏できる〟という〝大乗主義〟の立場を示している。この点は、〔184〕に示される、シャーリプトラに対する釈迦仏の授記の言葉に、“bodhisattvacaryāṃ paripūrya”「菩薩行を満してから」と言われることにも示されている。というのも、これは、〝菩薩行を満さなければ、成仏できない〟ということを意味しているからである。

また、シャーリプトラは、将来、パドマプラバ如来という仏陀に成るとされるが、そのパドマプラバ如来の説法に関しては、〔204〕で“trīṇy eva yānāny ārabhya dharmaṃ deśayiṣyati”「三乗だけのために、法を説くであろう」と言われ、これは表現としても、「方便品」散文部分〔1〕―〔5〕で繰返された“ekam eva yānam ārabhya dharmam √diś”「一乗だけのために、法を説く」というのとは、全く異なっており、「方便品」散文部分の〝一乗真実説〟を否定して〝三乗真実説〟〝三乗各別説〟を説くものと考えられる。しかも、〔204〕に見られる「その如来は劫濁には生まれないであろうが、しかし、願の力によって法を説くであろう」という表現は、〝そこで三乗は方便として説かれるのではない〟という意味であって、明確に〝三乗真実説〟を主張する語なのである。

さらに〔207〕で、パドマプラバ如来は堅満菩薩に授記してから入滅すると言われるが、これも、シャーリプトラは〝実は菩薩である〟ことを意味している。というのも、ここで、パドマプラバ如来と堅満菩薩との関係は、釈迦仏とシャーリプトラとの関係の意味を明らかにしていると見られるからである。即ち、釈迦仏は、パドマプラバ如来が三乗のために法を説き、堅満菩薩に授記してから入滅するのと同様に、シャーリプトラという〝実は菩薩〟に授記してから入滅するというのが、「譬喩品」散文部分の作者が主張したかったことであろう。それは、つまり、〝菩薩だけが成仏できる〟という〝三乗各別説〟〝大乗主義〟であり、「方便品」散文部分の〝一乗真実説〟とは逆の立場と考えられるのである。

次に、「譬喩品」散文部分の後半に出る「火宅譬喩」は、〝mahāyāna〟「大乗」という語を、『法華経』に導入し、〝「一乗」=「仏乗」〟という「方便品」散文部分の基本的立場を、〝大乗は優れている〟とする〝大乗主義〟によって、〝「一乗」=「大乗」〟に変更するために構想されたものと考えられる。従って、そこでは、〝「仏乗」よりも「大乗」〟ということが主張されたと考えられ、それ故、「仏乗」は「大乗」よりもいわば低位に置かれ、〔243〕と〔246〕において〝方便の三乗〟中の第三乗とされたという可能性が考えられる。ということは、「譬喩品」散文部分では、「一乗」の内容が「仏乗」から「大乗」に変更されたにもかかわらず、「声聞乗」「独覚乗」「仏乗」を〝方便の三乗〟と見る点では、「方便品」散文部分の〝三乗〟理解を継承していたと見ることもできるであろう。即ち、⑮で平川博士が言われたように、「三乗は、最初は声聞乗・独覚乗（縁覚乗）・仏乗であったと考えられる」のである。

また、「譬喩品」散文部分の「火宅譬喩」では、偈の部分の〝三車説〟〝二乗方便説〟とは異なり、〝四車説〟〝三乗方便説〟が説かれているが、その〝三乗方便説〟の構造は、〝方便の三乗が先にあり、真実の一乗が後にある〟というもので、「方便品」散文部分の〝三乗方便説〟の構造とは大きく異なっている。即ち、「譬喩品」散文部分には、〝時間の二分法〟という考え方が認められるのであって、これが〝adya〟や、〝pūrvam〟と〝paścāt〟との対比的表現、さらには、〔210〕の〝dvitīyaṃ dharmacakram〟「第二の法輪」という語によって述べられている。即ち、

(i)「先ず」〝pūrvam〟第一法輪という方便の教えが説かれ、

(ii)「後で」〝paścāt〟または、「今や」〝adya〟第二法輪という真実の教えが説かれる。

というのである。この内、真実の教えは「大乗」であるというのが、「譬喩品」散文部分の作者が最も主張したかっ

たことであるから、必然的に、方便の教えは、〝小乗〟であると規定されることになる。つまり、「譬喩品」偈における〝三車説〟〝二乗方便説〟、及び、そこから帰結する〝大乗と小乗の二元的対立〟を生み出す契機は、「譬喩品」散文部分の所説の中に、すでに存在していたと見られるのである。

第七章　「譬喩品」偈の考察

「譬喩品」には、梵本による限り、合計一四九の偈が存在する。それらの偈は、「方便品」の偈よりも後に、それに引き続いて製作されたと見られるから、順序とすれば「方便品」の偈の内容を検討した後で、「譬喩品」の偈について考察すべきであろうが、「方便品」の偈の内容については論じるべきことが余りにも多いので、その前に「譬喩品」の偈の所説について、若干の考察をしておきたい。

まず、合計一四九の「譬喩品」の偈のうち、第三九偈以後の偈（vv.39-149）は、散文部分の後に置かれている。それらの偈に、散文部分とは異なる説が述べられていることは、すでに知られているが、それについて検討する以前に、まず〝第一段〟の第一四偈について考察しよう。この偈は、散文部分〔178〕の後に置かれる二二の偈（III, vv.1-22）の一つであるが、それは次の通りである。

〔259〕vyapanīta sarvāṇi mi manyitāni śrutvā ca ghoṣaṃ aham adya nirvṛtaḥ /
yadāpi vyākurvasi agrabodhau purato hi lokasya sadevakasya // [III, v.14]（K, 63,3-4）

〔260〕我適聞説、除於衆熱、不以音声、而得無為、
如我所知、正覚師子、諸天世人、之所奉事。（『正法華』七三下二六—二九）

〔261〕仏於大衆中、説我当作仏、聞如是法音、疑悔悉已除。（『妙法華』一一上一八—一九）

⑯⑦〔仏陀の〕音声（ghoṣa）を聞いて、私の疑悔（manyita）はすべて除去され（vyapanīta）、私は、今（adya）、涅槃しました（nirvṛta）。天を含む世間の前で、あなたが、最勝の菩提（agra-bodhi）に授記した（vyākurvasi）そのときに。

何故、この偈をここに示したかというと、ここには、この偈が「譬喩品」散文部分の所説を参照して作成されたことが明示されていると思われるからである。即ち、この第一四偈の前半（III, v.14ab）は、明らかに〝第一段〟の散文部分〔178〕の内容をまとめたものである。この点は、この第一四偈の "aham adya nirvṛtaḥ" が〔178〕ⓒの "adyāsmi … parinirvṛtaḥ" に対応し、第一四偈の "śrutvā ca ghoṣam" が〔178〕ⓒ末尾の "ghoṣaṃ śrutvā" に対応していることによって明らかである。勿論、〝重頌〟という性格を考えれば、第一四偈前半が、現行の『法華経』ではそれよりも前に置かれている〔178〕の内容に一致していることは、当然とも考えられるであろう。

しかるに、第一四偈〔259〕の後半（III, v.14cd）は、第一偈—第二二偈という一連の偈の後に置かれている〝第二段〟の散文部分〔181〕〔184〕におけるシャーリプトラに対する授記という所説を踏えて、作成されていることは明らかだと思われる。即ち、第一四偈後半の "purato hi lokasya sadevakasya" は〔181〕ⓐの "sadevakasya lokasya purataḥ" から借用したものと考えられる。つまり、現行の『法華経』の形態では、第一四偈の個所以前には、シャーリプトラに対する授記がまだ正式には言われていない筈であるにもかかわらず、第一四偈にすでにその授記のことが言及されるという不自然な構成となっている。これは、言うまでもなく、「譬喩品」第一四偈が、散文部分〔178〕だけではなく〔181〕と〔184〕が成立した後で、その両者の内容を参照して作成されたことを示しており、この点からも、「譬喩品」偈の成立は、その散文部分の成立よりも後であることが、確認されるのである。

では、次に「譬喩品」で、散文部分末尾の〔256〕の後に置かれている一連の偈（III, vv.39-149）について、私見を述べておこう。

まず、この「譬喩品」末尾の一一一よりなる偈のうち、その前半には、散文部分では〔216〕から〔256〕までの個所（K, 72,1-82,10）で説かれた「火宅譬喩」に対応する部分が認められる。この「火宅譬喩」に対応する部分が、"yathā"「例えば」という語を冒頭にもつ第三九偈から始まることは明らかであるが、それがどこで終るかというと、第一〇四偈で終ると考えたい。布施博士は㉞で、第一〇五偈から末偈である第一四九偈までを「流通分」と呼び、「後世の挿入」と断ぜられたが、この布施説に従えないことは後論するとしても、第一〇四偈までで論旨が一旦切れていることは確かであろう。従って、「譬喩品」末尾に置かれている一一一の偈のうち、最初の第三九偈から第一〇四偈までを、「譬喩品」散文部分における「火宅譬喩」に対応する部分と見ることにしたい。

さて、この部分（第三九偈―第一〇四偈）についても、散文部分の所説との不一致が、すでに問題とされている。即ち、火事が起ってから長者が火宅から脱出することが、偈では述べられていないことについては、すでに述べたが、その前に、長者の家の老朽化に関する詳細な描写、及び、そこに住む者たちに関して延々として続く極めて不快な描写が散文部分には認められないことを、どのように理解するかという問題があるであろう。

これについて、勝呂博士は、次のように論じられた。

⑱長行では長者の家が荒廃して壁や柱がくずれている模様を述べているが、偈はこのことをはじめの三偈（第三九―四一偈）にまとめて簡単に述べている。そしてこのあとに、さきに述べたように、長者の家に鳥・獣・蛇や魑魅魍魎の類が、横行跋扈する有様を二〇偈にわたって（第四二―六一偈）ながながと述べているが、この部分は長行にない。（『成立と思想』一二四頁三―八行）

⑲長行は、長者の邸宅が老朽化し荒れ果てているという叙述からはじまるが、邸宅が荒れはてているということは、三界が火宅であるのと同じくこの世が穢土であることをたとえたものである。……

ところが偈には、長者の邸宅に、鳥獣・蛇蝎・魑魅魍魎の類が横行・跋扈するという描写が詳細に述べられているが、これは長行にはなく偈において付け加えられたものである。偈では長行にないこの部分が穢土をたとえたものとなっているので、長者の邸宅が老朽荒廃していることは穢土を象徴する意味を失って単なる情景描写となっている。（『成立と思想』一一八―一一九頁）〔傍線＝松本〕

この見解について言えば、まず「譬喩品」散文部分〔216〕ⓑⓒに、長者の家が老朽化していることが述べられることは確かであり、その意味は三界が穢土であることを喩えたものであるという勝呂博士の理解も適切であろう。しかるに、問題は第四二偈—第六一偈に見られる「鳥獣・蛇蝎・魑魅魍魎の類が横行・跋扈するという描写」をどのように理解すべきかという点にあるのであり、勝呂博士は、これを(169)で「穢土をたとえたもの」と解されている。

しかし、私はやや異なった解釈を提示したいと思う。即ち、それは、長者の家に住むものの数に関することであるが、すでに述べたように、その数は散文部分の〔216〕ⓑによれば、“dvayor vā trayāṇāṃ vā caturṇāṃ vā pañcānāṃ vā prāṇiśatānāṃ”「二百か三百か四百か五百の生類（prāṇin）」と言われ、これに対応する第四一偈〔262〕では“śatāna pañcāna anūnakānāṃ ... prāṇināṃ”「五百より少なくない生類」と述べられている。従って、約五百の生類が長者の家に住んでいたとされていると考えられる。これに対して、長者が「火宅」から救出した子供たちの数は、〔216〕ⓓでは“pañca vā daśa vā viṃśatir vā”「五人か十人か二十人」と言われ、対応する第七五偈では“viṃśa”（K, 88,3）、つまり、「二十人」とされている。これを二十人と考えるならば、約五百人中の二十人だけが「火宅」から救出され、残りの約四百八十人は、「火宅」から救出されず、「火宅」の中で焼死したとされていると思われる。しかるに、私は、この「火宅」に取り残された約四百八十人とも見られる大多数の衆生を、様々の鳥獣・蛇蝎・悪鬼の群れとして描いたものが、第四二偈—第六一偈に見られる「鳥獣・蛇蝎・魑魅魍魎の類が横行・跋扈するという描写」ではないかと考えるのである。

この想定には、いくつかの根拠があるが、それを述べる以前に、この想定に対する反証となりうるような記述からまず紹介していこう。それは、「五百より少なくない生類」が長者の家に住んでいたと述べる第四一偈の次の第四二偈に、“gṛdhrāṇa koṭyo nivasanti tatra”（K, 83,6）「そこに幾コーティ（koṭi）もの鷲が住んでいる」と言われることなのである。即ち、ここに「幾コーティもの鷲」と言われている以上、この多数の鷲は、約五百人から二十人を引いた約四百八十人という「火宅」に取り残された衆生とは全く別物である、という見方は当然なされるであろう。言うまでもなく、“koṭi”は“the highest number in the older system of numbers”（*Monier-Williams*, p.312）であり、“ten millions”とも言われるからである。従って、中村博士は、問題の“gṛdhrāṇa koṭyo”を、「何千万羽の鷲」（『中村 上』八三頁）と訳されているのである。
しかるに、注意すべき点は、問題の第四二偈の "koṭyo" は、いずれの漢訳でも明確には訳されていないことである。即ち、まず『妙法華』では、対応する個所に「鵄梟雕鷲、烏鵲鳩鴿」（一三下二四）とあるだけで、「鷲」の数が明示されることもなく、また他の鳥類の数も示されず、"koṭyo" の訳語は欠落している。あるいは、PTSD が "a bird J vi.539 (woodpecker ?)" (p.228) と説明するパーリ語 "koṭṭha" に類する語がここに置かれていて、それを『妙法華』が「雕」と訳したという可能性も考えられる。"koṭṭha" という語の意味も、必ずしも明らかではないが、PTSD がこれをキツツキかもしれないと述べたのは、この語が「砕く」を意味する "kuṭyati" "kuṭayate" "kuṭṭayati" と関連するという理解によるものかもしれない。

一方、『正法華』では、第四二偈の "gṛdhrāṇa koṭyo nivasanti" に対応するのは、「億千衆香、而有芬気」（七六中二五）であり、サンスクリット語を基準にして言えば "gṛdhra" 「鷲」が "gandha" 「香」と解され、"ni√vas" 「住む」が "ni√vās" 「香る」と解されたという解釈が辛嶋氏によって示されていると思われるが、[275] これは適切な解釈であろう。すると、『正法華』の「億千」は確かに "koṭyo" を訳したものであろうが、その「億千」が、『正法華』では「鷲」ではなく「香」の数を示したものとなっているのである。従って、『正法華』に依ったとしても、あるいは "koṭyo" の訳語を欠いている『妙法華』に従ったとしても、いずれの場合でも、第四二偈に対応する部分では、「幾コーティもの鷲」は述べられていないことになる。従って、長者の家に住む「五百より少なくない生類」と、"gṛdhrāṇa koṭyo" に対応するように見える「雕鷲」や「億千衆香」は、矛盾しないということになるのである。

さらに言えば、"koṭī" というのは、非常に大きな数を表すために使用される、いわば伝説的な数の単位であり、これを明確に一千万であると規定できるような性格をもつ語ではないであろう。従って、『梵和』（三八〇頁）によれば、この語は「千万」「億」「万億」「十万」等と漢訳されるのであり、前掲の『正法華』でも「億千」と訳されているのである。それ故、第四一偈〔262〕の "śatāna pañcāna anūnakānāṃ" 「五百より少なくない」を遙かに超える数であり、従って、“kotyo”は「五百より少なくない生類」に含まれることはないなどと考える必要はないであろう。

では、次に「火宅」に取り残された約四百八十人とも考えられる大多数の衆生を様々の鳥獣・蛇蝎・悪鬼等として描いたものが、第四二偈—第六一偈であると考える理由を以下に説明しよう。

まず、「譬喩品」散文部分〔216〕では、ⓑの個所に「火宅」に住む生類の数が約五百と明記され、ⓓの所で長者の子供の数が約二十人と述べられるが、偈における説明の仕方は、これと大きく異なっている。即ち、「火宅」に住む生類の数が言われるのは、第四一偈であるのに対し、子供たちの数が述べられるのは、第七五偈であり、その二つの偈の間に、「火宅」に住む様々の鳥獣・蛇蝎・悪鬼の群れが跋扈するあり様が詳しく描かれる第四二偈—第六一偈が置かれているのである。すると、偈だけを読み進めていくときには、第四二偈の“kotyo”という語を特に問題としない限り、第四一偈で言われる「五百より少なくない生類」が、第四二偈—第六一偈では、具体的に、様々の鳥獣・蛇蝎・悪鬼の群れとして説明されているように見えるのである。この点は、第四一偈を、その後半までも含めて、詳しく検討することによって、さらに明らかになると思われるので、次にこの偈を掲げよう。

〔262〕 śatāna pañcāna anūnakānāṃ āvāsu so tatra bhaveta prāṇinām /
bahūni co[276] niṣkuṭasaṃkaṭāni uccārapūrṇāni jugupsitāni // [III, v.41] (K, 83,3-4)

〔263〕 時有諸人、五百之衆、皆共止頓、於彼舎宅、
有無央数、草木積聚、所当用者、満稸無量。（『正法華』七六中二一—二三）

〔264〕 雑穢充遍、有五百人、止住其中。（『妙法華』一三下二三—二四）

(170)五百より少なくない生類（prāṇin）の住みか（āvāsa）が、そこに（tatra）あるであろう。〔そこには、〕汚物（uccāra）に満ちた、嫌悪すべき（jugupsita）、狭い小部屋（niṣkuṭa）が多数あるであろう。

ここで注意すべきことは、「五百よりも少なくない生類」の住みか（āvāsa）と、汚物に満ちた小部屋（niṣkuṭa）が、

明確に区別されているようには見えない点なのである。この点は、『妙法華』の「雑穢充遍、有五百人、止住其中」という表現においては、一層明瞭であろう。つまり、この表現では、「五百人」と“uccāra”「雑穢」は関連づけられているのである。しかも、この“uccāra”という語は、「火宅」に住む様々の鳥獣・蛇蝎・悪鬼を描写する第四二偈―第六一偈の中の第四四偈と第六〇偈にも用いられているのである。とすれば、第四一偈において、“uccāra”と関連づけられた「五百より少なくない生類」が、第四二偈―第六一偈において、具体的に詳しく様々の鳥獣・蛇蝎・悪鬼の群れとして説明されたと見るのは、極めて自然であろうと思われる。

次に、「譬喩品」第四二偈―第六一偈〔以下、「A部分」と呼ぶ〕における様々の鳥獣・蛇蝎・悪鬼の群れに関する描写の意義を理解するためには、布施博士が、㉞で「流通分」「後世の挿入」と判断された第一〇五偈から末偈までの所説と比較検討することが必要であろう。この部分（III, vv.105-149）を、一応、布施博士に倣って「流通分」と呼びたいが、その構成はほぼ次の通りである。

「譬喩品」偈の流通分（III, vv.105-149）

㈠序論（III, vv.105-110）

㈡謗法の罪報の説明（III, vv.111-135）〔以下「B部分」[277]と呼ぶ〕

㈢結論（III, vv.136-149）

この「流通分」で中心をなすのは、『法華経』を誹謗するものが受ける罪報を説明する㈡の部分、即ち、「B部分」であるが、㈠の〝序論〟の部分でも、㈢の〝結論〟の部分でも、説かれることは基本的には同じであって、それは〝『法華経』は菩薩だけに説け、非菩薩（声聞・独覚）には説くな〟ということ、あるいは、これに理由を加えれば、〝菩薩だけが『法華経』を信じるから、『法華経』は菩薩だけに説け、非菩薩は『法華経』を誹謗するから、『法華経』

は非菩薩には説くな〟ということに他ならない。この点は、㈡「B部分」の冒頭にある第一一一偈〔22〕と㈢結論の冒頭に位置する第一三六偈・第一三七偈〔19〕を検討することによって、すでに明らかにされた通りである。従って、「流通分」の中心部分とも言うべき㈡の〝謗法の罪報の説明〟である「B部分」において説かれているのは、菩薩でないもの〔声聞・独覚〕が『法華経』を誹謗することによって受ける罪報の種々相であり、端的に言えば、〝非菩薩〟とはいかなるものであるかについての描写である。その描写は極めて差別的なものであり、私は、ここに「差別的用語の氾濫」が認められると指摘したことがある。[278] しかし、まずは、この「B部分」の全般的な差別的性格を大雑把に把握するために、この部分に対する『妙法華』の訳文を、岩波文庫における坂本幸男博士による書き下しによって、以下に示すことにしよう。

⑰又、舎利弗よ　憍慢・懈怠にして　我見を計する者には　この経を説くこと莫かれ。
凡夫の浅識は　深く五欲に著せるをもって　聞くとも解ること能わざれば　亦、ために説くこと勿れ。
若し人信ぜずして　この経を毀謗するときは　則ち一切　世間の仏種を断ぜん。
或はまた、顰蹙して　しかも疑惑を懐かば　汝は、当に　この人の罪報を説くを聴くべし。
若しくは仏の在世に　若しくは滅度の後に　それ、かくの如き経典を　誹謗するもの有りて
経を読誦し書し　持つ者有るを見て　軽賤し憎嫉して　結恨を懐かば
この人の罪報を　汝、今、また聴け。その人、命、終れば　阿鼻獄に入らん。
一劫を具足して　劫、尽くれば更に生れ　かくの如く展転して　無数劫に至らん。
地獄より出ずれば　当に畜生に堕つべし。若し狗・野干とならば　その形は頞・痩
黧黮して、疥・癩あり　人に触嬈れ　又また、人の　悪み賤しむ所となり
常に飢渇に困しみて　骨肉は枯竭し　生きては楚毒を受け　死しては瓦石を被らん。
仏種を断ずるが故に　この罪報を受くるなり。若しくは馲駝と作り　あるいは驢の中に生るれば

身は常に重きを負い　諸の杖捶を加えられんに　但、水草のみを念いて　余は知る所なし。
この経を謗るが故に　罪を獲ること、かくの如し。もしくは野干と作りて　聚落に来入せば
身体に疥・癩あり　また、一目無く　諸の童子のために　打擲せられ
諸の苦痛を受けて　ある時は死を致さん。ここにおいて死し已りて　更に蟒の身を受け
その形、長大なること　五百由旬なり。聾・騃・無足にして　蜿転して腹行し
諸の小虫のために　唼り食われ　昼夜に苦を受けて　休息あることなし。
この経を謗るが故に　罪を獲ることかくの如し。若し人となることを得れば　諸根は暗鈍にして
矬陋・癵・躄　盲・聾・背傴とならん。言説する所有るも　人は信受せず
口気は常に臭くして　鬼魅に著せられ　貧窮下賤にして　人のために使われ
多くの病ありて痟れ痩せ　依怙する所無く　人に親附すと雖も　人は意に在かざらん。
若し所得有らば　尋いでまた忘失せん。若し医道を修め　方に順じて病を治せば
更に他の病を増し　あるいはまた死を致さん。若し自ら病有らば　人の救療するもの無く
設い、良薬を服するとも　しかも、また劇みを増さん。若しくは他が反逆し　抄め劫し、竊盗せん。
かくの如き等の罪は　横しまにその殃に羅らん。かくの如き罪人は　永く仏たる
衆聖の王の　説法し教化したもうを見たてまつらず。かくの如き罪人は　常に難処に生れ
狂・聾にして、心乱るるをもって　永く法を聞かず　無数劫の　恒河の沙の如きにおいて
生れながら輒ち聾・瘂にして　諸根を具せず　常に地獄に処すること　園観に遊ぶが如く
余の悪道に在ること　己が舎宅の如く　駝・驢・豬・狗は　これその行く処なり。
この経を謗るが故に　罪を獲ることかくの如し。若し人となることを得れば　聾・盲・瘖瘂にして
貧窮・諸衰を　もって自ら荘厳し　水腫・乾痟　疥・癩・癰疽

かくの如き等の病を　もって衣服となし　身は常に臭きに処して　垢穢不浄なり。
深く我見に著して　瞋恚を増益し　婬欲、熾盛にして　禽獣を択ばざるなり。
この経を謗るが故に　罪を獲ることかくの如し。』
舎利弗に告ぐ　『この経を謗る者は　若しその罪を説かば　劫を窮むるとも尽きず。

（『岩波　上』二〇八―二一六頁、『妙法華』一五中二〇―一六上九）〔III, vv.111-135「B部分」〕

ここには、『法華経』を誹謗する者（非菩薩）が、死後、阿鼻地獄に落ちること、そこで無数劫の間、生まれを繰返すこと、そこで死んで地獄から脱出しても、畜生道に落ち、様々な畜生となって苦しめられること、そこで死んで蛇になること、仮りに人間として生まれても、貧しく、様々な身体的障害をもって苦しみ、人々に軽んぜられること等が詳しく説かれている。つまり、殆んど罵詈雑言と言ってもよい程の仮借のない苛酷な非難と侮蔑の言葉が、『法華経』を誹謗する者、即ち、〝非菩薩〟に浴びせかけられるのであるが、ここには、身体的障害に関する差別的な表現が、文字通り氾濫しており、それを梵語の原語と対応する『妙法華』の訳語によって示せば、次のようになる。

kālaka（v.116）「黧黮」
kalmāṣaka（v.116）斑点をもつ
vrāṇika（v.116）「癩」
kaṇḍula（v.116）「疥」
nirlomaka（v.116）「⿰乞頁」
durbala（v.116）「痩」
kāṇa[ka]（v.119, v.122）「無一目」「盲」
kuṇḍaka（v.119, v.122）「⿸疒戀」
jaḍa（v.120, v.122, v.130, v.132）「聾」

laṅgaka（v.122）「躄」
kubja（v.122）「背傴」
badhira（v.129, v.132）「聾」
vikala（v.130）「諸根不具」
andha（v.132）「盲」
kilāsa（v.133）「癩」
kaṇḍū（v.133）「疥」
kuṣṭha（v.133）「癩」

以上は、身体的障害に対する差別的な表現と思われるが、このリストに〝非菩薩〟を形容する最も重要な語と思われる“bāla”「愚者」と“daridra”「貧しい」を加えれば、次の通りである。

bāla（v.114, v.118, v.119, v.120, v.129）「愚」
daridra[ka]（v.124, v.132）「貧窮」

また、“kuṇḍaka”“laṅgaka”“kubja”“kāṇa”“jaḍa”という多くの身体差別的表現をもつ第一二二偈には、“jaghanya”という語があるが、これは〝最も低い〟“lowest”“of low origin or rank”[279]を意味する言葉で、『妙法華』では「下賤」（一五下一八）と訳されたと思われる。つまり、これは〝最も低い階層の〟を意味する社会的な意味での差別的用語であろう。

かくして、布施博士によって「後世の挿入」と見なされた「譬喩品」偈の末尾にある「流通分」（vv.105-149）の中心をなす「B部分」（III, vv.111-135）において、『法華経』を誹謗する者である〝非菩薩〟に対して、極めて差別的な非難と侮蔑の言葉が投ぜられたことが理解されたと思われるが、ここで注意すべきことは、この謗法の罪報を説く「B部分」の説明と、長者の家に住んでいたとされる様々の鳥獣・蛇蝎・悪鬼の群れを描写する「A部分」（vv.42-61）

の説明が、無関係ではないということである。即ち、「A部分」に現れる蝎や様々の鳥は、確かに「B部分」には現れない。しかし、蛇・犬・狐・夜叉は、いずれの部分にも登場するのである。それを示せば、次のようになる。

	A部分（III, vv.42-61）	**B部分**（III, vv.111-135）
蛇	āśīviṣa（v.43）, gonasaka（v.47）	koḍasakkin（v.121）
犬	śvan（v.44, v.45, v.51, v.53）	śvan（v.115）, bhūmisūcaka（v.131）
狐	śṛgāla（v.44, v.45）	śṛgāla（v.115）, kroṣṭuka（v.119, v.131）
夜叉	yakṣa（v.47, v.48, v.49, v.54, v.57）	yakṣa（v.123）

しかも、「犬」と「狐」をセットで述べる表現も、両部分に共通に認められる。即ち、「A部分」の第四四偈に“śvabhiḥ śṛgālaiś ca”（K, 83,10）、第四五偈に“śvānāḥ śṛgālāś ca”（K, 83,12）とあり、「B部分」の第一一五偈に“śvānaśṛgālabhūtāḥ”（K, 94,6）とあるのである。なお、“śvāna-śṛgāla”という複合語は、「A部分」のすぐ後にある偈、つまり、やはり、「火宅」の中に住む様々の鳥獣・蛇蝎・悪鬼の群れに言及する第六六偈（K, 86,12）にも用いられている。従って、「A部分」と「B部分」には、類似した表現が多く認められることが、明らかになったであろうが、私は、この二つの部分には、単に類似の表現が認められるというだけではなくて、思想的な意味で密接な関係があると思うのである。そこで、この密接な関係を示すものと考えられる記述を、以下に紹介しよう。それは「B部分」に見られる次のような第一三一偈なのである。

〔265〕udyānabhūmī narako ’sya bhoti niveśanaṃ tasya apāyabhūmiḥ /
kharasūkarā kroṣṭuka bhūmisūcakāḥ pratiṣṭhitasyeha bhavanti nityam // [III, v.131]（K, 96,11-12）

〔266〕仏所立道、常師子吼、毀者地獄、以為遊観、

勤苦悪趣、用作居宅、已所犯罪、致殃如斯。（『正法華』七九中八―一〇）

〔267〕常処地獄、如遊園観、在余悪道、如己舎宅、
駝驢猪狗、是其行処、謗斯経故、獲罪如是。（『妙法華』一五下二九―一六上二）

(172)彼にとって、地獄（naraka）が遊園（udyāna）となり、彼にとって、悪趣（apāya）が家（niveśana）となる。そこに住んでいる彼にとって、驢馬（khara）や猪（sūkara）や狐（kroṣṭuka）や犬（bhūmi-sūcaka）が、そこに常にいるのである。

この偈も、実は難解なものであって、“apāya-bhūmi”の“-bhūmi”をどのように理解すべきかは、必ずしも明らかではない。チベット訳（P, chu,44a1）は、その“-bhūmi”を全く訳しておらず、二つの漢訳も訳していないと思われる。しかし、重要なことは、ここに“niveśana”「家」という語が用いられた点なのである。この“niveśana”は、〔216〕ⓑを見れば分るように、「譬喩品」散文部分では、長者の「家」を意味する語として、当初から用いられていたものであり、「譬喩品」偈の「A部分」においても、第五六偈において、その意味で使用されている。また「A部分」の直後にある第六二偈前半には、“etādṛśaṃ bhairava tan niveśanaṃ jvālāsahasrair hi viniścaradbhiḥ”（K, 86,3）「その家（niveśana）は、このように恐ろしいものであり、幾千の炎を吹き出している」と述べられるのである。その“niveśana”の語が、「B部分」に含まれる第一三一偈〔265〕で使用されたということは、そこで“niveśana”とは、長者の「家」、つまり、「火宅」=「三界」を意味していると見ることができるであろう。その第一三一偈では、“niveśana”は「三界」ではなく「悪趣」であると言われているが、恐ろしい苦しみの場所を意味するものとしては、大きな違いはないであろう。

そこで、第一三一偈〔265〕の“niveśana”を長者の「火宅」=「三界」と見て、この偈の意味を考えてみると、まず“niveśanaṃ tasya”と言われる“tasya”「彼」とは、〝長者=仏陀〟ではなく、長者の所有する「家」に住む衆生を意味すると考えられる。というのも、この点が、第一三一偈後半では“pratiṣṭhitasyeha”「そこに住んでいる」という表現によって示されているからである。しかるに、第一三一偈〔265〕で「彼」と言われるのは、「B部分」の一連の説明

によれば、『法華経』を誹謗した罪によって、阿鼻地獄に落ち、その後、人間として生まれたものとされている。

　では、「譬喩品」第一三一偈〔265〕において、「驢馬・猪・狐・犬」はどこに住んでいるとされているかと言えば、“iha”「そこに」という語によって、それらもやはり“niveśana”に住んでいるとされていると考えられる。すると、「B部分」に含まれるこの第一三一偈の趣旨は、「A部分」で、長者の“niveśana”に様々の鳥獣・蛇蝎・悪鬼の群れが住んでいると説かれたことと、全く一致するように思われる。従って、結論的に言えば、「A部分」と「B部分」の趣旨は、ほぼ同じであって、「A部分」で、長者の家に住み、そして、最終的にそこから救出されなかった様々の鳥獣・蛇蝎・悪鬼の群れとは、「B部分」では、『法華経』を誹謗し、その結果、阿鼻地獄に落ちる等として説明された〝非菩薩〟を意味すると考えられるのである。「火宅」から救出されたのは長者の子供たち、つまり、「仏子」=「菩薩」であるから、救出されなかったのは、〝非菩薩〟であるという解釈は、極めて自然なものであろう。勿論、「火宅」に取り残された約四百八十とも見られる鳥獣・蛇蝎・悪鬼の群れ、即ち、〝非菩薩〟は「火宅」の中で〝死ぬ〟のであって、この点は、「A部分」に含まれる第六〇偈にある“kālagatās”（K, 85,13）「死んだ」という語によって明示されているのである。

　以上、私は、「B部分」を援用することによって、「A部分」で述べられる「火宅」に取り残されて、そこで死ぬことになる様々の鳥獣・蛇蝎・悪鬼の群れとは、実は『法華経』を誹謗するもの、即ち、〝非菩薩〟を意味すると考えるのであるが、この〝非菩薩〟とは、実質的には〝声聞〟を指すと見るのが適切だと思われる。即ち、確かに㈡謗法の罪報を説く「B部分」の直前にある第一〇九偈後半には、“viṣayo hi naivāstiha śrāvakāṇām pratyekabuddhāna gatir na cātra”（K, 93,8）「声聞たちにとって、これには、決して〔認識の〕境（viṣaya）はない。独覚たちにとっても、これには、理解（gati）はない」と言われており、これによれば、『法華経』を誹謗する〝非菩薩〟とは、「声聞」と「独覚」の二者とされているように見える。しかし、「独覚」は、元来が実体の無い存在であり、特に「方便品」や「譬喩品」の偈の部分においては、その散文部分の所説と比べて、「独覚」はより一層、稀薄な存在とされていると考えられる。

これは、「方便品」と「譬喩品」の偈の所説に認められる明確に二元論的な〝大乗主義〟、つまり〝大乗〟と〝小乗〟を優と劣として対比し、その信奉者である〝菩薩〟と〝声聞〟を、成仏可能者と成仏不可能者として峻別する立場によるものであろう。従って、「譬喩品」偈の「A部分」で述べられる「火宅」から救出されなかった様々の鳥獣・蛇蝎・悪鬼の群れは、単に〝非菩薩〟であるというだけではなく、端的には〝声聞〟を指していると考えられるのである。この点を以下に論証しよう。まず、「A部分」に含まれる第五九偈前半には、次のように説かれている。

〔268〕 piśācakās tatra bahū bhramanti saṃtāpitā agnina mandapuṇyāḥ / [III, v.59ab]（K, 85,11）

〔269〕 無量群萌、烏熅灰燼、諸薄祐者、為火所災。（『正法華』七七上一一—一二）

〔270〕 毘舎闍鬼、亦住其中、薄福徳故、為火所逼。（『妙法華』一四上二五—二六）

(173) 多くのピシャーチャカ鬼（piśācaka）たちが、そこで（邸宅で）、うろついているが、彼等は、功徳が薄い（manda-puṇya）ので、火によって、苦しめられる（saṃtāpita）。

ここで、「火宅」の中にいるピシャーチャカ鬼について、"manda-puṇya"「功徳が薄い」という形容詞が使われるが、この語の意味とは何であろうか。それを理解するためには、次のような「方便品」第六四偈を参照しなければならないのである。

〔271〕 te kāmahetoḥ prapatanti durgatiṃ ṣaṭsū gatīṣū parikhidyamānāḥ /
kaṭasī ca vardhenti punaḥ punas te duḥkhena saṃpīḍita alpapuṇyāḥ // [II, v.64]（K, 48,3-4）

〔272〕 衆庶坐欲、墜于悪趣、安住穢厭、衆諸瑕垢、
黒冥之法、数数増長、薄徳之夫、患苦所悩。（『正法華』七〇下一三—一五）

〔273〕 以諸欲因縁、墜堕三悪道、輪迴六趣中、備受諸苦毒、
受胎之微形、世世常増長、薄徳少福人、衆苦所逼迫。（『妙法華』八中一一—一五）

(174) 彼等（te）は、欲（kāma）のために、悪趣（durgati）に落ちる。六趣において、苦難を味わい、また繰返し墓を増

大させる。功徳の少ない（alpa-puṇya）彼等（te）は、苦（duḥkha）によって、痛めつけられる（saṃpīḍita）。即ち、ここに“alpa-puṇya”という形容詞が用いられているが、これは、前掲の「譬喩品」第五九偈前半〔268〕の“manda-puṇya”とほぼ同義であろう。漢訳の〔269〕〔270〕〔272〕〔273〕を見ると、いずれも“manda”“alpa”に対して「薄」という訳語を与えている。また、〔268〕の“saṃtāpitā agnina mandapuṇyāḥ”と〔271〕の“duḥkhena saṃpīḍita alpapuṇyāḥ”とでは、その構文も内容も、一致しているように思われる。

では、この「方便品」第六四偈〔271〕において、“te”「彼等」とは誰なのか、そして、“puṇya”「功徳」とは何を指すのかと言えば、それは、その第六四偈の前の第六三偈（II, v.63b）で“na cīrṇacaryāḥ purimāsu jātiṣu”（K, 48,1）「〔彼等は、〕過去の〔諸〕生において、行（caryā）を行じなかった」と言われたことによって理解される。つまり、問題の“puṇya”とは、ここで言われる“caryā”を指しており、その“caryā”とは、何度も生を重ねて諸仏を供養するというような“bodhisattva-caryā”「菩薩行」を意味していることは、明らかである。従って、過去世に、この「菩薩行」を行じておらず、「功徳」を欠いている「彼等」とは、〝非菩薩〟を指すと考えられる。

では、この〝非菩薩〟を何故、端的に〝声聞〟であると見なし得るのであろうか。まず、「方便品」第六四偈〔271〕は、第六二偈後半から第六七偈まで続く一連の記述の中の一齣であることを理解しなければならない。即ち、この一連の記述（v.62cd-v.67）においては、“tāṃś”（v.63a）, “te”（v.64a）, “te”（v.64c）, “te”（v.65d）, “te”（v.66c）, “teṣām”（v.67a）, “tatra”（v.67d）という語によって、同じ「彼等」が言及されているのであって、この「彼等」は、まず第六二偈後半では、“ajānaka”「無知」であり、“na jātu gṛhṇīyu subhāṣitam me”（K, 47,14）「私の善説（subhāṣita）を決して受け取らないであろう」と言われ、第六三偈と第六四偈では、すでに見たように、“caryā”、つまり、過去世の菩薩行という“puṇya”「功徳」を欠いていると言われたのである。さらに、「彼等」は、第六五偈では有・無等の“dvāṣaṣṭi-dṛṣṭi”「六十二見」を取ると言われ、第六六偈〔42〕では、“māṇin”「高慢」であり、“vaṅka”「曲っているもの」であり、“bāla”「愚者」であり、“naiva śṛṇvanti mu buddhaghoṣam”「決してこの仏陀の音声を聞かない」と述べられているのである。

そして、最後に、「彼等」に関する以上の所説を総括する次のような「方便品」第六七偈が置かれるのである。

〔274〕teṣām ahaṃ śārisutā upāyaṃ vadāmi duḥkhasya karotha antam /
duḥkhena saṃpīḍita dṛṣṭva sattvān nirvāṇa tatrāpy upadarśayāmi // [II, v.67]（K, 48,9-10）

〔275〕仏子善権、卓然難及、為説勤苦、断其根原、
衆生之類、諸見所悩、仏故導示、使至泥洹。（『正法華』七〇下二一―二三）

〔276〕是故舎利弗、我為設方便、説諸尽苦道、示之以涅槃。（『妙法華』八中二二―二三）

(175)シャーリプトラよ、私は、彼等に（teṣām）方便（upāya）を説く。苦（duḥkha）を滅ぼせと。苦によって痛めつけられている（saṃpīḍita）衆生たちを見て、彼等に（tatra）[280]涅槃（nirvāṇa）〔B〕を示す（upadarśayāmi）。

ここで〝釈迦仏は「彼等」に「方便」を語り、「涅槃」を説示する〟と言われるのであるが、まず、ここにも第六四偈〔271〕で用いられた〝duḥkhena saṃpīḍita〟という表現が見られることに注意したい。つまり、すでに述べたように、第六二偈後半からこの第六七偈〔274〕までは、同じ「彼等」について説明がなされているのである。この「彼等」は、「無知」で「愚者」で「高慢」で、前世における菩薩行という「功徳」を欠き、『法華経』を聞くことも受け取ることもしない衆生とされているから、「彼等」が〝非菩薩〟であることは明らかであるが、さらに端的に言えば、「彼等」は〝声聞〟であると見なすべきであると考えられる。というのも、この「方便品」第六七偈〔274〕の内容は、〝声聞〟に対する教えと見ることができるからである。この点で、苅谷博士が第六七偈に説かれる教えを「声聞乗」と見なされたことは、妥当であると思われる。即ち、博士は、次のように言われるのである。

(176)その場合、これまでの検討で明らかなように三乗の中でまずはじめに小乗・声聞乗を説くのであって、ここでも、次の偈〔67〕に、……とあって、〈巧みな方法〉によって三乗の中、まず声聞乗を説いたことが述べられている。
（『一仏乗』一六〇頁一―五行）

では何故、「方便品」第六七偈〔274〕の内容を〝声聞〟に対する教えと見なし得るかと言えば、それは、次のよう

な「方便品」第四六偈との関係から知られるのである。

〔277〕 ye bhonti hīnābhiratā avidvasū acīrṇacaryā bahubuddhakoṭiṣu /
saṃsāralagnāś ca suduḥkhitāś ca nirvāṇa teṣām upadarśayāmi // [II, v.46]（K, 45,9-10）

〔278〕其有不楽、正覚明者、於無数仏、不造立行、
愚痴生死、甚多苦患、故為斯等、現説泥洹。（『正法華』七〇上二三—二五）

〔279〕鈍根楽小法、貪著於生死、於諸無量仏、不行深妙道、衆苦所悩乱、為是説涅槃。（『妙法華』七下二八—八上一）

(177)小（hīna）〔乗〕を楽しみ、無知（avidvas）で、幾コーティもの多くの諸仏のもとで、行（caryā）を行じなかったもの（acīrṇa）であり、輪廻に貪著し、非常に苦しめられているものたち、彼等に（teṣām）涅槃（nirvāṇa）を私は示す（upadarśayāmi）。

即ち、ここに見られる“nirvāṇa teṣām upadarśayāmi”は、「方便品」第六七偈〔274〕の“teṣām...nirvāṇa...upadarśayāmi”と殆んど一致しており、また、ここで用いられた“suduḥkhita”が「方便品」第六七偈と第六四偈〔271〕の“duḥkhena saṃpīḍita”に対応していることは、明らかであろう。従って、「方便品」のこの二つの偈、つまり、第四六偈〔277〕と第六七偈〔274〕は、その趣旨が一致しているのであり、第四六偈に〝声聞〟に対する教えが説かれたと見るならば、第六七偈にも、やはり〝声聞〟に対する教えが説かれたと見なすことができるであろう。しかるに、「方便品」第四六偈の前に置かれる第四五偈には、後に論じるように、所謂「九分教」の個々の名称が挙げられるので、第四六偈で〝声聞〟に対する教えが説かれたと見る点では、研究者の理解は一致していると思われる。苅谷博士もまた、「方便品」第四六偈を、次のように説明されているのである。

(178)この〈巧みな方法〉によって説かれた種々の教法のうち、最初のものは所謂「九分教」（v.49）とされるもので、それは「劣ったものに満足しており、無知で、過去世に多・コーティの仏に仕えたこともなく、輪廻に執着し、ひどく苦しんでいるもののために」（v.46）、とにかくその生死の苦から脱出させるべく「涅槃を説いた」（v.46）

ものなのであると言う。これは、仏が〈巧みな方法〉によって最初に説いたものは三乗の中でも小乗・声聞乗であることを示すものである。(『一仏乗』一五〇頁七―一一行)

すると、「方便品」第四六偈〔277〕で「涅槃」を説示されたとされる「彼等」と、「方便品」第六七偈〔274〕で「涅槃」を説示されたとされる「彼等」と、「方便品」第六四偈〔271〕で“alpa-puṇya”と言われた「彼等」と、「譬喩品」第五九偈前半〔268〕で“manda-puṇya”と言われた「ピシャーチャカ鬼たち」は、すべて同じ衆生、つまり、〝声聞〟を指していると見ることができるであろう。ということは、「譬喩品」第五九偈を含む「A部分」(III, v.42-61)に登場する「火宅」に取り残された様々の鳥獣・蛇蝎・悪鬼の群れも、この「A部分」と内容的に一致すると思われる「B部分」(III, vv.111-135)で、『法華経』を誹謗するが故に阿鼻地獄等に落ちて非常な苦痛を受けるとされる〝非菩薩〟も、すべて端的には〝声聞〟を指していると考えられるのである。

以上に示された表現を、「真の声聞に関する表現」としてまとめるならば、次のようになるであろう。[281]

真の声聞に関する表現

「方便品」第三四偈〔25〕

II, v.34　adhimāna-prāpta, bāla, ajānaka, nirdiṣṭadharmaṃ mi kṣipe

「方便品」第三八偈・第三九偈〔369〕

II, v.38　adhimāna-prāpta, aśrāddha

II, v.39　bāla-buddhi, vraṇa

「方便品」第四六偈〔277〕

II, v.46　hīna-abhirata, acīrṇa-carya, suduḥkhita, nirvāṇa teṣām upadarśayāmi

「方便品」第六二偈後半―第六七偈

II, v.62cd　ajānaka, na jātu gṛhṇīyu subhāṣitaṃ me

II, v.63　na cīrṇacaryāḥ purimāsu jātiṣu

II, v.64　duḥkhena saṃpīḍita alpapuṇyāḥ（〔271〕）

II, v.66　duḥśodhaka, mānin, dambhin, vaṅka, śaṭha, bāla, te naiva śṛṇvanti mu buddhaghoṣaṃ（〔42〕）

II, v.67　duḥkhena saṃpīḍita, nirvāṇa tatrāpy upadarśayāmi（〔274〕）

「方便品」第一一〇偈—第一一四偈

II, v.110　daridra, puṇyehi ca viprahīṇān

II, v.111　kāmair iha andhīkṛta

II, v.112　kudṛṣṭidṛṣṭīṣu sthitā

II, v.114　moha-andha, avidvas

「方便品」第一一七偈〔426〕

II, v.117　dharmaṃ kṣipi, bāla, kṣipitva gaccheyur apāyabhūmim

「方便品」第一二一偈

II, v.121　hīna-adhimukta, avidvas, na śraddadheyuḥ

「方便品」第一三一偈（〔395〕）

II, v.131　bāla-buddhi, adhimāna-prāpta, avidvas

「方便品」第一四一偈—第一四五偈（最終偈）

II, v.141　kṣudra, duṣṭa, kāmair iha andhīkṛta, bāla-buddhi（〔423〕）

II, v.142　sūtraṃ kṣipitvā narakaṃ vrajeyuḥ（〔423〕）

II, v.144　aśikṣita（〔433〕）

「譬喩品」第四二偈―第六一偈「A部分」（火宅内の鳥獣・悪鬼等）

III, v.59　　samtāpitā agnina mandapuṇyāḥ（〔268〕）

「譬喩品」第一〇九偈〔306〕

III, v.109　　bāla-jana

「譬喩品」第一一一偈―第一三五偈「B部分」（謗法の非菩薩）

III, v.111　　stambhin, mānin, bāla, kāmeṣu sadā pramattā, ajānaka, dharmu kṣipeyu bhāṣitam（〔22〕）

III, v.114　　bāla, avīci ... tatra prapatanti

III, v.118　　bāla-buddhi, buddhanetrī kṣipi

III, v.119　　bāla, kāṇaka

III, v.120　　bāla, jaḍa, mūḍha

III, v.121　　kṣipitva sūtraṃ idam evarūpam

III, v.122　　laṅgaka, kubja, kāṇa, jaḍa, jaghanya

III, v.124　　daridraka

III, v,128　　imāṃ kṣipitvā mama buddhanetrīm

III, v.129　　bāla, badhira, acetana, kṣipitva bodhīm imam evarūpām

III, v.130　　jaḍa-ātmabhāva, vikala, kṣipitva sūtraṃ imu

III, v.131　　niveśanaṃ tasya apāyabhūmiḥ（〔265〕）

III, v.132　　andha, badhira, jaḍa, daridra

III, v.133　　vraṇa, kaṇḍū, kuṣṭha, kilāsa

III, v.134　　satkāyadṛṣṭiś ca ghanā

III, v.135　yo hī mamā etu kṣipeta sūtraṃ

「譬喩品」第一三六偈（〔19〕）

III, v.136　bāla-jana

すると、どのように考えるべきであろうか。問題の発端は、「譬喩品」偈の「A部分」(III, vv.42-61) で説かれる「火宅」の中の様々の鳥獣・蛇蝎・悪鬼の群れの描写は、「穢土をたとえたものである」という⑯の勝呂博士の見解に異を唱えたところにあった。即ち、私は、その「A部分」に登場する「火宅」中の様々の鳥獣・蛇蝎・悪鬼の群れとは、「火宅」から救出されずに取り残され、そこで死ぬことになる約四百八十人とも見られる〝非菩薩〟、あるいは端的には〝声聞〟を意味するという解釈を示したのである。しかし、もしこの解釈が妥当であるとすれば、「譬喩品」偈の作者は、〝非菩薩〟である〝声聞〟に対して、極めて苛酷な非難と侮蔑の言葉を投じたことになるであろう。彼は、〝非菩薩〟である〝声聞〟を毒蛇であるとか、蝎であるとか、狼であるとか、あるいはまた、夜叉であるとか、餓鬼 (preta) であるとか呼んだのであるから、その情け容赦のない苛酷さには驚かされる。この点は、『法華経』を誹謗するものの罪報を説く「B部分」(III, vv.111-135) についても同様であるが、そのほぼ冒頭に置かれる第一一二偈では、"vipāku tasyeha śṛṇohi tīvram" (K, 93,14)「この世における、彼の苛酷な (tīvra) 果報 (vipāka) を聞きなさい」と言われ、『法華経』を誹謗するもの (非菩薩) が受ける罪報の苛酷さを、偈の作者自身が自ら認めているのである。

しかるに、以上の所論に対しては、次のような反論がありうるであろう。それは、つまり、「方便品」と「譬喩品」の偈の作者は、〝非菩薩〟である〝声聞〟を、蛇蝎であるとか悪鬼であるとか呼び、地獄に落ちるとして非難したのではなく、『法華経』を信じさせるために、『法華経』を信じなければ〝非菩薩〟となって、非常な苦しみを受けると述べただけであるというような反論である。しかし、このような反論は成立しないであろう。というのも、「譬喩品」偈の「流通分」で「B部分」の前にある㈠序論に含まれる第一〇七偈には、次のように説かれているからである。

〔280〕dṛṣṭāś ca tena purimās tathāgatāḥ satkāru teṣāṃ ca kṛto abhūṣi /
śrutaś ca dharmo ayam evarūpo ya eta sūtram abhiśraddadheta // [III, v.107]（K, 93,3-4)
〔281〕仮使有人、信楽斯経、往古已見、過去導師、
亦悉奉順、諸聖至尊、加得逮聞、如是典謨。（『正法華』七八下一―三）
〔282〕若有信受、此経法者、是人已曾、見過去仏、恭敬供養、亦聞是法。（『妙法華』一五中一〇―一二）
⑰この経（sūtra）を信じるであろう人は、過去世の諸如来を見た（dṛṣṭa）ものであり、彼等に恭敬（satkāra）をなした（kṛta）ものであり、〔過去世に〕この、このような法（dharma）を聞いた（śruta）ものである。

即ち、『法華経』を信じるか信じないかは、過去世における見仏聞法・供養諸仏という菩薩行の有無によってすでに決定されているのである。つまり、『法華経』を信じる〝菩薩〟であるか、信じない〝非菩薩〟であるかということも、『法華経』には関りなく、過去世の菩薩行の有無によって決定されているのであるから、〝菩薩〟と〝非菩薩〟（声聞）の区別というのは、予じめ決定されていて、最早動かしようがないものということになるのである。この点は、「火宅譬喩」を見れば明らかであって、散文部分によるとしても、「火宅」に住む約二十人の子供たち（菩薩）と、救出されなかった約四百八十人（非菩薩）の区別は、生まれによって予じめ決定されているのであって、「火宅」に住むもの全員が長者の子供たちであったとは、全く説かれていないのである。要するに、「火宅譬喩」は〝菩薩だけが成仏する〟という〝一分不成仏説〟〝三乗各別説〟という〝大乗主義〟を説くものであり、その〝大乗主義〟は、「譬喩品」の偈の部分においては、〝大乗〟対〝小乗〟〝菩薩〟対〝声聞〟という明確に二項対立的な傾向を強め、その第四二偈―第六一偈という「A部分」では、〝非菩薩〟である〝声聞〟を蛇蝎や悪鬼の群れに喩えるような苛酷さを生み出すまでに至ったと考えられるのである。

なお、前掲の「真の声聞に関する表現」のリストに、〝mānin〟「慢心をもつ」という形容詞が二回認められたことに、注目しておこう。即ち、「方便品」第六六偈〔42〕と「譬喩品」第一一一偈〔22〕に〝声聞〟を形容する語とし

て"mānin"という語が用いられているのであるが、この語が、「方便品」散文部分〔124〕で釈迦仏の会衆から退出していったとされる五千人の"adhimānika"「増上慢をもつ」四衆を意図していることは明らかであろう。つまり、彼等は、後出の『法華論』〔649〕に説かれる瑜伽行派の"四種声聞説"によれば、「増上慢声聞」であり、シャーリプトラ等のように"実は菩薩"である"仮りの声聞"(権行の声聞)とは異なって、永久に成仏できない"真の声聞"と見なされているのである。

では、次に「譬喩品」偈に関するその他の問題について考察しよう。まず、苅谷博士の所説を手掛りに若干の検討を加えたい。即ち、苅谷博士は、「譬喩品」第八五偈について、

(180) ここに「一切衆生皆悉ぼさつ」なることが明示されている。(『一仏乗』二四七頁二行)

と言われるが、このような解釈は可能であろうか。そこでまず、この「譬喩品」第八五偈を、次に示すことにしよう。

〔283〕emeva haṃ[282] śārisutā maharṣī sattvāna trāṇañ ca pitā ca bhomi /
putrāś cime prāṇina[283] sarvi mahyaṃ traidhātuke kāmavilagna bālāḥ // [III, v.85] (K, 89,11-12)

〔284〕告舎利弗、大仙如是、為諸群生、救護父母、
一切衆庶、皆是我子、為三界欲、所見纏縛。(『正法華』七七下二二—二五)

〔285〕告舎利弗、我亦如是、衆聖中尊、世間之父、
一切衆生、皆是吾子、深著世楽、無有慧心。(『妙法華』一四下一九—二一)

(181) 全く同様に(emeva)、私は、シャーリプトラよ、大仙であり、衆生たちの救護者(trāṇa)であり、父(pitṛ)である。そして、これらの生類(prāṇin)はすべて(sarva)、私の息子(putra)たちであり、三界において欲(kāma)に執着している(vilagna)愚者(bāla)である。

ここで、漢訳には「一切衆庶、皆是我子」「一切衆生、皆是吾子」とあるので、確かにここには「一切衆生」は仏子、つまり、"菩薩"であると説かれているように見える。しかし、"putrāś cime prāṇina sarvi mahyaṃ"を「これらの

生類はすべて私の息子である[284]」と訳すならば、この訳文から受ける印象は「一切衆生、皆是吾子」という漢訳から受ける印象とは、かなり異なったものとなるであろう。つまり、漢訳は“ime”を全く訳しておらず、苅谷博士の「一切の生きものは私の子（仏子、ぼさつ）である[285]」という訳文も同様である。[286] つまり、この“ime”を訳さないことによって、初めて〝一切衆生は、私の子である〟という解釈が生じるのではないかと思われる。

しかるに、この「譬喩品」第八五偈〔283〕の冒頭には“emeva”「全く同様に」という語が置かれ、ここからは、第三九偈—第八四偈までに説かれた「火宅譬喩」の譬喩そのものに対し、その譬喩の意味を説明する所喩が始まるのであるが、「全く同様に」と言われるように、譬喩と所喩が正確に対応しているとすれば、「私の息子たち」というのは、一切衆生を指すのではなく、一切衆生の中のごく一部の衆生を指すと見なければならないであろう。さもなければ、「全く同様に」という語が意味をなさない筈である。つまり、「火宅譬喩」の文言に従って、「一切衆生」を約五百人と見るならば、救出されたのは、その内の約二十人ほどの息子たちだけであり、彼等について「これらの生類はすべて私の息子たちである」と言ったとしても、これは〝「一切衆生」＝「仏子」〟や「一切衆生皆悉ぼさつ」を意味することにはならないであろう。従って、〔283〕における“ime”「これらの」という指示代名詞は、そこで言われる“ime prāṇina sarvi”を単純に「一切衆生」と把えてはならないことを示していると思われる。つまり、彼等は約五百人中、二十人程とも言われる「息子たち」、即ち、「一切衆生」の中のごく一部の衆生なのである。

しかるに、このような理解は、苅谷博士が問題とされる「譬喩品」第九〇偈・第九一偈に関しても必要であろう。そこで、その二つの偈を、以下に示すことにしよう。

〔286〕 māṃ caiva ye niśrita bhonti putrāḥ ṣaḍabhijñatraividyamahānubhāvāḥ /
pratyekabuddhāś ca bhavanti ye 'tra avivartikā ye ciha bodhisattvāḥ // [III, v.90]
samāna putrāṇa hu teṣa tat kṣaṇam imena dṛṣṭāntavareṇa paṇḍitān[287] /
vadāmi ekam imu buddhayānaṃ parigṛhṇathā sarvi jinā bhaviṣyatha // [III, v.91]（K, 90,7-10）

〔287〕其諸菩薩、来依猗仏、六通三達、成大聖慧、
或有得成、為縁覚乗、逮不退転、致仏尊道、〔第九〇偈〕
現在諸子、因仏自由、以是譬喩、無有瞋恨、
縁是得近、於仏道乗、受斯一切、得為最勝。〔第九一偈〕（『正法華』七八上七―一二）

〔288〕是諸子等、若心決定、具足三明、及六神通、有得縁覚、不退菩薩、〔第九〇偈〕
汝舎利弗、我為衆生、以此譬喩、説一仏乗、
汝等若能、信受是語、一切皆当、成得仏道。〔第九一偈〕（『妙法華』一五上三―七）

(182)息子（putra）たちのあるものたち（ye）は、私に、依存して、六通と三明という大きな威神力（mahā-anubhāva）をもつもの〔声聞〕となり、あるものたち（ye）は、ここで独覚（pratyekabuddha）となり、あるものたち（ye）は、ここで不退（avivartika）の菩薩（bodhisattva）となるが、〔第九〇偈〕
その刹那に（tat kṣaṇam）[288]、私は、彼等、智者（paṇḍita）である息子たちに、等しく（sama）、この優れた譬喩（dṛṣṭānta）によって、この一つの仏乗（buddha-yāna）を説く。それを受け取りなさい。そうすれば、あなたたちは、すべて（sarvi）勝者（jina）となるであろう。〔第九一偈〕

このうち、第九〇偈には、確かに〝三乗〟の対機としての〝声聞〟〝独覚〟〝菩薩〟が説かれているように見える。しかし、注意すべきことは、彼等三者は、すべて“putra”「息子」、つまり、仏子であり〝菩薩〟であると言われている点なのである。この点は、『正法華』〔287〕において冒頭に「其諸菩薩」という語が置かれていることによっても明らかであろう。これは、実は第九〇偈末尾の“bodhisattvāḥ”に対する訳語と考えられるのであるが、しかし、この訳語が冒頭に置かれることによって、第九〇偈の趣旨が、却って明瞭になっているのである。即ち、「其諸菩薩、来依猗仏」という訳文は、〝菩薩たちが、仏（私）に依存して声聞になる〟という趣旨を明示しているであろう。従って、第九〇偈前半に言われる〝声聞〟とは、〝実は菩薩〟である〝仮りの声聞〟と見るべきであって、それ故にこそ、彼

等は、前掲の「真の声聞に関する表現」のリストに示された用語で述べられる〝真の声聞〟のように、“mānin”「慢心をもつ」であるとか“bāla”「愚者」であるとか、貶称されることなく、“ṣaḍ-abhijñā-traividya-mahā-anubhāva”と言われているのである。このうち“mahā”は、『正法華』〔287〕でも「大」と訳されているが、“mahāyāna”を意図していることは、明らかであろう。

次に、第九一偈について検討すると、そこで“teṣa”「彼等に」と言われているのは、第九〇偈における三つの“ye”「あるものたち」を承けているわけであるが、その「彼等」は、第九一偈でも、全員が等しく“putra”「息子」であると言われ、さらに“paṇḍita”「智者」であるとも言われている。この“paṇḍita”というのは、すでに見たように、「譬喩品」第一三六偈・第一三七偈〔19〕で、〝非菩薩〟を意味する“bāla”「愚者」と対比的に、〝菩薩〟を意味するものとして用いられる重要な語であるから、この第九一偈でも、“paṇḍita”が〝菩薩〟を意味していることは、明らかであろう。

なお、第九一偈には、第八五偈〔283〕と同様に“sarvi”「すべて」という語が用いられているが、ここでも“sarvi”は「息子たち」〝すべて〟を指しているのであって、〝一切衆生〟を意味しているのではない。従って、私は苅谷博士の次の見解に従うことはできないのである。

⑱しかも「それら息子たちに、等しく」とあるように、一切衆生は本来から仏の息子即ちぼさつであって、要するに、「一切衆生皆悉ぼさつ」に他ならない。（『一仏乗』二四七頁一五―一七行）

しかるに、ここで誤解を払拭するために、明言しておきたいことがある。それは、「火宅譬喩」においては、「火宅」から誘引するために〝方便の三車〟が提示された対象も、脱出後に〝賜与の一車〟が与えられた対象も、いずれも〝一切衆生〟ではなく、二十人程とも言われる長者の「息子たち」だけであったという点である。従って、所喩を説く「譬喩品」散文部分〔256〕ⓑにおいて、仏陀はまず〝方便の三乗〟を提示してから、その後〝真実の一乗〟を説くと言われたことについても、その〝提示〟と〝説法〟の対象は、〝一切衆生〟ではなく、〝菩薩〟だけに限られるのである。長者の「火宅」内に取り残された鳥獣・蛇蝎・悪鬼の群れ（非菩薩である声聞）には、三車（三乗）が提示されることすらなかったという点を、理解する必要があるであろう。

この点で「譬喩品」散文部分〔246〕の⒜に"paṇḍita-jātīya"という語が置かれていたことを想起しなければならない。即ち、そこでは⒝において「鹿の車」を求める者に喩えられた"声聞"と、⒞において「羊の車」を求める者に喩えられた"独覚"と、⒟において「牛の車」を求める者に喩えられた"菩薩"という三者全員について、"paṇḍita-jātīya"「智者の生まれをもつ」と言われたと考えられるが、そこで"paṇḍita-jātīya"が"実は菩薩である"を意味することは明らかであり、この点については、すでに論じた通りである。即ち、三種の車を求めたのは、全員が長者の息子たち、つまり、"仏子＝菩薩"であって、彼等の内のあるものたちが、いかに鹿車（声聞乗）や羊車（独覚乗）を求めようとも、彼等が長者の「息子」であり、"paṇḍita-jātīya"、つまり、"生まれながらの智者"、即ち、"菩薩"であることに何の変りもないのである。従って、「譬喩品」第九〇偈・第九一偈〔286〕における"paṇḍita"の語は、「譬喩品」散文部分〔246〕⒜の"paṇḍita-jātīya"という語を承けて使用されたと考えられるのである。

以上の結論を言えば、「譬喩品」散文部分〔246〕にも、また「譬喩品」第九〇偈・第九一偈〔286〕にも、"実は菩薩"＝"生まれながらの智者"だけが成仏できるという"一分不成仏説""大乗主義"が明確に説かれていると考えられる。では、前掲〔286〕の「譬喩品」第九一偈に説かれる"buddha-yāna"「仏乗」には誰が乗るのであろうか。この点を説くのが、次のような第九三偈後半であろう。

〔289〕ayaṃ ratho īdṛśako variṣṭho ramanti yena sada buddhaputrāḥ // [III, v.93cd]（K, 91,2）

〔290〕諸仏之子、常所宗重、斯則名曰、尊妙大乗。（『正法華』七八上一六—一七）

〔291〕得如是乗、令諸子等、日夜劫数、常得遊戯。（『妙法華』一五上一一—一二）

⑱④この車（ratha）は、このように最も優れたもの（variṣṭha）であり、仏子（buddha-putra）たちは、それに乗って、常に楽しむのである。

ここには、「仏乗」という「車」に乗るのは、「仏子」、つまり、〝菩薩〟だけであることが、明言されていると思われる。

しかるに、「譬喩品」第九五偈には、次のように説かれている。

〔292〕ratnamayaṃ yānam idaṃ variṣṭhaṃ gacchanti yena iha bodhimaṇḍe /
vikrīḍamānā bahubodhisattvā ye ca śṛṇonti sugatasya śrāvakāḥ // [III, v.95]（K, 91,5-6)

〔293〕所喩宝乗、則謂于斯、以是遊至、於仏道場、
無数仏子、以為娯楽、其有聴者、安住弟子。（『正法華』七八上二〇―二二）

〔294〕与諸菩薩、及声聞衆、乗此宝乗、直至道場。（『妙法華』一五上一三―一四）

⑱宝石でできた（ratna-maya）この乗（yāna）は、最も優れたもの（variṣṭha）であり、それに乗って、多くの菩薩（bahu-bodhisattva）たちは、遊びながら、この菩提の座（bodhi-maṇḍa 道場）に行く。また、善逝（sugata）に聞く（śṛṇonti）声聞（śrāvaka）たちも。

ここには、「仏乗」という「乗」に乗って、菩提に趣くものとして、「菩薩」以外に、「声聞」も挙げられている。この点は、『妙法華』の「与諸菩薩、及声聞衆」という訳文に明示されているであろう。すると、〝菩薩だけが仏乗に乗り、菩薩だけが成仏できる〟という理解は、不適切なのであろうか。おそらく、そうではないであろう。ここで注目すべきは、“ye ca śṛṇonti sugatasya śrāvakāḥ”という表現なのである。“śrāvaka”というのは、元来〝聞く者〟を意味するから、この表現では「聞く」が二回言われ、語義が重複しているように思われる。しかるに、この点で興味深いのは、この表現に対する「また声聞であっても、善逝（の教え）に耳を傾けるものたち」（『松濤Ⅰ』一一一頁）という松濤博士による和訳なのである。何故、博士は「声聞であっても」などという訳を示されたのであろうか。しかるに、この「であっても」は、極めて重要なのである。というのも、ここには〝声聞というのは、仏陀の説法を聞かないものである〟という理解が暗示されているように思われるからである。即ち、前掲の「真の声聞に関する表現」と

いうリストを見ればわかるように、〝実は菩薩〟＝〝仮りの声聞〟ではない〝真の声聞〟は、「方便品」第六六偈〔42〕において、〝te naiva śṛṇvanti mu buddhaghoṣam〟「決してこの仏陀の音声を聞かない」と言われているのである。この点は、同じリストに示された「方便品」第六二偈後半の〝na jātu gṛhṇīyu subhāṣitam me〟「私の善説を決して受け取らないであろう」という表現においても同様である。従って、「譬喩品」第九五偈〔292〕における〝śrāvaka〟とは、〝真の声聞〟ではない〝仮りの声聞〟、つまり、〝実は菩薩〟を意味していると考えられる。それ故、『正法華』〔293〕でも、この〝śrāvaka〟を「声聞」と訳すことなく、敢て「弟子」と訳しているのであろう。〝仮りの声聞〟＝〝実は菩薩〟を意味しようとして、〝śrāvaka〟に対し、「声聞」ではなく「弟子」という訳語を与える傾向は、すでに見たように、羅什にも認められるのであって、彼は、「薬草喩品」〔84〕と「授記品」〔87〕に出る〝mahā-śrāvaka〟を、いずれも「大弟子」と訳しているのである。

なお、第九五偈第四句に〝ye ca śṛṇonti sugatasya śrāvakāḥ〟とあるが、このうちの〝ye ca〟は、極めて重要な表現である。というのも、この表現は、後に論じるように、後出の「方便品」の第七五偈・第七六偈〔390〕と第一四〇偈〔420〕と第一四三偈〔429〕で、〝真の菩薩〟と〝聞法する声聞〟（仮りの声聞＝実は菩薩）を並置するときに用いられる表現だからである。即ち、この二者は、そこで〝ye ca … yehi〟〔390〕、〝ye ca … ye〟〔420〕、〝ye ca … ye〟〔429〕という表現によって並置されている。また〔395〕の「方便品」第一二八偈・第一二九偈の〝ye … yehi〟も、同様の表現であろう。従って、この「譬喩品」第九五偈〔292〕においても、〝真の菩薩〟と〝聞法する声聞〟（仮りの声聞＝実は菩薩）、つまり、後出の『法華遊意』〔398〕の言葉を用いれば、「直往菩薩」と「廻小入大菩薩」という「二種菩薩」が並置されていると見ることができるであろう。

それ故、第九五偈〔292〕に説かれた二者は、いずれも〝菩薩〟であるから、この偈の趣旨は、〝「仏子」つまり、菩薩だけが「仏乗」に乗って楽しむ〟と説く第九三偈後半〔289〕の趣旨と何等矛盾するものではないのである。

従って、私はこの「譬喩品」第九五偈〔292〕に関する苅谷博士の次のような解釈に必ずしも全面的には従うことができないのである。

⒅この偈の bodhisattva は〈一仏乗〉のぼさつのことではなく、三乗中の大乗・菩薩乗のものを指しており、声聞も同じく三乗中のそれである。この両者は、勿論、大・小乗として相互に対立するものであったが、それがこの『法華経』にあっては、今や共に等しく肩を並べて〈仏乗〉という一つの宝車に乗り、その〈仏乗〉の実践によって共に等しく「菩提の道場に至る」即ち正覚を得て仏になると言うのである。これによって、〈仏乗〉が「一切衆生皆悉ぼさつ」の仏智にもとづく「ぼさつ教化」、即ち一切衆生を成仏させる教法であること、そして、それは声聞、独覚、菩薩の三乗を止揚・統合するものであり、「一乗」であることが明らかであろう。（『一仏乗』二四八頁三―八行）〔傍線＝松本〕

即ち、私は、「この両者は……共に等しく肩を並べて〈仏乗〉という一つの宝車に乗り」という博士の理解には、基本的に賛成する。というのも、「譬喩品」第九五偈〔292〕には、〝真の菩薩〟と〝聞法する声聞〟（仮りの声聞＝実は菩薩）という二者が「仏乗」に乗るということが説かれていると思われるからである。

ただし、この二種の〝菩薩〟が「仏乗」に乗って成仏するということと、〝一切衆生の成仏〟というのは、全く別のことであろう。つまり、私見によれば、「一切衆生を成仏させる教法」は、「譬喩品」の第九五偈〔292〕にも、その他の偈にも、また「譬喩品」散文部分にも、全く説かれていないと思われる。即ち、そこに説かれるのは〝菩薩（長者の息子）だけが成仏できる〟〝「火宅」に取り残された声聞、つまり、聞法しない真の声聞は決して成仏できない〟という〝一分不成仏説〟だからである。つまり、ここで何よりも必要となるのが、〝聞法する声聞〟＝〝実は菩薩〟と〝聞法しない声聞〟＝〝真の声聞〟を区別する視点であって、「譬喩品」は、散文部分においても、偈においても、後者の〝声聞〟に対しては、決して成仏を認めていないのである。

しかるに、以上の私見は、「譬喩品」第九九偈の解釈においても、適用できるのではないかと思われる。その偈とは、次の通りである。

〔295〕ye bodhisattvāś ca ihāsti kecic chṛṇvanti sarve mama buddhanetrīm /
upāyakauśalyam idaṃ jinasya yeno vineti bahubodhisattvān // [III, v.99]（K, 92,1-2)

〔296〕其有菩薩、往於是者、至誠之決、取譬若斯、一切普聞、仏之明目、
諸大導師、行権方便、所当勧助、如諸菩薩。（『正法華』七八中七―一〇）

〔297〕若有菩薩、於是衆中、能一心聴、諸仏実法。
諸仏世尊、雖以方便、所化衆生、皆是菩薩。（『妙法華』一五上二〇―二二）

(187)誰であれ、ここにいる菩薩たち、〔彼等は〕すべて（sarve）私の仏陀の理法（buddha-netrī）を聞くのである。それによって（yena）、〔彼等〕多くの菩薩（bahu-bodhisattva）たちを導く（vineti）ところのもの、これ（idam）が勝者の方便善巧（upāya-kauśalya）である。

この偈の前半は、極めて難解である。(187)には、一応常識的な訳[289]を示しておいたが、この第九九偈前半には、上述した〝二種の菩薩〟、つまり、〝真の菩薩〟と〝聞法する声聞〟（仮りの声聞＝実は菩薩）の二者が並置されているように思われてならない。即ち、"ye bodhisattvāś ca ihāsti"と"kecic chṛṇvanti"が、それぞれ〝真の菩薩〟と〝聞法する声聞〟に当り、"sarve"はその両者を指しているのではなかろうか。勿論、このように読めば、"chṛṇvanti"「聞く」が"sarve"を主語とする述語ではなくなってしまうし、また、"ye kecic"という表現が「誰であれ」という意味で、同じ人々を指すものとして一般に用いられること[290]とも矛盾してしまうであろう。しかしながら、この偈の前半にある"ye bodhisattvāś ca ... chṛṇvanti"という表現と「譬喩品」第九五偈〔292〕の"bahubodhisattvā ye ca śṛṇonti"という表現との一致は、あまりにも著しいように思われる。従って、私としては、極めて不自然な読解であることを認めつつも、「譬喩品」第九九偈〔295〕前半には〝真の菩薩〟と〝聞法する声聞〟（実は菩薩）という二種の〝菩薩〟が並置されているという解釈を示しておきたい。

すでに述べたように、"sarve"は、その両者を指すと考えられるから、当然のこととして、偈の後半の"bahubodhisattvān”という語も、その両者を意味すると見るのである。つまり、その“bahubodhisattvān”とは〝実は菩薩〟である〝仮りの声聞〟を含んだ意味での〝菩薩〟を意味すると考えるのである。勿論、第九九偈〔295〕前半に関して、(187)に示された常識的な読解に従ったとしても、その偈で“ye bodhisattvās”＝“bahubodhisattvān”は、〝聞法する声聞〟＝〝実は菩薩〟を含んだ意味での〝菩薩〟を意味しているのである。

しかるに、この点で興味深いのは、『妙法華』〔297〕の「雖以方便、所化衆生、皆是菩薩」という訳文である。これは〝方便によって導かれる衆生たちは、すべて菩薩である〟という意味であろう。この訳文は、直訳ではないが、第九九偈〔295〕後半の趣旨を明示していると思われる。即ち、〝三車〟によって息子たちを誘い出した長者の〝方便〟のことを考えれば、誘い出された衆生は、その全員が長者の息子、つまり、〝仏子〟＝〝菩薩〟なのである。〝真の声聞〟と考えられる「火宅」に取り残された大多数の衆生たちに対しては、三車を示して誘い出すという方便さえも、設けられなかったのである。従って、注意すべきは、「譬喩品」第九九偈〔295〕に言及される“bahu-bodhisattva”「多くの菩薩たち」というのは、シャーリプトラ等の〝仮りの声聞〟＝〝実は菩薩〟も含むものではあるが、彼等は「火宅」から救出された長者の息子たちに喩えられる存在であって、「火宅」に取り残された〝真の声聞〟たちをも含めた〝一切衆生〟では決してないという点である。つまり、次の通りである。

bahu-bodhisattva ≠ sarva-sattva

従って、苅谷博士が「多くのぼさつ」と訳された[291]「方便品」第八八偈の“samādapentā bahubodhisattvān”と「方便品」第一二二偈の“samādapemo bahubodhisattvān”[292]に用いられる“bahu-bodhisattva”は、決して〝一切衆生〟ではないから、博士が(95)(96)で『法華経』の根本的立場であると主張された「一切衆生皆悉ぼさつ」というテーゼ[293]は、成立しないように思われる。

なお、「譬喩品」の第九九偈〔295〕の“sarve”「すべて」も、第八五偈〔283〕と第九一偈〔286〕の“sarvi”「すべて」も、〝一切衆生〟を意味するのではなく、〝すべての菩薩たち〟、つまり、“bahu-bodhisattva”を意味していると考えられる。従って、いかに“sarva”「一切」という語が用いられようとも、「譬喩品」偈の思想的立場は、「譬喩品」散文部分のそれと同様、〃菩薩だけが成仏できる〃という〃一分不成仏説〃であることに、何等変りはないのである。

さて、前掲の「譬喩品」第九五偈〔292〕の後には、“sthāpetvupāyaṃ”(K, 91,8)「方便(upāya)を除けば」、“nāstīha yānaṃ dvitiyaṃ kahiṃcit”(K, 91,7)「ここには、どこにも、第二の乗(yāna)はない」と説く第九六偈が置かれるのであるが、苅谷博士は、これについて、

(188)すでに偈〔96〕において「譬喩品」全体のみならず、「方便品」から始まった〈一仏乗〉開顕の一つの結文ともいうべきものが示されている以上、その後には、何も述べる必要性が認められないであろう。さらに、偈〔97〕以後を後分とすることについては、『正法華』からも一つの支持を得ることができるのである。(『一仏乗』二四九頁四—六行)

と述べられ、第九七偈以降、末偈の第一四九偈までを、「後分」、つまり、後代の付加であると主張されている。しかし、私見によれば、すでに見たように、第九五偈〔292〕と第九九偈〔295〕は、その趣旨も表現もよく一致している。従って、私は、後出(189)における苅谷博士の表現をそのまま用いれば、「偈〔96〕と〔97〕との間に思想的断層」を認めることはできないのであるが、博士は、『正法華』において、第九六偈に対応する訳文の後に、梵本にも『妙法華』にも対応しない、次のような偈が置かれていることを、第九六偈よりも後の部分を後代の付加であると見る理由として挙げられている。

〔298〕稍稍誘進、従微至大、先現声聞、縁覚之証、適徳三界、欲捨之去。
然後便示、菩薩大道、仏恩普潤、譬如良田、随其所種、各得其類、
種者所植、非地増減。仏亦如是、一切普等、常示大道、取者増減。(『正法華』七八上二五—中二)

即ち、苅谷博士は、右の偈について、次のように主張されるのである。

(189)この文の後は、再び現行梵本の偈〔97〕以下と相応しているのであって、この部分だけが他には全く存しないの

である。しかも、その内容は、明らかに本来の法華〈一仏乗〉思想とは異質の二乗方便説であり、中期大乗仏教的な『法華経』解釈であって、これが『法華経』本来の文であるとは到底考えられない。これは恐らく中期大乗仏教時代になってからの挿入か、もしくは中国における『正法華』訳出者、乃至はその後のものの手になる注釈的文章の編入であると考えられる。それはともかくとして、このような文が現行の偈〔96〕と〔97〕の間に相当するところに存するということ自体に、ここでは注目すべきであろう。これは『正法華』、もしくはその訳者にあっても、我々と同様、偈〔96〕と〔97〕との間に思想的断層を見ていたことの証左であると言えるのである。

（『一仏乗』二四九頁一二—一七行）〔傍線＝松本〕

まず、ここで博士は「本来の法華〈一仏乗〉思想とは異質の二乗方便説」と言われるが、このうち「本来の法華〈一仏乗〉思想」というのが、「方便品」散文部分の思想を意味しているとすれば、それを〝三乗方便説〟と見ることは妥当であろうが、「譬喩品」偈の思想的立場が、本来、「牛」がつながれていなかった〝賜与の一車〟に「牛」をつなぎ、これを「牛車」と規定した点で、〝三車説〟であり、〝二乗方便説〟であることは、すでに論証した通りである。従って、『正法華』〔298〕の「先（pūrvam）現声聞、縁覚之証……然後（paścāt）便示菩薩大道」で述べられた〝時間の二分法〟にもとづく〝二乗方便説〟が「譬喩品」偈の思想的立場と異質であるとは考えられず、むしろ、それを明示するものと考えられる。しかし、この〔298〕に対応するものが、いかなる梵語写本にも欠けていることを考慮するならば、〔298〕を「中国における『正法華』訳出者、乃至はその後のものの手になる注釈的文章の編入である」と見ることは、大いにあり得るであろう。『正法華』には、このような「注釈的文章の編入」は、度々見られると思われるからである。(294)

そこで、〔298〕の内容を見てみると、これは、『正法華』では直前に出る「善権」（七八上五）、つまり、“upāya” [III, v.96d] という語を説明する文章と思われるが、その前半には確かに〝二乗方便説〟が説かれており、後半の「譬如」以下に「薬草喩品」〔569〕で説かれる「雲雨譬喩」に類似した「地」と「種」に関する譬喩が説かれている。即ち、

「地」は増減なく、単一で平等であるが、草木は各自の“bīja”「種」に従って、「各得其類」、つまり、各々がそれ自身の“jāti”「類」を得るというのである。これは、明らかな〝三乗各別説〟であり、末尾の「仏亦如是、一切普等、常示大道、取者増減」は、〝「仏」は「地」と同様に平等であり、常に「大道」を説いているが、それを受け取るものには増減がある。つまり、受け取るものと受け取らないものがいる〟という〝三乗各別説〟〝一分不成仏説〟を説くものであろう。その点では、これは『妙法華』で「譬喩品」散文部分末尾に置かれた〔258〕の「能与一切衆生、大乗之法、但不尽能受」という文章と、趣旨が一致していると考えられる。

しかるに、苅谷博士の⑱⑨にもどれば、『正法華』で第九六偈に対応する部分の後に、〔298〕が注釈的文章として編入されたことが事実であるとしても、何故そこから「『正法華』、もしくはその訳者にあっても、……偈〔96〕と〔97〕との間に思想的断層を見ていたことの証左であると言える」という結論が導き出されるのか、私には理解できないのである。仮りにも、「思想的断層」ということを問題にするならば、第九六偈以前と第九七偈以後における思想的な相違が明確に指摘されなければならないと思われるが、苅谷博士は、第九七偈以後の所説について、殆んど論及されていないのである。ただし、僅かに第一一一偈〔22〕、第一三六偈〔19〕、第一四九偈〔309〕の内容を問題とされ、そこに述べられる〝『法華経』は菩薩だけに説け、非菩薩には説くな〟という説に関して、

⑲⓪このように唱導の相手を選別することは、「一切衆生皆悉ぼさつ」と主張する法華〈一仏乗〉の立場に反することは言うまでもなかろう。（『一仏乗』二六三頁、註〔127〕）

と言われるのである。しかし、すでに述べたように、私見によれば、「譬喩品」偈の思想的立場は、〝三車説〟〝二乗方便説〟〝三乗各別説〟、そして〝大乗〟と〝小乗〟の対立を明確に二項対立的な優劣として把える〝大乗主義〟であると考えられるから、以上の三偈（第一一一偈・第一三六偈・第一四九偈）の所説は、第九六偈以前の所説と何等変るところはない。従って、私としては、「譬喩品」の第九六偈以前と第九七偈以後との間に、「思想的断層」を認めることはできないし、第九七偈以後を「後分」、つまり、後代の付加であると見ることもできないのである。

そこで、以上の私見の妥当性を確認するためにも、以下に「譬喩品」第九七偈以後の内容を一瞥しておきたい。まず、その第九七偈とは、次の通りである。

〔299〕putrā mama yūyam ahaṃ pitā vo mayā ca niṣkāsita yūya duḥkhāt /
paridahyamānā bahukalpakoṭyas traidhātukāto bhayabhairavātaḥ // [III, v.97]（K, 91,9-10）

〔300〕仏則於彼、諸仁者父、我常観省、衆庶苦悩、
無数億劫、而見焼煮、三界之中、恐畏之難。（『正法華』七八中一一—一五）

〔301〕告舎利弗、汝諸人等、皆是吾子、我則是父、
汝等累劫、衆苦所焼、我皆済抜、令出三界。（『妙法華』一五上一五—一八）

⒆あなたたち（yūyam）は、私の息子（putra）たちであり、私は、あなたたちの父（pitṛ）である。私はあなたたちを、苦（duḥkha）から脱出させた。幾コーティもの多くの劫（kalpa）の間、焼かれている（paridahyamāna）あなたたちを、恐怖によって怖ろしい三界から。

ここには、「譬喩品」第九六偈以前と異質な思想は全く説かれていないと思われる。ここに述べられるのは、仏陀が、自分の息子（putra）たち、つまり、〝仏子〟＝〝菩薩〟〔だけ〕を三界から脱出させたということであり、ここに言われる“putrā”「息子たち」というのは、「譬喩品」第九三偈後半〔289〕に説かれる“buddhaputrāḥ”「仏子たち」と同義なのである。それ故、結論として言えば、「譬喩品」の末尾に散文部分の後に置かれる一連の偈について、布施博士が㉞で第一〇五偈以後を「後世の挿入」と見なしたのに対し、新たに八つの偈（III, vv.97-104）を加えて、第九七偈以降の諸偈を後代の付加であると主張された苅谷博士の説に賛同することはできないのである。

では、「譬喩品」第一〇五偈以後を「後世の挿入」と断ずる布施博士の説の根拠とはどのようなものであろうか。これについては、すでに㉞を引用して若干論及したが、ここで再度、布施説を詳しく引用して、それについて検討しよう。博士は、次のように言われるのである。

(192)以上の他、偈頌には第一〇五頌より末頌迄、四十五頌に及ぶ流通分がある。説法の用意と謗法罪を説けるもので、長行には其片影も無い。此の四十五頌は長行に無きのみならず、方便品、譬喩品が力説する開会思想にも矛盾するやうに思はれる節がある。例せば、

斯法華経　為㆓深智㆒説　浅識聞㆑之
迷惑不㆑解　一切声聞　及辟支仏
於㆓此経中㆒　力所㆑不㆑及

と説く如きで、梵本では第一〇九頌に相当する。且つ妙法華に依れば、此の部の偈頌に「法華経」なる語が二回出てゐて、如何にも尤もらしいが、梵本には一回も見えず、只、sūtra, varasūtra 等と記すのみである。察するに是等偈頌は後世の挿入であらう。と言ふのは、譬喩品には一品流行の跡がある、支謙の伝訳に「仏以三車喚子経一巻」のありしを伝へるのが其れであつて、一品流行の譬喩品中にあつた流通分の偈頌が、後には大本中の譬喩品に附加さるるに至りし為、右の如き不始末を生じたものと思ふ。（『成立史』二八頁一一行―二九頁八行）

〔傍線＝松本〕

これについて、まず布施博士が「譬喩品」第一〇五偈以下を「流通分」と呼ばれたことについて、苅谷博士は、『法華文句』が第一〇五偈以降を「勧信流通」と呼んだことに依るのであろうと指摘された。[295] 確かに『法華文句』には、

〔302〕「汝舎利弗、我此法印」下、六十五行偈、勧信流通。（大正三四、七八下二七―二八）

と述べられているのである。では、その第一〇五偈とはどのようなものかと言えば、それは次の通りである。

〔303〕iya śāriputra mama dharmamudrā yā paścakāle mama adya bhāṣitā /
hitāya lokasya sadevakasya diśāsu vidiśāsu ca deśayasva // [III, v.105]（K, 92,13-14）

〔304〕告舎利弗、是吾法印、是仏最後、微妙善説、

愍傷諸天、及於世間、在所遊処、常能独行。（『正法華』七八中二四―二六）
〔305〕汝舎利弗、我此法印、為欲利益、世間故説。在所遊方、勿妄宣伝。（『妙法華』一五中七―九）
⑲シャーリプトラよ、最後の時に、今（adya）、私によって説かれたもの、これが私の法印（dharma-mudrā）である。天を含む世間の利益のために、あなたは、〔それを〕四方八方に説示しなさい。

ここには、確かに『法華経』を説き弘めることが勧められているから、第一〇五偈以下を「流通分」と見なすことは可能であろう。しかし、私は、この第一〇五偈以下を、「流通分」であるからといって「後世の挿入」であるとは考えないのである。布施博士は、この「説法の用意と謗法罪」を説く「流通分」の内容が「長行には其片影も無い」と言われるが、散文部分（長行）には「其片影も無い」という理由で、この「流通分」を付加・挿入と見なすのは、博士が、「譬喩品」散文部分はすでに存在していた「譬喩品」偈にもとづいて作成されたと解されるからに他ならない。つまり、「譬喩品」散文部分の成立に先行して存在していた「譬喩品」偈に第一〇五偈以下の「流通分」も含まれていたとすれば、「譬喩品」散文部分には、この第一〇五偈以下の「流通分」に対応する経文も存在していた筈だというのである。しかし、すでに繰返し論証しているように、「方便品」「譬喩品」を含む所謂「第一類」において、散文部分の成立よりも偈の部分の成立の方が古いという布施博士の見解は、根本的な誤解であると考えられる。従って、「長行には其片影も無い」というのは、第一〇五偈以下の「流通分」を「後世の挿入」と判断する根拠にはならないであろう。

次に、布施博士は、⑲でこの第一〇五偈以下の「流通分」について、「方便品、譬喩品が力説する開会思想にも矛盾するやうに思はれる節がある」と言われるが、これは不明確な論法であると思われる。というのも、「方便品、譬喩品が力説する開会思想」とは何かが、ここに全く示されていないからである。おそらく布施博士は、伝統的な理解にもとづき、「方便品、譬喩品が力説する開会思想」を〝一切衆生はすべて成仏できる〟という〝一切皆成〟を説くものと見なされ、問題になっている「譬喩品」第一〇五偈以下の「流通分」には、明らかに〝一分不成仏説〟が認められるので、この点を「矛盾する」と表現されたのであろう。しかし、「方便品」散文部分は〝一乗真実説〟を説くと思われるにもかかわらず、「譬喩品」散文部分には〝菩薩だけが成仏できる〟という〝一分不成仏説〟〝三乗各別説〟〝大乗主義〟が説かれ、更に「譬喩品」の偈に至ると、この〝大乗主義〟は〝三車説〟〝二乗方便説〟の成立にともなって、〝大乗対小乗〟〝菩薩対非菩薩（声聞）〟という明確に二項対立的な図式に発展することは、すでに繰返し論証した通りである。従って、「譬喩品」第一〇五偈以下の「流通分」に、〝『法華経』は菩薩だけに説け、非菩薩には説くな〟〝菩薩だけが成仏できる〟という趣旨が述べられていたとしても、それは、「譬喩品」第一〇四偈以前の所説、及び、「譬喩品」散文部分の所説と、何等矛盾するものではないのである。

そこで、この点を更に明示するために、布施博士が⑲で引用された『妙法華』の偈に対応する「譬喩品」第一〇九偈の梵語テキスト等を、次に掲げることにしよう。

〔306〕sūtraṃ imaṃ bālajanapramohanam abhijñajñānāna mi etu bhāṣitam /
viṣayo hi naivāstiha śrāvakāṇām pratyekabuddhāna gatir na cātra // [III, v.109]（K, 93,7-8）[296]

〔307〕頑騃闇夫、不肯篤信、若説此経、諸得神通。
諸声聞党、非其所逮、縁覚之乗、亦不能了。（『正法華』七八下七―一〇）

〔308〕斯法華経、為深智説、浅識聞之、迷惑不解。
一切声聞、及辟支仏、於此経中、力所不及。（『妙法華』一五中一四―一六）

⑭この経（sūtra）は、愚者（bāla）の人々を迷わせるものである。神通の知あるものたちに、私によって、これは説かれた。というのも、ここには、声聞（śrāvaka）たちの〔理解の〕対象（viṣaya）はないし、独覚（pratyekabuddha）たちの理解が及ぶこと（gati）もないのである。

ここに述べられるのは〝『法華経』は、愚者である声聞・独覚の理解の及ぶものではないから、菩薩だけに説け〟ということであろう。すると、声聞・独覚には『法華経』は説かれないから、彼等、〝非菩薩〟は成仏できないという〝一分不成仏説〟が、ここに説かれていると考えられる。これは、すでに見た「譬喩品」第一三六偈・第一三七偈〔19〕、及び第一一一偈〔22〕の所説と全く趣旨が一致しているし、“adhimāna-prāpta”「増上慢を得た」“bāla”「愚者たち」は『法華経』を“kṣipe”「誹謗するであろう」と説く「方便品」第三四偈〔25〕とも、趣旨は矛盾しない。というのも、これらの偈に出る“bāla”「愚者」という語は、すべて〝非菩薩〟である〝声聞〟と〝独覚〟、または端的に〝声聞〟を指すからである。勿論、ここで〝声聞〟というのは〝実は菩薩〟である〝仮りの声聞〟のことではなく、〝真の声聞〟を指している。従って、「譬喩品」第一〇九偈〔306〕の内容は、「方便品」偈の所説とも、第一〇四偈以前の「譬喩品」偈の所説とも、完全に一致しているのである。

すでに示したように、布施博士が「流通分」と呼ばれた「譬喩品」第一〇五偈―第一四九偈（末偈）は、㈠序論（vv.105-110）、㈡謗法の罪報の説明（vv.111-135）〔B部分〕、㈢結論（vv.136-149）から成っているが、そのうちの㈡の「B部分」、つまり、⑰にその書き下し文が全て示された部分には、『法華経』を誹謗する〝非菩薩〟が阿鼻地獄に落ちた後、いかに苛酷な報いを受けるかが多くの身体差別的な用語を用いて、くどい程克明に描かれている。このような差別的性格をもつ「B部分」を読んで、多くの読者が、果してこれが〝一切皆成〟を説くと考えられている『法華経』の経文であろうかという疑問を抱いたとしても不思議ではないであろう。従って、この「B部分」を中心とする「流通分」の所説を布施博士が、⑲で「方便品、譬喩品が力説する開会思想にも矛盾する」と述べられたことも、また、苅谷博士が「流通分」中の第一一一偈〔22〕、第一三六偈〔19〕、第一四九偈〔309〕について、⑲で「このように唱導の相手を選別することは、……法華〈一仏乗〉の立場に反する」と言われたことも、よく理解できるのである。

しかし、「譬喩品」偈の「流通分」中の「B部分」（III, vv.111-135）は、すでに示した「真の声聞に関する表現」のリストに挙げられた「譬喩品」偈の「A部分」（III, vv.42-61）や「方便品」第六二偈後半―第六七偈とその趣旨が一致するものと考えられる。つまり、いずれも〝菩薩だけが成仏できる〟という〝一分不成仏説〟〝三乗各別説〟〝大乗主義〟を説いているのである。従って、「譬喩品」偈の「流通分」（III, vv.105-149）を、「方便品、譬喩品が力説する開会思想にも矛盾する」という理由で、「後世の挿入」と見なされた布施博士の見解は、適切ではないであろう。

次に、布施博士は、⑫で「一品流行の跡」があると言われ、更に「一品流行の譬喩品中にあった流通分の偈頌が、後には大本中の譬喩品に附加さるるに至りし為」と述べられるのであるが、これは憶測に憶測を重ねるものであって、何故「譬喩品」偈の末尾に元来、「流通分」として第一〇五偈―第一四九偈が存在したと見てはならないのか、私には理解できないのである。博士は、「右の如き不始末」と言われるが、問題の「流通分」の思想的立場が、〝菩薩だけが成仏できる〟という〝一分不成仏説〟であるという点で、第一〇四偈以前の立場と一致する以上、第一〇五偈以下の「流通分」を、「一品流行の譬喩品中にあった流通分の偈頌」からもたらされたと見なす必要はないであろう。

では、最後に、苅谷博士が⑩で、「流通分」中の第一一一偈・第一三六偈と同様に、「唱導の相手を選別する」ものと見なされた第一四九偈、つまり、「譬喩品」の最終偈の内容を見ておくことにしよう。それは次のようなものである。

〔309〕pūrṇam pi kalpam ahu śāriputra vadeyam ākārasahasrakoṭyaḥ /
ye prasthitā uttamam agrabodhiṃ teṣāgrataḥ sūtram idaṃ vadesi // [III, v.149]（K, 99,5-6）
〔310〕告舎利弗、仏満一劫、挙喩億千、分別解説、設有願発、上尊仏道、当以斯経、宣暢布散。（『正法華』七九下二七―二九）
〔311〕告舎利弗、我説是相、求仏道者、窮劫不尽、如是等人、則能信解、汝当為説、妙法華経。（『妙法華』一六中四―六）
⑮シャーリプトラよ、誰であれ、最高の（uttama）最勝の（agra）菩提（bodhi）を求めて発趣したもの（prasthita）たち、彼等の幾千コーティもの姿（ākāra）を、私が語るとしたら、一劫が満ちるほどにもなるであろう。彼等の前で、この経（sūtra）を語れ。
ここで、「最高の最勝の菩提を求めて発趣したもの」が〝菩薩〟を意味していることは、言うまでもない。苅谷博

士もまた、この第一四九偈後半の訳文に、括弧で「菩薩」の語を補われているのである。[297] 従って、ここでも〝『法華経』は菩薩だけに説け〟〝菩薩だけが成仏できる〟という〝一分不成仏説〟〝大乗主義〟が説かれていることは明らかであろう。

以上で、「譬喩品」の偈の部分に関する若干の考察を終了したい。そこに説かれていたのは、まず〝賜与の一車〟を「牛の車」と規定する〝三車説〟である。〝三車説〟は〝声聞乗〟〝独覚乗〟の二乗は方便であるとする〝二乗方便説〟ともなるが、二乗の内〝独覚〟については、散文部分〔246〕ⓒとは異なり、その教義も示されていないので、〝独覚〟は殆んど実体のない存在とされている。すると、この〝三車説〟〝二乗方便説〟は、実質的には、〝大乗（菩薩）は真実であり、優れているが、小乗（声聞）は方便であり、劣っている〟とする二項対立的な図式に発展する。従って、『法華経』を聞くこともなく、それ故、永久に成仏することもできない〝非菩薩〟である〝声聞〟、つまり、〝真の声聞〟に対し、仮借のない苛酷な非難と侮蔑の言葉が浴びせかけられることになる。それを示しているのが、『法華経』を誹謗するものが受ける罪報を多くの身体差別的用語を用いて説く「B部分」（III, vv.111-135）と、「火宅」に取り残された大多数の衆生たちを描く「A部分」（III, vv.42-61）であるが、このうち「A部分」では、仏子（菩薩）ではない〝非菩薩〟である〝声聞〟、つまり、〝真の声聞〟たちが、おぞましい鳥獣・蛇蝎・悪鬼の群れとして描かれるのである。

『法華経』を聞こうとせず、『法華経』を誹謗する〝真の声聞〟を、不快な鳥獣や蛇蝎や悪鬼等に喩える描写のすさまじさには唖然とするが、しかし、これが差別的な〝大乗主義〟の必然的な帰結なのである。即ち、〝大乗主義〟の差別的性格は、大乗仏教の発展とともに、その後、益々増幅され、『涅槃経』において、永久に成仏できない衆生としての“icchantika”「一闡提」の観念を産むことになる。この「一闡提」というのは、勿論、〝非菩薩〟であるが、法顕訳『大般泥洹経』の「問菩薩品」では、彼等は「生盲」（大正一二、八九三中三）であるとか、「毒蛇」（同、八九三中二三）であるとか言われている。しかるに、「毒蛇」は「譬喩品」偈の「A部分」中に“āśīviṣa”（III, v.43）、 "gonasaka"（III, v.47）として出ており、「盲」は「B部分」に"andha"（III, v.132）として出ているのである。「問菩薩品」中の「一闡提」の説明と「譬喩品」偈の「A部分」「B部分」の所説との間に直接の影響関係を認めることができるかどうかは明らかではないが、両者は〝永久に成仏できない非菩薩〟を「盲」「毒蛇」と呼んで、厳しく非難する点では、一致しているのである。

最後に、繰返して言えば、「譬喩品」末尾の偈のうち、第九七偈以降の偈を「後分」であるとする苅谷博士の説、及び第一〇五偈以降の「流通分」を「後世の挿入」であるとする布施博士の説については、そのいずれも成立しないと考えられる。

では、次に「方便品」の偈の内容を検討することにしたい。

第八章　「方便品」偈の考察（一）

「方便品」第一段の偈である第一偈から第二一偈のうち、第七偈まではśloka の韻律で書かれ、第八偈以降はtriṣṭubh の韻律で作られている。すでに㉔で見たように、辛嶋氏は、「方便品」から「人記品」までの八章を第一類と見なし、そのうちのtriṣṭubh の部分を第一期、śloka と散文部分を第二期と見る説を提出されている。ということは、「方便品」の偈についても、triṣṭubh の部分が古く、śloka の部分は新しいということになるが、このような辛嶋氏の説が成立するか否かをも含めて、「方便品」第一段の偈について考察したい。

まず、第一偈は、次の通りである。

〔312〕 aprameyā mahāvīrā loke samarumānuṣe /
　na śakyaṃ sarvaśó jñātuṃ sarvasattvair vināyakāḥ // [II, v.1]（K, 30,9-10）

〔313〕 世雄不可量、諸天世間人、一切衆生類、焉能知導師。（『正法華』六八上一四―一五）

〔314〕 世雄不可量、諸天及世人、一切衆生類、無能知仏者。（『妙法華』五下一五―一六）

⑯神々と人間を含む世間（loka）において、大いなる勇者（mahāvīra）〔仏陀〕たちは、不可知（aprameya）である。一切衆生（sarva-sattva）は、導師（vināyaka）たちを、全く知ることはできない（na śakyam）。

まず、ここには「方便品」散文部分〔59〕の所説からの大きな相違が認められることに注目したい。即ち、冒頭に用いられている“aprameya”という語は、何を意味するのであろうか。この語は、一般に「無量」「不可量」等と漢訳され、『正法華』〔313〕と『妙法華』〔314〕でも「不可量」と訳されているが、このような漢訳は、“pra√mā”という動詞語根を“to measure”「量る」を意味すると見るところから生じたものであろう。論理学の用語として知られる“pramāṇa”を「量」と漢訳するのも、このような理解にもとづくと思われるが、しかし、辞書に明らかな通り、“pra√mā”には“to know”[298]「知る」という意味もあるのである。

では、この「方便品」第一偈〔312〕において“aprameya”とは、「量ることができない」、つまり、“immeasurable”“innumerable”[299]を意味するのか、それとも「知ることができない」“unknowable”を意味するのかと言えば、後者であることは明らかであろう。というのも、この第一偈後半では、その前半と同様に、〝諸仏〟(mahāvīrāḥ, vināyakāḥ)を主語として、“na śakyaṃ sarvaśo jñātuṃ”「全く知ることはできない」と述べられるからである。

しかし、〝諸仏は不可知(aprameya, na śakyaṃ … jñātuṃ)である〟というこの第一偈に説かれるメッセージは、「方便品」散文部分の冒頭部分にある〔59〕に説かれる所説と大きく異なっていることは、明らかである。何故ならば、そこでは“buddha-jñāna”「仏智」は“durvijñeya”「難知」であると言われたからである。即ち、第一偈〔312〕よりも散文部分〔59〕の方が先に成立したと見る私見によれば、主語が「仏智」から〝諸仏〟に変えられ、述語が「難知」から「不可知」に変えられたということになるのである。

では、何故このような変更がなされたのであろうか。それは、何等かの崇敬されるべき対象に対して、それを神秘化する傾向が強まったためであろう。このような神秘化の傾向は、いかなる大乗仏典に関しても、その発展・増広の細部に注目するならば、容易に看取される筈である。従って、〝xは難知である〟から〝xは不可知である〟への変更は、この神秘化の傾向を物語るものとして容易に理解できるが、〝xは不可知である〟から〝xは難知である〟への変化は、実際には起り得ない不自然なものと考えられる。それ故、この点からも、「方便品」散文部分がまず先に成立し、その後、「方便品」の偈が成立したという私見の妥当性が確認されるであろう。

また、「難知」「不可知」の主語であるxが、「仏智」から〝諸仏〟に変更されたことについても、同じ神秘化の傾向を指摘することができる。即ち、勝呂博士は⑨で、一般的に見て、『法華経』は長行よりも偈の方に、仏陀の人格に対する帰依・讃仰の念が一層鮮明に表明されている。これは、偈が教団の上層部の指導者に対するものであるよりも一般信者向けのものであるということができよう。

という極めて重要な指摘をされたのであるが、仏陀の智慧を知的に理解しようとするよりも、仏陀そのもの、あるいは、仏陀の人格を熱烈に讃仰しようとする「一般信者」には、ヒンドゥー教的な神秘的傾向を認めることができるであろう。つまり、敢て言えば、『法華経』の偈に説かれるのは、一般民衆のヒンドゥー教的世界なのである。

ただし、「方便品」第一段の偈において、triṣṭubh で書かれた第八偈―第二一偈においては、後に〔327〕で見るように、「不可知」の主語が〝諸仏〟ではなく「仏智」とされていることは、注意しておきたい。

また、「方便品」第一偈〔312〕で〝諸仏は不可知である〟と言われるとき、〝諸仏〟を〝知ることができない〟主体は、"sarva-sattva"「一切衆生」であると述べられている。つまり、この"sarva-sattva"は、「方便品」散文部分〔59〕の"sarva-śrāvaka-pratyekabuddha"「一切の声聞と独覚」を変更したものであって、〔59〕の"sarva-śrāvaka-pratyekabuddhaiḥ"が〔312〕の"sarvasattvair"に変えられたことは明らかであろう。即ち、単に〝声聞と独覚のすべてが知ることができない〟というのではなく、〝一切衆生は知ることはできない〟と述べられたのであるが、これも神秘化の傾向の強化を物語るものであって、xを知ることのできる可能性を〝一切衆生〟から完全に排除することによって、xがより神秘的なものに仕立て上げられているのである。

更に「方便品」第一偈〔312〕冒頭において、〝諸仏〟が"mahāvīra"「大いなる勇者」と呼ばれたことについても、批判的な理解が必要であろう。即ち、仏陀を"mahāvīra"と呼ぶこと自体は、原始仏典に例がないわけではないが[300]、しかし、この呼称は「如来十号」にも含まれておらず、また、そもそも仏陀を「大いなる勇者」〝偉大な英雄〟と呼ぶこと自体に、極めて通俗的な雰囲気が感じられる。この種の表現を、一般大衆への迎合とまで言い切ることはできないかもしれないが、しかし、私は、すでに述べたのと同様のヒンドゥー教的な傾向を、この第一偈の"mahāvīra"

という表現に認めざるを得ないのである。実際、この"mahāvīra"という語は、『法華経』の偈においては十一回も使用されているが、その散文部分には全く用いられていないということが、索引によって知られるのである[301]。

以上、「方便品」散文部分〔59〕の趣旨は、そのままの形では「方便品」第一偈〔312〕には述べられていないこと、つまり、重大な変更がなされていることが明らかになったであろうが、しかし、二つの漢訳は、〔59〕と〔312〕の両者の趣旨を同一なものと見なし、むしろ、第一偈〔312〕の趣旨を散文部分〔59〕の翻訳に持ち込もうとしていると考えられる。即ち、それを物語るものが、『正法華』〔60〕の「不可及知」と『妙法華』〔61〕の「所不能知」という訳語なのであって、〔59〕の原文には対応を欠くこれらの訳語は、第一偈〔312〕の"aprameya"「不可知」という語の意味を、〔60〕〔61〕の訳文の中に持ち込んだものに他ならない。

この点は、『妙法華』〔61〕の「諸仏智慧、甚深無量」の「無量」も同様であって、これも第一偈〔312〕の"aprameya"の訳語を〔61〕の中に持ち込んだものと考えられる。第一偈〔312〕の"aprameya"は『妙法華』〔314〕では「不可量」と訳されていたが、〔61〕では「不可量」とせずに「無量」としたのは、単に「甚深無量」という四字より成る一句を形成したかったからに過ぎないであろう。

以上で「方便品」第一偈に関する考察を終り、次に「方便品」第二偈—第五偈について考察するため、そのテキスト等を以下に示すことにしよう。

〔315〕balā vimokṣā[302] ye teṣāṃ vaiśāradyāś ca yādṛśāḥ /
yādṛśā buddhadharmāś ca na śakyaṃ jñātu kenacit // [II, v.2]
pūrve niṣevitā caryā buddhakoṭīna antike /
gambhīrāś[303] caiva sūkṣmāś[304] ca durvijñeyāḥ[305] sudurdṛśāḥ[306] // [II, v.3]
tasyāṃ cīrṇāya caryāyāṃ kalpakoṭyo acintiyā /
phalaṃ me bodhimaṇḍasmin dṛṣṭaṃ yādṛśakaṃ hi tat / [II, v.4]

aham ca tat prajānāmi ye cānye lokanāyakāḥ /
yathā yad yādṛśaṃ cāpi lakṣaṇaṃ cāsya yādṛśam / [II, v.5]（K, 30,11-31,2）

〔316〕離垢解脱門、寂然無所畏、如諸仏法貌、莫有逮及者。〔第二偈〕[307]
本従億諸仏、依因而造行、入於深妙誼、所現不可及。〔第三偈〕
於無央数劫、而学仏道業、果応至道場、猶如行慈愍。〔第四偈〕
使我獲斯慧、如十方諸仏、諸相普具足、衆好亦如是。〔第五偈〕（『正法華』六八上一六—二三）

〔317〕仏力無所畏、解脱諸三昧、及仏諸余法、無能測量者。〔第二偈〕
本従無数仏、具足行諸道、甚深微妙法、難見難可了。〔第三偈〕
於無量億劫、行此諸道已、道場得成果、我已悉知見。〔第四偈〕
如是大果報、種種性相義、我及十方仏、乃能知是事。〔第五偈〕（『妙法華』五下一七—二四）

⑲⁷彼等〔諸仏〕の〔十〕力と解脱と〔四〕無所畏〔A〕が、何であるか、どの様なものであるか、また、仏陀の諸法（buddha-dharma）〔A〕が、どの様なものであるか、誰も知ることはできない。〔第二偈〕
幾コーティもの仏陀のもとで、過去〔世〕に、行（caryā）が、修された（niṣevita）。〔それらの仏陀の諸法は[308]〕〔A〕甚深（gambhīra）であり、微細（sūkṣma）であり、難知（durvijñeya）であり、極めて難見（su-durdṛśa）である。〔第三偈〕
不可思議（acintiya）な劫（kalpa）の間、その行（caryā）が行じられたが（cīrṇa）、〔その〕果（phala）〔A〕が、私によって、菩提の座（bodhi-maṇḍa）において見られた。それ（tat）〔A〕がどの様なものであるか、〔第四偈〕
私（aham）は、それ（tat）〔A〕を知っている。また、他の世間の導師（loka-nāyaka）たちも〔それを知っている〕。〔それが〕どの様にあり、何であり、どの様なものであるか、また、それの相（lakṣaṇa）は、どの様なものであるかを。〔第五偈〕

まず、「方便品」第一偈〔312〕においては、〝諸仏〟が〝一切衆生が知ることができないもの〟であるとされていたのに対し、第二偈〔315〕においては「力」「解脱」「無所畏」等の"buddha-dharma"「仏陀の諸法」が〝誰も知ることができないもの〟であるとされており、〝不可知〟という述語の主語が〝諸仏〟ではなく、「仏陀の諸法」=〝仏陀によって悟られたもの〟〔A〕とされている点では、散文部分〔59〕、及び、特に〔64〕〔74〕の所説との一致が認められる。即ち、〔74〕には"bala""vimokṣa"等の〝仏法〟が言及され、〔64〕では、そのような〝仏法〟は、過去世で無数の諸仏に仕え、それらの諸仏のもとで、行を行じた結果であるという考え方が述べられているのである。しかし、第二偈でも述語の方は、相変らず、散文部分の〝難知〟ではなく〝不可知〟とされている点は同じである。つまり、第一偈で"na śakyaṃ sarvaśo jñātuṃ sarvasattvair"「一切衆生は、全く知ることはできない」と言われた〝不可知〟の立場が、第二偈でも"na śakyaṃ jñātu kenacit"「誰も知ることはできない」と明確に述べられているのである。

しかるに、第三偈では、散文部分の〔59〕と同様に、"gambhīra"「甚深」、"durvijñeya"「難知」、"durdṛśa"「難見」という語が用いられているので、ここでは〔59〕と同様に、〝仏陀によって悟られたもの〟〔A〕は〝不可知〟ではなく〝難知〟であるという立場が示されていると考えられるかもしれない。しかし、そのような見方は、必ずしも適切ではないのである。即ち、まず"gambhīra""durvijñeya""durdṛśa"という語が散文部分〔59〕に用いられていることは確かであり、「方便品」第三偈がこれらの語を意識し、それを採用して形成されていることは、明らかであろう。しかし、だからといって、その第三偈が〝「仏陀によって悟られたもの」〔A〕は「難知」である〟という立場を説いているということにはならないのである。というのも、〔59〕と第三偈との間には、表現において、重大な相違が少なくとも二つは存在するからである。その第一は、散文部分〔59〕で用いられた"durdṛśa"「難見」が第三偈では"su-durdṛśa"「極めて難見」となっていることである。"su-durdṛśa"は、『法華経』ではこの「方便品」第三偈に一回用いられるだけであるが、この語は『律蔵』「大品」〔62〕でも使用されているから、必ずしも新奇な言葉と言うことはできない。しかし、〔62〕では「縁起」を"duddasa, durdṛśa"「難見」と言い、「一切の諸行の寂止」等を"su-duddasa, su-durdṛśa" と述べているから、これはおそらく〝縁起〟を、縁起支の「生」を説く〝流転縁起〟と縁起支の「滅」を説く〝還滅縁起〟に分け、後者を前者よりも「更に難見」であるとしたものであろう。

しかし、「方便品」第三偈において、"su-durdṛśa" が、このような意味を表しているとは考えられない。「方便品」第一段に〝縁起〟を〝流転縁起〟と〝還滅縁起〟に分ける考え方は説かれていないからである。すると、第三偈で散文部分〔59〕にある "durdṛśa" ではなく "su-durdṛśa"「極めて難見」という語が用いられたのは、別の意図にもとづくものと見なければならない。言うまでもなく、それは、「難見」を〝不可見〟、つまり、〝不可知〟に近づけようとする意図であろう。つまり、第三偈の作者は、〔59〕で用いられた "gambhīra" "durvijñeya" "durdṛśa" という語を第三偈でも用いて、〝〔A〕は「難知」である〟という散文部分の立場に配慮を示しつつも、最後の形容詞である "durdṛśa" に "su-" を加えて "su-durdṛśa" とすることによって、〝〔A〕は「不可知」である〟という自らの立場を何とか表明しようとしたのである。

次に、第二の相違点は、「方便品」散文部分〔59〕には用いられていなかった "sūkṣma"「微細な」という語が第三偈に使用されている点である。これも、「仏陀によって悟られたもの」〔A〕は〝難知〟ではなく〝不可知〟であると述べるために加えられた語であろう。

"sūkṣma" は『妙法華』では一般に「微妙」と訳される。この語は、「方便品」第三偈でも、また、後に見る triṣṭubh 部分の第一八偈（〔345〕）でも、"gambhīra" とセットになって示されており、『妙法華』では、それをいずれにおいても「甚深微妙法」と訳している。これは、『妙法華』にとっては、「妙法蓮華経」という経題の「妙」とも関連する重要な訳語であるが、"sūkṣma" という言葉自体が、「方便品」散文部分には全く用いられていないのである。[309] 従って、「甚深微妙法」という理解を、「方便品」の散文部分に導入することはできないであろう。

"sūkṣma" を〔317〕で羅什は「微妙」と訳したが、この語を「妙」と訳すこと自体は、『正法華』〔316〕の「深妙」にも認められる。しかるに、「妙」という語は、伊藤隆寿博士によって詳しく論究されているように、[310] 中国では仏教導入以前から老荘思想において伝統ある語であり、〝不可知〟という意味合いを強くもっている。すると、この語が「方便品」第三偈の訳文中に用いられたことは、散文部分の〝難知〟の立場を〝不可知〟に変更しようとする意図にもとづくと見るべきであろう。[311]

次に、「方便品」第四偈についていえば、そこで用いられる“cīrṇa”が散文部分〔64〕で使用された“cīrṇa”にもとづいていることは明らかであり、第四偈は全体として、極めて長期間の修行の後に、その“phala”「果」として〔A〕が得られたと述べるものと思われる。しかるに、その第四偈に“acintiya”「不可思議」という語が用いられている。“acintiya”は第一偈の“aprameya”と殆んど同義であると思われるから、ここでも、“acintiya”は〔A〕が〝不可知〟であることを意味しているようにも見える。しかし、梵本の“acintiyā”が第三偈後半の“gambhīrāś”“sūkṣmāś”“durvijñeyāḥ”“sudurdṛśāḥ”と同様、第二偈後半の“buddhadharmāś”を形容しているとでも見ない限り、この解釈は成立しないであろう。しかるに、梵本、及び“bskal pa bye ba bsam yas su”(P, chu,15b1)というチベット訳、更に漢訳〔316〕の「於無央数劫」、〔317〕の「於無量億劫」も、すべて“acintiya”を“kalpa-koṭī”の形容詞と見なしていることは明らかである。従って、“acintiya”が〔A〕の〝不可知〟性を表しているという解釈は成立が困難であることは認めざるを得ない。しかし、たとえ“kalpa”「劫」の形容詞としてであっても、ここで“acintiya”「不可思議」という語が用いられたことは、やはり「方便品」第一偈・第二偈において、〔A〕が〝不可知〟とされたことと無関係ではないであろう。

最後に、〔315〕の第五偈は、所謂「諸法実相」を説く散文部分〔77〕の内容に対応しているが、〔77〕で「如来だけが一切法を知っている」というように「如来」が単数形で示されたため、第五偈でも「私は、それを知っている」というように、“aham”「私」という単数形が用いられたのであろう。ただし、散文部分でも、〔77〕よりも前の個所にある〔64〕〔68〕では「如来」が複数形で用いられていたので、それに呼応して、第五偈でも「他の世間の導師たちも」という表現が、いわば〝補足〟として、述べられたと考えられる。

では、次に「方便品」第六偈・第七偈のテキスト等を示して、それについて考察しよう。

〔318〕na tad darśayitum śakyam vyāhāro 'sya na vidyate /
nāpy asau tādṛśaḥ kaścit sattvo loke 'smi vidyate // [II, v.6]
yasya taṃ deśayed dharmaṃ deśitaṃ cāpi jāniyāt /
anyatra bodhisattvebhyo adhimuktīya[312] ye sthitāḥ // [II, v.7]（K, 31,3-6）

〔319〕其身不可見、亦無有言説、察諸群黎類、世間無与等。〔第六偈〕
若説経法時、有能分別解、其惟有菩薩、常履懐信楽。〔第七偈〕（『正法華』六八上二四—二七）

〔320〕是法不可示、言辞相寂滅、諸余衆生類、無有能得解。〔第六偈〕
除諸菩薩衆、信力堅固者。〔第七偈〕（『妙法華』五下二五—二七）

(198)それ（tat）[313]〔A〕は、説示することができない。これ〔A〕には言説（vyāhāra）が存在しない。〔第六偈前半〕
ある衆生（sattva）に、その法（dharma）〔A〕を説示すべきであるような、また、その法〔A〕が説示されたとしても、その法〔A〕を知ることができるような、そのような衆生は、この世間（loka）には、いかなるものも存在しない。信解（adhimukti）をもって立っている（sthita）菩薩（bodhisattva）たちを除いては。〔第六偈後半・第七偈〕

ここにも〝仏陀によって悟られたもの〟〔A〕は「一切衆生」にとって〝不可知〟であるという立場が、「その法を知ることができるような、そのような衆生は、……いかなるものも存在しない」という文章によって示されていると思われる。しかし、〔318〕の第六偈前半には、〝〔A〕は単に不可知であるばかりではなく、不可説、つまり、言葉では表現できないものでもある〟という説が述べられている点が、極めて注目される。この説の趣旨は、『妙法華』〔320〕の「是法不可示、言辞相寂滅[314]」という訳文によって明示されているが、このような説は、おそらく「方便品」散文部分〔77〕の“tathāgata eva … dharmān deśayed yān dharmāṃs tathāgato jānāti”「何であれ、如来が知っている諸法

〔A〕、その諸法を如来だけが説示するであろう」という文章にもとづいているであろう。この点は、〔77〕でも〔318〕の第七偈でも“deśayed”という語が用いられたことによって理解されると思われる。つまり、〃如来が知っている諸法〔A〕を、如来だけが説示することができるとすれば、その諸法〔A〕を衆生は説示することができない（“na tad darśayituṃ śakyaṃ”「是法不可示」）〃と考えられたのであろう。“vyāhāro 'sya na vidyate”「これ〔A〕には言説が存在しない」という一文も〃仏陀によって悟られたもの〃〔A〕、つまり、「如来が知っている諸法」が〃不可説〃であるという考え方を明示していると思われる。

また、〔318〕には、すでに述べたように、「ある衆生に、……その法〔A〕が説示されたとしても、その法を知ることができるような、そのような衆生は、いかなるものも存在しない」と述べられ、〔A〕が〃不可知〃であることも説かれている。ここに明確には述べられていないものの、あるいは、〔A〕に関して、その〃不可説〃性が〃不可知〃性の根拠とされているのかもしれない。確かに〃〔A〕が言葉で表現できないとすれば、それを知ることはできない〃という理解は、自然に生じるであろう。

しかるに、〔318〕では、〔A〕は、一旦は「一切衆生」にとって〃不可知〃であり、それを知ることのできるような衆生はいないとしながらも、第七偈後半には“anyatra bodhisattvebhyo adhimuktīya ye sthitāḥ”「信解をもって立っている菩薩たちを除いては」という驚くべき言明が認められる。これをストレートに解すれば、「信解をもって立っている菩薩たち」だけは、〔A〕、つまり、第七偈では「その法」と言われたものを〃知ることができる〃ということを意味していると考えられる。すると、この「信解をもって立っている菩薩」とは、何を意味するのか、誰を指しているのかということが、問題になるであろう。

しかるに、この点について考えるためには、まず“adhimuktīya”という読みのもつ問題点について述べなければならない。即ち、“adhimuktīya”というのは、O本の読みをK本が採用したのであって、B本・N1本は“adhimukto hi”という読みを示し、K′本・G1本・C1本・A1本・T3本等の大多数の写本は、“adhimuktau hi”という読みを示している。それ故、渡辺博士は、この“adhimuktau hi”という読みを採用すべきであると主張され、[315] “anyatra bodhisattvebhyo adhimuktau hi ye sthitāḥ”を「ただし信念が堅固なボサツたちを除く」[316]と訳された。しかるに、私には“adhimuktau hi ye sthitāḥ”が「信念が堅固な」と訳される理由が理解できないのである。つまり、“adhimuktau hi ye sthitāḥ”は「信解に住している」と訳すべき表現であろう。“mos pa la ni gnas pa”（P, chu,15b2）というチベット訳も、正にそのような理解を示している。言うまでもなく、“adhimuktau”は“adhimukti”の於格形だからである。

しかるに、大多数の写本が“adhimuktīya”ではなく“adhimuktau hi”という読みを示しているにもかかわらず、私がこの“adhimuktau hi”という読みに疑問をもつのは、“adhimukti”の於格形と“sthita”が結合して、〝信解に住する〟を意味するような表現が、『法華経』において、他に多用されたとは思えないからである。[317] 少なくとも、私は“adhimukti”の於格形と“sthita”との結合を、梵本に全く見出すことができなかった。

では、“adhimuktau hi”ではなくて、O本の“adhimuktīya”という読みの方が本来のものであると見るならば、この“adhimuktīya”をどのように理解すべきであろうか。これについて、この“adhimuktīya”を“adhimukti”の単数於格形であると見る解釈がなされているが、[318] 私はむしろ、これを“adhimukti”の単数具格形であると見たい。その理由は“adhimuktīya ye sthitāḥ”の“sthitāḥ”が「……に住する」ではなく「立っている」を意味するのではないかと考えるからである。この点で私は“anyatra bodhisattvebhyo adhimuktīya ye sthitāḥ”に対する「信順の気持をもって出で立っている菩薩たちを除いては」（『松濤Ⅰ』四一頁）という松濤博士の訳を優れたものと考える。[319] 即ち、ここで重要なのは、“sthita”「立っている」という語であって、「方便品」の偈では、〔318〕の第七偈以降にも、仏陀の説法を聞きたいと願っている多数の〝菩薩〟たちが、しばしば「立っている」、あるいは「合掌して、立っている」ということが、述べられるのである。即ち、次の通りである。

㋐ II, v.30cd : ime sthitā putra jinasya aurasā vyavalokayantaś ca kṛtāñjalī jinam（K, 35,10）

㋑ II, v.31cd : ye cāpi prārthenti samagrabodhim sahasraśītiḥ paripūrṇa ye sthitāḥ（K, 35,12）

㋒ II, v.32bc : ye āgatāḥ kṣetrasahasrakoṭibhiḥ kṛtāñjalī sarvi sagauravāḥ sthitāḥ（K, 35,13-14）

㋓ II, v.36　: ye ca tvayā pūrvabhaveṣu nityaṃ paripācitā sattva sudīrgharātram /
kṛtāñjalī te pi sthitātra sarve ye śraddadhāsyanti tavaita dharmam //（K, 38,4-5）

㋔ II, v.116a : kṛtāñjalī sarvi sthitāḥ sagauravā（K, 55,5）

㋕ II, v.129b : kṛtāñjalīḥ sarvi sthitāḥ sagauravāḥ（K, 57,3）

このうち、㋔と㋕は、「全てのものが、合掌し（kṛta-añjali）、尊重心（gaurava）をもって立っている（sthita）」という全く同じ表現であるが、右の㋐—㋕のうち、この㋔だけが釈迦仏に説法を勧請する梵天・帝釈天等の神々について「立っている」と述べる以外は、他の五つの用例はすべて仏陀の説法を待っている〝菩薩〟たちの身体的な状態を「立っている」と表現しているのである。特に㋑の第三一偈にある“ye sthitāḥ”は、表現として〔318〕の第七偈の“ye sthitāḥ”と全く一致している。従って、その第七偈においても、“sthitāḥ”が「……に住する」ではなく、身体の具体的な状態としての「立っている」を意味していることは、確実であろう。

しかるに、〔318〕の「方便品」第七偈、及び㋑の「方便品」第三一偈に用いられた“ye sthitāḥ”の用例について探求していくと、興味深い事実が明らかになるのである。即ち、“ye sthitāḥ”は「序品」の第九九偈にも用いられているのであるが、その第九九偈と次の第一〇〇偈、つまり、「序品」の末尾に置かれる最後の二偈のテキスト等を、まず以下に示してみよう。

〔321〕 prayatā sucittā bhavathā kṛtāñjalī bhāṣiṣyate lokahitānukampī /
varṣiṣyate dharmam anantavarṣaṃ tarpiṣyate ye sthita bodhihetoḥ // [I, v.99]
yeṣāṃ ca saṃdehagatīha kācid ye saṃśayā yā vicikitsa kācit /
vyapaneṣyate tā vidur ātmajānāṃ ye bodhisattvā iha bodhiprasthitāḥ // [I, v.100]（K, 28,9-12）

〔322〕 諸懐道意、悉叉手帰、導利世者、今当分別、

当雨法雨、柔軟法教、普潤飽満、履道意者。〔第九九偈〕
其有諸天、入於無為、志懐狐疑、而有猶豫、
若有菩薩、求斯道意、今当蠲除、吾我之想。〔第一〇〇偈〕（『正法華』六七下二三―二八）

〔323〕諸人今当知、合掌一心待、仏当雨法雨、充足求道者。〔第九九偈〕
諸求三乗人、若有疑悔者、仏当為除断、今尽無有余。〔第一〇〇偈〕（『妙法華』五中二〇―二三）

(199)あなたたちは、抑制し、よい心をもち、合掌して（kṛta-añjali）いなさい。世間に利益を与え、世間を哀愍する方（仏陀）は、法を説き、無辺の〔法〕雨を降らせ、菩提のために（bodhi-hetoḥ）、立っているものたち（ye sthitā）を、満足させるであろう。〔第九九偈〕

ここにいる（iha）、菩提を求めて発趣した（bodhi-prasthita）菩薩（bodhisattva）たち、〔仏陀の〕息子（ātma-ja）である彼等に、何等かの懐疑（saṃdeha）や疑問（saṃśaya）や疑念（vicikitsā）があるとすれば、それを賢者（vidu）〔仏陀〕は、除去するであろう（vyapaneṣyate）。〔第一〇〇偈〕

まず、ここには“kṛtāñjalī”と“ye sthita”という二つの語の結合が認められるから、“ye sthita”が「立っている」を意味していることは明らかである。また、この二つの語がともに「菩薩たち」を形容する語であることも、〔321〕末尾に“ye bodhisattvā”と述べられることから確認される。つまり、この「序品」末尾の〔321〕でも、「合掌して立っている」というのは、菩薩たちが釈迦仏の説法を待ち望んでいるときの身体の具体的な状態を意味しているのであり、この点は『妙法華』〔323〕の「合掌一心待」という訳文に示されている。また、『正法華』〔322〕の「履」は、『正法華』〔319〕の「履」と同様、“sthita”の訳語であろう。

しかるに、興味深いことに、この「序品」末尾の二偈と、内容的にも表現としても、一致するような偈が、「譬喩品」に見出されるのである。即ち、それは次のような「譬喩品」第二一偈である。

〔324〕yadā tu madhureṇa gabhīravalgunā saṃharṣito buddhasvareṇa cāham /

tadā mi vidhvaṃsita sarvasaṃśayā vicikitsa naṣṭā ca sthito 'smi jñāne // [III, v.21] (K, 64,4-5)

〔325〕普興柔軟、深妙之道、以仏音声、而得歓欣、
今日所有、諸志猶豫、以棄沈吟、住於聖慧。(『正法華』七四上一六—一九)

〔326〕聞仏柔軟音、深遠甚微妙、演暢清浄法、我心大歓喜、
疑悔永已尽、安住実智中。(『妙法華』一一中四—六)

(200)しかし、甘美で甚深で美妙な、仏の音声(svara)によって、私(シャーリプトラ)が歓ばされたとき、そのとき、私のすべて(sarva)の疑問(saṃśaya)は粉砕され、疑念(vicikitsā)は消滅して、私は、知(jñāna)において、立っています(sthita)。

まず、この「譬喩品」第二一偈と「序品」第九九偈・第一〇〇偈〔321〕には、同様の表現が用いられていることを確認しておきたい。即ち、いずれにおいても“sthita”“saṃśaya”“vicikitsā”という語が用いられているのである。また、“saṃśaya”“vicikitsā”の除去・消滅に関しては、〔321〕の「序品」第一〇〇偈では“vyapaneṣyate”という語が用いられたのに対し、〔324〕の「譬喩品」第二一偈では“vidhvaṃsita”“naṣṭa”という語が使用されている。しかるに、「譬喩品」の第二一偈に先立つ第一四偈〔259〕では、すでに見たように、“vyapanīta sarvāṇi mi manyitāni śrutvā ca ghoṣam aham adya”と述べられており、シャーリプトラの“sarva”「すべて」の“manyita”「疑悔」の除去に関しては、“vyapanīta”という語が用いられている。この「譬喩品」第一四偈と第二一偈は、そこに用いられる“ghoṣa”と“svara”を同一視するならば、ほぼ同じ内容を表していることは明らかであるから、「序品」第九九偈・第一〇〇偈〔321〕と「譬喩品」第二一偈〔324〕は表現としても内容としても、殆んど一致していることは確実であろう。すると、この「譬喩品」第二一偈に“kṛta-añjali”の語は用いられていないにもかかわらず、そこで“sthita”は「序品」第九九偈におけると同様、やはり「立っている」を意味すると見るべきであろう。

勿論、このように見れば、〔324〕末尾の“sthito 'smi jñāne”の“jñāne”をどのように解するかという問題が生じるこ

とになる。というのも、『正法華』〔325〕の「住於聖慧」、『妙法華』〔326〕の「安住実智中」、そして、おそらく“ye śes gnas”（P, chu,30a4）というチベット訳も、すべて〝知に住している〟という理解を示しているからである。しかし、この理解も完全に正しいとは断定できないように思われる。というのも、問題の「譬喩品」第二一偈において“jñāna”という語の使用は、かなり唐突に見えるからである。即ち、「譬喩品」第一段の諸偈（vv.1-22）において、第二一偈以外に“jñāna”という語が用いられるのは、第七偈と第一〇偈においてだけであるが、第七偈には“asaṅgajñānātu acintiyātaḥ”（K, 62,6）「不可思議な、無礙の知から」と言われ、第一〇偈には“atarkikaṃ sūkṣmam anāsravaṃ ca jñānaṃ”（K, 62,12）「思量されない微細で無漏の知」と言われている。しかし、この第一〇偈から第二一偈までには、かなりの距離があるのであり、しかも、その間に〝仏陀によって悟られたもの〟〔A〕は、“jñāna”ではなく、むしろ“bodhi”（III, v.14, v.16）や“dharma”（III, v.17, v.18, v.19）という語によって表現されているのである。このような状況にあるとき、第二一偈で突然「私は知に住している」“sthito 'smi jñāne”と言われたとしても、読者や聴者はその意味を正確に把握できたであろうか。しかも、第二一偈の“jñāna”には、これが〝仏陀の優れた知〟であることを示す形容詞、つまり、第七偈の“asaṅga”“acintiya”や、第一〇偈の“atarkika”“sūkṣma”“anāsrava”のような形容詞が全く欠けているのである。それ故、松濤博士は、問題の“jñāne”の訳語に、「（仏陀の）知のなかに」（『松濤Ⅰ』八二頁）というように「仏陀の」という語を、括弧内に補わざるを得なかったのであろう。

従って、私は、問題の“jñāne”という写本の読みに疑問を感じるのであるが、しかし、この読みが漢訳・チベット訳によっても支持され、かつ、すべての写本に共通する読みである以上、この“jñāne”の個所に、他の原語を想定することは、文献学の原則を逸脱することになるであろう。それ故、私としては“sthito 'smi jñāne”の“jñāne”に関しては、その読みをそのまま認めるとしても、“sthito”だけについては、やはり〔321〕の「序品」第九九偈等の“sthita”との関係を考慮して、「立っている」を意味するという解釈を採りたいのである。実際、「譬喩品」第二一偈〔324〕の“sthito 'smi jñāne”については、松濤博士も「私は（仏陀の）知のなかに立ちます」（『松濤Ⅰ』八二頁）という訳文を示され、ケルンもまた“I stood firm in knowledge”(*Kern*, p.64)という訳文を示しているのである。

では、「譬喩品」第二一偈に出る“sthita”を「……に住している」ではなく「立っている」と解することによって、どのような理解が導かれるかと言えば、第二一偈で「私」と言われるシャーリプトラは、〝実は菩薩である〟という解釈がそこに示されていると見ることができるのではないかと思われるのである。というのも、前掲の「方便品」偈における“sthita”の用例を示すリストにおいて、㋐から㋕に至る用例は、厳密には、梵天等に関する㋔を除いて、そのすべての用例が、仏陀の説法を聞きたいと願っている〝菩薩〟たちについて「〔合掌して〕立っている」と述べるものであるから、「譬喩品」第二一偈〔324〕でも、仏前に「立っている」シャーリプトラは〝実は菩薩である〟という解釈が示されているように思われるのである。

シャーリプトラに関して、〝実は菩薩である〟という“rahasya”「秘密」が明されるのは、現形の梵本では、「譬喩品」第二一偈の次の第二二偈の後に位置している散文部分の〔181〕においてなのであるが、この〔181〕の後に置かれる散文部分〔184〕において説かれる〝シャーリプトラに対する授記〟は、すでに述べたように、「譬喩品」の偈では、すでに第一四偈〔259〕で言及されているのであるから、第二一偈〔324〕で〝シャーリプトラは実は菩薩である〟という理解が示されたとしても、何の不思議もないであろう。

しかるに、“sthita”を巡る以上の考察によって明らかになったと思われる事柄を、もう一点指摘しておきたい。それは、「序品」第九九偈・第一〇〇偈〔321〕と「譬喩品」第二一偈〔324〕との間の著しい表現の一致(“sthita”“saṃśaya”“vicikitsā”)、及び「序品」第九九偈・第一〇〇偈〔321〕と「方便品」第三〇偈・第三二偈・第三六偈・第一二九偈(“sthita”に関するリストの㋐㋒㋓㋕)との間の表現の一致(“sthita”“kṛta-añjali”)を考慮するならば、「序品」の諸偈も、「方便品」の諸偈も、「譬喩品」の諸偈も、同じような表現と内容をもっているのであるから、殆んど同時に成立したのではないかということである。即ち、第一類においては偈の成立が古いという布施説に対し、私は、「方便品」の散文部分こそ最古層であり、この「方便品」散文部分の成立の後で、「譬喩品」以下の諸章の散文部分が成立し、その後、偈が各章に付せられていったと考えるのであるが、偈がおそらく前の章から順に付せられていったとき、「序品」の散文部分はまだ成立していなかったかと言えば、おそらくそうではないであろう。すでに「序品」散文部分は成立していて、偈は第一章の「序品」から順次に付せられていったからこそ、すでに見たような「序品」「方便品」「譬喩品」の諸偈に、類似の表現と内容が認められるのであろう。つまり、偈に関しては、「方便品」が最古であるという理解は、成立しないと思われるのである。

以上、「方便品」第七偈の "bodhisattvebhyo adhimuktīya ye sthitāḥ"「信解（adhimukti）をもって立っている（sthita）菩薩たち」が何を意味するかという点と、そこから派生する問題について論じたが、「信解をもって立っている菩薩たちを除いては」ということは、「その法」〔A〕が説示されたとき、「信解をもって立っている菩薩たち」だけは、「その法」を知ることができるということを示している。しかるに、これは〝菩薩たちだけは、説示されたその法〔A〕を知ることができる〟と述べることと変りはないのである。というのも、「その法」〔A〕が説示されたとき、それを信じないであろうような〝菩薩〟の存在は、全く想定されていないからである。即ち、「方便品」の偈の部分では、衆生は〝菩薩〟と〝非菩薩〟に明確に二分され、「譬喩品」第一〇七偈〔280〕で言われたように、〝菩薩〟が仏陀によって説かれるものを信じることは、前世の菩薩行によってすでに決定しているが、「譬喩品」第一一一偈―第一三五偈（「B部分」）で述べられたように、〝非菩薩〟はそれを誹謗するとされるのである。また、「方便品」第三段の散文部分〔105〕でも、無数の〝prāṇin〟「生類」と呼ばれる〝菩薩〟たちは「世尊によって説かれるもの」〔A〕を「信じ、信頼し、受持するであろう」から「お説きください」ということが言われている。

つまり、〝菩薩〟は仏陀によって説かれるものを信じるということが、予じめ前提されているのである。従って、それを信じない〝菩薩〟というものは存在しないから、「方便品」第七偈が〝「信解をもって立っている菩薩たち」だけは、「その法」を知ることができる〟と述べるのは、実質的には〝菩薩だけが「その法」を知ることができる〟と述べているのと同じことになるのであり、これはまた「譬喩品」散文部分以降に説かれる〝菩薩だけが成仏できる〟

という〝一分不成仏説〟〝大乗主義〟の立場を示しているのである。つまり、「方便品」第七偈に説かれるのは、実は「譬喩品」の偈に述べられるのと同様の〝三車説〟であり、〝二乗方便説〟であるという点を、理解する必要があるであろう。私は、すでに「譬喩品」偈の思想的立場が「譬喩品」散文部分の〝四車説〟〝三乗方便説〟とは異なり、〝三車説〟〝二乗方便説〟となっていることを明らかにしたが、すでに述べた "sthita" という語を巡る考察からも知られるように、その「譬喩品」偈の思想的立場と「方便品」偈の思想的立場は、基本的には同じであり、それは〝三車説〟〝二乗方便説〟、そして〝大乗〟と〝小乗〟を二項対立的に把える明確な〝大乗主義〟であると考えられるのである。

さて、「方便品」第七偈には〝信〟を表す語として "adhimukti"「信解」という語が用いられ、一方、「方便品」散文部分〔105〕には "śraddhāsyanti"「信じるであろう」という語が使用されている。つまり、「方便品」散文部分では〝信〟を表す語として "śraddhā" が用いられたのに対し、その偈の部分では "adhimukti" が用いられるという相違があるように見受けられる。「方便品」散文部分でも "adhimukta" という語は、"nānā-adhimuktānāṃ sattvānāṃ" という形で、〔148〕ⓑと〔151〕と〔154〕において使用されているが、"adhimukti" という名詞自体は全く用いられていない。一方、K本によれば、「方便品」の偈には、"śraddhā" という名詞は、使用されていないのである。[320] これをどのように考えるべきであろうか。

この点については、勝呂博士の見解を参照する必要があるであろう。即ち、博士は「方便品」において "śraddhā" と "adhimukti" は「かなりはっきり使い分けられている」とされ、そのうち、"śraddhā" については、「śraddhā は「仏の言葉を信ずる」ということを中心の意味にしている」と述べられ、[321] 一方、"adhimukti" の語義については、次のように説明され、更に両者の違いを図示されている。

(201) adhimukti は āśaya との関連から見て、衆生がその性質として持っている意志的な心の傾向をさすと解してよいようである。つまり衆生の主体的な心の在り方をいうのであって、上述したように「信念」「確信」などと訳すのがもっとも適当かと思う。この場合、種々の adhimukti というように称されているから、衆生のそれぞれの個性に応じて多様の adhimukti が存するのであって、上下優劣の差も考えられている。〔vi〕の一二一偈には「信解の劣ったもの」とも言われているのである。このように衆生の信解が種々であることは、いわゆる衆生の機根が種々であるということであって、それに対応して仏陀は方便によって種々に法を説いたとされる。三乗方便の成立する根拠は衆生の adhimukti にあるといえるわけである。方便品の文脈においては、adhimukti は方便と種々（または三乗）の概念と結びついていることが認められる。

以上のことをかりに図示すると次のようになろう。

śraddhā　＝真実＝一乗　　＝仏の立場　＝客体的
adhimukti　＝方便＝三乗（種々）＝衆生の立場＝主体的

（『成立と思想』二二四頁一―一一行）〔傍線＝松本〕

ここで、勝呂博士が“śraddhā”と“adhimukti”の語義を「仏の立場＝客体的」と「衆生の立場＝主体的」と規定されたことには、必ずしも賛成できない。というのも、「仏の言葉を信じる」“śraddhā”も、やはり「衆生の主体的な心の在り方」を表現していると思われるからである。しかるに、博士が“śraddhā”と“adhimukti”の語義を、一乗と三乗に配当され、“adhimukti”に関して、その多様性を強調されただけではなく、「上下優劣の差も考えられている」と論じられたことは、極めて優れた指摘であると思われる。というのも、私は、“adhimukti”というのは〝三乗〟または〝大乗・小乗〟の「上下優劣の差」を前提とした上での〝信〟であると考えるからである。つまり、〔318〕の「方便品」第七偈後半の「信解（adhimukti）をもって立っている（sthita）菩薩たちを除いては」における“adhimukti”とは、単なる「信念」や「確信」ではなく、やはり「仏の言葉を信ずる信」、つまり、第七偈の言葉を用いれば、仏陀によって説示される「その法」“taṃ ... dharmaṃ”に対する〝信〟なのであるが、その〝信〟とは、〝菩薩だけが「その法」を知ることができる〟または〝菩薩だけが成仏できる〟〝菩薩や大乗の方が声聞や小乗よりも優れている〟という「上下優劣の差」という観念によって限定された〝信〟なのであって、この観念を否定することを意図したと思われる

「方便品」散文部分の〝一仏乗〟に対する〝信〟なのではない。勝呂博士は、(201)で「方便品」第一二一偈に出る"hīna-adhimukta"（K, 56,2）を「信解の劣ったもの」と訳されているが、ここでも「信解」は「上下優劣の差」という観念によって限定された〝小乗（hīna）に対する信〟であると見るべきであろう。

しかるに、このような性格をもつ"adhimukti"が、〔318〕の「方便品」の第七偈、及び後出〔345〕の「方便品」第一九偈で用いられていることは、「方便品」偈の思想的立場が〝菩薩だけが成仏できる〟という〝大乗主義〟、つまり、大乗と小乗を優と劣として対置する〝大乗主義〟であることにもとづいていると思われる。

以上、śloka で書かれている「方便品」第一段の第一偈から第七偈までの内容の要点を、特に対応する散文部分の内容との相違という点でまとめておけば、次のようになるであろう。即ち、散文部分の〔59〕では"buddha-jñāna"「仏智」がすべての声聞・独覚にとって〝難知〟であるとされたにもかかわらず、第一偈―第七偈では、まず〝諸仏〟が、次に〝仏陀の諸法〟が〝不可知〟であり、〝不可説〟であり、〝菩薩だけが知ることができる〟とされたと考えられる。しかるに、この〝菩薩だけが知ることができる〟という立場は、「方便品」散文部分〔59〕に対する『妙法華』〔61〕の「一切声聞辟支仏、所不能知」という訳文にも示されていると見ることができるであろう。というのも、〝菩薩だけが知ることができる〟とすれば、〝すべての声聞・独覚は知ることができない〟ということになるのは当然だからである。従って、『妙法華』のこの訳文は、「方便品」第七偈に示される〝菩薩だけが知ることができる〟という立場を、散文部分〔59〕の"durvijñeyaṃ sarvaśrāvakapratyekabuddhaiḥ"「一切の声聞・独覚にとって難知である」という文章の解釈に、無理に持ち込んだものとも言えるであろう。

では、次に「方便品」第一段の triṣṭubh で書かれた第八偈―第一一偈の内容について検討しよう。まず、第八偈―第一一偈は、次の通りである。

〔327〕ye cāpi te lokaviduṣya śrāvakāḥ kṛtādhikārāḥ sugatānuvarṇitāḥ(322) /
kṣīṇāsravā antimadehadhāriṇo na teṣa viṣayo 'sti jināna jñāne // [II, v.8]

sacaiva sarvā iya lokadhātu pūrṇā bhavec chārisutopamānām /
ekībhavitvāna[323] vicintayeyuḥ sugatasya jñānaṃ na hi śakya jānitum // [II, v.9]
sace ha tvaṃsādṛśakehi paṇḍitaiḥ pūrṇā bhaveyur daśa pi ddiśāyo /
ye cāpi mahyaṃ imi śrāvakā 'nye teṣāṃ pi pūrṇā bhavi evam eva // [II, v.10]
ekībhavitvāna ca te 'dya sarve vicintayeyuḥ sugatasya jñānam /
na śakta sarve sahitā pi jñātuṃ yāvāprameyaṃ[324] mama buddhajñānam // [II, v.11]（K, 31,7-14）

〔328〕仮使諸仏、弟子之衆、所作已弁、如安住教、
尽除疾病、執御其心、不能達彼、若干種慧。〔第八偈〕
設令於斯、仏之境界、皆以七宝、充満其中、
以献安住、神明至尊、欲解此慧、終無能了。〔第九偈〕
正使十方、諸仏刹土、諸明哲者、悉満其中、
及吾現在、諸声聞衆、一切具足、亦復如是。〔第一〇偈〕
一時普会、共思惟之、計安住慧、無能及知、
仏之智慧、無量若斯、欲知其限、莫能逮者。〔第一一偈〕（『正法華』六八上二八―中九）

〔329〕諸仏弟子衆、曾供養諸仏、一切漏已尽、住是最後身、如是諸人等、其力所不堪。〔第八偈〕
仮使満世間、皆如舎利弗、尽思共度量、不能測仏智。〔第九偈〕
正使満十方、皆如舎利弗、及余諸弟子、亦満十方刹、〔第一〇偈〕
尽思共度量、亦復不能知。〔第一一偈〕（『妙法華』五下二八―六上六）

(202)また、世間を知るもの（仏陀）の声聞（śrāvaka）たちであり、〔過去世に諸仏に〕供養を為したもの（kṛta-adhikāra）たちであり、善逝（sugata）によって称讃されているものたちであり、漏尽（kṣīna-āsrava）のものたちであり、最

後の身体を維持しているもの（antima-deha-dhārin）たち、彼等の境（viṣaya）は、勝者（jina）たちの智（jñāne）〔A〕には、存しない。〔第八偈〕

もしも、この世界（loka-dhātu）が全て、シャーリプトラの様な人（śārisuta-upama）たちによって満たされたとしよう。彼等が一つになって、考えたとしても、善逝の智（jñāna）〔A〕を、知ることはできない。〔第九偈〕

もしも、あなたの様な（tvaṃ-sādṛśaka）智者（paṇḍita）たちによって、十方が満たされたとしよう。また、私のこれらの他の声聞（śrāvaka）たちによって、同様に満たされたとしよう。〔第一〇偈〕

彼等が全て、今（adya）、一つになって、善逝の智（jñāna）〔A〕を考えたとしても、彼等が全て一緒になっても、私の、不可知（aprameya）な仏智（buddha-jñāna）〔A〕を、それがどれ程のもの（yāva）であるか、知ることはできない。〔第一一偈〕

ここには、「勝者たちの智」「善逝の智」「仏智」〔A〕が、「声聞」にとって〝不可知〟であるという趣旨が説かれていると考えられる。しかるに、〝不可知〟であるという述語の主語が、「仏智」とされたことは、散文部分〔59〕で「仏智」が〝難知〟とされたことに一致していると見ることができる。これに対して、śloka で書かれた第一偈―第七偈では〝諸仏〟や〝仏陀の諸法〟が〝不可知〟であると説かれていただけで、「仏智」については一切言及がなされず、それを意味する言葉さえ存在しなかったのであるから、これは大きな相違であると言えるであろう。

さて、その「仏智」の〝不可知〟性は、ここでも、「……できない」を意味する“na śakya”とか“na śakta”という語によって表現され、更に“na teṣa viṣayo 'sti”「彼等の境は……に存しない」という表現や、“aprameya”「不可知」という形容詞によっても、示されている。つまり、“aprameya”は、第一偈におけると同様、〝知ることはできない〟を意味するのであって、〝量ることができない〟を意味して数の非常な多さを述べるものではない。また、この「仏智」〔A〕の〝不可知〟性は、漢訳においても、『正法華』〔328〕の「不能達」「終無能了」「無能及知」「莫能逮者」や、『妙法華』〔329〕の「其力所不堪」「不能測仏智」「不能知」という訳語によって、明示されている。

では、次に「仏智」〔A〕を〝知ることができない〟（不可知）とされる「声聞」が、〔327〕では、いかに規定されているかを見てみよう。「仏智」を〝知ることができない〟「声聞」は、「方便品」第八偈では、「漏尽のもの」「最後の身体を維持しているもの」「善逝たちによって称讃されているもの」たちと言われ、第九偈では、「シャーリプトラのような人たち」と述べられ、第一〇偈では、「あなたの様な智者たち」「私のこれらの他の声聞たち」と呼ばれているのであるが、「漏尽」が阿羅漢を意味することから考えても、これらの呼称には〝声聞の中で最も優れたものたち〟という意味が込められていると思われる。つまり、〔327〕の趣旨を一言で言えば、〝最も優れた声聞たちが、たとえ束になって考えたとしても、「仏智」〔A〕を知ることはできない〟ということであろう。

従って、これらの〝優れた声聞たち〟に対しては、「真の声聞に関する表現」という前掲のリスト（本書、三三一頁以下）で示されたような "bāla" "mānin" "duḥśodhaka" (II, v.66) というような非難の言葉が投ぜられることなく、むしろ逆に、〔327〕においては〝実は菩薩である〟かのような表現がなされていることに、注意しなければならない。

即ち、まず第九偈の「シャーリプトラのような人たち」と第一〇偈の「あなた（シャーリプトラ）の様な智者たち」という表現を合せて考えれば、ここには、シャーリプトラが〝極めて優れた声聞〟に位置づけられていることが知られるだけではなく、〝シャーリプトラは実は菩薩である〟という理解も、ここにすでに示されていると見ることができると思われる。

即ち、まず第一に、シャーリプトラは〝実は菩薩である〟という「秘密」は、「譬喩品」散文部分〔181〕において初めて明されるのであるが、「方便品」の偈の部分の成立は、本書で詳しく論証しているように、「譬喩品」散文部分の成立よりも後であると考えられ、「方便品」偈の所説は「譬喩品」散文部分に説かれる〝大乗主義〟の影響を受けているから、この「方便品」第八偈—第一一偈〔327〕にも〝シャーリプトラは実は菩薩である〟という理解が示されていたとしても、全く不自然ではないであろう。

更に、第一〇偈の "tvaṃsādṛśakehi paṇḍitaiḥ"「あなたの様な智者たち」というのは、シャーリプトラを「智者」と見なす表現であると思われるが、すでに「譬喩品」の第一三六偈・第一三七偈〔19〕に関連して考察したように、“paṇḍita”「智者」とは“bāla”「愚者」と対比されて〝菩薩〟を意味する語であると考えられる。そこで、「方便品」「譬喩品」「信解品」における“paṇḍita”の用例を調べてみると、まず「方便品」の散文部分には“paṇḍita”の用例は全く認められず、“paṇḍita”は「方便品」では〔327〕の第一〇偈に一回用いられるだけである。次に「譬喩品」散文部分の用例としては、〔246〕ⓐに“paṇḍita-jātīya”という語が用いられるのが、“paṇḍita”の唯一の用例であり、この“paṇḍita-jātīya”の“paṇḍita”が〝菩薩〟を意味するという解釈は、すでに示した通りである。また「譬喩品」の偈には、“paṇḍita”は〔286〕の第九一偈と第一三七偈〔19〕に、一回ずつ用いられているが、そのうちの第一三七偈における“paṇḍita”は、すでに述べたように“bāla”と対比されていて、これを〝菩薩〟と見なす根拠ともなる重要な用例である。また、〔286〕の第九一偈の“paṇḍita”が〝菩薩〟を意味することも、すでに論じた通りである。更に「信解品」において、“paṇḍita”は偈の部分に二回用いられるだけであって、その第二〇偈と第二七偈における用例は、いずれも「窮子譬喩」における「長者」（仏陀）を指す語として用いられている。

以上の用例を見ると、“paṇḍita”という語が、〝仮りの声聞〟=〝実は菩薩〟ではない〝真の声聞〟について使用される例は皆無であるから、「方便品」第一〇偈の“tvaṃsādṛśakehi paṇḍitaiḥ”「あなたのような智者たち」という表現においても、〝シャーリプトラは智者（実は菩薩）である〟という解釈が示されていると考えられるであろう。

更に、第八偈の“kṛta-adhikāra”「供養を為したもの」も、〝実は菩薩である〟という考え方と関連した重要な言葉であると考えられる。即ち、この“kṛta-adhikāra”という語を『正法華』〔328〕が「所作已弁」と訳しているのは、この語を“kṛta-kṛtya”または“kṛta-karaṇīya”、つまり、「為すべきことを為しおえたもの」という語の同義語と見なしたためであろうが、それは適切とは思えない。即ち、『正法華』の訳者である竺法護は、ここには「漏尽のもの」とか「最後身を持するもの」という限定語が「声聞」に付加されていることから、「声聞」の最高位としての〝阿羅漢〟がここで言及されていると考え、一般に〝阿羅漢〟の形容詞として用いられる“kṛta-kṛtya”“kṛta-karaṇīya”がここでは

"kṛta-adhikāra" と表現されたと考えたために、"kṛta-kṛtya" "kṛta-karaṇīya" の訳語である「所作已弁」という語をここで用いたのであろうが、それは適切ではないのである。というのも、この "kṛta-adhikāra" とは、実は〝声聞〟や〝阿羅漢〟の限定語ではなく、〝菩薩〟の限定語と見なされるべき言葉だからである。この点を、以下に示すことにしよう。

即ち、まず "adhikāra" とは、エジャトンが、これに "service" (BHSD, p.12) という訳語を与えたことからも知られるように、「奉仕」、特に仏陀に対する「奉仕」を意味する語であると見られるのである。ただし、ここでは『妙法華』における訳語を尊重して、"adhikāra" を「供養」と訳すことにしたい。従って、"kṛta-adhikāra" は「〔過去世に諸仏に〕供養を為した」を意味することになるが、『妙法華』〔329〕の「曾供養諸仏」という訳語は、この意味を正確に示していると思われる。

しかるに、"kṛta-adhikāra"「〔過去世に諸仏に〕供養を為したもの」とは、過去世に諸仏に対して〝供養諸仏〟という菩薩行をなしたもの、つまり、〝菩薩〟であって〝声聞〟ではないのである。この点は、この "kṛta-adhikāra" という語が、『法華経』において、〝菩薩〟の限定語として用いられていることを示せば、理解されるであろう。そこで、"kṛta-adhikāra" の用例を調べてみると、この語が『法華経』に用いられるのは五回であり、「序品」の散文部分に一回、「方便品」の偈に三回、「信解品」の偈に一回用いられているが、その用例は、〔327〕の「方便品」第八偈における用例を一応除外して考えるならば、すべて〝菩薩〟の限定語として使用されていると考えられる。即ち、まず「序品」散文部分における用例は、次の文中に認められるものである。

〔330〕ayaṃ mañjuśrī kumārabhūtaḥ pūrvajinakṛtādhikāro 'varopitakuśalamūlo bahubuddhaparyupāsitaḥ / (K, 7,8-9)

〔331〕今者大士溥首童真、所作已弁、靡所不達、供養過去無数諸仏。(『正法華』六三下二〇—二二)

〔332〕是文殊師利法王之子、已曾親近供養過去無量諸仏。(『妙法華』二中二七—二九)

(203) このマンジュシュリー(文殊)〔菩薩〕、法王子(kumāra-bhūta)は、過去の勝者(仏陀)たちに供養を為したもの(kṛta-adhikāra)であり、善根(kuśala-mūla)を植えた(avaropita)ものであり、多くの仏陀に親近供養した

（paryupāsita）ものである。

つまり、ここで、文殊は「過去の勝者に供養を為したもの」と言われているが、文殊が代表的な〝菩薩〟の一人であることは言うまでもない。従って、ここで“kṛta-adhikāra”は「菩薩」の限定語とされていることは明らかである。なお、ここでも『妙法華』〔332〕の「已曾親近供養過去無量諸仏」は適切な訳であるが、『正法華』〔331〕の「所作已弁」は、〔328〕と同じ誤りをおかしていると思われる。

また、“kṛta-adhikāra”は「方便品」第五〇偈にも、次のように用いられている。

〔333〕bhavanti[325] ye ceha sadā viśuddhā vyaktā śucī sūrata buddhaputrāḥ /
kṛtādhikārā bahubuddhakotiṣu vaipulyasūtrāṇi vadāmi teṣām // [II, v.50]（K, 46,3-4）

〔334〕欲知仏道、常調清浄、仁楽聖典、実為要妙、
在諸仏所、所作已弁、故為斯類、説方等経。（『正法華』七〇中四—七）

〔335〕有仏子心浄、柔軟亦利根、無量諸仏所、而行深妙道、為此諸仏子、説是大乗経。（『妙法華』八上八—一〇）

(204)しかるに、ここには（iha）、常に清浄（viśuddha）であり、賢明（vyakta）であり、清らか（śuci）であり、柔和（sūrata）であり、幾コーティもの多くの仏陀に供養を為したもの（kṛta-adhikāra）である仏子（buddha-putra）たちがいるが、彼等に諸の方等経（vaipulya-sūtra）を私は説く。

ここでも“kṛta-adhikāra”は「仏子」、つまり、〝菩薩〟の限定語とされている。また、後出〔339〕の「方便品」第一四偈でも、この語は「菩薩」の限定語として用いられているのである。

では、その“kṛta-adhikāra”という語が〔327〕の「方便品」第八偈では「声聞」の限定語として用いられているのは、何を意味するであろうか。それは、やはり、そこで言及される〝勝れた声聞〟たちというのは〝実は菩薩である〟という理解がそこに示されていることを意味しているであろう。即ち、私が論述⑤で、

しかるにこれに対して、〝成仏できるのは菩薩だけだ〟という菩薩 gotra 論的解釈が加えられると、唯識派の「四

種声聞」説のように、〝『法華経』において成仏が授記された声聞とは、実は本来菩薩の gotra をもった菩薩なのであるが、今は仮りに声聞の姿を現じているだけだ〟と考えられることになる。そしてこの〝仮りの声聞〟が〝本来は菩薩である〟ことを示すためには、必ずその過去世が問題とされることになり、〝彼等は過去世において「供養諸仏」という菩薩行をなしたのであるから、実は菩薩なのである〟と論じられることになるのである。と論じたように、『法華経』で授記される声聞を〝実は菩薩である〟と規定するためには、彼等が過去世に〝供養諸仏〟という菩薩行を行じたものであるということを言う必要があるのであり、それを述べた表現の一つが、"kṛta-adhikāra" という語であると考えられる。

すると、どういうことになるのであろうか。〔327〕の「方便品」第八偈―第一一偈の趣旨は、すでに述べたように、〝声聞の中でも最も優れたものたちが、たとえ束になって考えたとしても、「仏智」を知ることはできない〟というものであると考えられる。しかし、そこに言われる〝最も優れた声聞たち〟は、第八偈の "kṛta-adhikāra"「〔過去世に諸仏に〕供養を為したもの」という表現を見ても、また、第一〇偈の "tvaṃsādṛśakehi paṇḍitaiḥ"「あなた（シャーリプトラ）の様な智者たち」という表現を見ても、あたかも〝菩薩〟であるかのように扱われているのである。しかるに、シャーリプトラを始めとするこのような〝最も優れた声聞たち〟に、この後で『法華経』が説かれるのであるから、彼等は〝実は菩薩〟であり、彼等は「方便品」第八偈―第一一偈で〝「仏智」を知ることはできない〟と言われたにもかかわらず、〝実は菩薩〟である彼等だけは、それを知ることができるという理解、つまり、śloka で書かれた部分にある「方便品」第七偈の「信解をもって立っている菩薩たちを除いて」という表現に示されたのと同じ理解が、ここにも示されていると見るべきであるように思われる。

では、次に「仏智」〔A〕が〝独覚〟にとって〝不可知〟であることを説く「方便品」第一二偈・第一三偈を見てみよう。それは、次の通りである。

〔336〕 pratyekabuddhāna anāsravāṇām tīkṣṇendriyāṇāntimadehadhāriṇām /

diso daśaḥ sarva bhaveyu pūrṇā yathā naḍānāṃ vanaveṇunāṃ vā // [II, v.12]
ekībhavitvāna vicintayeyur mamāgradharmāṇa pradeśamātram /
kalpāna koṭīnayutān anantān na tasya bhūtaṃ parijāni artham // [II, v.13]（K, 32,1-4）

〔337〕諸縁一覚、無有衆漏、諸根通達、総摂其心、
仮使十方、悉満中人、譬如甘蔗、若竹蘆葦。〔第一二偈〕
悉倶合会、而共思惟、欲察知仏、所説解法、
於億那術、劫載計念、未曾能知、及法利誼。〔第一三偈〕（『正法華』六八中九—一四）

〔338〕辟支仏利智、無漏最後身、亦満十方界、其数如竹林、〔第一二偈〕
斯等共一心、於億無量劫、欲思仏実智、莫能知少分。〔第一三偈〕（『妙法華』六上七—一〇）

(205)無漏（anāsrava）であり、利根（tīkṣṇa-indriya）であり、最後の身体を維持している（antima-deha-dhārin）独覚（pratyekabuddha）たちによって、あたかも葦と林竹によってのように、一切の十方が満たされたとしよう。〔第一二偈〕
〔彼等が〕一つになって、無辺（ananta）の幾コーティ・ナユタ劫もの間、私の最勝の諸法（agra-dharma）〔A〕の部分だけでも、考えたとしても、それ（tat）〔A〕の真実（bhūta）の意味（artha）を知らないであろう。〔第一三偈〕

ここには、“śakya”「……できる」という語は用いられておらず、単に“na parijāni”[326]「知らないであろう」と言われているだけであるが、「独覚」は立て前としては“buddha”、つまり、〃すでに悟ったもの〃であるから、その彼等が「知らないであろう」というのは、彼等はそれを〃知ることができない〃ことを意味するであろう。この点で、『正法華』〔337〕の「未曾能知」と『妙法華』〔338〕の「莫能知」は適切な訳を示していると思われる。

なお、第一三偈では、すでに第一章のⒼで問題とした“agra-dharma”という語が用いられている。“agra”は「方便

品」散文部分には全く用いられておらず、「方便品」偈においては、ここが初出となるが、この「方便品」第一三偈における“agra”という語の使用は、「譬喩品」散文部分〔256〕ⓐの“agra-yāna”という語における“agra”の使用を承けたものであるかもしれない。[327]なお、「方便品」第一三偈において、“agra-dharma”は複数形で使用されているが、これは「方便品」散文部分〔64〕〔68〕〔74〕〔77〕で“dharma”が複数形で用いられたことを承けているであろう。また、すでに〔315〕の「方便品」第二偈においても、“buddha-dharma”の複数形が用いられていたのである。

次に、第一三偈後半の“tat”「それ」は、“pradeśa-mātra”「部分だけ」を指すと考えられないこともないが、おそらく“tat”は『法華経』の偈においては、それが「仏智」であれ、「善逝の智」であれ、「果」であれ、とにかく〔A〕という、いわば〝絶対的な存在〟を表示するのに用いられているのであろう。同じことは第五偈や第六偈、更には第四偈末尾に用いられる“tat”についても言うことができるかもしれない。とすれば、“tat”によって〝絶対的な存在〟を表示するという方法は、ウパニシャッドや『バガヴァッドギーター』*Bhagavadgītā*からの影響を受けたもの[328]と見ることもできるであろう。すでに述べたように、私は、『法華経』の偈に説かれるのは、基本的にはヒンドゥー教的な世界であると考えているのである。

では、次に「仏智」〔A〕が「菩薩」にとって〝不可知〟であることを説く第一四偈—第一七偈を見てみよう。それは次の通りである。

〔339〕navayānasamprasthita bodhisattvāḥ kṛtādhikārā bahubuddhakoṭiṣu /
suviniścitārthā bahu dharmadeśakās[329] teṣāṃ pi pūrṇā daśimā diśo bhavet // [II, v.14]
naḍāna veṇūna ca nityakālam acchidrapūrṇo bhavi sarvalokaḥ /
ekībhavitvāna vicintayeyur yo dharma sākṣāt sugatena dṛṣṭaḥ // [II, v.15]
anucintayitvā bahukalpakoṭyo gaṅgā yathā vālika aprameyāḥ /
ananyacittāḥ sukhamāya prajñayā teṣām pi cāsmin viṣayo na vidyate // [II, v.16]

avivartikā ye bhavi bodhisattvā analpakā yathariva gaṅgavālikāḥ /
ananyacittāś ca vicintayeyus teṣām pi cāsmin viṣayo na vidyate // [II, v.17] (K, 32,5-12)

〔340〕新学発意、諸菩薩等、仮使供養、無数億仏、
講説経法、分別其誼、復令是等、周満十方。〔第一四偈〕
其数譬如、稲麻叢林、在諸世界、滋茂不損、
悉倶合会、而共思惟、世尊所明、覩諸法本、〔第一五偈〕
不可思議、無数億劫、如江河沙、不可限量、
心無変異、超越智慧、欲得知者、非其境界。〔第一六偈〕
無数菩薩、皆不退転、無崖底劫、如恒辺沙、
一心専精、悉共思惟、此之等類、亦不堪任。〔第一七偈〕（『正法華』六八中一五―二五）

〔341〕新発意菩薩、供養無数仏、了達諸義趣、又能善説法、如稲麻竹葦、充満十方刹、〔第一四偈・第一五偈〕
一心以妙智、於恒河沙劫、咸皆共思量、不能知仏智、〔第一六偈〕
不退諸菩薩、其数如恒沙、一心共思求、亦復不能知。〔第一七偈〕（『妙法華』六上一一―一七）

(206)〔過去世において〕幾コーティもの多くの仏陀たちに、供養を為し（kṛta-adhikāra）、〔教えの〕意味をよく確知した（suviniścita-artha）多くの説法者（dharma-deśaka）である菩薩（bodhisattva）たちのうち、新たに乗を求めて発趣したもの（nava-yāna-saṃprasthita）たち、彼等によって、これらの十方が満たされたとしよう。〔第一四偈〕
一切の世間（sarva-loka）が、葦によって、また竹によって、常に隙き間なく満たされた〔ようである〕としよう。
〔彼等が〕一つになって、善逝によって眼のあたりに（sākṣāt）見られた（dṛṣṭa）法（dharma）〔A〕は何であるかを考えたとしよう。〔第一五偈〕
ガンジス河の砂のような不可知（aprameya）[330] の幾コーティもの劫の間、余念なく一心に、微細（sukhama,

sūkṣma）な般若（prajñā）によって考えても、これ〔A〕には、彼等の境（viṣaya）も存在しない。〔第一六偈〕

ガンジス河の砂のような、多くの不退（avivartika）の菩薩（bodhisattva）たちが、余念なく一心に考えたとしよう。

彼等の境も、これ〔A〕には存在しない。〔第一七偈〕

まず、ここで"kṛta-adhikāra"が「菩薩」の限定語として使用されていることから確認しておきたい。この語については、『正法華』も〔340〕で「供養」という適切な訳語を与えている。また、ある人々にとっての〔A〕の〝不可知〟性は、〝〔A〕には、彼等のviṣaya「境」、つまり、認識対象・認識領域は存在しない〟という形式で示されているが、この形式はślokaで書かれた〔327〕の第八偈に見られたのと同じものであり、『正法華』〔340〕では「非其境界」「不堪任」と訳され、『妙法華』〔341〕では「不能知」と訳されている。このうち「不能知」は、〝知ることができない〟という〝不可知〟性を明示している点では、適切な訳だと思われる。

しかるに、ここで〔A〕を〝知ることができない〟人々とは「菩薩」であり、その「菩薩」が「新発意」と「不退」とに二分されていると考えられる。「方便品」散文部分には"bodhisattva"という語が全く用いられていないにもかかわらず、「方便品」の偈では、単に"bodhisattva"という語が用いられているだけではなく、"bodhisattva"に関して、「新発意」と「不退」という区別さえも説かれているということは、常識的に考えれば、「方便品」偈の所説は、「方便品」散文部分の所説と比べて相当に発展した教理を含んでおり、従って、「方便品」偈の成立が、「方便品」散文部分の成立に先行することはあり得ないと考えられるであろう。

次に、〔339〕の「方便品」第一四偈の"dharmadeśakās"の部分は、K本では"dharmabhāṇakās"という読みが示されていて、ここに"dharma-bhāṇaka"「法師」が言及されているということになるが、ここでは敢てO本の"dharma-deśakās"（39a7）という読みを採用した。これは、辛嶋氏の指摘に大きく依存したものである。即ち、氏は、

⑳一方、SPでは序品と法師品（Dharmabhāṇaka-parivarta）以下の第二類で盛んにdharmabhāṇakaの語が見えるが、第一類では明確な出例がない。（「乗と智慧」一七七頁）

と述べられ、さらに右の一文に、次のような註記を付されたのである。

(208)化城喩品の散文（K. 184.4）と方便品 vs. 14（II. 50[K. 32.6]）に見えるが、前者は dharmabhāṇaka はそれを欠く写本もあり、漢訳（Z. 92a-8, L. 25b-7）にも欠き、後の挿入の可能性がある。また、方便品の偈もO本には dharmadeśaka（＝Z. 68b-14. 講説経法；cf. Z. 6a12. 能善説法）とあり、dharmabhāṇaka は後の改変の可能性がある。

（「乗と智慧」一九二頁、註〔8〕）

これは極めて重要な指摘であろう。辛嶋氏は(208)で「方便品」第一四偈について、「dharmabhāṇaka は後の改変の可能性がある」と言われたが、私は更に一歩を進めて、O本の "dharmadeśaka" の方を本来の形と考えたい。[331] その理由は、第一に漢訳の仕方にある。即ち、これは辛嶋氏の(208)によっても示されていることであるが、『正法華』〔340〕の「講説経法」も、『妙法華』〔341〕の「能善説法」も、"dharma-bhāṇaka" の訳語としては、ノーマルなものではない。というのも、"dharma-bhāṇaka" は、『正法華』においても、『妙法華』においても、「法師」と訳されるのが一般的であり、その他、「説法者」という訳語も、『妙法華』は使用している。[332] この「法師」「説法者」と比較すれば、〔340〕の「講説経法」や〔341〕の「能善説法」という訳語は、その原語を「……する者」という意味での一個の名詞と把えておらず、"dharma-bhāṇaka" の訳語と見ることはできないように思われる。

次に、「方便品」第一四偈に "dharma-bhāṇaka" ではなく "dharma-deśaka" という語が用いられたであろうと考える第二の理由は、「五百弟子品」散文部分に、次のような一節が存在することなのである。

〔342〕sarvatra cāgryo dharmakathikānām abhūt sarvatra ca śūnyatāgatim gato 'bhūt sarvatra ca pratisaṃvidām lābhy abhūt sarvatra ca bodhisattvābhijñāsu gatiṃ gato 'bhūt / suviniścitadharmadeśako nirvicikitsadharmadeśakaḥ pariśuddhadharmadeśakaś cābhūt /（K, 200,10-12）

〔343〕宣散経誼、分別空慧、志無所著、若説経時、無有猶豫、靡不通達、未甞弊礙、普恒尽心、諸仏世尊菩薩神通。

（『正法華』九五下九—一一）

〔344〕於彼説法人中、亦最第一、又於諸仏所説空法、明了通達、得四無礙智、常能審諦、清浄説法、無有疑惑、具足菩薩神通之力。(『妙法華』二七下四―七)

⑳〔プールナは〕すべてのところで、説法人(dharma-kathika)たちの最勝のもの(agrya)であった。また、すべてのところで、空性(śūnyatā)に通達したものであった。また、すべてのところで、〔四〕無礙智(pratisaṃvid)を得たものであった。また、すべてのところで、菩薩の神通(abhijñā)に通達したものであった。また、よく確知した説法者(suviniścita-dharmadeśaka)であり、疑念の無い説法者(nirvicikitsa-dharmadeśaka)であり、清浄な説法者(pariśuddha-dharmadeśaka)であった。

即ち、この〔342〕に認められる"suviniścita-dharmadeśaka"という語と、〔339〕の「方便品」第一四偈に見られる"suviniścitārthā bahu dharmadeśakās (dharmabhāṇakās)"という表現が、対応していることは明らかだと思われるので、「方便品」第一四偈には、"dharma-bhāṇaka"ではなく"dharma-deśaka"という語が本来用いられていたであろうと考えるのである。後に述べるように、後出〔395〕の「方便品」第一二三偈で〃千二百人の無漏のものたちは、この世間で仏陀となるであろう〃という趣旨が言われるのは、その偈の作者が、「五百弟子品」散文部分〔399〕に説かれる〃千二百人の阿羅漢に対する授記〃という所説を知っていて、それを踏まえて述べたものと考えられるから、「方便品」第一四偈の"suviniścitārthā bahu dharmadeśakās"という表現も、「五百弟子品」散文部分〔342〕で用いられた"suviniścita-dharmadeśaka"という語にもとづいて形成されたものであろう。

辛嶋氏の論述⑳⑳は、おそらく"dharma-bhāṇaka"という新しい要素が「第一類」には本来存在しないことを示すためになされたと思われるが、「方便品」第一四偈に"dharma-bhāṇaka"ではなく"dharma-deśaka"という語が用いられていて、しかも、それが「五百弟子品」散文部分〔342〕の"suviniścita-dharmadeśaka"という語を踏まえて使用されたとすれば、氏の意図に反して、「方便品」の偈(triṣṭubh)の成立は、「方便品」等の「第一類」の散文部分の成立よりも遅いことを明示していることになるであろう。

さて、〔339〕冒頭にある「方便品」第一四偈には、考察すべき問題がまだ残されている。即ち、この偈は“navayānasaṃprasthita bodhisattvāḥ kṛtādhikārā bahubuddhakoṭiṣu”という表現によって始まるのであるが、このうち、“navayāna-saṃprasthita”と“kṛtādhikārā bahubuddhakoṭiṣu”というのは、一種矛盾する表現ではなかろうか。というのも、「〔過去世において〕幾コーティもの多くの仏陀たちに供養を為したもの」であるならば、それがどうして「新たに乗を求めて発趣したもの」と言えるのであろうか。すると、次のように考えるべきなのではなかろうか。つまり、第一四偈における“kṛtādhikārā bahubuddhakoṭiṣu”と“suviniścitārthā bahu dharmadeśakās”は、あくまでも“bodhisattvāḥ”の限定語であり、この“bodhisattvāḥ”が、第一四偈と第一七偈において“navayāna-saṃprasthita”と“avivartika”とに二分されたのであると。ということは、第一七偈の“bodhisattvā”にも“kṛtādhikārā bahubuddhakoṭiṣu”と“suviniścitārthā bahu dharmadeśakās”という限定語は付せられていると見るのである。このように見れば、第一四偈における“navayāna-saṃprasthita”と“kṛtādhikārā bahubuddhakoṭiṣu”との矛盾は回避できるであろう。つまり、「菩薩」というものは、いかなるものも、過去世において〝供養諸仏〟という菩薩行を為したものであるという理解が、〔339〕には示されていると思うのである。(333)

では、次に「方便品」第一段の偈の最後の部分である第一八偈―第二一偈（triṣṭubh）を見ることにしよう。それは次の通りである。

〔345〕gambhīra dharmā sukhamā mi(334) buddhā atarkikāḥ sarvi anāsravāś ca /
aham ca(335) jānāmiha yādṛśā hi te ye vā jinā loki daśa ddiśāsu // [II, v.18]
yaṃ śāriputra sugataḥ prabhāṣate adhimuktisaṃpanna bhavesi(336) tatra /
ananyathāvādi jino maharṣī cireṇa pi bhāṣati uttamārtham // [II, v.19]
āmantrayāmi imi sarvaśrāvakān(337) pratyekabodhāya ye prasthitā narāḥ(338) /
saṃsthāpitā ye maya(339) nirvṛtau hi(340) saṃmokṣitā duḥkhaparaṃparātaḥ // [II, v.20]

upāyakauśalya mametad agraṃ bhāṣāmi dharmaṃ bahu yena loke /
tahiṃ tahiṃ lagna pramocayāmi trīṇi ca yānāny upadarśayāmi // [II, v.21] (K, 32,13-33,4)

〔346〕諸仏聖明、不可及逮、一切漏尽、非心所念、
独仏世尊、能解了知、分別十方、諸仏世界。〔第一八偈〕
告舎利弗、安住所説、唯仏具足、解達知彼、
最勝導利、悉暢了識、説無上誼、以来久遠。〔第一九偈〕
仏今日告、諸声聞衆、縁覚之乗、如所立処、
捨置已逝、入泥曰者、所可開化、各各得度、〔第二〇偈〕
仏有尊法、善権方便、猶以講説、法化世間、
常如独歩、多所度脱、以斯示現、真諦経法。〔第二一偈〕(『正法華』六八中二五―下七)

〔347〕又告舎利弗、無漏不思議、甚深微妙法、我今已具得、唯我知是相、十方仏亦然。〔第一八偈〕
舎利弗当知、諸仏語無異、於仏所説法、当生大信力、世尊法久後、要当説真実、〔第一九偈〕
告諸声聞衆、及求縁覚乗、我令脱苦縛、逮得涅槃者、〔第二〇偈〕
仏以方便力、示以三乗教、衆生処処著、引之令得出。〔第二一偈〕(『妙法華』六上一八―二七)

(210)私によって悟られた(buddha)諸法(dharmāḥ)〔A〕は、すべて甚深(gambhīra)であり、微細(sukhama, sūkṣma)であり、思量されないもの(atarkika)であり、無漏(anāsrava)である。それらが、どのようなもの(yādṛśa)であるかを、ここで私だけが[341]知っており、あるいは、十方の世間における勝者たちも〔知っている〕。〔第一八偈〕
シャーリプトラよ、善逝(sugata)が語るところのもの〔A〕、それ〔A〕について、信解(adhimukti)を具えたものとなれ。勝者(jina)・大仙(maharṣi)は、虚偽を語らない者(ananyathā-vādin)であり、長時を経てから(cireṇa)、最高の意味(uttama-artha)〔A〕を語る〔からである〕。〔第一九偈〕

私は告げる〔āmantrayāmi〕。私によって涅槃〔nirvṛti〕に住せしめられ〔saṃsthāpita とどめられ〕、苦〔duḥkha〕の連続から解脱させられた〔saṃmokṣita〕、これらの声聞〔śrāvaka〕たちと独覚の菩提〔pratyekabodha〕を求めて発趣したもの〔prasthita〕たちに。〔次のように〕〔第二〇偈〕

これは、私の最勝〔agra〕の方便善巧〔upāya-kauśalya〕である。それによって、私は、世間〔loka〕において、多くの法〔dharma〕を語り、あれこれのものに執着しているもの〔lagna〕たちを、解脱させ、また、三つの乗〔yāna〕を説示するのである。〔第二一偈〕

ここで、まず『妙法華』〔347〕に注目しよう。そこでは、冒頭に「告舎利弗」とあり、更に第二〇偈に対する訳文の冒頭に「告諸声聞衆、及求縁覚乗」とある。すると、『妙法華』は、〔345〕のうち、前半〔第一八偈・第一九偈〕を、シャーリプトラに対する説法と見なし、後半〔第二〇偈・第二一偈〕を「声聞」「独覚」に対する説法と理解しているように思われる。おそらく、この区分には、シャーリプトラは〝実は菩薩である〟から、「声聞」「独覚」とは区別されるという理解が示されているであろう。

しかるに、この解釈の妥当性は、『妙法華』〔347〕では前半の訳文に「真実」という語が用いられ、後半の訳文に「方便」という語が使用されたことによって確認される。つまり、前半はシャーリプトラという〝実は菩薩〟に対する「真実」の説法であり、後半は「声聞」「独覚」に対する「方便」の説法であるという理解が、羅什によって示されているように思われる。このうち、「告舎利弗」には対応する原文は存在しないように見えるが、おそらく、〔345〕第一九偈の "śāriputra"「シャーリプトラよ」が、「告舎利弗」と訳されたのであろう。『正法華』〔346〕でも、第一九偈の訳文に「告舎利弗」とあり、第二〇偈の訳文に「告諸声聞衆、縁覚之乗」とあるので、そこでも、『妙法華』と同様の理解が示されていると考えられる。

しかし、両漢訳に示されるこの理解には、疑問がある。即ち、まず第一八偈前半が〝仏陀によって悟られたもの〟、つまり、〔A〕について語っていることは明らかである。この個所は、おそらく『律蔵』「大品」〔62〕の "adhigato “kho myāyaṃ dhammo gambhīro … atakkāvacaro”という表現、及び「方便品」散文部分〔136〕の“atarkyo 'tarkāvacaras”という表現を素材としていると思われるが、第一八偈前半では、すでに述べた“sukhama”（“sūkṣma”）「微細」という語が、〔A〕の〝不可知〟性を示すために付加されていると考えられる。なお、第一八偈で“dharma”「法」は、「方便品」第一段の散文の大部分の個所でそうであったように、複数形で示されている。

また、第一八偈後半は、「如来」を単数で示す点や、“yādṛśa”という語が用いられている点から考えて、主として「方便品」散文部分〔77〕にもとづいて成立しているであろう。

次に、第一九偈では、シャーリプトラに「信解（adhimukti）を具えたものとなれ」と言われるが、この言葉は、すでに考察した第七偈後半の「信解（adhimukti）をもって立っている菩薩たちを除いては」という表現との関係において理解されなければならない。即ち、ここで偈の作者がシャーリプトラを〝実は菩薩である〟と見なしていることは明らかである。では、その「信解」の対象とは何かと言えば、第一九偈前半で、それは“yaṃ … sugataḥ prabhāṣate”「善逝が語るところのもの」と言われている。しかし、おそらく、第一九偈後半の“uttama-artha”「最高の意味」（または「最高の対象」）という語も、「信解」の対象とされていると見てよいであろう。この“uttama-artha”は『妙法華』〔347〕では「真実」と訳されたと思われるが、“uttama”という語には「上下優劣の差」という〝大乗主義〟的な観念が込められていると思われる。即ち、“adhimukti”とは、基本的には、すでに考察したように、〝大乗〟と〝小乗〟を優と劣として対比する〝大乗主義〟にもとづく「信」なのであり、その「信」の対象が“uttama-artha”と呼ばれたことにも、それを対象とする“adhimukti”の〝大乗主義〟的性格が示されているであろう。

しかるに、この“uttama-artha”「最高の意味」は、“cireṇa”「長時を経てから」、「勝者」「大仙」によって語られると言われている。ここで、「勝者」「大仙」とは、釈迦仏を指すから、「長時を経てから」とは、〝釈迦仏が『法華経』以外の「方便」の教えを長期間説いた後で、「真実」の教えとして『法華経』を説く〟ということを意味している。このような考え方は、「方便品」散文部分には認められず、「譬喩品」散文部分に至って、初めて説かれるものである。

即ち、これは「譬喩品」〔178〕で"adya"という語等を用いて説かれた〝時間の二分法〟という考え方であり、それによれば、時間は〝『法華経』出現以前（小乗）〟〔α〕と〝『法華経』出現以後（大乗）〟〔β〕とに二分されるのである。この〔α〕と〔β〕という二つの時間は、『妙法華』〔347〕の表現を用いれば、「方便」の時間と「真実」の時間ということになり、"cireṇa"「長時を経てから」とは、言うまでもなく〝「方便」の時間〔β〕が長く続いた後で〟という意味に他ならない。

　このように、第一九偈の"cireṇa"という語には、「譬喩品」散文部分で明確に説かれる〝大乗主義〟が反映されていると見ることができるが、「譬喩品」散文部分の〝大乗主義〟は〔345〕の後半にも影響を与えていると思われる。即ち、まず〔345〕後半の第二〇偈・第二一偈は、すでに述べたように、「声聞」「独覚」に対してなされた「方便」の説法であると羅什によって解されていると思われるが、私は、第二〇偈のテキストに若干の疑問を感じるのである。即ち、一般には『正法華』〔346〕の「仏今日告、諸声聞衆、縁覚之乗」や『妙法華』〔347〕の「告諸声聞衆、及求縁覚乗」という訳文やチベット訳[342]に一致して、"āmantrayāmi ... sarvaśrāvakān"について「一切の声聞たちに、……私は告げる」というような理解がなされるのであるが、私の第一の疑問は、「方便品」散文部分において、釈迦仏が「一切の声聞」や「独覚」に呼びかける場面が果してあるであろうかということなのである。つまり、私の見る所では、釈迦仏は「方便品」散文部分では、専らシャーリプトラ一人に呼びかけているのであり、この点は、「方便品」の偈においても変りがないであろう。現に、〔345〕第二一偈の"tahiṃ tahiṃ lagna pramocayāmi"「あれこれのものに執着しているものたちを解脱させ」という文章が、「方便品」散文部分〔68〕の"tasmiṃs tasmiṃl lagnān sattvān pramocayitum"「あれこれのものに執着している衆生たちを解脱させるために」という表現にもとづいていることは明らかであるが、この表現を含む〔68〕は、そこに"śāriputra"「シャーリプトラよ」という呼びかけの語があることによって明示されているように、シャーリプトラに対して告げられた文章なのである。

　すると、二種の漢訳・チベット訳が問題の文章について、基本的には、〝私は、一切の「声聞」及び「独覚」に告げる〟という理解を示しているのは不適切ではないかという疑問が生じるのである。つまり、「方便品」偈の所説が、「譬喩品」散文部分に説かれる〝大乗主義〟を受け容れている点で、「方便品」散文部分の所説と大きくくい違っていることは明らかであるが、それにもかかわらず、その偈の作者が釈迦仏が話しかけている相手を取り違えるというようなことはありえないであろう。すると、梵文のテキストに問題があるのではないかという疑問が生じるのである。

これについて私見を一言で言えば、“sarvaśrāvakān” は本来、目的格ではなく “sarvaśrāvakāḥ” という男性複数主格、つまり、「一切の声聞は」というような形であったのではないかと思うのである。そこで写本を見てみると、K本で “-śrāvakān” とある個所には、三種類の読みがなされていることが知られる。つまり、“-śrāvakān” と “-śrāvakāṃ” と “-śrāvakā” (“-srāvakā”) である。[343] 従って、“-śrāvakāḥ” という読みは認められないが、O本・G1本・C3本・C6本・Pk本には、“śrāvakā” (“-srāvakā”) とあり、この “śrāvakā” という読みは、“śrāvakāḥ” 末尾のヴィサルガ “ḥ” が落ちたものと見ることもできるのではなかろうか。

また、“sarvaśrāvakān” の直前に置かれる “imi” についても、G1本が “ime” という読みを示しているように、“imi” = “ime” であり、正規な古典梵語文法に従えば、これは “idam” の男性複数主格と見られるであろう。つまり、“idam” の男性複数対格は “imān” である筈である。しかし、エジャトンは、仏教梵語においては “idam” の男性複数対格が “ime” “imi” “ima” という形もとるという理解を示しており、その例の一つとして、正に〔345〕の「方便品」第二〇偈の “imi” を挙げている。[344] しかし、この理解が正しいとしても、第二〇偈冒頭の “āmantrayāmi imi sarvaśrāvakān” 「これらのすべての声聞たちに告げる」という文章に、私は若干の違和感を感じるのである。何故、ある人々に告げるのに、「これらの」などという限定語が必要なのであろうか。単に「私は、すべての声聞たちに告げる」で文章は完結するのではなかろうか。現に二つの漢訳における「告諸声聞衆」という訳文では “imi” を訳していないのである。

更に、第二〇偈前半末尾に見られる “ye prasthitā narāḥ” も、正規の梵語文法から見れば、男性複数主格であろう。しかし、これについても、エジャトンは、“-ās” “-āḥ” が男性複数対格として使用されること、[345] “ye” も男性複数対格として用いられることを指摘している。[346] 従って、エジャトンによれば、仏教梵語の文法による限り、「方便品」第二〇偈前半の "imi ... ye prasthitā narāḥ" を男性複数対格と見ることに何の問題もないということになるのであろう。

しかし、それにもかかわらず、私の当初の疑問、つまり、「方便品」散文部分で、釈迦仏は専らシャーリプトラ一人に呼びかけているのであって、一切の「声聞」や「独覚」に呼びかける場面などないではないかという疑問は解消されないのである。そこで、私としては写本に根拠をもたないことを知りつつも、第二〇偈cの "saṃsthāpitā ye" の "ye" を一応 "te" に変更して、[347] 第二〇偈について、次のようなテキストと訳を提示してみたい。

(211) āmantrayāmi imi sarvaśrāvakā pratyekabodhāya ye prasthitā narāḥ /
saṃsthāpitā te maya nirvṛtau hi saṃmokṣitā duḥkhaparaṃparātaḥ //

(212) 私は告げる。これら一切の声聞たちと、独覚の菩提を求めて発趣した人たち、彼等は、私によって涅槃に住せしめられ、苦の連続から解脱させられた。

この私案のテキスト(211)が、「方便品」第二〇偈の原型に近いものとして承認を得ることは、おそらく困難であろうが、しかし、"sarva-śravakā" を対格ではなく主格と解することによって、"私は、一切の声聞と独覚に告げる" という不自然な表現を避けることができるだけでなく、論旨も明快になるように思われる。即ち、第二〇偈においては、「声聞」「独覚」に対して、「仏智」〔A〕ではなく、「涅槃」「解脱」〔B〕という境地が配当されたということが、明確に理解されるようになるのである。

しかるに、"saṃsthāpitā ... nirvṛtau" 「涅槃に住せしめられた（留め置かれた）」という表現は、「譬喩品」散文部分で、シャーリプトラが成仏の授記を受けた後で語る言葉の中の次のような一節にもとづいていると見ることができるであろう。

〔348〕 yāni cemāni bhagavan dvādaśa vaśībhūtaśatāni bhagavatā pūrvaṃ śaikṣabhūmau sthāpitāny evam avavaditāny evam anuśiṣṭāny abhūvan / etatparyavasāno me bhikṣavo dharmavinayo yad idaṃ jātijarāvyādhimaraṇaśokasamatikramo nirvāṇasamavasaraṇaḥ / (K, 70,13-71,1)

〔349〕大聖、斯千二百得自在者、昔来豈不住学地乎、当来如是此仏教耶、斯諸比丘頓止行門、遵尚法律、度老病死、諮嗟泥洹。(『正法華』七五上二一―二四)

〔350〕是諸千二百、心自在者、昔住学地、仏常教化言、我法能離生老病死、究竟涅槃。(『妙法華』一二中三―五)

(213)世尊よ、これらの千二百人の自在を得たもの（vaśī-bhūta）は、世尊によって以前に（pūrvam）有学の地（śaikṣa-bhūmi）に留め置かれ（sthāpita）、「比丘たちよ、私の法と律（dharma-vinaya）は、生・老・病・死・憂を越えること（samatikrama）、涅槃（nirvāṇa）に入ること（samavasaraṇa）を、究極（paryavasāna）としている」と教授され（avavadita）、教誡され（anuśiṣṭa）ました。

即ち、ここでも、千二百人の阿羅漢は、釈迦仏によって“pūrvam”「以前に」、「解脱」「涅槃」〔B〕に“sthāpita”「留め置かれた」と言われているのであるが、ここで“pūrvam”とは、言うまでもなく、「譬喩品」散文部分〔178〕等で説かれた〝時間の二分法〟のうちの〔α〕、つまり、『法華経』が説かれる以前の〝方便の時間〟を指している。「留め置かれた」という言葉が暗示しているように、千二百人の阿羅漢は、〔α〕の時間の間は、「解脱」「涅槃」〔B〕に一時的に留め置かれてはいるが、彼等は〝実は菩薩である〟から、「五百弟子品」散文部分〔399〕に至れば、すでに述べたように、彼等に成仏〔A〕の授記がなされることになるのである。

では、〔345〕の「方便品」第二〇偈においても、“saṃsthāpita”「住せしめられた」「留め置かれた」と言われている「声聞」「独覚」について、〝実は菩薩である〟という理解は示されているであろうか。この点は、必ずしも明確ではないが、しかし、第二〇偈以前の第八偈―第一〇偈で「仏智」〔A〕を知ることができないと言われた「声聞」たちについても、すでに述べたように、“kṛta-adhikāra”や“paṇḍita”という語等によって、〝実は菩薩である〟という理解が述べられていたと考えられるので、この第二〇偈でも“saṃsthāpita”という語によって、そこで言われる「声聞」「独覚」に関して、〝実は菩薩である〟という理解が示されていると見るのが適切であるように思われる。

ただし、〔345〕を全体として見れば、『妙法華』〔347〕の「告舎利弗」「告諸声聞衆、及求縁覚乗」という訳語によっても示唆されるように、そこでは前半の第一八偈・第一九偈において、〝実は菩薩〟であるシャーリプトラに対して、「仏智」〔A〕が説かれ、後半の第二〇偈・第二一偈においては、「声聞」「独覚」に対して、「解脱」「涅槃」〔B〕が説かれたという、いわば二元論的構造は明確であると思われる。即ち、この構造は、次のようにまとめられる。

声聞・独覚 → 解脱・涅槃〔B〕
菩薩 → 仏智〔A〕

しかるに、このような構造は、〝三乗方便説〟というよりも、むしろ〝二乗方便説〟と見なされるべきであろうが、それならば、〔345〕末尾の第二一偈で三乗方便説が明確に説かれているように見えることを、どのように理解すべきであろうか。そこで、この偈について検討しよう。まず、そこにある"agram"という形容詞は、"thabs mkhas mchog"(P, chu,16a7) というチベット訳から見ても、『正法華』〔346〕の「仏有尊法、善権方便」という訳語から見ても、また、第二一偈第一句が"agram"で終ることから考えても、"dharmaṃ"ではなく"upāyakauśalya"にかかると思われる。また、"dharmaṃ bahu"は、"upāyakauśalya"によって説かれる「多くの法」を意味するであろうから、これに"agram"がかかるというのは不自然であろう。従来の研究者の諸説も、「この勝れた教えを語るのだ」という岩本博士の訳（『岩波上』七五頁）を唯一の例外として、すべて"agram"を"upāyakauśalya"にかかる形容詞と見なしている。[348]

しかるに、この"agraṃ"を『妙法華』〔347〕では訳出していないし、またそもそも"agra"が"upāya-kauśalya"を形容する用例というのも、『法華経』梵本において多く認められるものではない。というよりも、その用例は『法華経』梵本において二例しかなく、その一つは、〔345〕の「方便品」第二一偈に見られるものであり、他の一例は、次のような「薬草喩品」第四三偈に見られるものなのである。

〔351〕svapratyayaṃ dharma prakāśayāmi kālena darśemi ca buddhabodhim /
upāyakauśalyu mamaitad agraṃ sarveṣa co lokavināyakānām // [V, v.43]（K, 131,9-10)

〔352〕一時之間、説因縁法、而為衆人、現於仏道、
　　善権方便、仏謂言教、一切導師、亦復如是。（『正法華』八五上一一―一四）
〔353〕迦葉当知、以諸因縁、種種譬喩、開示仏道、是我方便、諸仏亦然。（『妙法華』二〇中二〇―二一）
(214)自ら証した（svapratyaya）法（dharma）を、私は説き明す（prakāśayāmi）。また、時を経て（kālena）、仏陀の菩提（buddha-bodhi）〔A〕を、私は説き示す（darśemi）。これは、私の最勝（agra）の方便善巧（upāya-kauśalya）である。
　また、一切の世間の導師（loka-vināyaka）たちの〔最勝の方便善巧である〕。

ここで“upāyakauśalyu mamaitad agraṃ”とあるのは、〔345〕の「方便品」第二一偈に“upāyakauśalya mametad agraṃ”とあったのに一致している。従って、この「薬草喩品」第四三偈は、「方便品」第二一偈を参照して作成された可能性が充分に考えられる。しかし、それにもかかわらず、ここでも、『妙法華』は“agraṃ”を訳出していない。その代りに、O本ではこの“agraṃ”という語の置かれる位置にある“kāśyapa”という呼びかけの語が、『妙法華』〔353〕では「迦葉」として訳出されているのである。[349] また、『正法華』〔352〕も“agraṃ”を訳してはいない。すると、「方便品」第二一偈だけではなく、この「薬草喩品」第四三偈においても、“agraṃ”という語の存在に疑問が生じるのではなかろうか。すでに述べたように、“agra”という形容詞が“upāyakauśalya”を形容する用例というのは、『法華経』梵本（K本）において二つしかないが、そのどちらの用例についても、“agra”の存在に疑問が生じるのである。

なお、ここで、「方便品」第二一偈の内容を明確に理解するためにも、「薬草喩品」第四三偈との趣旨の一致を指摘しておきたい。即ち、「薬草喩品」第四三偈に“kālena”とあるのが、〔345〕の「方便品」第一九偈の“cireṇa”に対応していることは明らかであって、この“kālena”も“cireṇa”と同様に、すでに述べた〝時間の二分法〟を表す表現なのである。即ち、“kālena”の前に言われる「自ら証した法を、私は説き明す」というのが、〝『法華経』出現以前の方便の時間〟〔α〕に相当し、「仏陀の菩提を、私は説き示す」というのが、〝『法華経』出現以後の真実の時間〟〔β〕に相当する。すると、そこで“svapratyayaṃ dharma”「自ら証した法」とは〝方便〟的なものであるから、〔A〕ではなく

〔B〕と見なされていると考えられるであろうが、このような理解は、おそらく、この「薬草喩品」第四三偈に限っては、妥当であると思われる。つまり、この偈において"svapratyayaṃ dharma"が"buddha-bodhi"よりも価値的に低いものと見なされていることは確実であろう。しかし、そのことから、「方便品」第一段の散文部分〔68〕に見られる"svapratyayān dharmān"に関しても、これを価値的に低い〝方便〟的なもの〔B〕と見なすとすれば、それは適切ではないと思われる。即ち、「薬草喩品」第四三偈〔351〕の"svapratyayaṃ dharma prakāśayāmi"という表現が、「方便品」散文部分〔68〕の"svapratyayān dharmān prakāśayanti"にもとづいて形成されたことは明らかであろうが、「薬草喩品」第四三偈、及び、「方便品」第一八偈—第二一偈〔345〕の思想構造を決定していると考えられる〝時間の二分法〟という考え方は、「譬喩品」散文部分において、その〝大乗主義〟にもとづいて、初めて説かれるものであるから、「方便品」散文部分には、全く認められないのである。それ故、「薬草喩品」第四三偈にもとづいて、「方便品」散文部分〔68〕の趣旨や、そこに用いられた"svapratyayān dharmān"という語の意味を決定するという方法は適切ではないであろう。

　このように論じるのは、苅谷博士が〔68〕の"svapratyayān dharmān"を「(衆生)自身に起因する諸々の教法(svapratyaya dharma)を[350]」と訳され、これに註を付して、次のように主張されたからである。

(215) この svapratyayān dharmān を、『チベット訳』は raṅ gis rig paḥi chos rnams(自己が知れる諸法)(14b-6)とし、『ケルン訳』も「(諸仏は)彼ら自身に起因する法(を説く)」(pp.30.19-31.1)とし、『渡辺訳』では「自分で理解した法」(第二十八回 p.82)、『松濤訳』Ⅰでは「みずからに明証である法」(pp.39.11-40.1)、『岩本訳』上では「自身に関連して教え(を世に弘める)」(p.67)とあり、これらは全て sva を「仏自身」と解しているのである。しかしそのようには解しえないであろう。この語は後の現行「薬草品」第五にもう一度出ているのであって、そこでは「(私、釈尊は)svapratyaya dharma を説き明かすが、時至れば仏の正覚を説く。これが私及び一切の世間の導師たち(諸仏)の最高の〈巧みな方法〉なのだ」(V, v-43)とあり、svapratyaya dharma は、仏の正覚即ち〈仏乗〉

に対する、〈巧みな方法〉によって説かれた教法を意味している。このような〈巧みな方法〉にもとづく種々の教法というものは、衆生の機根に応じて説かれたものであるから、このsvaは「衆生自身」のことでなくてはならない。（『一仏乗』八五頁、註〔24〕）〔傍線＝松本〕

ここで、苅谷博士は、「薬草喩品」第四三偈において“svapratyayaṃ dharma”という語が担わされている意味にもとづいて、「方便品」散文部分〔68〕における“svapratyayān dharmān”の意味を確定するという方法を採用されているように思われるが、すでに述べたように、「薬草喩品」第四三偈の思想構造を決定していると思われる〝時間の二分法〟という考え方が、「方便品」散文部分には全く認められない以上、このような方法は適切ではないであろう。

「方便品」散文部分〔68〕の“svapratyayān dharmān”については、すでにその個所の考察において論じた通り、これは直前の「方便品」散文部分〔64〕の“āścarya-adbhuta-dharma”と同様に、複数形でありながらも、〝仏陀によって悟られたもの〟〔A〕に相当すると考えられる。従って、“sva-pratyaya”の“sva”はやはり「仏自身」を指すのであって、これを「衆生自身」と見る苅谷博士の見解には賛同できない。

「方便品」散文部分〔68〕を見ると、“svapratyaya”という語は、

ⓧ svapratyayān dharmān〔A〕prakāśayanti vividhopāyakauśalyajñānadarśanahetukāraṇanidarśana (-nirdeśa) arambaṇa-niruktiprajñaptibhis〔B〕

という構文において説かれたと考えられるが、これは「方便品」散文部分〔160〕における、

ⓨ upāyakauśalyena〔B〕tad evaikaṃ buddhayānam〔A〕triyānanirdeśena〔B〕nirdiśanti.

という構文と全く一致している。従って、「方便品」〔68〕の“svapratyayān dharmān”は、ⓨの“ekaṃ buddhayānaṃ”に対応するものであるから、これを苅谷博士の(215)のように、「仏の正覚即ち〈仏乗〉に対する、〈巧みな方法〉によって説かれた教法」であるとか、更には「これまでの仏の教説たる声聞・独覚・菩薩の三乗の教法[351]」であるとか見ることはできないであろう。[352]

以上、「薬草喩品」第四三偈〔351〕は、「方便品」散文部分〔68〕の“svapratyayān dharmān prakāśayanti”という表現にもとづきながらも、〝時間の二分法〟という「譬喩品」散文部分で創唱された考え方を受け容れている点で、「方便品」散文部分〔68〕の趣旨とは大きく異なることが明らかになった。

では、「薬草喩品」第四三偈と同様に、“upāyakauśalya mametad agraṃ”という表現をもつ〔345〕の「方便品」第二一偈の所説、特にその三乗説を、どのように理解すべきであろうか。

まず、すでに述べたように、〔345〕の第一九偈に“cireṇa”という語があることから、〔345〕は全体として、「譬喩品」散文部分で創唱された〝時間の二分法〟という〝大乗主義〟的な考え方によって、その思想構造が根本的に決定されていると考えられる。従って、第二一偈にある“tahiṃ tahiṃ lagna pramocayāmi”という表現が、すでに述べたように、「方便品」散文部分〔68〕の“tasmiṃs tasmiṃl lagnān sattvān pramocayitum”を踏まえて形成されていることは、明らかであるにもかかわらず、「方便品」第二一偈と「方便品」散文部分〔68〕の思想構造は、基本的に異なると見るべきであろう。

この点は、「方便品」第二一偈末尾の“trīṇī ca yānāny upadarśayāmi”という表現からも、確認することができる。即ち、「方便品」散文部分で「三乗」という語が用いられるのは、〔160〕においてだけであるが、そこで「三乗」は、前掲のⓨに示したように、“triyāna-nirdeśena nirdiśanti”という形式において説かれている。つまり、“nirdiśanti”の目的語として“triyāna-nirdeśa”は対格で示されるのではなく、“nirdiśanti”は“triyāna-nirdeśa”の具格と結合するのであって、これは、ⓧに示したように、「方便品」散文部分〔68〕において“prakāśayanti”が“-prajñapti”の具格と結合するのと同じ形式である。

しかるに、「方便品」第二一偈の“trīṇī ca yānāny upadarśayāmi”において、“upadarśayāmi”は「三乗」の対格と結合している。つまり、「三乗」は“upadarśayāmi”の目的語とされている。この形式は「譬喩品」散文部分末尾の〔256〕ⓑに見られる

ⓩ <u>pūrvam</u> upāyakauśalyena trīṇi yānāny〔B〕 upadarśayitvā <u>paścān</u> mahāyānenaiva〔A〕 sattvān parinirvāpayati.

という文章の形式に一致するものであって、「方便品」第二一偈の“trīṇi ca yānāny upadarśayāmi”という表現も、この文章ⓩの“trīṇi yānāny upadarśayitvā”から採用されたものであることは明らかである。しかも、この文章ⓩには、“pūrvam ... paścān ...”という形式で〝時間の二分法〟が説かれており、その〝時間の二分法〟が「方便品」第一八偈―第二一偈〔345〕にも受け容れられて、その全体の趣旨を決定していることは、すでに見た通りである。とすれば、「方便品」第二一偈を含む〔345〕は、「方便品」散文部分〔68〕よりも、むしろ「譬喩品」散文部分末尾の〔256〕から根本的な影響を受けていると考えられるのである。

では、その「方便品」第二一偈における三乗説をいかに評価すべきであろうか。そこに見られる“upāyakauśalya ... yena ... trīṇi ca yānāny upadarśayāmi”というのは〝方便善巧によって三乗を説く〟と言っているのであるから、これは表現として見れば、確かに〝三乗方便説〟ではある。しかし、すでに述べたように、〔345〕は全体として、

(a) 声聞・独覚 → 解脱・涅槃〔B〕(〔α〕) 小乗・方便
(b) 菩薩 → 仏智〔A〕(〔β〕) 大乗・真実

という二元論的構造をもっている。しかも、〔345〕は、「譬喩品」散文部分で創唱された〝時間の二分法〟という観念によって、その思想構造が決定されているのであるから、右の(a)と(b)には、〔α〕と〔β〕の時間が配当され、その二元論的性格は、更に強められ、結局、両者は〝小乗〟と〝大乗〟として対比され、それが〝方便〟と〝真実〟として区別されることになるのである。これは、明らかな〝二乗方便説〟〝大乗主義〟であると言えるであろう。

すでに、「譬喩品」の「火宅譬喩」の考察において、「譬喩品」散文部分においては、〝賜与の一車〟に「牛」はつながれておらず、また、それは「牛の車」であるとも規定されていなかったにもかかわらず、「譬喩品」偈では、第八三偈〔240〕において「牛」がつながれ、第八〇偈〔237〕において「牛の車」であるという規定がなされたことを確認した。このような操作は、「譬喩品」の偈が〝方便の三車〟中の第三車と〝賜与の一車〟を同一視する〝三車説〟

を説こうとする意図を示すものに他ならないが、〝三車説〟とは〝二車＝方便、一車＝真実〟という〝二乗方便説〟として理解されるのが自然であろう。従って、私見によれば、「譬喩品」偈の思想的立場は〝三車説＝二乗方便説〟として把えることができると思われるが、「方便品」偈の思想的立場も、これと基本的に一致するものと考えられる。このことは、すでに「方便品」偈と「譬喩品」偈との間に著しい表現上の一致が見られることを、「真の声聞に関する表現」のリスト等において、ある程度、示すことができたであろう。従って、問題の〔345〕の「方便品」第二一偈においても、根本的には〝小乗の二乗は方便であり、大乗の一乗のみ真実である〟という〝二乗方便説〟、つまり、〝大乗主義〟が説かれていると見るのが妥当であると思われる。

最後に、〝第一類の偈において、śloka で書かれた偈よりも、triṣṭubh で書かれた偈の方が古い〟という辛嶋氏の説が、「方便品」第一段の偈、つまり、第一偈—第二一偈について妥当するかを考えてみたい。第一偈—第七偈が śloka であり、第八偈—第二一偈が triṣṭubh であるが、このうち、triṣṭubh の部分では、「仏智」〔A〕は〝不可知〟であるということが説かれ、śloka の部分では、「諸仏」や「仏陀の諸法」が〝不可知〟であることが言われ、そこには、「仏智」〔A〕に相当する語は認められない。これを、「仏智」〔A〕は〝難知〟であると説く「方便品」散文部分〔59〕の所説と比較するならば、「仏智」という肝心の主語が用いられていない分だけ、śloka の部分は散文部分〔59〕からの距離が大きいように感じられる。つまり、śloka の部分の方が新しいという印象は、私ももつのである。しかし、私見が辛嶋説と大きく異なる点は、第八偈—第二一偈の triṣṭubh の部分といえども、そこには、「譬喩品」散文部分〔348〕や「五百弟子品」散文部分〔342〕からの影響が認められると見る点である。つまり、私は、その triṣṭubh の部分が、第一類の散文部分に先行して成立したと考えることはできないのであって、むしろ、第一類の散文部分が成立した後で、それを踏えて、それらの偈が成立したと見るのである。

更に言えば、「方便品」の偈（triṣṭubh）の作者は、第一類の散文部分の内容を知っているばかりか、第一類よりも後に出る「法師品」散文部分〔411〕〔414〕の内容すら知っていると思われるが、これについては後に論じることにしたい。

では、次に「方便品」第二段の偈、つまり、シャーリプトラによって語られたものとされる第二二偈—第三二偈について、検討することにしよう。この部分も、śloka の部分（vv.22-29）と triṣṭubh の部分（vv.30-32）からなっているが、まず前者から見ていくことにしよう。そのうち、「方便品」第二二偈—第二四偈は、次の通りである。

〔354〕cirasyādya narāditya īdṛśīṃ kurute kathām /
balā vimokṣā dhyānāś ca aprameyā mi sparśitāḥ // [II, v.22]
bodhimaṇḍaṃ ca kīrtesi pṛcchakas te na vidyate /
saṃdhābhāṣyaṃ ca kīrtesi na ca tvāṃ kaści pṛcchati // [II, v.23]
apṛcchito vyāharasi caryāṃ varṇesi cātmanaḥ /
jñānādhigama kīrtesi gambhīraṃ ca prabhāṣase // [II, v.24]（K, 34,7-12）

〔355〕楽慧聖大尊、久宣如是教、力脱門禅定、所奉無央数。〔第二二偈〕
讃揚仏道場、無敢発問者、独諮嗟真法、無能啓微意。〔第二三偈〕
顕示大聖法、自歎誉其行、智慧不可限、欲分別深法。〔第二四偈〕（『正法華』六八下二〇—二五）

〔356〕慧日大聖尊、久乃説是法、自説得如是、力無畏三昧、禅定解脱等、不可思議法。〔第二二偈〕
道場所得法、無能発問者、我意難可測、亦無能問者。〔第二三偈〕
無問而自説、称歎所行道、智慧甚微妙、諸仏之所得。〔第二四偈〕（『妙法華』六中一四—二〇）

(216)長時を経て（cirasya）、今（adya）太陽のような人間（nara-āditya）〔仏陀〕は、このような話（kathā）をなさる。「私によって証得された（sparśita）力・解脱・禅定〔A〕は、不可知（aprameya）である」と。〔第二二偈〕
あなたに質問する人（pṛcchaka）はいないのに、あなたは菩提の座（bodhi-maṇḍa）を称揚される（kīrtesi）。誰もあなたに質問しないのに、あなたは意図所説（saṃdhā-bhāṣya）〔A〕を称揚される。〔第二三偈〕

あなたは質問されないのに語り、また自分の行（caryā）を称讃し（varṇesi）、智の証悟（jñāna-adhigama）〔A〕を称揚し、甚深（gambhīra）なもの〔A〕をお述べになる。〔第二四偈〕

ここで、まず、第二二偈の“cirasya”「長時を経て」と“adya”「今」という語は、「譬喩品」散文部分で創唱された“時間の二分法”という考え方が、ここでも認められていることを示している。即ち、“cira”「長時」は“『法華経』出現以前の方便の時間”〔α〕に相当し、“adya”以降が“『法華経』出現以後の真実の時間”〔β〕に相当する。

また、第二二偈で“bala”“vimokṣa”“dhyāna”と言われるのは、〔315〕の「方便品」第二偈（śloka）の“bala”“vimokṣa”“vaiśāradya”と同様、「方便品」第一段の散文部分〔74〕に出る“jñānadarśana-bala-vaiśāradya-āveṇika-indriya-bala-bodhyaṅga-dhyāna-vimokṣa-samādhi-samāpatty-adbhuta-dharma”〔A〕を承けた表現であろう。その〔74〕で、これらの“bala”“vimokṣa”等の諸法は、“adbhuta-dharma”（複数）と呼ばれているが、これが「方便品」第二偈では、“buddha-dharma”（複数）と言われ、その“不可知”性が“na śakyaṃ jñātu kenacit”と説かれたのである。しかるに、その同じ“不可知”性が、〔354〕の「方便品」第二二偈では、「方便品」第一偈〔312〕でも用いられた“aprameya”という語によって述べられている。この“aprameya”の語義についてはすでに論じたが、これは“量ることができない”“計算できない”“数えられない”という意味ではなく、“知ることができない”という意味であると考えられる。従って、この“aprameya”を「方便品」第一偈について、『正法華』〔313〕と『妙法華』〔314〕が「不可量」と訳し、この「方便品」第二二偈について、『正法華』〔355〕が「無央数」と訳したのは、いずれも不適切であり、『妙法華』〔356〕が、「不可思議」と訳したのは、これを“知ることができない”という意味に解することができれば、適切な訳であったと考えられる。いずれにせよ、この“aprameya”という語を“不可知”を意味するものとして用いるところに、いずれもślokaである「方便品」第一偈と第二二偈との間に、一致点が認められるのである。

次に、第二三偈・第二四偈では、基本的には、“仏陀が“bodhi-maṇḍa”“saṃdhā-bhāṣya”“caryā”“jñāna-adhigama”を称揚し、称讃する”という趣旨が説かれていると考えられる。

このうち、“saṃdhā-bhāṣya”等を称揚し、称讃するということは、「方便品」第一段の散文部分〔93〕で、釈迦仏が“upāya-kauśalya”や“gambhīra-dharma”等を“saṃvarṇayati”「称讃する」と言われたことや、その後に続く〔97〕において、“upāyakauśalya-jñānadarśana-dharmadeśanā”や“saṃdhā-bhāṣya”等を“saṃvarṇayati”すると言われたことにもとづくものであろう。この点は“saṃvarṇayati”と語根が等しい“varṇesi”という語が、第二四偈で使用されていることからも明らかである。ただし、釈迦仏の「称讃」の対象として、散文部分〔93〕や〔97〕とは若干異なり、第二三偈・第二四偈では“bodhi-maṇḍa”“saṃdhā-bhāṣya”“caryā”“jñāna-adhigama”というものが挙げられている。更に第二四偈末尾の“gambhīraṃ ca prabhāṣase”における“gambhīra”も、〔93〕における“gambhīraś cāyaṃ ... dharmo”を承けた表現と考えられるが、この〔354〕では、やはり「称讃」の対象とされているのであろう。

しかるに、これらの「称讃」の対象のうち、“bodhi-maṇḍa”が釈迦仏の「称讃」の対象とされていることは、理解に苦しむと言わざるを得ないが、松濤博士は、この語を「菩提の座（において証得された法）[353]」と訳されている。これは『妙法華』〔356〕の「道場所得法」という訳にもとづいていると見ることができるかもしれないが、また、同時に「方便品」第二三偈・第二四偈と同様にślokaで書かれた〔315〕の「方便品」第四偈の所説に依拠するものであろう。即ち、その第四偈には“tasyāṃ cīrṇāya caryāyāṃ ... phalaṃ me bodhimaṇḍasmin dṛṣṭam”「その行（caryā）が行じられたが、〔その〕果（phala）が、私によって、菩提の座において見られた」とあるので、「方便品」第二三偈で釈迦仏が「菩提の座」を「称讃する」というのは、この「菩提の座において見られた」「果」である「法」を「称讃する」という意味であると解されたためであろう。

いずれにせよ、「方便品」第二三偈が“bodhi-maṇḍa”という語を使用する点において、「方便品」第四偈と密接な関係にあることは明らかであり、「方便品」第二四偈における“caryā”という語も、「方便品」第四偈で使用された“caryā”を「称讃」の対象として挙げたものであろう。すると、以上の事実から「方便品」第一段でślokaによって書かれた偈の部分、つまり、第一偈—第七偈と、「方便品」第二段でślokaによって書かれた偈の部分、即ち、第二二偈—第二九偈には、表現上の一致が認められるということが、明らかになったであろう。それ故、両者は、ほぼ同時に同一の著者〔達〕によって作成されたと見ることもできるかもしれない。

また、〔354〕の「方便品」第二三偈・第二四偈では、“√prach”「質問する」という動詞語根にもとづく言葉が、“pṛcchaka”“pṛcchati”“apṛcchita”というように、三度も用いられ、〝誰も質問するものがいないのに、釈迦仏は saṃdhā-bhāṣya〔A〕等を「称讃」した〟という趣旨が述べられているが、まず「方便品」第一段の散文部分にも、第二段の散文部分にも、“√prach”という語根にもとづく語は全く用いられていない。では、〝誰も質問しなかった〟などという表現は、「方便品」散文部分の所説のどこに対応しているのであろうか。

この点は、“apṛcchito vyāharasi”「あなたは、質問されないのに語り」という表現が、『妙法華』〔356〕において「無問而自説」と訳されたことによって理解されるであろう。つまり、「方便品」第二三偈について、渡辺博士が、

(217)仏陀は一般に誰かから質問されて、それに答えて説法なさるのが原則とされている。質問されることなく、ご自分から発言なさるのは例外である。ここでは事の重大性を示している。（「渡辺詳解」三四回、八六頁上）

と説明されたことからも知られるように、「質問されないのに語り」というのは、具体的には、「方便品」散文部分で、釈迦仏が三昧から起ち上って、第一段の所説〔59〕〔64〕〔68〕〔74〕〔77〕を語り始めたことを指しているのである。しかし、「方便品」散文部分の第一段を、「方便品」第二三偈・第二四偈が「無問而自説」と把えること自体が、教理の相当の発展を示しているであろう。なお、この「無問而自説」という考え方が、第二段の偈の triṣṭubh 部分（第三〇偈—第三二偈）には示されていないことも、注意しておきたい。

では、次に「方便品」第二段の偈の śloka 部分の後半である第二五偈—第二九偈を見てみよう。それは、次の通りである。

〔357〕adyeme saṃśayaprāptā vaśībhūtā anāsravāḥ /
nirvāṇaṃ prasthitā ye ca kiṃ etad bhāṣate jinaḥ // [II, v.25]

pratyekabodhi prārthentā[354] bhikṣuṇyo bhikṣavas tathā /
devā nāgāś ca yakṣāś ca gandharvāś ca mahoragāḥ // [II, v.26]
samālapanto anyonyaṃ prekṣante dvipadottamam /
kathaṃkathī vicintentā vyākuruṣva mahāmune // [II, v.27]
yāvantaḥ śrāvakāḥ santi sugatasyeha sarvaśaḥ /
aham atra pāramīprāpto nirdiṣṭaḥ paramarṣiṇā // [II, v.28]
mamāpi saṃśayo hy atra svake sthāne narottama /
kiṃ niṣṭhā mama nirvāṇe atha caryā mi darśitā // [II, v.29]（K, 34,13-35,8)

〔358〕今鄙等懐疑、説道諸漏尽、其求無為者、皆聞仏所説。〔第二五偈〕
其求縁覚者、比丘比丘尼、諸天龍鬼神、揵沓摩休勒、〔第二六偈〕
及余諸等類、心各懐猶豫、請問両足尊、大徳願解説、〔第二七偈〕
一切諸声聞、安住所教化、大聖見歎誉、我独度無極。〔第二八偈〕
鄙意在沈吟、不能自決了、究竟至泥洹、今復聞此説。〔第二九偈〕（『正法華』六八下二六―六九上六）

〔359〕無漏諸羅漢、及求涅槃者、今皆堕疑網、仏何故説是。〔第二五偈〕
其求縁覚者、比丘比丘尼、諸天龍鬼神、及乾闥婆等、〔第二六偈〕
相視懐猶豫、瞻仰両足尊、是事為云何、願仏為解説、〔第二七偈〕
於諸声聞衆、仏説我第一、〔第二八偈〕
我今自於智、疑惑不能了、為是究竟法、為是所行道。〔第二九偈〕（『妙法華』六中二一―二九）

㉘今（adya）、これらの自在を得た（vaśī-bhūta）無漏（anāsrava）の〔阿羅漢〕たちと、涅槃（nirvāṇa）を求めて発趣した（prasthita）ものたちは、「勝者（jina）が、何故、これを語るのか」という疑問（saṃśaya）をもっています。

〔第二五偈〕

独覚（pratyeka-bodhi）を求めているもの（prārthenta）たち、また、比丘尼たちや比丘たち、天（deva）・龍（nāga）・夜叉（yakṣa）・乾闥婆（gandharva）・摩睺羅伽（mahoraga）たちは、〔第二六偈〕

互いに語り合い、(355)疑惑をもち（kathaṃkathin）、思いをめぐらしながら、最高の人間（dvipada-uttama）を見つめています。大いなる聖人（muni）よ、説明してください（vyākuruṣva）。〔第二七偈〕

ここにいる善逝（sugata）のすべての声聞（śrāvaka）たちの中で、私（シャーリプトラ）は、最高のもの（pāramī-prāpta）であると、最高の聖仙（ṛṣi）によって説かれましたが、〔第二八偈〕

その私にも、この自分の場所（sthāna）について疑問（saṃśaya）があります。最高の人間よ、一体、私の究極（niṣṭhā）は涅槃（nirvāṇa）にあるのでしょうか、それとも、私には行（caryā）が示された（darśita）のでしょうか。

〔第二九偈〕

まず、ここで、どのような者たちが釈迦仏の説法を聞いて、疑問をもったとされているかを考えてみたい。彼等は、①阿羅漢たち、②「涅槃を求めて発趣したものたち」、③「独覚を求めているものたち」、④比丘・比丘尼、⑤天・龍・夜叉・乾闥婆・摩睺羅伽、⑥シャーリプトラであると考えられる。このうち、①と②は、声聞乗のもの、③は独覚乗のものを指すであろうが、①と②は、最高の境地に達した声聞とそれを目指している声聞という意味で区別されていると思われる。また、⑥のシャーリプトラも「声聞」とされているが、「完成を得た」とも訳される“pāramī-prāpta”という形容詞に“実は菩薩である”という理解が示されているかどうかは、明確ではない。

さて、疑問をもったとされるこれらのものたちを、「方便品」第二段の散文部分〔81〕の三種の聴衆、即ち、ⓧ千二百人の阿羅漢、ⓨ他の声聞乗の人々＝比丘・比丘尼・優婆塞・優婆夷、ⓩ独覚乗を求めて発趣した人々と比べてみると、⑤の天・龍・夜叉・乾闥婆・摩睺羅伽は、〔81〕に存在しない。また、⑥のシャーリプトラについては、「方便品」第二段の散文部分〔97〕ⓐで、疑問をもったことが言われている。言うまでもなく、この〔357〕における聴衆の内訳の説明は、「方便品」散文部分の第二段〔81〕よりも、「序品」散文部分の冒頭でなされる説明（K, 1,6-5,6）にもとづいているのであって、そこでは、すでに〔81〕に関する考察で見たように、㋐㋑㋒㋓㋔㋕㋖という七種の聴衆が示されているが、そのうち、㋔㋕が天龍八部衆に相当する。〔357〕の第二六偈には、八部衆のうち、阿修羅（asura）・緊那羅（kiṃnara）・迦楼羅（garuḍa）が欠けているが、しかし、この欠落も大きな意味をもたないであろう。

また、「序品」冒頭で述べられる七種の聴衆のうち、㋓八万の菩薩も、後に見る「方便品」第二段の偈のうち、triṣṭubh で書かれた第三〇偈―第三二偈〔360〕のうちの第三一偈で言及される。従って、「方便品」第二段の偈、即ち、第二二偈―第三二偈における聴衆の説明が「序品」冒頭の散文部分の説明にもとづいていることは明らかであるが、これはまた、「方便品」偈の成立が「方便品」散文部分や「譬喩品」散文部分の成立よりも遅いというだけではなく、「序品」散文部分の成立よりも遅いことを示していると思われる。

さて、〔357〕末尾の第二九偈で言われるシャーリプトラの“saṃśaya”「疑問」の内容はどのようなものであろうか。それは、まずシャーリプトラ自身の“sthāna”「場所」について疑問であると言われている。この“sthāna”を渡辺博士は「位置」[356]と訳されているが、シャーリプトラの宗教的境地がどの程度まで進んだものであるかを示す言葉としては、“sthāna”を「位置」と訳すことは適切であろう。次にシャーリプトラの疑問の内容を具体的に示す“kiṃ niṣṭhā mama nirvāṇe atha caryā mi darśitā”という第二九偈後半は、松濤博士によって、

(219)「そのとき私に教示された修行法は、私の涅槃について究極的なものであるのか」と。（『松濤Ⅰ』四六頁）

と訳されているが、この原文には『妙法華』〔359〕の「為是……為是……」やチベット訳の“... tam // hon te ... tam /”(P, chu,17a5) という訳語によって示されている“kiṃ ... atha ...”「一体……であるのか、それとも……であるのか」という構文が認められるので、博士の訳文は適切ではないであろう。問題は第二九偈後半における“caryā”の意味にあるであろうが、この“caryā”は“kiṃ ... atha ...”という構文から考えてみても、おそらく、“niṣṭhā”「究極」と対比的に用いられている語であろう。つまり、「涅槃」という「究極」または「果」に至るまでの因、または道としての「行」

を指すと思われる。“caryā”「行」が“phala”「果」をもたらすための因を意味することは、すでに〔315〕の「方便品」第四偈でも言われたことである。従って、結論として言えば、「方便品」第二九偈で述べられたシャーリプトラの疑問の内容とは、自分が得ている宗教的境地である「涅槃」というのは、最終的な「究極」または「果」であるのか、それとも、まだそこには至っていない中途の段階であるのかということであったと思われる。

では、次に「方便品」第二段の偈のうちで残された偈、つまり、triṣṭubh で書かれた第三〇偈—第三二偈の内容を見てみよう。それは、次の通りである。

〔360〕pramuñca ghoṣaṃ varadundubhisvarā udāharasva yatha eṣa dharmaḥ /
ime sthitā putra jinasya aurasā vyavalokayantaś ca kṛtāñjalī jinam // [II, v.30]
devāś ca nāgāś ca sayakṣarākṣasāḥ[357] koṭīsahasrā yatha gaṅgavālikāḥ /
ye cāpi prārthenti mam agrabodhiṃ sahasraśītiḥ paripūrṇa ye sthitāḥ // [II, v.31]
rājāna ye mahipati cakravartino ye āgatāḥ kṣetrasahasrakoṭibhiḥ /
kṛtāñjalī sarvi sagauravāḥ sthitāḥ kathaṃ nu caryāṃ paripūrayema // [II, v.32]（K, 35,9-14)

〔361〕唯願演分別、雷震音現説、如今所発教、猶若師子吼、
最勝諸子等、帰命皆叉手、欲聞正是時、願為分別説。〔第三〇偈〕
諸天龍衆、鬼神真陀、無数百千、如江河沙、
而悉僉曰、供養世尊、咸欲発問、於尊仏道。〔第三一偈〕
国主帝王、転輪聖王、悉共同心、億百千姟、
一切恭敬、叉手而立、徳何因盛、衆行具足。〔第三二偈〕（『正法華』六九上七—一六）

〔362〕仏口所生子、合掌瞻仰待、願出微妙音、時為如実説。〔第三〇偈〕
諸天龍神等、其数如恒沙、求仏諸菩薩、大数有八万、〔第三一偈〕

又諸万億国、転輪聖王至、合掌以敬心、欲聞具足道。〔第三二偈〕（『妙法華』六下一―六）

(220)音声（ghoṣa）を発してください。優れた太鼓の音（svara）をもつ方（仏陀）よ。この法（dharma）〔A〕がどのようなものであるか述べてください。勝者（jina）のこれらの嫡出（aurasa）の息子（putra）〔菩薩〕たちは、勝者を見つめながら、合掌して（kṛta-añjali）立っています（sthita）。〔第三〇偈〕

幾千コーティもの天・龍・夜叉・羅刹（rākṣasa）がガンジス河の砂のようにいます。また、八万を満たすほどの、この最勝の菩提（agra-bodhi）を求めている（prārthenti）ものたち〔菩薩〕が立っています（sthita）。〔第三一偈〕

また、幾千コーティもの国土（kṣetra）から来た王や大地の主や転輪王（cakra-vartin）たちもいます。彼等は、すべて、尊重心（gaurava）をもって、合掌して立っています（sthita）。「どのようにして、私たちは、行（caryā）を満たすことができるであろうか（paripūrayema）」と考えて。〔第三二偈〕

このうち、まず第三〇偈は、すでに〔13〕として示し、訳出したものであるが、その〔13〕に関する考察で示したように、ここには“ghoṣa”“svara”という感性的な表現が用いられている。このうち“ghoṣa”という語は、『法華経』においては、すでに論じたように、「譬喩品」散文部分〔16〕で最初に用いられたものと思われるが、その“ghoṣa”が「方便品」第三〇偈でも使用されたということは、このtriṣṭubhで書かれた第三〇偈が、「譬喩品」散文部分〔16〕を踏まえて後に成立したことを示していると思われる。

また、第三〇偈に出る“aurasa”も、すでに論じた通り、家系・血統・遺産相続というインド父系制社会における差別的観念と関係する語である。原始仏典の〔10〕においても使用されたこの語が、『法華経』において最初に使用されたのは、「譬喩品」散文部分の〔178〕ⓒにおいてであると考えられるから、「方便品」第三〇偈における“aurasa”という語の使用も、「譬喩品」散文部分の所説を承けたものと見られるであろう。

更に「方便品」第三〇偈に用いられる“sthita”“kṛta-añjali”については、すでに論じた通りであり、これは〝菩薩〟が仏前に「合掌して立っている」という身体的状態・姿勢を表している。

次に、第三一偈では、所謂〝天龍八部衆〟に関連するものと、〝八万の菩薩〟が言及されていると考えられる。このうち、〝天龍八部衆〟については、すでにśloka部分の第二六偈で言われたので、ここでの言及は、重複したものとなっている。ただし、ここでは、一般には〝天龍八部衆〟に含まれない“rākṣasa”「羅刹」が挙げられており、この“rākṣasa”は「方便品」第二六偈にも、また、「序品」散文部分にも、全く言及されていない。ただし、その全てがtriṣṭubhで書かれている「序品」の偈では“rākṣasa”が二回言及される。即ち、第四六偈と第五六偈で、“nara-maru-yakṣa-rākṣasa”（K, 15,2; 16,7）、つまり、「人・天・夜叉・羅刹」という表現が用いられるのである。おそらく、この事実は、全てtriṣṭubhで書かれた「序品」偈と「方便品」偈の特にtriṣṭubhの偈との親近性を示しているであろう。また、第三一偈で菩薩の数を八万とするのは、すでに述べたように、「序品」冒頭の散文部分の説明（K, 2,10-4,2）にもとづいている。

最後に第三二偈前半では、様々の王や転輪王が言及されるが、これも「序品」散文部分の説明（K, 6,3-5）にもとづいていると考えられる。また、第三二偈の後半における“sarvi”「すべて」という語については、直前の王や転輪王たちを指すと見る解釈と、第三〇偈―第三二偈前半、特に第三一偈後半の二つの“ye”と第三二偈前半の“ye”を指すという解釈がありうるであろう。この後者の解釈によると、“sarvi”は〝八万の菩薩〟と王たちを指すことになるが、この解釈には、第三一偈後半と第三二偈後半で“sthita”が重複してしまうという欠点が認められる。しかし、それにもかかわらず、“brgyad khri tshaṅ bar gaṅ mchis de dag daṅ”（P, chu,17a7）「八万を満たすほど有る彼等と」というチベット訳の“daṅ”「と」を重視するならば、第三二偈後半の“sarvi”は第三一偈後半の“ye”と第三二偈前半の“ye”という両者を承けると見るのが自然ではないかと思われる。つまり、“sarvi”「すべて」というのは、ⓐ〝八万の菩薩〟たちとⓑ王たちの両者を指すと見るのである。このように見れば、“sarvi”は第三二偈後半で「合掌して立っている」と言われるのであるから、すでに“sthita”の諸用例を考察することによって導き出された結論、つまり、〝仏前で「〔合掌して〕立っている」sthitaのは菩薩である〟という結論は、ここでも変更する必要はないように思われる。つまり、様々な王たちは〝声聞〟〝独覚〟という伝統的な仏教者には含まれないから、〝菩薩〟と見なされても不自然ではないであろう。この点は、天龍八部衆についても同様である。すると、「方便品」第二段の偈の中で、〔360〕、つまり、triṣṭubh で書かれた第三〇偈―第三二偈は、それ以前の〔354〕と〔357〕、つまり、śloka で書かれた第二二偈―第二九偈とは異なって、全体として、〝菩薩〟だけについて述べているということになるであろう。

このような見方にもとづいて、私は第三二偈末尾の "kathaṃ nu caryāṃ paripūrayema"「どのようにして、私たちは行（caryā）を満たすことができるであろうか」という表現を、第三二偈前半で言及された王たちの思惟内容を表すものと見るよりも、〔360〕全体で述べられた〝菩薩〟たちの思惟内容を表すものと見たいと考える。

しかるに、このように見れば、この "kathaṃ nu caryāṃ paripūrayema" という表現が「譬喩品」散文部分において、シャーリプトラに対してなされた授記の言葉である〔184〕に見られる "imām eva bodhisattvacaryāṃ paripūrya" という表現にもとづいて形成されていることは、最早、明らかであろう。この二つの表現に対する漢訳も、『正法華』で「具足衆行」〔185〕＝「衆行具足」〔361〕、『妙法華』で「具足菩薩所行之道」〔186〕＝「具足道」〔362〕というように一致している。従って、〔360〕の "kathaṃ nu caryāṃ paripūrayema" における "caryā" とは、"bodhisattva-caryā"「菩薩行」を意味することは明らかであり、それ故、これを行じる者は〝菩薩〟であると見なされていると考えられる。

では、最後に、「方便品」第二段の偈の所説についてまとめておこう。それらの偈の前半、つまり、第二二偈―第二九偈〔354〕〔357〕は śloka で書かれ、後半、つまり、第三〇偈―第三二偈〔360〕は triṣṭubh で書かれている。基本的には、前半では、〝声聞〟〝独覚〟及びシャーリプトラが、釈迦仏の説法に疑問をもったことが述べられ、後半では、説法を期待して「立っている」〝菩薩〟たちが「声を発してください」と更なる説法を懇請する様が描かれている。では〝第一類においては triṣṭubh の偈が、śloka の偈や散文部分よりも古く成立した〟という辛嶋説は、成立するであろうか。

まず、この説によれば、後半の第三〇偈―第三二偈は triṣṭubh であるから、同じく triṣṭubh である第一八偈―第二一偈〔345〕の後に直接つながるということになるが、〔345〕末尾の第二一偈の“triṇī ca yānāny upadarśayāmi”の後に、〔360〕冒頭の第三〇偈の“pramuñca ghoṣam”が接続したとしても、論旨が成立しないであろう。というのも、話者が異なるからである。また、「方便品」の triṣṭubh の偈が、後の諸章の散文部分の所説や表現にもとづいて作成されていることから考えても、それが散文部分よりも古く成立したということは全く考えられないので、問題は、śloka の部分と triṣṭubh の部分とでは、散文部分からの距離にどれ程の違いがあるかという点に限られるであろう。

この点について言えば、散文部分〔93〕〔97〕でも述べられていた〝釈迦仏の説法を聴いて四衆が「疑問」を抱いた〟ということが、第二段の偈の後半、つまり、triṣṭubh の第三〇偈—第三二偈では、全く言及されていない点が、前半の śloka 部分、即ち、第二二偈—第二九偈と大きく異なっている。また、後半の triṣṭubh 部分では、全体として〝菩薩〟が言及され、彼等が八万人であるとか、「合掌して立っている」と言われるが、「方便品」第二段の散文部分には、〝菩薩〟に対する言及は全く存在しない。すると、散文部分の所説からの距離という点では、前半の śloka 部分よりも、後半の triṣṭubh 部分の方に、より大きな距離が認められる。辛嶋説によれば、第一類においては、śloka よりも triṣṭubh の方が古いとされているが、「方便品」第二段の前半である śloka 部分と、後半の triṣṭubh 部分を比較した限りでは、僅か三偈よりなる後半の triṣṭubh 部分によって、八偈よりなる前半部分に補足がなされたという印象は否めないであろう。つまり、釈迦仏の説法に「疑問」をもった四衆（声聞・独覚）とシャーリプトラに、更に〝菩薩〟を付加するために、後半 triṣṭubh 部分の三偈が置かれたと見られるのである。従って、この「方便品」第二段の偈については、triṣṭubh 部分の方が śloka 部分よりも、むしろ後に成立したように見えるのであるが、しかし、このような理解を「方便品」の他の段の偈についても、適用できるかどうかは、必ずしも明らかではないのである。

では、次に「方便品」第三段の偈について検討しよう。それは triṣṭubh で書かれた第三三偈という一偈だけであって、次の通りである。

〔363〕vispaṣṭu bhāṣasva narendrarājā[358] santīha parṣāya sahasra prāṇinām /

śraddhāprasannāḥ[359] sugate sagauravā jñāsyanti ye dharmam udāhṛtaṃ te // [II, v.33]（K, 36,9-10）

〔364〕願人中王、哀愍意説、此出家者、衆庶億千、
恭粛安住、欽信慧誼、斯之等類、必当欣楽。（『正法華』六九上二四―二六）

〔365〕法王無上尊、唯説願勿慮、是会無量衆、有能敬信者。（『妙法華』六下一四―一五）

(221)人の王よ、明瞭にお説きください（bhāṣava）。この（iha）会衆（parṣā）には幾千もの生類（prāṇin）がいます（santi）。彼等は、信（śraddhā）によって清らか（prasanna）であり、善逝（sugata）に対して尊重心（gaurava）をもち、あなたによって説かれる法（dharma）〔A〕を知るでしょう（jñāsyanti）。

まず、「方便品」第三段の散文部分〔101〕〔105〕の内容を要約しておくと、前半の〔101〕においては、釈迦仏が説法する必要はないと再び述べる〝第二止〟が説かれ、後半の〔105〕においては、シャーリプトラが更に説法を懇請する〝第二請〟が説かれている。しかるに、「方便品」第三段の唯一の偈である前掲の第三三偈〔363〕においては、シャーリプトラによる〝第二請〟が説かれるだけであるから、偈だけを、第二段末尾の第三二偈から第三段の第三三偈へと連続して読み進めるならば、そこには〝第二止〟が全く言及されていないという不合理が生じることになるであろう。つまり、第三三偈では、釈迦仏による〝第二止〟が述べられないにもかかわらず、シャーリプトラが繰返して「お説きください」と懇請していることになるのである。第一類においては、偈が散文部分より古いという説には、このような不合理も認められるのである。

さて、すでに述べたように、「方便品」第三三偈〔363〕は、「方便品」第三段の散文部分の後半〔105〕と同様、シャーリプトラによる〝第二請〟を内容としているが、この偈で彼が説法を懇請する理由として述べられるものは、散文部分〔105〕で述べられる理由とは、若干異なっていることに、注意しておきたい。即ち、散文部分〔105〕では、釈迦仏の会衆（parṣad）には、過去世に諸仏を見た無数の生類（prāṇin）がいて、彼等が釈迦仏によって説かれるもの（bhāṣita）〔A〕を〝śraddhāsyanti pratīyiṣyanty udgrahīṣyanti〟「信じ、信頼し、受持するでしょう」ということが、説法

を懇請する理由とされているのに対し、第三三偈〔363〕では、釈迦仏の会衆に無数の生類がいて、彼等は"śraddhā-prasanna"「信によって清らか」であり、仏陀に対して"gaurava"「尊重心」をもち、説かれる"dharma"「法」〔A〕を"jñāsyanti"「知るでしょう」ということが理由とされている。つまり、散文部分の"śraddhāsyanti"「信じるでしょう」が、第三三偈では"jñāsyanti"「知るでしょう」に変更されているように見えるのであるが、この第三三偈の"jñāsyanti"は、「方便品」散文部分〔105〕よりも、むしろ『律蔵』「大品」〔108〕の"bhavissanti dhammassa aññātāro"「法を了知するものとなるでしょう」という表現に一致していると見るべきかもしれない。

これについては、第三三偈には"śraddhā-prasanna"という形で"śraddhā"「信」も言われているので、散文部分〔105〕との趣旨の相違はないという見方もありうるであろう。しかし、やはり"śraddhāsyanti"→"jñāsyanti"という変更は重要であろう。つまり、私見によれば、第三三偈（triṣṭubh）〔363〕の"jñāsyanti ... dharmam"「法を知るでしょう」という表現は、「方便品」第六偈・第七偈（śloka）〔318〕の"anyatra bodhisattvebhyo adhimuktīya ye sthitāḥ"〝「信解をもって、立っている菩薩たちを除いては」"dharma"「法」〔A〕を"jānīyāt"「知ることができる」ような衆生は存在しない〟という文章と、趣旨が一致するものと考えられる。この文章は"adhimukti"「信解」をもつ「菩薩」たちだけが、「法」〔A〕を「知ることができる」と述べるものであるが、「方便品」第三段の散文部分〔105〕に言われる無数の「生類」"prāṇin"とは、〔105〕で"pūrva-buddha-darśāvin"「過去世に諸仏を見たもの」と言われ、更に「方便品」第四段の散文部分〔112〕では"bhagavatā pūrvabhaveṣu paripācitāni"「世尊によって、過去の諸の有において成熟させられたものたち」と規定されることによっても知られる通り、〝菩薩〟を意味していることは明らかであり、従って、「方便品」第三三偈の作者は、第七偈の"adhimukti"と、「方便品」第三段の散文部分〔105〕に用いられた"śraddhāsyanti"という動詞の名詞形である"śraddhā"を同一視して、〝śraddhā = adhimukti をもつ菩薩だけが「法」〔A〕を知ることができる〟という主張を、偈の一貫した立場として述べたのであろうと思われる。

なお、「方便品」第三三偈には、第三二偈でも用いられた"gaurava"「尊重心」という語が用いられているが、この語について一言しておきたい。まず、この“gaurava”は「序品」には全く用いられず、「方便品」と「譬喩品」においては、その散文部分には皆無で、偈だけにおいて六回（II, v.32, v.33, v.116, v.129; III, v.140, v.143）、しかも、そのすべてが“sa-gaurava”という複合語において使用されている。更に、その内の三例は、“kṛtāñjalī”や“sarvi”や“sthitāḥ”と共に、“kṛtāñjalī sarvi sagauravāḥ sthitāḥ”（II, v.32）、“kṛtāñjalī[h] sarvi sthitāḥ sagauravā[h]”（II, v.116, v.129）というように用いられていることからも知られるように、“sa-gaurava”つまり、“gaurava”をもっている衆生とは、基本的には〝菩薩〟であると考えられる。しかるに、このような理解は、すでに論じたように、「方便品」第三三偈〔363〕にもあてはまるであろう。つまり、そこで“sa-gaurava”と言われるのは〝菩薩〟を指しており、〝gaurava をもち、śraddhā = adhimukti をもつ菩薩だけが「法」〔A〕を知ることができる〟という主張が、偈の一貫した立場として、そこで述べられたと考えられるのである。

最後に、「方便品」第三三偈に関する『妙法華』〔365〕の訳文の問題点について述べておきたい。即ち、「是会無量衆」という訳文は、「方便品」第三段の散文部分〔105〕に対する『妙法華』〔107〕の「是会無数百千万億阿僧祇衆生」と同様、“parṣad”「会衆」と、その中にいる無数の“prāṇin”「生類」を区別せず、〝「是会」=「無量衆」〟と見なしているように見える。しかるに、すでに述べたように、無数の「生類」とは〝菩薩〟を意味するから、〝「是会」=「無量衆」〟という理解は、〝釈迦仏の会衆は、すべて菩薩である〟という解釈を生じることになるが、これは、原梵文の趣旨とは一致しないであろう。

では、次に「方便品」第四段における唯一の偈である第三四偈を見てみよう。やはりtriṣṭubhで書かれたこの偈は、すでに〔25〕として示してあるが、それを漢訳等とともに、再び次に掲げることにしよう。

〔25〕alaṃ mi dharmeṇiha bhāṣitena sūkṣmaṃ idaṃ jñānam atarkikaṃ ca /
adhimānaprāptā bahu santi bālā nirdiṣṭadharmaṃ mi kṣipe ajānakāḥ // [II, v.34]（K, 37,4-5）

〔26〕且止且止、用此為問、斯慧微妙、衆所不了、

仮使吾説、易得之誼、愚痴闇塞、至懐慢恣。（『正法華』六九中一―三）

〔27〕止止不須説、我法妙難思、諸増上慢者、聞必不敬信。（『妙法華』六下一九―二〇）

㉜止めなさい（alam）。ここで、私が法（dharma）〔A〕を説く必要はない。この知（jñāna）〔A〕は、微細（sūkṣma）であり、また思量されないもの（atarkika）である。〔ここには〕増上慢を得た（adhimāna-prāpta）多くの愚者（bāla）たちがいる（santi）。彼等は、私によって説示される法（dharma）〔A〕を、理解せずに（ajānaka）、誹謗するであろう（kṣipe）。

まず、「方便品」第四段の散文部分〔109〕の内容を確認しておけば、そこでは釈迦仏が説法の必要はないと述べる〝第三止〟が説かれるが、同時に、その〝第三止〟の理由としては、〝第二止〟を説く散文部分〔101〕でも述べられた「この意味〔A〕が説明されるならば、天を含む世間は恐れるであろう」という第一の理由に加えて、新たに「増上慢（adhimāna）を得た比丘たちは、大坑（mahā-prapāta）に落ちるであろう」という第二の理由が付加されている。これに対して第四段の偈である第三四偈〔25〕では、上述の第一の理由は述べられず、むしろ“idaṃ jñānam”「この知」〔A〕が“sūkṣma”「微細」であり、“atarkika”「思量されないもの」であることが、第一の理由とされているように見える。しかるに、この“sūkṣma”“atarkika”という二つの語は、すでに「方便品」第一八偈においても、“gambhīra”という語とともに“dharmā”〔A〕の〝不可知〟性を示すために用いられたものであることに注意したい。つまり、第三四偈では“dharma”＝“idaṃ jñānam”〔A〕は〝不可知〟であるが故に、説く必要はない、と釈迦仏によって述べられたとされているのである。

次に、「方便品」第三四偈で、釈迦仏による〝第三止〟の第二の理由とされるものについて見てみると、“adhimāna-prāpta”「増上慢を得たもの」が主語とされることは、散文部分〔109〕に一致しているが、その述語については、散文部分〔109〕では“mahāprapātaṃ prapatiṣyanti”「大坑に落ちるであろう」と言われたのに対し、第三四偈〔25〕では“nirdiṣṭadharmaṃ mi kṣipe”「私によって説かれる法を誹謗するであろう」と述べられたことが理解される。

しかるに、"kṣipe" の語根である "√kṣip" は、本来「投げる」「投げ捨てる」「放擲する」を意味するから、これは単に「大坑に落ちる」という以上に、「法」〔A〕に対する積極的で主体的な拒否・排除・反撥の姿勢を示していると見ることができる。おそらく、"√kṣip" されるものとしての "dharma"「法」とは、物理的に投げ捨てられるもの、つまり、すでに経巻となっている『法華経』を意味すると見てよいであろう。とすれば、このような表現は、『法華経』成立の原始形態に認められるべきものではないと考えられる。実際、私見によれば『法華経』原典の最古層と見なされる「方便品」散文部分には、"√kṣip" の用例は皆無なのである。

さて、「方便品」第三四偈〔25〕では "adhimāna-prāpta" という主語を形容するものとして、散文部分〔109〕には存在しなかった "bāla"「愚者」と "ajānaka"「理解しない」という二つの語が置かれているが、この二つの語は、すでに論じたように、この「方便品」第三四偈と密接に関係する「譬喩品」第一一一偈〔22〕にも使用されている。そればかりではなく、すでに若干論じたように、「方便品」第三四偈後半の "adhimānaprāptā bahu santi bālā nirdiṣṭadharmaṃmi kṣipe ajānakāḥ" と「譬喩品」第一一一偈後半の "bālā hi kāmeṣu sadā pramattā ajānakā dharmu kṣipeyu bhāṣitaṃ" とを比べてみると、"dharma" と "kṣipe[yu]" までが、一致して用いられていることが理解される。つまり、偈の作者にとっては、両者で "bāla" と言われるのは、同じ衆生を指していることが理解される。この点は「譬喩品」第一一一偈の後半に出る "bāla" が、その前半において "mānin"「慢心をもつもの」と言われていることからも、確認することができる。言うまでもなく、この "mānin" と「方便品」第三四偈の "adhimāna-prapta" は同義だからである。

では、「譬喩品」第一一一偈〔22〕において、"bāla" "ajānaka" "mānin" は、どのような衆生であると規定されているかと言えば、彼等は、『法華経』を説いてはならない相手ⓑであると規定されているのである。即ち、すでに「譬喩品」第一三六偈・第一三七偈〔19〕に関連して論じたように、そこで衆生は、

ⓐ智者＝菩薩 ——— 『法華経』の対機・信法
ⓑ愚者＝非菩薩 ——— 『法華経』の非機・謗法

というように二分され、ⓐの衆生については〝彼等は『法華経』を信じる者であるから、彼等に『法華経』を説け〟と言われ、ⓑの衆生については〝彼等は『法華経』を誹謗する者であるから、彼等に『法華経』を説くな〟と述べられるのである。おそらく、このような二元的な理解というのは、〝三車説〟〝一乗方便説〟によって、明確に二項対立的な〝大乗主義〟を説く「譬喩品」偈の部分の基本的立場であって、従って、右のⓐとⓑという二種の衆生の区別を〝大乗〟と〝小乗〟の区別に対応させることもできる。しかるに、すでに指摘したような「譬喩品」第一一偈と「方便品」第三四偈の密接な関係を考えれば、この両偈の趣旨は明らかに一致しているから、「方便品」の偈においても、「譬喩品」の偈と同様に、〝大乗か小乗か〟という明確に二項対立的な〝大乗主義〟が説かれていると見るべきであろう。

また、問題の「方便品」第三四偈〔25〕について言えば、そこに見られる"bāla"「愚者」という語は、「方便品」第三段の散文部分〔105〕で、無数の"prāṇin"「生類」（＝菩薩）たちに関して用いられた"prajñāvat"「般若をもつもの」という形容詞との対比において用いられたことは明らかであるから、「方便品」第三四偈〔25〕でも、前述したようなⓐ「智者」（菩薩）とⓑ「愚者」（非菩薩）の二項対立が認められていると考えられる。

しかるに、「方便品」第三四偈における"bāla"＝"adhimāna-prāpta"が、「方便品」第六段の散文部分〔124〕で、会衆から退出することになる"adhimānika"「増上慢をもつ」五千人の比丘・比丘尼・優婆塞・優婆夷を指していることは明らかであろう。すると、「方便品」偈の立場というものは、極めて単純明快なものであることが理解される。即ち、その立場によれば、会衆から退出して行く五千人とは、ⓑの"bāla""ajānaka""adhimāna-prāpta""mānin"と言われる衆生たち、つまり、〝非菩薩〟であり、会衆に残った衆生たちは、すべてⓐの〝菩薩〟であり、彼等に『法華経』が説かれるというのである。つまり、〝『法華経』は菩薩だけに説かれ、非菩薩、または声聞には、説かれない〟というのであるが、これ以上に単純明快な立場もないであろう。

実際には、会衆に残った衆生の中には、シャーリプトラや「四大声聞」等の〝声聞〟もいるのであるが、彼等はこの「方便品」偈の立場によれば、〝実は菩薩〟である〝仮りの声聞〟〔ⓐ〕であって、〝真の声聞〟〔ⓑ〕は、会衆から退出したと見なされるのである。この〝真の声聞〟については、すでに「真の声聞に関する表現」というリストを示したが、以上の説明によって、このリストには「方便品」第三四偈から“adhimāna-prāpta”“bāla”“ajānaka”等の語が加えられるべきであろう。

では、次にシャーリプトラによる〝第三請〟を説く「方便品」第五段の三つの偈、即ち、triṣṭubh で書かれた第三五偈・第三六偈・第三七偈を見てみよう。それは次の通りである。

〔366〕bhāṣasva dharmaṃ dvipadānam uttamā ahaṃ tvam adhyeṣami jyeṣṭhaputraḥ /
santīha prāṇīna sahasrakoṭyo ye śraddadhāsyanti te dharma bhāṣitaṃ // [II v.35]（〔7〕）
ye ca tvayā pūrvabhaveṣu nityaṃ paripācitā sattva sudīrgharātram /
kṛtāñjalī te pi sthitātra sarve ye śraddadhāsyanti tavaita dharmam (360) // [II, v.36]
asmādṛśā dvādaśime śatāś ca ye cānyi prārthentiha agrabodhim /
tān paśyamānāḥ sugataḥ prabhāṣatām teṣām ca harṣaṃ paramaṃ janetu // [II, v.37]（K, 38,2-7）

〔367〕我仏長子、今欲啓勧、願両足尊、哀為解説、
今有衆生、無数億千、悉当信楽、聖尊所説。〔第三五偈〕
会致本徳、決諸疑網、往古長夜、曾被訓誨、
是等叉手、粛恭側立、必当欽楽、於斯法誼。〔第三六偈〕
我之等類、千二百人、及余衆党、求尊仏道、
仮令見聞、安住言教、尋当歓喜、興発大意。〔第三七偈〕（『正法華』六九中八―一五）

〔368〕無上両足尊、願説第一法、我為仏長子、唯垂分別説、是会無量衆、能敬信此法、〔第三五偈〕
仏已曾世世、教化如是等、皆一心合掌、欲聴受仏語、〔第三六偈〕

我等千二百、及余求仏者、願為此衆故、唯垂分別説、是等聞此法、則生大歓喜。〔第三七偈〕

(『妙法華』六下二六―七上四)

㉒㉒両足あるもの(人間)の最高のもの(仏陀)よ、法(dharma)〔A〕をお説きください。長子(jyeṣṭha-putra)である私は、あなたにお願いします。ここには(iha)、幾千コーティもの生類(prāṇin)〔イ〕がいますが、彼等は、あなたによって説かれる法(dharma)〔A〕を信じるでしょう(śraddadhāsyanti)。〔第三五偈〕

また、あなたによって、過去の諸の有(pūrva-bhava)において、常に長い間、成熟させられてきた(paripācita)衆生(sattva)〔イ〕たちがいます。彼等〔イ〕はすべて合掌して(kṛta-añjali)、ここに立っていますが(sthita)、あなたのこの法(dharma)〔A〕を信じるでしょう。〔第三六偈〕

また、私たちと同様の(asmādṛśa)、これらの千二百人〔ア〕と、他の(anyi)、最勝の菩提(agra-bodhi)を求めているもの〔イ〕たちが、ここにいます。彼等を(tān)御覧になって、善逝(sugata)は、お説きください。彼等に(teṣām)、最高の歓喜(harṣa)を生じてください。〔第三七偈〕

ここで、まず「方便品」第五段の散文部分〔112〕の所説を確認しておきたいが、そこでは会衆について、

ア「私と同様の、幾百もの多くのもの」=千二百人の「声聞」

イ「他の(anya)、幾百千コーティ・ナユタもの多くの生類」=〝菩薩〟

というように、二種の人々が区別されていたが、私は『正法華』〔113〕を根拠として、本来のテキストには、アの人々が言及されておらず、また、アの人々も、イの人々と同様に、〝菩薩〟であることを示すために用いられたと思われるイの〝anya〟「他の」という語も、本来のテキストには存在しなかったのではないかという推測を提示した。

この推測の妥当性はさておき、第五段の偈である〔366〕においても、基本的には、釈迦仏の会衆において、アとイの二種の衆生が区別されていると思われる。つまり、「私たちと同様の、これらの千二百人」がアに相当し、「幾千コーティもの生類」「あなたによって、過去の諸の有において、常に長い間、成熟させられてきた衆生」「彼等はすべ

て合掌して立っています」「他の、最勝の菩提を求めているもの」たちが㋑に相当するのである。

しかるに、この〔366〕という三つの偈においては、散文部分〔112〕とは異なって、本来のテキストに、㋐の〝千二百人の声聞〟は言及されていなかったであろうという推測も、また、本来のテキストに、㋑の衆生を限定するものとして“anya”「他の」という語は用いられていなかったであろうという推測も成立しない。というのも、『正法華』〔367〕に「我之等類、千二百人、及余」とあり、『妙法華』〔368〕に「我等千二百、及余」とあるからである。従って、「方便品」偈〔366〕においては、㋐の衆生に対する言及も、㋑の衆生に対する“anya”という限定語も、㋐の衆生である〝千二百人の声聞〟は〝実は菩薩である〟ことを示すために、本来のテキストに存在していたことは明らかだと思われる。つまり、「方便品」の偈には、すでに「譬喩品」散文部分の所説からの影響を受けて、『法華経』で授記される〝声聞〟とは〝実は菩薩である〟という解釈が、その当初から説かれていたと考えられるのである。また、〔366〕の第三五偈では、シャーリプトラが自らを釈迦仏の“jyeṣṭha-putra”「長子」であると述べているが、これも、「譬喩品」散文部分〔178〕ⓒで、シャーリプトラが自らを“bhagavataḥ putro jyeṣṭha auraso”「世尊の嫡出（aurasa）の長子」と呼んだことにもとづいていることは明らかであろう。

しかるに、第三七偈では、㋐の衆生である「私たちと同様の、これらの千二百人」が確かに言及されているが、厳密に言えば、彼等については“śraddadhāsyanti”「信じるでしょう」ということは言われていないように思われる。というのも、この“śraddadhāsyanti”という語は、〔366〕で二回、つまり、第三五偈と第三六偈において用いられているが、「私たちと同様の、これらの千二百人」が言及される第三七偈には使用されていないからである。しかるに、この点は、「方便品」第五段の散文部分〔112〕においても同様であると考えられる。即ち、そこにも“śraddhāsyanti”という語が用いられるが、それは“bhagavatā pūrvabhaveṣu paripācitāni”（㋑）を主語とする動詞であって“mādṛśānāṃ … bahūni śatāni”（㋐）を主語とする動詞ではないのである。私は、すでに〔112〕には、本来㋐の衆生たちへの言及はなかったのではないかという推測を示したが、当初から㋐の衆生たちへの言及が存在したと思われる偈の〔366〕においても、㋐の「私たちと同様の、これらの千二百人」が、釈迦仏によって説かれる「法」を「信じるでしょう」と言われる衆生に含められていないということは、やはり、「方便品」第五段全体における㋐の衆生たちの存在の不明確性を示しているのではないかと思われる。

第九章　「方便品」偈の考察（二）

では、次に「方便品」散文部分が終了した後に置かれている「方便品」第六段の偈（第三八偈―第一四五偈）について検討しよう。まず、この第六段は、散文部分の内容も豊富であり、偈の数も一〇八に達するから、これを一括して論じることも、また、すべての偈について論じることもできない。

そこで、まず散文部分の第六段の内容を見ると、この第六段は、まず釈迦仏がシャーリプトラによる〝三請〟を受けて説法を決意し、シャーリプトラに“śṛṇu sādhu”「よく聞きなさい」と呼びかける〔121〕から始まり、次に〝五千人の退出〟と、それに対する釈迦仏の是認と評価を示す〔124〕〔129〕が続いている。その後、いよいよ〔136〕から説法が開始され、“tathāgata-jñānadarśana”「如来の知見」や“eka-yāna”「一乗」や“buddha-yāna”「仏乗」が説かれるが、その説法の内容については、すでに第三章において考察した。

これに対し、「方便品」第六段の偈というのは、現テキストにおける位置とすれば、散文部分の後に置かれている第三八偈から第一四五偈までと考えられるが、最初の四偈、つまり、第三八偈から第四一偈までが śloka で書かれ、その後はすべて triṣṭubh で書かれている。

以下、「方便品」第六段のすべての偈について検討することはできないが、まずは〝五千人の退出〟を説く śloka 部分の四偈について考察しよう。それは次の通りである。

〔369〕[361] adhimānaprāptā ye bhikṣu bhikṣuṇyo tha upāsakāḥ /
upāsikāś ca aśrāddhāḥ sahasrāḥ pañcanūnakāḥ // [II, v.38]

saṃpaśyanta[362] imaṃ doṣaṃ chidraśikṣāsamanvitāḥ /
vraṇāṃś ca parirakṣantaḥ prakrāntā bālabuddhayaḥ // [II, v.39]
parṣatkaṣaṭutāñ jñātvā lokanātho 'smi[363] dhvaṃsayi /
tat teṣāṃ kuśalaṃ nāsti śṛṇuyur dharma yen imam[364] // [II, v.40]
śuddhā ca niṣpalāvā ca susthitā pariṣan mama /
phalguvyapagatā sarvā sāre[365] ceyaṃ pratiṣṭhitā // [II, v.41]（K, 44,7-14）

〔370〕比丘比丘尼、心懐甚慢恣、諸清信士女、五千人不信、〔第三八偈〕
不自見瑕穢、奉戒有欠漏、多獲傾危事、而起愚騃意。〔第三九偈〕
反行求雑糅、悉無巧方便、諸仏最勝禅、縁此得聞法。〔第四〇偈〕
供養清浄慧、衆会儼然住、一切受恩教、違志立見要。〔第四一偈〕（『正法華』七〇上五―一二）

〔371〕比丘比丘尼、有懐増上慢、優婆塞我慢、優婆夷不信、如是四衆等、其数有五千、〔第三八偈〕
不自見其過、於戒有欠漏、護惜其瑕疵、是小智已出。〔第三九偈〕
衆中之糟糠、仏威徳故去、斯人尠福徳、不堪受是法。〔第四〇偈〕
此衆無枝葉、唯有諸貞実。〔第四一偈〕（『妙法華』七下一一―一八）

(223)増上慢を得た（adhimāna-prāpta）比丘・比丘尼と優婆塞・優婆夷は、不信（aśrāddha）であり、五千より少なくなかったが、〔第三八偈〕
穴だらけの〔戒〕学（śikṣā）[366]をもち、愚かな慧をもつ（bāla-buddhi）彼等は、この過失（doṣa）を見て、傷（vraṇa）を護りながら、退出した（prakrānta）。〔第三九偈〕
彼等は、会衆（parṣad）の汚濁であると知って、世間の守護者（loka-nātha）である私は、追放した（dhvaṃsayi）。彼等には、それによって、この法（dharma）を聞くことができるような、そのような善（kuśala）[367]は無い。〔第四

○偈〕

私の会衆は、粃《しいな》（palāva）がなくなり、清浄となり（śuddha）、よく確立した。この会衆はすべて、皮材（phalgu）を離れ、芯（sāra）に確立した。〔第四一偈〕

まず、これらの偈は、現行の『法華経』の形態では、すべて釈迦仏が語った言葉とされているが、〝五千人の退出〟そのものを叙述する第三八偈・第三九偈については、これを釈迦仏の言葉と見るのは、かなり不自然に感じられる。[368]というのも、この二偈に対応する「方便品」散文部分〔124〕は、「方便品」散文部分〔129〕で〝五千人の退出〟に対する評価を釈迦仏が語る以前に、〝五千人の退出〟という事件そのものが起ったことを客観的に述べる文章だからである。また、散文部分よりも前に偈が成立したという立場に従えば、第三八偈は、「善逝はお説きください。彼等に最高の歓喜を生じてください」と説く〔366〕の第三七偈の後に直結することになるが、この二つの偈は、何等かのつなぎの言葉を介さなければ結合しないであろう。

次に、〔369〕の四つの偈の内容に関して言えば、散文部分〔124〕〔129〕との相違を二つ指摘することができる。即ち、第一は、〝五千人の退出〟を散文部分〔124〕では、釈迦仏が“tūṣṇīṃbhāvenādhivāsayati sma”「沈黙によって承認した」と言われているのに対し、〔369〕の第四〇偈では、“asmi dhvaṃsayi”「私は追放した」と述べられ、退出した者たちに対する評価が、散文部分よりも更に苛酷なものとなっていることが理解される。すでに論じたように、偈の立場からすれば、会衆に残ったものは〝菩薩〟、退出したものは〝非菩薩〟または〝声聞〟であって、この〝非菩薩〟や〝真の声聞〟に対する苛酷な評価というのは、すでに「真の声聞に関する表現」（本書、三三一頁以下）というリストでも示したように、「方便品」及び「譬喩品」の偈における一貫した立場だと見ることができるであろう。

第二に、第三八偈では、退出する五千人を“aśrāddha”「不信」であると規定しているが、これは〝信〟と〝不信〟によって〝菩薩〟と〝非菩薩〟を分ける考え方にもとづくものであって、この考え方は、すでに śloka で書かれた〔318〕の「方便品」第七偈の「信解（adhimukti）をもって、立っている菩薩たちを除いては」という文章等によって説かれていたと考えられる。

これに対して、散文部分の〔124〕〔129〕では、〝信〟〝不信〟の問題は触れられておらず、従って、退出した五千人が〝不信〟であると規定されることもない。しかし、〔129〕の “śuddhā sāre pratiṣṭhitā” について、G1本やO本を除く、T7本等の多くの写本は、“śraddhāsāre pratiṣṭhitā”[369] という読みを示しており、K本もこれを採用している。この読みに従えば、ここでは「〔私の会衆は〕信の芯に確立した」と説かれたことになるが、「出入息念経」〔132〕の “parisā suddhā sāre patiṭṭhitā” という一文を考慮しても、〔129〕の当該部分は本来 “śuddhā sāre pratiṣṭhitā” であったことは確実であろう。しかるに、その “śuddhā” が “śraddhā” に変えられたのは、退出した五千人を〝不信〟なる〝非菩薩〟、会衆に残ったものを〝信〟をもつ〝菩薩〟として区別する「方便品」偈の基本的な考え方、とりわけ、〔369〕の第三八偈の “aśraddha”「不信」という語に影響されたものであろう。つまり、すでに論じたように、「方便品」と「譬喩品」の偈の立場においては、衆生に関して、次のような単純明快な二分法が適用されているのである。

㋐智者＝菩薩 ————『法華経』の対機・信法

㋑愚者＝非菩薩 ————『法華経』の非機・謗法（不信法）

では、次に triṣṭubh で書かれた「方便品」第四二偈―第一四五偈の内容を概観することにしよう。まず、第四二偈は “śṛṇohi me śārisutā” (K, 45,1)「私に聞きなさい。シャーリプトラよ」という言葉から始まっている。この言葉は、散文部分〔121〕で釈迦仏が〝三止三請〟の後で説法を決意し、“śāriputra śṛṇu sādhu”「シャーリプトラよ、よく聞きなさい」と語った言葉に対応している。その後、散文部分〔124〕〔129〕で〝五千人の退出〟とそれに対する釈迦仏の評価が述べられるのであるが、偈の方では、これに相当する部分が、すでに論じたように、śloka で書かれた第三八偈―第四一偈〔369〕で、第四二偈以前に、すでに述べられているのである。従って、散文部分の所説と偈の所説の対応は、かなり変則的なものとなっていることが理解される。更に注目すべきは、「方便品」第六段の偈（第三八偈―第一四五偈）のうち、śloka 部分（第三八偈―第四一偈）を除く triṣṭubh 部分（第四二偈―第一四五偈）には、〝五千人の退出〟

のことが全く言及されていない点である。従って、第一類において śloka 部分よりも triṣṭubh 部分の偈の方が古いとする辛嶋説によれば、『法華経』の最古層には〝五千人の退出〟のことが言及されていないことになるが、それは、あまりにも不合理であろう。従って、この点から見ても〝第一類においては、triṣṭubh 部分が古い〟という辛嶋説には賛成できないのである。[370]

　では、次に第四二偈冒頭で「私に聞きなさい」と述べた釈迦仏は、以下シャーリプトラに何を語ろうとするのであろうか。第四二偈後半—第四四偈では、〝諸仏は、衆生たちの様々な意楽（āśaya）や信解（adhimukti）や行為（karman）を知って、方便善巧（upāya-kauśalya）によって法を説く〟という趣旨[371]が述べられる。従って、第四四偈末尾で“tathā tathā toṣayi sarvasattvān”（K, 45,6）「それぞれに応じた仕方で、一切衆生（sarva-sattva）を満足させた」と言われるのも、〝一切衆生を成仏させた〟〝一切衆生に仏智〔A〕を得させた〟という意味ではなく、〝方便によって、衆生をそれぞれの意楽等に応じて、満足させた〟という意味に他ならない。それ故、ここには“tathā tathā”という表現によって、〝三乗各別説〟が意図されているように思われる。

　しかるに、その直後の第四五偈には、独自の〝九分教〟の個々の名称が、次のように述べられる。

〔372〕 sūtrāṇi[372] bhāṣāmi tathaiva gāthā itivṛttakaṃ jātakam adbhutaṃ ca /
nidāna aupamyaśataiś ca citrair geyaṃ ca bhāṣāmi tathopadeśān // [II, v.45]（K, 45,7-8）

〔373〕如来大聖、説此経典、所言至誠、終無虚欺、
従始引喩、若干無数、如有所説、尋為分別。（『正法華』七〇上二〇—二二）

〔374〕或説修多羅、伽陀及本事、本生未曾有、亦説於因縁、譬喩并祇夜、優波提舍経。（『妙法華』七下二五—二七）

(224)諸の経（sūtra）を、私は説く（bhāṣāmi）。また、伽陀（gāthā）と本事（itivṛttaka）と本生（jātaka）と未曾有（adbhuta）を。また、私は説く、因縁（nidāna）と、様々の幾百もの譬喩（aupamya）によって、祇夜（geya）と論義（upadeśa）を。

まず、ここで『正法華』〔373〕の訳文について述べておきたいが、この訳文を一見すると、ここに〝九分教〟の名称は述べられておらず、全く別の偈が置かれているように見える。しかし、〔373〕の訳文中「如来大聖」は“tathaiva gāthā”に対応し、「所言至誠」は“itivṛttakam”に対応し、「終無虚欺」は“jātakam adbhutaṃ”に対応するという理解が、辛嶋氏によって示されている。[373] おそらくこれは妥当であろう。更に、「従始」「所説」「分別」[374]を、それぞれ“nidāna”と“geya”と“upadeśa”の訳語と見るならば、「経典」と「喩」が“sūtra”と“aupamya”に対応することは明らかであるから、『正法華』〔373〕の原梵文にも〝九分教〟の個々の名称は全て述べられていたことが理解される。すると、何故『正法華』の訳者が〝九分教〟を意識しない誤訳のような訳文を示したかが問題になるであろうが、それは、彼がこの第四五偈に挙げられる〝九分教〟の名称が、伝統的な〝九分教〟のそれとは異なっているが故に、そこに一種の〝九分教〟が説かれているとは見なさなかったからであると思われる。

いずれにせよ、「方便品」第四五偈〔372〕には、当初から“vaipulya”を除いた独自の〝九分教〟が説かれ、それが「方便品」偈自身の立場からは〝方便〟によるものとして、低次元の所説と見なされていることは明らかであるが、より明確に言えば、それは〝小乗〟(hīnayāna)の教えであると見なされていることが、次の第四六偈の内容によって理解されるであろう。

その「方便品」第四六偈については、すでにテキスト・翻訳等を示し、「方便品」第六七偈〔274〕と趣旨が等しいこと等を考察したが、ここで再び梵語テキストと和訳を示せば、次の通りである。

〔277〕 ye bhonti hīnābhiratā avidvasū acīrṇacaryā bahubuddhakoṭiṣu /
saṃsāralagnāś ca suduḥkhitāś ca nirvāṇa teṣām upadarśayāmi // [II, v.46]

(177)小(hīna)〔乗〕を楽しみ、無知(avidvas)で、幾コーティもの諸仏のもとで、行(caryā)を行じなかったもの(acīrṇa)であり、輪廻に貪著し、非常に苦しめられているものたち、彼等に(teṣām)涅槃(nirvāṇa)を私は示す(upadarśayāmi)。

ここで、“hīna”が、“hīnayāna”を意味することは、「方便品」の第五五偈（〔387〕）と第五七偈に“hīnayāna”の語が用いられていることを考えれば、明らかであろう。[375] 従って、苅谷博士が、この「方便品」第四六偈〔277〕について、⑱で「これは、仏が〈巧みな方法〉によって最初に説いたものは三乗の中でも小乗・声聞乗であることを示すものである」と言われたように、この偈では〝方便〟による教えが〝小乗〟であると規定されたと考えられる。

しかるに、「方便品」第四六偈で“hīna”という語が用いられ、第五五偈と第五七偈で“hīnayāna”という語が使用されたことの意義について一言すれば、すでに述べたように、「方便品」散文部分には“mahāyāna”という語も“hīnayāna”という語も、用いられてはいない。これに対して、「譬喩品」散文部分〔231〕において“mahāyāna”という語が導入されたことは、すでに見た通りであり、また、「譬喩品」散文部分〔178〕ⓐでは“vayaṃ bhagavatā hīnena yānena niryātitāḥ”という文中で“hīnayāna”という語が用いられていた。「方便品」偈には“mahāyāna”という語は全く使用されていないが、第四六偈で“hīna”が、そして後出〔387〕の第五五偈と第五七偈で“hīnayāna”が用いられたということは、「譬喩品」散文部分の所説を承けて用いられたとしか考えられないであろう。というのも、“hīnayāna”という語は、“mahāyāna”という語よりも後に成立したと見られているから、[376]「譬喩品」散文部分において“mahāyāna”という語が『法華経』に導入されるのに先立って、「方便品」偈が“hīnayāna”という語を使用したとは考えられないからである。従って、この点からも、“hīna”や“hīnayāna”という語を使用する「方便品」偈（triṣṭubh）の成立が、「譬喩品」散文部分の成立よりも後であることが知られるであろう。

すでに述べたように、「方便品」偈では、“mahāyāna”という語を用いないにもかかわらず、“hīna”及び“hīnayāna”という語を使用している。これは、自らの立場を“mahāyāna”「大乗」と見なしていることを暗に示しているのであって、「方便品」偈の立場よりすれば、〝大乗〟か〝小乗〟か、〝真実〟か〝方便〟か、〝菩提〟か〝涅槃〟か、〝菩薩〟か〝非菩薩〟かという二項対立が、常に根本的なテーマとされるのである。また、この二項対立は明確に二元論的なものであるので、〝菩薩〟か〝非菩薩〟かという二項対立について言えば、後者の〝非菩薩〟に〝声聞〟と〝独覚〟

が含まれるという三乗的な視点は失われ、〝非菩薩〟とは端的に〝声聞〟を指すと見なされることになるのである。その証拠にとでも言うべきか、「方便品」の偈では、〔336〕の第一二偈と〔345〕の第二〇偈と〔357〕の第二六偈以外には〝独覚〟は言及されないのである。つまり、すべての論点は〝菩薩〟〝大乗〟〝真実〟〝菩提〟か、〝声聞〟〝小乗〟〝方便〟〝涅槃〟かという二項対立によって説明されるのである。これは正に極めて単純明快な〝大乗主義〟と言うべきものであろう。

では、次に「方便品」第四七偈の内容を見てみよう。それは、次の通り[377]である。

〔375〕upāyam etaṃ kurute svayaṃbhūr buddhasya jñānasya prabodhanārtham /
na cāpi teṣām pravade kadācid yuṣme pi buddhā iha loke bheṣyatha // [II, v.47] (K, 45,11-12)

〔376〕大聖所興、行権方便、因勧化人、使入仏慧、
如仏道教、興顕于世、吾始未曾、為若等現。(『正法華』七〇上二五—二八)

〔377〕我設是方便、令得入仏慧、未曾説汝等、当得成仏道。(『妙法華』八上二—三)

(225)自生者(svayaṃbhū)〔仏陀〕は、仏陀の智を悟らせること(prabodhana)のために、この方便(upāya)を作る。しかし、彼等に(teṣām)「あなたたちも、この世間で仏陀になるであろう」とは、決して説かない(na pravade)。

まず、ここで“upāyam etaṃ”「この方便」とあるうち、“etaṃ”「この」とは、直前の第四六偈〔277〕の内容を指していると考えられる。即ち、第四六偈で“nirvāṇa teṣām upadarśayāmi”「彼等に涅槃を私は示す」というのは、「方便」であるというのである。しかるに、「方便」とは、一般には目的に対する手段を言うから、その目的は何かと言えば、それは「仏陀の智を悟らせること」であるというのである。つまり、〝私が彼等に涅槃を示すのは、彼等に仏智を悟らせることという目的のための方便である〟という趣旨が、ここに述べられていると考えられる。

では、「彼等」は最終的には仏智を得られるのかと言えば、そこには、微妙な問題があるように思われる。即ち、第四七偈〔375〕後半の「しかし、彼等に〝あなたたちも、この世間で仏陀になるであろう〟とは、決して説かない」

という文章を単純に理解するならば、〝「彼等」は決して仏陀とはなれない、決して仏智を得ることはできない〟ということが、ここに説かれているように見えるのである。

しかるに、『妙法華』〔377〕の「未曾説汝等、当得成仏道」、及びこれに続く「所以未曾説、説時未至故、今正是其時」という訳文は、このような理解を示してはいないようである。つまり、“na ... pravade kadācid”「決して説かない」というのを、過去のことであると把え、〝これまでは「汝等」に成仏できるとは語らなかったが、それは語る時がまだ来なかったためであり、今こそ、その時が来たので、それを語るのだ〟という解釈を述べているのである。確かに、後続の第四八偈〔378〕で“ayaṃ kṣaṇo adya ... labdho”「今や、その刹那が得られた」と言われていることとの関係を考えれば、『妙法華』に示された解釈もありうるであろう。

しかし、まず第四七偈後半で“ca”「しかし」と言われた意味とは何なのであろうか。『妙法華』的な解釈によれば、これは〝彼等に涅槃を示したのは、仏智を悟らせるためであったが、「しかし」その仏智を悟らせるという目的については、今まで決して彼等に語ったことはない〟という意味に解されるであろう。しかし、問題の“ca”「しかし」を、〝彼等に涅槃を示したのは、仏智を悟らせるための方便ではあるけれども、「しかし」実際には、彼等は決して仏智を悟ることはできないのだ〟という意味に理解することも可能ではないかと思うのである。

では何故に、このような理解を採るかと言えば、「方便品」第四七偈〔375〕で“teṣām”と言われる「彼等」とは、直前の第四六偈〔277〕で“teṣām”と言われる「彼等」と同じであり、その「彼等」とは、〝声聞〟、つまり、〝実は菩薩〟＝〝仮りの声聞〟ではない〝真の声聞〟を指すと思われるからである。しかるに、私見によれば、「方便品」と「譬喩品」の偈の立場では、〝真の声聞〟に対して成仏を認めているとは考えられないのである。

即ち、“nirvāṇa teṣām upadarśayāmi”と説く「方便品」第四六偈は、“nirvāṇa tatrāpy upadarśayāmi”と述べる「方便品」第六七偈〔274〕と同趣旨であり、その第六七偈でも、冒頭に“teṣām”という語が用いられている。では、「方便品」第六七偈における“teṣām”「彼等」とは、どのような衆生かと言えば、それは〝真の声聞〟であると考えられる。というのも、第六七偈直前の第六六偈〔42〕で、"bāla"「愚者」であり、"mānin"「慢心をもつもの」であり、「決して、いかなるときも（kadāci）、幾千コーティもの生においても、この仏陀の音声を聞かない」と言われているのは、〃真の声聞〃であると考えられるからである。そこで"mānin"とは"adhimāna-prāpta"「増上慢を得たもの」と同義であるから、彼等は釈迦仏の会衆から退出して行ったが故に、永久に「仏陀の音声を聞かない」と考えられているのであろう。つまり〃真の声聞〃とは"bāla"であり"mānin"であり、〃決して仏説を聞くことのないもの〃と見なされているのである。しかも、この「方便品」第六六偈〔42〕の"na ... kadāci"が「方便品」第四七偈〔375〕の"na ... kadācid"に対応していることは明らかであろう。従って、結論として言えば、私は、「方便品」の第四七偈〔375〕で"teṣām"と言われる「彼等」とは、その第四六偈〔277〕と第六七偈〔274〕で"teṣām"と言われる「彼等」と同様に〃真の声聞〃と見なされているものであり、従って、第四七偈〔375〕でも、「彼等」に成仏は永久に容認されていないであろうと考えるのである。

では、次に、すでに述べたような『妙法華』の「未曾説……説時未至」という解釈が、その大きな拠り所としていると考えられる後続の第四八偈を見てみよう。それは、[378]次の通りである。

〔378〕kiṃ kāraṇaṃ kālam avekṣya tāyī kṣaṇaṃ ca dṛṣṭvā tatu paśca bhāṣate /
so 'yaṃ kṣaṇo adya kathaṃci labdho vadāmi yeneha ca bhūtaniścayam // [II, v.48]（K, 45,13-14）

〔379〕何故愚冥、覩於導師、見自患厭、乃為分別、
今乃得聞、演于平等、以故得説、仏所決了。（『正法華』七〇上二八―中一）

〔380〕所以未曾説、説時未至故。今正是其時、決定説大乘。（『妙法華』八上四―五）

(226)何故かと言うと、救護者（tāyin）〔仏陀〕は、時（kāla）を待って（avekṣya）、刹那（kṣaṇa）を見て、その後（tatu paśca）語るのである。ここで、真実の決定（bhūta-niścaya）を私が説く（vadāmi）、その刹那が、今（adya）、何とかして（kathaṃci）得られた。

まず、第一に、ここには“adya”“tatu paśca”(tataḥ paścāt)という語が用いられているから、ここには「譬喩品」散文部分〔178〕以来説かれるようになった〝時間の二分法〟という考え方が認められることが理解される。この〝時間の二分法〟というのは、決して〝時間の三分法〟ではないことに充分注意しなければならない。つまり、〝時間〟は、〝小乗〟・〝大乗〟・〝仏乗〟(『法華経』)というように三分されるのではなくて、〝小乗〟(方便・『法華経』以前)〔α〕と〝大乗〟(真実・『法華経』以後)〔β〕とに二分されるだけなのである。このような〝時間の二分法〟が、『法華経』自身の立場を、〝小乗〟よりも優れた〝大乗〟と見なす〝大乗主義〟から帰結することは明らかであろう。従って、「方便品」第四八偈〔378〕に説かれるのは、〝方便〟である〝小乗〟とは区別された〝真実〟なる〝大乗〟としての『法華経』自身の立場なのである。

しかるに、この第四八偈に関して、苅谷博士は、次のように論じられた。かなり長文ではあるが、極めて重要なものと思われるので、以下に全文を引用しよう。

(227)一方、偈〔48〕及び偈〔50〕から〔52〕までは、声聞乗の次に、同じく〈巧みな方法〉によって大乗・菩薩乗が説かれるに至ったことを言うものである。即ち、仏は「時を熟慮し、その時が今や得られたのだ。ここに真実の決定した目的(bhūta-niścaya)を語ろう」(v-48)とあって、いよいよ大乗・菩薩乗を説くべき時機が到来したと述べられている。ところが、従来はこの次の偈〔49〕が、上記の如く九分教の〈巧みな方法〉によるものであることを言っているために、この偈〔48〕の意味するところとその後の偈〔50〕から〔52〕までとは、〈巧みな方法〉にもとづくところの三乗中の大乗・菩薩乗のことを言うものではなくて、法華〈仏乗〉そのもののことを述べたものと解されてきたのである。現に『妙法華』を見るに、羅什もそのように見て訳出しているようである。即ち、偈〔48〕は「所以未曾説　説時未至故　今正是其時　決定説大乗」と訳出されている。ここに言う「大乗」とは、後の訳文から見ても羅什においては法華〈仏乗〉を意味しての訳語であることは明らかである。しかしながら、この偈〔48〕及び偈〔50〕から〔52〕までは、あくまでも〈巧みな方法〉によって説かれた三乗中の大乗・菩薩乗のことを言うものであって、決して法華〈仏乗〉を述べたものと解すべきではない。法華〈仏乗〉の立場を明かしているのは偈〔53〕であり、それ故にこそ、それをうけて、その次の偈〔54〕に「一乗」の語が出てきているのである。（『一仏乗』一五一―一五二頁）〔傍線＝松本〕

ここで、苅谷博士は、「方便品」第四八偈〔378〕の所説を〝方便〟によって説かれた「大乗・菩薩乗」と見なされ、「法華〈仏乗〉そのもののことを述べたもの」ではないと論じられている。しかし、まず第一に、直前の第四七偈には“upāya”の語が用いられているのに対して、この第四八偈には“upāya”という語は認められない。それどころか、そこには“bhūta”「真実」という語が用いられているのである。第四八偈末尾の“bhūta-niścayam”については、C3本が“buddhaniscayam”という読みを示しており、『正法華』〔379〕の「仏所決了」という訳語が、この異読に対応していることは明らかであるが[379]、その異読に従ったとしても、ここで説かれるのは〝方便〟ではない〝真実〟の教えとしての『法華経』自身の立場とされるものであることには変りがないであろう。

また、「方便品」第四八偈〔378〕は、後に見る〔395〕の「方便品」第一三〇偈と表現も趣旨[380]もほぼ一致していると考えられる。その「方便品」第一三〇偈の所説をも、苅谷博士は「三乗中の大乗・菩薩乗[381]」と見なされるが、その第一三〇偈に説かれる〝そのために私がこの世間に生まれた（jāta）ところの、最勝の法（agra-dharma）を語るべき時が来た〟というような趣旨は、「方便品」散文部分〔139〕で説かれる〝如来の知見を衆生たちに悟らせることが、如来が世間に出現する唯一の目的である〟という説に対応するものであるから、これが『法華経』自身の立場として、述べられていることは、否定できないであろう。従って、問題の「方便品」第四八偈〔378〕も、『法華経』自身の〝真実〟の立場として説かれていると考えられる[382]。

ただし、私は、苅谷博士と同様に「方便品」第四八偈には「大乗・菩薩乗」が説かれていると考えている。苅谷博士が「大乗・菩薩乗」ならば〝方便〟であり、「仏乗」ならば『法華経』自身の立場であると見なされていることは、[227]における「法華〈仏乗〉そのもの」という表現からも知られるのであるが、しかし、「大乗・菩薩乗」＝〝方便〟という図式は、「方便品」の偈においては成立しない。つまり、「方便品」の散文部分と偈とでは、その思想的立場は異なっているのであり、「譬喩品」散文部分の〝大乗主義〟をより明確な二元論的形態において受け継いだと考えられる「方便品」偈においては、「大乗・菩薩乗」こそが『法華経』自身の〝真実〟の立場として説かれているのである。更に言えば、「方便品」偈においては、〝「仏乗」＝『法華経』自身の立場〟という図式も成立しない。というのも、「方便品」偈では「方便品」散文部分とは異なって、"buddha-yāna"「仏乗」という語が全く使用されていないからである。この「仏乗」という語の不使用は、おそらく意図的なものであろう。というのも、「方便品」散文部分で「仏乗」がいかに力説されたかを考えれば、そのように見ざるを得ないからである。従って、「方便品」偈の思想的な立場は、「仏乗」ではなく「小乗」を非難する〝大乗〟であると考えられるのである。

さて、「方便品」第四八偈〔378〕には、考察すべき問題がまだ残されている。即ち、直前の第四七偈〔375〕で"teṣām"、つまり〝真の声聞〟と考えられる「彼等に」「〝仏陀になるであろう〟とは決して説かない」と述べられていたのに対し、第四八偈では「真実の決定を私が説く、その刹那が、今、何とかして得られた」と言われている。ということは、〝真の声聞〟と考えられる「彼等に」「真実の決定」が語られることになるのであろうか。この「真実の決定」、つまり"bhūta-niścaya"とは、"buddha-niścaya"という異読の存在より考えても、第四七偈末尾の"buddhā … bheṣyatha"「仏陀となるであろう」ということを内容とすると思われるが、その"bhūta-niścaya"が「彼等に」説かれるとすれば、〝真の声聞〟である「彼等」も、最終的には成仏するということにならないであろうか。

しかし、私はこの解釈に疑問をもつのである。というのも、私見によれば、「方便品」偈の立場よりすれば、〝真の声聞〟は永久に成仏できないとされていると考えられるからである。しかるに、この点で注意すべきは、第四六偈と第四七偈で用いられた"teṣām"「彼等に」という語が、第四八偈では使用されていないという点なのである。勿論、第四七偈の"teṣām"は第四八偈の"vadāmi"「私は説く」にもかかっているという見方も可能であるが、私は、第四六偈・第四七偈で用いられた"teṣām"が第四八偈に使用されていない点に、大きな意義を認めたいのである。では、

“vadāmi … bhūta-niścayam”というのは、“teṣām”「彼等に」ではなければ、一体誰に対して「私は説く」というのであろうか。それを私は、後出の第五〇偈—第五二偈〔384〕で述べられる〝菩薩〟たちに対して「私は説く」という意味であると考えるのである。このような解釈は不自然に見えるかもしれないが、しかし、次の第四九偈を検討することによって、私見の妥当性が、ある程度示されると思われる。その「方便品」第四九偈とは、次の通りである。

〔381〕navāṅgam etan mama śāsanaṃ ca prakāśitaṃ sattvabalābalena /
upāya eṣo varadasya jñāne praveśanārthāya nidarśito me // [II, v.49] (K, 46,1-2)

〔382〕於我法教、諸新学者、仏以聖慧、行権方便、
所可分別、為衆生故、欲開化之、故示此誼。(『正法華』七〇中二—四)

〔383〕我此九部法、随順衆生説、入大乗為本、以故説是経。(『妙法華』八上六—七)

(228)九分(nava-aṅga)と、この私の教誡(etan mama śāsanam)とは、衆生の力と無力(bala-abala)とによって、説示された。この方便(upāya)は、恩恵を与える者(vara-da)〔仏陀〕の智(jñāna)に入らせるために、私によって示された(nidarśita)。

ここで“navāṅgam etan mama śāsanam”という語は、従来「九分よりなる、この私の教誡」というように読まれてきたのであり、チベット訳の“ṅa yi bstan pa yan lag dgu bo”(P, chu,22b7)も、また、『妙法華』〔383〕の「我此九部法」も、正にこのような読解にもとづいていると思われる。しかるに、私は“ca”を“and”と把え、[383] “navāṅgam etan mama śāsanaṃ ca”を「“navāṅgam”と“etan mama śāsanam”」と解したいのである。『正法華』〔382〕の「於我法教、諸新学者」という訳も、この私の読解を支持してはいないが、「諸新学者」が“navāṅgam”に対応していることは、辛嶋氏が指摘される通りであるから、[384] 少なくとも『正法華』〔382〕では、“navāṅgam”「諸新学者」と“etan mama śāsanam”「我法教」を別々のものと見ていることは明らかであろう。

しかるに、私が「“navāṅgam”と“etan mama śāsanam”」という読解を採用する最大の理由は、後出〔387〕の「方便

品」第五三偈に“śāsanam eta mahyam”という語があることなのである。つまり、この第四九偈〔381〕の“etan mama śāsanam”と第五三偈の“śāsanam eta mahyam”が同じものを指していることは、明らかであると思われるが、第五三偈において“śāsanam eta mahyam”というのは、それを聞いた“śrāvaka”「声聞」たちは全て“bodhi”「菩提」〔A〕を得ることは疑いがないと言われるのであるから、それは〝方便〟の教えとされているのでは決してない。すると、第四九偈においても、“etan mama śāsanam”は〝方便〟の教えとされる“navāṅgam”とは別のものとされていると見るのが妥当ではないかと思われるのである。

しかも、“navāṅgam etan mama śāsanam”を「九分よりなる、この私の教誡」と読解することには、更に別の難点も存在する。即ち、独自の〝九分教〟の個々の名称が挙げられたのは、第四五偈においてであって、第四九偈の直前に述べられたのではない。とすれば、「九分よりなる、この私の教誡」という表現における“etan”「この」が不自然なものとなるのではなかろうか。“etan”「この」は一般には直前のものを指すと考えられるからである。とすれば、直前の“bhūta-niścaya”こそが、直後の第四九偈で“etan mama śāsanam”と言われたと見なすべきであろう。つまり、第四九偈よりも前に、まず第四五偈で〝方便〟である〝小乗〟の教えとして〝九分教〟の個々の名称が挙げられ、第四八偈において〝真実〟である〝大乗〟の教えとして“bhūta-niścaya”が説かれ、次に第四九偈において、その二つが、述べられた順序通りに「“navāṅgam”と“etan mama śāsanam”」という表現で言及されたと見るのである。このように見れば、“sattva-bala-abalena”についても、「生きものたちの能力の程度に応じて[385]」というのではなく、“bala”をもっていない衆生である〝真の声聞〟たち、「彼等には」“teṣām”〝方便〟である〝小乗〟の〝九分教〟が示されたが、“bala”をもつ衆生である〝菩薩〟たちには〝真実〟である〝大乗〟の“bhūta-niścaya”＝“etan mama śāsanam”が説かれる、という解釈が成り立つであろう。すでに述べたように、「方便品」偈の単純明快な二分法的理解からすれば、衆生には〝菩薩〟と〝声聞〟しか存在しないから、その二者がそれぞれ“bala”「力」と“abala”「無力」という語によって言及されたと見るのは、不自然ではないであろう。

勿論、以上の私見には難点も存在する。それは第四九偈後半の“upāya eṣo”「この方便」というのが、一つのまとまりとしての“navāṅgam etan mama śāsanam”を指しているように見えることである。更には“navāṅgam”というのは形容詞である以上、“śāsanam”という名詞にかかるのではないかという意見もありうるであろう。しかし、私は、第四九偈の“etan mama śāsanam”と第五三偈の“śāsanam eta mahyam”との表現の一致を何よりも重視したい。もしも、この二つが同じものを指すとするならば、第四九偈の“etan mama śāsanam”は「仏陀となるであろう」ということを内容とする第四八偈末尾の“bhūta-niścaya”を意味するとしか考えられないであろう。

では、第四九偈後半の“upāya eṣo”をいかに解するかと言えば、やや非論理的な解釈であることを認めつつも、おそらくは、「衆生の力と無力」とに応じて、“navāṅgam”がまず説かれ、その後、“etan mama śāsanam” = “bhūta-niścaya”が説かれるという説法のあり方そのものが、“upāya eṣa”「この方便」と呼ばれたのではないかと思われる。

では、次に〝菩薩〟について述べる次の三つの偈を見ることにしよう。それは次のような「方便品」第五〇偈・第五一偈・第五二偈である。なお、第五〇偈だけは、すでに〔333〕に梵語テキスト等を示してある。

〔384〕bhavanti ye ceha sadā viśuddhā vyaktā śucī sūrata buddhaputrāḥ /
kṛtādhikārā bahubuddhakoṭiṣu vaipulyasūtrāṇi[386] vadāmi teṣām // [II, v.50]
tathā hi te āśayasampadāya viśuddhaśīlāya samanvitā 'bhūt /
vadāmi tān buddha bhaviṣyatheti anāgate 'dhvāni hitānukampakāḥ // [II, v.51]
śrutvā ca prītisphuṭa bhonti sarve buddhā bhaviṣyāma jagatpradhānāḥ /
punaś ca haṃ jāniya teṣa caryāṃ vaipulyasūtrāṇi prakāśayāmi // [II, v.52]（K, 46,3-8）

〔385〕欲知仏道、常調清浄、仁楽聖典、実為要妙、
在諸仏所、所作已弁、故為斯類、説方等経。〔第五〇偈〕
志性和順、行能具足、是等勇猛、親近聖教、

則為彼説、徳最弘衍、於当来世、慈愍哀傷、〔第五一偈〕
一切聞之、欣然諮嗟、我等成仏、亦当如是。
縁是行故、世世端正、而当翫習、是方等経。〔第五二偈〕（『正法華』七〇中四―一二）

〔386〕有仏子心浄、柔軟亦利根、無量諸仏所、而行深妙道、為此諸仏子、説是大乗経。〔第五〇偈〕
我記如是人、来世成仏道、以深心念仏、修持浄戒故、〔第五一偈〕
此等聞得仏、大喜充遍身、仏知彼心行、故為説大乗。〔第五二偈〕（『妙法華』八上八―一四）

(229)しかるに、ここには（iha）、常に清浄（viśuddha）であり、賢明（vyakta）であり、清らか（śuci）であり、柔和であり、幾コーティもの多くの仏陀に供養を為したもの（kṛta-adhikāra）である仏子（buddha-putra）〔菩薩〕たちがいるが、彼等に（teṣām）諸の方等経（vaipulya-sūtrāṇi）を、私は説く（vadāmi）。〔第五〇偈〕
というのも、彼等は、意楽（āśaya）の完成と清浄な戒（śīla）を具えたものであったが、彼等に「未来世において、あなたたちは、利益を施す慈悲ぶかい仏陀になるであろう」と、私は説く（vadāmi）。〔第五一偈〕
これを聞いて（śrutvā）、彼等はすべて「私たちは、有情の最高者である仏陀になるであろう」と思って、歓喜（prīti）に満たされる。また、私は、彼等の〔菩薩〕行（caryā）を知って、彼等に諸の方等経（vaipulya-sūtrāṇi）を説示する。〔第五二偈〕

ここで、まず〝菩薩〟の性格づけが〝声聞〟に対するそれとは対照的であることから見ていきたい。即ち、第四六偈で〝真の声聞〟が“avidvas”“acīrṇa-carya”と規定されたのに対し、ここでは〝菩薩〟が“vyakta”「賢明」であり、“kṛta-adhikāra”「供養を為したもの」であると述べられたのである。すでに繰返し述べているように、「方便品」偈の明確に二分法的な理解によれば、衆生は「愚者」である〝声聞〟と「智者」である〝菩薩〟に二分されるのであるが、ここにも正にこの二分法的な理解が示されていると見ることができる。

さて、以上の三偈、つまり、「方便品」第五〇偈―第五二偈〔384〕では、〝菩薩〟に対して、“vaipulya-sūtrāṇi”「諸の方等経」を釈迦仏は説くと言われていると考えられるが、この“vaipulya-sūtrāṇi”とは何を指しているのであろうか。苅谷博士は、この語を「諸の大乗経典」(『一仏乗』一五二頁五行、一〇行)と訳されている。おそらく、これは解釈としては妥当であろう。即ち、ここで“vaipulya”の語が用いられたのは、第四五偈で〝九分教〟の個々の名称が“vaipulya”を含まずに挙げられたことと関連しているのであって、従って、「方便品」偈の作者が“navāṅgam”対“vaipulya”の対比を、〝小乗〟対〝大乗〟の対比として把えていることは明らかである。

では何故、「方便品」偈の作者は〝諸の大乗経典〟をストレートに“mahāyāna-sūtrāṇi”と表現しなかったのであろうか。そこには、二つの理由を想定することができるであろう。その第一は、「方便品」散文部分では“mahāyāna”という語が全く用いられていなかったために、建て前としては、その内容と一致していると見なされる「方便品」偈においても、“mahāyāna”という語を用いることはできなかったという想定である。そして、その第二は、「方便品」第五〇偈・第五二偈で〝諸の大乗経典〟が“vaipulya-sūtrāṇi”と表現されたのは、「譬喩品」散文部分〔181〕で最初に『法華経』に経名が与えられたとき、その経名において『法華経』が“mahā-vaipulya”とも言われたことと関係しているという想定である。即ち、その〔181〕で最初に与えられた経名には、すでに考察したように、当初から“mahā-vaipulya”という限定語が含まれていたかどうかは確認できないが、単純な見方をすれば、そこで『法華経』が“mahā-vaipulya”と呼ばれたので、それを承けて、「方便品」第五〇偈・第五二偈では〝諸の大乗経典〟が“vaipulya-sūtrāṇi”と呼ばれたという見方も成り立つであろう。つまり、『法華経』は“mahā-vaipulya”であり、他の〝諸の大乗経典〟は“vaipulya-[sūtrāṇi]”であるというのである。

そこで問題となるのが、この“vaipulya-sūtrāṇi”と言われる〝諸の大乗経典〟と『法華経』との関係、あるいは“vaipulya-sūtrāṇi”の思想的立場と『法華経』自身の立場との関係とは何かということであろう。この問題に対する苅谷博士の解釈は、すでに㉗にも示されているが、博士は更に繰返して、次のようにも言われている。

㉚偈〔48〕及び偈〔50〕から〔52〕までは、同じく〈巧みな方法〉によって、その次に大乗・菩薩乗が説かれたこ

とを述べたものであって、法華〈仏乗〉について述べたものではないのである。（『一仏乗』一五三頁五—七行）

つまり、“vaipulya-sūtrāṇi” という語を有する第五〇偈—第五二偈の内容を〝方便〟によって説かれたものと見なされるのであるが、まず第一に、これらの三偈には、第四八偈〔378〕におけると同様、“upāya” という語は全く用いられていない。第二に、苅谷博士は、第五二偈の “jāniya teṣa caryām”「彼等の行（caryā）を知って」という表現が、第四三偈の “yathāśayaṃ jāniya te cariṃ ca”（K, 45,3）「彼等〔仏陀たち〕は、〔衆生たちの〕意楽と行（cari）を知って」という表現と一致することを指摘され、それによって第五〇偈—第五二偈の所説を〝方便〟によるものと見なされている。[387] この指摘は確かに重要である。しかし、第五二偈では “cari” ではなく “caryā” という語が用いられている。

しかるに、この “caryā” という語は「方便品」偈においては専ら “bodhisattva-caryā”「菩薩行」を意味すると思われる。すると、この第五二偈後半の “haṃ jāniya teṣa caryāṃ vaipulyasūtrāṇi prakāśayāmi” という表現は、そこに使用される用語の一致より考えて、「譬喩品」散文部分〔181〕ⓓで釈迦仏がシャーリプトラに語りかける “so 'haṃ tvāṃ śāriputra pūrvacaryāpraṇidhānajñānānubodham anusmārayitukāma imaṃ saddharmapuṇḍarīkaṃ dharmaparyāyaṃ sūtrāntaṃ mahāvaipulyaṃ ... saṃprakāśayāmi”「シャーリプトラよ、そこで私は過去世の行（caryā）と願と知の理解をあなたに思い出させたいと欲して、この『正法蓮華』という法門、経典、大方等……を説くのである」という文章を意識して形成されたものではないかと想定されるのである。しかるに、もしこの想定が正しいとすれば、「方便品」第五〇偈—第五二偈〔384〕の所説を〝方便〟によるものと見なすことは困難となるであろう。というのも、すでに見た第五二偈後半の “haṃ jāniya teṣa caryāṃ vaipulyasūtrāṇi prakāśayāmi” という表現は、「譬喩品」散文部分〔181〕で釈迦仏がシャーリプトラに『法華経』を説く理由を説明した文章と対応していると考えられるからである。

しかも、右の想定が有力なものと思われるのは、第五二偈前半の “śrutvā ca prītisphuṭa bhonti”「これを聞いて、歓喜（prīti）に満たされる」という表現も、やはり「譬喩品」散文部分冒頭にある〔172〕の “prīti-saumanasyajāto”「歓喜と悦意を生じ」という表現と、その直後にある〔175〕の“idam evaṃrūpaṃ bhagavato ’ntikād ghoṣaṃ śrutvā”「世尊から、この、この様な音声を聞いて」という表現にもとづいていることは明らかであるように思われるからである。この〔172〕〔175〕の表現は、シャーリプトラが『法華経』を聞いて歓喜を得たことを述べるために用いられたものであるから、それらに影響されて形成された表現が第五二偈前半で用いられているとすれば、問題の三偈、つまり、「方便品」第五〇偈—第五二偈〔384〕の所説を〝方便〟によるものと見ることは、適切ではないことになるであろう。

なお、私見によれば、すでに述べたように、「方便品」第五二偈の前半と後半は、いずれも、「譬喩品」散文部分冒頭に見られる〔172〕〔175〕と〔181〕における、シャーリプトラが『法華経』を聞いて歓喜を得たことを述べる文章と、釈迦仏がシャーリプトラに『法華経』を説く理由を説明する文章にもとづいていると考えられるが、それらの文章において、シャーリプトラは、〝声聞〟と見なされているのではなく、〝実は菩薩である〟と見なされていることは、明らかである。従って、私は、第五〇偈—第五二偈〔384〕の内容を〝菩薩〟に対する〝真実〟の教えであると見るのである。すでに述べたように、私は、苅谷博士とは異なって、第四八偈の“bhūta-niścaya”という語が、『法華経』自身の〝真実〟の立場を指すものとして述べられたと考えており、この“bhūta-niścaya”が説かれる対象（聞き手）を明確に〝菩薩〟であると規定したものが、「方便品」第五〇偈—第五二偈〔384〕であると解するのである。

しかるに、複数形である“vaipulya-sūtrāṇi”の立場と『法華経』自身の立場が同じものとされているというのは、確かに不自然に見えるであろう。しかし、すでに繰返し説明しているように、「方便品」偈の思想的立場は〝大乗主義〟、あるいは〝大乗真実説〟なのであって、〝大乗〟を自らの思想的立場として主張する以上、所謂〝大乗仏教〟に対して、これを自らの思想的立場と区別する意識は、「方便品」偈にはもともと存在しないのである。つまり、すでに述べたように、〝時間〟は三分されずに二分されるのである。即ち、〝小乗〟があり、次に〝大乗〟があり、更にその後に〝『法華経』〟があると見なされているのではなく、まず〝小乗〟があり、その後〝大乗＝『法華経』〟があると考えられているのである。

これを別の言葉で言えば、「方便品」偈の立場は、「譬喩品」偈のそれと同様に、〝三中の一〟を〝真実〟と説く〝三車説〟なのである。これは、「火宅譬喩」に関して、「譬喩品」の偈では〝賜与の一車〟が「牛の車」であると規定されたことに明示されている。

しかるに、〝三車説〟とは、苅谷博士が、

(231)三車説とは端的に言って、菩薩乗と仏乗を同一とするものであり、所謂「二乗方便」説である。(『一仏乗』一五三頁九―一〇行)

と言われるように、〝二乗方便説〟であり、声聞乗と独覚乗の二乗のうち、独覚乗についての説明が殆んど見られない「方便品」偈においては、〝二乗方便説〟は〝一乗方便説〟となり、〝声聞乗＝方便〟〝大乗＝真実〟という二分法的図式が成立するのである。従って、私は、苅谷博士が、

(232)以上のように、仏ははじめに声聞乗の教法を説くのであり、そこでは未だ声聞の本来よりぼさつ〔成仏可能者〕たることを明かさないのである。次に、仏は大乗・菩薩乗の教法を説き、そこにおいてはじめて一部の衆生にのみではあるが、凡夫の成仏しうることを明らかにするのである。そして、その後に『法華経』を説いて、声聞乗も大乗・菩薩乗も、共に等しく仏の〈巧みな方法〉によって説かれたもの、仏のある意図にもとづく所説であることを明かして、その仏の意図即ち仏出現の唯一目的は〈仏乗〉を説くことであって、それは「一切衆生皆悉ぼさつ」という仏智に立っての「ぼさつ教化」であることを明らかにし、声聞も本来よりぼさつなる故に成仏しうると説き明かしたのである。(『一仏乗』一五四―一五五頁)〔傍線＝松本〕

と述べられる〝時間の三分法〟は「方便品」偈には説かれておらず、そこに述べられるのは、〝小乗の後に大乗(『法華経』)〟という〝時間の二分法〟だけであると見るのである。

しかるに、『正法華』〔385〕も『妙法華』〔386〕も、ある意味で、私の解釈を支持している。即ち、第五〇偈と第五二偈に出る“vaipulya-sūtrāṇi”という語は、複数形であるにもかかわらず、『正法華』〔385〕では「方等経」「是方等経」

と訳され、『妙法華』〔386〕では「是大乗経」「大乗」と訳され、これらは、いずれも『法華経』そのものを指していると考えられる。即ち、「是方等経」や「是大乗経」という訳語を見て、これが『法華経』を指していないと考える読者はいないであろう。しかるに、「大乗」という訳語は、『妙法華』〔380〕において、第四八偈の“bhūta-niścaya”の訳語としても使用されているから、羅什にとっては、第四八偈の“bhūta-niścaya”も、第五〇偈—第五二偈の“vaipulya-sūtrāṇi”も、『法華経』そのもの、あるいは『法華経』と同じ〝真実〟の立場を説くものと理解されていたと思われるが、このような理解が、基本的には、私の解釈と一致することは言うまでもない。勿論、「方便品」偈に説かれる〝大乗主義〟を「方便品」散文部分の訳文にまで持ち込んだ点で、羅什訳『妙法華』が大きな欠点をもつことは明らかであるが、羅什の時代には、「方便品」偈に説かれるような〝三車説〟〝二乗方便説〟〝大乗主義〟が『法華経』の一般的な解釈となっていたであろうことを考慮するならば、これは、強ちに非難されるべきことではない。羅什は、ただこの当時の一般的解釈の影響下にあっただけなのである。

　さて、最後にもう一点だけ「方便品」第五〇偈—第五二偈〔384〕に関連して述べておきたい。それは、“vadāmi”「私は説く」という語が、第四八偈〔378〕にも、第五〇偈・第五一偈にも使用されていることなのである。即ち、第四八偈では“vadāmi ... bhūtaniścayam”と言われ、第五〇偈では“vaipulyasūtrāṇi vadāmi”、第五一偈では“vadāmi ... buddha bhaviṣyatha”と言われているのである。私は、すでに述べたように、第四八偈と第五〇偈—第五二偈は、『法華経』自身の〝真実〟の立場を説くものとして述べられたと解するのであるが、ここで、一貫して“vadāmi”という語が三回用いられたことに注目したい。では、これに対して、釈迦仏が〝方便〟の教えを説くときには、どのような動詞が用いられているかというと、それは第四六偈の“nirvāṇa teṣām upadarśayāmi”と、第四九偈の“upāya eṣo ... nidarśito me”における“nidarśita”なのである。つまり、〝方便〟の教えを説くときには、“√dṛś”「見る」という動詞語根の使役形にもとづく“upadarśayati”“nidarśayati”「示す」「見せる」という動詞が用いられていることが知られる。僅かな用例から結論を導き出すことは、不穏当かもしれないが、〝真実〟の教えを説くときには、"√vad"「説く」「語る」という動詞語根にもとづく"vadāmi"が用いられ、〃方便の教え〃を示すときには、"upadarśayati""nidarśayati"という動詞が使用されるというように、ここでは動詞の使い分けがなされているのではなかろうか。もしそうであるとすれば、"upadarśayati""nidarśayati"「示す」には、〃本当はそうではないが、そのように見せかける〃という意味も込められているように思われる。

　しかるに、以上の想定が全く不当とも思えないのは、「方便品」第四七偈〔375〕において"na cāpi teṣām pravade kadācid"「彼等に決して説かない」という表現が用いられ、また後出〔387〕の「方便品」第五四偈に"yānanānātv upadarśayanti"「乗の多様性を示す」という表現が使用されるからである。つまり、ここで"pravade"と"upadarśayanti"が、順次に〃真実〃の教えを説くことと〃方便〃の教えを示すことに、対応していることは明らかであろう。特に"upadarśayati"という動詞については、「譬喩品」散文部分の末尾に置かれる〔256〕のⓐとⓑに出る"[upāya-kauśalyena] trīṇi yānāny upadarśayitvā"「三乗を示してから」という表現が重要であろう。ここで"upadarśayati"とは、正に〃方便〃によって「三乗」を「示す」ことを言っているからである。私見によれば、この「譬喩品」〔256〕ⓐⓑの"trīṇi yānāny upadarśayitvā"という表現からの影響を受けて、「方便品」偈の作者は、第四六偈で"upadarśayāmi"を、そして第五四偈で"upadarśayanti"を用いたのであろうと考えられる。

　では、次に〃一乗〃について説く最も重要な三つの偈について検討しよう。それは、次のような「方便品」第五三偈—第五五偈である。

〔387〕ime ca te śrāvaka nāyakasya yehi śrutaṃ śāsanam eta[388] mahyam /
ekāpi gāthā śruta dhāritā vā sarveṣa bodhāya na saṃśayo 'sti // [II, v.53]
ekaṃ hi yānaṃ dvitiyaṃ na vidyate tṛtiyaṃ hi naivāsti kadāci loke /
anyatr upāyā puruṣottamānāṃ yad yānanānātv upadarśayanti // [II, v.54]
bauddhasya jñānasya prakāśanārthaṃ loke samutpadyati lokanāthaḥ /

ekaṃ hi kāryaṃ dvitiyaṃ na vidyate na hīnayānena nayanti buddhāḥ // [II, v.55]（K, 46,9-14）

〔388〕其有逮聞、無極聖教、斯等乃為、仏之弟子、
仮使得聴、仏一偈者、皆成正覚、終無有疑。〔第五三偈〕
仏道有一、未曾有二、何況於世、而当有三、
除人中上、行権方便、以用乗故、開化説法。〔第五四偈〕
欲得講説、仏之深慧、善権方便、導師光明、
唯有一乗、豈寧有二。下劣乗者、当求殊特。〔第五五偈〕（『正法華』七〇中一二―二〇）

〔389〕声聞若菩薩、聞我所説法、乃至於一偈、皆成仏無疑。〔第五三偈〕
十方仏土中、唯有一乗法、無二亦無三、除仏方便説。〔第五四偈〕
但以仮名字、引導於衆生、説仏智慧故、諸仏出於世、
唯此一事実、余二則非真。終不以小乗、済度於衆生。〔第五五偈〕（『妙法華』八上一五―二二）

㉓㉝これらのものたち〔菩薩たち〕（ime）〔a〕と、私のこの教誡（śāsanam eta mahyam）を聞いた（śruta）導師（nāyaka）の声聞（śrāvaka）たち〔b〕は、たとえそれが、〔わずか〕一つの偈（gāthā）でも、聞く（śruta）か受持した（dhārita）もの、その全てのもの（sarva）〔a＋b〕が菩提（bodhi）〔を得ること〕において、疑問（saṃśaya）は無い。〔第五三偈〕

というのも、乗（yāna）は一つ（eka）であって、第二の〔乗〕は存在しない。第三の〔乗〕は、世間に、いかなるときも、決して無い。乗の多様性（nānātva）を示す（upadarśayanti）、最高の人（puruṣa-uttama）たちの方便（upāya）を除いては。〔第五四偈〕

仏陀の智を明らかにする（prakāśana）ために、世間の保護者（loka-nātha）は、世間（loka）に生まれる（samutpadyati）。というのも、仕事（kārya 目的）は、一つであり、第二のものは存在しない。諸仏は、小乗（hīnayāna）によって、

導くことはない。〔第五五偈〕

ここでまず、第五三偈冒頭の"ime ca"を「これらのものたちと」と読む理由については、このような読解が従来全くなされてこなかったために、詳しい説明が必要であろうが、その説明は後に述べることにして、ここでは一応、私が、"ime"とは、この「方便品」第五三偈の直前に位置する第五〇偈—第五二偈〔384〕の第五〇偈に説かれた"buddha-putrāḥ"「仏子たち」、つまり、"菩薩たち"を指すという解釈を採るということだけを述べておきたい。

すでに、㉗に示したように、苅谷博士は、私見とは異なり、「方便品」第四八偈と第五〇偈—第五二偈を"方便"による説法を述べるものと見なされ、それに対して、第五三偈を「法華〈仏乗〉の立場を明かしている」ものと解されるのであるが、その苅谷博士は、〔387〕に示した第五三偈について、次のように論じておられる。

㉞ここに、私の教誡を聞き信受した声聞の成仏が明言されているのであり、従って「この私の教誡」が先の「諸の大乗経典」(v-50, 52)と同一でないことは明らかであろう。なぜなら、それら諸大乗経典は一部のエリートにのみ説かれたものであり、彼らのみを成仏させるものであるからである。逆に言えば、すでに過去世に多くの仏につかえるという所行をなしおえた菩薩に対して説かれたところの「諸の大乗経典」が、どうして「未だその所行をなしていない」(v-46)声聞をして成仏させることが出来るであろうか。それ故に、この「私の教誡」とは、偈〔50〕から〔52〕までで言う「諸の大乗経典」とは全く別のものを指しているとしなければならない。とすれば、それは「一切衆生皆悉ぼさつ」という〈仏乗〉を説くこの『法華経』を措いて他にはない。そして、〈仏乗〉を聞き信受する声聞が必ず成仏するということは、すでに先の長行において明らかにされているところである。

(『一仏乗』一五四頁八—一五行)〔傍線＝松本〕

まず、この苅谷博士の論述の中で、第五三偈で「私の教誡を聞き信受した声聞の成仏が明言されている」という主張には、私は基本的に賛成したい。しかし、何よりも重要な点は、第五三偈においては"yehi śrutaṃ śāsanam eta mahyam"「私のこの教誡を聞いた」という限定語なしに、単純に「声聞の成仏」が明言されているわけではないということなのである。(234)の説明によると、苅谷博士は、第四六偈〔277〕で“acīrṇa-carya”「行を行じなかったもの」と言われた〝声聞〟たちも、この第五三偈では「成仏が明言されている」と理解されていると思われるが、私見によれば、彼等の〝成仏〟はこの第五三偈で明言されてはいない。というのも、第四六偈で“acīrṇa-carya”とか“avidvas”とか“hīna-abhirata”と言われたのは、〝真の声聞〟であって、第五三偈で言われる「私のこの教誡を聞いた声聞」ではないからである。何となれば、〝真の声聞〟は「方便品」第六六偈〔42〕で“mānin”「慢心をもつもの」であり、“te naiva śṛṇvanti mu buddhaghoṣaṃ kadāci”「彼等は決して、いかなるときも、この仏陀の音声〔A〕を聞かない」と言われるように、〝真実〟の教えを決して聞くことなく、〝聞法〟することなく、会衆から退出していった「増上慢をもつもの」と見られているからである。従って、第五三偈で「私のこの教誡を聞いた声聞たち」というのは、〝聞法〟しない〝真の声聞〟ではなく、シャーリプトラのような〝仮りの声聞〟、つまり〝実は菩薩〟を指すと見なければならない。それ故、この第五三偈に述べられたのは、〝菩薩だけが成仏し、真の声聞は成仏できない〟という〝一分不成仏説〟であり、〝大乗主義〟なのである。

苅谷博士の論述(227)の末尾にある「それ故にこそ、それをうけて、その次の偈〔54〕に「一乗」の語が出てきているのである」という文章を読むと、そこには、〝一乗〟という語は必ず〝一切皆成〟(一切衆生は成仏できる)を説くものであるという一種楽観的な理解が示されているように思われるが、第五四偈・第五五偈で説かれる〝一乗〟の実態とは、“na hīnayānena nayanti buddhāḥ”「諸仏は小乗(hīnayāna)によって導くことはない」という第五五偈後半の一文によって示されている。つまり、〝一乗〟=〝大乗〟であって、〝一乗〟=〝仏乗〟ではないのである。従って、〝大乗〟こそが「方便品」偈の作者にとっては〝真実〟の教えであるから、第五〇偈―第五二偈で〝菩薩〟に対して説かれる“vaipulya-sūtrāṇi”の立場と『法華経』自身の立場が、「方便品」の偈において区別されることはないのである。それ故、苅谷博士の論述(234)について言えば、「この「私の教誡」とは、偈〔50〕から〔52〕までで言う「諸の大乗経典」とは全く別のものを指している」という苅谷博士の見解に従うことはできない。「全く別のもの」とは考えられないからである。

また、第五四偈・第五五偈における〝一乗〟の表現が、次のような「方便品」散文部分〔145〕にもとづいているこ

とは確かであろう。

ekaṃ evāhaṃ śāriputra yānaṃ ārabhya sattvānāṃ dharmaṃ deśayāmi yad idaṃ buddhayānaṃ / na kiṃcic chāriputra dvitīyaṃ vā tṛtīyaṃ vā yānaṃ saṃvidyate /

ここでは、第二乗と第三乗が“dvitīyaṃ vā tṛtīyaṃ vā”という表現によって、いわば同じ資格で扱われ、そして否定されていると考えられる。しかるに、〔387〕の第五四偈・第五五偈では第二乗と第三乗は同じ資格では扱われてはいない。即ち、まず第五四偈では、第二乗については“dvitiyaṃ na vidyate”と言われているだけであるが、第三乗については“naivāsti kadāci loke”と言われ、〝全く存在しない〟ということが強調されている。これは勿論、「方便品」散文部分〔157〕の

nāsti dvitīyasya yānasya kvacid daśasu dikṣu loke prajñaptiḥ kutaḥ punas tṛtīyasya /

という表現にもとづいていると見ることができるかもしれないが、しかし、更に第五五偈に至ると、第二乗について再び“dvitiyaṃ na vidyate”と言われるだけで、第三乗については言及すらされていない。そして、そのすぐ後に“na hīnayānena nayanti”「小乗によって導かない」という表現が続くのである。つまり、ここで乗は、「第二乗」である「小乗」と〝大乗〟との二つしか考えられていないように思われる。

すでに論じたように、「方便品」偈と「譬喩品」偈の立場は「三中一」が〝真実〟であることを説く〝三車説〟であり、それは〝二乗方便説〟でもあるが、特に「方便品」の偈においては、独覚は殆んど語られない無に近い存在であり、従って、その〝二乗方便説〟は〝声聞乗〟=〝小乗〟=〝方便〟という〝一乗方便説〟となるのである。それ故、「方便品」偈に説かれるのは明確に二分法的な〝大乗主義〟であって、そこでは、すべてが〝小乗〟か〝大乗〟か、〝方便〟か〝真実〟か、〝声聞〟か〝菩薩〟かに二分されるのである。

このように見れば、第五三偈で明言されている〝成仏〟とは、〝菩薩〟の成仏であって、〝声聞〟の成仏ではないことが理解されるであろう。即ち、そこで「私のこの教誡を聞いた声聞たち」というのは、〝聞法しない声聞〟＝〝真の声聞〟ではなく、〝聞法する声聞〟＝〝仮りの声聞〟＝〝実は菩薩〟を意味しているのである。

では、当初に言及した第五三偈冒頭の“ime ca”をいかに見るべきかという問題にもどることにしよう。この“ime ca”を「これらのものたち〔菩薩たち〕と」と読解する根拠の一つが、『妙法華』〔389〕の「声聞若菩薩」という訳語にあることは言うまでもない。この訳語について、渡辺博士は、次のように論じられる。

㉟〝彼ら、導師の弟子たち〟に相当するところが、妙法華のみは〝声聞若菩薩〟となっている。そのような本は他にはどこにも知られていないが、原文の〝導師の〟の代りに〝ボサツたちが〟と改めても詩形は崩れないから、そのような本があったと考えることも不可能ではない。法華経はもともと広く吟誦されたものであるから、さまざまな伝えもあったろうし、即興で読みかえることもあったであろう。固定された書物の形のみから判断すべきではない。日本の中世の語りもののように考えたらよいのである。〔「渡辺詳解」四〇回、一一四頁下〕

ここで、「そのような本は他にはどこにも知られていない」と指摘されたのは、的確であろうが、“nāyakasya”の代りに“bodhisattva”という読みをもつ伝承もあったかもしれないというのは、やはり無理な想定だと思われる。それよりもむしろ「声聞若菩薩」という訳語は、“ime”という語によって〝菩薩〟が言及されているという理解を、羅什がもっていたことを示していると見るべきではなかろうか。しかるに私は、この理解が正当なのではないかと考えるのである。その理由は、第五三偈よりも後に出る「方便品」偈に〝菩薩〟と〝声聞〟〔〝実は菩薩〟である〝仮りの声聞〟〕を並置する表現が度々認められると思うからである。端的に言えば、それは「方便品」第七五偈・第七六偈〔390〕に出る“ye”と“yehi”であり、第一四〇偈〔420〕に見られる“ye [ca]”と“ye ...[ca]”であり、更に第一二八偈・第一二九偈〔395〕にある“ye”と“yehi”なのである。

そこで、この点を確認するために、まず、〝過去仏章〟と言われる第七一偈—第九七偈に見られる第七五偈・第七六偈について検討しよう。「方便品」偈の〝過去仏章〟は〝過去世に無数の仏陀が出現し、涅槃した〟と説く、第七一偈から始まる。第七二偈・第七三偈では、それらの過去の諸仏は "upāya-kauśalya"「方便善巧」によって多数の清浄な "dharma"「法」を説いたのであるが、それらの仏陀はすべて "eka-yāna"「一乗」を説いたのであるということが述べられ、第七四偈では、その "eka-yāna" が "imam agradharmam"「この最勝の法」と言い換えられていると考えられる。しかるに、これを承けて、次のような第七五偈・第七六偈が述べられるのである。

〔390〕ye cāpi sattvās tahi teṣa saṃmukhaṃ śṛṇvanti dharmaṃ atha vā śrutāvinaḥ /
dānaṃ ca dattaṃ caritā ca śīle[389] kṣāntyā ca saṃpādita sarvacaryāḥ // [II, v.75]
vīrye ca dhyāne ca kṛtādhikārāḥ prajñāya vā cintita eti dharmāḥ /
vividhāni puṇyāni kṛtāni yehi te sarvi bodhāya abhūṣi lābhinaḥ // [II, v.76]（K, 49,11-14）

〔391〕其有聞経、若聴省者、彼諸衆生、所獲安隠、
常行布施、其戒具足、忍辱無乏、斯行平等、〔第七五偈〕
精進一心、修善勇猛、於此経典、遵奉智慧、
或有建立、若干種徳、斯等皆当、成得仏道。〔第七六偈〕（『正法華』七一上一三―一八）

〔392〕若有衆生類、値諸過去仏、若聞法布施、或持戒忍辱、〔第七五偈〕
精進禅智等、種種修福慧、如是諸人等、皆已成仏道。〔第七六偈〕（『妙法華』八下一一―一四）

(236)また、そのとき、それらの〔過去の諸仏の〕面前で（saṃmukham）、法（dharma）〔A〕を聞き（śṛṇvanti）、あるいは〔それ以前に〕聞いた（śrutāvin）ある衆生たち（ye）〔b〕と、布施（dāna）を与え、戒（śīla）を行じ、忍辱（kṣānti）によってすべての〔菩薩〕行（caryā）を完成し、〔第七五偈〕
精進（vīrya）と禅定（dhyāna）によって、〔過去世の諸仏に〕供養を為し（kṛta-adhikāra）、般若（prajñā）によって、これらの諸法を思惟し、様々な功徳（puṇya）を為した、ある衆生たち（yehi）〔a〕、彼等〔a＋b〕はすべて（te

sarvi）菩提（bodhi）を得るもの（lābhin）となった。〔第七六偈〕

まず、この二つの偈〔390〕は、次のような「方便品」散文部分〔148〕ⓒにもとづいて形成されていると考えられる。

> yair api śāriputra sattvais teṣām atītānāṃ tathāgatānām arhatāṃ samyaksaṃbuddhānām antikāt sa dharmaḥ śrutas te 'pi sarve 'nuttarāyāḥ samyaksaṃbodher lābhino 'bhūvan //

ここには〝聞法による菩提〟（聞法→菩提）という因果関係が説かれているが、これに対応する「方便品」第七五偈・第七六偈〔390〕の方では、この〝聞法による菩提〟に、更に〝六波羅蜜による菩提〟（六波羅蜜→菩提）という説が付加されていることが理解される。言うまでもなく、これは〝大乗〟を〝真実〟と見なす〝大乗主義〟こそが「方便品」偈の思想的立場であるが故に、偈の作者が〝大乗仏教〟において〝菩提〟を得るための基本的な〝行〟とされる〝六波羅蜜〟を、〝聞法〟に加えて〝菩提〟を得るための手段として、付加したものに他ならない(390)。

しかるに、ここで重要なことは、ここでは単に〝六波羅蜜〟が〝菩提〟を得る手段として〝聞法〟に付加されたというだけではなく、〝聞法〟する衆生と〝六波羅蜜〟を行じる衆生が、区別されているように思われることなのである。漢訳もチベット訳も、また殆んどの研究者による翻訳も、この区別を意識してはいない。しかるに、苅谷博士だけは、第七五偈・第七六偈〔390〕について、次のように論じられたのである。

> ㉓⑦はじめに、〈仏在世時〉の衆生として小乗・声聞と大乗・菩薩とが挙げられている。即ち、「それらの仏に面と向っていて（〈仏在世時〉）教法を聞くもの、あるいはすでに（より過去の時点で）（仏に面と向っていて）教法を聞いたもの」（v-75ab）というのは声聞のことであり、次に「布施、持戒、忍辱」（v-75cd）、「精進、禅定、智慧」（v-76ab）の六度を行じ、「それによって種々の福徳をなしたもの」（v-76c）とは、大乗の菩薩を指していることが明らかである。そして、それら声聞と菩薩とは共に「全て菩提の獲得者となった」（v-76d）とあって、法華〈仏乗〉がこれら声聞、独覚、菩薩の三乗を止揚し統合して、全てを仏たらしめるものであることが示されているのである。（『一仏乗』一六四頁一三—一八行）〔傍線＝松本〕

この論述中、「法華〈仏乗〉が」以下については、必ずしも賛同できない。というのも、「方便品」偈の思想的立場は、〝仏乗〟ではなく〝大乗〟であると考えられるし、また「方便品」偈において〝独覚〟は殆んど言及されず、また、第七五偈・第七六偈においても言及されないからである。しかし、この二つの偈に「声聞」と「菩薩」が説かれているという解釈、及び「それらの声聞と菩薩とは共に、「全て菩提の獲得者となった」(v-76d)とあって」という読解は、極めて鋭利な優れたものであると考えられる。つまり、第七五偈の〝ye〟〔b〕が〝声聞〟を指し、第七六偈の〝yehi〟〔a〕が〝菩薩〟を指し、その両者を承けて〝te sarvi〟「彼等はすべて」と言われたという苅谷博士の解釈には全面的に賛成したい。

勿論、ここで言われる〝声聞〟とは〝聞法する声聞〟であるから、第五三偈の〝te śrāvaka ... yehi śrutaṃ〟と同様に、シャーリプトラのような〝仮りの声聞〟、つまり〝実は菩薩〟を指していると考えられるが、しかし、重要なことは、この第七五偈・第七六偈に、その〝聞法する声聞〟と〝菩薩〟が並置されているという点であり、これが第五三偈においても、私が〝ime ca〟を「これらのものたち〔菩薩たち〕と」と読解し、そこにも〝菩薩〟と〝聞法する声聞〟が並置されていると考える大きな理由となっているのである。

しかも、このような〝菩薩〟〔a〕と〝聞法する声聞〟〔b〕の並置は、すでに述べたように、「方便品」第一二八偈・第一二九偈、及び第一四〇偈でも説かれていると考えられるので、以下、それについても考察したい。しかるに、これらの偈は、第一〇八偈から始まり、「方便品」末偈まで続く〝釈迦仏章〟の中に含まれるものであり、これらの偈について考察するためには、この〝釈迦仏章〟の論旨の流れを正確に把握する必要がある。従って、以下の論究では、一旦は「方便品」第五三偈の問題からは離れて、〝釈迦仏章〟の論旨の流れを把握するために、そのいくつかの偈について考察しながら、〝釈迦仏章〟(II, vv.108-145)を概観してみたい。

まず、「方便品」偈の〝釈迦仏章〟は、〝過去仏章〟(II, vv.71-97)・〝未来仏章〟(II, vv.98-103)・〝現在仏章〟(II, vv.104-107)の後に続くものであるが、そこでは、まず釈迦仏の成道・説法躊躇・梵天等による説法勧請等が説かれ

（II, v.108-117）、更に釈迦仏が過去の諸仏も用いた〝方便〟によって、「この仏陀の菩提を三様に分けて、ここで説こう」〝ima buddhabodhiṃ tridhā vibhajyeha prakāśayeyam〟（K, 55,10）と決意することが述べられる（II, v.118）。その後、釈迦仏はヴァーラーナシー Vārāṇasī に趣き、五比丘に対して初転法輪を行ったことが説かれるが（II, v.125）、そのときの説法は、「そのとき、私は五比丘に方便（upāya）によって、寂滅した地（praśānta-bhūmi）という法（dharma）を説いた」〝tahi pañcakānāṃ pravadāmi bhikṣuṇāṃ dharmam upāyena praśāntabhūmim〟（K, 56,10）と述べられている。この直後に「涅槃（nirvāṇa）という語が世間に生じた」〝nirvāṇaśabdaś ca abhūṣi loke〟（K, 56,11）と言われているから（II, v.126）、ここで〝praśānta-bhūmi〟とは〝nirvāṇa〟を指すと考えられる。つまり、ここでは、釈迦仏による初転法輪が、〝方便〟による〝涅槃〟の説示と見なされているのである。

しかるに、その直後には、次のような「方便品」第一二七偈が置かれている。

〔393〕bhāṣāmi varṣāṇi analpakāni nirvāṇabhūmiṃ cupadarśayāmi /
saṃsāraduḥkhasya ca eṣa anto evaṃ vadāmī ahu nityakālam // [II, v.127]（K, 56,13-14）

〔394〕従[391]久遠劫来、讃示涅槃法、生死苦永尽、我常如是説。（『妙法華』一〇上八—九）

㉓⑧私は多年の間（varṣāṇi analpakāni）〔α〕説き、また涅槃の地（nirvāṇa-bhūmi）を示してきた（upadarśayāmi）[392]。また、「これが輪廻（saṃsāra）の苦の終り（anta）である」とこのように、私は常に説いてきた。

ここで、「多年の間」とは、『法華経』自身の建て前としては、釈迦仏の成道以来、『法華経』を説くまでの年月、つまり、「従地涌出品」では〝sātirekāṇi catvāriṃśadvarṣāṇi〟[393]（K, 311,4）「四十年あまり」と説明される年月を指すが、直後の第一二八偈では、〝大乗仏教〟の出現が言及されると考えられるから、第一二七偈は、歴史的事実としては、原始仏教の初転法輪から〝大乗仏教〟出現までの数百年にわたる時代、即ち、今日では〝部派仏教〟の時代と呼ばれることの多い所謂〝小乗仏教〟時代の仏教に対する「方便品」偈の作者の評価を示したものと見ることができるであろう。

しかるに、ここで注意すべきことは、五比丘に対する説法である〝初転法輪〟とその後「多年の間」に説かれてきた教えが、偈の作者によって、区別されていないことである。というのも、第一二七偈における“nirvāṇa-bhūmi”が〝初転法輪〟について述べる第一二五偈の“praśānta-bhūmi”と同義であることは、明らかだと考えられるからである。すると、〝大乗仏教〟出現以前の仏教を説明する第一二五偈―第一二七偈では、〝方便によって声聞に涅槃が示された〟という趣旨が述べられたことが理解される。

しかるに、この趣旨は、すでに第一一八偈に述べられた釈迦仏が説法に踏み切るときの「この仏陀の菩提を三様に分けて、ここで説こう」という釈迦仏の決意とは一致しない。というのも、実際には、その後〝方便〟によって〝声聞〟に〝涅槃〟が示されただけだからである。つまり、ここでは〝三乗〟=〝方便〟なのではなくて、すでに述べたように、〝声聞乗〟だけが〝方便〟とされるという意味で〝一乗方便説〟が説かれたのである。即ち、「方便品」偈では〝独覚乗〟のことは殆んど問題にされず、また、〝菩薩乗〟や〝大乗〟が〝方便〟であると言われることもないのである。言うまでもなく、〝大乗〟こそが、「方便品」偈の作者にとっては〝真実〟の立場、即ち、『法華経』自身の立場と考えられているからである。

では、その〝大乗〟の出現とその教説を説く次の六偈を見てみよう。そこには、すでに述べた〝菩薩〟〔a〕と〝聞法する声聞〟〔b〕（〝仮りの声聞〟=〝実は菩薩〟）の並置が認められるのである。

〔395〕 yasmiṃś ca kāle ahu śāriputra paśyāmi putrān dvipadottamānām /
ye prasthitā uttamam agrabodhiṃ koṭīsahasrāṇi anantakāni(394) // [II, v.128]
upasaṃkramitvā ca mamaiva antike kṛtāñjalīḥ sarvi sthitāḥ sagauravāḥ /
yehī śruto dharma jināna āsīt upāyakauśalya bahuprakāram // [II, v.129]
tato mama etad abhūṣi tat kṣaṇaṃ samayo mama bhāṣitum agradharmam /
yasyāham arthaṃ iha loki jātaḥ prakāśayāmī tam ihāgrabodhim // [II, v.130]

duḥśraddadhaṃ etu bhaviṣyate 'dya nimittasaṃjñīniha bālabuddhinām /
adhimānaprāptāna avidvasūnāṃ ime tu śroṣyanti hi bodhisattvāḥ // [II, v.131]
viśāradaś cāhu tadā prahṛṣṭaḥ saṃlīyanāṃ sarva vivarjayitvā /
bhāṣāmi madhye sugatātmajānāṃ tāṃś caiva bodhāya samādapemi // [II, v.132]
saṃdṛśya caitādṛśabuddhaputrāṃs tavāpi kāṅkṣā vyapanīta bheṣyati /
ye cā śatā dvādaśime anāsravā buddhā bhaviṣyantimi loki sarve // [II, v.133]（K, 57,1-12）

〔396〕其[395]聞最勝、説彼経典、一切皆来、帰於世尊、
僉共叉手、恭粛而住、善権方便、為若干種。〔第一二九偈〕
爾時世尊、復更思惟、吾説尊法、今正是時、
我所以故、於世最勝、応当講説、斯尊仏道。〔第一三〇偈〕
志懐愚癡、起於妄想、設吾説法、少有信者、
憍慢自大、不肯啓受、如斯法者、菩薩乃聴。〔第一三一偈〕
仏時悦豫、秉修勇猛、応時解断、一切諸結、
今日当説、最勝自由、或以勧助、使入仏道。〔第一三二偈〕
諸仏之子、得観覩此、因従獲信、順行法律、
時千二百、諸漏尽者、皆当於世、成為仏道。〔第一三三偈〕（『正法華』七二下一〇—一三）

〔397〕舎利弗当知、我見仏子等、志求仏道者、無量千万億、〔第一二八偈〕
咸以恭敬心、皆来至仏所、曾従諸仏聞、方便所説法。〔第一二九偈〕
我即作是念、如来所以出、為説仏慧故、今正是其時。〔第一三〇偈〕
舎利弗当知、鈍根小智人、著相憍慢者、不能信是法。〔第一三一偈〕

今我喜無畏、於諸菩薩中、正直捨方便、但説無上道。〔第一三二偈〕

菩薩聞是法、疑網皆已除、千二百羅漢、悉亦当作仏。〔第一三三偈〕（『妙法華』一〇上一〇―一一）

[239] しかるに（ca）、あるときに（yasmiṃś ... kāle）〔β〕、シャーリプトラよ、私は両足あるものの最高者（仏陀）たちの息子（putra）〔菩薩〕たちを見る（paśyāmi）。彼等（ye）〔a〕は、最高の最勝の菩提（uttamam agrabodhim）を求めて発趣した（prasthita）幾千コーティもの無限のものたちであり、〔第一二八偈〕

私のそばに近づいて来て（upasaṃkramitvā）、すべて合掌して尊重心をもって（sa-gaurava）立っている（sthita）。また、彼等（yehī）〔b〕は、勝者たちに、方便善巧（upāya-kauśalya）としての多くの種類の（bahu-prakāra）[396] 法（dharma）を聞いた（śruta）のである。〔第一二九偈〕

それから（tatas）、その刹那に（tat kṣaṇam）〔β〕、私はこう考えた。「そのために、私が、この世間（loka）に生まれた（jāta）ところの、最勝の法（agra-dharma）を語るべき時（samaya）〔β〕が来た。その最勝の菩提（agra-bodhi）を、ここで説き明そう（prakāśayāmi）」と。〔第一三〇偈〕

今（adya）〔β〕、これ（etu）は、相に対する想をもち（nimitta-saṃjñin）、愚かな慧をもち（bāla-buddhi）、増上慢を得た（adhimāna-prāpta）、無知な（avidvas）ものたちにとっては、信じるのが難しい（duḥśraddadha）であろう。しかし（tu）、これらの菩薩（bodhisattva）たちは、聞くであろう（śroṣyanti）。〔第一三一偈〕

そのとき（tadā）〔β〕、私は歓喜し、無所畏（viśārada）となり、気おくれをすべて捨てて、善逝の子（sugata-ātmaja）〔菩薩〕たちの中で語る（bhāṣāmi）。そして、彼等〔菩薩〕だけを菩提（bodhi）に教化する（samādapemi）。〔第一三二偈〕

このような仏子（buddha-putra）〔菩薩〕たちを見て（saṃdṛśya）、あなたの疑い（kāṅkṣā）も除去された（vyapanīta）であろう。そして、これらの千二百の無漏（anāsrava）のものたちも、この世間で仏陀になるであろう（buddhā bhaviṣyanti）。〔第一三三偈〕

まず、これらの六偈について、苅谷博士は、第一二八偈から第一三二偈は、「三乗中の大乗・菩薩乗」が説かれたことを述べたものであり、最後の第一三三偈は「法華〈仏乗〉を説き示したもの」であるという解釈を、次のように示されている。

> (240)次の偈〔128〕から〔132〕までは、ついで仏は三乗中の大乗・菩薩乗を説いたことを言うものであり、インド仏教史における大乗仏教の出現を述べるものである。（『一仏乗』一八九頁九―一一行）
>
> これら偈〔128〕から〔132〕までの偈頌をもって、これらは法華〈仏乗〉の立場を明らかにしたものであって、〈巧みな方法〉によって説かれたところの三乗中の大乗・菩薩乗を述べたものではないとか、あるいはその三乗中の菩薩乗と法華〈仏乗〉とは同一であるとか、そのように決して考えてはならない。（同、一九〇頁四―六行）
>
> この偈〔133〕こそ法華〈仏乗〉を説き示したものに他ならない。（同、一九二頁四行）

〝大乗〟と〝仏乗〟の区別ということは、苅谷博士の一貫した主張ではあるが、しかし、すでに繰返し述べているように、この区別は「方便品」偈においては成り立たないのである。というのも、「方便品」偈にとっては、〝大乗〟こそが『法華経』の〝真実〟の立場であり、両者を区別する意識は存在しないからである。右の六偈においても、それは同様であって、そこでは〝大乗〟＝〝『法華経』の真実の立場〟が釈迦仏によって説かれることが述べられているだけなのである。この点で、右の六偈において〝説法〟が何回言われているかを考慮する必要があるであろう。即ち、第一三〇偈の“prakāśayāmi”と第一三二偈の“bhāṣāmi”は、いずれも〝大乗〟出現時〔β〕の〝説法〟のことを言うものであって、第一二五偈や第一二七偈〔393〕で述べられた〝大乗〟出現以前〔α〕の〝五比丘〟に対する〝方便〟による〝説法〟や、その後の「多年の間」の〝涅槃〟に関する〝説法〟と対比すれば、この〝大乗出現〟時〔β〕の〝説法〟は、第二回目の〝説法〟と見なされるべきであろう。しかるに、これに対して、更に第三回目の〝説法〟、つまり、〝大乗〟を説く〝説法〟とは異なった『法華経』自身の立場を説く〝説法〟というものは第一三三偈に述べられているかと言えば、それは全く述べられていないのである。つまり、「譬喩品」散文部分〔210〕の言葉を用いれば、

"adya"「今」〔β〕なされる "dvitīyaṃ dharmacakram"「第二の法輪」というものは存在するが、それよりも後に更に〝第三の法輪〟が存在するとは考えられていないのである。

苅谷博士は、第一三二偈に対する『妙法華』〔397〕の訳文中、特に「正直捨方便」という訳文を問題とされ、そこでは〈巧みな方法〉としての〝方便〟の語義が正確に把えられていないと批判されたが、(397)「方便品」散文部分とは異なり、「方便品」偈においては〝小乗〟=〝方便〟〝大乗〟=〝真実〟なのである。従って、第一三二偈の "bhāṣāmi"「語る」という語によって述べられる第二回目の〝説法〟、即ち、「第二の法輪」は、〝大乗〟という〝真実〟の教えを説くものと見なされるから、「正直捨方便」という訳文は解釈としては妥当であると考えられるのである。

では、次に苅谷博士の解釈から離れて、「方便品」第一二八偈—第一三三偈〔395〕の内容を検討してみよう。まず、第一二八偈・第一二九偈という二つの偈の冒頭において、〝私は、菩薩たちを見る〟ということが "paśyāmi putrān dvipadottamānām" という文章によって言われており、この "putrān"「息子たち」と言われる〝菩薩〟たちが、"ye" と "yehī" という二つの関係代名詞によって説明されるという構文がそこに認められると、一応は考えられる。即ち、"putrān ... ye ... yehī ..." という構文である。しかし、最初の "ye" だけが "putrān" にかかり、後の "yehī" はそれにはかからないという解釈も充分に可能であるということを、以下に明らかにしたいと思う。

即ち、結論から言えば、この "ye" と "yehī" は、それぞれ〝菩薩〟〔a〕と〝聞法する声聞〟〔b〕、つまり、〝仮りの声聞〟=〝実は菩薩〟を指すと考えられるのであるが、"paśyāmi"「私は見る」という語を中心として考えるとき、"yehī" 以下は、一種の補足、または〝つけたり〟であるように感じられる。というのも、この "paśyāmi" というのは、"ye" 以下で〝菩薩〟たちが「私のそばに近づいて来て、合掌して立っている」のを「私は見る」ということを意味すると解するのが、自然であると考えられるからである。しかるに、〝菩薩〟たちが "upasaṃkramitvā"「そばに近づいて来て」という表現が、「譬喩品」散文部分冒頭の〔178〕ⓑに見られる "anupasthiteṣu bodhisattveṣu"「菩薩たちがまだそばに来ていないとき」という表現に対応していることは、明らかであると思われる。この〔178〕の表現は、(117)における苅谷博士の言葉を用いれば、「大乗・菩薩乗の出現以前という意味」であり、その際、注意すべきことは、その「大乗・菩薩乗の出現」が、〝菩薩たちがそばに（upa）来る〟というニュアンスをもつ表現によって語られていることである。従って、「方便品」第一二九偈の“upasaṃkramitvā”は、「譬喩品」散文部分〔178〕の“upasthita”と同様に「大乗・菩薩乗の出現」を意味するが、第一二八偈の“paśyāmi”というのも、「譬喩品」散文部分の冒頭にある〔175〕中の“tadanyān bodhisattvān dṛṣṭvā”「他の菩薩たちを見て」という表現に影響されて形成されたものだと思われる。

この〔175〕における“dṛṣṭvā”「見て」は、釈迦仏ではなく、シャーリプトラが自分以外の「菩薩たち」を「見て」を意味するので、「見る」主体が「方便品」第一二八偈の“paśyāmi”「私（釈迦仏）は見る」とは異なっているが、〝菩薩たちを見る〟という行為によって、「大乗・菩薩乗の出現」の時点〔β〕が表示されているという点では、「譬喩品」散文部分〔175〕の“tadanyān bodhisattvān dṛṣṭvā”と「方便品」第一二八偈の“paśyāmi”は一致しているから、後者の“paśyāmi”は前者の“dṛṣṭvā”を承けたものであると考えられる。従って、“paśyāmi putrān dvipadottamānām ye … upasaṃkramitvā … sthitāḥ”という表現をもつ第一二八偈・第一二九偈前半は、一連の文章と見なされるべきであって、そこでは、〝釈迦仏は菩薩たちがそばに近づいて来るのを見る〟という表現によって、「大乗・菩薩乗の出現」が述べられていると考えられるのである。

しかるに、これに対して、第一二九偈後半の“yehī”以下は、以上の文脈とは直接にはつながらない。つまり、そこで述べられる衆生は、一般的な意味では〝菩薩〟とは考えられない。というのも、〝菩薩〟に関して、〝過去世の無数の諸仏に供養をなした〟等と述べることは適切であるが、〝過去世の諸仏から方便による多種の法を聞いた〟と述べることは、不適切であると思われるからである。従って、第一二九偈後半で“yehī śruto dharma jināna āsī”と言われる衆生たちは、〔387〕の「方便品」第五三偈で“te śrāvaka nāyakasya yehi śrutaṃ śāsanam eta mahyam”と言われるものたちや、〔390〕の「方便品」第七五偈で“ye cāpi sattvās tahi teṣa saṃmukhaṃ śṛṇvanti dharmaṃ atha vā śrutāvinaḥ”と言われたものたちと同様、〝聞法する声聞〟であると見るべきであろう。また、第五三偈の“yehi śrutam”と第一二九偈後半の“yehī śruto”との表現上の一致も、以上の想定を補強するであろう。

ただし、〝聞法する声聞〟という表現において、〝法〟とは〝真実〟の〝法〟でなければならない筈である。〝真実〟の〝法〟であるが故に、それを〝聞けば〟〝菩提〟が得られる、即ち、成仏するということが、第五三偈においても、第七五偈においても、明言されているのである。しかるに、〔395〕の第一二九偈においては、〝聞法する声聞〟は〝方便による多種の法を聞いた〟と述べられているのである。では、これをどのように解するべきであろうか。

まず、〝聞法する声聞〟とは〝聞法しない声聞〟との対比において言われることに注意したい。即ち、〝真の声聞〟は〝増上慢〟の故に〝聞法〟することなく会衆から退出する。これが〝聞法しない声聞〟である。これに対して、シャーリプトラのような〝声聞〟は、退出せずに『法華経』の〝真実〟の〝法〟を聞いて来世に成仏すると考えられる。これが〝聞法する声聞〟であるが、彼等は〝実は菩薩〟であることが、「譬喩品」散文部分〔181〕ⓑでは“rahasya”「秘密」として明らかにされており、従って、彼等は〝実は菩薩〟である〝仮りの声聞〟とされているのである。

しかるに、この〝実は菩薩〟＝〝仮りの声聞〟も、現実的には、シャーリプトラのように、〝声聞〟に他ならないのである。つまり、「譬喩品」散文部分では、シャーリプトラは、過去世以来、菩薩行を行じてきた〝実は菩薩〟であるとされるのであるが、しかし、現実には釈迦仏から、「方便品」第一二七偈〔393〕の表現を用いれば、“varṣāṇi analpakāni”「多年の間」、あるいは「四十余年」、「涅槃」の教え、あるいは、〝方便による多種の法〟を聞いてきた〝声聞〟であることは、否定できないであろう。従って、シャーリプトラ等の〝仮りの声聞〟＝〝実は菩薩〟が、第一二九偈後半で“yehī śruto dharma jināna āsīt upāyakauśalya bahuprakāram”「勝者たちに、方便善巧としての多くの種類の法を聞いた」と表現されたと見るのは、決して不適切とは言えないであろう。つまり、「聞いた」とは、「大乗・菩薩乗の出現」以前に、〝方便による多種の法〟を「聞いた」ことを意味すると解するのである。

かくして、この〔395〕の第一二八偈・第一二九偈にも、〔387〕の第五三偈や第七五偈・第七六偈〔390〕と同様に、〝菩薩〟と〝聞法する声聞〟（〝仮りの声聞〟＝〝実は菩薩〟）の並置が認められるのである。すでに述べたように、この

〝聞法する声聞〟について述べる“yehī śruto”以下は、主文にある“paśyāmi putrān”という表現より見れば一種の補足であり、〝つけたり〟ではあるが、“yehī”〔b〕も“putrān”にかかる関係代名詞と見なされることによって、“yehī”以下の〝聞法する声聞〟＝〝仮りの声聞〟も、“ye”〔a〕以下に述べられる〝菩薩〟たちと同様に、〝仏子〟、つまり〝実は菩薩〟であるという解釈が示されているのであろう。

では、第一二八偈後半・第一二九偈前半で“ye prasthitā uttamam agrabodhiṃ ... upasaṃkramitvā ... sthitāḥ”と表現される無数の〝菩薩〟たちを、“yehī”以下に述べられる〝実は菩薩〟と区別して、どのように呼ぶべきであろうか。これは難しい問題であるが、ここでは一応〝真の菩薩〟という呼び方をしておきたい。彼等は、シャーリプトラのように、自分を〝声聞〟であると考えたこともなく、〝方便〟の教えを聞いたこともない。つまり、最初から〝菩提〟を求めて〝大乗〟の教えに従って〝菩薩行〟を行じている〝真の菩薩〟なのであり、これは吉蔵の『法華遊意』に説かれる次のような「二種菩薩」の説によれば、「直往菩薩」ということになるであろう。

〔398〕有二種菩薩。一直往菩薩、二廻小入大菩薩。（大正三四、六三三下二〇―二一）

これに対し、〝仮りの声聞〟＝〝実は菩薩〟は、シャーリプトラのように、かつては〝方便〟＝〝小乗〟を聞いていたが、『法華経』の〝真実〟の教えである〝大乗〟の〝法〟を聞いて成仏に至ると見なされているのであるから、これは「廻小入大菩薩」と見ることができる。従って、「方便品」第一二八偈・第一二九偈に説かれる〝菩薩〟と〝声聞〟（〝仮りの声聞〟）の並置とは、「直往菩薩」と「廻小入大菩薩」という〝二種の菩薩〟の並置と見なすことが可能であり、それ故、これらの〝二種の菩薩〟（ye ... yehī ...）が、第一二八偈前半で、ともに“putrān dvipadottamānām”、即ち、〝菩薩〟であると言われたと考えられるのである。

次に、〔395〕の第一三〇偈は、釈迦仏が〝真実〟＝〝大乗〟である『法華経』の〝法〟を説くべき時（β）が来たと考え、〝説法〟、つまり、「第二の法輪」を説くことを決意する場面を述べるものと考えられる。しかるに、そこで“kṣaṇa”「刹那」という語が用いられているのは、「方便品」第四八偈〔378〕で“kṣaṇaṃ ca dṛṣṭvā”「刹那を見て」とか

“so 'yaṃ kṣaṇo adya kathaṃci labdho”「その刹那が、今、何とかして得られた」と述べられたことを承けていることは明らかであろう。従って、第一三〇偈は第四八偈とほぼ同趣旨であり、第四八偈で“vadāmi ... iha ca bhūtaniścayam”「ここで真実の決定を私は説く」と言われたことが、この第一三〇偈では“prakāśayāmī tam ihāgrabodhim”「ここで、その最勝の菩提を説き明そう」という表現で述べられたと考えられる。それ故、“bhūta-niścaya” = “agra-bodhi”という等式が成り立つが、[398] この“agra-bodhi” = “agra-dharma”を説くために「私は世間に生まれた」と言われるのであるから、この“agra-bodhi” = “agra-dharma”を説くことが、「方便品」散文部分〔139〕ⓐⓒの“ekakṛtyam ekakaraṇīyam”に相当することは明らかである。従って、この“agra-bodhi”は、勿論〝方便〟によって説かれたものではなく、〝真実〟の〝菩提〟、つまり、「仏智」〔A〕そのものと見られるのである。

次に、第一三一偈の第一句—第三句には、前掲の「真の声聞に関する表現」（本書、三三一頁以下）のリストに示されているような〝真の声聞〟を表現するときに使用される“bāla”“adhimāna-prāpta”“avidvas”という語が用いられているから、そこに述べられる衆生たちは〝真の声聞〟であると見るべきであろう。この偈では、このような〝真の声聞〟たちにとっては、“etu”「これ」〔A〕は“duḥśraddadha”「信じるのが難しい」と言われている。この“duḥśraddadha”という表現が、やはり〝真の声聞〟について述べられる「方便品」第六六偈〔42〕の“duḥśodhaka”「浄めるのが難しい」と同様、「方便品」散文部分冒頭の〔59〕で用いられた“durvijñeya”「難知」という語から影響を受けていることは明らかであるが、しかし、「方便品」偈の作者にとっては、“etu”「これ」と言われる〝真実〟の〝法〟〔A〕は、〝真の声聞〟にとっては「信じるのが難しい」というよりも、むしろ〝信じることができない〟と考えられていたと思われる。実際、“duḥśraddadha”に対する『妙法華』〔397〕の訳語である「不能信〔是法〕」も、正にこのような解釈を示しているのである。

しかるに、「これ」〔A〕が、何故〝真の声聞〟たちにとって〝信じることができない〟かと言えば、それは彼等は「これ」を〝聞かない〟からであって、このことが第一三一偈第四句で“ime tu śroṣyanti hi bodhisattvāḥ”と言われたと考えられる。つまり、「しかし、これらの菩薩たちは聞くであろう」とは、「これらの菩薩たち」ではない「愚かな慧をもち、増上慢を得た、無知なものたち」である〝真の声聞〟たちは〝聞かないであろう〟ということを意味するのである。実際、「方便品」第六六偈〔42〕では〝真の声聞〟たちは "naiva śṛṇvanti mu buddhaghoṣaṃ kadāci"「決していかなるときも、この仏陀の音声を聞かない」と言われているのである。また、第一三一偈で「しかし、これらの菩薩たちは聞くであろう」と言われた "ime ... bodhisattvāḥ"「これらの菩薩たち」というのは、第一二八偈・第一二九偈の "putrān dvipadottamānām ye〔a〕... yehī〔b〕..." を指していると考えられる。すると、少なくとも、「方便品」偈においては、基本的には、次の三種の衆生が区別されていることが理解されるのである。

三種衆生の図

ⓐ真の菩薩〔直住菩薩〕
ⓑ仮りの声聞（実は菩薩）〔廻小入大菩薩〕
（ⓐ・ⓑ）── 菩薩・智者→聞法
ⓒ真の声聞＝増上慢＝退出　　声聞・愚者→不聞法

次に、第一三二偈では、釈迦仏は "bhāṣāmi madhye sugatātmajānām"「善逝の子たちの中で語る」と言われているが、ここで「善逝の子たち」というのも、直前の "ime ... bodhisattvāḥ" と同様、第一二八偈・第一二九偈で言われた〝二種の菩薩〟たち、つまり、右図のⓐとⓑを指していると見てよいであろう。更に第一三二偈末尾で "tāṃś caiva bodhāya samādapemi"「彼等〔菩薩〕だけを菩提に教化する」と言われている "tāṃś"「彼等」も、やはりⓐとⓑという〝二種の菩薩〟を指していると考えられる。

しかるに、この第一三二偈も、(240)に示された苅谷博士の見解によれば、「〈巧みな方法〉によって説かれたところの三乗中の大乗・菩薩乗を述べたもの」であって、「法華〈仏乗〉の立場を明らかにしたもの」ではないとされている。

しかし、(97)にも示されたように「方便品」散文部分〔142〕の“tathāgatajñānadarśanasamādāpaka”に対するO本の“bodhisatvasamādapaka”という異読を根拠にして〝五如来知見〟を説く「方便品」散文部分〔139〕の“tathāgatajñānadarśanasamādāpana-”を“bodhisattvasamādāpana-”と復元され、更に、

> (241)その諸仏出現の唯一目的とは、この文の示すように、「ぼさつを教化すること」(bodhisattva-samādāpana)という言葉によって示されるところのものであり、(『一仏乗』九〇頁九—一一行)

と言われるように、この“bodhisattva-samādāpana”という語によって、『法華経』の〝真実〟の立場が示されていると主張されている苅谷博士が、“tāṃś caiva bodhāya samādapemi”「彼等〔菩薩〕だけを菩提に私は教化する」という文を有する「方便品」第一三二偈を〝方便〟による説法を述べたものと解されたことは、私には理解に苦しむと言わざるを得ない。というのも、この“tāṃś caiva bodhāya samādapemi”という表現には、正に“bodhisattva-samādāpana”が言われていると考えられるからである。

誤解を避けるために、ここで述べておきたいが、私は「方便品」第一三二偈の“tāṃś caiva bodhāya samādapemi”という表現によって示されている“bodhisattva-samādāpana”が『法華経』の〝真実〟の立場を表していると考えているのではない。そうではなくて、「方便品」偈の作者は、そのように考えているであろうと見ているのである。

では、次に、最後の第一三三偈を見てみよう。実は、ここにもⓐ〝菩薩〟とⓑ〝声聞〟(〝仮りの声聞〟=〝実は菩薩〟)の並置が認められるのである。即ち、“etādṛśabuddhaputrāṃs”「このような仏子たち」が、ⓐ〝真の菩薩〟に相当し、“ye cā śatā dvādaśime anāsravā”「これらの千二百の無漏のものたち」がⓑ〝仮りの声聞〟=〝実は菩薩〟に相当する。更に、“tava”「あなた」、つまり、シャーリプトラも、勿論ⓑに含まれている。

また、この偈で、〝菩薩たち〟を“saṃdṛśya”「見て」というのも、第一二八偈の“paśyāmi”「私は見る」と同様に、「譬喩品」散文部分〔175〕で、シャーリプトラが、“tadanyān bodhisattvān dṛṣṭvā”「他の菩薩たちを見て」と言われたことにもとづいているであろう。また“tavāpi kāṅkṣā vyapanīta bheṣyati”「あなたの疑いも除去されたであろう」とい

う表現は、「譬喩品」第一四偈〔259〕で"vyapanīta sarvāṇi mi manyitāni"「私（シャーリプトラ）の疑悔はすべて除去された」と言われることと関係するであろうが、この偈の後半では、「あなたが〔私を〕最勝の菩提に授記したそのときに」と言われているので、「方便品」第一三三偈前半の上述の表現によって、シャーリプトラについても、将来、成仏するであろうという授記が、ここで暗に述べられていると考えられるのである。

この第一三三偈の後半では、釈迦仏は千二百の〝無漏〟なる〝阿羅漢〟である〝声聞〟に成仏を授記していると考えられるが、この千二百人の〝阿羅漢〟である〝声聞〟に対する成仏の授記は、実は第八章「五百弟子品」散文部分の次の一節において述べられるものであることに注意しなければならない。

〔399〕imāni kāśyapa dvādaśa vaśībhūtaśatāni yeṣāṃ ahaṃ etarhi saṃmukhībhūtaḥ sarvāṇy etāny ahaṃ kāśyapa dvādaśa vaśībhūtaśatāny anantaraṃ vyākaromi /（K, 206,8-9)

〔400〕今応真衆、千二百人、現在目下、除阿難羅云。（『正法華』九六下一〇―一一）

〔401〕是千二百阿羅漢、我今当現前次第与授阿耨多羅三藐三菩提記。（『妙法華』二八中二六―二七）

(242)カーシャパよ、これらの千二百の自在を得たもの（vaśī-bhūta）の前で、今、私はこれらの千二百の自在を得たものたちに、次々に間断なく（anantaram）授記する（vyākaromi）。

従って、「方便品」第一三三偈の作者が、この「五百弟子品」散文部分〔399〕の所説を知っていて、これにもとづいて、第一三三偈を作成したことは明らかであると思われるから、〝第一類においては散文部分よりも偈が先に成立した〟という説は、この点からも成立しないであろう。

さて、〝菩薩〟（真の菩薩「直往菩薩」）と〝声聞〟（仮りの声聞「廻小入大菩薩」）の並置、つまり、〝二種菩薩〟の並置ということは、「方便品」偈の第一二八偈―第一三三偈〔395〕よりも後の部分にも認められるので、更にその後の部分の所説を概観することにしよう。まず、第一三四偈の趣旨は難解であるが、そこでは〝過去の諸仏〟〝未来の諸仏〟、更に釈迦仏にとっても"dharmatā"「法性」は"vikalpa-varjita"「分別を離れたもの」であると言われ、"tathaiva haṃ deśayi adya tubhyam”（K, 57,14）「そのように、私は今（adya）、あなたたちに説くであろう」と述べられている。ここで“dharmatā”というのは、「方便品」散文部分〔148〕ⓐに出る“sarvatraiṣā ... dharmatā”という表現に対応しているであろう。というのも、この表現の直後から、〃過去の諸仏〃〃未来の諸仏〃〃現在の諸仏〃、更に釈迦仏も、〃一乗〃を説くということが言われるからである。従って、“vikalpa-varjita”とは〃区別を離れたもの〃〃一つのもの〃という意味で、〃一乗〃を意味しているのであり、『妙法華』がこれを「無分別法」（一〇上二三）と訳すのは妥当であろうが、「考えなおす余地はない」（「渡辺詳解」五〇回、九六頁下）、「思惟を離れたもの」（『松濤Ⅰ』七四頁）、「分別する余地のないところ」（『中村 上』五八頁）という訳は、いずれも適切ではないであろう。

次に、「方便品」第一三五偈では、“kadāci kahiṃci kathaṃci”（K, 57,15）「あるときに、何等かのときに、何とかして」、諸仏が世間に生まれること（utpāda）があり、生まれてから、“kadācid”「あるときに」“etādṛśu dharma deśayuḥ”「このような法を説くであろう」と述べられる。まず、この偈の内容が、釈迦仏が〃三止三請〃の後でシャーリプトラに向って説法を開始したとき、最初に“kadācit karhacic ... tathāgata evaṃrūpāṃ dharmadeśanāṃ kathayati”と説く「方便品」散文部分〔136〕に対応していることは、“kadācit”等の用語の一致から見て明らかであろう。従って、この第一三五偈は、直前の第一三四偈で“tathaiva haṃ deśayi adya tubhyam”「そのように、私（釈迦仏）は今、あなたたちに説くであろう」と述べられたのを承けて、その説法の内容を示したものと考えられる。また、第一三五偈の“etādṛśu dharma”が「方便品」散文部分〔136〕の“evaṃrūpāṃ dharmadeśanāṃ”を承けた表現であることも明らかであるが、第一三五偈では“etādṛśu”「このような」という語は、直前の第一三四偈で述べられた“vikalpa-varjita”という語の意味を引き継いでいて、〃一つの〃〃一乗の〃ということを意味していると思われる。

次に、「方便品」第一三六偈では、“īdṛśu agradharmaḥ”「この様な最勝の法」は“sudurlabha”「極めて得がたい」と言われ、また“sattvāḥ śrutvāna ye śraddadhi agradharmam”（K, 58,2）「最勝の法を聞いてから（śrutvāna）信じる衆生たち」も、「極めて得がたい」と言われている。更に第一三七偈では、例えばウドゥンバラの花のように、“durlabha”「得がたい」と言われている。これらの第一三六偈・第一三七偈の内容が、「方便品」散文部分〔136〕にもとづいていることは明らかであり、その〔136〕では、先に引用した"kadācit karhacic … evaṃrūpāṃ dharmadeśanāṃ kathayati"という文章の直後に、"tadyathāpi nāma śāriputrodumbarapuṣpaṃ kadācit karhacit saṃdṛśyate"という文章が置かれていたのである。従って、この文章にもとづいて"audumbaraṃ puṣpa yathaiva durlabhaṃ kadāci kahiṃci kathaṃci dṛśyate"(K, 58,3)という「方便品」第一三七偈前半が形成されたことが知られるのである。

なお、第一三六偈で「聞いてから信じる衆生たち」は「極めて得がたい」と述べられたことに対応する文章は、「方便品」散文部分〔136〕には認められないのであるが、〔136〕の"śraddadhata me"「私を信じなさい」という一文で用いられた"śrad√dhā"「信じる」という動詞が、第一三六偈の"sattvāḥ śrutvāna ye śraddadhī"「聞いてから信じる衆生たち」という表現においても、使用されたと見ることはできるであろう。

では、次に、「方便品」第一三八偈について検討しよう。この偈のテキスト等は、次の通りである。

〔402〕 ataś ca āścaryataraṃ vadāmi śrutvāna yo dharmam imaṃ subhāṣitam /
anumodi ekaṃ pi bhaṇeya vācaṃ kṛta sarvabuddhāna bhaveya pūjā // [II, v.138](K, 58,5-6)

〔403〕 今此大尊、乃謂琦珍、仮使有人、而説斯経、
一反挙声、歓喜勧助、則為供養、一切仏已。(『正法華』七三上五―七)

〔404〕 聞法歓喜讃、乃至発一言、則為已供養、一切三世仏、是人甚希有、過於優曇花。(『妙法華』一〇中一―三)

(243)しかるに、次のような人は、これ(ウドゥンバラの花)よりも、さらに希有(āścaryatara)であると私は説く。即ち、ある人(yaḥ)が、よく説かれた(subhāṣita)この法(dharma)〔A〕を聞いてから(śrutvāna)随喜し(anumodi)、一言であっても(ekaṃ pi … vācam)唱えたとしよう(bhaṇeya)。そうすれば、彼によって、一切の仏陀に対して供養(pūjā)がなされた(kṛta)ことになるであろう。

この極めて重要な一偈に関して、苅谷博士は次のように論じられる。

(244)これは法華〈仏乗〉に対する讃辞ではあるが、しかし、それは法華〈仏乗〉の思想内容とは全く無関係で、謂わばどの経典にもあてはまる無味乾燥な讃辞にすぎない。このことは、この偈に言うところの、『法華経』の信受が一切諸仏に対する供養という果に等しいということを、偈〔53〕の「これら導師の声聞たちのうちでこの勝れた教誡を聞き、たとえ一偈でも聞くかあるいは憶持するもの、彼ら全てには正覚（を得ること）において疑いがない」とあるのに対比させれば自ずと明白であろう。（『一仏乗』一九三―一九四頁）〔傍線＝松本〕

この苅谷博士の見解に、私はある程度まで賛成するのである。即ち、私も博士と同様に、ここには「どの経典にもあてはまる無味乾燥な讃辞」が述べられていると考える。しかし、私が〝菩薩〟と〝声聞〟の並置という問題を追及するきっかけとなった「方便品」第五三偈との趣旨の違いについては、後論するように、私の評価は必ずしも博士のそれとは一致しないのである。また、苅谷博士は、(244)で「『法華経』の信受」が「方便品」第一三八偈で説かれているという理解を示されたが、その偈で実際に言われるのは、『法華経』を〝聞くこと〟と〝随喜すること〟と〝唱えること〟であると考えられる。しかるに、私見によれば、第一三八偈に説かれている〝『法華経』を聞いて随喜し、その一言であっても唱えるならば、一切の諸仏を供養したことになる〟という趣旨は、辛嶋氏によって「第二類」に属すると見なされている[399]「随喜功徳品」第一七章の散文部分の所説にもとづいて形成されているように思われる。そこで、今、この点を示すために、「随喜功徳品」散文部分の内容を見てみよう。即ち、まず、この「随喜功徳品」は、次の経文から始まっている。

〔405〕 atha khalu maitreyo bodhisattvo mahāsattvo bhagavantam etad avocat / yo bhagavann imaṃ dharmaparyāyaṃ deśyamānaṃ śrutvānumodet kulaputro vā kuladuhitā vā kiyantaṃ sa bhagavan kulaputro vā kuladuhitā vā puṇyaṃ prasaved iti //

(K, 345,1-3)

〔406〕 爾時弥勒大士白仏言。其有聞是所説経典、得何福祐。（『正法華』一一八上二―三）

〔407〕 爾時弥勒菩薩摩訶薩白仏言。世尊、若有善男子善女人、聞是法華経随喜者、得幾所福。（『妙法華』四六中一九

㉔⑤そのとき、マイトレーヤ菩薩・摩訶薩は、世尊にこう申し上げた。「世尊よ、善男子（kula-putra）であれ、善女人（kula-duhitṛ）であれ、ある人が、説かれているこの法門（dharma-paryāya）を、聞いてから随喜する（śrutvā anumodet）としましょう。善男子であれ、善女人であれ、その人はどれ位の功徳（puṇya）を生むのでしょうか」。

ここには、マイトレーヤ菩薩から釈迦仏に対して、〝『法華経』を「聞いてから随喜する」ことによって、どれ位の功徳が得られるか〞という質問が述べられている。この問いに答えて、釈迦仏は以下にその功徳がいかに大きいかを詳しく説明することになるが、そこには、次のような結論的な経文が認められる。

〔408〕evaṃ aprameyam asaṃkhyeyam ajita so 'pi tāvat pañcāśattamaḥ paraṃparāśraveṇa puruṣa ito dharmaparyāyād antaśa ekagāthām apy ekapadam apy anumodya ca puṇyaṃ prasavati / kaḥ punar vādo 'jita yo 'yaṃ mama saṃmukham imaṃ dharmaparyāyaṃ śṛṇuyāc chrutvā cābhyanumodet / aprameyataram asaṃkhyeyataraṃ tasyāham[400] ajita puṇyābhisaṃskāraṃ vadāmi // （K, 349,3-7）

〔409〕〔仏言、其聞是経、一句一頌、勧助代喜、福過彼人、所布施上。〕一句一頌勧助功徳、不可称限、百倍千倍万倍億倍、巨億万倍億百千劫、不可計量、無以為喩。何況目見、於此経典、耳聴代喜、徳難計会。（『正法華』一一八中五―九）

〔410〕阿逸多、如是第五十人展転聞法華経、随喜功徳、尚無量無辺阿僧祇。何況最初於会中、聞而随喜者、其福復勝無量無辺阿僧祇、不可得比。（『妙法華』四六下二八―四七上二）

㉔⑥まず、アジタ（マイトレーヤ）よ、このように〔この法門を〕順次に伝え聞いてきた第五〇番目の人が、この法門（dharma-paryāya）から、僅か一偈でも（antaśa eka-gāthām api）、一句でも（eka-padam api）、〔聞いてから〕随喜して（anumodya）生み出す功徳（puṇya）は、量り知ることができず（aprameya）、計算することができない（asaṃkhyeya）。まして、アジタよ、私の面前で（saṃmukham）、〔直接〕この法門を聞き、聞いてから随喜するで

あろう（chrutvā cābhyanumodet）人については、言うまでもない。アジタよ、彼が生み出す功徳は、さらに量り知れず、さらに計算できない、と私は言うのである。

これは、基本的には〝『法華経』を聞いて、その僅か一偈・一句でも随喜するならば、その功徳は莫大である〟と述べる経文であり、この点で「方便品」第一三八偈〔402〕と趣旨が一致していると考えられる。しかるに、「随喜」の功徳が莫大であることをテーマとして説く「随喜功徳品」に特徴的なことは、「聞いてから随喜するであろう」という表現が、次のように多用されることなのである。

“śrutvānumodet” (K, 345,2)〔405〕, “śrutvā cābhyanumodeyā” (K, 345,6) [XVII, v.1], “śrutvā cābhyanumodet” (K, 345,10), “śrutvānumodet” (K, 346,1), “śrutvānumodeta” (K, 346,2), “śrutvānumodet” (K, 346,3), “śrutvānumodeta” (K, 348,7), “śrutvānumodet” (K, 348,10), “chrutvā cābhyanumodet” (K, 349,6)〔408〕.

これらの表現は、基本的には“śrutvā anumodet”のように、“√śru”「聞く」という動詞の gerund の後に“anu√mud”「随喜する」という動詞の optative 三人称単数形を加えたものであるが、正に同様の表現が「方便品」第一三八偈〔402〕でも“śrutvāna ... anumodi”という形で用いられているのである。しかも、〔408〕の“antaśa ekagāthām apy ekapadam apy”という表現と類似する“ekaṃ pi ... vācaṃ”という表現も、第一三八偈〔402〕に用いられている。これは、明らかに「方便品」第一三八偈の作者が、「随喜功徳品」散文部分の所説を知っていて、そこに多用される「〔僅か〕一〔偈〕でも、聞いてから随喜するであろう」という表現を、「方便品」第一三八偈でも使用したことを示しているであろう。

しかるに、この偈には、〝『法華経』を聞いてから随喜し、その一言であっても唱えるならば、一切の諸仏を供養したことになる〟という趣旨が説かれていると考えられるが、〝一切諸仏への供養〟あるいは〝仏陀への供養〟については、「随喜功徳品」には一切述べられていない。そもそも、“pūjā”「供養」という言葉自体が、「随喜功徳品」には全く用いられていないのである。では、〝一切諸仏への供養〟というような観念を、「方便品」第一三八偈の作者は、どこからもたらしたのであろうか。それを私は、辛嶋氏によって「随喜功徳品」と同様に「第二類」に属するものと見なされている[401]「法師品」の散文部分の所説からもたらされたと考えるのである。

この「法師品」は、釈迦仏が薬王菩薩を始めとする八万人の菩薩に呼びかけて、「この会衆の中には、天龍八部衆や比丘・比丘尼・優婆塞・優婆夷・声聞乗に属するもの（śrāvakayānīya）・独覚乗に属するもの（pratyekabuddhayānīya）・菩薩乗に属するもの（bodhisattvayānīya）がいて、『法華経』を聞いているが、彼等をあなたは見ているか」と質問する場面[402]から始まっている。これに対して、薬王菩薩が「見ています」と答えると、それに対して、釈迦仏は、次のように告げるのである。

〔411〕sarve khalv ete bhaiṣajyarāja bodhisattvā mahāsattvā yair asyāṃ parṣady antaśa ekāpi gāthā śrutaikapadam api śrutaṃ yair vā punar antaśa ekacittotpādenāpy anumoditam idaṃ sūtraṃ sarvā etā ahaṃ bhaiṣajyarāja catasraḥ parṣado vyākaromy anuttarāyāṃ saṃyaksaṃbodhau /（K, 224,5-7）

〔412〕現在目覩聞如来説斯経典、一切衆会、聞一頌一偈、一発意頃、歓喜勧助、仏皆授斯四部之決、当得無上正真道意。（『正法華』一〇〇中一八―二〇）

〔413〕如是等類、咸於仏前、聞妙法華経一偈一句、乃至一念随喜者、我皆与授記、当得阿耨多羅三藐三菩提。（『妙法華』三〇下四―七）

㉔⑦薬王（Bhaiṣajyarāja）よ、この会衆（parṣad）において、僅か一偈でも（antaśa ekāpi gāthā）、あるいは一句でも（eka-padam api）、聞き（śruta）、あるいは僅か一つの発心によってでも（antaśa eka-citta-utpādenāpi）、この経（sūtra）を随喜した（anumodita）これらの菩薩・摩訶薩をすべて、これらの四衆をすべて、薬王よ、私は無上正覚に授記する（vyākaromi）。

この経文には、〝『法華経』の僅か一偈一句でも、釈迦仏から聞いたり、聞いてから随喜したものは、必ず成仏する〟という趣旨が述べられているように思われる。従って、「方便品」第一三八偈〔402〕は、この経文にもとづいて形成されたと見ることもできるが、しかし、この第一三八偈に認められる「聞いてから随喜するであろう」という表現は、すでに述べたように、「随喜功徳品」散文部分には多用されるが、「法師品」には全く存在しない。従って、「聞いてから随喜するであろう」という特徴的な表現について言えば、「方便品」第一三八偈は、これを「随喜功徳品」散文部分から受け入れたと見るのが妥当であろう。

では、「法師品」に、「方便品」第一三八偈の第四句で述べられていた〝仏陀への供養〟のことは、どのように説かれているのであろうか。この点で、次に示す経文が極めて重要であると思われる。

〔414〕ya ito dharmaparyāyād antaśa ekagāthām api dhārayiṣyanti vācayiṣyanti prakāśayiṣyanti saṃgrāhayiṣyanti likhiṣyanti likhitvā cānusmariṣyanti kālena ca kālaṃ vyavalokayiṣyanti / tasmiṃś ca pustake tathāgatagauravam utpādayiṣyanti śāstṛgauraveṇa satkariṣyanti gurukariṣyanti mānayiṣyanti pūjayiṣyanti / taṃ ca pustakaṃ puṣpadhūpagandhamālyavilepana-cūrṇacīvaracchattradhvajapatākāvādyādibhir namaskārāñjalikarmabhiś ca pūjayiṣyanti / ye kecid bhaiṣajyarāja kulaputrā vā kuladuhitaro veto dharmaparyāyād antaśa ekagāthām api dhārayiṣyanty anumodayiṣyanti vā sarvāṃs tān ahaṃ bhaiṣajyarāja vyākaromy anuttarāyāṃ samyaksaṃbodhau // (K, 225,3-10)

〔415〕従是経典、受持一頌、諷誦書写、載於竹帛、銘著心懐、念而不忘、若聴頌音、恭敬察之、方如如来、聖尊上句、若以華香繒綵幢幡、発意供養是経巻者、叉手向之稽首作礼、則当謂之世間自帰。又告薬王、若族姓子族姓女、仮使能持一頌、勧助歓喜、聞経巻名、若得聞名、則当覚是、将来世尊、展転相謂、族姓子族姓女、来世便為如来至真等正覚。（『正法華』一〇〇中二五―下四）

〔416〕我亦与授阿耨多羅三藐三菩提記。若復有人、受持読誦解説書写妙法華経、乃至一偈、於此経巻、敬視如仏、種種供養華香瓔珞抹香塗香焼香繒蓋幢幡衣服伎楽、乃至合掌恭敬、薬王当知、是諸人等、已曾供養十万億仏、於諸仏所、成就大願、愍衆生故、生此人間。薬王、若有人問、何等衆生、於未来世、当得作仏、応示是諸人等、於未来世、必得作仏。（『妙法華』三〇下八―一七）

(248)誰であれ（ye）、〔私が入滅した後で〕この法門（dharma-paryāya）から、僅か一偈でも（antaśa eka-gāthām api）受持し（dhārayiṣyanti）、読誦し（vācayiṣyanti）、説き明し（prakāśayiṣyanti）、理解させ（saṃgrāhayiṣyanti）、書写するとしよう（likhiṣyanti）。また、書写してから、思い出し（anusmariṣyanti）、時々観るとしよう（vyavalokayiṣyanti）。また、その経巻（pustaka）において、如来に対する尊重心（tathāgata-gaurava）を生じ、師に対する尊重心（śāstṛ-gaurava）によって、恭敬し、尊重し（guru-kariṣyanti）、尊敬し、供養するとしよう（pūjayiṣyanti）。また、その経巻を、花・薫香・香・瓔珞・塗香・抹香・衣・傘・旗・幡・音楽（vādya）等によって、また礼拝や合掌によって、供養するとしよう。薬王よ、誰であれ（ye kecid）、善男子たち、または善女人たちが、この法門から僅か一偈でも（antaśa eka-gāthām api）受持し、随喜するとすれば、彼等すべてを、私は、薬王よ、無上正覚（anuttara-samyaksaṃbodhi）に授記する（vyākaromi）。

ここにも、〝仏滅後に、『法華経』から僅か一偈でも受持し、読誦し、説き明し、理解させ、書写し、また随喜するであろうものは、必ず成仏する〟という趣旨が認められるが、ここで注意すべきことは、この一節に“tathāgata-gaurava”「如来に対する尊重心」という語が用いられていることである。この語が用いられている文脈を考えれば、ここでは〝『法華経』の経巻に対して、あたかも、如来に対するように尊重し、供養すべきである〟という趣旨が述べられていると思われる。つまり、ここには所謂〝経巻供養〟〝経巻崇拝〟が説かれているのであるが、これが「法師品」の一貫した主張であることは、「法師品」に見られる次の有名な経文からも知ることができるであろう。

〔417〕yasmin khalu punar bhaiṣajyarāja pṛthivīpradeśe 'yaṃ dharmaparyāyo bhāṣyeta vā deśyeta vā likhyeta vā likhito vā pustakagataḥ svādhyāyeta vā saṃgāyeta vā tasmin bhaiṣajyarāja pṛthivīpradeśe tathāgatacaityaṃ kārayitavyaṃ mahantaṃ ratnamayaṃ uccaṃ pragṛhītaṃ na ca tasminn avaśyaṃ tathāgataśarīrāṇi pratiṣṭhāpayitavyāni / tat kasya hetoḥ / ekaghanam eva tasmiṃs tathāgataśarīram upanikṣiptaṃ bhavati // (K, 231,7-11)

〔418〕仏告薬王菩薩。若有能説斯経訓者、書写見者、則於其人、起仏神寺、以大宝立高広長大、不当復著仏舎利也。

所以者何。則為全著如来舎利。（『正法華』一〇一中一八―二一）

〔419〕薬王、在在処処、若説若読若誦若書、若経巻所住処、皆応起七宝塔、極令高広厳飾、不須復安舎利。所以者何。此中已有如来全身。（『妙法華』三一中二六―二九）

㉔⑨また、薬王よ、大地のある場所（pṛthivī-pradeśa）で、この法門（dharma-paryāya）が語られたり、説示されたり、書写されたり、書写されて経巻（pustaka）となったものが、読まれたり、唱えられたりするとしよう。薬王よ、その場所に巨大で高く広い宝石でできた如来の塔廟（caitya）が作られるべきである。しかし、そこに必ずしも、如来の舎利（tathāgata-śarīrāṇi）が安置される必要はない。何故かと言えば、そこには、一塊り（eka-ghana）の如来の肉体（tathāgata-śarīram）が置かれたことになる（upanikṣiptaṃ bhavati）からである。

この経文について、平川彰博士は、「経巻供養をもって舎利供養にかえていることを示している[403]」と評されたが、ここには確かに『法華経』の経巻に対する供養を仏舎利に対する供養よりも高く位置づけようとする考え方が認められるであろう。というのも、〔417〕で用いられる“tathāgata-śarīrāṇi”という複数形名詞は、〃如来の遺骨〃を意味するであろうが、これに対して、“ekaghanam eva ... tathāgata-śarīram”というのは、「見宝塔品」で、宝塔中の多宝如来の肉体が“ātmabhāvas ... ekaghanas”（K, 240,11）「一塊りの体」とか、“apariśuṣkagātro 'saṃghaṭṭitakāyo”[404]（K, 249,5）「干からびていない四肢をもち、分散されていない身体をもつ」と言われたように、生身の肉体、つまり〃生きている仏陀〃を意味すると思われるからである。〃遺骨〃を供養するよりも、〃生きている仏陀〃を供養する方が、功徳が大きいと考えられていることは、言うまでもないであろう。

しかるに、ここで注意すべきことは、〔417〕に“upanikṣiptaṃ bhavati”「置かれたことになる」という表現がなされていることである。この表現は、一般には「安置されている」（『松濤Ⅱ』一五頁）などと訳されるのであるが、しかし、この表現は〃『法華経』の経巻が読誦される場所に作られる caitya「廟」には、如来の生身の肉体が置かれている〃というのではなくて、〃『法華経』の経巻が読誦される場所に caitya が作られるならば、そこには如来の生身の肉体が置かれていることになる〟ということを言うものであろう。つまり、この表現は、〝『法華経』の経巻に対する供養が、生きている仏陀に対する供養になる〟ということを述べていると考えられる。ということは、ここには、『法華経』の経巻を〝生きている仏陀〟そのものと見なす考え方が説かれていると見ることができるが、「法師品」〔414〕で、〝『法華経』の経巻に対して如来に対する尊重心を生じ、様々の花・香・衣・音楽等によって供養すべきである〟と説かれたのも、『法華経』の経巻を〝生きている仏陀〟そのものと見なす考え方にもとづいていると思われる。

そこで再び、「方便品」第一三八偈〔402〕の問題について考えてみると、この偈には「この法を聞いてから随喜し、一言であっても唱えたとしよう。そうすれば、彼によって一切の仏陀に対して供養がなされたことになるであろう」と説かれている。すでに述べたように、この偈が「随喜功徳品」散文部分の〔405〕〔408〕等から大きな影響を受けていることは明らかであり、特にこの偈に見られる「聞いてから随喜する」という表現は、「随喜功徳品」に特徴的なものであった。しかし、〝pūja〟「供養」のことは、この「随喜功徳品」には全く述べられていないので、〝仏陀に対する供養〟の観念は、「法師品」散文部分から受け入れたものではないかと推測したのである。しかるに、「方便品」第一三八偈〔402〕第四句の〝kṛta sarvabuddhāna bhaveya pūjā〟には、〝『法華経』の僅か一語でも随喜し唱えたならば、一切諸仏を供養したことになる〟と説かれているのであるから、これは「法師品」〔417〕に述べられる〝『法華経』の経巻に対する供養が、生身の如来に対する供養になる〟という論理と同一であろう。従って、私は、「方便品」第一三八偈第四句〝kṛta sarvabuddhāna bhaveya pūjā〟「一切の仏陀に対して供養がなされたことになるであろう」という表現は、「法師品」散文部分の所説、とりわけ〔417〕の〝ekaghanam eva tasmiṃs tathāgataśarīram upanikṣiptaṃ bhavati〟という一文からの影響を受けて形成されたものであろうと考えるのである。

では、ここで再び244で述べられた苅谷博士による「方便品」第一三八偈〔402〕に対する評価について検討することにしよう。そこで、博士は、「方便品」第一三八偈について、「どの経典にもあてはまる無味乾燥な讃辞にすぎない」と評され、これには私も賛成したのであるが、しかし、苅谷博士が、この「方便品」第一三八偈と「方便品」第五三偈（〔387〕）の所説について、対比的な評価を示されたことについては、必ずしも賛同できないのである。即ち、この点について、まず注意しなければならないのは、勝呂博士が「方便品」第六段の偈について、次のようにコメントされていることであろう。

㉕さらにこの経の一偈をも聞けば成仏することは疑いない、などと説いて、ほとんど長行にない新たな所説を加えている。（『成立と思想』三九八頁一一―一三行）〔傍線＝松本〕

ここで博士が、「ほとんど長行にない新たな所説を加えている」と言われるのが、㉕の直前にある文章のどこまでを指しているかは、必ずしも明確ではないが、「この経の一偈をも聞けば成仏することは疑いない」というのが、「方便品」第五三偈の所説に言及したものであることは明らかであろう。すると、勝呂博士は、少なくとも、「方便品」第五三偈には「ほとんど長行にない新たな所説」が述べられていると解されていることが知られるが、私は、この勝呂博士の理解は極めて重要だと思うのである。つまり、この「方便品」第五三偈には、散文部分にはない新説が説かれ付加されているのである。では、その新説とは具体的には何を指すのであろうか。私見によれば、その新説とは、次のような「方便品」第五三偈の後半に説かれているものであると考えられる。

ekāpi gāthā śruta dhāritā vā sarveṣa bodhāya na saṃśayo 'sti // [II, v.53cd]（〔387〕）

ここに説かれているのは、〝『法華経』の僅か一偈でも聞いたり、受持したものは、必ず菩提を得るであろう〟という説であるが、この説が、〝聞法によって菩提が得られる〟と説く「方便品」散文部分〔148〕ⓒ "yair ... sattvais ... tathāgatānām ... antikāt sa dharmaḥ śrutas te 'pi sarve 'nuttarāyāḥ samyaksaṃbodher lābhino 'bhūvan" や、〔151〕ⓑや〔154〕の "dharmaṃ śṛṇvanti te 'pi sarve ... lābhino bhaviṣyanti" という文章と決定的に異なるのは、「方便品」第五三偈では "ekāpi gāthā"「〔僅か〕一つの偈であっても」という表現が用いられていて、いわば〝聞法〟という行の〝易行化〟〝極小化〟が計られているという点なのである。

このように見るとき、私は、"ekāpi gāthā" という表現を有する「方便品」第五三偈後半が、「法師品」散文部分の

〔411〕と〔414〕に影響されて形成されたことは、確実であると考えるのである。即ち、〔411〕には “antaśa ekāpi gāthā śrutā” という表現が用いられ、〔414〕には “antaśa ekagāthām api dhārayiṣyanti” という表現が二回用いられているのである。このうち〔411〕では〃『法華経』の僅か一偈を聞いたものであっても、釈迦仏は彼等すべてに成仏を授記する〃という趣旨が述べられているのであるが、この “ekāpi gāthā śrutā” という表現が、「方便品」第五三偈（〔387〕）後半では、そのまま取り入れられて “ekāpi gāthā śruta” となったのであろう。

しかるに、この偈にある “dhāritā”「受持された」については、これに相当する語は「法師品」〔411〕には存在しない。そこで、「方便品」第五三偈後半の “śruta dhāritā vā” について考えてみると、“śruta” は『法華経』を仏陀から直接に聞くことを意味するのに対し、“dhāritā” の方は、仏滅後に『法華経』を受持することを言っているように思われる。実際、「方便品」散文部分で「受持」について言及される唯一の文章である〔166〕ⓒでは、“na hi te ... śrāvakās ... parinirvṛte tathāgata eteṣām ... sūtrāntānāṃ dhārakā vā deśakā vā bhaviṣyanti” と述べられていて、「受持」は仏滅後の事柄として扱われているのである。

このように見れば、「方便品」第五三偈後半の “ekāpi gāthā ... dhāritā” は、「法師品」〔414〕で二度用いられる “antaśa ekagāthām api dhārayiṣyanti” という表現に対応していることが理解されるであろう。この〔414〕では〃仏滅後に『法華経』の僅か一偈でも受持し、随喜するものに、釈迦仏は成仏を授記する〃という趣旨が述べられるからである。

かくして、「法師品」〔411〕〔414〕にもとづいて形成されたと考えられる「方便品」第五三偈（〔387〕）と、「法師品」〔414〕や「随喜功徳品」〔408〕にもとづいて形成されたと見られる「方便品」第一三八偈〔402〕とでは、大きな思想的径庭はないように思われる。というのも、これらの記述のすべてに共通しているのは、“ekāpi gāthā” “ekam pi ... vācaṃ” と言われるような、〃僅か一偈でも『法華経』を聞いたり、受持したり、随喜したりすれば、必ず成仏できる〃という安易な〃易行〃の考え方だからである。このような考え方は、⑨の勝呂博士の表現を用いれば、「一般信者向けのもの」ということになるであろうが、より厳しい見方をすれば、一般大衆の安易な欲求に迎合したものということになるかもしれない。

実際、「方便品」第五三偈の "ekāpi gāthā" や第一三八偈の "ekaṃ pi … vācam" に類するような表現が、「方便品」偈の〝過去仏章〟において〝小善成仏〟を説くと言われる一連の偈の中に、次のように用いられているのである。

ekaṃ pi … vādyabhāṇḍam (II, v.93d), puṣpeṇa … ekena pi (II, v.94a), ekā talaśaktikā (II, v.95b), ekavāram (II, v.95d, v.96a, v.96c).

従って、私見によれば、「方便品」の第五三偈も第一三八偈も、〝僅か一偈でも聞いたり、受持したり、随喜したりすれば、必ず成仏できる〟という行の〝易行化〟〝極小化〟を説くものであり、両者の間には、苅谷博士が(244)で述べられたような「対比」は、存在しないように思われる。

なお、「方便品」第五三偈や第一三八偈が「法師品」や「随喜功徳品」の散文部分の経文にもとづいて形成されたとするならば、〝第一類においては、偈の方が散文部分よりも古い〟という説が全く成立しないことは言うまでもないであろう。[405] その説では、「法師品」は、「第一類」ではなく「第二類」に含められるからである。

では、次に「方便品」偈〝釈迦仏章〟の概観にもどり、その第一三九偈—第一四〇偈を見ることにしよう。それは、次の通りである。

〔420〕 vyapanehi kāṅkṣām iha saṃśayaṃ ca ārocayāmi ahu dharmarājā /
samādapemī[406] aham agrabodhau na śrāvakāḥ kecid ihāsti mahyam // [II, v.139]
tava śāriputraitu rahasyu bhotu ye cāpime śrāvaka mahya sarve /
ye bodhisattvāś ca ime pradhānā rahasyam etan mama dhārayantu // [II, v.140] (K, 58,7-10)

〔421〕 共去乱心、不懐狐疑、吾為法王、悉普告勅、
吾之法中、一切声聞、則便勧助、以尊仏道。〔第一三九偈〕
卿舎利弗、及諸声聞、今現在者、且皆黙然、

其諸菩薩、意勇智慧、密持斯法、勿得妄宣。〔第一四〇偈〕（『正法華』七三上七―一二）

〔422〕汝等勿有疑、我為諸法王、普告諸大衆、但以一乗道、教化諸菩薩、無声聞弟子。〔第一三九偈〕
汝等舎利弗、声聞及菩薩、当知是妙法、諸仏之秘要。〔第一四〇偈〕（『妙法華』一〇中四―八）

(251)これについて、あなたは、疑い（kāṅkṣā）と疑問（saṃśaya）を除去しなさい（vyapanehi）。私は、法王（dharma-rāja）として告げる（ārocayāmi）。私は、最勝の菩提（agra-bodhi）に教化する（samādapemi）。私にとって、ここには（iha）、いかなる声聞（śrāvaka）も存在しない。〔第一三九偈〕
シャーリプトラよ、これがあなたの秘密（rahasya）となれ。誰であれ（ye）〔b〕、これらの私の声聞たちすべてと、誰であれ（ye）〔a〕、これらの優れた（pradhāna）菩薩（bodhisattva）たちは、私のこの秘密（rahasya）を保持しなさい。〔第一四〇偈〕

ここには、第一三九偈に「私にとって、ここには、いかなる声聞も存在しない」という注目すべき言明が認められる。それ故、苅谷博士は、この第一三九偈について、

(252)この偈は従来、法華〈仏乗〉を説き明かしたものとされ、さらには、この偈によって法華〈仏乗〉思想のいかなるかが論じられてきたのである。しかし、実はそれが法華〈仏乗〉の理解を誤らせてきたのではないだろうか。たしかに、一見、これは法華〈仏乗〉思想に合致しているように見えるが、しかし、第四句の「ここにおいて私には声聞は全く存しない」という点に問題があるであろう。法華〈仏乗〉の立場は「一切衆生皆悉ぼさつ」なるが故に、その意味では声聞もぼさつであり、仏は一切衆生を、この偈の言うように「正覚に向けて教化する」ものではあるが、しかし、それは、決して声聞という存在をただ否定するものではない。（『一仏乗』一九四頁七―一二行）

と述べられ、おそらくは、これを最大の根拠として、この第一三九偈や第一三八偈〔402〕を含む「方便品」第一三五偈―第一四五偈（末偈）を「後分」、つまり、本来の『法華経』のテキストには存在しなかった後代の付加であると

見なされているのである。[407]

しかし、私見によれば、第一三九偈第四句の「ここには、いかなる声聞も存在しない」という言明は決して驚くべきものではないし、「方便品」のそれ以前の偈の内容と比較しても、決して異質なものではない。この点を明らかにするために、まず第一四〇偈で二回用いられている“rahasya”「秘密」という語に注目したい。この“rahasya”という語は、「譬喩品」散文部分〔181〕ⓑとⓒで使用された“bodhisattva-rahasya”「菩薩の秘密」という語を承けて、この偈で用いられたものであることは、明らかだと思われる。では、〔181〕において“bodhisattva-rahasya”とは何を意味するかと言えば、それは簡潔に言えば、〝実は菩薩である〟という秘密なのである。「譬喩品」〔181〕において、釈迦仏は、シャーリプトラが過去世以来、長時に亘って釈迦仏から学び、無上正覚に向って成熟させられてきたことを明らかにし、シャーリプトラが自ら忘れていた無上正覚への願とその後の菩薩行と“bodhisattva-rahasya”「菩薩の秘密」を思い出させるために、『法華経』を声聞たちに説くのであると告げている。つまり、ここで“bodhisattva-rahasya”とは、釈迦仏によって初めて明らかにされたシャーリプトラが〝実は菩薩である〟という「秘密」を意味することは明らかであり、その同じ「秘密」が第一四〇偈でも言われたと考えられるのである。従って、第一三九偈第二句の“ārocayāmi”は、「譬喩品」〔181〕ⓐで使用された“ārocayāmi”という語をそのまま用いたものと見るべきであろう。

さて、「方便品」第一四〇偈における“rahasya”が〝実は菩薩である〟という「秘密」を意味することを理解すれば、第一三九偈と第一四〇偈に関する疑問はすべて氷解するであろう。即ち、まず第一四〇偈第二句の「誰であれ（ye）、これらの声聞たちすべて」というのは、すでに示した〝三種の衆生〟（本書、四六八頁）のうちのⓑ、つまり、〝仮りの声聞〟＝〝実は菩薩〟〔廻小入大菩薩〕を指しており、第三句の「誰であれ（ye）、これらの優れた菩薩たち」というのは、ⓐ〝真の菩薩〟〔直往菩薩〕に相当する。従って、第一四〇偈では“ye ... ye ...”という表現によって、すでに見た「方便品」第七五偈・第七六偈〔390〕や第一二八偈・第一二九偈〔395〕と同様に、〝二種の菩薩〟が並置されているのである。また、第一四〇偈第一句では「これが、あなたの秘密となれ」と言われるのであるから、「あなた」、つまり、シャーリプトラは〝実は菩薩である〟ということが、そこで意図されていることは明らかであろう。

　では、第一三九偈第四句で「私にとって、ここには、いかなる声聞も存在しない」と言われる「声聞」とは、誰を指すのであろうか。言うまでもなく、〝三種の衆生〟のうちのⓒ、つまり、〝真の声聞〟を指すのであるが、彼等は〝増上慢〟の故に、『法華経』を聞くことなく（不聞法）、すでに会衆から退出しているから、「ここには、存在しない」と言われるのである。すると、『法華経』はⓐとⓑという〝二種の菩薩〟だけに説かれるということになるが、この点が第一三九偈第三句では、"samādapemī aham agrabodhau"「私は、最勝の菩提に教化する」と述べられたと考えられる。即ち、この表現は「方便品」第一二二偈第四句の"samādapemo bahubodhisattvān" (K, 56,4)〔「但為教菩薩」『妙法華』九下二七〕「私たちは、多くの菩薩たちを教化する」などという表現と殆んど同義であると考えられる。つまり、第一三九偈の「私は、最勝の菩提に教化する」という表現には〝菩薩だけを菩提に教化する〟という考え方が認められるので、『妙法華』〔422〕は、これを敢て「教化諸菩薩〔無声聞弟子〕」と訳すことによって、読者に明確な理解をもたらそうとしたのである。従って、「方便品」第一三九偈の「ここには、いかなる声聞も存在しない」という言明は、何等新奇なものでも、異質なものでもない。つまり、〝三種の衆生〟を説く「方便品」偈の立場からすれば、ⓒ〝真の声聞〟は、もはや会衆から退出していて、ここにはいないとされているのである。

　さて、すでに述べたように、「方便品」第一三九偈・一四〇偈〔420〕が、「譬喩品」散文部分〔181〕にもとづいて形成されたことは明らかであると思われるが、その「譬喩品」〔181〕のⓓでは"imam saddharmapuṇḍarīkaṃ dharmaparyāyaṃ … śrāvakāṇāṃ saṃprakāśayāmi"「この『正法蓮華』という法門を、私は声聞たちに説く」と言われている。しかるに、この〝私は『法華経』を説く〟ということ、つまり、"imaṃ saddharmapuṇḍarīkaṃ dharmaparyāyaṃ … saṃprakāśayāmi"という文章が、「方便品」第一三九偈では、「私は、最勝の菩提に教化する」という表現に言い換えられたのではないかと思われる。つまり、この偈の"samādapemī aham agrabodhau"という表現における"samādapemī"は、〔181〕ⓓの"saṃprakāśayāmi"に対応していると考えられるのである。しかるに、「譬喩品」〔181〕ⓓのその文章では、『法華経』が“śrāvakāṇām”「声聞たちに」説かれると言われるのに対し、「方便品」第一三九偈では“na śrāvakāḥ kecid ihāsti mahyam”「私にとって、ここには、いかなる声聞も存在しない」と述べられ、逆のことが言われているように見える。しかし、言うまでもなく、〔181〕で“śrāvakāṇām”「声聞たちに」と言われる「声聞」とは、〝三種の衆生〟のうちのⓒ〝真の声聞〟ではなく、ⓑ〝仮りの声聞〟、つまり、シャーリプトラのような〝実は菩薩〟を指しているから、「方便品」第一三九偈後半の“samādapemī aham agrabodhau na śrāvakāḥ kecid ihāsti mahyam”という表現と、「譬喩品」〔181〕ⓓの“imaṃ saddharmapuṇḍarīkaṃ dharmaparyāyaṃ ... śrāvakāṇāṃ saṃprakāśayāmi”という文章との間に、いかなる矛盾もないということになるのである。

なお、「方便品」第一三九偈第一句の“vyapanehi kāṅkṣām iha saṃśayaṃ ca”「この点について、疑いと疑問を除去しなさい」という表現は、〔395〕の「方便品」第一三三偈の“tavāpi kāṅkṣā vyapanīta bheṣyati”との関係において理解されなければならない。即ち、「譬喩品」散文部分では、釈迦仏がシャーリプトラに対して〝実は菩薩である〟という「秘密」、つまり、“bodhisattva-rahasya”を明らかにする説法（〔181〕）を始める以前に、シャーリプトラが、釈迦仏の「音声を聞いて」歓喜したとか、“apagata-paridāha”「苦悩を離れた」と述べる一段（〔175〕〔178〕）がある。そのうち、「譬喩品」散文部分〔178〕ⓒで用いられた“apagata-paridāha”の“paridāha”は「苦悩」を意味すると思われるが、これに相当するものは、「譬喩品」偈では“kāṅkṣā”“śoka”(III, v.2), “manyita”(III, v.14)（〔259〕）, “kāṅkṣā”(III, v.16), “saṃśaya”“vicikitsa”(III, v.21)（〔324〕）と表現され、〝苦しみ〟というよりも、むしろ〝疑い〟という意味合いが強く打ち出されている。従って、このような解釈に影響されたためか、羅什は、「譬喩品」散文部分〔178〕ⓒの“apagata-paridāha”を『妙法華』〔180〕ⓒで「断諸疑悔」と訳しているのである。

このように見れば、「方便品」第一三九偈の第一句の“vyapanehi kāṅkṣām iha saṃśayaṃ ca”が、「譬喩品」散文部分でシャーリプトラに対する釈迦仏の説法が始まる前の一段（〔175〕〔178〕）に対応し、第二句の“ārocayāmi”がその説法を開始するときの釈迦仏の言葉である“ārocayāmi”（〔181〕ⓐ）に対応し、第三句の“samādapemī”が〔181〕ⓓで〝『法華経』を声聞たちに私は説く〟というときの“saṃprakāśayāmi”に対応していることが理解されるであろう。

さらに言えば、「方便品」第一三九偈第四句の“na śrāvakāḥ kecid ihāsti”という表現は、実は「譬喩品」散文部分〔181〕ⓓの“śrāvakāṇām [saṃprakāśayāmi]”に対応しているのであって、この表現には、〔181〕ⓓの“śrāvakāṇām”「声聞たちに」という語に関して、そこで「声聞たちに」と言われているのは、ⓑ〝仮りの声聞〟＝〝実は菩薩〟を意味しているのであって、ⓒ〝真の声聞〟は最早〝私の会衆には存在しない〟という解釈が示されていると考えられる。

しかるに、「方便品」第一三九偈第四句で“na śrāvakāḥ kecid ihāsti”と言われたⓒ〝真の声聞〟がどのような衆生であるかについては、第一三九偈・第一四〇偈〔420〕の後に続く二つの偈、つまり、第一四一偈・第一四二偈において、次のように説明されているのである。

〔423〕kiṃ kāraṇaṃ pañcakaṣāyakāle kṣudrāś ca duṣṭāś ca bhavanti sattvāḥ /
kāmair ihāndhīkṛta bālabuddhayo na teṣa bodhāya kadāci[408] cittam // [II, v.141]
śrutvā ca yānaṃ mama etad ekaṃ prakāśitaṃ tehi jinehi āsīt /
anāgate 'dhvāni bhrameyu sattvāḥ sūtraṃ kṣipitvā narakaṃ vrajeyuḥ // [II, v.142] (K, 58,11-14)

〔424〕何故説世、而有五事、或有衆生、懐毒求短、
貪欲愚聵、而好誹謗、如是倫品、不尚至道。〔第一四一偈〕
若当来人、而説此法、聴察如来、一乗之教、
設復覩見、諸最勝名、誹謗斯経、便堕地獄。〔第一四二偈〕（『正法華』七三上一三―一八）

〔425〕以五濁悪世、但楽著諸欲、如是等衆生、終不求仏道。〔第一四一偈〕
当来世悪人、聞仏説一乗、迷惑不信受、破法堕悪道。〔第一四二偈〕（『妙法華』一〇中九―一二）

(253)何故か（kiṃ kāraṇam）。五濁（pañca-kaṣāya）の時には、卑小（kṣudra）で汚れた（duṣṭa）衆生（sattva）たちが生じる。
彼等は、ここで諸の欲（kāma）によって盲目とされ（andhī-kṛta）、愚かな慧をもっている（bāla-buddhi）。彼等には、

菩提（bodhi）に対する心（citta）は、いかなるときも（kadāci）存在しない。〔第一四一偈〕
また、それらの〔過去の〕勝者（jina）たちによって〔も〕、説き明された、私のこの一乗（yānaṃ … ekaṃ）を聞いて（śrutvā）、〔それらの〕衆生たちは、惑乱し、〔この〕経（sūtra）を誹謗して（kṣipitvā）、未来世において、地獄（naraka）に赴くであろう。〔第一四二偈〕

ここで、まず“kiṃ kāraṇam”「何故か」というのは、〝何故『法華経』は〝菩薩〟（ⓐ〝真の菩薩〟とⓑ〝仮りの声聞〟）だけに説かれ、〝声聞〟（ⓒ〝真の声聞〟）には説かれないのか〟ということを意味していると思われる。従って、以下の第一四一偈・第一四二偈では、まずⓒ〝真の声聞〟とはどのようなものであるかが述べられ、次に彼等に『法華経』が説かれてはならない理由が示されるのである。即ち、まず第一四一偈では、〝真の声聞〟を形容する語としては最も典型的な“bāla”という語が用いられて〝真の声聞〟が表現されている。更に“kṣudra”「卑小な」という形容詞は、おそらく“hīnayāna”「小乗」の“hīna”「小」に通じるものであろうし、“duṣṭa”「汚れた」は“pañca-kaṣāya”「五濁」の“kaṣāya”「濁」の語義に関連するものと思われる。また、“andha”「盲目」というのも、前掲の「真の声聞に関する表現」というリストを見れば分るように、〝真の声聞〟に対する典型的な差別的表現であり、「譬喩品」偈の「B部分」（第一一一偈—第一三五偈）、つまり、『法華経』を誹謗するものの罪報を説明する部分に含まれる第一三二偈で、“badhira”「聾」、“jaḍa”「愚鈍」、“daridra”「貧」という同様に差別的な表現とともに、用いられている。

なお、「方便品」第一四一偈の“kāmair ihāndhīkṛta”「ここで、諸の欲によって盲目とされ」という表現は、「方便品」第一一一偈でも用いられており、この第一一一偈、及び直前にある“daridra-sattva”「貧しい衆生」の語をもつ第一一〇偈と、直後にある“kudṛṣṭi”「悪見」の語をもつ第一一二偈という三偈には、〝真の声聞〟が描かれていることが理解される。更に「方便品」の第一一四偈には、“sattvāś ca mohāndha avidvasū ime”（K, 55,2）「これらの衆生たちは、痴によって盲目（andha）であり、無知（avidvas）である」と言われるが、これも〝真の声聞〟について述べたものであろうし、第一一七偈〔426〕に出る“bāla”「愚者たち」や、第一二一偈に言われる“hīnādhimuktā hi avidvasū narā”（K,

56,2)「小（hīna）を信解した無知（avidvas）な人たち」も、同様に〝真の声聞〟を指していると考えられる。これらの「方便品」第一一〇偈—第一一二偈・第一一四偈・第一一七偈・第一二一偈に説かれる衆生たちは、そこでは、釈迦仏が、〝彼等は、理解しないであろう、信じないであろう〟と考えて説法を躊躇した原因となったものたちであるとされてはいるが、実は彼等はすべて〝真の声聞〟を意味しているのである。

そのⓒ〝真の声聞〟たちが、〔395〕の「方便品」第一三一偈に続いて、再び「方便品」第一四一偈・第一四二偈〔423〕で言及されたのであるが、彼等は第一四一偈の第四句によれば“na teṣa bodhāya kadāci cittam”「彼等には、菩提に対する心は、いかなるときも存在しない」と言われている。これは、第一四一偈と同様、“kāmair ihāndhikṛta”の表現を有する「方便品」第一一一偈の“na buddham eṣanti mahānubhāvaṃ”(K, 54,10)「大神通力ある仏陀を求めない」という文章とほぼ同趣旨であろうが、“na kadāci”「いかなるときも存在しない」という表現をストレートに解すれば、『妙法華』〔425〕の「終不求仏道」という訳文のように、彼等〝真の声聞〟には菩提を求める心は永久に起らないと言われていると考えられるから、彼等はそこで〝成仏〟から永久に除外されていると見ざるを得ないであろう。つまり、彼等は〝廻小入大〟するⓑ〝仮りの声聞〟＝〝実は菩薩〟ではなく、永久に〝声聞〟にとどまるⓒ〝真の声聞〟であるとされているのである。

では、次に〔423〕の「方便品」第一四二偈は何を説くものであろうか。ここには、まず第二句を、“prakāśitaṃ tena jinena āsīt”と読むか、“prakāśitaṃ tehi jinehi āsīt”と読むか、という問題が存在する。即ち、“tena jinena”「その勝者によって」と読む写本も、“tehi jinehi”「それらの勝者によって」と読む写本も、どちらも複数存在し、いずれの読みを採るかが問題となるのである。

これについては、渡辺博士が、次のように解説されている。

(254) 〝あのジナの説かれたもの〟＝〝仏説〟（妙法華）、〝如来〟（正法華）。多くのネパール系貝葉本、G第二本、P本、トゥルファン本の一致するところに従って単数に読み、シャーキャムニをさすものと解する。若干の写本は複数

に読み、ビュルヌフはそれによって訳すが、これによれば過去の諸仏をさす。（「渡辺詳解」五一回、一〇四頁上）

つまり、ここで“jina”「勝者」は単数であると解すれば、それは釈迦仏を指すことになり、複数であると見るならば、過去の諸仏を意味することになるというのである。ケルン、南条・泉博士、渡辺博士、松濤博士、苅谷博士は、その“jina”を単数と見る解釈にもとづく翻訳を提示され、[409] (254)に言われたように、ビュルヌフそして中村博士は、それを複数と見る理解にもとづく翻訳を示されたが、[410] 私は“jina”を複数と見る後者の理解に従い、“tehi jinehi”という読みを採用したい。

その理由は、次の通りである。即ち、まず『妙法華』〔425〕を見ると、そこには“prakāśitaṃ tena jinena（tehi jinehi）āsīt”という第二句が明確に翻訳されていないように見える。これは、訳者が、この句の趣旨が難解であると考えて、その明確な翻訳を敢て避けたのか、あるいは、この句について“tena jinena”と“tehi jinehi”という二通りの読みが行われていることを訳者が知っていたために、明確な翻訳を避けたのか、そのいずれかであろうと想像される。勿論、(254)に述べられた渡辺博士の見解のように、『妙法華』の「仏説」という訳語が“tena jinena”に対応するという見方もあるであろうが、「仏説」の「仏」は“mama”「私の」に対応すると見ることもできるであろう。

では、『正法華』〔424〕では、問題の「方便品」第一四二偈第二句がどのように訳されているかというと、これも難解であって、(254)で渡辺博士は、「如来一乗之教」の「如来」という訳語が“jina”に対応するものと見なされている。しかし、その「如来」という訳語も、“yānaṃ mama etad ekam”「私のこの一乗」という原文から考えて、“mama”「私の」の訳語であろう。

では、問題の第二句は、『正法華』〔424〕ではどのように訳されているのであろうか。奇妙なことではあるが、後半の「設復覩見、諸最勝名」の「諸最勝」が、その第二句中の“jina”の複数形を訳したものであると考えられる。この点は、「信解品」第四一偈第四句の“jinasya jñānaṃ ca prakāśayāmaḥ”（K, 116,12）「しかるに、私たちは勝者（jina）の智を説き明す（prakāśayāmaḥ）」が、『正法華』で「覩見最勝、宣暢道誼」（八二下一―二）と訳されたことによって、知られるであろう。即ち、「諸最勝」の「最勝」は“jina”の訳語であり、「諸最勝」はその複数形なのである。[41] 従って、『正法華』〔424〕の梵語原典には、第一四二偈第二句に“tehi jinehi”という読みがあったと思われるが、これに反して、“rgyal ba des” (P, chu,27b7) というチベット訳は、“tena jinena”という単数の読みにもとづいているように見える。しかし、そのチベット訳にも問題がないわけではない。というのも、チベット訳は第一四二偈前半の“śrutvā ca yānaṃ mama etad ekaṃ prakāśitaṃ tena jinena āsīt”を“theg pa gcig po ḥdi ni rgyal ba des // sṅon rab[412] bśad pa yin shes thos nas su” (P, chu,27b7)「この一乗は、その勝者によって、以前に説き明されたものであると」(shes) 聞いてから」と訳しているが、この訳文には“mama”「私の」に対応する訳語がなく、しかも、“shes”「と」という訳語が“iti”という原語がないにもかかわらず、文意を整えるために無理に挿入されているように見えるからである。要するに“jina”を単数と解するときに生じる不合理とは、“yānaṃ mama etad ekaṃ prakāśitaṃ tena jinena āsīt”とあるうちの“mama”「私の」の「私」と“tena jinena”「その勝者によって」の「その勝者」が、どちらも釈迦仏を指していなければならないという点にあるのであり、釈迦仏がそこで自分を「私」と呼んだり、「その勝者」と呼んだりする不合理を避けるために、チベット訳では、“mama”に対する訳語の欠落と、“shes” (“iti”) という訳語の挿入という意図的な操作がなされたと考えられるのである。

勿論、問題の“jina”を複数形と考え、「方便品」第一四二偈第二句には本来“tehi jinehi”という読みがあったと想定するとしても、その第二句“prakāśitaṃ tehi jinehi āsīt”を(253)に示した私訳のように、直前の“yānaṃ mama etad ekaṃ”を形容する語として理解できるかという問題もあるであろう。しかし、この難点は“tena jinena”という読みを採用することから生じる不合理よりも、遥かに小さなものであり、従って、「諸最勝」の訳語をもつ『正法華』の翻訳年代の古さをも重視して、第一四二偈第二句には“tehi jinehi”「それらの勝者たちによって」という読みが本来存在したと見ておきたい。

要するに、この第二句は〝私の説くこの一乗は、過去の諸仏によっても、説かれていた〟ことを言うものであると思われるが、この点は、「方便品」散文部分〔148〕ⓑでも明確に述べられていたのである。

次に、第一四二偈後半には"anāgate 'dhvāni ... sattvāḥ"という表現があるが、これが松濤博士や中村博士によって、「未来〔世〕の衆生たち」(413)と訳されることに、私は賛成できないのである。というのも、この翻訳は、おそらく『正法華』〔424〕の「当来人」や『妙法華』〔425〕の「当来世悪人」という訳語に影響されたものであろうが、この翻訳によると、この第一四二偈で言われる衆生たちが、第一四一偈で述べられた衆生たちとは、区別された別の存在のように理解されてしまうからである。しかるに、私見によれば、この二つの偈で説かれているのは、全く同じ衆生たち、つまり、ⓒ〝真の声聞〟であると思われる。この点は、"sūtraṃ kṣipitvā narakaṃ vrajeyuḥ"「経を誹謗して(kṣipitvā)地獄(naraka)に赴くであろう」という表現によって理解される筈である。というのも、『法華経』を誹謗する(√kṣip)というのは、ⓐⓑⓒの〝三種衆生〟のうち、ⓒの〝真の声聞〟に関してのみ言われることだからである。

ところで、私は、すでに示した〝三種衆生の図〟において、ⓒの〝真の声聞〟を〝不聞法〟、つまり、〝『法華経』を聞くことのない衆生たち〟と規定した。彼等は〝増上慢〟の故に、『法華経』が説かれる以前に、釈迦仏の会衆から退出したと考えられるからである。しかるに、「方便品」第一四二偈では、〝真の声聞〟である彼等は、「この私の一乗を聞いて(śrutvā)」「惑乱し、〔この〕経を誹謗して(kṣipitvā)、地獄に赴くであろう」と述べられたのである。すると、〝真の声聞〟である彼等は、果して『法華経』を聞くのであろうか、聞かないのであろうか。

この点で、この「方便品」第一四二偈と同じ趣旨を説くものと苅谷博士によって指摘されている(414)「方便品」第一一七偈を参照しなければならないであろう。それは、次のような偈なのである。

〔426〕te mahya dharmaṃ kṣipi bāla bhāṣitaṃ kṣipitva gaccheyur apāyabhūmim /
śreyo mama naiva kadāci bhāṣitum adyaiva me nirvṛtir astu śāntā // [II, v.117] (K, 55,7-8)

〔427〕諸闇冥者、便当謗毀、適毀此已、趣非法地、
吾初未曾、説奇妙法、常楽余事、当何興立。(『正法華』七二中一二―一四)

〔428〕破法不信故、墜於三悪道、我寧不説法、疾入於涅槃。（『妙法華』九下一五―一六）

㉕それらの愚者（bāla）たちは、私によって説かれる法（dharma）を誹謗するであろう。誹謗してから（kṣipitva）、悪趣（apāya-bhūmi）に行くであろう。〔だから〕私は、いかなるときも、決して説かないほうがよいのである。今こそ、私は寂滅した涅槃（nirvṛti）に入るべきである。

この偈は、“bāla”「愚者たち」、つまり、ⓒ〞真の声聞〞たちに『法華経』が説かれることを言うものではない。そうではなくて、〞もしも、彼等に『法華経』が説かれるならば、彼等はそれを誹謗して、悪趣に堕するであろうから、私は彼等に『法華経』を説かずに、すぐに涅槃に入ろう〞という釈迦仏の〞説法躊躇〞の理由を述べるものなのである。

従って、この第一一七偈が「方便品」第四段の散文部分〔109〕と趣旨が一致していることは明らかであり、そこには、

止めなさい（alam）、シャーリプトラよ。この意味（artha）〔A〕を説き明す必要はない。〔何故かというと〕この意味が説明されるならば、天を含む世間（loka）は、恐れるであろう。また、増上慢を得た（adhimāna-prāpta）比丘たちは、大坑（mahā-prapāta）に落ちるであろう。㉔

と述べられ、これに対応すると考えられる「方便品」第四段の第三四偈〔25〕には、

止めなさい（alam）。ここで、私が法（dharma）を説く必要はない。……増上慢を得た（abhimāna-prāpta）多くの愚者（bāla）たちがいる。〔彼等は〕私によって説示される法（dharma）を、理解せずに（ajānaka）、誹謗するであろう（kṣipe）。㉟

と言われているのである。

従って、「方便品」第一四二偈で“sattvāḥ”「衆生たち」と言われているⓒ〞真の声聞〞は、そこで“śrutvā”「聞いて」と言われているが、決して『法華経』を聞くことはない。つまり、この“śrutvā”「聞いて」は、〞もしも〔私が説いて、

彼等が〕聞いたとすれば〟という意味に理解しなければならないのである。彼等は『法華経』を“śrutvā”つまり、「聞いたとすれば」、“sūtraṃ kṣipitvā narakaṃ vrajeyuḥ”「経を誹謗して地獄に赴くであろう」と言われているが、この表現のうち、“naraka”という語が、「方便品」第四段の散文部分〔109〕の“mahā-prapāta”「大坑」という語、及び「方便品」第一一七偈〔426〕の“apāya-bhūmi”「悪趣」という語を承けて述べられていることは明らかであり、更に“kṣipitvā”が「方便品」第四段の唯一の偈である第三四偈〔25〕の“kṣipe”、及び第一一七偈〔426〕の“kṣipi”“kṣipitva”を承けて使用されていることも確実であろう。また、「方便品」第一四一偈・第一四二偈〔423〕という二つの偈に認められる“bāla”と“√kṣip”との結びつきも、「方便品」第三四偈〔25〕と第一一七偈〔426〕とのいずれにも認められるのである。つまり、“bāla”“√kṣip”によって表現されている衆生とは、ⓒ〝真の声聞〟であるから、「方便品」の第一四一偈と第一四二偈は、別々の衆生について語っているのではなく、この二つの偈〔423〕は、いずれもⓒ〝真の声聞〟という同じ衆生について述べていることが理解されるのである。

更に、このように「方便品」第一四一偈・第一四二偈〔423〕を、「方便品」第三四偈〔25〕・第一一七偈〔426〕と同趣旨を説くものと解すれば、第一四二偈に現われる“anāgate 'dhvāni”「未来世において」という語が“bhrameyu”「惑乱するであろう」や“kṣipitvā”「誹謗して」にはかからず、“narakaṃ vrajeyuḥ”「地獄に赴くであろう」だけにかかるという解釈が生じるのは当然であろう。つまり、〝もしも、彼等に私が『法華経』を説いたとすれば、彼等は『法華経』を誹謗して、その誹謗という罪の報いとして、未来世には地獄に落ちるであろう〟というのが、この「方便品」第一四二偈の趣旨であると考えられるのである。

では、「方便品」第一四一偈・第一四二偈〔423〕に登場するⓒ〝真の声聞〟たちが、『法華経』を聞かないとすれば、つまり、釈迦仏は彼等には『法華経』を説かないとすれば、釈迦仏は誰に対して『法華経』を説くのであろうか。それを説明するものが、直後に置かれる、次のような「方便品」第一四三偈なのである。

〔429〕 lajjī śucī[415] ye ca bhavanti sattvāḥ[416] ye prasthitā uttamam agrabodhim /

viśārado bhūtva vademi teṣām ekasya yānasya anantavarṇān // [II v.143] (K, 59,1-2)

〔430〕仮使有人、慚愧清浄、発心志願、求尊仏道、
聞大覚乗、無量之徳、諸仏聖明、則現目前。(『正法華』七三上一八—二〇)

〔431〕有慚愧清浄、志求仏道者、当為如是等、広讃一乗道。(『妙法華』一〇中一三—一四)

㉖しかるに、一方で、誰であれ(ye)、慚愧をもち(lajjin)、清らかな(śuci)衆生(sattva)たちがいる(bhavanti)。
誰であれ(ye)、最高の、最勝の菩提(agra-bodhi)を求めて発趣した(prasthita)衆生たちがいる。私は、無所畏(viśārada)となって、彼等に(teṣām)、一乗(eka-yāna)の無限の称讃を語るのである(vademi)。

まず、この偈には、いくつかのテキスト上の問題がある。即ち、まず第一句の"bhavanti"については、"bhaveyu"と読む写本も、"bhavanti"と読む写本も、いずれも複数存在する。B・P1・P2・T2・N3の諸本は"bhavanti"と読むのに対し、G1・G2・O・T3・T4等の写本は"bhaveyu"という読みを示し、K本はこれを採用している。しかし、この"bhaveyu"という読みは、直前の第一四二偈で"bhrameyu""vrajeyuḥ"というoptativeの形が用いられたことに影響されたものではないかという疑問がある。その第一四二偈では、"anāgate 'dhvāni"「未来世に」と言われたように、未来に起るであろう事態に関する予測、あるいは仮定された事態に関する予測が示されるのであるから、optativeが用いられることに意味があるであろうが、この第一四三偈は、第三句に"vademi"という現在形があるように、基本的に現在について語るものと思われるから、"bhaveyu"というoptativeよりも、"bhavanti"という現在形が相応しいように思われる。また、この「方便品」第一四三偈で"bhavanti"という読みを採用することによって、次に示すように、「方便品」第一四一偈〔423〕との対比が明確になるであろう。

㋐ kṣudrāś ca duṣṭāś ca bhavanti sattvāḥ [II, v.141b]

㋑ lajjī śucī ye ca bhavanti sattvāḥ [II, v.143a]

即ち、以上の㋐㋑のいずれにも"bhavanti sattvāḥ"という表現が含まれることになり、二つの偈が明確に対比される

ことになるのである。また、この㋐と㋑において、“sattva”にかかる“duṣṭa”「汚れた」と“śuci”「清らかな」という二つの形容詞も、㋐と㋑の対比・対立を明示するために、いわば反対語として用いられたのではないかと思われる。従って、このように、二つの偈、あるいは㋐と㋑の対比・対立を理解するとき、㋑においては、㋐と同様に、“bhavanti”という語が相応しいと思われるので、まずこの個所については、“bhaveyu”ではなく“bhavanti”という読みを採用しておきたい。

次に問題となるのは、第一四三偈第二句の“ye prasthitā”であって、ここも“ye prasthitā”と読む写本と、“saṃprasthitā”と読む写本が、いずれも複数存在している。K′本・G2本・B本等は“ye prasthitā”という読みを示し、O本も“ye prāsthitā”という読みを示しているが、K本はC1本・T8本等の“saṃprasthitā”という読みを採用している。しかし、チベット訳には“gaṅ dag byaṅ chub dam pa mchog shugs pa”（P, chu,27b8）とあるので、K′本に“ye prasthitā”とあることをも理由として、W本（W, p.58, n.1）では“ye prasthitā”の読みが採用されている。

では、“ye prasthitā”と読む場合と、“saṃprasthitā”と読む場合とでは、文意にどのような違いが生じるかといえば、後者の場合、そこには、漢訳によっても示されるように、一種類の衆生だけが言及されていると考えられるが、前者の場合、ここには、“ye … ye …”という形で、二種の衆生が言及されているということになるのである。この二種の衆生とは、言うまでもなく、私が、「方便品」第五三偈の“ime ca te śrāvaka nāyakasya”という表現に関する論究以来指摘してきた〝二種の菩薩〟であって、つまり、ⓐ〝真の菩薩〟〔直往菩薩〕とⓑ〝仮りの声聞〟＝〝実は菩薩〟〔廻小入大菩薩〕のことを言うのである。このⓐとⓑという〝二種の菩薩〟が、「方便品」の第七五偈・第七六偈〔390〕にも、第一二八偈・第一二九偈〔395〕にも、第一四〇偈〔420〕にも、説かれていたことは、すでに見た通りである。しかも、その多くが“ye … yehi …”（II, v.75, v.76）とか、“ye … yehī …”（II, v.128, v.129）とか、“ye … ye …”（II, v.140）というように、“yad”という関係代名詞の複数形を二回使う形で説かれてきたのである。とすれば、この第一四三偈〔429〕でも、“ye … ye …”という読みが認められるとすれば、そこには、上述の〝二種の菩薩〟が区別されて言及されていると考えるのは、極めて自然であろう。

しかるに、その場合、第二句の“ye prasthitā uttamam agrabodhim”という表現が、ⓐ〝真の菩薩〟〔直往菩薩〕を意味していることは明らかであって、この全く同じ表現が〔395〕の「方便品」第一二八偈第三句でも、ⓐ〝真の菩薩〟を意味するために用いられていたのである。しかも、その〔395〕では、そのⓐ〝真の菩薩〟は第一二九偈第三句の“yehī śruto dharma jināna āsīt”という表現によって示されるⓑ〝仮りの声聞〟＝〝実は菩薩〟〔廻小入大菩薩〕との対比において述べられていたのである。とすれば、「方便品」第一四三偈第一句の“lajjī śuci ye ca bhavanti sattvāḥ”という表現は、ⓑ〝仮りの声聞〟＝〝実は菩薩〟について述べたものではないかということが、当然考えられるのである。

しかし、この結論に至るためには、そこで“sattva”を形容している“lajjin”と“śuci”という二つの形容詞に対する充分な検討が必要であろう。そこで、まず“śuci”について言えば、すでに前述の㋐と㋑の対比で示したように、この語が第一四一偈の“duṣṭa”との対比において言われたことは明らかであろう。“duṣṭa”はⓒ〝真の声聞〟について述べられた形容詞と考えられるから、“śuci”は、ⓑ〝仮りの声聞〟＝〝実は菩薩〟か、ⓐ〝真の菩薩〟か、またはその両者ⓐⓑを形容する語として、この第一四三偈で用いられていると考えられる。しかるに、“śuci”という語は、〔384〕の「方便品」第五〇偈でも用いられているが、そこでは、“śuci”は、ⓒ〝真の声聞〟と区別されたものとしての〝菩薩〟を形容する語であって、それがⓐ〝真の菩薩〟を形容しているのか、それとも、ⓑ〝仮りの声聞〟＝〝実は菩薩〟を形容しているのか、その両者であるのか、必ずしも明らかではない。従って、第五〇偈の“śuci”の用例にもとづいて、「方便品」第一四三偈第一句の“lajjī śuci ye ca bhavanti sattvāḥ”が、第二句の“ye prasthitā uttamam agrabodhim”と同様、ⓐ〝真の菩薩〟を指すのか、ⓑ〝仮りの声聞〟＝〝実は菩薩〟を指すのか決定することはできないと思われる。

そこで、第一四三偈第一句におけるもう一つの形容詞である“lajjin”「慚愧をもつ」について考えてみよう。これは、両漢訳で「慚愧」と訳されるのであるから、〝恥じる〟、〝恥ずかしく思う〟というような意味であろう。[417] しかるに、そうであるとすれば、その“lajjin”という語は、ⓐ〝真の菩薩〟の形容詞として相応しいであろうか。つまり、〝真の菩薩〟であるならば、〝恥じる〟必要はないのではなかろうか。〝恥じる〟というのは、自らの過去の過失・欠点を自覚して、それを悔いるという意味であると思われる。とすれば、"lajjin"という形容詞は、ⓐ〝真の菩薩〟よりも、ⓑ〝廻小入大〟する〝仮りの声聞〟＝〝実は菩薩〟の方にこそ、適合するものではなかろうか。

即ち、かつては〝声聞〟であったものが〝菩薩〟になるということを、第一四三偈〔429〕第一句で"lajjin"になり"śuci"になると表現したと見るのである。従って、私は、「方便品」第一四三偈第一句の"lajjī śucī ye ca bhavanti sattvāḥ"は、ⓑ〝仮りの声聞〟＝〝実は菩薩〟〔廻小入大菩薩〕について述べたものであると考えたい。ということは、当然、第二句の読みは"saṃprasthitā ..."ではなく"ye prasthitā ..."であると想定されるのであって、従って、ここにも"ye ... ye ..."という形式で、ⓑ〝仮りの声聞〟＝〝実は菩薩〟〔廻小入大菩薩〕とⓐ〝真の菩薩〟〔直往菩薩〕の二者が並置されていると考えられるのである。[418]

しかるに、第一四三偈後半では、"teṣām"「彼等に」〝私は無所畏となって一乗を説く〟という趣旨が説かれているが、ここで"teṣām"「彼等に」とは、第一句の"ye"と第二句の"ye"、つまり、ⓑ〝仮りの声聞〟＝〝実は菩薩〟〔廻小入大菩薩〕とⓐ〝真の菩薩〟〔直往菩薩〕の両者を指していることは、明らかであろう。しかるに、もし第一四三偈の第一句にⓑの〝仮りの声聞〟〔廻小入大菩薩〕が言及されておらず、その第一句にも第二句にも、ⓐ〝真の菩薩〟〔直往菩薩〕のことしか述べられていないとすれば、〝『法華経』はⓐ〝真の菩薩〟〔直往菩薩〕だけに説かれる〟という不合理が生じるであろう。というのも、吉蔵の『法華遊意』には、〔398〕に続けて、

〔432〕自昔以来、為直往菩薩、説菩薩行。今欲為廻小入大菩薩、説菩薩行、故説是経。〔大正三四、六三三下二一―二三〕

と言われるように、[419]『法華経』は、シャーリプトラのようなⓑ〝仮りの声聞〟＝〝実は菩薩〟〔廻小入大菩薩〕のために説かれたと考えられるのであって、ⓐ〝真の菩薩〟〔直往菩薩〕に『法華経』が説かれることには、重要な意義は認められないのである。従って、この点からも、「方便品」第一四三偈第一句では、ⓑ〝仮りの声聞〟＝〝実は菩薩〟が言及さ

れていると考えられる。

苅谷博士は、この第一四三偈について、「これは甚しい選民思想、ひいては差別思想だとさえ言えよう[420]」と評されたが、これは博士が、この偈にⓐ〝真の菩薩〟だけが言及され、ⓑ〝仮りの声聞〟のことは述べられていないと考えられたからであろう。この点は、この第一四三偈前半に対する「最上なる最高の菩提に発趣し、恥を知り、清浄である衆生が」〔後出(257)〕という博士の訳文によって示されている。しかし、この偈の第一句に、シャーリプトラのようなⓑ〝仮りの声聞〟が言及されているという解釈が採用されたならば、博士がこの偈の内容を「選民思想」とか「差別思想」とか呼ばれることもなかったであろう。ただし、私は、「方便品」や「譬喩品」の偈の思想的立場は、一貫して「選民思想」であり「差別思想」であると考えている。というのも、「方便品」第一四三偈〔(429)〕にも述べられている通り、その偈の思想的立場では、『法華経』はⓑ〝仮りの声聞〟＝〝実は菩薩〟〔廻小入大菩薩〕とⓐ〝真の菩薩〟〔直往菩薩〕だけに説かれるのであって、ⓒ〝真の声聞〟には決して説かれることはないとされているのであるから、彼等は『法華経』の〝聞法〟にもとづく〝成仏〟の可能性から永久に排除されているからである。

なお、「方便品」第一四三偈は、そこに"viśārada"という語が用いられていることから見ても、次のような「方便品」第一三二偈〔(395)〕と趣旨が一致していることは明らかである。

viśāradaś cāhu tadā prahṛṣṭaḥ saṃlīyanāṃ sarva vivarjayitvā /
bhāṣāmi madhye sugatātmajānāṃ tāṃś caiva bodhāya samādapemi // (II, v.132)

すると、ここで"bhāṣāmi"と言われたことが、第一四三偈では"vademi"と述べられ、ここで"sugatātmajānāṃ"「善逝の息子たちに」と言われたことが、第一四三偈では"teṣām"と述べられたと考えられる。この第一三二偈には、第一四三偈のように、ⓑとⓐという〝二種の菩薩〟の並置は説かれてはいないが、そこでも"sugatātmaja"「善逝の息子たち」というのは、すでに論じたように、直前の第一三一偈第四句の"bodhisattvāḥ"「菩薩たち」と同様に、第一三一偈第二句・第三句で"bālabuddhināṃ adhimānaprāptāna"という語によって表現されたⓒ〝真の声聞〟とは区別された存在としての〝菩薩たち〟つまり、ⓐ〝真の菩薩〟とⓑ〝仮りの声聞〟＝〝実は菩薩〟という〝二種の菩薩〟を意味しているであろう。

かくして、「方便品」第一四二偈で〝śrutvā〟「聞いて」等の語によって表現されたⓒ〝真の声聞〟は『法華経』を聞くか否か、〝聞法〟するかしないかという問題に立ち返れば、彼等以外の〝二種の菩薩〟〔ⓐⓑ〕にしか『法華経』は説かれないので、ⓒ〝真の声聞〟は決して〝聞法〟することはないという答えが、結論として導かれるのである。

なお、O本では、第一四三偈第三句について、〝viśāradas teṣa bhaṇesi saṃmukha[m]〟(64a1)「無所畏となり、彼等の面前で（saṃmukham）あなたは唱えるべきである」という異読を示しており、この〝saṃmukham〟が『正法華』〔430〕末尾の「目前」に一致することが、渡辺博士によって注意されている。[421] しかるに、この〝saṃmukham〟「面前で」という読みが本来のテキストに存在したかどうかは確定できないものの、この異読の存在は重要であろう。というのも、これは「方便品」第一四三偈が、〝未来世〟における〝説法〟についてではなく、〝現在世〟における〝説法〟について語っていることを示していると思われるからである。何故なら、仏滅後の〝未来世〟に衆生たちの「面前で」釈迦仏の〝説法〟がなされるということは、ありえないと思われるからである。

従って、論旨は「方便品」第一三九偈〔(420)〕第四句の〝na śrāvakāḥ kecid ihāsti mahyam〟から連続しているのであって、この句では、釈迦仏の会衆にⓒ〝真の声聞〟がいないことが示され、次の第一四〇偈〔(420)〕では〝ye cāpime śrāvaka〟と言われるⓑ〝仮りの声聞〟と〝ye bodhisattvāś〟と言われるⓐ〝真の菩薩〟という〝二種の菩薩〟だけに『法華経』が説かれることが述べられる。更に〝kiṃ kāraṇam〟から始まる第一四一偈・第一四二偈〔423〕では、何故ⓒ〝真の声聞〟に『法華経』が説かれないかという理由が示されるが、その内、第一四一偈ではⓒ〝真の声聞〟とはどのような衆生であるかが説かれ、第一四二偈では彼等に『法華経』が説かれない理由そのものが述べられたと考えられる。即ち、その理由とは、〝彼等に、もしも『法華経』が説かれるとしたならば、彼等はそれを誹謗して、未来世に地獄に落ちるであろうから、彼等には『法華経』を説かない〟というのである。そして、再び第一四三偈〔429〕では、これとは反対に、〝釈迦仏は、ⓑ〝仮りの声聞〟＝〝実は菩薩〟〔廻小入大菩薩〕と、ⓐ〝真の菩薩〟〔直往菩薩〕という〝二種の菩薩〟だけに、自信をもって『法華経』を説く〟と言われるのである。

従って、これは、すべて釈迦仏の〝現在世〟の〝説法〟の対機と非機について述べたものであって、この一連の論旨を把握することなく、第一四二偈第三句にある“anāgate ’dhvāni”「未来世において」という語によって、第一四三偈では〝未来世〟における〝説法〟について述べられていると見るのは、適切ではないであろう。即ち、苅谷博士は、第一四三偈を、

㉕7最上なる最高の菩提に発趣し、恥を知り、清浄である衆生が（未来世にも）あるであろう。彼らに対しては畏れることなく（自信をもって）、この一乗について無限の称讃を語るべし。（『一仏乗』一九五頁一七—一八行）

と訳されるのであるが、ここで、「未来世にも」という補いにも、また、“bhavanti”ではなく“bhaveyu”という読みを採用して、これを訳したと思われる「あるであろう」という訳語にも、私は賛同できないのである。また、ここに「語るべし」とあるのは、K本の“vademi”ではなく、K′本やG2本等にある“vadeta”という読みを採用したものだと思われるが、もしもこの読みに従い、第一四三偈で「語るべし」と言われたとすれば、これは釈迦仏がシャーリプトラ等に対して、「語るべし」と述べていることになるが、そのような趣旨は、直後に来る第一四四偈〔(433)〕第一句の“etādṛśī deśana nāyakānām”「このようなものが、導師（nāyaka）たちの説示である」という言葉と適合しないであろう。というのも、シャーリプトラは“nāyaka”、つまり、仏陀ではないからである。

また、すでに言及した「方便品」第一三二偈〔(395)〕と第一四三偈〔(429)〕の趣旨と表現の一致も、成立しなくなるであろう。というのも、その第一三二偈には“viśāradaś” “bhāṣāmi” “sugatātmajānām”とあるが、これと第一四三偈の“viśārado” “vademi” “teṣām”はピタリと一致しているからである。もしも、第一四三偈について、“vadeta”「語るべし」や“bhaṇesi”「あなたは唱えるべきである」という読みが採用されるならば、第一四三偈の“viśārado bhūtva”は、釈迦仏ではなくシャーリプトラ等が「無所畏になる」ことを言っているということになってしまい、第一三二偈との趣旨の一致

は完全に崩れてしまうであろう。従って、渡辺博士のように、[422]“vadeta”という異読を採用することは困難であると思われる。

では、次に第一四三偈の後に続く二偈、つまり、「方便品」最後の二偈である第一四四偈と第一四五偈について考察しよう。それは、次の通りである。

〔433〕etādṛśī deśana nāyakānām upāyakauśalyam idaṃ variṣṭham /
bahūhi[423] saṃdhāvacanehi coktaṃ durbodhyam etaṃ hi aśikṣitehi // [II, v.144]
tasmād dhi saṃdhāvacanaṃ vijāniyā buddhāna lokācariyāṇa tāyinām /
jahitva kāṅkṣām vijahitva saṃśayaṃ bhaviṣyathā buddha janetha harṣam // [II, v.145]（K, 59,3-6）

〔434〕衆猛尊導、講法如是、善権方便、億百千姟、
分別無数、無復想念、其不学者、不能暁了。〔第一四四偈〕
由是之故、了正真言、正覚出世、順修明哲、
断諸狐疑、蠲除猶豫、能志欣勇、咸至仏道。〔第一四五偈〕（『正法華』七三上二一―二六）

〔435〕舎利弗当知、諸仏法如是、以万億方便、随宜而説法、其不習学者、不能暁了此。〔第一四四偈〕
汝等既已知、諸仏世之師、随宜方便事、無復諸疑惑、心生大歓喜、自知当作仏。〔第一四五偈〕
（『妙法華』一〇中一五―二〇）

(258)このようなもの（etādṛśa）が、導師（nāyaka）たちの説示（deśanā）である。これが最も優れた方便善巧（upāya-kauśalya）である。また、多くの密意語（saṃdhā-vacana）によって説かれている。というのも、これ（etaṃ）〔A〕は、学ばなかったもの（aśikṣita）たちにとっては、悟るのが難しい（durbodhya）からである。〔第一四四偈〕
それ故に、あなたたちは、世間の師であり救護者である仏陀たちの密意語（saṃdhā-vacana）〔A〕を知り、疑い（kaṅkṣā）を捨て、疑問（saṃśaya）を捨ててから、仏陀（buddha）になるであろう（bhaviṣyathā）。歓喜（harṣa）を

生じなさい。〔第一四五偈〕

ここで、まず“etādṛśa”「このようなもの」というのは、第一四四偈よりも前の偈の所説を指しているのであって、要するに、『法華経』はⓑ〝仮りの声聞〟＝〝実は菩薩〟〔廻小入大菩薩〕とⓐ〝真の菩薩〟〔直往菩薩〕という〝二種の菩薩〟だけに説かれるのであって、ⓒ〝真の声聞〟には説かれないということを言っているものと思われる。そして、このような〝説法〟の仕方を、第二句では「最も優れた方便善巧」と呼んでいるのであろう。

次に、第一四四偈の第三句・第四句の“bahūhi saṃdhāvacanehi coktaṃ durbodhyam etaṃ hi aśikṣitehi”が「方便品」散文部分の冒頭部分にある〔59〕〔68〕の二つの文章、つまり、

ⓘ gambhīraṃ śāriputra durdṛśaṃ duranubodhaṃ buddhajñānaṃ ... durvijñeyaṃ sarvaśrāvakapratyekabuddhaiḥ /（〔59〕）

ⓘⓘ durvijñeyaṃ śāriputra saṃdhābhāṣyaṃ（〔68〕）

という二つの文章を踏えて形成されていることは明らかであろうが、しかし、この第一四四偈には、散文部分〔59〕〔68〕の所説からの大きな径庭が認められる。即ち、まず、ここには“saṃdhā-vacana”という特殊な用語が認められるが、これについては、苅谷博士は、次のように論じておられる。

> (259) ここには、法華〈仏乗〉を讃嘆するあまりか、法華〈仏乗〉あるいは『法華経』を指して saṁdhā-vacana〔密意語〕であるとされている。この saṁdhā-vacana という語は、『法華経』にあってはこの二偈にのみあるものであり、一見したところ、しばしば出てくる saṁdhā-bhāṣya 又は saṁdhā-bhāṣita〔仏のある意図をもって語られる所、乃至語られたもの〕と同義語のように見えるが、しかし、すでに明らかにし、又これからも言及するように、本来の『法華経』にあっては、saṁdhā-bhāṣya〔saṁdhā-bhāṣita〕は、仏の〈巧みな方法〉によって説かれたところの、即ち仏智から展開したところの三乗の教法を指して言われているのであって、決して法華〈仏乗〉を指す言葉としては用いられていないのである。（『一仏乗』一九六―一九七頁）〔傍線＝松本〕

ここで、まず“saṃdhā-vacana”という語が、『法華経』において、この二偈にしか用いられないというのは、博士

の指摘された通りであるから、これはかなり特異な語であると考えられる。では、「方便品」散文部分〔68〕に用いられた“saṃdhā-bhāṣya”という語は、「方便品」の偈の部分に用いられるかというと、これはすでに見た〔354〕の第二三偈に一度だけ用いられている。ただし、この偈はślokaで書かれた部分に属するので、「方便品」の偈について言えば、ślokaで書かれた部分では、散文部分〔68〕に一致する“saṃdhā-bhāṣya”という語が用いられ、これに対して、大多数を占めるtriṣṭubhで書かれた部分の〔433〕では“saṃdhā-vacana”が用いられたという相違が認められる。

しかるに、前掲の(259)で苅谷博士は、“saṃdhā-bhāṣya”について、「仏の〈巧みな方法〉によって説かれたところの、即ち仏智から展開したところの三乗の教法を指して言われているのであって、決して法華〈仏乗〉を指す言葉としては用いられていない」と言われるが、この見解に私は賛同することはできない。「方便品」散文部分〔68〕の“saṃdhā-bhāṣya”については、すでに論じたが、私は基本的に“saṃdhā-bhāṣya”が「言葉」を意味するとは考えないのである。つまり、〝何等かのもの x を意図して言葉が説かれるときの、その x〟が“saṃdhā-bhāṣya”であると見るのである。その場合、“-bhāṣya”は「言葉」ではなくて「説かれるもの」を意味するであろう。では、〔68〕において、“saṃdhā-bhāṣya”とは、具体的には何を指すのか、つまり、x とは何かと言えば、それは前掲の(i)と(ii)、即ち、〔59〕と〔68〕の二つの文章を対照することによって自ずから明らかであろう。つまり、“durvijñeya”という形容詞が、(ii)の“saṃdhā-bhāṣya”に関しても、(i)の“buddha-jñāna”に関しても、用いられていることから、(ii)の“saṃdhā-bhāṣya”とは、(i)の“buddha-jñāna”を意味することが知られるのである。従って、次の等式が成立する。

buddha-jñāna = saṃdhā-bhāṣya〔A〕

それ故、(259)の苅谷博士の表現に即して言えば、“saṃdhā-bhāṣya”とは「仏智」＝「仏乗」を指す言葉であって、「仏智から展開したところの三乗の教法」を指す語ではないと思われる。しかるに、「方便品」第一四四偈・第一四五偈に用いられる“saṃdhā-vacana”は、“-vacana”であるから、「説かれるもの」ではなくて、明らかに「言葉」を意味している。第一四五偈の単数の“saṃdhā-vacana”を『正法華』〔434〕が「真言」と訳しているのは、おそらく、この語を

〝秘密の言葉〟と解したためであろう。

また、第一四四偈の“bahūhi saṃdhāvacanehi”という複数具格の表現は、「方便品」散文部分〔68〕の“vividhopāya-kauśalyajñānadarśanahetukāraṇanidarśanārambaṇaniruktiprajñaptibhis”という複数具格の表現を踏えたものであろう。つまり、“bahūhi saṃdhāvacanehi”において、“saṃdhā-vacana”は〝方便としての様々な言葉〟というニュアンスを有しているのである。従って、この第三句の“bahūhi saṃdhāvacanehi”は、直前の第二句で“upāyakauśalyam idaṃ”「方便善巧」が説かれた後に、その内容を補うような形で置かれているものと思われる。

これに対して、第一四五偈に用いられる“saṃdhā-vacana”は単数形であって、これはおそらく、「方便品」散文部分〔68〕の“saṃdhā-bhāṣya”〔A〕と同じ意味合いを担わされて用いられていると思われる。つまり、ここにおいて“saṃdhā-vacana”は、奇妙なことであるが、「言葉」ではなくて“buddha-jñāna”〔A〕を指す“saṃdhā-bhāṣya”の代りに、いわばその同義語として用いられていると考えられるのである。さもなければ、つまり、そこで“saṃdhā-vacana”が、〔68〕の“saṃdhā-bhāṣya”と同様に“buddha-jñāna”〔A〕を意味しないとすれば、〝saṃdhā-vacanaを知り、疑いを捨て、仏陀になるであろう〟という文章の論旨が成立しないであろう。つまり、ここで“saṃdhā-vacana”とは〝それを知ることによって、成仏することができるもの〟と考えられているのであり、「仏智」、あるいは、『法華経』そのものを指していると考えられる。

では、ここで再び第一四四偈第四句の“durbodhyam etaṃ hi aśikṣitehi”について考えてみよう。まず“durbodhya”というのは、前掲の「方便品」散文部分〔59〕に見られるⓘの文章で“buddha-jñāna”の形容詞として用いられる“duranubodha”と同義であると考えられるから、ここで“etaṃ”も“buddha-jñāna”〔A〕を指すと見るべきであろう。この“etaṃ”「これ」は“durbodhyam ... aśikṣitehi ...”「学ばなかったものたちにとっては、悟るのが難しい」と言われるが、この表現が前掲のⓘの文章の“duranubodhaṃ buddhajñānaṃ ... durvijñeyaṃ sarvaśrāvakapratyekabuddhaiḥ”を踏まえていることは明らかであろう。従って、“aśikṣita”とは“śrāvaka-pratyekabuddha”つまり、〝声聞〟と〝独覚〟を指すと考えられるが、〝独覚〟は「方便品」偈において、殆ど言及されることのない実体のない存在であるから、第一四四偈において、“aśikṣita”とは〝声聞〟、つまり、ⓒ〝真の声聞〟を指すと考えられる。

実際、「譬喩品」第二七偈では、シャーリプトラが未来世に成仏したときのパドマプラバ Padmaprabha 如来の仏国土である離垢（Viraja）世界にいる多数の菩薩は、“ye śikṣitā buddhaśateṣu caryām”（K, 68,6）「幾百もの仏陀のもとで、行（caryā）を学んだもの（śikṣita）」と言われているのである。つまり、“śikṣita”「学んだもの」とは、過去世に“caryā”「行」、即ち、“bodhisattva-caryā”「菩薩行」を学んだ〝菩薩〟を意味するのである。従って、パドマプラバ如来の離垢世界にいるのは、ⓐ〝真の菩薩〟〔直往菩薩〕であると思われるから、“śikṣita”「学んだもの」とは、まずはⓐ〝真の菩薩〟を指す語であると考えられる。

では、ⓑ〝仮りの声聞〟＝〝実は菩薩〟〔廻小入大菩薩〕は「学んだもの」と言われないのかと言えば、そうではない。というのも、「譬喩品」〔181〕ⓑで、釈迦仏がシャーリプトラに対し、〝あなたは実は菩薩である〟という“rahasya”「秘密」を明したときの言葉には、“mama ca tvaṃ śāriputra dīrgharātram anuśikṣito 'bhūt”「また、シャーリプトラよ、あなたは長い期間、私に従って学んできた（anuśikṣita）」という一文が含まれているからである。従って、シャーリプトラのようなⓑ〝仮りの声聞〟＝〝実は菩薩〟〔廻小入大菩薩〕も、「学んだもの」と言われるのである。というよりも、むしろ、「譬喩品」散文部分がその偈よりも前に成立したことを考慮すれば、彼等ⓑの方が、ⓒ〝真の声聞〟よりも先に“anuśikṣita”「学んだもの」と呼ばれたとも言えるであろう。すると、「方便品」第一四四偈の“aśikṣita”「学ばなかったもの」とは、「方便品」偈に説かれる〝三種の衆生〟の内、ⓐでもⓑでもないもの、つまり、ⓒの〝真の声聞〟であるということが理解されるのである。

従って、第一四四偈の第四句の“durbodhyam etaṃ hi aśikṣitehi”では、“etaṃ”「これ」と言われている“buddha-jñāna”「仏智」〔A〕が、そのⓒ〝真の声聞〟たちにとっては“durbodhya”「悟るのが難しい」と言われていると考えられる。

しかし、上述したように、ⓒ〝真の声聞〟には決して『法華経』は説かれないというのが、「方便品」偈の一貫した立場であるから、ⓒ〝真の声聞〟たちは、「仏智」〔A〕を「悟るのが難しい」のではなくて、〝悟ることができない〟と見るべきではなかろうか。実際、例えば〔327〕の「方便品」第九偈（triṣṭubh）の第四句には、〝声聞〟について"sugatasya jñānaṃ na hi śakya jānitum"「彼等は、善逝の智（jñāna）を知ることはできない」と言われているのである。従って、第一四四偈の"durbodhyam"について言えば、これは「方便品」散文部分〔59〕のⓘの"duranubodhaṃ buddhajñānam"という文中の"duranubodhaṃ"という語を単に表現として踏襲しただけであって、この偈の作者の本音は、〝悟るのが難しい〟ではなく〝悟ることはできない〟と述べることにあったと考えられる。実際、『正法華』〔434〕と『妙法華』〔435〕に見られる「不能暁了」という訳語も、"durbodhya"を〝悟ることはできない〟と解する解釈を示しているのである。これは正確な訳ではないが、しかし、ⓒ〝真の声聞は「仏智」を知ることはできない〟という「方便品」偈の作者の一貫した立場を正確に把えた翻訳であると言えるであろう。

さて、「方便品」最後の偈である第一四五偈において、単数形の"saṃdhā-vacana"は"buddha-jñāna"〔A〕を意味する"saṃdhā-bhāṣya"と同様の意味合いにおいて使用されているということは、すでに述べた通りである。従って、そこでは、"saṃdhā-vacana"＝"saṃdhā-bhāṣya"＝"buddha-jñāna"〔A〕であり、それはまた、『法華経』そのものを指すと考えられる。つまり、ここで〝あなたたちは、"saṃdhā-vacana"を知って仏陀になるであろう〟と言われている以上、ここでも、『法華経』の〝聞法〟による〝成仏〟が説かれていると考えられる。では、そこで『法華経』を〝聞法〟するのは誰か、〝成仏〟するのは誰かと言えば、それは「あなたたち」であると言われている。この「あなたたち」とは、言うまでもなく、シャーリプトラ等の〝声聞〟、即ち、ⓑ〝仮りの声聞〟＝〝実は菩薩〟〔廻小入大菩薩〕を指すのである。つまり、ここにⓐ〝真の菩薩〟のことは言及されていない。この点は、ここに述べられる"kāṅkṣā""saṃśaya"の捨離という観念が、ⓑ〝仮りの声聞〟のみに相応しいものであり、ⓐ〝真の菩薩〟には適合しないことからも、理解されるであろう。従って、彼等ⓑ〝仮りの声聞〟＝〝実は菩薩〟〔廻小入大菩薩〕にこそ『法華経』は説かれ、それを聞いて彼等は成仏するという考え方が、ここに認められるのである。これは正に『法華遊意』〔432〕で『法華経』の対機が「今欲為廻小入大菩薩、説菩薩行、故説是経」と説明される通りなのである。

以上で、「方便品」の偈の部分のうち、〝釈迦仏章〟(II, vv.108-145) の概観を一応終了した。苅谷博士は、この〝釈迦仏章〟のうち第一三五偈以降を「後分」、つまり、後代の付加であると主張されたが、すでに述べたように、この主張に従うことはできない。この部分に含まれる第一三九偈第四句の〝na śrāvakāḥ kecid ihāsti mahyam〟「私にとって、ここには、いかなる声聞も存在しない」という言明も、ⓒ〝真の声聞〟が〝増上慢〟の故に、もはや退出して釈迦仏の会衆にはいないことを言うものであり、第一三四偈以前の所説と何等矛盾するものではないからである。

さて、私が「方便品」偈〝釈迦仏章〟の概観を開始したのは、本来〔387〕の「方便品」第五三偈第一句の〝ime ca te śrāvaka nāyakasya〟という表現には、〝菩薩〟たちと〝聞法する声聞〟たちが並置されていて、ここで〝ime〟とは「これらの菩薩たち」を意味するという私見の妥当性を論証するためであった。しかるに、以上の考察によって、この〝菩薩〟と〝聞法する声聞〟の並置は、「方便品」の第七五偈・第七六偈〔390〕、第一二八偈・第一二九偈〔〔395〕〕、第一三三偈〔〔395〕〕、第一四〇偈〔〔420〕〕、そして第一四三偈〔429〕にも認められることが明らかにされた。

また、そこで並置される二者は、ⓐ〝真の菩薩〟〔直往菩薩〕と、シャーリプトラのようなⓑ〝仮りの声聞〟＝〝実は菩薩〟〔廻小入大菩薩〕という〝二種の菩薩〟であると見なされるべきであることが示された。更に、これに関連して、『法華経』はこのⓐⓑという〝二種の菩薩〟だけに説かれるものであって、ⓒ〝真の声聞〟には決して説かれないとされるから、そこには〝菩薩（大乗）だけが成仏できるが、真の声聞（小乗）は決して成仏できない〟という〝大乗主義〟にもとづく〝一分不成仏説〟が、「方便品」偈の基本的立場として述べられていることも、論証されたであろう。

このような観点から見るとき、〔387〕の「方便品」第五三偈第一句の〝ime ca te śrāvaka nāyakasya〟に、ⓐ〝真の菩薩〟とⓑ〝仮りの声聞〟が並置されていると把え、〝ime〟は「こられの菩薩たち」を意味すると解するのは、決して不自然ではないであろう。すでに述べたように、羅什は『妙法華』〔389〕で、この句について「声聞若菩薩」という訳を与えたのであるが、これは私見と同様、〝ime〟を「これらの菩薩たち」と読解したためではないかと思われる。

しかるに、このような解釈に対しては、次のような反論がありうるであろう。それは、即ち、ⓐ〝真の菩薩〟とⓑ〝仮りの声聞〟という〝二種の菩薩〟が「方便品」偈で並置される場合、“ye ... ye[hi]...”というように、関係代名詞の“yad”の複数形を二回繰返す形式が採られるのが普通であるが、〔387〕の「方便品」第五三偈には“yehi śrutam”という形で、“yad”の複数形は一度しか使用されていないので、そこにⓐⓑという〝二種の菩薩〟の並置はなされていないのではないかというものである。

確かに、“yad”の複数形を二回繰返す形式は、〝二種の菩薩〟を並置する第七五偈・第七六偈〔390〕、第一二八偈・第一二九偈〔〔395〕〕、第一四〇偈〔〔420〕〕、第一四三偈〔429〕で採用されているにもかかわらず、第五三偈には認められない。しかし、明確にⓐ〝真の菩薩〟とⓑ〝仮りの声聞〟＝〝実は菩薩〟という〝二種の菩薩〟を並置しているにもかかわらず、“yad”の複数形を二回繰返す形式を採らない偈も、「方便品」には存在するのであり、それが第三七偈だったのである。この偈については、すでに〔366〕でテキストを示したが、そのテキストを次に再度掲げておこう。

asmādṛśā dvādaśime śatāś ca ye cānyi prārthentiha agrabodhim /
tān paśyamānaḥ sugataḥ prabhāṣatām teṣām ca harṣam paramam janetu // [II, v.37]

ここで“asmādṛśā dvādaśime śatāś”「私たちと同様の、これらの千二百人」が、ⓑ〝仮りの声聞〟＝〝実は菩薩〟〔廻小入大菩薩〕であり、“ye cānyi prārthentiha agrabodhim”「誰であれ（ye）、他の、最勝の菩提を求めているものたち」が、ⓐ〝真の菩薩〟〔直往菩薩〕であると考えられる。つまり、ここにはⓑとⓐという〝二種の菩薩〟が明確に並置されているにもかかわらず、ここでは“yad”の複数形を二回繰返す形式は採用されていない。従って、「方便品」第五三偈についても、そこに“yad”の複数形を二回繰返す形式が用いられていないからという理由で、そこに〝二種の菩薩〟が並置されていないということにはならないであろう。

しかるに、実は右に示した「方便品」第三七偈こそが、「方便品」偈において〝二種の菩薩〟の並置を最初に行った偈であると考えられるが、この〝二種の菩薩〟の並置も、この第三七偈が対応している「方便品」第五段の散文部分〔112〕の所説にもとづいていることは明らかであろう。即ち、そこで“mādṛśānāṃ ... iha parṣadi bahūni śatāni saṃvidyante”「私と同様の、幾百もの多くのものが、この会衆には、存在します」と言われたのが、ⓑ〝仮りの声聞〟つまり〝実は菩薩〟〔廻小入大菩薩〕に相当し、“anyāni ... prāṇiśatāni ... bahūni prāṇiśatasahasrāṇi ... yāni bhagavatā pūrvabhaveṣu paripācitāni”「誰であれ（yāni）、世尊によって、過去の諸の有において成熟させられた……他の（anyāni）、幾百もの多くの生類……幾百千もの多くの生類」というのが、ⓐ〝真の菩薩〟〔直往菩薩〕に相当する。

では、〝二種の菩薩〟という説の真の起源は、「方便品」散文部分〔112〕にあり、そこでは、ⓐとⓑという〝二種の菩薩〟が並置されていたのかと言えば、私はそのようには考えないのである。というのも、〝シャーリプトラは実は菩薩である〟という「譬喩品」散文部分〔181〕に述べられた考え方を前提としなければ、〝二種の菩薩〟説は成立しないと思われるにもかかわらず、「方便品」散文部分には、私見によれば、シャーリプトラを〝実は菩薩である〟とする考え方は未だ説かれていないと考えられるからである。しかるに、この点に関連して、私は、すでに『正法華』〔113〕にもとづいて、「方便品」散文部分〔112〕には、本来“mādṛśānāṃ ... bahūni śatāni saṃvidyante anyāni ca”というテキストは存在していなかったのではないかという推測を提示した。仮りに、この推測が妥当であるとすれば、そこには、本来「私と同様の、幾百もの多くのもの」は言及されていなかったということになり、また、この「私と同様の、幾百もの多くのもの」も、以下に述べられる“prāṇiśatāni ...”と同様に〝菩薩〟であることを示すために用いられたと考えられる“anyāni”「他の」という語も、そこには本来存在しなかったということになるのである。

このようなテキストの訂正や削除が果して妥当であるか否かという問題は別にしても、「方便品」散文部分には、〝シャーリプトラは実は菩薩である〟という考え方は、未だ説かれていなかったという私の基本的理解に変りはない。さもなければ、つまり、この考え方がすでに「方便品」散文部分でも説かれていたとすれば、「譬喩品」散文部分〔181〕で、シャーリプトラについて、〝実は菩薩である〟という“rahasya”「秘密」が初めて明されるということに、意味はなくなってしまうであろうし、また、「方便品」散文部分も、「譬喩品」散文部分と同様に、〝一切皆成〟を説くものではなく、〝菩薩だけが成仏できる〟という〝一分不成仏説〟を説くものとなってしまうであろうが、それは、あまりにも不合理であると思われる。

第一〇章　「方便品」偈の考察（三）

では、最後に、「方便品」散文部分の後に置かれる末尾の偈の部分において、残された重要な問題と思われるものについて考察することにしよう。「方便品」の散文部分の最後の一節である〔169〕の後には、〝そのとき、世尊は、他ならぬこの意味をさらに明らかにするために、次のような偈を説いた〟という継ぎの文章（K, 44,5-6）があり、その後に、第三八偈―第一四五偈が置かれている。この内、第三八偈―第四一偈だけは śloka で書かれ、その後の偈はすべて triṣṭubh で書かれている。śloka で書かれた部分には、〝増上慢の五千人の退出〟のことが説かれていることは、すでに見た通りである。その後に置かれる triṣṭubh で書かれた部分は、勝呂博士によって、①〝諸仏章〟（第四二偈―第七〇偈）、②〝過去仏章〟（第七一偈―第九七偈）、③〝未来仏章〟（第九八偈―第一〇三偈）、④〝現在仏章〟（第一〇四偈―第一〇七偈）、⑤〝釈迦仏章〟（第一〇八偈―第一四五偈）という五章に分科されている。[424]

このうち、まず〝諸仏章〟において重要な意義をもつと思われる第六八偈・第六九偈について考察したい。なお、この偈は、直前に置かれる第六七偈と内容的に対をなしているものであるから、すでに見た第六七偈のテキスト・私訳を以下にまず掲げ、その後に第六八偈・第六九偈のテキスト等を示すことにしたい。

〔274〕 teṣām ahaṃ śārisutā upāyaṃ vadāmi duḥkhasya karotha antam /
duḥkhena saṃpīḍita dṛṣṭva sattvān nirvāṇa tatrāpy upadarśayāmi // [II, v.67]

〔436〕 evaṃ ca bhāṣāmy[425] ahu nityanirvṛtā ādipraśāntā imi sarvadharmāḥ /
caryāṃ ca so pūrayi buddhaputro anāgate 'dhvāni jino bhaviṣyati // [II, v.68]

upāyakauśalya mamaivarūpaṃ yat trīṇi yānāny upadarśayāmi /
ekaṃ tu yānaṃ hi nayaś ca eka ekā ciyaṃ deśana nāyakānām // [II, v.69]（K, 48,11-14）

〔437〕吾所以故、常解滅度、令一切法、皆至寂然、
又復過去、諸仏之子、当来之世、得成最勝。〔第六八偈〕
今我如是、行権方便、各令休息、説三乗教、
其乗有一、亦不非一、大聖世尊、故復説一。〔第六九偈〕（『正法華』七〇下二三―二八）

〔438〕我雖説涅槃、是亦非真滅。諸法従本来、常自寂滅相。仏子行道已、来世得作仏。〔第六八偈〕
我有方便力、開示三乗法、一切諸世尊、皆説一乗道。〔第六九偈〕（『妙法華』八中二四―二八）

(175) シャーリプトラよ、私は、彼等に方便（upāya）を説く。苦を滅ぼせと。苦によって痛めつけられている衆生たちを見て、彼等に（tatra）涅槃（nirvāṇa）を示す（upadarśayāmi）。〔第六七偈〕

(260) また、私は、次のように（evam）語る。「これらの一切法（sarva-dharma）は、常に涅槃していて（nitya-nirvṛta）、本来寂滅している（ādi-praśānta）。そして、その仏子（buddha-putra）は、未来世において、行（caryā）を満たしてから（pūrayi）、勝者（jina）になるであろう」と。〔第六八偈〕
私が三乗を示す（upadarśayāmi）のは、私の方便善巧（upāya-kauśalya）である。しかし、乗（yāna）は一つ（eka）であり、道理（naya）も一つである。また、導師（nāyaka）たちの、この説示（deśanā）も一つである。〔第六九偈〕
まず、ここで問題となるのは、〝三乗〟と〝一乗〟の関係、あるいは〝大乗〟と〝仏乗〟の関係であることは、言うまでもないであろう。この点について、〝大乗〟と〝仏乗〟の区別を力説される苅谷博士は、次のように論じられる。なお、冒頭の「この偈」というのは、第六八偈を指している。

(261) この偈の前半は、前の偈〔67〕における声聞に説かれた涅槃が生死の苦からの脱出のためのものであったのに対比して言われたものであり、その内容は明らかに大乗経典たる『般若経』の空思想を表わしたものである。それ

故、この偈の後半の「仏子」は声聞に対する大乗の菩薩を指しており、全体としてこの偈は三乗中の大乗・菩薩乗を言うものであって、法華〈仏乗〉を表わすものとは決して考えられない。なぜなら、次の偈〔69〕に、

〔69〕このように三乗（trīṇi yānāni）を説くのは私の〈巧みな方法〉なのである。しかし、乗は唯一つである。道理は一つである。又、導師（仏）たちの説示も一つである。

とあって、ここに「三乗」とある故に、これに先立つ偈頌において、声聞、独覚、菩薩の三乗が示されているとしなければならないからである。そして、そのためには、偈〔67〕は小乗・声聞乗を、偈〔68〕は大乗・菩薩乗を述べたものだと解さなくてはならないであろう。（『一仏乗』一六〇頁一〇―一八行）〔傍線＝松本〕

ここで、苅谷博士が述べられたことの殆ど全ての論点に、私は賛成する。即ち、まず「方便品」第六八偈について、博士は「その内容は明らかに大乗経典たる『般若経』の空思想を表わしたものである」と言われたが、これは、第六八偈前半の“nityanirvṛtā ādipraśāntā imi sarvadharmāḥ”という文章によって、「『般若経』の空思想」が表明されたという理解を述べられたものであろう。しかるに、この理解は妥当であると思われる。というのも、私は、この“nityanirvṛtā ādipraśāntā imi sarvadharmāḥ”という文章に正確に一致する表現を、『般若経』の中に指摘することはできないが、これに類似する表現は、『般若経』に認められると考えるからである。即ち、例えば『八千頌般若経』*Aṣṭasāhasrikāprajñāpāramitāsūtra*（AS, Vaidya ed.）には、次のような表現が認められる。

〔439〕ādiśuddhatvād ādipariśuddhatvāt sattvasya /（AS, 24,10-11）

〔440〕sarvasaṃskārāḥ śāntā viviktā iti,（AS, 76,10）

〔441〕prakṛtiviśuddhatvāt subhūte prakṛtiviviktatvāt prakṛtigambhīrā prajñāpāramitā /（AS, 95,31-96,1）

〔442〕sarvadharmā api subhūte prakṛtiviviktāḥ /（AS, 96,3）

〔443〕sarvadharmā evaṃ prakṛtipariśuddhāḥ /（AS, 211,25）

〔444〕sarvadharmāḥ śāntā ity adhimuñcanti /（AS, 223,19-20）

以上の用例によって、『般若経』では"sarva-dharma"「一切法」に関して、"śānta"「寂滅している」とか、"vivikta"「離れている」とか、"pariśuddha" "viśuddha"「清浄である」という語が、"śūnya"「空」や"niḥsvabhāva"「無自性」の同義語として用いられ、更に、そこにしばしば"ādi"「始め」や"prakṛti"「本性」という語が、副詞的に「本来」という意味で、つまり、"āditas"「始めから」や"prakṛtyā"「本性によって」を意味するものとして、複合語の前分として付加される傾向のあったことが理解されるのである。

従って、玄奘訳『解深密経』の「一切法相品」で、

〔445〕世尊復説、一切諸法、皆無自性、無生無滅、本来寂静、自性涅槃。（大正一六、六九三下二七―二九）

と述べられているのは、『般若経』の教説に言及したものと考えられ、ここで「本来寂静」「自性涅槃」の原語は、そのチベット訳"gzod ma nas shi ba" "raṅ bshin gyis yoṅs su mya ṅan las ḥdas pa"[426]から見て、"ādi-śānta" "prakṛti-parinirvṛta"[427]であると見なされているのである。従って、「方便品」第六八偈の"nityanirvṛtā ādipraśāntā imi sarvadharmāḥ"という文章は、『般若経』の空思想について述べたものであるとする苅谷博士の理解は、基本的に妥当であると考えるのである。しかし、私は、『解深密経』では『般若経』の空思想が"prakṛti-parinirvṛta"という語によって表現されたことは確認できたものの、問題の「方便品」第六八偈の文章で用いられている"nitya-nirvṛta"という語に相当する表現を『八千頌般若経』の中に見出すことはできなかった。というのも、この経の中では、"nirvṛta"ではなく、専ら"parinirvṛta"が用いられるのであるが、その"parinirvṛta"の用例は、すべて仏陀が〝涅槃に入った〟〝入滅した〟ことを言うものであって、〝一切法〟を主語として、その〝無自性〟であることの同義語として使用されている例は認められないからである。即ち、『八千頌般若経』に対するハリバドラ Haribhadra による註釈である『現観荘厳論光明』*Abhisamayālaṃkārālokā*（AAĀ, Wogihara ed.）には、例えば、

〔446〕niḥsvabhāvānutpannāniruddhādiśāntaprakṛtiparinirvṛtilakṣaṇāḥ（AAĀ, 447,20-21）[428]

というように、『解深密経』〔445〕の「無自性、無生無滅、本来寂静、自性涅槃」という訳文の原語に相当するものが

見出されるにもかかわらず、「無自性」の同義語としての“prakṛti-parinirvṛta”という表現は『八千頌般若経』そのものの中には見出されないのである。ということは、「方便品」第六八偈で、『般若経』の空思想が“nityanirvṛtā ādipraśāntā imi sarvadharmāḥ”という文章によって表現されたとき、その中の“nitya-nirvṛta”という語は、『八千頌般若経』よりも後に『般若経』の中で用いられるようになった“prakṛti-parinirvṛta”という語にもとづいて使用されたと考えるのが、適切であるかもしれない。

　しかるに、この点で注意すべき文章がもう一つ存在する。それは『楞伽経』*Laṅkāvatārasūtra*（LAS, Nanjio ed.）に見られる、次のような一文である。

〔447〕bodhisattvecchantiko 'tra mahāmate ādiparinirvṛtān sarvadharmān viditvātyantato na parinirvāti /（LAS, 66,11-12）[429]

(262)菩薩の一闡提（bodhisattva-icchantika）は、ここで、大慧（Mahāmati）よ、一切法（sarva-dharma）は、本来般涅槃している（ādi-parinirvṛta）と知って、永久に（atyantatas）般涅槃しない（na parinirvāti）。

　ここで“ādi-parinirvṛta”は、『現観荘厳論光明』〔446〕で用いられる“ādi-śānta-prakṛti-parinirvṛti(a)”の省略形とも見られるであろうが、ここで注意すべきことは、ここでは“ādi-parinirvṛta”という語が、単に「無自性」の同義語として用いられているだけではなく、〝涅槃に入ること〟とも関連づけられて、「菩薩の一闡提」が〝涅槃に入らないこと〟の理由として述べられていることなのである。即ち、「方便品」第六八偈で、“nitya-nirvṛta”という語が直前の第六七偈で述べられた“nirvāṇa”という観念を否定する意義をもっているのと同様に、『楞伽経』〔447〕でも、“ādi-parinirvṛta”という語は“parinirvāti”、つまり、〝涅槃に入る〟ことを否定しているのである。しかるに、『楞伽経』では、〔447〕の直前の個所で“eka-yāna”という語が用いられ、「一乗」についても肯定的に説かれているから、[430]〔447〕には、「方便品」第六八偈の“nityanirvṛtā ādipraśāntā imi sarvadharmāḥ”という文章からの影響を認めることもできるかもしれない。

　いずれにせよ、「方便品」第六八偈前半では、『般若経』の空思想が、“ca bhāṣāmy ahu”「また、私は語る」という釈迦仏の第二回目の説法（第二法輪）[431]の内容として、“nityanirvṛtā ādipraśāntā imi sarvadharmāḥ”という文章によって表現されていることは明らかであろう。すると、〝『般若経』と『法華経』との先後関係〟という重要な問題に関連して述べられた辛嶋氏の次の見解は、再考を要するものとなるであろう。

㉖(5) SP の第一類の偈にも、空 (śūnya, śūnyatā) への言及はあるが (K. 62. 15; 117. 7; 131. 5)、それらが阿含経・部派文献に見られる空の観念より発達しているとは認められない。その他散文部分にも出るが、それらは断片的であり、明白に般若経の空の観念の影響を受けたと認められるのは、薬草喩品の羅什訳に対応がなく成立の遅いと考えられる散文 (K. 137. 5f) になってからである。(「乗と智慧」一七七頁)

何となれば、氏によって、「第一類」の「第一期」に属するとされる「方便品」の triṣṭubh で書かれた偈の中の第六八偈に、『般若経』の空思想の影響を承けたと明確に認められる文章が存在するからである。

さて、以上で、「方便品」第六八偈に『般若経』の空思想が説かれているとする㉖に述べられた苅谷博士の見解の妥当性を確認したことにして、次に㉖で言われた博士の他の論点について述べることにしよう。即ち、まず苅谷博士は、そこで「方便品」第六八偈について「三乗中の大乗・菩薩乗を言うもの」と言われ、更に第六七偈・第六八偈という両偈について、「偈〔67〕は小乗・声聞乗を、偈〔68〕は大乗・菩薩乗を述べたものだと解さなくてはならない」と述べられたが、これは博士の言われる通りであろう。即ち、第六七偈は小乗・声聞乗の教えを説くものであり、第六八偈は大乗・菩薩乗の教えを説くものであると考えられる。しかし、苅谷博士が後者の第六八偈について、「法華〈仏乗〉を表わすものとは決して考えられない」と論じられたことについては、私は賛同できないのである。というのも、すでに繰返し述べている通り、「方便品」偈の思想的立場というものは、「譬喩品」偈のそれと同様に、〝賜与の一車〟を〝方便の三車〟中の〝牛車〟と同一視する〝三車説〟、つまり、〝三中の一〟を〝真実〟と説く〝三車説〟であり、〝大乗主義〟であって、そこでは〝仏乗〟、つまり、『法華経』自身の思想的立場と考えられるものと〝大乗〟は区別されないからである。しかも、「方便品」偈においては、〝独覚乗〟というものは殆んど言及されない実体のないものであるから、第六九偈に述べられるように、「方便品」散文部分の所説を継承して〝三乗＝方便〟ということは、一応は標榜されるにもかかわらず、実質的には〝二乗＝方便〟よりも更に極端な〝一乗（小乗）＝方便〟という説が、次の図式に示されるような形で説かれているのである。

小乗＝方便

大乗＝真実（『法華経』自身の立場）

苅谷博士は、(261)において「これに先立つ偈頌において、声聞・独覚・菩薩の三乗が示されているとしなければならない」と言われたが、実際には、第六九偈以前の第六七偈・第六八偈を見ると、そこに説かれるのは、順次に小乗（声聞乗）と大乗（菩薩乗）だけなのである。

では、この二つの乗（小乗・大乗）がそこで〝方便〟として述べられているのかと言うと、後者、つまり、大乗（菩薩乗）の方は、〝方便〟というよりも、むしろ〝真実〟として説かれているように思われる。勿論、〝三中の一〟を〝真実〟と説く〝三車説〟という構造から考えれば、〝方便〟である〝三乗〟中の〝大乗〟を〝真実〟であると説くということに、何の矛盾もないのであるが、以下に「方便品」第六八偈について、〝この偈は方便として説かれていない〟という解釈を、三つの根拠を示して提示したいと思う。

即ち、まず第一に、直前の第六七偈〔274〕には“upāya”という語が用いられているにもかかわらず、第六八偈にはこの語は用いられていない。この事実は、すでに見た「方便品」第四六偈〔277〕・第四七偈〔375〕に[432]“upāya”の語が用いられているにもかかわらず、直後の第四八偈〔378〕、及び第五〇偈―第五二偈〔384〕に“upāya”という語が用いられていないことに対応している。この第四八偈、及び第五〇偈―第五二偈について、苅谷博士は(227)で「あくまでも〈巧みな方法〉によって説かれた三乗中の大乗・菩薩乗のことを言うものであって、決して法華〈仏乗〉を述べたものと解すべきではない」と論じられたのであるが、このような「大乗・菩薩乗」と「法華〈仏乗〉」、つまり、偈の作者より見た『法華経』自身の立場というものが、実は区別できないという私見は、すでに述べた通りである。なお、「方便品」第四六偈・第四七偈と第六七偈が、ともに〝方便〟である〝小乗〟〝声聞乗〟を説く点で趣旨が一致していることは、第四六偈に“nirvāṇa teṣām upadarśayāmi”、第六七偈に“nirvāṇa tatrāpy upadarśayāmi”というように、ほぼ一致した表現が見られることによっても、知られるであろう。繰返して言えば、「方便品」第六八偈には、その直前の第六七偈とは異なって、“upāya”の語が用いられていないが、これは、第五〇偈―第五二偈におけると同様、その〝大乗〟〝菩薩乗〟という所説が〝方便〟と見なされることを、慎重に回避するために、偈の作者によってなされた意図的な操作であると考えられるのである。

第二に、「方便品」第六八偈後半には“caryāṃ ... pūrayi”「行を満たしてから」という表現が用いられているが、これは、「譬喩品」散文部分〔184〕で述べられる〝釈迦仏によるシャーリプトラに対する授記〟の言葉に見られる“bodhisattvacaryām paripūrya”「菩薩行を満たしてから」という表現を承けたものであることは、明らかであろう。実際、その〔184〕にも、第六八偈後半で用いられたのと同じ“anāgate 'dhvani”「未来世において」という表現が使用されているのである。

しかるに、「方便品」第六八偈後半の“caryāṃ ... pūrayi”が「譬喩品」散文部分〔184〕の“bodhisattvacaryām paripūrya”を承けたものであるとすると、第六八偈の所説を〝方便〟と見ることには、問題があるということになるであろう。何故なら、もしもそのように見るならば、〔184〕では、シャーリプトラに対して〝菩薩行を満たしてから、成仏するであろう〟という〝授記〟は、『法華経』の〝真実〟の立場を説くものとして述べられていると考えられるのに対し、この〝授記〟の表現を承けたと見られる「方便品」第六八偈では、〝行を満たしてから、成仏するであろう〟という授記は、〝真実〟ではなく〝方便〟の立場を説くものと見なさなければならないからである。従って、私は、「方便品」第六八偈後半における〝授記〟も、「譬喩品」散文部分〔184〕におけるシャーリプトラへの〝授記〟と同様に、〝方便〟ではなく〝真実〟の立場を説くものとして述べられていると考えるのである。

しかるに、いまここで、「方便品」第六八偈後半の趣旨を〝授記〟と表現したが、これは誰に対する〝授記〟なのであろうか。そこには“so ... buddhaputro”「その仏子は」と言われている。では、「その仏子」とは誰のことであろうか。これを私はシャーリプトラのことであると考えざるを得ないのである。というのも、この第六八偈後半の作者が、「譬喩品」散文部分〔184〕のシャーリプトラに対する〝授記〟に用いられた“bodhisattvacāryām paripūrya”と“anāgate ’dhvani”という表現を採用して、“caryām … pūrayi”“anāgate ’dhvāni”と述べたと考えられる以上、そこで言われる“so … buddhaputro”「その仏子」とは、〔184〕において〝授記〟された「仏子」、つまり、〝菩薩〟であるシャーリプトラを指すと見るのが、最も自然であると考えられるからである。勿論、このような解釈に疑問がない訳ではない。即ち、建て前とすれば、「方便品」末尾の偈は、すべて基本的には釈迦仏がシャーリプトラに呼びかけた言葉とされているのであり、従って、第六七偈にも“śārisutā”と呼びかける言葉が認められるのである。しかるに、同様に釈迦仏がシャーリプトラに語っている第六八偈において、シャーリプトラが「あなた」というように第二人称で呼ばれずに、第三人称で「その仏子」と呼ばれるのは、矛盾であると考えられるかもしれない。しかるに、私は、第六八偈で“buddha-putra”が単数形で示されたことに、重要な意義を認めたいのである。即ち、ここで“buddha-putra”が単数形で示されたのは、「方便品」第五〇偈で“ye ceha sadā viśuddhā vyaktā śucī sūrata buddhaputrāḥ”と述べられた複数形の“buddhaputrāḥ”ではなくて、単数形の特定の“so … buddhaputro”「その仏子」を指しているのである。とすれば、この「その仏子」をシャーリプトラであると考える以外に、一体どのような解釈が可能であろうか。

　しかるに、第六八偈の「その仏子」はシャーリプトラを指すと解するならば、そこで言われる「その仏子」とは、苅谷博士が(261)において「大乗の菩薩」という語によって想定されているであろうようなⓐ〝真の菩薩〟〔直往菩薩〕ではなく、ⓑ〝仮りの声聞〟＝〝実は菩薩〟〔廻小入大菩薩〕を指していると考えられる。ということは、偈の作者から見れば、『法華経』の〝真実〟の立場と考えられるものが、この第六八偈後半に述べられているということになるであろう。

　次に、第三の根拠を述べることにしたい。それは、「方便品」偈では、すでに用いた表現を用いれば、〝時間〟は、〝三分割〟されずに〝二分割〟されるということ、即ち、〝説法〟は三回ではなく二回しかなされないということなのである。つまり、苅谷博士によれば、まず〝小乗〟（声聞乗）が説かれ、次に〝大乗〟（菩薩乗）が説かれ、最後に〝仏乗〟が『法華経』の立場として説かれたと見なされていると思われる。この点は、

以上のように、仏ははじめに声聞乗の教法を説くのであり、そこでは未だ声聞の本来よりぼさつ（成仏可能者）たることを明かさないのである。次に、仏は大乗・菩薩乗の教法を説き、そこにおいてはじめて一部の衆生にのみではあるが、凡夫の成仏しうることを明らかにするのである。そして、その後に『法華経』を説いて、声聞乗も大乗・菩薩乗も、共に等しく仏の〈巧みな方法〉によって説かれたもの、仏のある意図にもとづく所説であることを明かして、〔傍線＝松本〕

という(232)に見られる苅谷博士の言明によって明らかである。しかるに、実際にテキストを見てみると、「方便品」第六七偈で“vadāmi”“upadarśayāmi”というのは、釈迦仏が〝小乗〟（声聞乗）を説いたことを言うものであり、第六八偈で“bhāṣāmy”というのは、釈迦仏が〝大乗〟（菩薩乗）を説いたことを述べるものであるが、博士が「この偈〔69〕こそが法華〈仏乗〉を説き明した所に当るのである」[433]と評された第六九偈のどこを見ても、〝一乗〟や〝仏乗〟というものに関して、“vadāmi”“upadarśayāmi”“bhāṣāmy”のように〝私は説く〟を意味する語が見当らないのである。これは何故かと言うと、「譬喩品」散文部分〔210〕で、“idaṃ punar bhagavatādya anuttaraṃ dvitīyaṃ dharmacakraṃ pravartitam”「今（adya）また、世尊によって、この無上（anuttara）の第二の法輪が転ぜられた」と言われることからも知られるように、「第二の法輪」は「無上の」法輪であり、従って、異なった思想的立場を説くという根本的な意味では、〝転法輪〟、つまり、〝説法〟は二回以上なされなかったと考えられているからである。従って、(261)における苅谷博士の言葉を用いれば、「法華〈仏乗〉」は「大乗・菩薩乗」と区別されていないのであって、第六九偈に言われる“ekaṃ ... yānaṃ”「一乗」も、第六八偈に述べられる〝大乗〟〝菩薩乗〟と区別されてはいないのである。従って、第六八偈の所説は、第六九偈の所説と同様、〝真実〟として説かれていると考えられるのである。

しかるに、この点は、「方便品」第四六偈―第五三偈についても同様であって、そこでは釈迦仏が一回目に〝方便〟

として〝小乗〟（声聞乗）を説くことが第四六偈〔277〕で“upadarśayāmi”と表現され、二回目に〝真実〟として〝大乗〟＝〝仏乗〟を説くことが、第四八偈〔378〕で“vadāmi ... bhūtaniścayam”、〔384〕の第五〇偈で“vaipulyasūtrāṇi vadāmi”、第五一偈で“vadāmi tān buddha bhaviṣyatheti”[434]、第五二偈で“vaipulyasūtrāṇi prakāśayāmi”と表現されたのであるが、それ以上の第三回目の〝説法〟〝転法輪〟など存在しないのである。つまり、苅谷博士が、前掲の(232)の一節で「そして、その後に『法華経』を説いて」と言われるのは、第五二偈の次の第五三偈に関して述べたものであるが、その第五三偈には“upadarśayāmi”や“vadāmi”のような〝私は説く〟という表現が存在しないのである。つまり、「方便品」偈においては、〝説法〟は、基本的には〝小乗〟＝〝方便〟を内容とするものと〝大乗〟＝〝真実〟を内容とするものという二回しかなされていないと考えられているのであって、〝大乗〟とは区別された「法華〈仏乗〉」に関する第三回目の〝説法〟があるとは認められていないのである。そして、これこそが「方便品」偈の作者が〝大乗〟〝菩薩乗〟を『法華経』自身の〝真実〟の立場として説くということの意味なのである。

　では、再び〔436〕の「方便品」第六八偈について考えてみよう。

　まず、「方便品」第六八偈前半の“nitya-nirvṛtā”という語によって、すでに述べたように〝涅槃〟が否定されていると考えられるが、この〝涅槃の否定〟というものが、『法華経』において常に一貫して根本的理念と見なされていることは、「如来寿量品」においても〝涅槃〟が〝方便〟であるとされ、〝涅槃の否定〟が中心的テーマとされていること[435]からも知られるであろう。従って、〝涅槃〟を〝方便〟であるとして否定していると考えられる「方便品」第六八偈前半の所説そのものを〝方便〟であると解することは不可能であろう。

　また、「方便品」第六八偈後半で〝授記〟された“so ... buddhaputro”「その仏子」が、すでに論じたように、シャーリプトラを指しているとすれば、その〝授記〟は勿論〝真実〟なものと考えられるであろう。何故ならば、シャーリプトラは『法華経』の〝真実〟の教えを聞くことによって、未来世に成仏すると見なされているからである。

　しかるに、このシャーリプトラに対する〝授記〟ということが、実は次のような第七〇偈の所説とも、論理的に結びつくのである。

〔448〕 vyapanehi kāṅkṣāṃ tatha saṃśayaṃ ca yeṣāṃ ca keṣāṃ ciha kāṅkṣa vidyate /
ananyathāvādina lokanāyakā ekaṃ idaṃ yāna dvitīya nāsti // [II, v.70]（K, 49,1-2）

〔449〕諸有蒸民、興発沈吟、意慮憒乱、狐疑猶豫、
如来所説、終無有異、慧乗為一、未曾有二。（『正法華』七〇下二九―七一上二）

〔450〕今此諸大衆、皆応除疑惑。諸仏語無異、唯一無二乗。（『妙法華』八中二九―下一）

(264)あなたは、疑い（kāṅkṣā）や疑問（saṃśaya）を除去しなさい（vyapenehi）。また、誰であれ（yeṣām）、これについて（iha）疑いをもつ人々の。世間の導師（loka-nāyaka）〔仏陀〕たちは、誤りなく説く者（ananyathā-vādin）である。〔つまり、〕この乗（yāna）は一つであり、第二のもの（dvitīya）はない。

この偈が、「方便品」散文部分の最末尾の〔169〕に対応していることは明らかであり、〔169〕で "ekaṃ evedaṃ ... yānaṃ" と述べられたことが、ここでは "ekaṃ idaṃ yāna dvitīya nāsti" と言われ、〔169〕で "na hi ... tathāgatānāṃ mṛṣāvādaḥ saṃvidyate" と述べられたことが、ここでは "ananyathāvādina lokanāyakā" と言われたと考えられる。しかるに、「方便品」散文部分〔169〕の "śraddadhādhvaṃ me śāriputra" は、ここでは "vyapanehi kāṅkṣāṃ tatha saṃśayaṃ ca" という表現によって述べられたと見られるので、この表現は、シャーリプトラに対して〝疑いを捨てて、信じなさい〟ということを意味していると思われる。しかるに、「方便品」第七〇偈第二句では "yeṣāṃ ca keṣāṃ ciha kāṅkṣa vidyate" と述べられるので、松濤博士は、第一句の "kāṅkṣā" と "saṃśaya" を、シャーリプトラの疑いではなく、"yeṣāṃ ca keṣāṃ ci" の疑いと考え、この偈の第一句・第二句を、

(265)だれかにこの点に関して疑惑があるならば、お前は（そのものたちの）疑惑や疑念を除くべきである。（『松濤Ⅰ』六三頁）〔傍線＝松本〕

と訳されているのである。この点は、「〔彼等の〕疑惑や疑念を取り除くべきである」（『中村 上』四九頁）とする中村

博士の訳も同様である。しかし、私はこのような解釈に疑問をもつのである。第七〇偈第一句は、それだけで一応完結していると考え、そこでは、釈迦仏がシャーリプトラに対し、基本的には〝あなたの疑いを除け。信じなさい〟という趣旨を述べたと解する方が自然ではなかろうか。実際、ケルンも、この第一句を“Remove all doubt and uncertainty”（*Kern*, p.48）と訳しているのである。この場合、“doubt”と“uncertainty”は普通、シャーリプトラのもつ〝疑い〟〝疑問〟を意味しているであろう。また、このように解する方が、「方便品」散文部分末尾〔169〕の“śraddadhādhvaṃ me śāriputra”「シャーリプトラよ、私を信じなさい」という一文の趣旨と一致すると思われる。従って、私としては、第七〇偈第一句は、釈迦仏がシャーリプトラに対して〝あなたの疑いを捨てよ〟〝私を信じなさい〟と呼びかけている言葉であると見なしたい。

では、その第二句をどのように解するかと言えば、それは一種の〝つけたし〟であると見るべきであろう。即ち、そこにある“yeṣām”を承ける“teṣām”のような指示代名詞も第一句には存在しないし、第二句の“yeṣāṃ ca”の“ca”の意味を英語の“and”の意味に解するならば、第一句の“kāṅkṣā”と“saṃśaya”は、もともとシャーリプトラの〝疑い〟を指していたが、第二句が補われたことによって、その〝疑い〟は〝またある人々の〟〝疑い〟でもある、ということが意味されたのではなかろうか。このように、私が第一句の“kāṅkṣā”と“saṃśaya”を、基本的にはシャーリプトラの〝疑い〟であるとする解釈にこだわるのは、釈迦仏がシャーリプトラに対して〝ある人々の疑いを除け〟と呼びかけるような文章は、「方便品」散文部分にも「譬喩品」散文部分にも、また「譬喩品」偈にも、全く存在しないと考えるからである。しかるに、これに対して、〔395〕の「方便品」第一三三偈では“tavāpi kāṅkṣā vyapanīta bheṣyati”「あなたの疑いも、除去されたであろう」と言われ、〔420〕の第一三九偈では“vyapanehi kāṅkṣām iha saṃśayaṃ ca”「これについて、あなたは疑いと疑問を除去しなさい」と言われているのであるが、ここで“kāṅkṣā”や“saṃśaya”は、勿論、シャーリプトラの〝疑い〟を意味しているのであり、他の〝ある人々〟の〝疑い〟を指しているのではない。また、この第一三九偈第一句の“vyapanehi kāṅkṣām iha saṃśayaṃ ca”と、問題の第七〇偈第一句の“vyapanehi kāṅkṣāṃ tatha “saṃśayaṃ ca”は一語を除き、全くの同文である。従って、第七〇偈第一句も、釈迦仏がシャーリプトラに対して、〝あなた〔シャーリプトラ〕のもつ疑いを捨てよ〟と呼びかけた言葉であると見るのが、適切であろう。

では、一体、シャーリプトラは、何について〝疑い〟をもっているので、釈迦仏は〝その疑いを捨てよ〟と言うのであろうか。第七〇偈による限り、その〝疑い〟の内容（対象）は“ekaṃ ... yāna”、つまり、〝一乗〟であると規定されているように思われる。しかし、これだけではシャーリプトラのもっている〝疑い〟の内容を充分説明したことにならないであろう。ここは、むしろ“tavāpi kāṅkṣā vyapanīta bheṣyati”を第二句とする「方便品」第一三三偈（〔395〕）の第四句に見られる“buddhā bhaviṣyanti”という表現にもとづいて、〝仏陀になるであろう〟ということが〝疑い〟の内容であると考えたい。つまり、自分が「仏陀になるであろう」ということについて、〝疑い〟をもっているシャーリプトラに対して、釈迦仏が〝その疑いを捨てよ〟と述べた言葉が、第七〇偈第一句の“vyapanehi kāṅkṣāṃ tatha saṃśayaṃ ca”という表現であると見ておきたい。

しかるに、このような解釈は、「方便品」の最後の偈である〔433〕の第一四五偈に見られる“jahitva kāṅkṣāṃ vijahitva saṃśayaṃ bhaviṣyathā buddha”「疑い（kāṅkṣā）を捨て、疑問（saṃśaya）を捨ててから、あなたたちは仏陀になるであろう」という表現によって支持されると思われる。というのも、ここでは、確かに、「仏陀になるであろう」という表現の主語は、「あなた」、つまり、シャーリプトラではなくて、「あなたたち」、即ち、シャーリプトラを始めとする〝声聞〟＝〝実は菩薩〟とされているが、それは大きな問題ではなく、要するに、ここでは〝自分が「仏陀になるであろう」ということについて疑いを捨てなさい〟という趣旨が述べられていると考えられるからである。

しかるに、〝自分が「仏陀になるであろう」ということについて疑いを捨てなさい〟というこの趣旨は、“vyapanehi kāṅkṣāṃ ...”と説く「方便品」第七〇偈〔448〕そのものには、充分明確には示されていないと思われる。では、この偈の読者は、“vyapanehi kāṅkṣāṃ ...”「疑いを除去しなさい」という表現を読んで、あるいは聞いて、このシャーリプトラのもつ「疑い」の内容を明確に理解できないかと言えば、そうではなく、その「疑い」の内容は実は第六八偈で

"so ... buddhaputro anāgate 'dhvāni jino bhaviṣyati"「その仏子（＝シャーリプトラ）は、未来世に仏陀になるであろう」と述べられていたので、それは、読者にとって容易に理解できるものであったと考えられるのである。(436)

従って、以上の論究の結論を言えば、〔436〕の「方便品」第六九偈の第一句には"upāyakauśalya mamaivarūpam"「〔私が三乗を示すのは〕私の方便善巧である」と言われ、その第三句には「しかし、乗は一つである」と言われるにもかかわらず、その直前にある「方便品」第六八偈は、第二法輪として、シャーリプトラの成仏を授記するものであるが故に、"方便"ではなく"真実"を説くものであると考えられるのである。これこそ"三中の一"である"大乗"を"真実"であると説く"三車説"であり、また「方便品」偈の基本的立場である"大乗主義"なのである。

さて、「方便品」偈の"諸仏章"は、第七〇偈〔448〕で終了する。この章に含まれる偈については、まだ考察すべき問題が残されているが、それについては論じることなく、次に第七一偈から第九七偈までの"過去仏章"の偈について問題点を指摘することにしよう。まず、この章の基本的な趣旨は、その最後の偈である次のような第九七偈に示されていると思われる。

〔451〕sugatāna teṣāṃ tada tasmi kāle parinirvṛtānām atha tiṣṭhatāṃ vā /
ye dharmanāmāpi śruṇiṃsu(437) sattvās te sarvi bodhāya abhūṣi lābhinaḥ // [II, v.97]（K, 52,11-12）

〔452〕於衆会中、建立信者、爾時安住、当済此倫、
仮使有人、聞此法名、斯等皆当、逮成仏道。（『正法華』七一下一六―一九）

〔453〕於諸過去仏、在世或滅度、若有聞是法、皆已成仏道。（『妙法華』九上二六―二七）

(266)そのとき（過去世に）、善逝たちが般涅槃した（parinirvṛta）ときでも、または、在世中の（tiṣṭhat）ときでも、誰であれ（ye）、法の名（dharma-nāma）だけでも（api）聞いた衆生たち、彼等はすべて菩提（bodhi）を得るもの（lābhin）となった。

即ち、"過去世の諸仏から『法華経』を聞いたものは、すべて菩提を得るものとなった"というのが、"過去仏章"

の基本的な趣旨であると思われる。しかるに、この第九七偈は次のような「方便品」散文部分〔148〕ⓒと対応すると考えられる。

yair api śāriputra sattvais teṣāṃ atītānāṃ tathāgatānāṃ arhatāṃ samyaksaṃbuddhānāṃ antikāt sa dharmaḥ śrutas te 'pi sarve 'nuttarāyāḥ samyaksaṃbodher lābhino 'bhūvan //（〔148〕ⓒ）

しかし、この〔148〕ⓒと第九七偈〔451〕には、重要な趣旨の違いが少なくとも二つ認められる。即ち、その第一は、過去世に〝聞かれた〟対象が、〔148〕ⓒでは“dharma”「法」とされていたのに対し、第九七偈では、それが“dharmanāmāpi”「法の名だけでも」と述べられた点である。ここで“nāmāpi”「名だけでも」という“api”「も」が用いられた表現が、〝聞法〟という〝行〟の〝易行化〟〝極小化〟を意図して言われたことは明らかであり、この点は、この第九七偈の直前に置かれた一連の偈で所謂〝小善成仏〟が力説されることと対応している。言葉を換えて言えば、この第九七偈にも、〝小善成仏〟が説かれていると考えられる。

次に、第二の相違点は、散文部分〔148〕ⓒでは“antikāt”「……から」「……のもとで」とあり、〝過去世の諸仏〟から〝直接〟に〝聞法〟することが述べられているのに対し、第九七偈では、その〝過去世の諸仏〟についても、その〝在世中〟と〝入滅後〟が分けられている点である。従って、〝過去仏章〟は基本的には、この〝過去世の諸仏〟の〝在世中〟について述べる部分（第七二偈―第七六偈）とその〝入滅後〟について述べる部分（第七七偈―第九六偈）に二分されていると考えられる。[438] しかるに、〝過去世の諸仏〟の〝入滅後〟に、彼等から〝聞法〟するということはあり得ない。言うまでもなく、彼等はすでに〝涅槃〟に入り、なくなっているからである。従って、〝過去世の諸仏〟の〝入滅後〟について述べる部分（第七七偈―第九六偈）には、〝聞法〟については全く言及されることなく、専ら〝舎利〟（dhātu）、〝仏塔〟（stūpa）、〝仏像〟（bimba, vigraha）の供養を中心とする〝小善〟が〝成仏〟を得るための手段として説かれているのである。

このように見れば、第九七偈で〝過去世の諸仏〟の〝入滅後〟についても、〝聞法〟が言われているように見える

ことは、不合理であるということになるであろう。つまり、この点で言えば、第九七偈に対する、

(267)そのときには、すでに涅槃にはいられたにせよ、あるいはまだこの世におられたにせよ、それらもろもろの善逝から、そのとき、この教えの名前だけでも聞いたならば、（『松濤Ⅰ』六七頁）〔傍線＝松本〕

という翻訳における「それらもろもろの善逝から」という訳語は不適切なものとなってしまうのである。松濤博士は、第九七偈前半に出る“sugatāna teṣām … parinirvṛtānām … tiṣṭhatām”という属格を、〝誰々に聞く〟〝誰々から聞く〟というときの〝誰々に（から）〟を意味すると解されたことは明らかであるが、このような解釈は〝過去世の諸仏〟の〝在世中〟については可能であるが、〝入滅後〟については、つまり、具体的に言えば、“parinirvṛtānām”については不可能なのである。従って、チベット訳も問題の属格を〝誰々に（から）〟という意味に訳することなく、“bde bar gśegs pa de dag ñi mya ṅan ḥdas sam yaṅ na bshugs kyaṅ ruṅ”（P, chu,25a8）「それらの善逝が、涅槃したにせよ、在世していたにせよ」というように、絶対属格（Absolute Genitive）として訳しているのである。(439)

では、〝過去世の諸仏〟の〝入滅後〟には、衆生たちは全く〝聞法〟できないかと言えば、そうではないのであって、この点が、第九七偈では“dharmanāmāpi”「法の名だけでも」と表現されたと考えられる。これは、〝過去の諸仏〟の〝入滅後〟には、彼等から直接〝聞法〟することはできないけれども、彼等が説いた「法」だけは残され伝えられているので、その“teṣām”「彼等の」「法の名」だけは聞くことができるということを意味していると考えられる。ということは、第九七偈前半に見られる“teṣām”等の複数属格は、〝過去世〟の〝諸仏〟の〝在世中〟に関しては、「彼等……から」と読み、その〝入滅後〟については、「彼等……の」と読むべきであるということにもなるであろう。

さて、以上のように「方便品」偈の〝過去仏章〟の全体的な趣旨を把握できるであろうが、その内〝過去世の諸仏〟の〝在世中〟について述べる部分（第七二偈―第七六偈）に含まれる第七五偈・第七六偈〔390〕については、すでに考察した。即ち、そこには、対応する前掲の「方便品」〔148〕ⓒとは異なって、〝菩提〟を得るための手段として、〝聞法〟に加えて〝六波羅蜜〟が説かれること、及び、この二者が〝二種の菩薩〟に相当し、そこに〝聞法する声聞〟

である⒝〝仮りの声聞〟＝〝実は菩薩〟〔廻小入大菩薩〕と〝六波羅蜜〟を行じる⒜〝真の菩薩〟〔直往菩薩〕が、それぞれ"ye"と"yehi"という語によって並置されていること等を、明らかにしたのである。

次に〝過去世の諸仏〟の〝入滅後〟について述べる部分（第七七偈—第九六偈）に関して言えば、そこには〝過去世の諸仏〟の〝入滅後〟に、それらの諸仏の"dhātu"「遺骨」に"pūjā"「供養」をなすものたち（II, v.78ab）や、様々の宝石・金銀・石・木・泥・砂等で、それらの諸仏の"stūpa"「塔」を作るものたち（II, v.78cd-v.82）が、「すべて菩提を得るものとなった」という趣旨が説かれている。従って、この部分の第七九偈・第八〇偈には"ye ... karonti stūpān"「誰であれ（ye）、塔（stūpa）を作るものたち」という表現が三回繰返されるのであるが、第八一偈の"kurvanti ... stūpān ... ye"という表現も、同じ意味を表しているのである。

しかるに、この部分の最後に置かれるのが、次のような「方便品」第八二偈なのである。

〔454〕sikatāmayān vā puna kūṭa kṛtvā ye kecid uddiśya jināna stūpān /
kumārakāḥ krīḍiṣu tatra tatra te sarvi bodhāya abhūṣi lābhinaḥ // [II, v.82]（K, 50,11-12)

〔455〕為数億人、而師子吼、現有十方、諸仏廟寺、
中有舎利、童子対舞、斯等皆当、成得仏道。（『正法華』七一中三—五）

〔456〕乃至童子戯、聚沙為仏塔、如是諸人等、皆已成仏道。（『妙法華』八下二四—二五）

㉗⑧また、誰であれ（ye）、ある子供（kumāraka）たちは、あれこれの遊戯（krīḍi）で、勝者（jina）たちに向けて（uddiśya）、砂（sikatā）でできた塔（stūpa）を、〔砂を〕積み上げて（kūṭa kṛtvā）〔作る〕[440]。彼等はすべて菩提（bodhi）を得るもの（lābhin）となった。

これは、所謂〝小善成仏〟と言われる教説を説く代表的な偈の一つと考えられる。というのも、ここには〝子供が戯れに砂で仏塔を作っただけでも成仏できる〟という趣旨が説かれていると見られるからである。

更に、この第八二偈の後の第八三偈—第八八偈では、七宝や銅等の様々の材質で、〝仏像〟つまり〝仏陀〟の

“bimba”“vigraha”「像」を作らせたものたちについて、やはり“te sarvi bodhāya abhūṣi lābhinaḥ”「彼等はすべて菩提を得るものとなった」という定型句が述べられ、その後、第八九偈―第九二偈では“dhātu”や“stūpa”や“vigraha”に対して、花・香・楽器・歌等によって様々に供養をなすものたちのことが言われている。そして、以上の所説をまとめる形で、「方便品」第九三偈前半では、次のように述べられるのである。

〔457〕sarve ca te buddha abhūṣi loke kṛtvāna tāṃ bahuvidhadhātupūjām / [II, v.93ab]（K, 52,3）

〔458〕以若干物、供上舎利、如来滅度、少多粛敬、
仮使一反、鼓伎搊弄、一切皆当、得成仏道。[441]（『正法華』七一下三―五）

〔459〕〔乃至一小音、〕皆已成仏道。[442]（『妙法華』九上一六）

(269)その、遺骨（dhātu）に対する多種の供養（pūjā）をなしてから、彼等はすべて世間で仏陀（buddha）となった。

しかるに、その後、第九三偈後半から、すでに見た第九七偈〔451〕までの部分には、テキストに関して大きな問題があることが指摘されている。即ち、まず第九三偈後半・第九四偈は、次の通りである。

〔460〕kiṃ alpakaṃ pī sugatāna dhātuṣu ekaṃ pi vādāpiya vādyabhāṇḍam // [II, v.93cd]
puṣpeṇa caikena pi pūjayitvā ālekhya bhittau sugatāna bimbam /
vikṣiptacittāpi ca pūjayitvā anupūrva drakṣyanti te buddhakoṭyaḥ[443] // [II, v.94]（K, 52,4-6）

〔461〕設令得見、安住画像、執持一華、進上霊模、
以恭敬意、篤信無疑、当稍稍見、無数億仏。（『正法華』七一下六―八）

〔462〕若人散乱心、乃至以一華、供養於画像、漸見無数仏。（『妙法華』九上一七―一八）

(270)善逝たちの遺骨（dhātu）に、どれほど少し（alpaka）であったとしても（pī）、楽器を奏でるのが、たとえ一つだけであったとしても（ekaṃ pi）、壁に善逝たちの像（bimba）を画いて、花（puṣpa）で供養するのが、たとえ一本であったとしても（ekena pi）、また、たとえ散乱した心をもっていたとしても（vikṣipta-cittāpi）、供養してから、

彼等は順次に（anupūrva）幾コーティもの仏陀（buddha-koṭi）を見るであろう（drakṣyanti）。

ここにも〝小善成仏〟が説かれていることは明らかであろう。というのも、ここで四回使用される“api”「〔たとえ……であったとして〕も」という語によって、極めて小さな善であったとしても、それは将来の〝成仏〟をもたらすという考え方が説かれていると思われるからである。ただし、ここには将来の〝見仏〟のことが言われるだけで、〝過去仏章〟で繰返される“te sarvi bodhāya abhūṣi lābhinaḥ”という定型句によって示されていると思われる〝成仏〟についは言及されていない。そして、この点が以下に述べるテキスト上の大きな問題と関るのである。

即ち、まずK本において、またO本を除くすべての梵語写本において、右に掲げた第九四偈の後には、次の二偈が第九五偈・第九六偈として置かれている。

〔463〕yaiś cāñjali tatra kṛto 'pi stūpe paripūrṇa ekā talaśaktikā vā /
unnāmitaṃ śīrṣam abhūn muhūrtam avanāmitaṃ kāyu tathaikavāram / [II, v.95]
namo 'stu buddhāya kṛtaikavāraṃ yehī tadā dhātudhareṣu teṣu /
vikṣiptacittair api ekavāraṃ te sarvi prāptā imam agrabodhim // [II, v.96]（K, 52,7-10)

〔464〕其有人衆、叉手仏廟、具足一反、繞旋自帰、
礼拝大聖、嗟歎稽首、所行如是、身無垢染。〔第九五偈〕（『正法華』七一下八―一一）
仮使有持、舎利供養、口宣音言、南無仏尊、
其乱心者、若説此言、斯等皆当、逮尊仏道。〔第九六偈〕（同右、七一下一二―一五）

〔465〕或有人礼拝、或復但合掌、乃至挙一手、或復小低頭、〔第九五偈〕（『妙法華』九上一九―二〇）
若人散乱心、入於塔廟中、一称南無仏、皆已成仏道。〔第九六偈〕（同右、九上二四―二五）

㉗₁誰であれ（yaiś）、その塔（stūpa）に、両手であれ、片手であれ、合掌し、一瞬でも（muhūrtam）頭を下げ、一度（eka-vāram）でも身体をかがめたものたち、〔第九五偈〕

また、誰であれ（yehī）、そのとき（tadā）、遺骨を保持しているもの（dhātu-dhara）〔＝塔〕に、たとえ一度（eka-vāram）でも、また、散乱した心（vikṣipta-citta）によってでも（api）、一度でも（eka-vāram）「仏陀に礼拝します」と言うものたち、彼等はすべて、この最勝の菩提（agra-bodhi）に到達した（prāpta）。〔第九六偈〕

ここにも、やはり〝小善成仏〟が説かれていることは、ここに〝eka-vāram〟「一度でも」という語が三度も用いられ、また、〝muhūrtam〟「一瞬でも」とか、〝vikṣiptacittair api〟「散乱した心によってでも」と述べられたことによって、知られるであろう。つまり、〝仏塔〟への礼拝が、僅か一度でも、一瞬でも、乱れた心によってでも、それによって、すべてのものが〝成仏〟できるということが、ここに説かれていると考えられる。即ち、ここでは末尾の〝te sarvi prāptā imam agrabodhim〟「彼等はすべて、この最勝の菩提に到達した」という一文によって、〝成仏〟のことが明言されているので、正に〝小善〟によって〝成仏〟するという〝小善成仏〟が説かれていると見られるのである。

では、前掲の第九三偈後半・第九四偈〔460〕で「順次に、幾コーティもの仏陀を見るであろう」と言われた人々は、どうなったのであろうか。つまり、彼等が将来〝見仏〟するであろうということは、そこに説かれているが、彼等はその後〝成仏〟もするのであろうか。このような疑問を『法華経』の読者がもったとしても、不思議ではないであろう。しかるに、この疑問に答えるかのように、O本、及び、両漢訳には、右に示した〔463〕の第九五偈と第九六偈の間に、次のような偈が置かれているのである。

〔466〕te sarvi bodhāya abhūṣi lābhinaḥ anupūrva dṛṣṭvā bahubuddhakoṭyaḥ /
arthaṃ ca kṛtvā bahulokanāyakāḥ parinirvṛtā hetukṣayā va jyotiḥ (444) // 〔x〕

〔467〕当漸漸観、無数億仏、於諸導師、多造利義。（『正法華』七一下一一―一二）
滅度因縁、尽除毒火、此等皆当、逮成仏道。（同右、七一下一五―一六）

〔468〕以此供養像、漸見無量仏、自成無上道、広度無数衆、入無余涅槃、如薪尽火滅。（『妙法華』九上二一―二三）

(272)順次に（anupūrva）幾コーティもの仏陀（bahu-buddha-koṭi）を見てから（dṛṣṭvā）、彼等は、すべて菩提を得るものとなった。一方、多くの世間の導師（bahu-lokanāyaka）たちは、〔衆生たちに〕利益（artha）をなしてから、因が尽きて灯（jyoti）が〔消える〕ように、般涅槃した（parinirvṛta）。

この偈を一応〝x偈〟と呼ぶことにしたい。というのも、この偈をどのように見なすかという点が問題だからである。しかるに、これについては、渡辺博士と苅谷博士の見解が対立しているように思われる。即ち、まず渡辺博士は、次のように論じられる。かなり長文であるが、重要であるため引用する。

㉗③右の一頌はP本と漢訳以外には知られていない。これはどういう意味であるか。

もしこの一頌がないとすれば、前の第九五頌は第九六頌に接続して意味が通じるし、あっても文脈は差支ない。資料の点からいうと、G第二写本にも欠けているのみではなく、シャーンティデーヴァの『集学論』（シクシャーサムッチャヤ）の引用にも欠けているところを見ると、少なくとも七世紀のインド仏教ではこの一頌が知られていなかったものと推定される。

内容から考えると、無余涅槃を燃料の尽きた火にたとえることは、主として小乗系の経典で多く説かれている灰身滅智の思想であって、例えば『大般涅槃経』（北本）巻六（大正蔵一二、四〇二上）に「もし、如来の涅槃に入ることは薪尽きて火滅するが如し、と言わば不了義と名づく」と批判されているように、法華経の〝実は滅度せず〟という思想とも矛盾する。したがって、今の一頌は内容的に見ても法華経にふさわしくはない。恐らく法華経の成立過程において混入し、その教団の一部で伝えられたものであろう。法華経教団の正統派では始めからこの一頌を認めず、第九五頌から第九六頌へと接続して読んでいたが、僻地ではなお混入したままのテキストが用いられ、P本は何でもあるだけ詰めこむという編集方針だからこの一頌をも採用したことと思われる。（「渡辺詳解」四五回、一〇七頁上―下）〔傍線＝松本〕

ここで、渡辺博士は、基本的には、この〝x偈〟を「混入」されたものと見なし、これを削除して読むべきであるとされるのであるが、その理由を、O本と漢訳を除いた写本にも、また『集学論』*Śikṣāsamuccaya* における引用にもこの偈が欠けているというだけではなく、思想的に見ても〝実は滅度（涅槃）しない〟という『法華経』の思想とも矛盾するので、「法華経にふさわしくはない」と述べられるのである。

ここで、「法華経の〝実は滅度せず〟という思想」と言われるのは、「如来寿量品」の所謂〝久遠実成の仏〟に関する所説を指していることは容易に推測できるが、果して〝x偈〟が「内容的に見ても、法華経にふさわしくはない」とまで言えるだろうか。この点は後に検討してみたい。

また、この〝x偈〟がO本を除けば、すべての梵語写本に欠落していること、また、七世紀頃成立の『集学論』における この部分の引用にも欠けていることは[445]、確かに〝x偈〟が本来のテキストに存在していたことを疑わせる有力な根拠となるであろう。しかし、何と言っても成立の古い二つの漢訳に、この〝x偈〟が訳出されているという事実は、〝x偈〟を容易に削除すべきではないという見方を支持するであろう。

では、次に苅谷博士の見解を見ることにしよう。

苅谷博士の見解の基本にあるのは、〝x偈〟は第九五偈ではなくて、第九四偈の後に続けて読まれるべきであるという考え方である。確かに〝x偈〟を第九四偈の後に続けて読めば、第九四偈第四句の "draksyanti te buddhakoṭyaḥ" の後に、〝x偈〟前半の "te sarvi bodhāya abhūṣi lābhinaḥ anupūrva dṛṣṭvā bahubuddhakoṭyaḥ" が連続することになり、論旨が極めて明瞭なものとなることは否定できないであろう。というのも、〝x偈〟前半にある "anupūrva dṛṣṭvā bahubuddhakoṭyaḥ" は、直前にある第九四偈第四句の "draksyanti te buddhakoṭyaḥ" に呼応して、それを承けた表現であると見なされることになり、しかも、この表現によって述べられる〝見仏〟の後に、"te sarvi bodhāya abhūṣi lābhinaḥ" という定型句によって、〝成仏〟という事態があることも示されるからである。つまり、第九四偈で〝仏像〟に一本の花を〝供養〟したこと等によって、将来〝見仏〟すると言われたものたちが、その後でさらに、〝成仏〟するということも、〝x偈〟が第九四偈の直後に存在していれば、明示されることになるのである。従って、〝x偈〟は、第九四偈の後に続けて読まれるべきであるという苅谷博士の見解は、充分に説得力をもつものであると思われる。この見

解を博士は、〝x偈〟を「偈〔95′〕」と表記されて、

㉗④偈〔94〕に続けて偈〔95′〕を置くと、先に疑問とした偈〔94〕の「順次にコーティの仏を見る」という文の意味は、たった一つの花で仏画像を供養することと、そのものが究極的には得るに至る正覚即ち成仏との間に存する長い道程を言ったものであることが明瞭になる。（『一仏乗』一六九頁一一—一三行）

と表明されているが、これは適切な理解であろう。

しかし、〝x偈〟は第九四偈の後に置かれるべきであるという解釈だけで、すべての問題が解決する訳ではない。というのも、〝x偈〟を保存しているO本・『正法華』・『妙法華』では、〝x偈〟は第九四偈の後に置かれているのではなくて、第九五偈の後に置かれているからである。(446) つまり、以上の三者では、何故〝x偈〟は第九四偈の後ではなくて、第九五偈の後、即ち第九六偈の前に置かれているのかという疑問がまだ残されているのである。しかも、苅谷博士が、

㉗⑤偈〔95〕と〔96〕は二偈連続していてこそ意味が通じるのであって切り離すことの出来ないものである。（『一仏乗』一六九頁六—七行）

と言われるように、第九五偈・第九六偈〔463〕は、表現としても、内容的にも、互いに切り離すことができないものであることは明らかである。では何故〝x偈〟は互いに切り離すことのできないこの二つの偈の間に、いわば割り込むような形で置かれて保存されてきたのであろうか。この疑問に対する苅谷博士の解答は、ある意味で驚くべきものであろう。というのも、博士は、「現行梵本の偈〔95〕と〔96〕の二偈こそを後代の挿入(447)」と見なされ、その挿入の理由、または事情を、更に次のように詳しく説明されたからである。

㉗⑥幾度も繰返すように、偈〔95〕、〔96〕は二偈で一つの内容を表わしているのであって、もしこの二偈が先に存したとすれば、偈〔95′〕はそのような間に割込むことは出来なかったはずである。それ故に、事実は逆であると言えよう。即ち、偈〔95〕、〔96〕こそ後から割込んできたのであり、それをカムフラージュするために、わざと両

者を切り離し、謂わば両者の結合関係を犠牲にして、偈〔95〕を偈〔94〕と〔95′〕（本来の〔95〕）の間に割込ませたのだと考える方がはるかに自然であろう。そして、この段階の姿を保存するものが写本『ペトロフスキー本』であり、又両漢訳の原本であったと考えられる。ところがそうなると、本来偈〔94〕に続いていてこそその存在価値をもっていた偈〔95′〕が、後から割込んできた偈〔95〕、〔96〕のために偈〔94〕から切り離され、その二偈の間にはさまれてしまうと、逆にそれは浮き上ってしまい、邪魔もの扱いを受けて最終的には抹消されるに至ったのであり、それが現存する多くの写本の形であり、『菩薩集学論』における引用でもあると考えられるのである。ここに、偈〔95〕、〔96〕の挿入は見事に成功したと言うべきかもしれない。（『一仏乗』一七二—一七三頁）〔傍線＝松本〕

ここで、切り離すことのできない第九五偈・第九六偈について、苅谷博士が、「もしこの二偈が先に存したとすれば、偈〔95′〕はそのような間に割込むことは出来なかったはずである」と言われるのは、私も同感であると言わざるを得ない。しかるに、そのことから、「偈〔95〕、〔96〕こそ後から割込んできた」と主張されるのには、論理に若干の飛躍があるように思われる。しかし、後に述べるような理由もあり、私は基本的にこの苅谷博士の主張に賛成するのである。ただし、第九五偈と第九六偈が後から割込んできたことを「カムフラージュするため、わざと両者を切り離し」という論調には必ずしも賛同できない。というのも、〝両者を切り離せば、後から割込んできたことをカムフラージュできる〟という論理が私には充分に理解できないからである。それよりも、むしろ博士が「その二偈の間にはさまれてしまうと、逆にそれは浮き上ってしまい、邪魔もの扱いを受けて最終的には抹消されるに至った」と述べられたところに、第九五偈・第九六偈を切り離して挿入した理由を求めるべきであろう。つまり、この二偈を切り離して、〝x偈〟をはさむようにして挿入した真の目的は、本来切り離すことのできない二つの偈によって〝x偈〟をはさみこむことによって〝x偈〟を邪魔ものとして浮き上らせ、最終的には〝x偈〟を抹消することにあったのではないかと見るのである。

では何故〃x偈〃を抹消する必要があったのであろうか。それは、渡辺博士が〃x偈〃の内容を「法華経の〃実は滅度せず〃という思想とも矛盾する」と言われたことに関連しているであろう。つまり、渡辺博士だけではなく、〃x偈〃の抹消を目指して第九五偈・第九六偈の挿入を行ったと思われる者にとっても、「因が尽きて、灯が〔消える〕ように、般涅槃した」と説く〃x偈〃の内容は「法華経の〃実は滅度せず〃という思想とも矛盾する」と考えられたのであろう。

では、渡辺博士が「法華経の〃実は滅度せず〃という思想」と述べられたのは、いかなる教説を指しているかといえば、それは「如来寿量品」の次の一節に説かれるような教説を指していることは、明らかであろう。

〔469〕 etam arthaṃ viditvā tathāgato 'parinirvāyann eva parinirvāṇam ārocayati sattvānāṃ vaineyavaśam upādāya / (K, 320,3-4)

〔470〕 其不滅度者、教令滅度、開化黎庶、縁是〔如来出現〕。(『正法華』一一四上九―一〇)

〔471〕 是故如来、雖不実滅、而言滅度、……為度衆生。(『妙法華』四三上五―七)

㉗⁷この意味を知って、如来は決して般涅槃しないけれども、衆生たちを導くために、般涅槃(parinirvāṇa)を告げる。

即ち、ここには〃如来(釈迦仏)は、実は般涅槃しない〃という考え方が説かれていると思われる。すると、「方便品」第九五偈・第九六偈を〃x偈〃をはさみ込むように切り離して挿入した者には、この「如来寿量品」の考え方や、この経文が知られていたので、〃x偈〃を抹消したいという考えがあったであろうということが推測される。

しかるに、これに対して、苅谷博士は、〃x偈〃に示される〃仏陀〃の〃般涅槃〃に関する説明は、『法華経』の仏陀観と矛盾するものではないという見解を、次のように述べられる。

㉗⁸「あたかも燈明が因尽きて(消える)ように、完全に滅度した」とは、仏としてなすべき働きが完了する時には、仏といえども入滅するという、これ又極めてインド仏教の基本的仏陀観に立脚したところの、仏の真の入滅を述べたものである。(『一仏乗』一七〇頁一七―一九行)

㉗⁹この偈〔95′〕の内容は『法華経』の仏陀観、ひいては涅槃観と決して矛盾するものではないのである。(同右、

一七一頁一五―一六行）

また、博士はその根拠として、「如来寿量品」[448]から、次の経文を引用されるのである。

〔472〕na ca tāvan me kulaputrā adyāpi paurvikabodhisattvacaryāpariniṣpāditāyuṣpramāṇam apy aparipūrṇam / api tu khalu punaḥ kulaputrā adyāpi taddviguṇena me kalpakoṭīnayutaśatasahasrāṇi bhaviṣyanty āyuṣpramāṇasyā paripūrṇatvāt //（K, 319,2-4）

〔473〕又如来不必初始所説、前過去世時行菩薩法、以為成就寿命限也。又如来得仏已来、復倍前喩、億百千姟、〔然後乃於泥洹而般泥洹。〕（『正法華』一一三下二三―二六）

〔474〕諸善男子、我本行菩薩道所成寿命、今猶未尽、復倍上数。（『妙法華』四二下二二―二三）

㉘⓪しかるに、善男子たちよ、これまで、私の、過去世の菩薩行（bodhisattva-caryā）によって完成された寿命の量（āyus-pramāṇa）は、今でも（adyāpi）、まだ満了されていない（aparipūrṇa）。善男子たちよ、私の寿命の量が満了するまでには、今後も（adyāpi）、それ（今までの寿命の量）の二倍、幾百千コーティ・ナユタもの劫があるであろう。

ここには、確かに〝久遠実成の仏〟といえども、過去世の菩薩行によって完成された無限とも言える程の長い寿命を満了した後には、涅槃に入るという考え方が示されていると思われる。特に『正法華』〔473〕の「然後乃於泥洹而般泥洹[449]」という訳文には、このような考え方が明確に表現されているであろう。

また、苅谷博士は、「安楽行品」第七二偈を中心とする「安楽行品」の末尾に置かれる偈にも言及されるが[450]、そこでは、釈迦仏が入滅した後で、『法華経』を受持する人が夢の中で〝菩提〟を得て仏陀となり、〝法輪〟を転じて〝説法〟し、多数の〝生類〟を〝涅槃〟させた後で、自らも〝涅槃〟に入ること、つまり、〝入滅〟することが“nirvāyati hetukṣaye va dīpaḥ”[XIII, v.72c]（K, 295,10）「因が尽きるとき、灯が〔消えるように〕涅槃する」という表現によって述べられている。この表現が〝x偈〟末尾の“parinirvṛtā hetukṣayā va jyotiḥ”と殆んど一致するものであることは明らかであろう。従って、苅谷博士は、この「安楽行品」第七二偈の表現と、〝久遠実成の仏〟についても最終的な〝入滅〟

を指示していると思われる「如来寿量品」〔472〕の趣旨を根拠にして、〃x偈〃の仏陀観が「法華経の〃実は滅度せず〃という思想とも矛盾する」という渡辺博士の見解を批判されているのである。

この苅谷博士の主張と批判は、『法華経』の経文にもとづいているだけに充分な根拠をもっていると考えられる。しかし、私見によれば、「如来寿量品」の思想を渡辺博士のように「〃実は滅度せず〃という思想」と把えることは、完全に誤りだとは言えないと思われる。というよりも、むしろ中国・日本の仏教では、そのような把え方の方が主流をなしてきたと考えられる。即ち、例えば、智顗の『法華文句』には、次のように述べられている。

〔475〕「我成仏已来」下、明果位常。常故不滅。寄此四字、明未来大勢威猛常住益物也。従「我本行」下、挙因況果、以明常住。旧人拠此、以証無常、云「前過恒沙、後倍上数、神通延寿、猶是無常」。僻取文意、大有所失。経挙因況果、果非数也。経云「久修業所得寿命無数劫」、非神通延寿也。何者、仏修円因、登初住時、已得常寿。常寿叵寿、已倍上数。況復果耶。云何棄所況之果、苟執能況之因。縦令此因、已是於常、非無常也。譬如太子時、禄已不可尽。況登尊極、禄用寧可尽乎。明文在茲。何須迴捩疑誤後生耶。(大正三四、一三三上七―一八)

ここには、「我本行」の語を含む『妙法華』〔474〕に関する著者の解釈が述べられているが、それは所謂〃久遠実成の仏〃を「常故不滅」「常住」と見るものであって、〔474〕を根拠にこれを「無常」と見なす「旧人」[451]の見解がここで論破されているのである。私見によれば、『妙法華』〔474〕の解釈としては、「無常」という「旧人」の解釈の方が、「不滅」という解釈よりは妥当であると思われるにもかかわらず、〔475〕では強引な論法によってそれが否定されているように見える[452]。

また、吉蔵の『法華義疏』に見られる次のような説明も、基本的には『法華文句』〔475〕の説明と趣旨が一致するものであろう。

〔476〕所言如来寿量者、依法華論、三種如来。一者化身如来、二報身如来、三法身如来。寿量亦有三種。化仏寿量、有始有終。故為二乗人、八相成道、王宮現生、双林示滅也。二報身仏寿量、有始無終。故下文云、「我本行菩薩

道所成寿命今猶未尽」。以行因満、初証仏果、是故有始。一証已後、湛然不滅、故無有尽終。三法身仏寿、本自在之、不生不滅、無始無終。今品具明三種如来三種寿量。（大正三四、六〇三上二一—二九）

即ち、吉蔵は、『妙法華』〔474〕で述べられた仏陀を「報身仏」ととらえ、その寿量は「有始無終」であると論じているのである。ここには、「有始有終」なる「化身」と「無始無終」なる「法身」から、「報身」を区別して、「報身」を「有始無終」なるものと見なしたいという考え方が示されているように見えるが、もともと〝三身説〟は『法華経』以後の成立であり、また、「一証已後、湛然不滅、故無有尽終」という文章も、「湛然」という語を用いるなど、吉蔵としては珍しく非論理的であり、また、『妙法華』〔474〕の趣旨とも一致していないように見える。しかし、このような吉蔵や智顗の教説にもとづいて、その後の中国や日本の仏教は、〝久遠実成の仏〟に関しては「報身」であり「有始無終」であるとする解釈が最も正統的なものとされてきた[453]ということは、否定できないであろう。

しかし、何故、「如来寿量品」〔472〕、または『妙法華』〔474〕に関して、このように「不滅」「無終」という解釈が繰返されてきたのかと言えば、それは「如来寿量品」梵語テキストや『妙法華』の訳文自体にある程度の根拠があると考えられる。つまり、「如来寿量品」では、渡辺博士が(273)で〝実は滅度せず〟と表現されたように、〝滅度〟〝涅槃〟を否定する経文が、〔469〕以外にも、次のように存在するのである。

〔477〕 tāvaccirābhisaṃbuddho 'parimitāyuṣpramāṇas tathāgataḥ sadā sthitaḥ / aparinirvṛtas tathāgataḥ parinirvāṇam ādarśayati[454] vaineyavaśāt[455] / (K, 318,15-319,1)

〔478〕 現這得仏、成平等覚、已来大久、寿命無量、常住不滅度。（『正法華』一一三下二二—二三）

〔479〕 如是我成仏已来、甚大久遠、寿命無量阿僧祇劫、常住不滅。（『妙法華』四二下一九—二一）

(281)如来は、〔今から〕それほど久しい以前に（tāvac-cira）、成仏して、無量の寿命の量（āyuṣ-pramāṇa）をもっている。如来は常に住したもの（sadā sthitaḥ）であり、般涅槃しなかった（aparinirvṛta）けれども、〔衆生を〕導くために、般涅槃（parinirvāṇa）を示すのである（ādarśayati）[456]。

〔480〕 idānīṃ khalu punar ahaṃ kulaputrā aparinirvāyamāṇa eva parinirvāṇam ārocayāmi / (K, 319,4-5)

〔481〕 然後乃於泥洹、而般泥洹。(『正法華』一一三下二六)

〔482〕 然今非実滅度、而便唱言、当取滅度。(『妙法華』四二下二三―二四)

(282) しかし、善男子たちよ、私は、今(idānīṃ)、決して般涅槃しないけれども、般涅槃(parinirvāṇa)を告げる。

この二つの経文は、実は〝仏寿無常〟の根拠とも見なされ得る「如来寿量品」〔472〕の直前と直後に位置するものであるが、この二つの経文では、〝入滅〟〝涅槃〟が全面的に否定されているように見えるのである。即ち、〔477〕の“aparinirvṛta”は〝久遠実成の仏〟が〝久遠〟の過去に成仏して以来、これまで〝般涅槃したことがなかった〟ことを言うものであろうし、また、〔480〕の“idānīṃ … aparinirvāyamāṇa”は今後も〝般涅槃することはない〟ということを意味しているように見えるのである。すると、「常住」と漢訳された〔477〕の“sadā sthitaḥ”という語を〝今後も常に存在する〟という意味に解するならば、〝久遠実成の仏〟、つまり、「四十余年[457]」前ではなくて〝久遠〟の過去に成仏した釈迦仏については、今後も未来永劫にわたって〝入滅〟することは決してないと、ここで述べられているように見えるのである。

しかるに、私が以上の論述で、「ように見える」という表現を繰返してきたのは、前掲の二つの経文〔477〕〔480〕に関する一般的な理解を、私が疑問視しているからである。そこで、まず『妙法華』〔479〕で「常住不滅」と訳された“sadā sthitaḥ / aparinirvṛtas”について考えてみよう。このうち、“sadā sthitaḥ”を中村博士は「常に存在している」(『中村下』七九頁)と訳されている。しかし、“sthita”は過去分詞であるから、“sadā sthitaḥ”とは〝常に存在してきた〟〝常に住した〟という意味ではなかろうか。つまり、“sadā sthitaḥ”とは、〝久遠〟の過去に釈迦仏が悟ってから現在に至るまで、ずっと存在してきたことを意味すると考えられるのである。現在まで〝久遠〟以来、「常に」存在してきたからと言っても、今後永久に存在するとは限らない。同じことは、“aparinirvṛtas”についても言えるのであって、この過去分詞の否定は、〝久遠〟の過去に成仏して以来、現在に至るまで〝般涅槃しなかった〟〝般涅槃したことがない〟と述べるものであって、今まで〝般涅槃しなかった〟からと言って、今後永久に〝般涅槃しない〟ということにはならないのである。

　では、〔480〕の“idānīm ... aparinirvāyamāṇa eva”「私は今、決して般涅槃しないけれども」という表現は、どのように解すべきであろうか。この表現は決して〝今後永久に般涅槃しない〟ということを言っているのではなく、“idānīṃ”「今は」〝今のところは〟〝般涅槃しない〟と述べているだけなのである。更にこの“idānīṃ”は、その後の“parinirvāṇam ārocayāmi”という表現にもかかっているのであって、従って、この表現は〝今、私は般涅槃すると告げる〟という意味になる。ここで重要なのは、『法華経』は釈迦仏の入滅の直前に説かれた最後の教えであるという意識を『法華経』自身がもっていたことを理解することである。「涌出品」で釈迦仏が悟ってからの時間が「四十年あまり」[458]と言われることも、また、「信解品」の「窮子譬喩」で「長者」は「死の時が近づいたとき」、つまり“maraṇakālasamaye pratyupasthite”（K, 108,7）「窮子」に臨終に当って財産を相続させたという話も、この意識を示している。従って、〔480〕の“idānīṃ ... ahaṃ ... aparinirvāyamāṇa eva parinirvāṇam ārocayāmi”というのは、〝「今」これから〔七日後に〕、私は決して般涅槃しないけれども、衆生を導くために般涅槃するように見せる〟という意味なのである。勿論、〝七日後に〟というのは、敢て補っただけであって、釈迦仏がこれから何日後、あるいは何ヶ月経ってから入滅するように見せるかは経典には述べられていないが、しかし、何よりも重要なことは、〝今から何日か何ヶ月か後に般涅槃すると見せるが、実は般涅槃しない〟ということが、〝今後永久に般涅槃しない〟ということを意味してはいないという点なのである。

　私見によれば、このように理解することによってしか、〝仏寿は今までの寿命の二倍を過ぎた時点で、満了する〟と説く〔472〕と、その直前に置かれる〔477〕の“sadā sthitaḥ / aparinirvṛtas”や、直後にある〔480〕の“idānīṃ ... aparinirvāyamāṇa eva”という表現を、論理的一貫性をもって解釈することはできないであろう。

　従って、「如来寿量品」においても、苅谷博士が㉗⑧で「仏といえども入滅する」と言われたように、〝久遠実成の仏〟も、従来の仏寿の二倍を過ぎてから、最終的には入滅すると考えられていると思われる。

しかし、このような〝最終的な入滅〟という考え方が、その後、『法華経』の読者や信者にとって歓迎されないものとなったことは、『法華文句』〔475〕や『法華義疏』〔476〕の内容を見れば、明らかであろう。というのも、〔475〕では「常住」「不滅」が肯定され、〔476〕では「報身仏寿量、有始無終」と言われたからである。

しかるに、〝久遠実成の仏〟の〝最終的な入滅〟という考え方が歓迎されなくなったのは、単に中国仏教においてだけではないであろう。同様のことはすでにインド仏教において、あるいは更に『法華経』それ自体の中においても、起ったのである。即ち、「寿量品」の散文部分を読むと、〝久遠実成の仏〟について、従来の仏寿の二倍を過ぎた時点での〝最終的な入滅〟を説く経文は、〔472〕以外には存在しないのであるが、これが「寿量品」偈に至ると、この〝最終的入滅〟を明確に説く偈は、全く存在しない。即ち、そこに「しかるに、そのとき、私は涅槃しない」“na cāpi nirvāmy ahu tasmi kāle” [XV, v.3c]（K, 323,12）とか、「そのとき私は、ここで涅槃したのではない」“ihaiva nāhaṃ tada āsi nirvṛtaḥ” [XV, v.7b]（K, 324,5）とか、「私は涅槃しなかったが、涅槃したと見せる」“anirvṛto nirvṛta darśayāmi”[459] [XV, v.21d]（K, 326,8）というように、〝涅槃〟を否定する経文は多いが、〝仏陀の寿命〟については、単に「私の寿命（āyus）は長く、無限の劫をもち、過去世に〔菩薩〕行（caryā）を行じて獲得されたものである」“āyuś ca me dīrgham anantakalpaṃ samupārjitaṃ pūrva caritva caryām” [XV, v.18cd]（K, 326,2）と言われるだけで、それがいつか最終的には尽きることを予測させるような経文は、一切存在しないし、今後の寿命が更に“dviguṇa”「二倍」あるということも、全く言われないのである。従って、「寿量品」全体の中で〔472〕だけが、〝久遠実成の仏〟の〝最終的な入滅〟を説く唯一の経文ということになるであろう。

すると、次のように考えることができるのではなかろうか。即ち、この経文〔472〕は〝久遠実成の仏〟の「常住不滅」を単純に信奉する人々にとって、その後次第に、好ましくない内容をもつものと考えられ、信者に歓迎されなくなったのではなかろうか。

それ故、私は、「寿量品」に説かれる〝久遠実成の仏〟は「常住不滅」であり〝永久に滅度しない〟と考える人々にとって、「方便品」の〝*x*偈〟も、(273)の渡辺博士の表現を用いれば、「法華経の〝実は滅度せず〟という思想とも矛盾する」と見なされるようになり、仏陀の〝入滅〟について説く〝*x*偈〟を抹消するために、第九五偈と第九六偈を〝*x*偈〟をはさみ込むような形で挿入するという奇策が採用されたのではないかと想像するのである。このように考えるとき、〝仏陀〟の〝入滅〟について説く「方便品」〝*x*偈〟や「安楽行品」第七二偈の作者には、「寿量品」の所説がまだ知られていなかったという可能性も想定される。即ち、〝久遠実成の仏〟は〝実は滅度しない〟という教説をまだ知らないものにとっては、〝仏陀は、因の尽きた灯のように、般涅槃する〟と述べることに、何の抵抗もなかったであろう。

このように考えて、私は〝「方便品」第九四偈の後には、本来〝*x*偈〟が接続していたが、ここに後から第九五偈・第九六偈が割り込んできたことによって、〝*x*偈〟は抹消されることになった〟という苅谷説を支持したいと思う。しかるに、このように私が苅谷説を支持するのには、苅谷博士によって論じられることのなかったもう一つの根拠があるのである。それは、〝*x*偈〟の後に第九六偈ではなくて、第九七偈が接続するならば、この二つの偈の接続が、極めて自然になるということなのである。即ち、苅谷博士は、第九四偈の後に〝*x*偈〟が接続することの妥当性は示されたが、〝*x*偈〟の後に第九七偈が接続することの妥当性については、論及されなかったと思われる。しかし、この妥当性が示されれば、〝*x*偈〟ではなく、第九五偈・第九六偈こそが後代の挿入であるとする苅谷説は更に大きな論拠を得ることになるであろう。

そこで以下に、〝*x*偈〟と第九七偈の梵文テキストを並べて示してみよう。

〔466〕 te sarvi bodhāya abhūṣi lābhinaḥ anupūrva dṛṣṭvā bahubuddhakoṭyaḥ /
arthaṃ ca kṛtvā bahulokanāyakāḥ parinirvṛtā hetukṣayā va jyotiḥ // 〔*x*〕

〔451〕 sugatāna teṣāṃ tada tasmi kāle parinirvṛtānām atha tiṣṭhatāṃ vā /

ye dharmanāmāpi śruṇimsu sattvās te sarvi bodhāya abhūṣi lābhinaḥ // [II, v.97]

まず、〔451〕、つまり、第九七偈が、第九六偈第四句 "te sarvi prāptā imam agrabodhim" の後にうまく接続するかと言うと、うまく接続しないと思われる。つまり、「菩提に到達した彼等すべて」を「それらの善逝たち」と呼ぶことには不自然な飛躍があると思われる。これに対して、第九七偈〔451〕が〝x偈〟の後に接続するならば、"sugatāna teṣām" は直前の "bahulokanāyakāḥ" を指していると考えられ、また、"parinirvṛtānām" も直前の "parinirvṛtā" を承けて使用された表現であると、ごく自然に理解されるのである。従って、〝x偈〟と第九七偈の連絡は極めて円滑な自然なものとなるのである。

ただし、〝x偈〟の "bahulokanāyakāḥ" が何を意味するかについては、苅谷博士の理解と私見との間には、大きな相違がある。即ち、博士の〝x偈〟に対する和訳を示せば、次の通りである。

㉘③〔95′〕順次に多・コーティの仏を見てのち、彼らは全て正覚の獲得者となった。そして、(その)多くの世間の導師(仏)たちは、(仏としての)義務(仕事)をなしとげて後、あたかも燈明が因(油)尽きて(消える)ように、(そのように)完全に滅度した(無余涅槃に入った)。(『一仏乗』一六九頁一一—一四行)

ここで問題となるのは、苅谷博士が「(その)多くの世間の導師(仏)たち」と訳された〝x偈〟の "bahulokanāyakāḥ" とは、誰を指すのかという点である。これについて苅谷博士は、

㉘④まず「多くの世間の導師たち」とは、勿論、この偈に至るまでに述べられてきた仏塔供養等を第一歩として、その後の長期間のぼさつ行の末についに正覚を得て仏となったところのその衆生たちを指しており、(『一仏乗』一七〇頁一三—一五行)

と言われるのであるが、私はこの解釈に同意できないのである。というのも、もしも〝x偈〟の "bahulokanāyakāḥ" が、〝仏塔〟や〝仏像〟を〝供養〟し〝見仏〟した結果として〝成仏〟した諸仏を指すならば、この "bahulokanāyakāḥ" と直後の第九七偈冒頭に出る "sugatāna teṣām" は同一ではありえないことになるであろう。しかるに、この両者が同一

ではないとすれば、第九七偈の“sugatāna teṣāṃ … parinirvṛtānām”の“parinirvṛtānām”という語も、直前にある〃x偈〃の“bahulokanāyakāḥ parinirvṛtā”の“parinirvṛtā”を承けて用いられたという見方が成立しないであろう。つまり、〃x偈〃第三句の“bahulokanāyakāḥ”を、苅谷博士は第一句の“te sarvi bodhāya … lābhinaḥ”の“te”と同一視されるのであるが、それでは“bahulokanāyakāḥ”と第九七偈の“sugatāna”の同一性が成立しないので、〃x偈〃と第九七偈の接続は円滑なものとはならないのである。というのも、苅谷博士といえども、第九七偈の“sugatāna teṣāṃ”と〃x偈〃の“te sarvi …”との同一性は主張することはできないからである。言うまでもなく、“sugatāna teṣāṃ”は〃過去世の諸仏〃のことを言っているのであり、その〃過去世の諸仏〃の〃入滅後〃に、それら諸仏の〃仏塔〃や〃仏像〃に供養したものたちが〃x偈〃の“te sarvi”だからである。

この点について、私は〃x偈〃第三句の“bahulokanāyakāḥ”は〃x偈〃第一句に出る“te sarvi … lābhinaḥ”ではなく、〃x偈〃第二句に言われる“bahubuddhakoṭyaḥ”を指すと見るのである。この二つの語、つまり、“bahu-buddhakoṭyaḥ”と“bahu-lokanāyakāḥ”は、ともに“bahu-”の語をもち、しかも“loka-nāyaka”とは“buddha”の同義語であるから、この二つの語が同じものたち（同じ仏陀たち）を指しているのは明らかだと思われる。また、〃x偈〃第三句の“bahulokanāyakāḥ”が直前にある第二句の“bahubuddhakoṭyaḥ”を飛び越えて、第一句の“te sarvi bodhāya … lābhinaḥ”を意味すると見ることにも無理があるであろう。

従って、私は基本的に〃x偈〃第二句の“bahubuddhakoṭyaḥ”と第三句の“bahulokanāyakāḥ”と次の第九七偈の“sugatāna teṣāṃ”は、同じものたち（仏陀たち）を指すと見るのであるが、このように見るとき、第九四偈・x偈・第九七偈という連続した三偈の趣旨は次のように理解されるであろう。即ち、まず第九四偈において、〃過去世の諸仏の入滅後に、仏像に僅か一本の花であっても、また散乱した心によってであっても、供養をなしたものたちは、順次に幾コーティもの仏陀(α)を見るであろう〃ということが言われ、次に〃x偈〃では、彼等〃供養〃をなしたものたちは、順次に幾コーティもの多くの仏陀(α)を見てから、すべて「菩提を得るもの」となったが、一方、彼等が供養をなし〝見仏〟した対象である多くの仏陀たち（α）は、衆生に利益をなした後で灯が消えるように般涅槃（入滅）したと述べられ、最後に第九七偈では、過去世において、それらの諸仏（α）が入滅した後でも、また在世中でも、法の名を聞いた衆生たちは、すべて「菩提を得るもの」となった、と説かれたのである。

このように苅谷博士の見解と私見は、〝x偈〟第三句の“bahulokanāyakāḥ”が誰を指すのかという点で一致しないのであるが、私見によれば、苅谷博士の見解は、〝x偈〟にも、そして第九七偈にも用いられている“te sarvi bodhāya abhūṣi lābhinaḥ”という定型句に関するある理解にもとづいているように思われる。即ち、この定型句を博士は㉘³で「彼等は全て正覚の獲得者となった」と訳されている。つまり、その定型句中の“bodhāya … lābhinaḥ”を「正覚の獲得者」と訳されているのであるが、この訳には問題があるであろう。というのも、苅谷博士が〝「正覚（菩提）の獲得者」＝「仏陀」〟と見なされていることは、問題の定型句を含む〝x偈〟の趣旨を、博士が、

㉘⁵偈〔95′〕の前半は、これをうけて、彼はその生毎に出会う多・コーティの仏に仕え供養するという基本的なぼさつ行を積み重ねるのであり、その後、そのぼさつ行の結果としてぼさつの得果たる正覚を獲得した即ち仏となったということを表わしているのである。（『一仏乗』一六九頁一五—一八行）〔傍線＝松本〕

と説明されることからも明らかなのである。つまり、博士は〝x偈〟第一句の“te sarvi bodhāya abhūṣi lābhinaḥ”を〝彼等は全て正覚の獲得者（仏陀）となった〟と解されたからこそ、第三句の“bahulokanāyakāḥ”は第一句の「正覚の獲得者」（仏陀）たちを指すと見なされたのである。

しかし、問題の定型句“te sarvi bodhāya abhūṣi lābhinaḥ”は、決して〝彼等はすべて仏陀となった〟という意味ではないであろう。というのも、まずこの定型句が、すでに述べたように、次のような「方便品」散文部分〔148〕ⓒにもとづいていることは、明らかである。

〔148〕ⓒ yair api śāriputra sattvais teṣāṃ atītānāṃ tathāgatānāṃ … antikāt sa dharmaḥ śrutas te 'pi sarve anuttarāyāḥ samyaksaṃbodher lābhino 'bhūvan //

しかるに、ここで言われていることは、〝過去世の諸仏から法（dharma）を聞いた衆生たちは、すべて仏陀となった〟ということではなく、〝彼等はすべて、法を聞いた時点で、将来に菩提を得るものとなった〟という意味なのである。つまり、〝聞法〟によって〝成仏〟に至る確固たる道程は確定し、〝必ず将来成仏する者〟とはなったが、しかし、〝聞法〟したその時点で〝成仏〟したというのではないのである。

この点は、シャーリプトラの場合を考えれば、容易に理解されるであろう。彼は「方便品」散文部分で、〝聞法〟し、「譬喩品」散文部分〔184〕では、将来の〝成仏〟を〝授記〟される。しかし、それでも、その時点で〝成仏〟したわけではない。それは〔184〕におけるシャーリプトラに対する〝授記〟の言葉の中に、「あなたは未来世において、無量……劫を過ぎて、多数の……諸仏の正法を受持してから、それらの諸仏に様々の供養をなしてから、ほかならぬこの菩薩行を満たしてから、パドマプラバという名の……仏となるであろう」という表現が含まれていることから明らかであろう。しかし、このように〝聞法〟〝授記〟から〝成仏〟までに、無量劫の〝菩薩行〟を要するとしても、シャーリプトラの〝成仏〟はすでに〝聞法〟の時点で確定したと見るべきであろう。従って、「方便品」散文部分〔148〕ⓒ、及び「方便品」の〝*x*偈〟や第九七偈に見られる上述の定型句も、〝聞法〟の時点で将来の〝成仏〟が確定したことを言うものであって、[460] 決して〝聞法〟の時点で〝成仏〟したことを述べるものではないのである。

〝*x*偈〟の“bodhāya ... lābhinaḥ”に対する苅谷博士の(283)における「正覚の獲得者」という訳語は、すでに見たように、〝仏陀〟を意味することが明らかであるが、このような翻訳や解釈は、おそらく『妙法華』の訳文に影響されたものであろう。というのも、『妙法華』では“te sarvi bodhāya abhūṣi lābhinaḥ”という定型句を、〝*x*偈〟の訳である〔468〕では「自成無上道」と訳しているが、第九七偈、及び第七六偈・第七七偈・第七九偈・第八二偈・第八三偈・第八四偈─第八六偈・第九一偈という〝過去仏章〟の諸偈については、専ら「皆已成仏道」と訳すからである。これに対して『正法華』では、第九七偈に対する〔452〕では「斯等皆当、逮成仏道」、第八二偈に対する〔455〕では「斯等皆当、成得仏道」と訳すように、「已」ではなく、必ず「当」の字を用いて〝成仏〟の時点が〝聞法〟等より後の将来にあることを示している。勿論、例えば、今から一万年前に〝過去の仏陀〟が出たとして、その〝過去の仏陀〟が百年在世して、入滅したあとの九百年後、つまり、今から九千年前に、ある衆生たちが、間接的に〝聞法〟したり、〝仏塔〟〝仏像〟を〝供養〟したりすれば、彼等の将来の〝成仏〟は、その時点で確定するとされるのであり、その時点から九千年後の現在までの間に、つまり、例えば、今から四千年前に彼等はすでに〝菩薩行〟をなしおえて〝成仏〟したというならば、「皆已成仏道」の訳も全く不適切とはいえないが、しかし、今から九千年前の〝聞法〟や〝供養〟の時点では、将来の〝成仏〟が確定しただけであるから、その時点を中心に考えれば、やはり『正法華』の「当成得仏道」という訳の方が適切であるということになるであろう。従って、また、問題の定型句においても、更に「方便品」散文部分〔148〕ⓒにおいても、“lābhin”は、「〔菩提〕の獲得者」「〔菩提〕を得たもの」ではなく、「〔菩提〕を得るもの」を意味すると見るべきであろう。言うまでもなく、これは、すでに述べたように、〝将来、菩提を得ることが確定したもの〟を意味するのである。

　さて、このように考えれば、〝x偈〟第三句の“bahulokanāyakāḥ”が第一句で“te sarvi bodhāya abhūṣi lābhinaḥ”と言われたものたちを指していると見るのはやはり不適切であって、第三句のその表現は、第二句の“bahubuddhakoṭyaḥ”、つまり、〝見仏〟された〝諸仏〟を指すと見るべきであろう。

　最後に〝x偈〟が本来のテキストに存在していたこと、及び第九五偈・第九六偈が後に挿入されたことを主張される苅谷説に関して、これを基本的に支持する立場から、第九五偈・第九六偈の問題点、または異質性を指摘しておきたい。まず第一に、苅谷博士もその特異性に注目されているのであるが、[461] 第九六偈末尾の“te sarvi prāptā imam agrabodhim”という表現は、“te sarvi bodhāya abhūṣi lābhinaḥ”という定型句と似て非なるもの[462]と言わざるを得ない。即ち、後者は、すでに論じたように、「彼等はすべて〔将来〕菩提を得るものとなった」という意味であるのに対し、前者は「彼等はすべて、この最勝の菩提に到達した」、つまり、〝すでに成仏した〟と述べるものだからである。この“te sarvi prāptā imam agrabodhim”という第九六偈末尾の表現は、『法華経』で他の個所には用いられないものであるが、ただ“prāpta imāgrabodhim”（K, 161,12）という表現は、一回だけ「化城喩品」第一一偈第二句に使用されている。しかし、そこは〝小善によって成仏した〟などと述べる個所ではなく、大通智勝仏が十中劫の〝難行〟をなしとげた後、成仏したことを〝十六王子〟が讃える個所なのである。従って、この表現が〝小善によって将来の成仏が確定する〟ことを説く〝過去仏章〟のこの部分で使用されることは、やはり不自然であると見ざるを得ない。

では、第九五偈・第九六偈を作成し、それを〝x偈〟をはさみ込むような形で本来のテキストに挿入した者は、何故、この二偈の末尾に、“te sarvi bodhāya abhūṣi lābhinaḥ”という定型句ではなく、“te sarvi prāptā imam agrabodhim”という表現、つまり、〝彼等はすべて成仏した、仏陀となった〟という表現を置いたのであろうか。それは、おそらく、第九七偈冒頭の“sugatāna teṣām”という表現との接続を円滑にみせようとしたためであろう。つまり、彼にとって、〝成仏した〟と明言していない定型句は不充分であって、これを明言する“te sarvi prāptā imam agrabodhim”を第九六偈末尾に置くことによって、直後の“sugatāna”との接続が多少は円滑になるという考えが、彼には存在したのであろう。かくして、この第九六偈末尾の“te sarvi prāptā imam agrabodhim”という表現は、第九五偈・第九六偈が後代の挿入であることを示す一つの論拠となるであろう。

また、第九五偈・第九六偈〔463〕には“eka-vāram”「一度」という語が三回も用いられている。いかに〝小善〟を強調するためとは言え、〝たった一度でも〟という表現を二つの偈で三度も繰返すのは異常ではなかろうか。あるいは、わざとらしくはないであろうか。更に、第九六偈で言われる“vikṣipta-citta”「散乱した心」については、すでに第九四偈第三句で“vikṣiptacittāpi”と述べられていたのであるから、それを再び第九六偈で“vikṣiptacittair api”と述べることは、余分な再説ではなかろうか。この点から見ても、私は第九五偈・第九六偈が本来のテキストに存在したことに大きな疑問を感じ、これを後代の挿入とする苅谷博士の説に基本的に賛成したいと考えるのである。

さて、最後に「方便品」偈の〝過去仏章〟に見られる〝小善成仏〟の教説について、思想的な評価を述べておきたい。苅谷博士は、この教説について、次のように論じられる。

㉘⑹それ故に、偈〔94〕の次に、今日では写本『ペトロフスキー本』と両漢訳にのみ存するところのこの偈〔95′〕を続けて位置せしめて考えるならば、凡そ仏塔、仏像、仏画像に対する一つの花の供養や散乱心の供養などの種々な供養の全ては、さらに言うならば、偈〔78〕の仏塔建立よりこの偈〔94〕に至る全ての仏教的行為は、あくまでも成仏という果に至るためのぼさつ行の、それも極めて初歩の段階に当るものであって、成仏するためには、その後に長いぼさつ行の積み重ねが必要とされているのである。それ故、たった一つの花の供養という些細な仏教的行為（小善）だけで仏果が得られたのだとは、『法華経』自体においても決して考えられていなかったことが明白に理解できるであろう。従って、ここには、後のシナや日本で解されているような頓悟的色彩は全くなく、『法華経』はあくまでも漸悟的なインド仏教の基本的土壌の上に立つものであることを知りうるのである。（『一仏乗』一七〇頁四―一一行）〔傍線＝松本〕

確かに、第九四偈の後に、「偈〔95′〕」、つまり、〝x偈〟を連続させて読めば、そこには〝舎利〟や〝仏像〟に対して僅かな〝供養〟、つまり、〝小善〟をなしたものは、その後、順次に無数の仏陀を見ることになり、この〝見仏〟という〝菩薩行〟をなしてから、「菩提を得るものとなった」ということが説かれていると思われる。しかし、苅谷博士が「成仏するためには、その後に長いぼさつ行の積み重ねが必要とされている」と言われたことに、私が必ずしも賛成できないのは、ごく僅かな〝供養〟等の〝小善〟をなした者が、将来必ず〝成仏〟することは、その〝小善〟をなした時点で確定しているのであって、つまり、その時点で〝必ず将来成仏する者となった〟のであって、〝その後の長期間の菩薩行がなければ成仏できない〟ということではないであろう。この点は、すでに論及した「譬喩品」散文部分〔184〕におけるシャーリプトラに対する〝授記〟とは、若干事情が異なっているのであって、そこで、「未来世に……菩薩行を満たしてから」と言われたことは、〝この菩薩行を満たさなければ、成仏できない〟という立場、つまり、強いて言えば、〝成仏〟の手段として『法華経』の〝聞法〟より以上に〝菩薩行の完遂〟を重視する立場が、〝菩薩だけが成仏できる〟という〝大乗主義〟にもとづいて述べられたと考えられるのである。

これに対して、「方便品」〝x偈〟、及び〝小善成仏〟を説く最も代表的な偈と見られる第八二偈〔454〕等で説かれるのは、〝菩薩行の完遂〟ではなく、あくまで極小なる〝小善〟によって〝成仏〟が確定するという考え方なのであって、この同じ考え方は、

ekāpi gāthā śruta dhāritā vā sarveṣa bodhāya na saṃśayo 'sti //

という「方便品」第五三偈後半〔〔387〕〕にも示されていたのである。即ち、〝聞法〟や〝受持〟が僅か一偈だけであっても、その時点で〝成仏〟が確定するという安易な〝易行〟の教説は、(286)の苅谷博士の言葉を用いれば、「頓悟的色彩」が強いものと見られるであろう。

しかるに、このように見れば、「方便品」偈〝過去仏章〟で〝小善成仏〟を説く諸偈、これは(286)の苅谷博士の論述によると、第七八偈―第九四偈と見なされているようであるが、そこに説かれる〝小善成仏〟の教説と苅谷博士が(227)において、「法華〈仏乗〉の立場を明かしているのは偈〔53〕であり」と評される第五三偈〔〔387〕〕の所説とでは、大きな距りは存在しない。というのも、どちらも、〝小善〟によって将来の〝成仏が確定する〟という〝小善成仏〟という〝易行〟を説いているからである。

しかも、その〝小善〟に関しては、すでに第九章で論じたように、しきりに"eka"「一」という限定語が繰返され、場合によると、"api"と結合して、〝たった一つであっても〟というように〝小善〟の〝極小なること〟が力説されるのである。それは、例えば、第五三偈の"ekāpi gathā"や第一三八偈〔402〕の"ekaṃ pi ... vācaṃ"であり、問題の〝過去仏章〟の〝小善成仏〟を説くとされる部分では、第九三偈後半〔〔460〕〕の"ekaṃ pi ... vādyabhāṇḍam"、第九四偈〔〔460〕〕の"puṣpeṇa ... ekena pi"である。また、第九三偈後半の"kim alpakaṃ pi"「どれほど少しであったとしても」も同趣旨であると考えられる。このようにして説かれる〝小善成仏〟、つまり、〝小善によって将来の成仏が確定する〟という教説は、「方便品」散文部分には全く見られないものであるが、すでに論じたように、「法師品」散文部分の〔411〕には、"antaśa <u>ekāpi gāthā</u> śrutā <u>ekapadam api</u> śrutaṃ" "antaśa <u>ekacittotpādenāpy</u> anumoditaṃ"、〔414〕には"antaśa ekagāthām api dhārayiṣyanti” とあり、また「随喜功徳品」散文部分の〔408〕には “antaśa ekagāthām apy ekapadam apy anumodya” とあるので、この種の表現が「法師品」等の散文部分から「方便品」偈にもたらされたものであることは、明らかであろう。

なお、〝たった一つであっても〟(ekāpi, ekam api) という表現によって明示される〝小善〟、あるいは〝極小善〟によって将来の〝成仏〟が確定するという〝小善成仏〟の教説は、『末灯鈔』第一通で、

〔483〕信心のさだまるとき往生またさだまるなり。[463]

と述べられる親鸞の〝信の一念義〟と構造を等しくしているであろう。つまり、これは「信心」が定まった時点で〝成仏〟したというのではなくて、その時点で「往生」が定まったことを言っているのであるが、しかし、その時点で〝正定聚〟に入り、死後〝往生〟してから〝成仏〟することも定まったという意味では、「信心」が獲得されたときに、将来の〝成仏〟が確定したということをも、意味しているのである。

しかるに、ここに言われる「信心」が、同時に「一念」とも表現されることは、この「信心」が「方便品」偈の〝小善〟と同じ思想的意義をもっていることを示している。即ち、『教行信証』「信巻」では、次のように説明されるのである。

〔484〕然『経』言「聞」者、衆生聞仏願生起本末無有疑心、是曰「聞」也。言「信心」者、則本願力廻向之信心也。言「歓喜」者、形身心悦豫之皃也。言「乃至」者、摂多少之言也。言「一念」者、信心無二心故曰「一念」、是名一心。一心則清浄報土真因也。[464]

ここには、「本願力廻向之信心」が「一念」であり、「清浄報土ノ真因」であるという〝他力廻向説〟〝信の一念義〟〝信心正因説〟が説かれていると思われるが、注意すべきことは、ここで冒頭の「経」とは『無量寿経』を指しており、従って、この〔484〕は、この経の第一八願の成就文、つまり、

〔485〕諸有衆生、聞其名号、信心歓喜、乃至一念、至心廻向、願生彼国、即得往生、住不退転、唯除五逆誹謗正法。

（大正一二、二七二中八―一二）

という経文の「聞其名号、信心歓喜、乃至一念」という語に対して、親鸞がその解釈を述べた一節だという点である。しかるに、ここで「乃至一念」の原語は〝antaśa ekacittotpādam apy〟(465)「僅かに一つの発心でも」と考えられ、これは「法師品」〔411〕に用いられた〝antaśa ekacittotpādenāpy〟とほぼ完全に一致している。要するに、僅か一偈の〝聞法〟でも、僅か一華の〝供養〟でも、あるいは僅か「一念」の「信心」でも、将来の〝成仏〟がその時点で確定するという考え方は、私見によれば、〝行〟を〝極小化〟することによって〝行〟の時間性を否定する頓悟的な安易な〝易行〟の教説であるように思われるのである。

では、以上で「方便品」偈の〝過去仏章〟の問題点に関する考察を終り、次に〝過去仏章〟の後に続く〝未来仏章〟について検討したい。この章は、第九八偈―第一〇三偈という僅か六偈からなる章である。まず、第九八偈・第九九偈では〝未来世にも無数の仏陀がいて、「この方便」を説き、それによって無数の生類を「仏智」に導くであろう〟という趣旨が述べられる。おそらく、ここには〝「方便」の後に「仏智」〟という〝時間の二分法〟という考え方が認められるであろう。以上の二偈には、まだ〝dharma〟「法」という言葉は使用されていないが、これに続く第一〇〇偈には、この言葉が用いられ、〝dharma〟「法」=『法華経』を聞くこと、つまり、〝聞法〟の意義が、そこでは次のように述べられている。

〔486〕eko 'pi sattvo na kadāci teṣāṃ śrutvāna dharmaṃ na bhaveya buddhaḥ /
praṇidhānam etad dhi tathāgatānāṃ caritva bodhāya carāpayeyam // [II, v.100]（K, 53,3-4）

〔487〕得聞是法、未有一人、群萌品類、豈弘了覚、
諸大聖法、皆本所願、行仏道時、最後究竟。（『正法華』七一下二四―二七）

〔488〕若有聞法者、無一不成仏、諸仏本誓願、我所行仏道、普欲令衆生、亦同得此道。（『妙法華』九中三―五）

(287)彼等（未来世の諸仏）に、法（dharma）を聞いて（śrutvāna）、仏陀とならないであろう衆生（sattva）は、決して一

人もいないであろう。というのも、「菩提（bodhi）に向って、行じてから、〔衆生たちに〕行じさせよう」というこれが、如来たちの願（praṇidhāna）であるから。

ここには、〝聞法〟によって必ず〝成仏〟するという因果関係、つまり、〝聞法〟による〝成仏〟〝菩提〟が説かれているのであるから、この点では、この偈は〝諸仏章〟の第五三偈（〔387〕）や〝過去仏章〟の第七五偈前半・第七六偈第四句（〔390〕）に相当すると見ることができる。

しかるに、僅かに六偈よりなる〝未来仏章〟には、他の章には明確に認められないような特異で重要な教説が説かれていることが、注目される。即ち、〝未来仏章〟の第一〇二偈・第一〇三偈には、如来蔵思想、またはその起源となる思想が説かれていると考えられているのである。この点について平川彰博士は、次のように論じられている。

> (288)方便品で説かれている思想は「一仏乗」である。これは、声聞や独覚（縁覚）にまでも、仏の知見を開かしめる教えである。しかし声聞や独覚でも、自己が成仏できるとの確信を起こしうるのは、自己に仏性があることを発見するからである。『法華経』にはまだ「仏性」という表現はないが、それと同じものが「諸法の本性（prakṛti）は常に清浄（prabhāsvara）である」（方便品、梵本一〇二偈）と表現されている。「諸法本性清浄」は、『般若経』その他にあり、「心性本浄」と同じ意味である。この心性本浄説が発展して、悉有仏性や如来蔵説に発展するのである。
>
> 従って、『法華経』のいう『正法』とは、教説としては、開三顕一の一仏乗の教えであるが、理としては「諸法実相」としての諸法の本性浄であり、主体的には菩薩行を行ずる菩薩の「自己に仏性あり」との自覚である。
>
> ……
>
> 『法華経』には、方便品を中心とする迹門と、寿量品を中心とする本門とがあるといわれる。寿量品は開迹顕本の教えであり、釈迦仏が久遠実成の仏陀であることを示すことによって、方便品で示した仏性常住を実証しているのである。[466]〔傍線＝松本〕

この論述に従えば、平川彰博士は、「方便品」偈の〝未来仏章〟に含まれる第一〇二偈に説かれる「諸法本性清浄」の説を、基本的には如来蔵・仏性の思想と把え、これを「方便品」、あるいは『法華経』全体の中心的思想と見なされていることが理解される。「方便品で示した仏性常住」というやや極端とも思われる表現も、以上の博士の見解を明示するものであろう。

この平川説に対して、予じめ私見を言えば、「方便品」第一〇二偈に説かれる教説は、「方便品」散文部分には、全く認められない。従って、第一〇二偈の所説を「方便品」の中心思想と把えることは適切ではないと思われるが、「方便品」第一〇二偈に如来蔵思想、または、その起源ともいうべき思想が説かれているという平川彰博士の見解は、極めて重要であると思われる。そこで、以下に問題の第一〇二偈、及びそれとセットをなしていると思われる第一〇三偈のテキスト等を示し、その所説について検討することにしよう。

〔489〕sthitikā hi eṣā sada dharmanetrī prakṛtiś ca dharmāṇa sadā prabhāsvarā /
viditva buddhā dvipadānam uttamā prakāśayiṣyanti mam ekayānam // [II, v.102]
dharmasthitiṃ[467] dharmaniyāmatāṃ ca nityasthitāṃ loki imāṃ akampyāṃ /
buddhvā ca bodhiṃ pṛthivīya maṇḍe prakāśayiṣyanti upāyakauśalam // [II, v.103]（K, 53,7-10）

〔490〕諸法本浄、常行自然、此諸誼者、仏所開化、
而両足尊、乃分別道、故暢斯教、一乗之誼。〔第一〇二偈〕
諸法定意、志懐律防、常処于世、演斯讃頌、
毎同讃説、善権方便、諸最勝尊、志意弘大。〔第一〇三偈〕（『正法華』七二上一—六）

〔491〕諸仏両足尊、知法常無性、仏種従縁起、是故説一乗。〔第一〇二偈〕
是法住法位、世間相常住、於道場知已、導師方便説。〔第一〇三偈〕（『妙法華』九中八—一一）

(289) 実に（hi）この法の道理（dharma-netrī）は、常に（sadā）住しているもの（sthitika）である。また、諸法の本性

（prakṛti）は、常に（sadā）明浄（prabhāsvara）である。両足あるもの（人間）たちの最高者である仏陀たちは、〔これを〕知って、この一乗（ekayāna）を説き明すであろう（prakāśayiṣyanti）。〔第一〇二偈〕
常に住し（nitya-sthita）、世間（loka）において不動（akampya）である、この法の常住性（dharma-sthiti）と法の決定性（dharma-niyāmatā）を、菩提（bodhi）を、地上の道場（maṇḍa）で悟ってから、方便善巧（upāya-kauśala）を説き明すであろう。〔第一〇三偈〕

まず第一に、ここには、〝無常なもの〟ではなく、常に存在しているもの、つまり、〝常住なもの〟の存在が肯定的に説かれていることは、確実であろう。即ち、この〔489〕では、次のものが、すべて〝常住なもの〟と見なされているのである。

dharma-netrī = prakṛti [dharmāṇām] = eka-yāna = dharma-sthiti = dharma-niyāmatā

そして、これらの〝常住なもの〟の〝常住性〟が "sthitika" "sadā" "nitya-sthita" "akampya" という語によって述べられていると考えられる。

しかるに、右に挙げた〝常住なもの〟のうち、"dharma-sthiti" と "dharma-niyāmatā" という語は、原始仏典以来の用例にもとづいているのであって、この二つの語が、次のような有名な「相応部」の経文で、"dhamma-ṭṭhitatā" "dhamma-niyāmatā" と言われたものにもとづいていることは、言うまでもない。

〔492〕katamo ca bhikkhave paṭiccasamuppādo // jātipaccayā bhikkhave jarāmaraṇam uppādā vā tathāgatānam anuppādā vā tathāgatānaṃ // ṭhitā va sā dhātu dhammaṭṭhitatā dhammaniyāmatā idappaccayatā // taṃ tathāgato abhisambujjhati abhisameti //（Samyuttanikāya, II, 25,17-21）

(290)比丘たちよ、縁起（paṭiccasamuppāda）とは何か。生という縁から老死がある。諸の如来が〔世間に〕出現しても、出現しなくても、この界（dhātu）、法の常住性（dhamma-ṭṭhitatā）、法の決定性（dhamma-niyāmatā）、此縁性（idappaccayatā）〔これを縁とすること〕は、住しているもの（ṭhita）である。それを如来は悟り、現観する。

ここでは、「縁起」が、如来の出世・不出世にかかわりなく常に住している〝永遠不変の真理〟であるということが説かれていると思われる。即ち、ここでは、次のものが〝常住なもの〟と見なされているのである。

paṭiccasamuppāda = dhātu = dhamma-ṭṭhitatā = dhamma-niyāmatā = idappaccayatā

しかるに、ここに説かれた“dhātu”「界」は、思想的には、大乗『涅槃経』の“buddha-dhātu”「仏性」という概念にまで発展していく契機を充分にそなえていると見ることができる。というのも、両者は、ともに〝常住なもの〟と考えられるからである。

しかるに、「相応部」の経文〔492〕の“dhātu”から大乗『涅槃経』の“buddha-dhātu”への思想的発展を想定することは、決して不適切であるとは考えられない。というのも、この経文〔492〕の所説にもとづいて、

〔493〕anādikāliko dhātuḥ sarvadharmasamāśrayaḥ /
tasmin sati gatiḥ sarvā nirvāṇādhigamo 'pi ca //[468]

(291)無始時の（anādikālika）界（dhātu）は、一切諸法の等しい基体（sama-āśraya）である。存在しているそれにおいて（tasmin sati）、一切の趣はあり、また涅槃の証悟もある。

という所謂『大乗阿毘達磨経』の偈が作成されたとも見られるのであるが、[469] この偈における“dhātu”は、この偈を引用する『宝性論』*Ratnagotravibhāga*（RG, Johnston ed.）においては、“tathāgata-garbha”「如来蔵」を意味すると[470]説明されるからである。

このように、如来蔵思想の中心概念である“tathāgata-garbha”や“buddha-dhātu”へと思想的に発展していく充分な論理的契機をそなえていると見られる〝常住なるdhātu〟を説く「相応部」経文〔492〕にもとづいて、〝常住なもの〟を“dharma-sthiti”“dharma-niyāmatā”という語によって表現したと考えられる「方便品」第一〇二偈・第一〇三偈〔489〕に、如来蔵思想、またはその原型が説かれていると見るのは、極めて妥当なことであろう。従って、私は、平川博士が(288)で「『法華経』にはまだ「仏性」という表現はないが、それと同じものが「諸法の本性（prakṛti）は常に清浄

(prabhāsvara) である」(方便品、梵本一〇二偈) と表現されている」と述べられた見解に基本的に賛成したい。ただし、平川博士は、この文章で、「相応部」経文〔492〕で用いられた“dhamma-ṭṭhitatā”や“dhamma-niyāmatā”と同義と見られる「方便品」第一〇二偈・第一〇三偈〔489〕の“dharma-sthiti”や“dharma-niyāmatā”という語を問題にされているのではなく、むしろ“prakṛtiś ca dharmāṇa sadā prabhāsvarā”という表現に注目されているのであり、(288)では、更にこの表現によって示される「諸法本性清浄」説は、『般若経』等に説かれること、また、これは「心性本浄説」と同じ意味であり、後者が発展して如来蔵思想が形成されたこと等を論じておられるのである。ここで「心性本浄説」と言われるのは、おそらく『八千頌般若経』の、

〔494〕prakṛtiś cittasya prabhāsvarā / (AS, 3,18)

(292)心 (citta) の本性 (prakṛti) は、明浄 (prabhāsvara) である。

という経文の所説を指すと思われる。しかるに、この経文は、最古の漢訳である『道行般若経』には、この一文のみ訳文が欠けているにもかかわらず、その後の諸漢訳では訳文が存在しているので、本来のテキストに後に付加されたものであることは明らかであるが、[471]「方便品」第一〇二偈・第一〇三偈の作者が、この文章がすでに付加された『八千頌般若経』のテキストを知っていた可能性も充分に考えられる。更に『大般若』の『理趣分』には、“一切諸法”は“prakṛti-prabhāsvara”「本性によって明浄である」という経文が複数あることが、渡辺博士によって指摘されている。[472]いずれにせよ、第一〇二偈第二句の“prakṛtiś ca dharmāṇa sadā prabhāsvarā”は、『般若経』の何等かの経文から影響を受けて作成されたものと考えられるであろう。

しかるに、「方便品」第一〇二偈・第一〇三偈〔489〕が、「相応部」経文〔492〕に大きく依存していることを考慮するならば、第一〇二偈第一句の“sthitikā hi eṣā [sada dharmanetrī]”は〔492〕の“ṭhitā va sā [dhātu]”を言い換えたもののように見えるのであり、また第一〇三偈の“dharmasthitiṃ dharmaniyāmatāṃ ... buddhvā”も、〔492〕の“dhammaṭṭhitatā dhammaniyāmatā ... taṃ ... abhisambujjhati”と趣旨が一致しているように思われるのである。

かくして、平川博士が論じられたように、「方便品」第一〇二偈・第一〇三偈〔489〕において、如来蔵思想、またはその原型となるような思想が説かれているということは、確実であろう。では何故〝未来仏章〟のこの個所にそのような思想が説かれているのであろうか。この問題を解決するためには、「方便品」第一〇二偈・第一〇三偈の前に置かれている次のような第一〇一偈について、検討しなければならないであろう。

〔495〕 dharmāmukhā koṭisahasraneke prakāśayiṣyanti anāgate 'dhve /
upadarśayanto imam ekayānaṃ vakṣyanti dharmaṃ hi tathāgatatve // [II, v.101]（K, 53,5-6）

〔496〕無量法門、億千姟数、当来最勝、之所講説、
諸如来尊、常宣布法、是則得見、諸仏正教。（『正法華』七一下二七—二九）

〔497〕未来世諸仏、雖説百千億、無数諸法門、其実為一乗。（『妙法華』九中六—七）

(293)未来世において、〔諸仏は〕幾千コーティもの法門（dharma-mukha）を説き明すであろうが、この一乗（eka-yāna）を示しながら（upadarśayanto）、如来性（tathāgatatva）について、法（dharma）を説くであろう。

この偈は難解である。しかし、おそらく、ここには〝未来世の諸仏も、方便によって多数の法門を説き、一乗を示しながらも、[473]実は如来性について法を説いているのである〟という趣旨が説かれているのではないかと思われる。つまり、ここで何よりも重要なのは、“tathāgatatva”という言葉の意味であるが、この語は〝仏性〟を意味し、それ故にこそ、この語に導き出されて、次の第一〇二偈・第一〇三偈〔489〕において、“sthitikā hi ... sada dharmanetrī”“prakṛtiś ... sadā”という〝常住の実在〟を説く如来蔵思想が説かれたのではないかというのが、私の基本的な理解なのである。[474]

平川博士は、(288)で「法華経にはまだ「仏性」という表現はないが」と述べられたが、これは「仏性」を大乗『涅槃経』で使用された“buddha-dhātu”の訳語と見る限りでは正しいであろう。しかし、「仏性」という語を大乗『涅槃経』の“buddha-dhātu”の訳語とのみ解するならば、〝仏性〟思想の形成について充分な理解は得られないであろう。

例えば、『宝性論』を見てみると、そこでは“tathāgatatva”という語も〝一切衆生〟の中にある“buddha-dhātu”や

“tathāgata-dhātu” の同義語として用いられている。[475] また、『大乗荘厳経論』「菩提品」で繰返される “buddhatva”[476] という語も、決して「仏果」、つまり、修行の結果として到達された〝仏陀である状態〟を指すのではなく、〝常住〟なる “tathatā” や “buddha-dhātu” と同じ意義をもつものであろう。更に『如来蔵経』*Tathāgatagarbhasūtra* について見ると、そこでは〝一切衆生〟の中にあるとされるものが、第一に “tathāgata”[477]、更に “tathāgatatva” “tathāgatagarbha” 等と呼ばれていると考えられる。特に、ツィンマーマン Zimmermann 教授の著書 *A Buddha Within: The Tathāgatagarbhasūtra* (TGS[Z]) に示された校訂テキストのうち、“3B” のチベット訳（大蔵経所収本）には、次の一節がある。

〔498〕 rigs kyi bu dag de bshin du de bshin gśegs pa yaṅ de bshin gśegs paḥi spyan gyis sems can thams cad la de bshin gśegs pa ñid / saṅs rgyas ñid raṅ byuṅ ñid ñon moṅs paḥi sbubs kyi śun pas dkris śiṅ gnas par mthoṅ ṅo //（TGS[Z], 272,1-3)

[294]善男子たちよ、それと同様に、如来も、如来の眼によって、一切衆生（sarva-sattva）において、如来性（de bshin gśegs pa ñid, tathāgatatva）・仏陀性（saṅs rgyas ñid, buddhatva）・自生者性（raṅ byuṅ ñid, svayaṃbhūtva）が、煩悩（kleśa）の覆いという外皮に覆われて存在しているのを見る。

ここに〝一切衆生〟の中にあるとされるものとして、“tathāgatatva” “buddhatva” “svayaṃbhūtva” という三つの語が列挙されているのであるが、これらは修行の結果として到達された〝仏果〟、つまり、〝仏陀である状態〟を言うのであろうか。それとも、大乗『涅槃経』で説かれる “buddha-dhātu” のように〝常住なる普遍的実在〟を言うのであろうか。常識的に考えれば、〝一切衆生〟の中に修行の結果として到達された〝仏陀である状態〟があるというのは不自然であり、また、右の一節で〝一切衆生〟の中にあるとされた “tathāgatatva” “buddhatva” “svayaṃbhūtva” に相当するものは、後に大乗『涅槃経』では “buddha-dhātu” と呼ばれるようになったと考えられるから、後者の可能性、つまり、〔498〕において “tathāgatatva” “buddhatva” “svayaṃbhūtva” は〝常住なる普遍的実在〟を意味していると見るべきであろう。実際、不空による第二の漢訳では、“tathāgatatva” は「如来体」[478]と訳されているのである。

しかし、この点について確認するためには、『八千頌般若経』における “tathāgatatva” “buddhatva” “svayaṃbhūtva” の用例について検討する必要がある。即ち、ツィンマーマン教授も指摘されているように[479]、前掲の三つの語に更に“sarvajñatva”を加えた四つの語の列挙は、『八千頌般若経』の第一三章「不可思議品」（Acintya-parivarta）に集中的に認められる。その最初の例は、次の一節に見られるものであるが、対応する『道行般若経』の訳文とともに示そう。

〔499〕kathaṃ ca subhūte acintyakṛtyeneyaṃ prajñāpāramitā pratyupasthitā / acintyaṃ hi subhūte tathāgatatvaṃ buddhatvaṃ svayaṃbhūtvaṃ sarvajñatvam /（AS, 138,7-8）

〔500〕安隠般若波羅蜜、不可計究竟、怛薩阿竭無師薩芸若[480]。（『道行』四五〇下一三―一四）

(295)しかるに、スブーティ（Subhūti）よ、どのようにして、この般若波羅蜜（prajñā-pāramitā）は、不可思議（acintya）な目的（kṛtya）に資する（pratyupasthita）のか。というのも、スブーティよ、如来性（tathāgatatva）・仏陀性（buddhatva）・自生者性（svayaṃbhūtva）・一切智者性（sarvajñatva）は、不可思議だからである。

ここで“tathāgatatva”等は“acintya”「不可思議」であると言われているので、“kṛtya”「目的」と見なされていると思われる。従って、ここに言われる“tathāgatatva”等は修行の結果として到達された〝仏果〟、つまり、〝仏陀である状態〟を意味するのであって、〝常住なる普遍的実在〟を意味するのではないと考えられるかもしれない。しかし、実は事情はそれほど簡単ではないのである。というのも、『八千頌般若経』では、〔499〕の後で更に〝“tathāgatatva”“buddhatva”“svayaṃbhūtva”だけが、“acintya”“atulya”（類比できないもの）“aprameya”（知ることのできないもの）“asaṃkhyeya”（計算できないもの）“asamasama”（等しいものがないもの）であるのか、それとも、色受想行識の五蘊の一つ一つもそうであるのか〟という質問がスブーティよりなされ、それに対して、仏陀は、五蘊の一つ一つも、“acintya”“atulya”“aprameya”“asaṃkhyeya”であることを認め、更にその理由を次のように述べているからである。

〔501〕tat kasya hetoḥ / rūpasya hi subhūte yā dharmatā na tatra cittaṃ na cetanā na caitasikā dharmā na tulanā / evaṃ vedanāyāḥ saṃjñāyāḥ saṃskārāṇāṃ vijñānasya hi subhūte yā dharmatā na tatra cittaṃ na cetanā na caitasikā dharmā na tulanā // sarvadharmāṇāṃ hi subhūte yā dharmatā na tatra cittaṃ na cetanā na caitasikā dharmā na tulanā // evaṃ hi subhūte rūpam apy acintyam atulyam evaṃ vedanāpi saṃjñāpi saṃskārā api vijñānam apy acintyam atulyam / evaṃ sarvadharmā apy acintyā atulyāḥ // (AS, 138,27-32)

〔502〕諸法了無所有、正是中不可計。色痛痒思想生死識不可思。諸法亦不可量。（『道行』四五〇下二五―二七）

(296) それは何故かといえば、スブーティよ、何であれ、色の法性（dharmatā）なるもの、それには、心（citta）も、思（cetanā）も、心所（caitasika）の諸法も、類比（tulanā）もおこらない。同様に、スブーティよ、何であれ、受・想・行・識の法性なるもの、それには、心も、思も、心所の諸法も類比もおこらない。スブーティよ、何であれ、一切法の法性（sarvadharmāṇām ... dharmatā）なるもの、それには、心も、思も、心所の諸法も、類比もおこらない。かくしてスブーティよ、色も不可思議であり、類比できないものである。同様に、受・想・行・識も、不可思議であり、類比できないものである。同様に、一切法も、不可思議であり、類比できないものである。

ここでは〝五蘊〟を始めとする「一切法」が“acintya”「不可思議」であることが、その「一切法」の“dharmatā”「法性」が「不可思議」であることを理由にして説かれていると考えられる。とすれば、〔499〕で“acintya”であると言われた“tathāgatatva”“buddhatva”“svayaṃbhūtva”“sarvajñatva”は、ここで“acintya”であると言われた“dharmatā”「法性」、つまり、“sarva-dharmāṇām ... dharmatā”「一切法の法性」に相当すると見ることができるであろう。しかるに、そうであるとすれば、〔499〕の“tathāgatatva”等は〝仏果〟としての〝仏陀である状態〟を意味するというよりも、むしろ〝常住なる普遍的実在〟を意味すると考えられるであろう。従って、また、『如来蔵経』〔498〕における“tathāgatatva”“buddhatva”“svayaṃbhūtva”も〝常住なる普遍的実在〟を意味すると見られるのである。

しかるに、以上の解釈の妥当性を更に補強するために、『八千頌般若経』において〔499〕がどのような文脈において述べられるのかを確認しておきたい。というのも、『八千頌般若経』では〔499〕を含む「不可思議品」の前の章である「示現世間品」（Lokasaṃdarśana-parivarta）あたりから、如来蔵思想的傾向が顕著に認められるようになるからである。即ち、その「示現世間品」では、まず“yathābhūtatā”「如実性」という語が、次のように用いられている。

〔503〕 yā subhūte cittasya sarāgatā, na sā cittasya yathābhūtatā / yā cittasya yathābhūtatā, na sā cittasya sarāgatā /（AS, 128,30-31）

〔504〕 知愛欲心之本、無愛欲心。（『道行』四四九上二二―二三）

㉙⑦スブーティよ、何であれ、心の有欲性（sarāgatā）なるもの、それは心の如実性（yathābhūtatā）ではない。何であれ、心の如実性なるもの、それは心の有欲性ではない。

これは、〝心は真実としては、つまり、“yathābhūtam”「如実には」愛欲をもつものではない〟ということを、真実性、即ち、“yathābhūtatā”「如実性」という抽象名詞を用いて表現したものであろうが、この“yathābhūtatā”という抽象名詞は、『八千頌般若経』において、普遍的原理を意味する“tathatā”「真如」という語を導入する役割を果していると思われる。即ち、まず「示現世間品」の〔503〕よりも後の個所に、次のような経文がある。

〔505〕 tathā subhūte tathāgato rūpaṃ jānāti yathā tathatā / evaṃ hi subhūte tathāgato rūpaṃ jānāti / evaṃ vedanā saṃjñā saṃskārāḥ / iha subhūte tathāgato vijñānaṃ jānāti /（AS, 134,11-14）

〔506〕 怛薩阿竭知色之本無、如知色本無、痛痒思想生死識亦爾。（『道行』四四九下二九―四五〇上一）

㉙⑧スブーティよ、如来は、真如（tathatā）のように、そのように、色を知る。スブーティよ、如来は、色を知るように、受・想・行を知る。スブーティよ、如来は、ここで、識を知る。

ここで、まず“tathatā”「真如」と言われるのは、『道行』に「色之本無」とあるように、「色」の「真如」を意味するが、“evaṃ”以下の文章は、受想行識という他の四蘊にも、それぞれの「真如」があることを意味している。しかし、勿論、五蘊それぞれの「真如」が相互に異なっているわけではない。それどころか、“skandha-tathatā”（AS, 134,17）「〔五〕蘊の真如」も、“loka-tathatā”（AS, 134,19）「世間の真如」も、“tathāgata-tathatā”（AS, 134,23）「如来の真如」も、要するに“sarva-dharma-tathatā”（AS, 134,20）「一切法の真如」は同一であるとされているのであり、この点が、明確に、

〔507〕 ekaivaiṣā tathatā（AS, 134,24）

〔508〕一本無、無有異。（『道行』四五〇上七—八）

(299)この真如（tathatā）は、一つだけ（ekā eva）〔同一〕である。

と説かれるのである。

しかるに、この〝単一な普遍的原理〟である“tathatā”「真如」と“tathāgata”「如来」との関係は、次のように述べられるのである。

〔509〕evaṃ hi subhūte tathāgatas tathatām abhisaṃbudhya lokasya tathatāṃ jānāti / avitathatāṃ jānāti / ananyatathatāṃ jānāti / evaṃ ca subhūte tathāgatas tathatām abhisaṃbuddhaḥ saṃs tathāgata ity ucyate //（AS, 134,29-31）

〔510〕怛薩阿竭、因般若波羅蜜、悉知世間本無無有異。如是須菩提、怛薩阿竭、悉知本無、爾故号字為仏。（『道行』四五〇上一一—一三）

(300)このように、スブーティよ、如来は真如（tathatā）を悟ってから（abhisaṃbudhya）、世間（loka）の真如を知る。無区別の真如（avitathatā）を知る。無異の真如（ananya-tathatā）を知る。また、スブーティよ、このようにして、如来は、真如（tathatā）を悟った（abhisaṃbuddha）とき、如来（tathāgata）と言われる。

ここには〝tathatā を覚ったものが tathāgata と言われる〟という考え方が明示されているが、これは、その後の仏教思想の展開に大きな影響を与えた極めて重要な考え方であることを、理解する必要がある。即ち、おそらく、この考え方にもとづいて、『如来蔵経』では“tathāgata”という語が、“buddha”という語よりも、重要視されたのであろうと思われる。つまり、この経で“tathāgata-garbha”という語は用いられたが、“buddha-garbha”という語が用いられなかった[481]理由も、〝一切衆生〟の中にあるとされる“tathāgata”、あるいは“tathāgata-garbha”とは、本来“tathatā”と同じものであるという理解が経典作者にあったからであろう。このような理解は、『八千頌般若経』〔509〕に示された〝tathatā を悟ったものが tathāgata と言われる〟という考え方によってもたらされたものと思われるが、実際、『如来蔵経』〔498〕では、『八千頌般若経』〔499〕と同様に、“tathāgatatva”は“buddhatva”の前に置かれているのであり、かつ

〔499〕の“buddhatva”は、諸漢訳から見て、後に付加された語であると考えられるのである。

更に『八千頌般若経』〔509〕と「相応部」経文〔492〕の関係にも注意しなければならないであろう。即ち、〔492〕では“taṃ tathāgato abhisambujjhati”と言われ、これは〝如来は dhātu を悟る〟という意味であろうが、〔509〕でも“tathāgatas tathatām abhisambuddhaḥ”と言われ、文章が類似している。しかも、「相応部」経文〔492〕の“abhisambujjhati”と同じ“abhi-saṃ√budh”という動詞が〔509〕では二回も使われている。これは『八千頌般若経』〔509〕が「相応部」経文〔492〕を意識して作成されたことを意味しているのではないかと思われる。つまり、『八千頌般若経』〔509〕の作者は、〔492〕の“dhātu”を、〝単一なる普遍的原理〟を表わすのに最も相応しい語と考えられる“tathatā”という語に言い換えて表現したのである。

しかるに、このように、『八千頌般若経』〔509〕と「相応部」経文〔492〕の関係を想定することの妥当性は、「示現世間品」で〔509〕の少し後に置かれる次のような五つの経文によって、確認されるであろう。なお、これらの経文については、羅什訳の『小品般若経』の訳文も示すことにしたい。まず、次のような経文がある。

〔511〕śūnyam iti devaputrā atra lakṣaṇāni sthāpyante / ānimittam iti devaputrā atra lakṣaṇāni sthāpyante / anabhisaṃskāra iti anutpāda iti anirodha iti asaṃkleśa iti avyavadānam iti abhāva iti nirvāṇam iti dharmadhātur iti tathateti devaputrā atra lakṣaṇāni sthāpyante /（AS, 135,12-15）

〔512〕作相著已、無相無願無生死所生無所有。（『道行』四五〇上二一―二二）

〔513〕諸法以空為相、以無相無作無起無生無滅無依為相。（『小品』五五八中二九―下一）

(301)天子たちよ、ここに（諸法に）、空（śūnya）であるという相（lakṣaṇa）が置かれる（sthāpyante）。無相（ānimitta）・無願（apraṇihita）であるという相が置かれる。無作・無生・無滅・無染・無浄・無有・涅槃・法界（dharmadhātu）・真如（tathatā）であるという相が、ここに置かれる。

ここには、〝諸法〟に「空」「無相」「無願」等の“lakṣaṇa”「相」が置かれることが説かれているが、これらの「相」

の中には、“dharma-dhātu”「法界」、“tathatā”「真如」という重要な概念も含まれている。“dharma-dhātu”も“tathatā”も、〔512〕〔513〕には訳語を欠いており、このうち“dharma-dhātu”については『仏母』に「法界」（大正八、六三一下一七）と訳されているから、いずれも、後にテキストに付加された語であることが知られるであろう。ただし、これらの「空」「無相」「無願」等の「相」の列挙に、後に「法界」や「真如」が加えられるということは、これらの「相」が、それ自体、複数形の名詞であるにもかかわらず、〝単一な普遍的原理〟という意味をもっていることを示しているであろう。

しかも、この点は、〔511〕の後に続く、次のような経文を読むことによって、確認されるのである。

〔514〕 tat kasya hetoḥ / aniśritāni hi devaputrā etāni lakṣaṇāni / ākāśasadṛśāni hi devaputrā etāni lakṣaṇāni / (AS, 135,15-16)

〔515〕 無所住是者作其相、其相者若如空住。（『道行』四五〇上二二―二三）

〔516〕 是諸相、如空無所依。（『小品』五五八下一―二）

(302) それは何故かというと、天子たちよ、これらの相（etāni lakṣaṇāni）は、〔何ものにも〕依存しないもの（aniśrita 無所依）であるから。というのも、これらの相は、虚空（ākāśa）と等しいものであるから。

即ち、「これらの相」は“aniśrita”「〔何ものにも〕依存しないもの」であり、「虚空と等しいもの」であると、ここで言われたのであるが、そのうち“aniśrita”とは、『維摩詰所説経』[482]に出る「従無住本、立一切法」（大正一四、五四七下二二）、つまり、“apratiṣṭhānamūlapratiṣṭhitāḥ sarvadharmāḥ”「一切法は、依りどころをもたないもの（apratiṣṭhāna）という根（mūla）に依存している」という文中の“apratiṣṭhāna”「無住」と同様に、それ自身は最早、いかなる〝基体〟（依りどころ）ももたない〝一切法の最終的基体〟〝一切法の単一な基体〟を意味している。また、“ākāśa”「虚空」も〝一切万物の最終的で単一な基体〟という意味をもっている。つまり、「虚空」には〝無区別性〟＝〝単一性〟と〝無基体性〟＝〝基体性〟という二つの性格が認められる。[483] 従って、「空」「無相」等の「これらの相」は、複数形の名詞であるにもかかわらず、〝一切法の単一な基体〟であると述べられているから、それが、「真如」や「法界」と同様に、

〝単一な普遍的原理〟と見なされていることは明らかであろう。

しかるに、ここに一つ疑問が生じるであろう。つまり、「空」「無相」等の「これらの相」は、〝諸法〟に“sthāpyante”「置かれる」ものであるから、〝諸法〟と「これらの相」の関係は、〝諸法〟が〝基体〟（依りどころ）であり、「これらの相」が〝超基体〟（依るもの）なのではなかろうか。この疑問に対しては、〔514〕の少し後に出る次のような二つの経文によって、解答が示されているように思われる。

〔517〕naitāni lakṣaṇāni rūpaniśritāni / na vedanāsaṃjñāsaṃskāravijñānaniśritāni / (AS, 135,18-19)

〔518〕所住相……〔色者不能作相、痛痒思想生死識、亦不作相〕[484]。（『道行』四五〇上二四―二六）

(303)これらの相（lakṣaṇa）は、色に依存するもの（niśrita）ではない。受想行識に依存するものではない。

〔519〕asaṃskṛtatvād bhagavan ākāśasya nākāśaṃ kenacit sthāpitam / (AS, 135,24-25)

〔520〕無有能作空者。（『道行』四五〇上二九）

〔521〕虚空無有作者、何以故、虚空無為故。（『小品』五五八下七―八）

(304)世尊よ、虚空（ākāśa）は無為（asaṃskṛta）ですから、虚空は誰によっても置かれません。

即ち、まず〔517〕において、「これらの相」は色受想行識の五蘊という〝一切法〟に“niśrita”「依存するもの」ではないと言われている。これは、〔514〕で「これらの相」が“aniśrita”「〔何ものにも〕依存しないもの」と言われたことを、説明した文章とも見られるが、ここでは明確に「これらの相」と〝一切法〟の関係が、〝基体〟と〝超基体〟として説明されているように思われる。

また、〔519〕の経文では、「虚空」は“asaṃskṛta”「無為」であるから、誰によっても「置かれない」“na sthāpitam”と言われている。しかし、もともと、「空」「無相」等の「これらの相」は、〔511〕で〝諸法〟に“sthāpyante”「置かれる」と言われたのであるから、〔514〕で「これらの相」と等しいものとされる「虚空」が、この〔519〕で「置かれない」というのは、矛盾に見えるのであるが、その矛盾が、ここでは〝「虚空」は「無為」であるから〟という論理によって、強引に回避されているように見える。確かに「無為」であるものは〝常住〟なものであるから、それを置いたりすることはできないであろう。かくして、「虚空」=「これらの相」は〝一切法の単一で常住なる基体〟であることが示されたと考えられる。

しかるに、この〔519〕の経文の直後に置かれるのが、次に示す重要な経文であり、ここに『八千頌般若経』〔509〕が「相応部」経文〔492〕にもとづいているという関係が明示されているのである。

〔522〕 evam etad devaputrāḥ / <u>utpādād vā tathāgatānām anutpādād vā tathaivaitāni lakṣaṇāni sthitāni</u> // tat kasya hetoḥ yathaitāni hi sthitāni tathā bhūtāni tathāgatenābhisaṃbudhya ākhyātāni / tasmād devaputrās tathāgatas tathāgata ity ucyate // (AS, 135,26-29)

〔523〕如是諸天子、其相者常住、有仏無仏、相住如故。如是住者故、怛薩阿竭、成阿惟三仏故、名怛薩阿竭、即是本無如来。(『道行』四五〇上二九—中三)

〔524〕諸天子、此諸相亦如是、有仏無仏、常住不異。諸相常住故、如来得是相已、名為如来。(『小品』五五八下八—一〇)

(305)天子たちよ、これはそれと同様である(evam)。即ち、如来たちが出現しても、出現しなくても、これらの相(etāni lakṣaṇāni)は、〔常に〕そのまま(tathā eva)住しているもの(sthita)である。それは何故かというと、これら〔の相〕が住しているように、そのように(tathā)真実なもの(bhūta)〔であるこれらの相〕が、如来によって悟られてから(abhisaṃbudhya)、説かれた(ākhyāta)のである。それ故、天子たちよ、如来(tathāgata)は、如来と言われるのである。

即ち、ここで、まず "utpādād vā tathāgatānām anutpādād vā tathaivaitāni lakṣaṇāni sthitāni" という文章が「相応部」経文〔492〕の "uppādā vā tathāgatānaṃ anuppādā vā tathāgatānaṃ ṭhitā va sā dhātu" という文章を承けていることは明らかであろう。〔492〕では "dhātu" の〝常住性〟を述べるために、このような表現が採られたのであるが、この〔522〕では

「これらの相」の〝常住性〟を言うために、同様の表現が用いられたのである。両者に見られる“ṭhita”と“sthita”が完全に一致していることにも、注目しておきたい。

しかるに、『八千頌般若経』「示現世間品」の作者が「相応部」経文〔492〕の“dhātu”という語を〝基体〟という意味に解したことも、確実だと思われる。というのも、「これらの相」については、“aniśrita”「無所依」と説く〔514〕によっても、〝五蘊〟という〝一切法〟に依存しないと説く〔517〕によっても、〝一切法の基体〟であると説かれたと考えられるからである。また、〔511〕における「空」「無相」「無願」等の「これらの相」のリストに、後に“dharma-dhātu”という語が付加されたのも、「相応部」経文〔492〕の“dhātu”を意識したためであるかもしれない。

更に〔522〕の後半では〝「これらの相」という“tathā”「そのように」“bhūta”「真実なもの」を悟ったものが“tathāgata”と言われる〟と述べられるが、これは〔509〕の「真如（tathatā）を悟ったとき、如来と言われる」というのと同じ考え方であり、そのもとをたどれば、「相応部」経文〔492〕の“taṃ tathāgato abhisambujjhati”「それを如来は悟る」という文章にまで至りつくのである。つまり、これらの三つの経文、「相応部」経文〔492〕と『八千頌般若経』〔509〕と〔522〕に共通しているのは、それを“dhātu”と呼ぼうと、“tathatā”と呼ぼうと、とにかく〝一切法の常住で単一な基体〟を悟ったものが如来（tathāgata）であるという考え方なのである。

以上、『八千頌般若経』「示現世間品」に見られる如来蔵思想的教説について考察したが、それをまとめれば、次のようになるであろう。即ち、まず〔503〕では、“yathābhūtatā”という抽象名詞が用いられ、この語に導き出されて、〔505〕以下において“tathatā”という語が使用されたと思われること、また、その“tathatā”とは“sarvadharma-tathatā”「一切法の真如」、つまり、〝一切法〟に一つしかない〝単一な普遍的原理〟であることが〔507〕等に示され、〔509〕と〔522〕では〝tathatā を悟ったものが tathāgata である〟という考え方が“dhātu”の〝常住性〟を説く「相応部」経文〔492〕にもとづいて述べられたこと、更に〔522〕で〝常住なもの〟とされるのは「空」「無相」等の“etāni lakṣaṇāni”「これらの相」であるが、これは実は“ākāśa”「虚空」と同様に、“aniśrita”「〔何ものにも〕依存しないもの」、つまり、

〝一切法の単一な最終的基体〟と見なされていること、これらの点が明らかになったと思われる。

このように、「示現世間品」で"sarvadharma-tathatā"「一切法の真如」というような〝常住なる普遍的原理〟が繰返し説かれたのを承けて、「不可思議品」〔499〕で"tathāgatatva""svayaṃbhūtva"等が説かれたことを考えれば、そこで"tathāgatatva"等は修行の結果として到達された〝仏果〟、つまり、〝仏陀である状態〟というのではなく、むしろ〝常住なる普遍的実在〟を意味していると考えるのが、妥当であろう。つまり、『八千頌般若経』の「不可思議品」〔499〕の"tathāgatatva"とは「示現世間品」の表現を用いれば、〔507〕の直前に言われる"tathāgata-tathatā"（AS, 134,23）を意味しているのであるが、〔507〕に示されたように、"tathatā"は"ekā eva"「一つだけ」なのであるから、それは勿論、単なる"tathatā"と同じものなのである。このような意味で、梶山雄一博士が、「不可思議品」〔499〕に出る"tathāgatatva""buddhatva""svayaṃbhūtva"を「如来の本性」「仏陀の本性」「みずから生ずるものの本性[485]」と和訳されたのは適訳であると思われるし、また、〔499〕の用語を踏襲したものと考えられる『如来蔵経』〔498〕の"tathāgatatva""buddhatva""svayaṃbhūtva"を、高崎直道博士が「如来の本質」「仏の本質[486]」等と和訳されたことも、極めて適切であったと思われるのである。

では、問題の発端となった「方便品」第一〇一偈〔495〕の"tathāgatatva"については、どのように考えるべきであろうか。私見によれば、この語が、『八千頌般若経』「不可思議品」の〔499〕で述べられた"tathāgatatva"と同様に、〝常住なる普遍的原理〟を意味することは、明らかだと思われる。その理由は、この第一〇一偈の"tathāgatatva"という語に導かれるような形で、第一〇二偈・第一〇三偈〔489〕において〝常住なる普遍的原理〟の存在が、「相応部」経文〔492〕の表現にもとづいて説かれるからである。〝常住なる普遍的原理〟の存在が、「相応部」経文〔492〕の表現にもとづいて説かれるということは、すでに『八千頌般若経』「示現世間品」の〔509〕と〔522〕で行われたことであり、従って、「方便品」第一〇一偈―第一〇三偈の作者が、『八千頌般若経』の「示現世間品」と「不可思議品」の所説から影響を受けていることは、確実であると思われる。

そこで、以下に『八千頌般若経』「示現世間品」の〔509〕〔522〕と「方便品」第一〇二偈・第一〇三偈〔489〕との間の密接な関係、つまり、前者に依存して後者が形成されたという関係を論証してみよう。まず、「示現世間品」〔522〕では「如来によって悟られてから、説かれた」というように、如来による〝成道〟だけでなく、その後の〝説法〟についても述べられているが、同じことが「方便品」第一〇三偈では“buddhvā ... prakāśayiṣyanti”と言われている。

次に、同じ第一〇三偈に対する羅什訳〔491〕には「世間相常住」とあり、このうち「相常住」、あるいは「相」の原語が梵語原典には見当らないのであるが、「示現世間品」〔522〕に対する羅什訳〔524〕には「諸相常住」という訳語が認められる。これは、おそらく〔522〕の“tathaivaitāni lakṣaṇāni sthitāni”の訳語であろうが、同じ「相常住」という訳語が、「方便品」第一〇三偈についても、〔491〕で羅什によって使用されたということは、羅什が両者、つまり、「方便品」第一〇三偈〔489〕と『八千頌般若経』「示現世間品」〔522〕の趣旨を同一視していたことを示すであろう。もしもこのように解するのでなければ、羅什訳『妙法華』〔491〕の「世間相常住」の「相常住」または「相」という訳語の意味は、全く理解できないであろう。

勿論、羅什が両者の趣旨を同一視していたということだけから、「方便品」第一〇三偈が『八千頌般若経』〔522〕に依存して形成されたという帰結を導くことはできないであろう。しかるに、その第一〇三偈に用いられた“loki”「世間において」とは何を意味しているのであろうか。何故ここで“loka”のことが言われなければならないのであろうか。これについて、私は、「方便品」第一〇三偈で“loka”という語が用いられたのは、『八千頌般若経』「示現世間品」で“loka”という語が多用されたことと関係するのではないかと考えるのである。即ち、〔509〕では“lokasya tathatā”「世間の真如」ということが言われたが、「示現世間品」はこの“loka”の真相を示し示現することをテーマとしていると見られる。というのも、この「示現世間品」には、次の一文が何度も定型句として繰返されるからである。

〔525〕prajñāpāramitā tathāgatānāṃ arhatāṃ samyaksaṃbuddhānāṃ asya lokasya saṃdarśayitrī //（AS, 126,9-10; 126,20; 126,22-23; 126,32; 133,5-6; 134,26-27; 136,4-5; 136,19-20; 136,22-23; 136,28-29; 136,30-31; 137,6-7)

〔526〕怛薩阿竭阿羅呵三耶三仏、於般若波羅蜜中、照明於世間。（『道行』四四九上二—四）

〔527〕般若波羅蜜、示諸仏世間。（『小品』五五七下一一—一二）

㉚般若波羅蜜（prajñā-pāramitā）は、如来・阿羅漢・正覚者たちに、この世間（loka）を示すもの（saṃdarśayitrī）である。

では、〝般若波羅蜜〟は“loka”「世間」の真相をどのように示すのかといえば、それは“loka-tathatā”＝“sarva-dharma-tathatā”＝“tathatā”と示すのであると考えられる。勿論、「示現世間品」〔509〕で“tathāgatas tathatām abhisaṃbudhya lokasya tathatāṃ jānāti”「如来は、真如を悟ってから、世間の真如を知る」と言われている以上、それは確かに正しい理解であろうが、しかし、“loka”「世間」の真相を一気に“tathatā”に帰着させる以前に、「示現世間品」で“lokasya tathatām”の語をもつ〔509〕よりも前に置かれている重要な一節に注目すべきであろう。即ち、まずスブーティが〔525〕に示された定型句の意味を質問して、〝般若波羅蜜は、どのように、如来たちに、この世間を示すのですか。如来たちによって、世間（loka）は、どのようなものであると説かれたのですか〟と問うたのに対し、釈迦仏は〝如来によって「世間とは五蘊である」と説かれた〟と答える。そこでスブーティは、更に〝般若波羅蜜によって、如来たちに、五蘊はどのように示されたのですか。あるいは、何であると示されたのですか〟と質問すると、釈迦仏は、次のように答えるのである。

〔528〕na lujyante na pralujyante iti subhūte pañca skandhā loka iti tathāgatānāṃ prajñāpāramitayā darśitāḥ // tat kasya hetoḥ na lujyante na pralujyante iti darśitāḥ / śūnyatāsvabhāvā hi subhūte pañca skandhā asvabhāvatvāt / na ca subhūte śūnyatā lujyate vā pralujyate vā / evaṃ iyaṃ subhūte prajñāpāramitā tathāgatānām arhatāṃ samyaksaṃbuddhānām asya lokasya saṃdarśayitrī // na ca subhūte ānimittaṃ vā apraṇihitaṃ vā anabhisaṃskāro vā anutpādo vā abhāvo vā dharmadhātur vā lujyate vā pralujyate vā / evam iyaṃ subhūte prajñāpāramitā tathāgatānām arhatāṃ samyaksaṃbuddhānām asya lokasya saṃdarśayitrī //（AS, 126,16-23）

〔529〕無所壊者、以是故得示現、亦無無壊、而示現。空者無壊、亦無有壊。亦無想亦無願、亦無壊、亦無有壊、以是故示現於世間。（『道行』四四九上八―一二）

〔530〕般若波羅蜜示五陰不壊相。何以故、須菩提、空是不壊相、無相無作是不壊相。般若波羅蜜、如是示世間。（『小品』五五七下一四―一六）

(307)スブーティよ、「壊れない。崩壊しない」ということが、「世間（loka）とは、五蘊である」と、如来たちに、般若波羅蜜によって示されたのである。何故、「壊れない。崩壊しない」と示されたかというと、スブーティよ、五蘊は無自性（asvabhāva）であるから、空性（śūnyatā）を自性（svabhāva）としているからである。しかるに、スブーティよ、空性は壊れないし、崩壊しない。このようにして、スブーティよ、この般若波羅蜜は、如来・阿羅漢・正覚者たちに、この世間を示すものなのである。また、スブーティよ、無相（ānimitta）や無願（apraṇihita）や無作（anabhisaṃskāra）や不生（anutpāda）や無（abhāva）や法界（dharma-dhātu）は、壊れないし、崩壊しない。このようにして、スブーティよ、この般若波羅蜜は、如来・阿羅漢・正覚者たちに、この世間を示すものなのである。

まず、右のテキスト・和訳に破線を付した部分は〔525〕に挙げた定型句であり、実線を付した部分は『道行』に対応する訳文を欠いているので、本来のテキストにはない後代の付加である可能性が高い。ここでも、“dharma-dhātu”「法界」は、『小品』〔530〕にも訳されておらず、[487]明らかに後代の付加であろう。

さて、〔528〕では、〔509〕と同様“loka”「世間」の真相とは何かがテーマとされているが、まず“na lujyante”「壊れない」というのは、『倶舎論』*Abhidharmakośabhāṣya*（AKBh, Pradhan ed.）で“lujyata iti lokaḥ”[488]（AKBh, 5,16）「壊れるから、世間である」と述べられるアビダルマの伝統的な“loka”「世間」の定義を覆したものであることは明らかである。では、「示現世間品」〔528〕で「世間は壊れない」と言われているのかといえば、そうではなく、「世間」の真相である「空性」「無相」「無願」、特に“śūnyatā”「空性」[489]が「壊れない」と言われているのである。

しかるに、すでに見た〔511〕では「空」「無相」「無願」等が“lakṣaṇāni”「相」と言われていたから、〔528〕で言われた「空性」「無相」「無願」等は“loka”「世間」の“lakṣaṇāni”「相」であると見なすことができるが、それらの「世間」の「相」が〝常住〟であることが、〔528〕では“na lujyante”「壊れない」と言われ、〔522〕では“utpādād vā tathāgatānām anutpādād vā tathaivaitāni lakṣaṇāni sthitāni”「如来たちが、出現しても、出現しなくても、これらの相は、〔常に〕そのまま住している」と述べられたと考えられる。すると、「方便品」第一〇三偈に対する羅什訳〔491〕の「世間相常住」の訳文の意味が、ようやく理解されたということになるであろう。即ち、この「世間相常住」は、〔524〕の「諸相常住」と実質的には同義であり、「世間」“loka”の「諸相」“lakṣaṇāni”〔である「空性」「無相」「無願」等〕は「常住」であると読むべきものであろう。勿論、これを〔491〕の一〇三偈第一句の「是法住法位」と続けて読めば、〝是の法住（dharma-sthiti）・法位（dharma-niyāmatā）〔である空性（śūnyatā）等〕は、世間（loka）の相（lakṣaṇāni）にして、常住なり〟という読み方が可能になる。即ち、ここで羅什によって、“dharma-sthiti”＝“dharma-niyāmatā”＝“[lokasya] lakṣaṇāni”と考えられているのであって、これらはすべて〝常住なもの〟と見なされているのである。

従って、すべての議論は、「相応部」経文〔492〕から展開したのであって、そこで〝常住なもの〟として説かれた“dhātu”＝“dhamma-ṭṭhitatā”＝“dhamma-niyāmatā”が、『八千頌般若経』の「不可思議品」〔499〕では“tathāgatatva”等と呼ばれ、同品の〔501〕では“[sarvadharmāṇām ...] dharmatā”と言われ、「示現世間品」の〔503〕では“yathābhūtatā”、〔505〕〔507〕〔509〕では“tathatā”、〔522〕では“etāni lakṣaṇāni”、〔528〕では“śūnyatā”“ānimitta”“apraṇihita”と述べられ、更に「方便品」の第一〇一偈〔495〕では“tathāgatatva”、第一〇二偈（〔489〕）では“dharma-netrī”“prakṛti”、第一〇三偈（〔489〕）では“dharma-sthiti”“dharma-niyāmatā”と呼ばれ、また、『如来蔵経』〔498〕では“tathāgatatva”等と言われたと考えられる。即ち、これらはすべて〝常住なる普遍的実在〟であって、後に成立する大乗『涅槃経』では“buddha-dhātu”「仏性」と呼ばれることになるのである。

以上の結論を言えば、「方便品」第一〇一偈〔495〕末尾に出る“tathāgatatva”という語は、具体的には、『八千頌般若経』「不可思議品」〔499〕に用いられた“tathāgatatva”という語を踏えて使用されたものと考えられるが、その意味するところは〃常住なる普遍的実在〃としての「如来性」であり、その点では、大乗『涅槃経』で説かれることになる“buddha-dhātu”「仏性」と異なるものではないのである。ただし、厳密には、「方便品」第一〇一偈—第一〇三偈に如来蔵思想が説かれていると言い切れないのは、そこには、“tathāgatatva”や“prakṛti”等の語によって〃常住なる普遍的実在〃が説かれてはいるが、それが〃一切衆生〃の中にあるということまでは説かれていないからである。このように〃一切衆生の中に常住なる普遍的実在がある〃と説く説、つまり、厳密な意味での如来蔵思想は、やはり『如来蔵経』において成立すると見るのが妥当であろう。従って、「方便品」第一〇一偈—第一〇三偈に、『如来蔵経』からの影響や、上述した厳密な意味での如来蔵思想を認めることはできないであろう。つまり、そこには、㉘の平川説によっても示唆されている通り、如来蔵思想の原型が明確に認められるのであるが、以上論じたように、それも『八千頌般若経』の所説に強く影響されたものであると、私は考えるのである。

以上で、「方便品」〃未来仏章〃の諸偈に対する考察を終るとともに、「方便品」の偈の部分に対する考察をも終了したい。〃未来仏章〃の後には僅か四偈よりなる〃現在仏章〃（第一〇四偈—第一〇七偈）があるが、そこには特に論及すべき重要な問題は含まれていないように思われるからである。

また、成立論的な意味で、「方便品」偈の部分に関する私見をまとめておけば、その部分は、「譬喩品」散文部分の所説からの決定的な影響を受けているので、「方便品」散文部分より前に成立したということは、全く考えられない。更に、すでに論じたように、その「方便品」偈のある部分（布施博士によれば、〃過去仏章〃の「塔像関係の頌七八—九六頌」、苅谷博士によれば、〃釈迦仏章〃の第一三五偈—第一四五偈〔末偈〕）が、後に付加されたものであるという見方も成立しないであろう。

第一一章　「信解品」以後の諸章の考察

以上で「方便品」「譬喩品」に関する考察を終り、以下に「信解品」以後の諸章について、特に〝一乗思想〟との関連において問題となると思われる点について、論究したい。

まず、「譬喩品」に続く「信解品」は〝四大声聞〟と呼ばれることになるスブーティ（Subhūti 須菩提）・マハーカートヤーヤナ（Mahākātyāyana 大迦旃延）・マハーカーシャパ（Mahākaśyapa 摩訶迦葉）・マハーマウドガリヤーヤナ（Mahāmaudgalyāyana 大目犍連）という四人の〝声聞〟が、未だ聞いたことのない〝dharma〟「法」〔A〕を聞いて、また、シャーリプトラへの〝vyākaraṇa〟「授記」を聞いて、大いに歓喜したという説明から始まっている。その後、彼等〝四大声聞〟は釈迦仏に自らの述懐を述べることになるが、そこには、次のような重要な経文が含まれている〔なお、一部はすでに〔118〕として既出〕。

〔531〕tat kasya hetoḥ / yac cāsmād bhagavaṃs traidhātukān nirdhāvitā nirvāṇasaṃjñino vayaṃ ca jarājīrṇāḥ / tato bhagavann asmābhir apy anye bodhisattvā avavaditā abhūvann anuttarāyāṃ samyaksaṃbodhāv anuśiṣṭāś ca na ca bhagavaṃs tatrāsmābhir ekam api spṛhācittam utpāditam abhūt / (K, 101,2-5)

〔532〕鄙於三界而見催逐、常自惟忖謂獲滅度。今至疲憊、爾乃誨我、以奇特誼、楽於等一、則発大意、於無上正真道。（『正法華』八〇上一七―一九）

〔533〕所以者何。世尊、令我等出於三界得涅槃証。又今我等年已朽邁、於仏教化菩薩阿耨多羅三藐三菩提、不生一念好楽之心。（『妙法華』一六中一七―二〇）

(308) それは何故かというと、世尊よ、私たちは、この三界から走り出て（nirdhāvita）、涅槃（nirvāṇa）〔B〕を得たと思っており、しかも老いています。それ故、世尊よ、私たちによっても、他の菩薩たち（anye bodhisattvā）は、無上正覚（anuttara-samyaksaṃbodhi）〔A〕において、教授され（avavadita）、教誡されました（anuśiṣṭa）[490]が、しかし、世尊よ、私たちは、それ〔A〕において、欲の心（spṛhā-citta）は一つも起しませんでした。

まず、ここに見られる〝anye bodhisattvā〟「他の菩薩たち」という表現は、すでに論じたように、「方便品」散文部分〔112〕の〝anyāni ... prāṇiśatāni〟や、「譬喩品」散文部分〔115〕の〝tadanyān bodhisattvān〟という表現と同様の意義をもっている。つまり、彼等〝四大声聞〟も〝実は菩薩である〟ということが、この表現によって述べられているのである。従って、後出の「信解品」散文部分〔562〕では、〝vayaṃ bhagavato bhūtāḥ putrā〟「私たちは、世尊の真実の子である」、〝vayaṃ tathāgatasya bhūtāḥ putrā〟「私たちは、如来の真実の子である」というように〝四大声聞〟が「真実の子」であるという説明が繰返されるのである。しかるに、この「真実の子」という表現は〝実は菩薩である〟ということをも意味していて、〝声聞のように見えるが、実は菩薩である〟というニュアンスをもっていることについては、後に論じたいと思う。

さて、前掲の〔531〕においては、〝四大声聞〟という〝声聞〟が「他の菩薩たち」に、「無上正覚」〔A〕について教えたということが言われている。〝声聞が菩薩に菩提〔A〕を教える〟というのは、一種驚くべき説であり、いわば〝奇説〟とも言えるであろうが、二種の漢訳〔532〕〔533〕を見ても、そのような趣旨を読みとることはできない。つまり、まず『正法華』〔532〕には〝bodhisattva〟の訳語自体が存在しないし、『妙法華』〔533〕の「於仏教化菩薩」において、「菩薩」を「教化」するものは、「我等」ではなく「仏」と見なされている。[491]従って、〔531〕で用いられた一番目の〝asmābhir〟に関しては、この語が当初からテキストに存在していたかが疑問視されることになるが、しかし、まず第一に、この〝asmābhir〟を欠く写本の存在は知られていないし、また、〝声聞が菩薩に菩提を教える〟という〝奇説〟は、苅谷博士も指摘されているように、[492]「信解品」散文部分で「窮子譬喩」が述べられた後にある部分にも、次のように説かれているのである。

〔534〕te vayaṃ bhagavan bodhisattvānāṃ mahāsattvānāṃ tathāgatajñānadarśanam ārabhyodārāṃ dharmadeśanāṃ kurumas tathāgatajñānaṃ vivarāmo darśayāma upadarśayāmo vayaṃ bhagavaṃs tato niḥspṛhāḥ / (K, 109,10-110,1)

〔535〕又世尊為我等、示現菩薩大士慧誼。余党奉行、為衆説法。当顕如来聖明大徳、咸使暢入随時之誼。(『正法華』八一上八―九)

〔536〕我等又因如来智慧、為諸菩薩、開示演説、而自於此、無有志願。(『妙法華』一七中二九―下一)

(309)その私たちは、世尊よ、菩薩・摩訶薩たちに、如来の知見(tathāgata-jñānadarśana)〔A〕のために(ārabhya)、高大な(udāra)説法(dharma-deśanā)を行い、如来の智(tathāgata-jñāna)〔A〕を解説し、説示し、示しましたが(upadarśayāmas)、しかし、私たちは、世尊よ、それ〔A〕に、欲(spṛhā)をもちませんでした。

ここでは、『妙法華』〔536〕にも、明確に「為諸菩薩、開示演説」とあるから、前掲の〔531〕においても、やはり梵語テキスト通りに、〝四大声聞は、菩薩たちに菩提〔A〕について教えたが、自らはそれに対して欲を起さなかった〟という説がなされていると見るべきであろう。更に言えば、この説は「信解品」散文部分の「窮子譬喩」において、〝窮子〟は〝長者〟の財宝〔A〕で満ちた倉庫の管理人になったが、管理人になっただけで、その財宝に対して、全く無欲(niḥspṛha, K, 108,2)であったという話と対応しているのであるから、従って、この説がなければ、「窮子譬喩」のストーリー自体が所喩との対応を欠くということになってしまうであろう。[493]

では、〔531〕〔534〕に示された〝四大声聞は、菩薩たちに仏智〔A〕を教えた〟という説を、どのように評価すべきであろうか。これについて、苅谷博士は、

(310)しかしながら、声聞が菩薩に大乗の教えを説いたというようなことは、現実のインド仏教史上においては到底考えられず、また理論的にもありえざるものであることは言を俟たない。(『一仏乗』二六六頁一五―一六行)

と評され、更に、

(311)このように、これが歴史的事実でもなく、又、小乗・声聞の側の大乗観でもなく、さらに大乗の側の声聞観でもないとすれば、残るところ、これは『法華経』独自の特異な声聞観であり、大乗の声聞観の上に法華者団が添えた一種の潤色とでもいうべきものであると考えざるを得ないであろう。（『一仏乗』二六七頁五—七行）

と言われている。確かに「『法華経』独自の特異な声聞観」であるというのは、その通りであるかもしれないし、「歴史的事実」でもないというのも、妥当であろう。しかし、ここには苅谷博士によって指摘されていない重要な問題が更にあると思われる。それは『般若経』における〝声聞〟の役割の問題である。即ち、「信解品」の〝四大声聞〟の筆頭にはスブーティが置かれているが、スブーティは『般若経』において極めて重要な役割を果している〝声聞〟である。つまり、すでに見た『八千頌般若経』〔499〕〔501〕〔503〕〔505〕〔509〕〔528〕にも、スブーティの名が挙げられていたが、『八千頌般若経』において、最も重要な役割を果しているのは、〝声聞〟であるスブーティその人だと思われるのである。例えば、『八千頌般若経』の最古層をなすと見られる第一章の冒頭で、釈迦仏は、まずスブーティに次のように語りかけるのである。なお、漢訳としては、ここでは一応、六つの訳を示したい。

〔537〕 pratibhātu te subhūte bodhisattvānāṃ mahāsattvānāṃ prajñāpāramitām ārabhya yathā bodhisattvā mahāsattvāḥ prajñāpāramitāṃ niryāyur iti // (AS, 2,1-3)

〔538〕今日菩薩大会、因諸菩薩故、説般若波羅蜜、菩薩当是学成。（『道行』大正八、四二五下七—八）

〔539〕此衆菩薩集会、楽汝説菩薩大士、明度無極。欲行大道当由此始。（『大明度』同、四七八中二一—二二）

〔540〕今日楽不、為諸菩薩、説般若波羅蜜、菩薩当従是学成。（『鈔経』同、五〇八中二二—二三）

〔541〕汝楽説者、為諸菩薩、説所応成就般若波羅蜜。（『小品』同、五三七上二六—中一）

〔542〕汝以弁才、応為菩薩摩訶薩衆、宣説開示甚深般若波羅蜜多、教授教誡諸菩薩摩訶薩、令於般若波羅蜜多速得究竟。（『大般若』大正七、七六三中一一—一四）

〔543〕随汝楽欲、為諸菩薩摩訶薩、如其所応、宣説般若波羅蜜多法門。（『仏母』大正八、五八七上一二—一四）

(312)スブーティよ、あなたは、菩薩・摩訶薩たちに、般若波羅蜜（prajñā-pāramitā）のために（ārabhya）、どのように菩薩・摩訶薩たちが般若波羅蜜を成就するかを、雄弁に説きなさい。

ここで、釈迦仏はスブーティに〝菩薩たちに般若波羅蜜を説きなさい〟と命じたと述べられている。しかるに、〔537〕を解釈する際の重要なポイントが、〝bodhisattvānāṃ mahāsattvānāṃ〟という属格を、「菩薩・摩訶薩たちに」と解するか、「菩薩・摩訶薩たちの」と解するかという点にあることは明らかであろう。この点について、漢訳〔538〕―〔543〕は、すべて「菩薩・摩訶薩たちに」という解釈を採っているように思われる。というのも、〔538〕の「因……故」、及び〔540〕―〔543〕の「為……」は、すべて「……に」を意味する訳語だと考えられるからであり、また、〔539〕の「説菩薩大士、明度無極」も〝菩薩大士に明度無極を説く〟を意味すると思われるからである。

しかし、チベット訳は問題の部分の訳が〝byaṅ chub sems dpaḥ sems dpaḥ chen po rnams kyi [śes rab kyi pha rol tu phyin paḥ]〟（P, Mi,2a2-3）となっているから、明確に「菩薩・摩訶薩たちの」という解釈を採っているのであり、梶山雄一博士による「菩薩大士たちの〔知恵の完成〕[494]」という和訳も、これに従ったものであろう。[495] 更にハリバドラの『現観荘厳論光明』における〝teṣāṃ saṃbandhinīṃ prajñāpāramitām evārabhya〟（AAĀ, 23,26-27）「彼等〔菩薩たち〕に属する般若波羅蜜のために」という註釈も、「菩薩・摩訶薩たちの」という解釈を採用しているのである。しかるに、もし、この解釈が妥当であるとすれば、〝釈迦仏は、スブーティに「菩薩たちに般若波羅蜜を説きなさい」と命じた〟という趣旨は〔537〕に説かれていないことになるのである。従って、〝bodhisattvānāṃ mahāsattvānāṃ〟が「菩薩・摩訶薩に」を意味するのか、それとも「菩薩・摩訶薩の」を意味するのかという問題を解決するために、『八千頌般若経』第一章における〔537〕以後の論旨を確認することにしよう。

まず、〔537〕の経文の直後には、シャーリプトラが次のような疑問を抱いたことが述べられている。

〔544〕kim ayaṃ āyuṣmān subhūtiḥ sthavira ātmīyena svakena prajñāpratibhānabalādhānena svakena prajñāpratibhāna-balādhiṣṭhānena bodhisattvānāṃ mahāsattvānāṃ prajñāpāramitām upadekṣyaty utāho buddhānubhāvena //（AS, 2,4-6)

〔545〕今使須菩提、為諸菩薩、説般若波羅蜜、自用力説耶、持仏威神説乎。（『道行』四二五下九―一〇）

(313)この尊者スブーティ長老は、自分で般若と雄弁（pratibhāna）の力を用いることによって、自分で般若と雄弁の力を加持すること（adhiṣṭhāna）によって、菩薩・摩訶薩たちに、般若波羅蜜を説示するのであろうか。それとも、仏陀の威神力（anubhāva）によってであろうか。

即ち、これは〝スブーティが菩薩たちに般若波羅蜜を説くのは、自力によってなのか、それとも、仏陀の威神力によってなのか〟という疑問であるが、勿論、ここでも“bodhisattvānāṃ mahāsattvānāṃ”を「菩薩・摩訶薩たちの」と解することは不可能ではない。

さて、以上のシャーリプトラの疑問に対しては、当然のことながら、〝仏陀の威神力〟によってであるという答えが、スブーティからなされるのであるが、スブーティが実際に〝般若波羅蜜〟を説き始める場面の描写は、次の経文によって始まっている。

〔546〕atha khalv āyuṣmān subhūtir buddhānubhāvena bhagavantam etad avocat / (AS, 3,3)

〔547〕須菩提白仏言。（『道行』四二五下一五―一六）

(314)そのとき、尊者スブーティは、仏陀の威神力によって、世尊にこう語った。

つまり、この経文〔546〕の後に、スブーティによる〝般若波羅蜜〟の説示の内容が示されるのであるが、その中心をなすのは、次のような教説であると考えられる。

〔548〕so 'haṃ bhagavan bodhisattvaṃ vā bodhisattvadharmaṃ vā avindan anupalabhamāno 'samanupaśyan prajñāpāramitām apy avindan anupalabhamāno 'samanupaśyan katamaṃ bodhisattvaṃ katamasyāṃ prajñāpāramitāyām avavadiṣyāmi anuśāsiṣyāmi / api tu khalu punar bhagavan saced evaṃ bhāṣyamāṇe deśyamāne upadiśyamāne bodhisattvasya cittaṃ nāvalīyate na saṃlīyate na viṣīdati na viṣādam āpadyate nāsya vipṛṣṭhībhavati mānasaṃ na bhagnapṛṣṭhībhavati nottrasyati na saṃtrasyati na saṃtrāsam āpadyate eṣa eva bodhisattvo mahāsattvaḥ prajñāpāramitāyām anuśāsanīyaḥ / eṣaivāsya bodhisattvasya mahāsattvasya prajñāpāramitā veditavyā / eṣo 'vavādaḥ prajñāpāramitāyām / saced evaṃ tiṣṭhati, eṣaivāsyāvavādānuśāsanī //（AS, 3,7-15）

〔549〕了不見有法菩薩、菩薩法字了無。亦不見菩薩。亦不見其処。何而有菩薩。当教般若波羅蜜。作是説般若波羅蜜。菩薩聞是、心不懈怠、不恐不怯、不難不畏、菩薩当念作是学。当念作是住、当念作是学。（『道行』四二五下一八—二三）

(315)その私は、世尊よ、菩薩や菩薩という法（dharma）を見出さず、把えず、見ず、また般若波羅蜜も、見出さず、把えず、見ないのに、いかなる菩薩を、いかなる般若波羅蜜において、教授し（avavadiṣyāmi）、教誡する（anuśāsiṣyāmi）のでしょうか。しかし、世尊よ、もしも、このように、語られ、説示され、示されても、菩薩の心（citta）が、沈まず、没せず、気落ちせず、落ち込まず、彼の意（mānasa）が、臆せず、ひるまず、恐れず、怖れず、恐怖に陥らないならば、この菩薩・摩訶薩だけが、般若波羅蜜において、教誡されるべき（anuśāsanīya）です。これこそ、この菩薩・摩訶薩の般若波羅蜜であると知られるべきです。これが般若波羅蜜における教授（avavāda）です。もしも、このように住する（tiṣṭhati）なら、これこそ彼にとって教授（avavāda）であり、教誡（anuśāsanī）です。

ここには、"bodhisattvasya mahāsattvasya prajñāpāramitā"「菩薩・摩訶薩の般若波羅蜜」という表現が確かに用いられている。この表現は『道行』〔549〕に対応する訳文を欠いているので、この個所の本来のテキストに存在したとは思えないが、しかし、『八千頌般若経』第一章には、

〔550〕iyam api bhagavan bodhisattvasya mahāsattvasya prajñāpāramitā veditavyā //（AS, 5,18; 5,21）

(316)これも、世尊よ、菩薩・摩訶薩の般若波羅蜜であると知られるべきです。

という文章が二回用いられ、これを『道行』では、

〔551〕是故菩薩般若波羅蜜。（『道行』四二六中一五、一七—一八）

と訳しているから、この『道行』〔551〕の梵語原典に、少なくとも“bodhisattvasya prajñāpāramitā”「菩薩の般若波羅蜜」という表現が用いられていたことは、確実であろう。とすれば、この表現の存在は、〔537〕の“bodhisattvānām mahāsattvānām [prajñāpāramitām]”が「菩薩・摩訶薩の―〔般若波羅蜜〕」を意味するという解釈にとって有利なものとなるのではなかろうか。しかし、必ずしもそうとは限らないのである。というのも、〔537〕の“bodhisattvānāṃ mahāsattvānāṃ [prajñāpāramitām]”も、〔548〕と〔550〕の“bodhisattvasya mahāsattvasya prajñāpāramitā”という表現と同様に、「菩薩・摩訶薩の―〔般若波羅蜜〕」を意味するというならば、何故“bodhisattvasya mahāsattvasya”という単数の属格が用いられず、“bodhisattvānāṃ mahāsattvānāṃ”という複数の属格が使用されたのであろうか。この問題が解決されない限り、〔548〕〔550〕の“bodhisattvasya mahāsattvasya prajñāpāramitā”という表現の存在から、〔537〕の“bodhisattvānāṃ mahāsattvānāṃ [prajñāpāramitām]”を「菩薩・摩訶薩たちの」と読解する解釈の妥当性は示されないであろう。

さて、私見によれば、〔537〕で釈迦仏から〃菩薩〃たちに〃般若波羅蜜〃を説くように命じられたスブーティは、〔546〕以後の個所で、〔548〕を中心とする教説を説くことによって〃菩薩〃たちに〃般若波羅蜜〃を説いたと考えられるのであるが、しかし、〔546〕で「スブーティは、……世尊にこう語った」と言われていることからも知られるように、その〔546〕の後に語られるスブーティの言葉は、〔548〕も含めて、実際には、釈迦仏に対して語られたのであって、〃菩薩たち〃に語られたものではない。それ故、例えば〔548〕に示された〃般若波羅蜜〃に関する重要な教説も、スブーティが〃菩薩たち〃に般若波羅蜜を説いたものと見なすことはできないと考えられるかもしれない。

しかし、まず注意しておきたいのは、スブーティは〃菩薩たち〃に〃般若波羅蜜〃を説きたくても、その場に〃菩薩たち〃はいないのではないかということである。即ち、梵文『八千頌般若経』の冒頭には、経典のきまりに従い、この経典を聞く会衆が描写されているが、そこには千二百五十人の漏尽の〃阿羅漢〃である比丘たちがいたと言われているだけで、[496]〃菩薩たち〃がその場にいたということは、述べられていない。つまり、この経典は〃菩薩〃をテーマとして〃菩薩〃について説かれてはいるが、〃菩薩〃に対して説かれるという形式は採られてはいないのである。

勿論、この経典にマイトレーヤ Maitreya 菩薩（弥勒）が聴衆の一人として登場して、スブーティやシャーリプトラやアーナンダという〝声聞〟たちと会話を交すのは事実であるが、それも第六章「随喜廻向品」以降のことであって、それ以前に〝菩薩〟が聴衆として登場することはない。つまり、この経典はスブーティ・シャーリプトラ・アーナンダ・プールナ等の〝声聞〟とインドラ神等の神々と仏陀との対話を基本的形式としているのであるが、次に見る『大明度』〔553〕に「弟子善業第一」とあるように、スブーティがその〝声聞〟の中心的存在とされているのである。

しかし、ここに驚くべき事実がある。それは、この経典の冒頭で、仏陀の会衆（聴衆）が説明されるとき、六つの漢訳のうち、最初の二つの訳である『道行』と『大明度』だけは、次のように、その会衆に無数の〝菩薩たち〟がいたと述べているのである。

〔552〕仏在羅閲祇耆闍崛山中、摩訶比丘僧、不可計。諸弟子舎利弗、須菩提等。摩訶薩菩薩、無央数。弥勒菩薩、文殊師利菩薩等。月十五日説戒時、仏告須菩提。（『道行』四二五下四―七）

〔553〕聞如是。一時仏遊於王舎国其鶏山、与大比丘衆不可計。弟子善業第一。及大衆菩薩、無央数。敬首為上首。是時十五斎日月満。仏請賢者善業。（『大明度』四七八中一八―二一）

これに対して、『鈔経』『小品』『大般若』『仏母』は、梵本とほぼ一致していて、会衆に〝菩薩たち〟がいたことなど全く言及せず、また、毎月「十五日」の「説戒」（布薩）のことにも全く触れていない。(497)

では、どちらの伝承が本来のテキストの形を伝えているのであろうか。これは極めて解決困難な問題である。即ち、仮りに仏陀の会衆には無数の〝菩薩たち〟がいたとする『道行』『大明度』という初期の漢訳の伝承が本来の形を伝えているとすると、何故、後の漢訳の梵語原典や現存の梵本において、彼等がその会衆から削除されるようになったのかという理由が説明できないであろう。これに対して、『鈔経』以下の諸漢訳、及び梵本の伝承が正しいとすると、何故、初期の二つの漢訳の梵語原典で、本来は会衆に存在していなかった無数の〝菩薩たち〟が会衆の中に加えられたことが、『鈔経』以下の諸漢訳の梵語原典や梵本に影響を与えなかったのか、理解できないのである。

従って、ここでは一応、その成立年代の古さを重視して、『道行』と『大明度』の会衆に関する説明である〔552〕と〔553〕に従っておきたい。そこで、『道行』〔552〕の後に続く〔538〕を、〔552〕の末尾から続けて読むと次のようになる。

摩訶薩菩薩、無央数。弥勒菩薩、文殊師利菩薩等[498]。月十五日説戒時、仏告須菩提。今日菩薩大会、因諸菩薩故、説般若波羅蜜、菩薩当是学成。

つまり、この個所は、仏陀は十五日の「説戒」の日に、スブーティに対して、〝今日は菩薩たちが多数集っているので、彼等菩薩たちのために、般若波羅蜜を説け〟と語ったというように読めるのである。これは、極めて自然な話の展開だと思われるが、しかし、実際には〝菩薩たち〟が仏陀の聴衆として登場することもなく、スブーティ等の〝声聞〟と会話を交すこともない。これをどのように理解すべきであろうか。

そこで、問題としたいのが、この『八千頌般若経』という経典の中に登場する者のことではなく、この経典を実際に聞き、または読む人々のことなのである。つまり、彼等は〝菩薩たち〟と考えられているのではなかろうか。即ち、大乗経典の作者にとっては、経典の聴き手たち、または読者たちは、当然〝声聞〟ではなく〝菩薩たち〟と考えられているであろう。とすれば、例えば、〔548〕に示されたスブーティによる〝般若波羅蜜〟に関する重要な教説を聞き読むことによって、〝菩薩たち〟は〝般若波羅蜜〟を教えられて学ぶのであるから、スブーティは、〔548〕の教説を仏陀に語ることによって、〝菩薩たち〟に〝般若波羅蜜〟を教えていることになるのではなかろうか。

このように見れば、経典の冒頭にある会衆の説明に〝菩薩たち〟が含まれているかどうかは、あまり大きな問題とはならないであろう。つまり、『道行』〔552〕と『大明度』〔553〕で「菩薩無央数」と言われたのは、実はこの経典を聞いたり読んだりする無数の〝菩薩たち〟のことを指していたのである。従って、彼等は、経典の中に登場することなく、仏陀と〝声聞〟や神々との対話を聞いたり読んだりすることによって、〝理想の菩薩とは何か〟〝理想の菩薩がもつ智慧とは何か〟を、教えられ学ぶことになるのである。

かくして、スブーティは〔548〕等の〝般若波羅蜜〟に関する教説を釈迦仏に語ることによって、〔537〕で釈迦仏に命じられた通り、〝般若波羅蜜〟を「菩薩・摩訶薩たちに」"bodhisattvānāṃ mahāsattvānāṃ" 説いたと見ることができるであろう。スブーティは釈迦仏の命令を実行したのであるから、釈迦仏から〝善哉〟〝善哉〟という賞讃の言葉をもらってしかるべきであろうが、実際にその言葉を釈迦仏が述べたのが次の経文である。

〔554〕sādhu sādhu subhūte / evam etat subhūte / evam etat / yathāpi nāma tathāgatānubhāvena te pratibhāti / tathāgata-adhiṣṭhānenopadiśasi / evaṃ cātra bodhisattvena mahāsattvena śikṣitavyam / tat kasya hetoḥ / evaṃ hi śikṣamāṇo bodhisattvo mahāsattvaḥ prajñāpāramitāyāṃ śikṣate // (AS, 7,26-29)

〔555〕善哉、須菩提。如我所説、空身慧作是、為諸菩薩、為随般若波羅蜜教。菩薩作是学、為学般若波羅蜜也。(『道行』四二七上一―四)

(317) 善いかな (sādhu)、善いかな、スブーティよ、その通りである。スブーティよ、その通りである。如来の威神力 (anubhāva) によって、あなたは雄弁に説き、如来の加持 (adhiṣṭhāna) によって、あなたは説示した。このように、これを、菩薩・摩訶薩は学ぶべきである。それは何故かというと、このように学んでいる菩薩・摩訶薩は、般若波羅蜜を学ぶことになるからである。

ここには〝スブーティが般若波羅蜜について語ったのは、釈迦仏に命じられ、釈迦仏の力によって語ったのであり、スブーティが語った通りに、「菩薩・摩訶薩」が学ぶならば、それは般若波羅蜜を学んだことになる〟という趣旨が認められるが、ここでも、「菩薩・摩訶薩」という語によって、真に意図されているのは、この経典を聴く者・読む者であると考えられる。

さて、釈迦仏が、仏力によるスブーティの説法に〝善哉〟〝善哉〟と言って是認を与える経文は、『八千頌般若経』第一章では〔554〕より後の個所にも一回見られるが、[499] 実は〔554〕に先立つ個所で、シャーリプトラによる〝善哉〟〝善哉〟を用いた是認が、次のようになされていることは、注意しておきたい。

〔556〕sādhu sādhv āyuṣman subhūte / yathāpi nāma tvaṃ bhagavatā araṇāvihāriṇām agratāyāṃ nirdiṣṭo nirdiśasi / ataś ca bodhisattvo mahāsattvo 'vinivartanīyo 'nuttarāyāḥ samyaksaṃbodher upaparīkṣitavyaḥ / avirahitaś ca bodhisattvo mahāsattvaḥ prajñāpāramitāyā veditavyaḥ //（AS, 3,28-31）

〔557〕善哉、須菩提。為仏学仏。而学者不説空身慧。空身慧、而説最第一。菩薩従是中、已得阿惟越致学字、終不復失般若波羅蜜。如是菩薩、以在般若波羅蜜中住。（『道行』四二六上三―六）

⑶⒅善いかな。善いかな。尊者スブーティよ。あなたは、世尊によって無諍に住するもの（araṇā-vihārin）たちの第一人者（agra）であると説かれた通りに、説示しました。しかるに、これにもとづいて（atas）、菩薩・摩訶薩は、無上正覚（anuttara-samyaksaṃbodhi）から不退転なもの（avinivartanīya）となると見なされるべきです。また、菩薩・摩訶薩は、般若波羅蜜から離れないもの（avirahita）となると知られるべきです。

ここで“atas”「これにもとづいて」「この故に」という語は、重要であろう。この語は、〔557〕及び『鈔経』（五〇八下二四）で「従是中」、『大明度』では「受此」（四七九上四）、『仏母』で「如是学者」（五八七中二五）と訳されている⑸⑽ので、〝スブーティが般若波羅蜜を説示したことにもとづいて〟を意味するであろう。すると、〔556〕では、釈迦仏から命令されたスブーティが〝般若波羅蜜〟を〝菩薩〟に説いたことにもとづいて、それを聞いた〝菩薩〟が〝不退転〟を得て、将来成仏することが確定した、という趣旨が説かれたと考えられる。これを〝教示の方向性〟として表示すれば、次のようになるであろう。

釈迦仏―（命令）→スブーティ―（般若波羅蜜の説示・聴聞）→菩薩→成仏

このように見れば、〝スブーティが釈迦仏に命じられて菩薩に般若波羅蜜を説く〟という教説が、『八千頌般若経』第一章に説かれていることは明らかであり、従って、また、〔537〕の“bodhisattvānāṃ mahāsattvānāṃ”という表現に関しても、これを「菩薩・摩訶薩たちに」と読解するのが妥当であることも、論証されたであろう。

しかるに、右に示した〝教示の方向性〟については、「信解品」第三七偈でも、次のように述べられている。

〔558〕 asmāṃś ca adhyeṣati lokanātho ye prasthitā uttamam agrabodhim /
teṣāṃ vade kāśyapa mārganuttaraṃ yaṃ mārga bhāvitva bhayeyu buddhāḥ // [IV, v.37] (K, 116,3-4)

〔559〕 仏[501]勅我等、説最上道、修習此者、当得成仏。（『妙法華』一八中一三—一四）

[319]世間の守護者（loka-nātha）〔釈迦仏〕は、私たち〔四大声聞〕に命令した（adhyeṣati）。「誰であれ、最高の、最勝の菩提（agra-bodhi）を求めて発趣したもの（prasthita）〔菩薩〕たち、彼等に、無上の道（mārga）を語れ。カーシャパよ、その道を修習してから、彼等が仏陀になるであろうところの道を」と。

ここで、カーシャパが〝四大声聞〟を代表するものとして名前をあげられているのは、彼が〝四大声聞〟を代表して、「信解品」の偈を説いたことになっているからにすぎない。従って、ここでも、釈迦仏がスブーティ等の〝四大声聞〟に対して、〝菩薩たち〟に「無上の道」を説くことを命じ、それを〝四大声聞〟から聞いた〝菩薩たち〟が、その「無上の道」を修習して成仏するに至るという趣旨が述べられている。ここで「無上の道」というのが、〝般若波羅蜜〟を意味するというようなことは、ここに述べられてはいないが、「信解品」第三七偈〔558〕は『般若経』ではなく『法華経』の中の経文であるから、これは当然であろう。

しかるに、ここで〝adhyeṣati〟という語が用いられたことに注目したい。というのも、この語と基本的には同じ言葉が、『八千頌般若経』第一章で、釈迦仏がスブーティに対して、〝菩薩たち〟に〝般若波羅蜜〟を説くように命じたことを意味するものとして、次のように使用されるからである。〔なお、〝adhi√iṣ〟を、シャーリプトラが釈迦仏に説法を勧請する場面を叙述する「方便品」散文部分〔105〕では「懇請する」と訳したが、ここでは〝懇請する〟主体が仏陀であることを考慮して、敢て「命令する」と訳しておきたい。〕

〔560〕 atha khalv āyuṣmān pūrṇo maitrāyaṇīputro bhagavantam etad avocat / ayaṃ bhagavan subhūtiḥ sthaviraḥ prajñāpāramitāyāḥ kṛtaśo 'dhīṣṭo mahāyānam upadeṣṭavyaṃ manyate / (AS, 12,25-26)

〔561〕 邠祁文陀弗白仏言。尊者須菩提、仏使説般若波羅蜜、及至説摩訶衍事為。（『道行』四二八上一四—一五）

⑳そのとき、尊者プールナ・マイトラーヤニープトラは世尊にこう語った。「世尊よ、このスブーティ長老は、般若波羅蜜（prajñā-pāramitā）のために、〔それを説くように〕命令された（adhīṣṭa）のですが、大乗（mahāyāna）が説示されるべきであると考えています」と。

即ち、ここで使用された“adhi√iṣ”「命令する」という動詞が、釈迦仏が〝菩薩たちに説け〟と〝四大声聞〟に命じることを意味する語として、「信解品」第三七偈〔558〕でも使用されたと考えられるのである。

しかるに、この“adhi√iṣ”「命令する」という語が〔560〕と〔558〕において使用されたという事実のみによって「信解品」散文部分〔531〕〔534〕等の所説が、『八千頌般若経』第一章〔537〕〔544〕等の所説にもとづいて形成されていると見なすのは、妥当ではないと考えられるかもしれない。しかし、両者の影響関係は、実は両者に共通に認められる他の語の使用という事実によっても、示されるのである。即ち、「信解品」〔531〕を見ると、そこでは、スブーティを始めとする〝四大声聞〟が〝無上正覚〟について「他の菩薩たち」に〝教えた〟ことが、“ava√vad”「教授する」と“anu√śās”「教誡する」という動詞を用いて表現されているが、『八千頌般若経』〔548〕においても、スブーティが〝菩薩〟に〝般若波羅蜜〟を教えることが、“avavadiṣyāmi anuśāsiṣyāmi” “anuśāsanīyaḥ” “avavāda” “avavāda-anuśāsanī” というように、同じ“ava√vad”と“anu√śās”という動詞、及びその派生語を用いることによって表現されているのである。これを偶然の一致と見ることはできないであろう。従って、「信解品」〔531〕に述べられた〝四大声聞は、「他の菩薩たち」に、無上正覚について、教授し（ava√vad）、教誡した（anu√śās）〟という所説が、『八千頌般若経』第一章の〔537〕以下に説かれた〝スブーティは、釈迦仏に命じられて、菩薩たちに、般若波羅蜜を説いた〟という所説にもとづいて形成されたことは、明らかであると思われる。以上が「信解品」散文部分のほぼ冒頭に位置する〔531〕に見られる「私たちによっても、他の菩薩たちは、無上正覚において、教授され教誡されました」という文章をめぐる考察の結論である。

では、次に、「信解品」散文部分で「窮子譬喩」が述べられた後に説かれている“dve kārye”「二つの所作（仕事）」

という語を用いた重要な教説について考察しよう。即ち、前出の〔534〕に続いて、次のような経文が存在する。

〔562〕ⓐ tat kasya hetoḥ / upāyakauśalyena tathāgato 'smākam adhimuktiṃ prajānāti / tac ca vayaṃ na jānīmo na budhyāmahe yad idaṃ bhagavataitarhi kathitaṃ yathā vayaṃ bhagavato bhūtāḥ putrā bhagavāṃś cāsmākaṃ smārayati tathāgatajñānadāyādān / ⓑ tat kasya hetoḥ / yathāpi nāma vayaṃ tathāgatasya bhūtāḥ putrā iti / api tu khalu punar hīnādhimuktāḥ / saced bhagavān asmākaṃ paśyed adhimuktibalaṃ bodhisattvaśabdaṃ bhagavān asmākam udāhared / vayaṃ punar bhagavatā dve kārye kārāpitā bodhisattvānāṃ cāgrato hīnādhimuktikā ity uktās te codārāyāṃ buddhabodhau samādāpitāḥ // (K, 110,2-7)

〔563〕ⓐ所以者何。世雄大通、善権方便、知我志操不解深法、為現声聞、畏三界法及生老死、色声香味細滑之事、趣欲自済、不救一切、離大慈悲智慧善権、禅定三昧、乃知人心、不覩一切衆生根原。譬如窮士、求衣索食、而父須待、欲使安楽、子不覚察。仏以方便、随時示現、我等不悟。今乃自知、成仏真子。無上孫息、為仏所矜。施以大慧。ⓑ所以者何。雖為仏子、下賤怯弱。仮使如来、覩心信楽、喜菩薩乗。然後乃説方等大法。又世尊興為二事、為諸菩薩、現甘露法。為諸下劣志願小者、転復勧進、入微妙誼。（『正法華』八一上一〇―一二）

〔564〕ⓐ所以者何。仏知我等心楽小法、以方便力、随我等説。而我等不知真是仏子。今我等方知。世尊於仏智慧、無所悋惜。ⓑ所以者何。我等昔来真是仏子、而但楽小法。若我等有楽大之心、仏則為我説大乗法。於此経中、唯説一乗。而昔於菩薩前。毀呰声聞楽小法者、然仏実以大乗教化。（『妙法華』一七下一―八）

(321)ⓐそれは何故かというと、如来は、方便善巧（upāya-kauśalya）によって、私たちの〔小乗に対する〕信解（adhimukti）を知っています。しかるに、私たちは、今（etarhi）、世尊によって、私たちが、世尊の真実の（bhūta）子であると説かれることを知らず、悟りませんでした。しかし、世尊は、〔今、〕私たちに、如来の智（tathāgata-jñāna）の相続人（dāyāda）であると思い出させる（smārayati）のです。

ⓑそれは何故かというと、私たちは、如来の真子であるけれども、しかし、小〔乗〕を信解していた

（hīna-adhimukta）からです。もし、世尊が、私たちの〔大乗に対する〕信解の力（adhimukti-bala）を見たならば、私たちに、菩薩（bodhisattva）という語を与えたでしょう。しかし、私たちは、世尊によって、二つの所作（dve kārye）をさせられた（kārāpita）のです。即ち、㋐菩薩たちの前で、小〔乗〕を信解するもの（hīna-adhimuktika）と言われ（ukta）、また、㋑高大（udāra）な仏陀の菩提において、教化されてきた（samādāpita）のです。

この重要な一節は、基本的には、〝四大声聞〟は〝実は菩薩である〟ということを述べるものと考えられる。即ち、ここで〝四大声聞〟について、仏陀の〝bhūtāḥ putrā〟「真実の子」という表現が二回繰返されるが、ここで〝bhūta〟「真実の」とは、「譬喩品」散文部分〔178〕ⓒの〝putro ... auraso〟で用いられた〝aurasa〟「嫡出の」という語とは異なって、〝真実には〟〝実は〟という意味をもつと思われる。つまり、〝bhūtāḥ putrā〟とは〝実は〔仏〕子である〟〝実は菩薩である〟を意味するのである。この点は、『妙法華』〔564〕の「真是仏子」という訳文にも明示されているであろう。

従って、〔562〕ⓐで〝smārayati〟「思い出させる」というのは、〝実は過去世以来、菩薩行を行じてきた菩薩である〟ことを思い出させるという意味であって、言うまでもなく、シャーリプトラについて〝実は菩薩である〟と説く「譬喩品」散文部分〔181〕ⓓの〝so 'haṃ tvāṃ śāriputra pūrvacaryāpraṇidhānajñānānubodham anusmārayitukāma〟「シャーリプトラよ、そこで私は、過去世の行と願と知の理解を、あなたに思い出させたいと欲して」という文章を承けた表現であることは、明らかである。従って、〔562〕ⓑで言われる〝dve kārye〟「二つの所作」というのも、〝声聞ではあるが、実は菩薩である〟という考え方にもとづいていることは自明であって、(321)ⓑの訳文中で、㋐で示された一文が、〝声聞ではあるが〟という局面に対応し、㋑で示された一文、つまり、「高大な仏陀の菩提において、教化されてきた」〝udārāyāṃ buddhabodhau samādāpitāḥ〟が〝実は菩薩である〟という局面に対応すると考えられる。[502]

しかるに、同じく〝実は菩薩である〟という説を述べながらも、「譬喩品」散文部分におけるシャーリプトラに関する説明と、「信解品」散文部分における〝四大声聞〟に関する説明とでは、説明の仕方が若干異なっているのであって、〝釈迦仏によって、〝声聞〟（見かけは〝声聞〟）と〝菩薩〟（実は〝菩薩〟）という「二つの所作」をさせられる〟

というような説明の仕方は、「譬喩品」散文部分〔181〕における〝釈迦仏が、過去世の菩薩行や願を想起させて、実は菩薩であることを知らせる〟という説明と比べれば、一段と発展したものであることは明らかであろう。言うまでもなく、これが更に「五百弟子品」第五偈〔629〕に至れば、『妙法華』〔631〕で「内秘菩薩行、外現是声聞」と訳されるような考え方に発展するのである。

さて、「信解品」散文部分には、有名な「窮子譬喩」が説かれているが、すでに論じたように、この譬喩は、「長者」、即ち、財産家の嫡出子（実子）への遺産相続をテーマとする話であり、そこでは、「長者」と「窮子」が、“āḍhyaḥ puruṣaḥ”（K, 103,12; 106,2）「富んだ人」と“daridra-puruṣa”（K, 102,5; 102,7 etc.）「貧しい人」と呼ばれて対比されていることから考えても、差別的な性格が顕著であると思われる。また、この譬喩に含まれる「信解品」散文部分〔33〕には、〝四姓制度〟（cāturvarṇya）を構成する〝四姓〟が列挙されていることの差別的な意義についても、すでに考察した通りである。

更に、「信解品」散文部分〔36〕では、「長者」が「窮子」を自らのもとに誘い出すために、「方便」を用いて“durvarṇa”「悪色」の“dvau puruṣau”「二人の人」を派遣するということが述べられていたが、これが〝二乗方便説〟を説く典型的な文章であることも、すでに論じた通りである。即ち、〝大乗〟＝〝菩薩乗〟を〝真実なる一乗〟と見なすならば、〝声聞乗〟〝独覚乗〟の〝二乗〟を〝方便〟とする〝二乗方便説〟が帰結せざるをえないのである。

ただし、その「信解品」〔36〕には“ākarṣaṇa”という重要な語が存するので、〔36〕とその和訳である㊴を、以下に再び提示しよう。

〔36〕atha khalu sa gṛhapatis tasya daridrapuruṣasyākarṣaṇahetor upāyakauśalyaṃ prayojayet / sa tatra dvau puruṣau prayojayed durvarṇāv alpaujaskau /（K, 105,9-10）

㊴そのとき、その家長（gṛhapati）は、その貧しい人（daridra-puruṣa）を誘引する（ākarṣaṇa）ために、方便善巧（upāya-kauśalya）を用いるでしょう。彼は、そこで、悪色（durvarṇa）で威勢の少ない（alpa-ojaska）二人の人（dvau puruṣau）を用いるでしょう。

ここに出る“ākarṣaṇa”という語は、『法華経』梵本で、この個所にしか使用されないものであるが、しかし、この語が『大乗荘厳経論』*Mahāyānasūtrālaṃkāra*（MSA, Levi ed.）にまで影響を与えていることは、その第一一章第五四偈に、次のように説かれていることによって明らかである。

〔565〕ākarṣaṇārtham ekeṣām anyasaṃdhāraṇāya ca /
deśitāniyatānāṃ hi saṃbuddhair ekayānatā // [XI, v.54]（MSA, 69,3-4）

(322)ある人たちを（ekeṣām）誘引する（ākarṣaṇa）ために、また、他の人たち（anya）を維持するために、決定されていない（aniyata）人たちに対して、諸仏によって、一乗であること（ekayānatā）が示された（deśita）。

この偈は、「信解品」〔36〕の所説に関して、一つの解釈を示したものとも見られるが、その解釈によれば、〔36〕において“ākarṣaṇa”「誘引」される対象である「窮子」＝〝四大声聞〟は“aniyata”「決定されていないもの」と見なされていることになる。これは「窮子」や〝四大声聞〟が〝決定された声聞〟、つまり、ⓒ〝真の声聞〟ではなく、〝廻小入大〟するⓑ〝仮りの声聞〟＝〝実は菩薩〟と見なされていることを意味するであろう。また、『大乗荘厳経論』〔565〕では〝一乗〟は〝方便〟であるという説が説かれていると考えられる。というのも、「信解品」〔36〕において、〝方便〟によって「二人の人」が「窮子」を“ākarṣaṇa-hetor”「誘引するために」派遣されたように、〔565〕においても、「決定されていない」「ある人たち」を“ākarṣaṇa-artham”「誘引するために」、“ekayānatā”「一乗であること」が〝方便〟によって示されたと言われていると考えられるからである。(503)

なお、すでに考察したように、「信解品」散文部分〔36〕の「二人の人」は、これに対応する「信解品」第二一偈〔39〕では、“vaṅka”“kāṇaka”“kuṇṭhaka”“kṛṣṇaka”というような、より明確に差別的な表現をもって語られることになるが、“vaṅka”“kāṇaka”等は、「方便品」偈や「譬喩品」偈において、ⓒ〝真の声聞〟を形容する語として用いられることは、すでに「真の声聞に関する表現」（本書、三三一頁以下）のリストに示した通りである。

いずれにせよ、一般に散文部分の所説と、それに対応する偈の所説を比べると、偈の所説の方が、差別的表現を多く含み、差別的性格がより顕著であることは明らかである。「信解品」の「窮子譬喩」についても、散文部分には“bāla”「愚者」、“paṇḍita”「智者」という用例は皆無であるのに対し、偈の部分では「窮子」が繰返し“bāla”(IV, v.3; v.11; v.12; v.20; v.30)と呼ばれ、「長者」も二回“paṇḍita”(IV, v.20; v.27)と呼ばれている。特に、第一二偈では、「窮子」が“bāla”と呼ばれるだけではなく、“dadrū”や“kaṇḍū”という皮膚病をもっていた[504]とまで言われている。ここに、偈の所説の差別的性格が明示されているであろう。

では、次に第五章「薬草喩品」の問題について考察しよう。私は、この章の所謂〝薬草喩〟を一つの有力な根拠にして、“dhātu-vāda”(基体説)という仮説を構想したのであるが、まず、その“dhātu-vāda”の構造を示す図と、その構造に関する説明を、次に示すことにしよう。

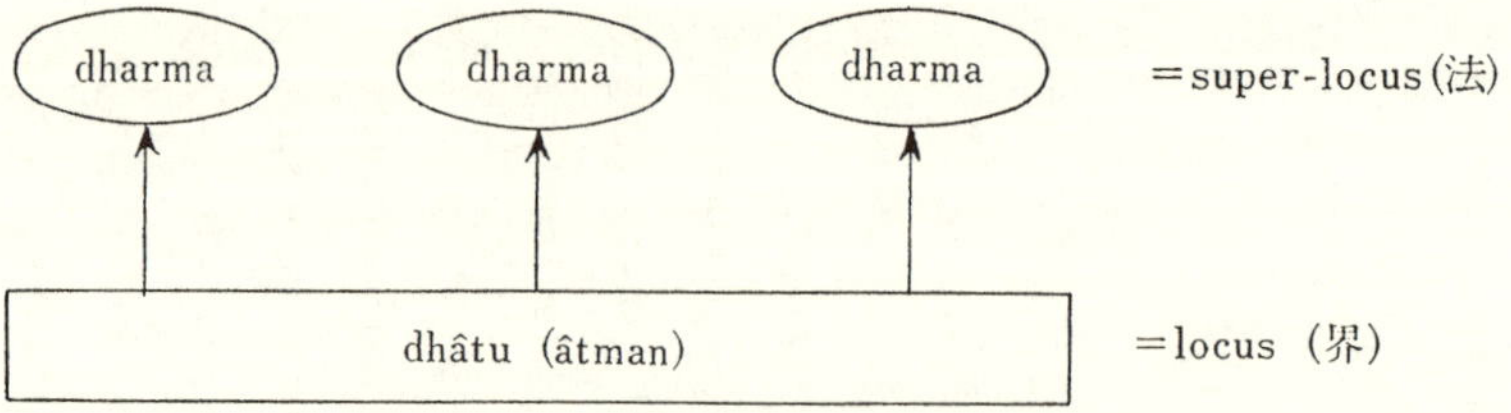

図に明らかな通り、一切は下にある“locus”〔以下Lと略〕と上にある“super-locus”〔Sと略〕とに二分されるが、“dhātu-vāda”の構造上の特徴を挙げれば、次の通りである。①LはSの基体(locus)である。②故に、LはSを生じる〔原因である〕。③Lは単一であり、Sは多である。④Lは実在であり、Sは非実在である。⑤LはSの本質(ātman)である。⑥Sは非実在ではあるが、Lから生じたものであるから、またLを本質とするから、ある程度の実在性をもつ、または、実在性の根拠をもつ[505]。

しかるに、この“dhātu-vāda”の構造の根本をなす〝単一なる基体〟と〝多なる超基体〟の対比ということは、「薬草喩品」において、すでに〝薬草喩〟が述べられる以前の一節において、次のように説かれているのである。〔なお、以下の訳文において〝基体〟と〝超基体〟に相当するものを、それぞれ〝L〟と〝S〟で表示する。〕

〔566〕ⓐ dharmasvāmī kāśyapa tathāgataḥ sarvadharmāṇāṃ rājā prabhūr vaśī / yaṃ ca kāśyapa tathāgato dharmaṃ yatropaniksịpati sa tathaiva bhavati / sarvadharmāṃś ca kāśyapa tathāgato yuktyopaniksịpati[506] / tathāgatajñānenopaniksịpati / tathopaniksịpati yathā te dharmāḥ sarvajñabhūmim eva gacchanti / sarvadharmārthagatiṃ ca tathāgato vyavalokayati / ⓑ sarvadharmārthavaśitāprāptaḥ sarvadharmādhyāśayaprāptaḥ sarvadharmaviniścayakauśalyajñānaparamapāramitāprāptaḥ sarvajñajñānasaṃdarśakaḥ sarvajñajñānāvatārakaḥ sarvajñajñānopaniksẹpakaḥ kāśyapa tathāgato 'rhan samyaksaṃbuddhaḥ // (K, 121,4-10)

〔567〕ⓐ世尊普入、一切諸誼、察于世間、見衆庶心、ⓑ所度無極、一切分別、皆使決了、権慧之事、勧立一切、度於彼岸、皆現普智、入諸通慧。（『正法華』八三中六―九）

〔568〕ⓐ迦葉当知。如来是諸法之王。若有所説、皆不虚也。於一切法、以智方便、而演説之。其所説法、皆悉到於一切智地。如来観知、一切諸法之所帰趣。ⓑ亦知一切衆生深心所行、通達無礙。又於諸法、究尽明了。示諸衆生、一切智慧。（『妙法華』一九上二〇―二五）

(323)ⓐカーシャパよ、如来は諸法の主（dharma-svāmin）であり、一切法（sarva-dharma）〔S〕の王であり、主宰者であり、支配者である。また、カーシャパよ、如来は、いかなる法（dharma）〔S〕を、いかなるもの〔L〕に置く（upaniksịpati）としても、それは、そのまま（tathā eva）あるのである。しかるに、カーシャパよ、如来は、一切法〔S〕を道理（yukti）によって置くのである。如来の智（tathāgata-jñāna）によって、置くのである。それらの諸法〔S〕が、一切智者（sarvajña）の地（bhūmi）〔L〕だけに趣くように、そのように置くのである。一切法〔S〕の意味の帰趣（gati）〔L〕を、如来は観ている。ⓑカーシャパよ、如来・阿羅漢・正覚者は、一切法〔S〕の意味の自在を得ており、一切法〔S〕の意楽（adhyāśaya）を得ており、一切法〔S〕の決択（viniścaya）に善巧な知の最高の波羅蜜を得ており、一切智者の智（sarvajña-jñāna）を示すもの（saṃdarśaka）であり、一切智者の智に悟入させるもの（avatāraka）であり、一切智者の智に置くもの（upanikṣepaka）である。

ここでは“sarva-dharma”“dharma”“dharmāḥ”と言われたものが〃超基体〃〔S〕であり、“bhūmi”“gati”そして“yatra”と表現されたものが〃基体〃〔L〕であり、両者の間に見られる〃S⊥L〃という locative relation つまり、於格的関係は、[507] “upanikṣipati”「置く」という語によって示されている。従って、ここに〃多なる超基体〃と〃単一なる基体〃の対比という“dhātu-vāda”の根本的構造が明示されていると考えられる。

しかるに、苅谷博士は、〔566〕ⓑで“sarvajñajñāna-saṃdarśaka”“sarvajñajñāna-avatāraka”“sarvajñajñāna-upanikṣepaka”と述べる部分について、「方便品」散文部分〔142〕で“tathāgatajñānadarśana-saṃdarśaka”“tathāgatajñānadarśana-avatāraka”等と説かれていることを理由に、「「諸仏出現の唯一目的」と同じ意味を述べたものである」と解され、「「方便品」の所説とよく一致して」いると論じられたのである。[508] しかし、私は必ずしも、この見解に賛同することはできない。つまり、この〔566〕において注目すべきことは、“tathāgata-jñānadarśana”や“tathāgata-jñāna”という語ではなく、“sarvajña-jñāna”という言葉が使用されたという点なのである。即ち、〔566〕には全体で“sarva”「一切」という語が、実に一〇回も使用されている。そのうち、“sarva-dharma”は六回、“sarvajña”は四回用いられている。ということは、ここでは〃仏智〃が問題にされているのではなく、“sarva”「一切」、特に“sarva-dharma”「一切法」という概念を述べることに主眼があったと見るべきであろう。[509]

では、その“sarva-dharma”とは何かと言えば、“bhūmi”とか“gati”とか“yatra”とか言われる〃単一な基体〃〔L〕に“upanikṣipati”「置く」ようにされる、つまり、〃置かれる〃ところの〃多なる超基体〃〔S〕を意味していると考えられる。従って、“sarva”は〃超基体〃の多性を示すために用いられた語なのである。この点は、「方便品」散文部分〔142〕の“tathāgatajñānadarśana-saṃdarśaka”“tathāgatajñānadarśana-avatāraka”という表現から影響を受けたと見られる“sarvajñajñāna-saṃdarśakaḥ sarvajñajñāna-avatārakaḥ”という表現の後に、いわば全ての議論の締め括りとして、

“sarvajñajñāna-upanikṣepaka”という語が使用されていることからも知られるであろう。言うまでもなく、“upanikṣepaka”とは〝基体〟に〝超基体〟を「置くもの」という意味であって、苅谷博士の訳語のように「付与せしめるもの」（『一仏乗』三四二頁）という意味ではない。この点は、〔566〕ⓐの“yatra upanikṣipati”という表現によっても、理解される筈である。従って、この“upanikṣepaka”という語は、〔566〕全体の“dhātu-vāda”的構造を明示しているのである。

また、この〔566〕では“dharma”という語が、“dharma-dhātu”の無区別性について説く後出の『現観荘厳論』第一章第三九偈〔590〕において“dharma”が“ādheya-dharma”「置かれるべき dharma」と説明されているのと同様に、専ら〝置かれるもの〟＝〝超基体〟〔S〕の意味で使用されていることにも、注意すべきであろう。

さて、「薬草喩品」〔566〕には〝多なる超基体〟〔S〕と〝単一なる基体〟〔L〕の対比という“dhātu-vāda”の根本的な構造が明示されていることが知られたが、そこでは〝基体から超基体が生じる〟という〝生起〟の関係については、全く述べられていない。しかるに、この関係を述べるものが、〔566〕の後に続く所謂〝薬草喩〟、つまり、『法華論』の呼称（大正二六、八中一四）に従えば、「雲雨譬喩」なのであり、それは次の通りである。

〔569〕ⓐ tadyathāpi nāma kāśyapāsyāṃ trisāhasramahāsāhasrāyāṃ lokadhātau yāvantas tṛṇagulmauṣadhivanaspatayo nānāvarṇā nānāprakārā oṣadhigrāmā nānānāmadheyāḥ pṛthivyāṃ jātāḥ parvatagirikandareṣu vā / ⓑ meghaś ca mahāvāriparipūrṇa unnamed unnamitvā sarvāvatīṃ trisāhasramahāsāhasrāṃ lokadhātuṃ saṃchādayet saṃchādya ca sarvatra samakālaṃ vāri pramuñcet / tatra kāśyapa ye tṛṇagulmauṣadhivanaspatayo 'syāṃ trisāhasramahāsāhasralokadhātau tatra ye taruṇāḥ komalanāḍaśākhāpatrapalāśās tṛṇagulmauṣadhivanaspatayo drumā mahādrumāḥ sarve te tato mahāmeghapramuktād vāriṇo yathābalaṃ yathāviṣayaṃ abdhātuṃ pratyāpibanti / te caikarasena vāriṇā prabhūtenaikameghapramuktena yathābījam anvayaṃ vivṛddhiṃ virūḍhiṃ vipulatām āpadyante tathā ca puṣpaphalāni prasavanti te ca pṛthak pṛthag nānānāmadheyāni pratilabhante / ⓒ ekadharaṇīpratiṣṭhitāś ca te sarva oṣadhigrāmā bījagrāmā ekarasatoyābhiṣyanditāḥ / （K, 121,11-122,8）

〔570〕ⓐ譬如三千大千世界、其中所有諸薬草木、竹蘆叢林、諸樹小大、根本茎節枝葉華実、其色若干、種類各異、悉生于地、若在高山巌石之間、丘陵堆阜、嵠谷坑坎。ⓑ時大樹雨、潤沢普洽、随其種類、各各茂盛、叵我低仰、莫不得所。ⓒ雨水一品、周遍仏土、各各生長、地等無二。（『正法華』八三中九—一四）

〔571〕ⓐ迦葉、譬如三千大千世界、山川谿谷土地所生卉木叢林、及諸薬草、種類若干、名色各異。ⓑ密雲弥布遍覆三千大千世界、一時等澍、其沢普洽卉木叢林及諸薬草、小根小茎小枝小葉、中根中茎中枝中葉、大根大茎大枝大葉。諸樹大小、随上中下、各有所受。一雲所雨、称其種性、而得生長、華菓敷実。ⓒ雖一地所生、一雨所潤、而諸草木、各有差別。（『妙法華』一九上二五—中六）

(324)ⓐカーシャパよ、例えば、この三千大千世界に、あらゆる（yāvantas）、様々の色をもち（nānā-varṇa）、様々の種類をもつ（nānā-prakāra）、草・灌木・薬草・森林樹（tṛṇa-gulma-oṣadhi-vanaspati）と、様々の名前をもつ（nānā-nāmadheya）薬草の群（oṣadhi-grāma）が、大地（pṛthivī）に生じた（jāta）。または（vā）、山・山岳・渓谷（parvata-giri-kandara）に〔生じた〕。

ⓑまた、大水（mahā-vāri）で満ちた雲（megha）が立ちのぼるであろう。立ちのぼってから、一切の三千大千世界を覆うであろう（saṃchādayet）。覆ってから、すべてのものに（sarvatra）、同時に（sama-kālam）雨を降らせるであろう（pramuñcet）。カーシャパよ、そのとき、この三千大千世界にある、草・灌木・薬草・森林樹のなかには、若くて、柔かい茎・枝・葉・花弁（nāḍa-śākhā-patra-palāśa）をもつものと、樹（druma）や大樹（mahā-druma）もあるが、それらすべての草・灌木・薬草・森林樹は、大雲（mahā-megha）から放たれたその水（vāri）から、各自の力に応じて（yathā-balam）、各自の場所に応じて（yathā-viṣayam）、水界（ab-dhātu）を、それぞれ飲むのである。そして、それらは、同一の雲（eka-megha）から放たれた、多量の一味（eka-rasa）の水によって、各自の種子に応じて（yathā-bījam）、相続・成長・増長・広大に至る（anvayaṃ vivṛddhiṃ virūḍhiṃ vipulatām āpadyante）のである。また、そのように、花・果（puṣpa-phala）を生む（prasavanti）のである。また、それらは、別々に（pṛthak pṛthak）、様々

の名前（nanā-nāmadheya）を得るのである。

ⓒしかるに、それら〔多様な〕一切（sarva）の薬草の群（oṣdhi-grāma）、種子の群（bīja-grāma）は、一味（eka-rasa）の水によって潤され、同一の大地（eka-dharaṇī）に依存している（pratiṣṭhita）のである。

ここで、〝如来〟は「大雲」に喩えられ、〝如来〟の説く〝法〟は「一味の水」に喩えられ、機根の異なる衆生は様々の〝草木〟に喩えられていることは明らかであろう。では、何故ここに“dhātu-vāda”が説かれていると考えられるのであろうか。まず、「大雲」は三千大千世界を覆うものとされているから、おそらく〝単一なもの〟と考えられているのであろう。しかるに、その「大雲」から降りそそぐ「水」も、“eka-rasa”「一味」と言われているから、これも〝単一性〟をそなえていると考えられる。従って、〝単一な基体〟という“dhātu-vāda”の根本的構造とは異なって、〝単一なもの〟は上にあり、そこから雨が降るという〝上から下へ〟の方向が説かれているように見えるのである。この点で、私は、上に〝単一なもの〟があり、下に〝多なるもの〟があって、〝上から下への多元化の方向〟が述べられている説を、“dhātu-vāda”に先行するものという意味で、“pre-dhātuvāda”と呼び、それがここに説かれていると考えたのである。[510] 確かに〝「一味の水」が多様な草木の上に降りそそぐ〟という点に注目するならば、〔569〕の譬喩が“pre-dhātuvāda”を説いていることは明らかであろう。しかし、同時にまた、この譬喩には〝下から上への多元化の方向〟というものも説かれていることに、注意しなければならない。即ち、〔569〕ⓐには、様々の植物が“pṛthivyāṃ jātāḥ”「大地に生じた」と言われている。つまり、「大地」は様々の〝草木〟にとっての〝基体〟なのである。勿論、その直後には“parvata-giri-kandareṣu”「山・山岳・渓谷に」ということが述べられているので、〝草木〟の〝基体〟は一つではなく四つあることになるであろう。しかし、その後の“vā”「または」という語の意義を考慮すれば、文章は“pṛthivyāṃ jātāḥ”で一旦は切れたと見るべきであり、また、そう見ることによって、初めて〔569〕末尾の結論的な一文にある“eka-dharaṇī-pratiṣṭhitāś”「同一の大地に依存している」という表現の意味が理解されるのである。つまり、〔569〕では〝基体〟は「大地」「山・山岳・渓谷」という四者なのではなく、「大地」という一つだけとされているのである。従って、ここに〝単一なる基体〟〔L〕が語られていることは明らかであり、また、それ故に、様々に異なった草木が〝多なる超基体〟〔S〕に相当することも言うまでもない。

しかも、ここには“jātāḥ”という語によって、〝多なる超基体〟の〝生起〟が述べられているのである。私が仮説として提示した“dhātu-vāda”とは、簡潔に言えば、〝単一なる実在である基体が、多なる超基体を生じる〟という構造をもつ発生論的一元論であるから、ここには正に、この「dhātu-vāda の構造も示唆されている」[511]というのが、かつて私が論じたことであった。しかるに、このように論じたとき、極めて重要なポイントが私には理解されていなかったということを、ここで認めておきたい。それは、即ち、〔569〕ⓐの“pṛthivyāṃ jātāḥ”という表現は、「大地から生じた」というのではなく、あくまでも「大地において生じた」ということを意味しているという点である。しかるに、この点は、〔569〕末尾の結論的な一文においても同様であって、“eka-dharaṇī-pratiṣṭhitās”「同一の大地に依存している」というのは、「同一の大地から生じた」ということではない。従って、この意味では、『妙法華』〔571〕の「一地所生」という訳文は、極めて誤解を生みやすいもの、あるいは不正確なものと言わざるを得ないであろう。

つまり、ここには〝多様な草木〟という〝多なる超基体〟が〝同一の大地〟という〝単一の基体〟から〝生じる〟ということは言われていないのである。では、それは何から生じるとされているのであろうか。上方から「一味の水」が降ってきたときには、〝多様な草木〟はすでに存在していたとされているから、言うまでもなく、「一味の水」から生じたのではない。では、〝多様な草木〟は何から生じたのか。換言すれば、〝多様な草木〟を生じた原因は何かということが、極めて重要な問題となるのである。しかるに、この点で、何よりも注目しなければならないのが、“bīja”「種子」という語なのである。〝草木を生み出したのは種子である〟、あるいは〝種子から草木は生じたのである〟といえば、これほど自然な理解もないであろう。では、そのような趣旨が〔569〕に述べられているであろうか。“bīja”の語は、〔569〕ⓑにおいて“yathā-bījam”という表現の中で用いられている。この表現は、同じくⓑに出る“yathā-balam”“yathā-viṣayam”とほぼ同じ趣旨と考えられ、従って、「各自の種子に応じて」というように、副詞的に理解されるのが一般的である。『正法華』〔570〕の「随其種類」、『妙法華』〔571〕の「称其種性」、及びチベット訳 “sa bon ji lta bar”（P, chu,54a6）も、同様の理解を示しているであろう。しかし、“yathā-bījam” の後に続く “vivṛddhiṃ virūḍhiṃ vipulatām āpadyante” という定型句は、本来 “bīja” を主語として使用されるものなのである。即ち、パーリ仏典『相応部』二二—五四経の「種子経」Bīja-sutta には、次のようにある。[512]

〔572〕pathavī ca assa āpo ca assa / api nu imāni bhikkhave pañcabījajātāni vuddhiṃ virūḷhiṃ vepullaṃ āpajjeyyunti / evaṃ bhante / （SN, III 54,22-25）

(325)大地（pathavī）があれば、水（āpo）があれば、比丘たちよ、これらの五種の種子（pañca-bīja-jāta）は、成長・増長・広大に至るであろうか。尊師よ、その通りです。

また、『解深密経』*Saṃdhinirmocanasūtra* でも、“ālaya-vijñāna” の別の呼称とも見なされる “sarva-bījaṃ cittam”[513]「一切のものの種子である心」について “vivṛddhiṃ virūḍhiṃ vipulatām āpadyate” という定型句が使用されている。[514] このように見るならば、〔569〕ⓑの “yathā-bījam” を “yathā bījam” と読む可能性も考えられるであろう。[515] つまり、その個所を “yathā bījam anvayaṃ vivṛddhiṃ virūḍhiṃ vipulatām āpadyate tathā ca puṣpaphalāni prasavanti”「例えば、種子が、相続・成長・増長・広大に至るように、そのように、〔それらは〕花・果を生み出す」と読むのである。

勿論、〔569〕ⓑには、“āpadyate” という単数形ではなく、“āpadyante” という複数形が用いられているので、“bījam” は主語となることはできず、従って、このような読解も成立は困難である。また、仮りに、このような読解を採用したからといって、全体の趣旨に大きな変更が生じるということはないであろう。ただし、このような読解によって、“多様な草木” を生じる原因とは “bīja”「種子」ではないかという理解が示唆されることも、事実であろう。つまり、ここで、何よりも重要なことは、“pṛthivī” と “bīja” を区別することであって、後の正統的な瑜伽行派の術語を用いれば、“単一な基体” である “pṛthivī” は、“pratiṣṭhā-hetu”「依因」（「建立因」基体としての原因）ではあるが、“janana-hetu”「生因」[516]（生じる原因）ではなく、“bīja” こそが「生因」であるということが、ここに説かれているように見えるのである。しかるに、このように見れば、羅什が〔571〕で“bīja”を「種性」と訳したことの意味が明確に理解されるであろう。つまり、ここで“bīja”とは羅什によって“gotra”「種姓」と同義と見なされているのであって、〝単一なる基体〟〔L〕である“pṛthivī”「一地」の上に〝五姓〟とも言われるような様々に異なった“bīja”＝“gotra”「種性」が置かれ、それから〝三乗〟または〝四乗〟(517)それぞれの証果が生じるという説が、ここでなされているというのが、羅什の解釈であろう。

しかるに、私は、この解釈は基本的に妥当なのではないかと考えるのである。即ち、〔571〕の「小根小茎小枝小葉、中根……中葉、大根……大葉」とか「随上中下」という羅什の訳語によって示されているように、〔569〕の「雲雨譬喩」が〝三乗各別説〟的性格をもっていることは誰の眼にも明らかであろうが、その〝三乗〟の区別を成立させる原理として、この〔569〕では“gotra”ではなく“bīja”という語が使用されているのではないかと思うのである。

〝三乗各別説〟を主張する瑜伽行派にとって、“tathatā”“[dharma-]dhātu”“[buddha-]dhātu”“prakṛti”というような〝一切衆生にあるもの〟〔Ⓐ〕と“gotra”“bīja”“[bodhi-]hetu”というような〝特定の衆生だけにあるもの〟〔Ⓑ〕を区別することは、決定的な重要性をもっている。(518)何故なら、ある特定の衆生には、“bodhisattva-gotra”「菩薩の種姓」も“bodhi-hetu”「菩提の因」も“tathatā-ālambana-pratyaya-bīja”「真如を所縁縁とする種子」〔Ⓑ〕もないと考えられるからこそ、〝彼等は永久に成仏できない〟という〝一分不成仏説〟〝三乗各別説〟が成立するからである。

同じことは、大乗の『涅槃経』についても言うことができる。即ち、曇無讖訳の『涅槃経』には、次のような経文がある。

〔573〕彼一闡提雖有仏性、而為無量罪垢所纏、不能得出、如蚕処繭。以是業縁、不能生於菩提妙因、流転生死、無有窮已。（大正一二、四一九中五—七）

これは、〝一切衆生には「仏性」“buddha-dhātu”〔Ⓐ〕があるので、「一闡提」“icchantika”にも「仏性」はあるけれども、「一闡提」は「菩提妙因」“bodhi-hetu”〔Ⓑ〕を生じることができず、従って、永久に成仏することはできない〟

という説を述べるものであるが、ここでも〝一切衆生にあるもの〟〔Ⓐ〕としての“buddha-dhātu”と〝特定の衆生だけにあるもの〟〔Ⓑ〕としての“bodhi-hetu”の区別が決定的な重要性をもっており、もしもこの区別がなければ、この〝一闡提不成仏〟という〝一分不成仏説〟は成立しないのである。

このように見れば、「薬草喩品」の〔569〕の「雲雨譬喩」は、〝単一なる基体〟〔Ⓐ〕である“pṛthivī”と、その上に置かれた“bīja”、つまり、そこから〝多様な草木〟が〝生じる〟であろう“bīja”を区別している点で、『涅槃経』〔573〕の〝一分不成仏説〟や瑜伽行派の〝一分不成仏説〟に極めて近接するものであり、〝三乗各別説〟〝五姓各別説〟を生み出す一つの重要な根拠ともなっていると考えられる。

すでに述べたように、羅什は〔571〕において、〔569〕ⓑに出る“bīja”という語に「種性」という訳語を与えたと考えられるが、羅什が「薬草喩品」の翻訳で、この「種性」という訳語を用いた個所がもう一つあるので、その個所について考察することにしよう。それは次の通りである。

〔574〕tadyathāpi nāma kāśyapa mahāmeghaḥ sarvāvatīṃ trisāhasramahāsāhasrāṃ lokadhātuṃ saṃchādya samaṃ vāri pramuñcati sarvāṃś ca tṛṇagulmauṣadhivanaspatīn vāriṇā saṃtarpayati yathābalaṃ yathāviṣayam yathāsthāmaṃ ca te tṛṇagulmauṣadhivanaspatayo vāry āpibanti svakasvakāṃ ca jātipramāṇatāṃ gacchanti / (K, 123,13-124,2)

〔575〕猶如大雨、普仏世界、滋育養生、等無差特。(『正法華』八三下二―四)

〔576〕如彼大雲、雨於一切卉木叢林及諸薬草、如其種性、具足蒙潤、各得生長。(『妙法華』一九中二一―二三)

(326)例えば、実に、カーシャパよ、大雲(mahā-megha)が一切の三千大千世界を覆い(saṃchādya)、等しい(sama)水(vāri)を放ち、一切の草・灌木・薬草・森林樹を、水によって満足させる。そして、それらの草・灌木・薬草・森林樹は、各自の力に応じて(yathā-balam)、各自の場所に応じて(yathā-viṣayam)、各自の勢力に応じて(yathā-sthāmam)、水を飲み、各自それぞれの種類の大きさ(jāti-pramāṇa)になる。

ここには、“bīja”「種子」という語も、“pṛthivī”「大地」という語も、用いられてはいないが、その趣旨は〔569〕で述べられた「雲雨譬喩」のそれと、ほぼ一致すると見てよいであろう。しかるに、『妙法華』〔576〕の「如其種性」とは、何を訳したものなのであろうか。まず、考えられることは、〔569〕の“yathā-bījam”が「称其種性」と訳されたことから考えて、〔569〕でも“yathā-bījam”の同義語であるかのように使われた“yathā-balam”“yathā-viṣayam”が、この〔574〕でも“yathābalaṃ yathāviṣayaṃ yathāsthāmaṃ”という表現において用いられているので、この表現が「如其種性」と訳されたのではないかということであろう。「如」が“yathā”の訳語として相応しいことは言うまでもない。しかし、“yathā-balaṃ yathā-viṣayaṃ yathā-sthāmaṃ”という表現中の“bala”“viṣaya”“sthāma”が「種性」と訳されるとは考えにくいであろう。そこで注目したいのが、“jāti-pramāṇa”という語なのである。これをチベット訳は“rigs daṅ tshad”（P, chu,55a3）と訳しているが、これは「種類と大きさ（量）」という意味であろう。そこで問題になるのが、“jāti”（rigs）という語の意味は何かということなのである。“jāti”が本来〝生まれ〟を意味することは言うまでもないが、辞書に、“birth”とともに、“rank”“caste”“lineage”“kind”“species”[519]という訳語が挙げられているように、〝生まれによって定まっている種類〟という意味をもつ語であり、〝生まれによる差別〟にもとづくカースト制というものとも結びつく語であることは、注意を要する。現に「薬草喩品」の梵語原典のうち、羅什訳の欠けている部分（K, 131,13-143,6）で多用されている“jāty-andha”（K, 133,3ff）は、「生まれによる盲人」「生まれつきの盲人」を意味し、極めて差別的な性格をもつ語であると考えられる。

また、“jāti”は〝菩薩〟の〝生まれ〟についても使用されるのであって、「譬喩品」散文部分〔246〕ⓐで用いられる“paṇḍita-jātīya”「智者（菩薩）の生まれをもつ」という語において、“jāti”とは〝生まれ〟というよりも、むしろ“gotra”と同様に「種姓」を意味すると見るべきであろう。従って、羅什は〔248〕ⓐで“paṇḍita-jātīya”を「智性」と訳しているのである。また、『梵和』[520]では“jāti”の漢訳語として「種」「性」「種性」という語が挙げられているから、『妙法華』〔576〕の「如其種性」の「如」が“yathā-balam”等の“yathā-”の訳であることは認めるとしても、「種性」は“jāti-pramāṇa”の“jāti”を訳したものと見るべきであろう。すると、“jāti-pramāṇa”とは〝各自の生まれによって定まっている大きさ（量）〟を意味することになるのではなかろうか。
そこで問題としたいのは、『妙法華』の訳者である羅什は、瑜伽行派的な〝gotra〟論、つまり、三乗の〝gotra〟は各別であるというような理論を知っていたであろうかという点なのである。『法華経』の梵本それ自体には、〝gotra〟の語が四回（K, 18,5; 27,15; 154,5; 207,7）使用されているが、それは単に〝家柄〟という意味であり、〝三乗各別〟の「種姓」を意味するものではない。しかし、『妙法華』の訳者羅什は、四世紀後半から五世紀初頭にかけて活躍した人物であり、『妙法華』の翻訳（四〇六年）の約十年後の四一四年には、瑜伽行派の基本的典籍である『菩薩地』*Bodhisattvabhūmi* が、曇無讖によって『菩薩地持経』として翻訳されているのである。

このような状況を考える時、『法華経』それ自体が、瑜伽行派の〝gotra〟論が確立する以前に成立したことは確かであろうが、しかし、その訳者である羅什が、瑜伽行派的な〝三乗各別説〟の根拠となる〝gotra〟論を全く知らなかったとは、考えにくいであろう。[521] それ故、羅什は、〔571〕の「称其種性」においても、〔576〕の「如其種性」においても、瑜伽行派の〝三乗各別説〟的な gotra 論の考え方を、「種性」という訳語を用いることによって、自らの訳文に持ち込んでいるように思われる。

しかるに、この点を確認するために、更に『妙法華』の「薬草喩品」から次の文を引いておこう。

〔577〕如彼卉木叢林諸薬草等、而不自知上中下性。（『妙法華』一九下二一―二二）

ここで、「上中下性」の「性」が、〔571〕〔576〕の「種性」と同義であること、及び、「上中下性」とは、「上中下」の〝三乗〟に各別の「種性」を意味していることは、明らかであろう。すると、ここで「上中下性」という訳語によって語られているものは、瑜伽行派の〝三乗各別説〟的な gotra 論と基本的には一致すると考えられる。

しかるに、前掲の〔577〕に「上中下性」と言われるにもかかわらず、このうちの「性」に対応する原語があるわけではない。つまり、梵本には、単に〝tṛṇagulmauṣadhivanaspatīnāṃ hīnotkṛṣṭamadhyamānāṃ〟（K, 124,10）、「小（hīna）・勝（utkṛṣṭa）・中（madhyama）の草木・灌木・薬草・森林樹の」とあるだけなのである。『正法華』も、この表現を「上中下樹」（八三下一〇―一一）と訳すだけで、「性」という訳語は使用していない。従って、羅什が〝三乗各別説〟的な「性」「種性」の観念を自己の訳文に導入しようとしていることは、この点からも知られるであろう。

しかるに、同様のことは、次のような「薬草喩品」第三四偈についても、言うことができるのである。

〔578〕samaś ca so dharma jinena bhāṣito meghena vā vāri samaṃ pramuktam /
citrā abhijñā ima evarūpā yathauṣadhīyo dharaṇītalasthāḥ // [V, v.34]（K, 130,5-6）

〔579〕最勝講法、則為平等、猶如慶雲、普一放雨、
神通無礙、如此比像、若如衆薬、在於地上。（『正法華』八四下一五―一七）

〔580〕仏平等説、如一味雨、随衆生性、所受不同、
如彼草木、所稟各異。（『妙法華』二〇中二―四）

㉗雲（megha）によって、平等な（sama）水（vāri）が放たれたように、勝者（jina）によって、その平等な（sama）法（dharma）が語られた。大地〔L〕に存在する諸の薬草〔S〕のように、このような、この智（abhijñā）は、多様（citra）である。

即ち、ここで、羅什は〔580〕において「随衆生性」という訳語を用いているが、この訳語に相当する原語は全く存在しないのである。しかるに、ここで「性」とは、〔571〕〔576〕の「種性」と同義であることは明らかであろう。それ故、ここでも、羅什が瑜伽行派が主張するような〝gotra〟「種性」の観念を自らの訳文に持ち込もうとしていることが知られるのである。

しかし、以上に述べられたことは、あくまでも羅什自身の解釈であって、『法華経』それ自体とは無関係であると考えるならば、それは適切ではないであろう。というのも、『法華経』は、すでに述べたように、確かに瑜伽行派の〝gotra〟論が確立される以前に成立したものであろうが、『法華経』は瑜伽行派の〝gotra〟論、〝三乗各別説〟〝一分不成仏説〟と全く無縁であるとは考えられず、むしろそれを用意したものが「譬喩品」散文部分以降に説かれるように

なった〝大乗主義〟〝一分不成仏説〟であると見られるからである。

しかも、羅什が、「薬草喩品」の翻訳において二度にわたって「種性」という訳語を用い、「上中下性」という訳語も使用したということは、この「薬草喩品」の「雲雨譬喩」に〝三乗各別の「種姓」〟という瑜伽行派の〝gotra〟論を生み出す要因となる観念が顕著に示されていることにもとづくであろう。つまり、『法華経』に三乗各別の〝gotra〟という言葉自体は見出されないものの、その基本的アイデアは、正にこの「薬草喩品」の中で述べられていると考えられるのである。

そこで、最後に、この「薬草喩品」の「雲雨譬喩」に対する苅谷博士の評価を参照することにしよう。博士は次のように論じられる。

(328) それ故に、この三草二木の喩、即ち多様の草木は一味の雨を受けて成長するという喩は、到底『法華経』本来の〈一仏乗〉を説き明かしたものとは考えられない。それどころか、この喩の示す思想は、大・小の草木は全て一味の雨によって成長するのだといくら言ったところで、それによってその大・小の差別が解消されるわけではないからして、本来の『法華経』の立場即ち声聞を〈仏乗〉に包摂し生かしめるという立場とは全く逆に、三乗の差別、即ち大・小乗の差別を許容し、さらには肯定するものとさえ受け取られるものを含んでいるのである。即ち、大・小の草木について、それが一味の雨を受ける場合、「種子に応じて」(yathā-bījam)(p.122. 6)とあり、「各々の種性の基準一ぱいに」(svakasvakāṃ jāti-pramāṇatām)(p.124. 1-2)成長するとされている故に、この草木の大・小をもって三乗の差異に譬えているとすると、その三乗の差は種子(bīja)として、種性(jāti, 生まれ、種姓)として、即ち本来よりあるものと言うことになる。これは明らかに後代の大乗仏教思想の一つたる五性各別説を指向するものと言えよう。

こうして、この段落①、③、⑤の部分に説かれている三草二木の喩というものは、『法華経』本来の〈一仏乗〉思想とは全く異質のものであり、後代の大乗仏教の中で、三乗各別説的思想をもったものの手によって作られ、

挿入せられたものであると結論されよう。(『一仏乗』三四九—三五〇頁)〔傍線＝松本〕

ここに述べられた苅谷博士の見解に、私は基本的に賛成なのである。確かに「雲雨譬喩」、つまり、「三草二木の喩」は、「一仏乗」を説く「方便品」散文部分の立場とは、「全く異質のもの」であり、「三乗の差別を許容し、さらには肯定するもの」、つまり、〝三乗各別説〟を説くものであろう。また、〔574〕に出る "jāti-pramāṇatā" という語の "jāti" が「種性」を意味するというのも、博士の言われる通りであろう。しかし、ただ一点だけ苅谷博士の㉘の見解に賛同できないのは、私は、問題の「三草二木の喩」が「挿入せられたものである」とは考えないという点なのである。というのも、すでに論じたように、「譬喩品」散文部分で "mahāyāna" 「大乗」という語が『法華経』に導入されたとき、「方便品」散文部分で説かれた『法華経』本来の〝一仏乗〟の思想は、根本的に変質させられたのであって、〝一乗＝大乗〟と規定されたことによって、〝大乗は勝れ、小乗は劣っている〟という差別的な優劣の観念にもとづく〝大乗主義〟が『法華経』を支配することになり、〝菩薩だけが成仏できる〟〝真の声聞は成仏できない〟という〝一分不成仏説〟〝三乗各別説〟が、『法華経』の基調となったのである。従って、「三草二木の喩」の〝三乗各別説〟〝種性論〟は、このような〝大乗主義〟の発展の延長線上にあるものであるから、何等新奇な驚くべき説ではない。〔566〕ⓑの "sarvajñajñāna-saṃdarśaka" "sarvajñajñāna-avatāraka" について考察したように、「譬喩品」散文部分以降の諸章では、「方便品」散文部分で〝一仏乗〟を説くときに用いられた表現が、いわば体裁をつくろうために、ちりばめられてはいるが、その基本的立場は、すでに「方便品」散文部分の〝一仏乗〟の立場から〝一分不成仏説〟〝三乗各別説〟を説く〝大乗主義〟に変質しているのである。従って、「三草二木の喩」が「挿入」であるとする苅谷博士の見解に従うことはできない。

さて、「薬草喩品」には、羅什訳を欠いた末尾の部分(K, 131,13-143,6)にも、〝一乗思想〟に関する重要な教説が説かれているが、まず、その部分は、次の一文によって始まっている。

〔581〕 punar aparaṃ kāśyapa tathāgataḥ sattvavinaye samo na cāsamaḥ / (K, 131,13)

〔582〕仏復告大迦葉、如来所教、等化無偏。（『正法華』八五上一九）

〔583〕復次迦葉、如来於諸衆生、調伏平等。（『添品』一五三上二九）

(329) また、カーシャパよ、如来は、衆生の化導（vinaya）において、平等（sama）であって、不平等（asama）ではない。

ここに、「平等（sama）であって、不平等（asama）ではない」と述べられているので、ここには所謂〝平等思想〟が説かれているであろうと考えるならば、事実は全く逆であって、大乗仏典で“sama”という観念が主張される場合、必ずといってよい程、そこには差別的な教説が述べられるのである。[522] つまり、“sama”というのは、“dhātu-vāda”における〝基体〟の〝単一性〟〝無区別性〟〝平等性〟を述べているのにすぎず、かつての表現を用いれば、

(330) Lの単一性（平等）は、Sの多性（差別）を解消するどころか、かえってそれを維持し、根拠づける原理となる。
これは、明らかに差別思想である。（『縁起と空』六頁）

ということになるのである。

しかるに、私が差別的な教説を表現する典型的な言葉と見なしている“sama”という語は、「方便品」散文部分、及びその偈には全く使用されていないにもかかわらず、「薬草喩品」では多用されている。あるいは正確に言えば、「薬草喩品」以上に“sama”を多用する章は、『法華経』には存在しない。しかるに、「薬草喩品」で“sama”が用いられた「雲雨譬喩」〔569〕や〔574〕や〔578〕を見てみると、そこに説かれるのは、〔571〕の「随上中下」「称其種性」「而諸草木、各有差別」とか、〔576〕の「如其種性……各得生長」とか、〔580〕の「随衆生性、所受不同……所稟各異」という『妙法華』の訳文によって明示される差別的な思想なのである。

では、〔581〕の後には、どのような教説が説かれるのであろうか。〔581〕の直後には、〝日月光の譬喩〟を説く次のような経文が置かれている。

〔584〕ⓐ tadyathā kāśyapa candrasūryaprabhā sarvalokam avabhāsayati / kuśalakāriṇam akuśalakāriṇam cordhvāvasthitam adharāvasthitaṃ ca sugandhi durgandhi ca sarvatra samaṃ prabhā nipatati na viṣamam / ⓑ evam eva kāśyapa tathāgatānām arhatāṃ samyaksaṃbuddhānāṃ sarvajñajñānacittaprabhā sarveṣu pañcagatyupapanneṣu sattveṣu yathādhimuktiṃ mahāyānika-pratyekabuddhayānikaśrāvakayānikeṣu saddharmadeśanā samaṃ pravartate / na ca tathāgatasya jñānaprabhāyā ūnatā vātiriktatā vā yathā puṇyajñānasamudāgamāya saṃbhavati / ⓒ na santi kāśyapa trīṇi yānāni kevalam anyonyacaritāḥ sattvāḥ / tena trīṇi yānāni prajñapyante // (K, 131,13-132,4)

〔585〕ⓐ譬如日明広照天下、光無所択、照与不照。高下深浅、好悪香臭、等無差特。ⓑ仏亦如是。以智慧光、普照一切、五道生死、菩薩縁覚声聞、慧無増減。随心所解、各得其所。ⓒ本無三乗、縁行致之。(『正法華』八五上一九—二四)

〔586〕ⓐ迦葉、譬如日月光明、照於世間。若作善、若作不善、若高処住、若下処住、若香若臭、諸処平等、光照無偏。ⓑ如是迦葉、如来応正遍知、一切種智心之光明、於諸五趣衆生受生之中、如其信解、大乗縁覚乗声聞乗中、為説正法、平等而転。如来智慧、亦無増減。如其福智、聚集而生。ⓒ迦葉、無有三乗、唯彼衆生別異行故、施設三乗。(『添品』一五三上二九—中八)

(331)ⓐ例えば、カーシャパよ、日月の光(candra-sūrya-prabhā)は一切(sarva)の世間(sarva-loka)を照らす。善(kuśala)を為すものも、不善(akuśala)を為すものも、上にいるものも、下にいるものも、よい香りのものも、悪い香りのものも、照らすのであり、一切のもの(sarva)に、光(prabhā)は平等に(samam)落ちるのであって、不平等に(viṣamam)ではない。

ⓑそれと同様に、カーシャパよ、如来・阿羅漢・正覚者たちの一切智者の智(sarvajña-jñāna)の心(citta)の光(prabhā)である正法の説示(saddharma-deśanā)[523]は、五趣に生まれた一切の衆生たちにおいて、各自の信解に応じて(yathā-adhimuktim)、大乗のもの(mahāyānika)・独覚乗のもの(pratyekabuddhayānika)・声聞乗のもの(śrāvakayānika)において、平等に(samam)起るのであり、如来の智の光(jñāna-prabhā)には、増減がない。功徳と智(puṇya-jñāna)を完成する(samudāgama)のに役立つように。

ⓒカーシャパよ、三乗（trīṇi yānāni）は存在しない。単に相互に異なった行（carita）をもつ衆生たちがいるだけである。それ故に、三乗が設けられる（prajñapyante）のである。

この〔585〕でも、「一切のもの（sarva）に、光は平等に（samam）落ちるのであって、不平等に（viṣamam）ではない」と述べられ、"sama"「平等」が強調され、「三乗は存在しない」とまで言われている。では、ここで〝大乗〟〝独覚乗〟〝声聞乗〟という「三乗」の〝多様性〟〝差別〟が真に否定されているかといえば、そうではないであろう。というのも、右の経文の後には、次の一節が続くからである。

〔587〕ⓐ evam ukta āyuṣmān mahākāśyapo bhagavantam etad avocat / yadi bhagavan na santi trīṇi yānāni kiṃ kāraṇaṃ pratyutpanne 'dhvani śrāvakapratyekabuddhabodhisattvānāṃ prajñaptiḥ prajñapyate / ⓑ evam ukte bhagavān āyuṣmantaṃ mahākāśyapam etad avocat / tadyathā kāśyapa kumbhakāraḥ samāsu mṛttikāsu bhājanāni karoti / tatra kānicid guḍabhājanāni bhavanti kānicid ghṛtabhājanāni kānicid dadhikṣīrabhājanāni kānicid dhīnāny aśucibhājanāni bhavanti / na ca mṛttikāyā nānātvam atha ca dravyaprakṣepamātreṇa bhājanānāṃ nānātvaṃ prajñāyate / ⓒ evam eva kāśyapaikam evadaṃ yānaṃ yad uta buddhayānaṃ na dvitīyaṃ na tṛtīyaṃ vā yānaṃ saṃvidyate // (K, 132,5-11)

〔588〕ⓐ迦葉白仏。設無三乗、何故得有菩薩縁覚声聞。ⓑ仏言。譬如陶家埏埴作器、或盛甘露蜜、或盛酪蘇麻油、或盛醲飲食。泥本一等、作器別異、所受不同、本際亦爾、一等無異、各随所行、成上中下。（『正法華』八五上二四―二八）

〔589〕ⓐ慧命摩訶迦葉、白仏言。世尊、若無三乗、何故現世施設声聞縁覚菩薩。ⓑ仏告慧命摩訶迦葉。譬如作瓦器者、等和土泥、而用作器。彼中或有盛沙糖器、或盛酥器、或盛乳酪器、或盛悪糞穢器。泥亦無有種種別異、而物著中、随所受量。器則種種、別異施設。ⓒ如是迦葉、此唯一乗、所謂大乗。無有二乗、及以三乗。（『添品』一五三中八―一五）

(332)ⓐこのように言われたとき、尊者マハー・カーシャパは、世尊にこう言った。「世尊よ、もし三乗が存在しないならば、何故、現在世において、声聞・独覚・菩薩が設けられているのですか」と。

ⓑこのように言われたとき、世尊は尊者マハー・カーシャパにこう言った。「カーシャパよ、例えば、陶工（kumbha-kāra）が、平等な（sama）泥土（mṛttikā）において、諸の器（bhājana）を作るとしよう。そのとき、あるものは、黒糖（guḍa）の器となり、あるものは酥酪（ghṛta）の器、あるものは酪（dadhi）・乳（kṣīra）の器、あるものは小（hīna）なる、不浄物（aśuci）の器となる。しかるに、泥土に別異性（nānātva）があるのではない。物（dravya）を入れること（prakṣepa）だけによって、諸の器の別異性が知られる（prajñāyate）[524]のである。

ⓒそれと同様に、カーシャパよ、乗（yāna）は、これ一つ（eka）だけであり、即ち、仏乗である。第二、または第三の乗は存在しない。」

まず、このうちⓑに示される〝器の譬喩〟において、“samāsu mṛttikāsu bhājanāni”という表現では、“mṛttikā”「泥土」が“bhājanāni”「諸の器」の〝基体〟とされていることが知られる。即ち、於格的関係を示す記号〝⊥〟を使用すれば、両者の関係は、次のように表すことができる。[525]

bhājanāni ⊥ mṛttikāḥ

ここに示したように、“mṛttikāsu”は複数の於格形であるから、“mṛttikāsu”という語によって〝単一な基体〟が述べられたと見ることはできない。しかし、同時に“mṛttikāsu”に“sama”「等しい」「平等の」という形容詞が付せられていることも、無視できない。即ち、“sama”は“eka”「一つ」、つまり、“one and the same”“identical”とほぼ同義であり、『大乗阿毘達磨経』の偈〔493〕では“sama-āśraya”というように、〝基体〟の〝単一性〟を表現するために用いられる語であるから、“mṛttikā”は“bhājanāni”の〝単一な基体〟とされていると見ることも不可能ではないであろう。

では、その〝単一な基体〟に置かれている“bhājanāni”「諸の器」とは何かと言えば、まず、それが四種であることを確認しておきたい。即ち、〔587〕ⓑにおいて“kānicid ... bhājanāni”という表現は四回用いられるのであって、そのうち第三番目は“dadhi-kṣīra-bhājanāni”と言われ、二種のものの容器とされているようであるが、これも一種類の器、つまり、第三番目の器と考えて、全体としては"mṛttikā"「泥土」という〝基体〟の〝超基体〟である「諸の器」は四種であると見ておきたい。というのも、すでに論じたように、[526]「薬草喩品」では〝超基体〟は、次に示すように、専ら〝四つのもの〟として示されるからである。

㋐ tṛṇa-gulma-oṣadhi-vanaspati（〔569〕ⓐⓑ）
㋑ nāḍa-śākhā-patra-palāśa（〔569〕ⓑ）
㋒ anvaya, vivṛddhi, virūḍhi, vipulatā（〔569〕ⓑ）
㋓ kṣudrānukṣudra, kṣudrika, madhya, mahat（[V, v.28] K, 129,7-8）

このうち、㋐は"pṛthivī"を〝基体〟とする〝超基体〟である〝四種の草木〟であり、㋓はその〝超基体〟である〝草木〟を「極小・小・中・大」と四つに分け、これを〝人天乗〟〝声聞乗〟〝独覚乗〟〝菩薩乗〟という〝四乗〟に関連づけて説明したものと考えられる。[527]

それ故、〝三乗の区別は、いかにして設定されるか〟という疑問に対する答えとして述べられた〔587〕においても、"mṛttikā"という〝単一な基体〟に置かれる〝超基体〟となっている四種の"bhājanāni"「諸の器」は、〝四乗〟または〝三乗〟を意味していると考えてよいであろう。では、その〔587〕において〝三乗〟の区別は否定されているかといえば、全くそうではないのである。〝三乗〟たる"bhājanāni"「諸の器」は、同一の"mṛttikā"「泥土」を〝基体〟とし、同一の"mṛttikā"から作られ生じているのであるから、すでに示した"dhātu-vāda"の図に関する説明を引用すれば、「⑥Sは非実在ではあるが、Lから生じたものであるから、またLを本質とするから、ある程度の実在性をもつ、または、実在性の根拠をもつ」という規定が、ここにも適用されるであろう。というのも、この〔587〕では〝超基体〟も〝基体〟と同じ「泥土」でできているのであるから、「ある程度の実在性」どころか、〝基体〟と全く同じ実在性が〝超基体〟である「諸の器」にも付与されていると考えられる。従って、前掲の(330)の表現を再び繰返せば、ここでも「Lの単一性（平等）はSの多性（差別）を解消するどころか、かえってそれを維持し、根拠づける原理となる」ということが認められる。これは、言うまでもなく、〝三乗各別説〟であり、〝三乗真実説〟なのである。そこで、この「薬草喩品」〔587〕の〝器の譬喩〟に対する苅谷博士の評価を見ることにしよう。博士は、この譬喩について、次のように論じられる。

⑶33それ故、これは喩の巧拙という問題ではなく、そこに示されている思想そのものが全く本来の法華〈一仏乗〉とは異質なのだと言わざるを得ないのである。

さらに言えば、ここに示されているところの「個々別々の修行をする衆生があるだけである」と言い、「中に入れるものによって壺の種々性がある」という言葉には、「三乗は存在しない」という言葉とは裏腹に、すでに指摘されているように、逆に三乗の差別を許容するものがあり、それどころか、肯定しかねない思想の萌芽があるのである。即ち、これは先の盲目の喩とは異なり、所謂「三乗各別説」的色彩を帯びたものなのであって、事実、これは後代の大乗仏教においてそのような方向に展開していったとされているのである。（『一仏乗』三四一—三四二頁）〔傍線＝松本〕

ここで、苅谷博士が〔587〕の〝器の譬喩〟は「三乗の差別を許容するもの」であり、それを「肯定しかねない思想」を説くものであり、「「三乗各別説」的色彩を帯びたもの」と評されたことについて、私としては全面的に賛成せざるを得ない。ここで「的色彩を帯びたもの」という表現は、〔587〕では明らかに〝三乗各別説〟が説かれていると見る私よりすれば、やや不明確な表現にも感じられるが、しかし、博士の⑶33の見解は、「日光・壺の喩—三乗各別説」と題する『一仏乗』第四章第二節の「二」において述べられるのであるから、博士が〔587〕の所説を「三乗各別説」と見なされていることは、明らかであろう。

また、⑶33で「「三乗は存在しない」という言葉とは裏腹に」と言われたのも、鋭い指摘であって、苅谷博士は〔587〕ⓒに関して、

⑶34この結びの文の「ただ〈一仏乗〉にして第二、第三の乗はない」というのは、「方便品」等に度々出てきたとこ

ろであるが、しかし、ここではそれは喩の内容と全く一致しておらず、いかにもとって付けた感のあるものである。〔『一仏乗』三四〇頁一〇―一一行〕〔傍線＝松本〕

と言われている。これは、全く博士の言われる通りであって、〔587〕ⓒの〝一乗真実説〟は、〔587〕ⓑの譬喩の〝三乗各別説〟と全く一致していない。苅谷博士が「とって付けた感のあるもの」と言われたように、〔587〕ⓒは『正法華』〔588〕には正確に対応する訳文を欠いており、本来のテキストに付加されたものと思われる。では、その付加の理由は何かと言えば、〔587〕ⓑの譬喩に説かれた〝三乗真実説〟〝三乗各別説〟が、あまりにも明確なものであったために、それを〝一仏乗〟を説く「方便品」散文部分の表現を用いて、隠蔽しようとしたのであろう。

さて、(333)の苅谷説において、「すでに指摘されているように」と言われたのは、高崎直道博士による指摘を指しているのであって、高崎博士は、Jñānavajra による『楞伽経』の註釈『如来蔵荘厳』*Tathāgatagarbhālaṃkāra* (P, No.5520) の中で、『現観荘厳論』第一章第三九偈の引用[528]が示された直後に、〝器の譬喩〟を説く「薬草喩品」の偈 (V, vv.47-50ab) が引用[529]されたという事実を示すことによって、この「薬草喩品」の〝器の譬喩〟と『現観荘厳論』第一章第三九偈との密接な関係を論証されたのである。[530] その『現観荘厳論』の偈とは、次の通りである。

〔590〕dharmadhātor asaṃbhedād gotrabhedo na yujyate /
ādheyadharmabhedāt tu tadbhedaḥ parigīyate // (AA, I, v.39)

(335)法界 (dharma-dhātu 諸法の基体)〔L〕は無差別であるから、種姓 (gotra)〔S〕の差別 (bheda) は不合理である。しかし (tu)、置かれるべきものである諸法 (ādheya-dharma)〔S´〕は、異なっているから、それ (種姓)〔S〕の差別が説かれる。

私は、すでに、この偈に“dhātu-vāda”の典型が説かれていると論じたのであるが[531]、『如来蔵荘厳』という『楞伽経』の註釈が、この偈を引用した直後に、〝器の譬喩〟を説く「薬草喩品」第四七偈―第五〇偈を引用しているということは、〝器の譬喩〟と『現観荘厳論』のこの偈の趣旨を同じものと把えていることを意味している。従って、この偈は「薬草喩品」の〝器の譬喩〟〔587〕にもとづいて作成されたと見るのが適切であろう。とすれば、この『現観荘厳論』の偈の正確な意味は、〝器の譬喩〟を参照しなければ、決して理解できないことになる。つまり、〝器の譬喩〟における〝基体〟である“mṛttikā”が、その偈では“dharma-dhātu”と言われ、〝超基体〟である“bhājana”が“gotra”と呼ばれたと考えられるのである。

しかるに、これについては、別の解釈も可能なのである。即ち、ハリバドラ Haribhadra の『現観荘厳論光明』*Abhisamayālaṃkārālokā*（AAĀ, Wogihara ed.）には、この偈について次のような解釈が述べられているのである。

〔591〕ⓐ atha vā yathaikamṛddravyābhinirvṛttaikatejaḥparipakvādhāraghaṭāder ādheyakṣaudraśarkarādibhājanatvena bhedaḥ / tadvad yānatrayasaṃgṛhītādhigantavyādheyadharmanānātvenādhāranānātvaṃ nirdiṣṭam iti na doṣaḥ / tathā coktam ... [AA, I, v.39] iti // ⓑ niruktaṃ tu guṇottāraṇārthena dharmadhātur gotraṃ / tasmād dhi te guṇā rohanti prabhavantīty arthaḥ //（AAĀ, 77,23-31）

(336)ⓐあるいはまた（atha vā）、同一の泥土（eka-mṛd）によって作られ、同一の火（eka-tejas）によって焼かれた、置き場所（ādhāra）〔L〕である瓶（ghaṭa）等〔L〕が、置かれるべきもの（ādheya）〔S〕である蜂蜜（kṣaudra）や砂糖（śarkara）等〔S〕の器（bhājana）〔L〕であることによって、〔互いに〕異なったものとなる（bheda）。それと同様に、三乗（yāna-traya）によって摂せられる証果（adhigantavya）〔S〕という置かれるべき法（ādheya-dharma）〔S〕が〔相互に〕異なっていること（nānātva）によって、置く場所（ādhāra）〔L〕が〔相互に〕異なること（nānātva）が示されたのである。というわけで、過失（doṣa）は無い。またそのように、……（『現観荘厳論』第一章第三九偈〔590〕）……と説かれたのである。ⓑしかるに、語義解釈（nirukta）は、功徳（guṇa）を生起させるもの（uttāraṇa）という意味で、(532) 法界（dharma-dhātu）は種姓（gotra）なのである。というのも、それ（種姓）から、諸の功徳（guṇa）が成長し、生じるからである。(533)

ここで、訳文に〔L〕と〔S〕の記号を補って示したように、ここには〝基体〟と〝超基体〟が整然と、次のように二分されているように見える。

基　体〔L〕：ādhāra, ghaṭa, bhājana, gotra, dharma-dhātu

超基体〔S〕：ādheya[-dharma], kṣaudra, śarkara, yānatraya-saṃgṛhīta-adhigantavya, guṇa

従って、高崎博士は、『現観荘厳論』第一章第三九偈について、次のように論じられるのである。

(337)すなわち、AAの基本的解釈の線は、gotra ＝ dharmadhātu ということである。それは dharmadhātu を法の因（dhātu ＝ hetu）すなわち「功徳を生起せしめるもの」（guṇôttāraṇa）の意味にとり（dharma ＝ guṇa, 徳性、価値ある性質）、gotra を「因」の義で解するものである（gotra ＝ dhātu ＝ hetu）。[534]〔傍線＝松本〕

しかし、私は、この博士の解釈に必ずしも賛同できないのである。即ち、確かに『現観荘厳論光明』〔591〕には“dharmadhātur gotram”と言われているので、ここから“dharmadhātu ＝ gotra”という等式が導き出されるのは当然であろう。しかし、これは『現観荘厳論』の著者ではなく、あくまでも、その註釈者の一人である中観思想家ハリバドラの解釈を示すものなのである。つまり、『現観荘厳論』自体に“dharmadhātu ＝ gotra”ということが明記されているとは思えない。“超基体”である「蜂蜜」や「砂糖」等の差別にもとづいて、“基体”である「器」の差別が成立するように、“三乗各別”の「証果」という「諸の功徳」の差別にもとづいて、“基体”である「種姓」の差別が成立するというとき、もしも、「種姓」＝「法界」であるとすれば、「法界」にも差別が成立するということになるであろう。しかし、“dharma-dhātu”「法界」というのは、その定義上からいっても“無差別”“単一”であるとされるから、“多数の法界”という観念は、それ自体が不合理なものであることは、明らかである。

従って、私は、〔591〕におけるハリバドラの説明にもかかわらず、“gotra ≠ dharmadhātu”というのが瑜伽行派の根本的な教義であり、『現観荘厳論』第一章第三九偈〔590〕でも、この教義が基本的には認められていると考えるのである。

では、どのように理解すべきであろうか。『現観荘厳論光明』〔591〕に“ādheya-kṣaudra-śarkara”“bhājana”“eka-mṛd”

等の語が用いられていることから考えても、『現観荘厳論』の偈〔590〕が、「薬草喩品」〔587〕の〝器の譬喩〟にもとづいて形成されたことは明らかであると思われるが、私は、その譬喩における"bhājana"は、『現観荘厳論』の偈〔590〕では"gotra"と呼ばれたのであって、"dharma-dhātu"と呼ばれたのではないと考える。というのも、〔587〕で説かれる〝器の譬喩〟では"bhājana"は四種類として示されたのであるから、それは「雲雨譬喩」〔569〕における"tṛṇa-gulma-oṣadhi-vanaspati"という四者と同様、〝多数の超基体〟であって〝単一の基体〟である"dharma-dhātu"ではありえないと思うからである。

しかるに、〝器の譬喩〟における"bhājana"を〝単一の基体〟である"dharma-dhātu"と見なすべきではないと考える理由が他にもある。それは、所謂〝破器〟の問題である。即ち、〝器の譬喩〟〔587〕には"hīnāny aśuci-bhājanāni"[535]「小(hīna)なる、不浄物の器」というものがあることが述べられたが、『性起経』*Tathāgatotpattisaṃbhavanirdeśasūtra* で、次のように説かれる〝破器〟、つまり、〝壊れた器〟も、〔587〕の"hīnāny aśuci-bhājanāni"と同様の意義を有するものだと思われるのである。

〔592〕如来之身、破壊器人、心懐穢濁、不見威光。(『如来興顕経』大正一〇、六一一下一三—一四)

〔593〕但破器濁心衆生、不見如来法身影像。(『六十華厳』大正九、六二八下一—二)

〔594〕〔心器常浄、常見〕仏身。若心濁器破、則不得見。(『八十華厳』大正一〇、二七六中二五—二六)

〔595〕sems can sems rñog pa daṅ ldan shiṅ snod chag par gyur pa rnams kyis ni de bshin gśegs pa ñi maḥi dkyil ḥkhor mthoṅ bar mi ḥgyur te / (P, śi,132b3-4)

(338) 濁った心(citta)をもち、壊れた器(bhājana)のような衆生たちには、日輪のような如来(tathāgata-sūrya-maṇḍala)は見られない。(〔595〕の私訳)

即ち、ここでは〝一切衆生のうち「破器」のような衆生だけには、太陽のような如来は見られない〟と論じられているように思われるが、ここで「破器」と呼ばれた衆生たちと、「薬草喩品」〔587〕で「小なる、不浄物の器」と呼ばれた衆生たちは、基本的には同じ衆生を指していると思われる。つまり、彼等は『涅槃経』〔573〕の「一闡提」と同様に〝永久に成仏できない衆生〟を指すのである。しかるに、「一闡提」は大乗『涅槃経』〔573〕で述べられたように、「仏性」という〝単一の原理〟または〝単一の基体〟をもっているのであるから、それ自体は〝単一の基体〟ではなく、その〝単一の基体〟の上に置かれた〝多数の超基体〟の一つと考えられる。即ち、すでに示した〝dhātu-vāda〟の図とその構造に関する説明（本書、五九六頁）の⑥について、私が、

(339)⑥は、〝差別・区別の絶対化・固定化〟を支える思想原理となる。五姓各別説もカースト制も、ここにその根拠を見いだしうる。何故なら、図ではLの上に三つのdharmaが乗っているだけであるが、そこに、永久に成仏できない一闡提、つまり無姓（agotra）を含めた五姓という五つのdharmaをSとして置くこともできる。（『縁起と空』六頁）

と述べた通りなのである。従って、「薬草喩品」〔587〕の〝bhājana〟「器」は、あくまでも、〝単一な基体〟の上にある〝多数の超基体〟なのであって、〝器の譬喩〟〔587〕における四種の〝bhājana〟「器」とその〝基体〟である〝mṛttikā〟「泥土」が、『現観荘厳論』〔590〕では、それぞれ〝gotra〟と〝dharma-dhātu〟と呼ばれたと考えられるのである。

では、「薬草喩品」〔587〕の〝器の譬喩〟において、〝超基体〟である四種の〝bhājana〟と、その内容物である〝guḍa〟等との関係はどうかといえば、『大乗荘厳経論』第三章第四偈で〝gotra〟の語義が〝guṇa-uttāraṇatā-arthaḥ〟[536]「功徳を生起させることという意味によって」と言われ、『現観荘厳論光明』〔591〕ⓑでも同様に述べられたのであるから、四種の〝bhājana〟と〝guḍa〟等の〝四種の内容物〟との間にも、前者が後者を生じる関係があるだけではなく、「器」に「黒糖」は置かれているのであるから、前者が後者の〝基体〟であるという関係が認められるであろう。すると、〔587〕の〝器の譬喩〟には三者よりなる一種の〝三層説〟が説かれていると見られるのであって、その三者をL・S・Ś[537]と呼び、その於格的関係（locative relation）を〝⊥〟記号を用いて表示すれば、次のようになるであろう。

guḍa-ādi〔Ś〕⊥bhājanāni〔S〕⊥mṛttikā〔L〕

しかるに、この三者が、『現観荘厳論』の偈〔590〕では、

ādheya-dharma〔S′〕⊥ gotra〔S〕⊥ dharma-dhātu〔L〕

と表現されたのである。つまり、その偈では、“guḍa-ādi”が“ādheya-dharma”と呼ばれ、“bhājana”が“gotra”と言われ、“mṛtikā”が“dharma-dhātu”と述べられたのである。即ち、『現観荘厳論』〔590〕も、〝器の譬喩〟〔587〕と同様、〝三層説〟なのであって、『現観荘厳論光明』〔591〕が説くような〝二層説〟ではない。言うまでもなく、ここで最も重要なポイントは、

gotra〔S〕≠ dhātu〔L〕; gotra〔S〕⊥ dhātu〔L〕

ということであって、この関係がなければ、瑜伽行派の〝三乗各別説〟〝五姓各別説〟が成立する筈もないのである。しかるに、問題の『現観荘厳論』の偈〔590〕について、私は、そこに説かれる〝三層説〟を、従来、明確に把握していなかったことを、ここで認めておきたい。即ち、(335)で示した私訳について言えば、私は、かつては「置かれるべきものである諸法（ādheya-dharma）」という語の前に、「〔その基体に〕」という語を補って理解していたのである。[538] つまり、“ādheya-dharma”〔S′〕を、“dharma-dhātu”〔L〕に「置かれるべき諸法」と解していたのであるが、“ādheya-dharma”とは、〝器の譬喩〟の“guḍa-ādi”を指すから、それは“bhājana”つまり“gotra”〔S〕に「置かれるべき諸法」と見なければならないのである。

この点で、私の『現観荘厳論』〔590〕に関する理解は、〔S′〕の存在を考慮しない“dhātu”〔L〕と“gotra”〔S〕の〝二層説〟であったのである。この〝二層説〟は“gotra”と“dhātu”を区別する点で、『現観荘厳論光明』〔591〕に説かれる“gotra ＝ dhātu ≠ ādheya-dharma”という〝二層説〟とは異なっているが、しかし、従来の私の理解に不充分な点があったことを認めておきたい。

ただし、ここで問題としておきたいのは、この問題の『現観荘厳論』第一章第三九偈〔590〕のトリッキーな性格についてなのである。これは『宝性論』についても言えることであるが、[539]『現観荘厳論』は“gotra〔B〕≠

"dharmadhātu"〔A〕という瑜伽行派の根本教義を認め、これから決して逸脱してはいない。しかし、同時に、何とか"gotra = dharmadhātu"という教義の方に接近したいという意図ももっていたように思われる。この二面性を表しているのが、問題の偈〔590〕であって、さもなければ、この偈について、『現観荘厳論光明』〔591〕が、"dharmadhātur gotram"というように、"gotra = dharmadhātu"という等式を容易に導き出すことなどできなかったであろう。

また、『現観荘厳論』第一章第三九偈〔590〕について、

(340)また『現観荘厳論』の偈は、法界、つまり"locus"の無差別を言いながら、最終的には現実の種姓や諸法の差別を述べることで終る、という如来蔵思想共通の差別思想を表している。（『縁起と空』七頁一〇—一二行）

と私がかつて論じたことに関しても、若干説明しておこう。即ち、問題の偈〔590〕では、その前半で「種姓（gotra）の差別（bheda）は不合理である」と述べられているのに、その後半では「それ（gotra）の差別が説かれる」と言っているので、この偈の著者は、一体"gotra-bheda"「種姓の差別」を認めているのかいないのかという疑問が生じるのも当然であろう。この疑問について、私は、後半の「種姓の差別」の肯定に著者の真意があると考えるのであるが、(340)で「如来蔵思想共通の〔差別思想〕」と述べたことについて、その理由を以下に若干説明しておきたい。即ち、私がこのように述べたとき、私の念頭にあったのは、『智光明荘厳経』*Jñānālokālaṃkārasūtra* に説かれる〝九喩〟に用いられた"hon kyaṅ"「しかし」という語の用法のことだったのである。[540] つまり、その〝九喩〟に用いられる「しかし」という語について、私はかつて次のように論じたのである。

(341)この「しかし」は『智光明荘厳経』の比喩の殆んど全てに見られるものであり、基本的には「xは単一なものであるが、しかし多なるものとして現れる。」というのと「単一なるxは多なるものとして現われるが、しかしx自体は単一である。」という二形式がある。この「しかし」を、『現観荘厳論』の次の偈における「しかし」（tu）と比較してみると、興味深い。それは明らかに、第一の形式を示している。（『縁起と空』三三二頁、註〔31〕）

ここで「『現観荘厳論』の次の偈」というのは、勿論、第一章第三九偈〔590〕を指している。つまり、その偈には

「xは単一なものであるが、しかし(tu)、多なるものとして現れる」という形式、あるいは〝最終的な差別(多性)の肯定〟という形式が認められるので、この偈の性格を(340)において、「法界、つまり“locus”の無差別を言いながら、最終的には現実の種姓や諸法の差別を述べることで終る」と説明したのである。

しかるに、『智光明荘厳経』における「しかし」の用法に関する二形式についての私の説明は、必ずしも充分なものではなかったので、それをここで補っておきたい。即ち、この経の〝九喩〟において、〝xは単一であるが、しかし、多なるものとして現れる〟という〝最終的な多元化〟の形式〔㋐形式〕と、〝多なるものとして現れるが、しかし、xは単一である〟という〝最終的な一元化〟の形式〔㋑形式〕とでは、どちらが多用されているか、それを以下に示してみたいのである。〔なお、(341)の執筆よりも後に出版された梵語テキストによって、チベット訳“hon kyaṅ”「しかし」の原語の大部分が“tu”ではなくて、“atha ca”であることが判明した。また、梵語原語の後の括弧内には、その梵語テキスト[541]の頁数・行数を示すことにする。〕

(1)第一喩：“api tu”(24,8-9)〔㋐形式〕, “atha ca”(26,5)〔㋐形式〕, “atha ca”(28,9)〔㋐形式〕
(2)第二喩：“atha ca”(30,4)〔㋐形式〕, “atha ca”(36,4)〔㋐形式〕, “atha ca”(38,3)〔㋐形式〕, “atha ca”(38,7)〔㋐形式〕, “api tu”(38,13-14)〔㋑形式〕
(3)第三喩：欠
(4)第四喩：“atha ca”(50,3)〔㋐形式〕, “atha ca”(50,11)〔㋐形式〕, “atha ca”(52,4)〔㋐形式〕
(5)第五喩：“ca”(56,5)〔㋑形式〕, “atha ca”(56,12)〔㋐形式〕, “atha ca”(60,1)〔㋐形式〕, “atha ca”(62,9)〔㋐形式〕
(6)第六喩：“atha ca”(66,11)〔㋐形式〕
(7)第七喩：“atha ca”(68,13)〔㋐形式〕, “atha ca”(70,13)〔㋐形式〕
(8)第八喩：“ca”(72,10)〔㋑形式〕
(9)第九喩：“atha”(74,8)〔㋐形式〕, “atha ca”(76,7)〔㋐形式〕

ここに挙げられた"atha ca""api tu""atha""ca"は、すべてチベット訳"hon kyaṅ"「しかし」の原語であるが、私の計算によれば、"18対3"で"㋐形式"、つまり"xは単一であるが、しかし（hon kyaṅ）、多なるものとして現われる"という"最終的な多元化""最終的な差別（多性）の肯定"の形式の方が圧倒的に多く用いられていることが知られる。しかるに、『現観荘厳論』第一章第三九偈〔590〕でも、正にこの"最終的な差別（多性）の肯定"という㋐形式が採用されているから、この点からも、この偈の中心的な趣旨が、後半の"種姓の差別の肯定"という主張にあることが理解されるであろう。

しかも、このような理解は、ハリバドラの註釈によっても確認されるのである。即ち、『現観荘厳論光明』〔591〕ⓐには、"iti na doṣaḥ"「というわけで、過失は無い」という表現が認められる。では、この表現は一体、何を意味しているかというと、実はハリバドラは『現観荘厳論』第一章第三九偈の前半と後半を分けて把え、"gotra-bheda"「種姓の差別」の不成立を説く前半を"論難"と見なし、「種姓の差別」を肯定する後半を、その"論難"に対して、著者自身の立場を述べる"答破""答え"と見なしているのである。このことは、同じハリバドラによる『現観荘厳偈論解明』*Abhisamayālaṃkārakārikāśāstravivṛti*（AAV, Amano ed.）における対応する一節を見れば一目瞭然であって、そこでは、問題の偈の前半と後半が分けて引用され、後半を"parihāra"（AAV, 22,15）、即ち、「答破」と呼んでいるのである。しかるに、この点は、ジュニャーナヴァジラの『如来蔵荘厳』における『現観荘厳論』の偈〔590〕の引用においても同様であって、そこでも、次のように述べられているのである。

〔596〕gshan yaṅ sems kyi chos ñid de ñid snar bstan paḥi mos pa daṅ bsgrub pa la sogs paḥi gnas skabs kyi rtags kyi yon tan de rnams daṅ ḥbrel pas kyaṅ rigs tha dad pa ñid du rnam par ḥjog go // de skad du yaṅ / [AA, I, v.39ab] shes brtsad paḥi lan du [AA, I, v.39cd] ces gsuṅs so // (P, pi, 136a8-b2)

(342)また、その同じ心の法性（citta-dharmatā）は、前に説示した信解（adhimukti）と修行（pratipatti）等の分位（avasthā）の徴表をもつ、それらの功徳（guṇa）と結合することによって、種姓の差別（gotra-bheda）が設定される

(vyavasthāpyate)。そのように、「……（AA, I, v.39ab）……」と論難されたことへの答破（parihāra）として、「……（AA, I, 39cd）……」と説かれたのである。

従って、『現観荘厳論』第一章第三九偈〔590〕が、“gotra-bheda”「種姓の差別」という瑜伽行派の根本的教義を著者自身の立場として説いていることは明らかであって、しかも、この偈は「薬草喩品」〔587〕ⓑの〝器の譬喩〟の趣旨にもとづいて形成されたと考えられるから、その〝器の譬喩〟もまた、〝種姓の差別〟を肯定する〝三乗各別説〟、あるいは〝〔五〕姓各別説〟を説いていることは、疑問の余地がないであろう。

しかるに、「薬草喩品」〔587〕ⓑの〝器の譬喩〟については、更に論ずべきことが残されている。それは、この譬喩とウパニシャッドの教説との関係である。即ち、『チャーンドーギヤ・ウパニシャッド』*Chāndogya-upaniṣad*（VI, i,4）には、次のように述べられている。

〔597〕yathā saumyaikena mṛtpiṇḍena sarvaṃ mṛnmayaṃ vijñātaṃ syād vācārambhaṇaṃ vikāro nāmadheyaṃ mṛttikety eva satyam /

(343)愛児よ、あたかも、一つの（eka）泥土の塊（mṛt-piṇḍa）によって、泥土からできた（mṛn-maya）一切のもの（sarva）が、識られる（vijñāta）であろうが、これは、語による把捉であり、変化（vikāra）は、名称（nāma-dheya）にすぎない。「泥土（mṛttikā）である」というのだけが真実（satya）である。

この一節では、〝単一なもの〟と〝多なるもの〟の対比が、“eka”“mṛt-piṇḍa”“mṛttikā”と“sarva”“mṛn-maya”という語によって表現されていることは明らかである。そして、その〝多なるもの〟は“mṛn-maya”「泥土からできたもの」と言われるように、〝単一なもの〟から生じたものであるが、〝単一なもの〟が〝多なるもの〟に変るという“vikāra”「変化」は単なる名称にしかすぎず、実は“mṛttikā”だけが実在すると言われているのである。従って、シャンカラ Śaṅkara は、“mṛttikaiva satyam”[542]「「泥土である」というのだけが真実である」という表現を、

〔598〕mṛttikaiva tu satyaṃ vastv asti //

(344)一方、泥土（mṛttikā）だけが真実（satya）の実物（vastu）として存在する。

と註釈している。

しかるに、この『チャーンドーギヤ・ウパニシャッド』〔597〕と「薬草喩品」〔587〕の〝器の譬喩〟を比べるならば、両者が無関係であると見ることは、まず不可能であろう。両者にはともに“mṛttikā”という語が用いられているからである。つまり、「薬草喩品」〔587〕の〝器の譬喩〟は『チャーンドーギヤ・ウパニシャッド』〔597〕の〝泥土の譬喩〟から影響を受けて成立したと考えられるのであって、〔597〕で“sarvaṃ mṛnmayam”「泥土からできた一切のもの」と言われたものが、〝器の譬喩〟では“bhājanāni”、つまり、〝四種の器〟と表現されたことは、明らかであろう。シャンカラも〔598〕の少し前の個所で、“mṛn-maya”「泥土からできたもの」の例として、“rucaka-kumbha-ādi”[543]「果汁の瓶等」を挙げている。従って、「薬草喩品」〔587〕の〝器の譬喩〟が『チャーンドーギヤ・ウパニシャッド』〔597〕に影響されて成立したことは明らかであるが、シャンカラが〔598〕で〝mṛttikāだけが実在である〟と述べているように、「薬草喩品」〔587〕の〝器の譬喩〟の中心をなす教説とは、〝単一なる実在〟とそこから生じた〝多なるもの〟との対比であると考えられる。その〝単一なる実在〟と〝多なるもの〟の対比が、〝器の譬喩〟では、“mṛttikā”「泥土」と四種の“bhājanāni”「諸の器」の対比として示され、それがまた『現観荘厳論』〔590〕では、“dharma-dhātu”「法界」と“gotra”「種姓」の対比として示されたと見るべきであろう。

しかるに、ここで何よりも重要なことは、『チャーンドーギヤ・ウパニシャッド』〔597〕の“sarvaṃ mṛnmayam”とは、決してそれ自身虚妄なものではなく、〝実在〟である“mṛttikā”からできているということなのである。従って、それは“eka-mṛt-piṇḍa”「一つの泥土の塊」という〝絶対的実在〟と比べれば、その実在性は低く見られるかもしれないが、それ自身、“mṛt”という〝絶対的な実在〟からできているのであるから、私が“dhātu-vāda”の図に関する説明の⑥で「Sは非実在ではあるが、Lから生じたものであるから、またLを本質とするから、ある程度の実在性をもつ、または、実在性の根拠をもつ」と述べたように、ある程度の〝実在性〟をもつということになるであろう。従って、

“dharma-dhātu”という〝単一なる基体〟に置かれる〝多なる超基体〟である“gotra”の〝実在性〟は保証されるから、〝器の譬喩〟〔587〕においても、『現観荘厳論』〔590〕においても、〝三乗真実説〟〝三乗各別説〟〝〔五〕姓各別説〟が説かれていると見るのが妥当であろう。

しかるに、「薬草喩品」〔587〕の〝器の譬喩〟が、仏教成立以前のウパニシャッド文献を代表する『チャーンドーギヤ・ウパニシャッド』〔597〕に影響されて形成されたということは、この「薬草喩品」の思想的評価に関して、極めて重要な問題を提起するであろう。即ち、一言でいえば、この「薬草喩品」には、ヒンドゥー教の一元論からの影響が強いのではないかということが、当然考えられるのである。そこで、この問題を考察するために、すでに若干論じたが、まず、“sama”という語が、この「薬草喩品」にいかに多用されているかという点から確認していこう。

すでに述べたように、「平等」と漢訳されることの多い“sama”という語は、「方便品」には、散文・偈のいずれの部分にも使用されていないが、「譬喩品」散文部分〔187〕で、シャーリプトラが将来成仏した時の浄土の描写において、〝平坦である〟という意味で用いられたのが、『法華経』における“sama”の初出であろう。更に同じく「火宅譬喩」を説く「譬喩品」散文部分の〔231〕ⓑにおいても、

saṃvidyante ca ma imāny evaṃrūpāṇi mahāyānāni samaṃ ca mayaite kumārakāḥ sarve cintayitavyā na viṣamam /

しかるに、私には、これらの、この様な大きな乗りもの（mahāyāna）が存在する。しかるに、私は、これらの子供たちを、全て平等に（samam）考えるべきであって、不平等に（viṣamam）考えるべきではない。

という一文がある。これは、『法華経』において初めて“mahāyāna”という語が導入された重要な文章であるが、“mahā-”という語は、優劣の観念にもとづいていると思われるにもかかわらず、ここには〝日月光の譬喩〟を説く「薬草喩品」〔584〕ⓐで用いられた“samaṃ prabhā nipatati na viṣamam”「光は、平等に（samam）落ちるのであって、不平等に（viṣamam）ではない」や「薬草喩品」〔581〕の“samo na cāsamaḥ”「平等（sama）であって、不平等（asama）ではない」という類似した表現が見られるのである。

すでに述べたように、「薬草喩品」は“sama”が多用される章である。即ち、“sama”は「薬草喩品」の散文部分には六回、そして、その偈の部分には一一回用いられている。散文部分で六回というのは、『法華経』の中で最多の章であるというわけではないが、偈の部分で一一回というのは、他の章と比べて極端に多い回数となっている。しかるに、その偈の部分を締め括るのは、「薬草喩品」全体の末尾に置かれている次のような偈なのである。

〔599〕sarvadharmāḥ samāḥ sarve samāḥ samasamāḥ sadā /
evaṃ jñātvā vijānāti nirvāṇam amṛtaṃ śivam // [V, v.73]（K, 143,5-6）

〔600〕一切普平等、所済無有量。（『正法華』八六中一七）

〔601〕諸法皆平等、平等常等等、知如是智已、涅槃甘露安。（『添品』一五五上二五―二六）

(345) 一切法（sarva-dharma）は平等（sama）であり、一切（sarve）は平等（sama）であり、常に（sadā）平等・平等（sama-sama）である。このように知って、〔人は〕不死（amṛta）にして吉祥（śiva）なる涅槃（nirvāṇa）を知る。

この偈には〝sama の氾濫〟という現象が認められると思われる。というのも、“sama”という語が殆んど無意味に四回も繰返されているように見えるからである。しかし、注意してこれを読むと、ここには〝多なるもの〟と〝単一なもの〟の関係が説かれていることが理解される。即ち、すでに述べたように、“sama”は“eka”「一つ」と同義語であり、従って、“sama”「平等なもの」とは〝単一なもの〟を意味し、これに対して、“sarva-dharmāḥ”“sarve”というのは〝多なるもの〟を指している。それ故、“sarvadharmāḥ samāḥ”というのは〝一切法は単一である〟という一元論の表明に他ならない。では、“sadā”とは何かといえば、これは“amṛta”「不死」とともに〝一元〟〝単一な実在〟とされる“nirvāṇa”「涅槃」を形容する語と見るべきであろう。つまり、ここでは〝常住なる単一の実在〟が“nirvāṇa”と呼ばれ、それから〝一切法〟が生じるという、ヒンドゥー教的一元論が主張されていると見られるのである。

それにしても、「薬草喩品」全体の結文である〔599〕における“sama”の多用は、異常に見える程であるが、この章全体が、上述したような発生論的一元論、つまり、差別を肯定するヒンドゥー教的な一元論を説いていると考えるならば、〔599〕における〝sama の氾濫〟も、決して異常であるとは言えないであろう。現に「薬草喩品」で中心的な役割を果している三つの譬喩、つまり、「雲雨譬喩」（薬草喩）〔569〕と〝日月光の譬喩〟〔584〕と〝器の譬喩〟〔587〕ⓑのいずれにおいても、“sama”という語が使用されているのである。

しかるに、そのうち、「雲雨譬喩」は、「薬草喩品」の偈の部分においては、第五偈—第四二偈で、譬喩それ自体とその説明が述べられており、そこでは“sama”が六回も用いられているが、そのうち、最も注目すべきは、次の二つの偈における“sama”の用例であろう。

〔602〕svareṇa caikena vadāmi dharmaṃ bodhiṃ nidānaṃ kariyāna nityam /
samaṃ hi etad viṣamatva nāsti na kaści vidveṣu na rāgu vidyate // [V, v.21]
anunīyatā mahya na kācid asti premā ca doṣaś ca na me kahiṃcit /
samaṃ ca dharmaṃ pravadāmi dehināṃ yathaikasattvasya tathā parasya // [V, v.22]（K, 128,7-10)

〔603〕或在門前、而説経典、則為造立、道徳之蔵。
諸等不等、皆令平等、無有所憎、愛欲永除。〔第二一偈〕
未曾講説、無益之語、未嘗憎嫉、諸放逸縁、
以一切法、為衆生説、仮使衆庶、多不可計。〔第二二偈〕（『正法華』八四中五—一〇）

〔604〕以一妙音、演暢斯義、常為大乗、而作因縁。
我観一切、普皆平等、無有彼此、愛憎之心。〔第二一偈〕
我無貪著、亦無限礙、恒為一切、平等説法、如為一人、衆多亦然。〔第二二偈〕（『妙法華』二〇上一一—一六）

㉞一つ（eka）の音（svara）によって、私は、菩提（bodhi）のために、常に（nityam）法（dharma）を説く。[544] これは、平等（sama）であって、不平等性（viṣamatva）はない。いかなる憎悪（vidveṣa）も愛着（rāga）も存在しない。〔第二一偈〕

私には、いかなる貪着（anunīyatā）もない。また、私には、誰に対しても、愛（preman）も、憎（doṣa）もない。私は、平等な（sama）法を、〔一切の〕有身者（dehin）たちに説く。一人の衆生（sattva）に説くのと同様に、他の衆生にも。〔第二二偈〕

ここでは、「大雲」が〝様々な草木〟に「一味の水」を降らすという「雲雨譬喩」〔569〕が、如来が〝平等な法〟〝一音〟を様々の衆生に、愛憎なく平等に説くこととして説明されている。しかるに、ここで注目すべきは、すでにケルンが注意しているように、[545] この譬喩、あるいはこの二つの偈と、次のような『バガヴァッドギーター』第九章第二九偈との間に著しい表現上の一致が見られるという事実なのである。

〔605〕samo 'haṃ sarvabhūteṣu na me dveṣyo 'sti na priyaḥ /
ye bhajanti tu māṃ bhaktyā mayi te teṣu cāpy aham // [BhG, IX, 29]

(347) 私（Kṛṣṇa = Viṣṇu）は、一切の生類において平等（sama）である。私には（me）憎むべきもの（dveṣya）もなく、愛すべきもの（priya）もない。しかし（tu）、誰でも、信愛（bhakti）によって、私を愛するものたちがいるならば、彼等は私において（mayi）あるのであり、また私も、彼等において（teṣu）あるのである。

即ち、この偈の前半と〔602〕の「薬草喩品」第二一偈後半・第二二偈前半との間には、用語の一致が著しい。つまり、後者の"na ... vidveṣu na rāgu vidyate"と"premā ca doṣaś ca na me"は、『バガヴァッドギーター』〔605〕の"na me dveṣyo 'sti na priyaḥ"という表現に類似している。また、「薬草喩品」〔602〕の"dehinām"という語も、〔605〕の"sarvabhūteṣu"に対応しているように見えるのである。

更に〔602〕の「薬草喩品」第二二偈で用いられる"dehin"という語は、〝deha（身体）をもつもの〟として"ātman"を意味するから、本来ヒンドゥー教文献において用いられる言葉であり、仏教文献に用いられるべき言葉ではないであろう。[546] そこで、『法華経』における"dehin"の用例を調べてみると、この語は散文部分では全く用いられず、専ら偈においてのみ、次のように七回用いられていることが知られる。

"sarvadehinām" (II, v.106a), "sarvadehinām" (V, v.6d), "dehinām" (V, v.22c), "sarvadehinām" (VII, v.8c), "dehinām" (VII, v.35d), "sarvadehinām" (XVI, v.35b), "sarvadehinaḥ" (XX, v.1d)

この七つの用例には"sarvadehinām"という表現が四回も含まれている点が注目されるが、更に言えば、右の七つの用例は、必ずａｂｃｄという各pāda（句）の末尾に置かれている点でも共通している。

しかるに、このような『法華経』における"dehin"の用例がヒンドゥー教文献、とりわけ『バガヴァッドギーター』からの影響を受けていることは、明らかであると思われる。即ち、"sama"という語については、『バガヴァッドギーター』〔605〕に用いられていた"sama"が「薬草喩品」の第二一偈・第二二偈〔602〕に影響を与えたと考えられること[547]は、すでに見た通りであるが、"dehin"という語について言えば、『バガヴァッドギーター』には一〇の用例があると見られ、そのうち一つは、『法華経』の偈の部分で多用されていた"sarvadehinām"（BhG, XIV, 8）なのである。

しかるに、興味深いことには、『法華経』以後の成立と認められる『大乗荘厳経論』『中辺分別論』『宝性論』『現観荘厳論』という四つの論書の偈の部分には、"dehin"という語が用いられている。即ち、『宝性論』に六例（I, v.18, I, v.27〔本頌５〕, I, v.74, I, v.104〔本頌36〕, I, v.111〔本頌43〕, II, v.31）、『大乗荘厳経論』に九例（VIII, v.13; IX, v.37; IX, v.52; XIII, v.22; XV, v.2; XVI, v.58; XVI, v.63; XIX, v.25; XX-XXI, v.42）、『現観荘厳論』に一例（VIII, v.36）、『中辺分別論』に一例（I, v.21）、"dehin"が用いられているのである。このうち、『大乗荘厳経論』『中辺分別論』『宝性論』の用例は、すべて偈だけに見られるものであるが、『大乗荘厳経論釈』で"sarve sattvās tathāgatagarbhā"（MSABh, 40,15-16）「一切衆生は、如来蔵（tathāgata-garbha）である」と言い換えられる"tadgarbhāḥ sarvadehinaḥ"（MSA, IX, v.37d）という句を含む『大乗荘厳経論』第九章第三七偈は、『宝性論』の散文釈（RG, 71,16-17）に引用されている。

このように、"dehin"という語を、その偈で用いている『中辺分別論』『大乗荘厳経論』『宝性論』『現観荘厳論』という四つの瑜伽行派の論書は、これに更に『法法性分別論』*Dharmadharmatāvibhāga* を加えて、"Byams paḥi chos lṅa"「マイトレーヤの五法」と呼ぶ伝承がチベット仏教の後伝期（spyi dar）に生じたこと[548]が注目される。この「マイトレーヤの五法」とされる五論書中の四論書の偈の部分において、本来は『バガヴァッドギーター』等のヒンドゥー教文献において“ātman”の同義語として多用されていた“dehin”という語が使用されたことは、これらの四論書、あるいは五論書にヒンドゥー教の一元論からの影響が強いことを示しているであろう。実際、チベットにおける「マイトレーヤの五法」の伝承の解明に貢献された袴谷憲昭氏も、この「五法」と言われる五論書の思想的性格を、かつて次のように説明されたのである。

(348)今、外見の差異を無視して、「五法」を支配している根本的な共通項を指摘するとすれば、松本史朗氏の用語を借りて、「五法」はdhātu-vāda（基体説）を根本構造としていると言うのがよい。如来蔵（tathāgata-garbha）を説く『宝性論』はもとより、そこから一番隔たっているかに見える『現観荘厳論』をさえ含めて、「五法」のすべては、実際の用語としても、dhātu（界、基体）が実在すると主張するものだからである。(549)

しかるに、“dehin”の語をその偈において用いる四つの論書のうち、特に重要なのは、『宝性論』であって、その第一章第五二偈（本頌13）が『バガヴァッドギーター』第一三章第三二偈に酷似していることが、ゴーカーレ Gokhale によって、すでに指摘されている。そこで、以下にこの二つの偈を列挙してみよう。

〔606〕yathā sarvagataṃ saukṣmyād ākāśaṃ nopalipyate /
sarvatrāvasthito dehe tathātmā nopalipyate // (BhG, XIII, 32)

〔607〕yathā sarvagataṃ saukṣmyād ākāśaṃ nopalipyate /
sarvatrāvasthitaḥ sattve tathāyaṃ nopalipyate // (RG, 42,6-7) [I, v.52]

(349)一切のもの（sarva）に存在する虚空（ākāśa）は、微細であるから、汚されないように、（〔606〕〔607〕前半）
一切の身体（deha）に存在する我（ātman）は、汚されない。（〔606〕後半）
一切の衆生（sattva）に存在するこれ（ayam）は汚されない。（〔607〕後半）

ここで、〔606〕の“dehe ... ātmā”は、『宝性論』〔607〕では、仏教的〝無我説〟の建て前から、“ātman”「我」という語を嫌って“sattve … ayaṃ”に変更されたように思われるが、〔606〕の“dehe”には“dehī”〔=“dehin”〕という異読もあること、及び『宝性論』〔607〕の“sattve”には“satvo”（sattvo）「衆生が」という異読もあること、更に“sattva”は“ātman”の同義語としても用いられること、これらの点は、すべて、ゴーカーレによって詳細に論じられている。[550]もしも、『バガヴァッドギーター』の〔606〕について、“dehī”という異読を採用するならば、〔606〕後半は、「一切のものに存在する、身体をもつ我は、汚されない」と訳されるであろう。

以上、“dehin”という語の用例を考察することによって、本来はヒンドゥー教のウパニシャッド文献で用いられていた“dehin”を使用している「薬草喩品」第二一偈・第二二偈〔602〕等の『法華経』の偈の部分、及び『宝性論』等の四つの論書が、『バガヴァッドギーター』を代表とするヒンドゥー教文献から影響を受けていることが明らかになったと思われる。

それでは、次に「薬草喩品」と『バガヴァッドギーター』における“sama”「平等」と〝差別〟の関係について考えてみよう。この“sama”という語が「薬草喩品」に多用されたことは、すでに見た通りである。「雲雨譬喩」〔569〕・〝日月光の譬喩〟〔584〕・〝器の譬喩〟〔587〕という三つの譬喩にも、この語は用いられており、また、この「薬草喩品」の結文ともいうべき第七三偈〔599〕にも〝sama の氾濫〟が認められ、更に『バガヴァッドギーター』第九章第二九偈〔605〕との表現上の一致が著しい「薬草喩品」第二一偈・第二二偈〔602〕にも“sama”が用いられていたのである。では、この「薬草喩品」では〝平等思想〟が説かれているのかと言えば、事実は全くその逆であって、この章には〝三乗各別説〟〝〔五〕姓各別説〟が説かれているというのが、以上の考察の結論だったのである。

しかるに、これは、『バガヴァッドギーター』でも事情は全く同じであって、そこでは“sama”が力説されていても、実際には、現実の差別が肯定されているというのが、私の理解なのである。この点を、以下に示したいが、まず、『バガヴァッドギーター』がいかに“sama”の語を多用しているかという点について言えば、*Concordance* では『バガヴァッドギーター』における“sama”の用例が一五（I, 4; II, 38; II, 48; IV, 22; V, 19; V, 27; VI, 13; VI, 32; IX, 29; XI, 43; XII, 18;

XII, 18; XIII, 27; XIII, 28; XVIII, 54）指摘されている。しかし、これには、“sama-cittatva”（XIII, 9）, “samatā”（X, 5）, “samatva”（II, 48）, “sama-darśana”（VI, 29）, “sama-darśin”（V, 18）, “sama-duḥkha-sukha”（II, 15; XII, 13; XIV, 24）が含まれていないので、これを加え、更に“sāmya”（V, 19; VI, 33）を加えれば[551]、“sama”の用例は全部で二五ということになるかもしれない。しかも、これは単に用例が多いというだけではなく、“sama”が『バガヴァッドギーター』の中心的メッセージであることは、次の第五章第一九偈を見れば、容易に理解されるであろう。

〔608〕ihaiva tair jitaḥ sargo yeṣāṃ sāmye sthitaṃ manaḥ /
nirdoṣaṃ hi samaṃ brahma tasmād brahmaṇi te sthitāḥ //（BhG, V, 19）

㊿誰であれ、平等性（sāmya）に住している（sthita）意（manas）をもつ人々、彼等によって、この世で、被造物（sarga）は、打ち勝たれている（jita）。というのも、ブラフマン（brahma）は、過失[552]（doṣa）がなく、平等（sama）であるからである。それ故、彼等は、ブラフマンに住している。

ここで、“sama”「平等なもの」とは、“brahman”であると説明されている。つまり、〝一元〟である“brahman”が“sama”と言われているということは、ここで“sama”と“eka”「一つの」「単一の」「同じ」という二つの形容詞は、同義であることが示されていると考えられる。また、ここで“sama”と“sāmya”はほぼ同義と見なされているからこそ、“sāmye sthitaṃ”「平等性に住している」と“brahmaṇi ... sthitāḥ”「ブラフマンに住している」とは殆んど同じ意味で用いられていると思われるが、そこで“sāmye”と“brahmaṇi”という名詞の於格形は、〝単一・平等なる実在〟である“brahman”が、“sarga”「被造物」と言われる〝万物〟の〝基体〟であることをも示しているであろう。

更に『バガヴァッドギーター』には、やはり“sama”の重要性を説く次のような詩も存在する。

〔609〕sarvabhūtastham ātmānaṃ sarvabhūtāni cātmani /
īkṣate yogayuktātmā sarvatra samadarśanaḥ //（BhG, VI, 29）

㉛ヨーガ（yoga）によって修練された（yukta）我（ātman）をもち、一切のもの（sarva）において、平等なもの（sama）

を見る人は、一切の有情（sarva-bhūta）に存在する我（ātman）を見、また、一切の有情を、我（ātman）において見る。

ここでも、“sama”「平等なもの」、つまり、〝単一なもの〟とは、“brahman = ātman”を指していると考えられる。というのも、“sarvabhūtastham ātmānam ... īkṣate”「一切の有情に存する我（ātman）を見る」というのと、“sarvatra samadarśanaḥ”「一切のもの〔有情〕において、平等なもの（sama）を見る」というのは、同義だと思われるからである。

かくして、“sama”は“brahman = ātman”という〝一元〟を表示する語であり、かつ、『バガヴァッドギーター』の中心テーマを示す語であると考えられる。

では、このように“sama”を強調する『バガヴァッドギーター』は〝平等思想〟を説いているかと言えば、それは、むしろ逆であって、実際には、現実の差別を肯定する主張を繰返していると思われる。即ち、まず、次の詩には四姓制度の肯定が明確に説かれている。

〔610〕 cāturvarṇyaṃ mayā sṛṣṭaṃ guṇakarmavibhāgaśaḥ / (BhG, IV, 13ab)

(352) 四姓制度（cāturvarṇya）は、私（Kṛṣṇa = Viṣṇu）によって、創造された（sṛṣṭa）。特性（guṇa）による行為（karman）の区別にもとづいて。

つまり、“cāturvarṇya”「四姓制度」は、ヴィシュヌ神という最高神によって創造されたものであるというのである。従って、ここに〝四姓制度〟が肯定されているのは明らかであるが、しかし、この一つの詩のみをもって『バガヴァッドギーター』に差別性を指摘することはできないと考えられるかもしれない。しかるに、〝四姓制度〟については、第一八章第四一偈―第四六偈においても再説されるのであり、そのうち、第四一偈とは、次の通りである。

〔611〕 brāhmaṇakṣatriyaviśāṃ śūdrāṇāṃ ca paraṃtapa /
karmāṇi pravibhaktāni svabhāvaprabhavair guṇaiḥ // (BhG, XVIII, 41)

(353)敵を征服する者（paraṃtapa = Arjuna）よ、バラモン・クシャトリヤ・ヴァイシャ・シュードラたちの諸の行為（karman）は、自性から生じた（svabhāva-prabhava）特性（guṇa）によって区別される（pravibhakta）のである。

この詩によれば、四姓に属する者それぞれの"karman"「行為」は、"svabhāva-prabhava"「自性から生じた」"guṇa"「特性」によって区別されると言われている[553]のであるが、この偈に続く三つの偈（BhG, XVIII, 42-44）では、よりストレートに"brahma-karma"「ブラフマンの行為」、"kṣātraṃ karma"「クシャトリヤの行為」、"vaiśya-karma"「ヴァイシャの行為」、"karma śūdrasya"「シュードラの行為」という行為そのものについて、それがすべて各自の"svabhāva-ja"「自性から生じたもの」であると規定されている。四姓各自に定められた「行為」が「自性から生じたもの」であるとするならば、それは変更しようがないものであるから、これは正に差別的な思想であると考えられる。

更に、『バガヴァッドギーター』第五章第一八偈を見てみよう。

〔612〕vidyāvinayasaṃpanne brāhmaṇe gavi hastini /
śuni caiva śvapāke ca paṇḍitāḥ samadarśinaḥ // (BhG, V, 18)

(354)学識と修養を具えたバラモンにおいて、牛において、象において、犬において、また、賤民（śvapāka）において、智者たちは、平等なもの（sama）を見る。

ここで"śvapāka"とは、文字通りには、「犬を料理する者」の意味であって、ラダクリシュナン Radhakrishnan によって、"outcaste"[554]と訳され、和訳では「賤民」[555]などと訳される語であり、最下層の人々を指している。しかるに、バラモンから、この"śvapāka"に至る列挙の順序は重要であって、最も優れたものと見なされるバラモンが最初に置かれ、次に「牛」「象」「犬」が順次に置かれ、最後に"śvapāka"が「犬」の後に置かれているということは、彼等は「犬」よりも劣る存在と見なされていることを意味している。これは正に差別思想と呼ぶべきものであろう。

また、これらの"sarva-bhūta"「一切の有情」の中には、"sama"「平等なもの」があり、「智者たち」はそれを見ると言われるのであるが、その"sama"「平等なもの」〝単一なもの〟を、シャンカラは"ekam avikriyaṃ brahma"[556]「単一で、変化のないbrahman」であると註釈している。しかるに、この註釈が妥当であることは“samaṃ brahma”の表現をもつ第五章第一九偈〔608〕が、この第五章第一八偈〔612〕の直後に置かれていることによっても確認されるであろう。従って、結論として言えば、『バガヴァッドギーター』において“sama”＝“eka”＝“brahman”という〝一元〟は、現実の差別を根拠づける原理なのであって、それを否定する原理ではない。即ち、その思想構造は、〔608〕の“brahmaṇi te sthitāḥ”「ブラフマンに彼等は住している」という表現によっても示されているように、“brahman”という〝一元〟を〝基体〟とする“dhātu-vāda”であるが故に、差別を肯定するものとなっているのである。

　更に、一見したところ、平等思想を説いているように見える『バガヴァッドギーター』第九章第二九偈〔605〕にしても、後半に“tu”「しかし」という語があることは、無視できないであろう。というのも、これは、すでに論じたように、『現観荘厳論』第一章第三九偈〔590〕の“tu”と同様に〝最終的な多元化・差別化〟を示す語だと思われるからである。即ち、単純に言えば、“sama”が説かれるところでは、必ずと言ってよいほど、〝現実の差別〟は肯定されるのである。

　しかるに、同じことは、“sama”の語を多用し、また、“sama”を中心テーマとすると言っても過言ではない「薬草喩品」についても言えるのであって、そこに説かれるのが、差別的な〝三乗各別説〟であることは、すでに見た通りである。

　私は、すでに“sama”「平等」が説かれるところでは、必ず差別が肯定されると述べたが、すでに述べたように、この語は「方便品」には全く使用されていない。また、インド成立の仏典全体を考慮しても、原始仏典、あるいはパーリ仏典には、“sama”の用例は比較的少ないのではないかと思われる。[557] ましてや、“sarva”「一切のもの」と対比させて、その「一切のもの」の中にある〝単一なもの〟とか、「一切のもの」を生じる〝単一なもの〟とか、「一切のもの」の〝基体〟である〝単一なもの〟とか、要するに〝一元〟を表す語として“sama”が使用されることなど全くないであろう。しかるに、大乗仏典になると、時代が下るにつれて、“sama”の用例が増加していく傾向が認められる。

これは、諸漢訳を用いて、『八千頌般若経』のテキストの発展・増広を調べれば、容易に理解されることであって、例えば、この経の第一章にある"atha samaṃ bhagavaṃs tad yānam"（AS, 12,21）「世尊よ、その乗（yāna）は、平等（sama）です」という文章は、『道行』（四二八上一〇—一二）に欠落しているので、本来のテキストに後から付加されたものであることが知られるのである。[558]

更に『根本中頌』*Mūlamadhyamakakārikā*（MK, de Jong ed.）について、"sama"の用例を調べてみると、"sama"は次のように一〇回使われていることが分る。

"gateḥ samā"（II, 17）; "samaḥ kramaḥ"（IV, 7; VI, 2; XVI, 1）; "samaṃ sādhyena"（IV, 8; IV, 9）; "ākāśasamā dhātava pañca"（V, 7）; "ahetupratyayaiḥ samāḥ"（XX, 4）; "pratibimbasameṣu"（XXIII, 9）; "atītenādhvanā samam"（XXVII, 14）

しかし、ここでは、大部分が〝……と等しい〟という意味で、いわば論理学的な意味で"sama"が使われており、〝単一なもの〟〝一元〟を意味する"sama"の用例は認められない。

これに対して、"sama"の使用を非常に好んだのが、瑜伽行派であって、『菩薩地』*Bodhisattvabhūmi*（BBh, Wogihara ed.）には、次のような文章が存在する。

〔613〕 arthe parame caraṃ sarvadharmāṃs tayā tathatayā samasamān yathābhūtaṃ prajñayā paśyati / sarvatra ca samadarśī samacittaḥ san paramām upekṣām pratilabhate //（BBh, 41,20-23）

〔614〕第一義諦、見一切法、其心平等、能大恵施。（『善戒経』大正三〇、九六九上二一—二三）

〔615〕行第一義已、一切法如無等等、如実知見、一切平等、観平等心、得第一捨。（『地持経』大正三〇、八九三下八—九）

〔616〕行勝義故、於一切法平等平等、以真如慧、如実観察、於一切処、具平等見、具平等心、得最勝捨。（『瑜伽論』大正三〇、四八七中二二—二四）

(355)〔菩薩は〕最高の目的（parama-artha 勝義）において、行じつつ、一切法（sarva-dharma）は、その真如（tathatā）と

（真如によって）平等・平等（sama-sama）であると、般若（prajñā）によって、如実に（yathā-bhūtam）見る。そして、一切のもの（sarva 一切法）において、平等なもの（sama）を見、平等な心をもち（sama-citta）、最高の捨（upekṣā 平静[559]）を得る。

ここで“sama”「平等なもの」とは、“sarva-dharma”「一切法」という〝多なるもの〟と対比された〝単一な実在〟を指しているが、その〝単一な実在〟は、ここでは『バガヴァッドギーター』のように“brahman”と言われるのではなく、“tathatā”「真如」と呼ばれている。しかし、その思想構造は、全く一致しているのであって、その点は、この〔613〕で用いられた“sarvatra … samadarśī”[560]と酷似した“sarvatra samadarśanaḥ”という表現が『バガヴァッドギーター』〔609〕でも、用いられていたことによって知られるであろう。また、ここに使用された“sama-citta”という語も、すでに述べたように、『バガヴァッドギーター』（BhG, XIII, 9）で使用されたものなのである。従って、『菩薩地』〔613〕が『バガヴァッドギーター』に影響されて、その表現を用いて、“sama”「平等なもの」〝単一なもの〟の実在を主張する一元論を説いているのは明らかだと思われるが、このように『菩薩地』で“sama”を強調する瑜伽行派こそが〝三乗各別説〟〝〔五〕姓各別説〟を、その根本教義としていることを、理解しなければならない[561]。つまり、“sama”「平等」が説かれるところ、そこには必ずと言ってよいほど現実の差別が肯定されるのである。あるいは厳密に言えば、“dhātu-vāda”（基体説）にもとづいて、〝基体〟の〝単一性〟〝平等（sama）性〟が説かれるところでは、必ず〝超基体〟の〝多性〟〝差別〟が肯定されるのである。

かくして、ヒンドゥー教文献、特に『バガヴァッドギーター』の影響を受けて“sama”を強調する「薬草喩品」が必然的に差別的な〝三乗各別説〟を説いていることの意義が理解されたであろうが、この「薬草喩品」には、“sama”や“dehin”以外にも、ヒンドゥー教的な用語が存在する。それは“tattvatas”という語であって、「薬草喩品」の羅什訳の欠けている部分にある第五一偈に、次のように用いられている。

〔617〕 yas tu śūnyān vijānāti dharmān ātmavivarjitān /

saṃbuddhānāṃ bhagavatāṃ bodhiṃ jānāti tattvataḥ // [V, v.51]
prajñāmadhyavyavasthānāt pratyekajina ucyate /
śūnyajñānavihīnatvāc chrāvakaḥ saṃprabhāṣyate // [V, v.52]（K, 138,13-16）

〔618〕解空号菩薩、中住則縁覚、倚空不解慧、則名為声聞。（『正法華』八六上一―二）

〔619〕若人能知空、遠離於法我、彼知仏世尊、所得正真覚、
安置処中智、説名縁覚者、空智教化已、顕名為声聞。（『添品』一五四中二一―二四）

(356)しかし、諸法は、空（śūnya）であり、我（ātman）を離れていると知るもの（菩薩）は、諸仏・世尊の菩提（bodhi）を、実義として（tattvatas）知る。〔第五一偈〕
般若（prajñā）が中のもの（madhya）と設定されるから、独覚（pratyeka-jina）と言われる。空の知（śūnya-jñāna）を欠いているから、声聞（śrāvaka）と語られる。〔第五二偈〕

ここに、“tattvatas”「実義として」という表現が用いられているが、“tattva”という言葉自体が、本来は〝それであること〟を意味し、“anyatva”と区別されて、〝同一性〟をも意味するが、おそらくは、“tat tvam asi”というウパニシャッドの“mahāvākya”「大文章」とも関係して、(562)〝実在〟を意味する等、もともとヒンドゥー教文献で使用された語であると考えられる。しかるに、“tattvatas”は、すでに『シュヴェーターシヴァタラ・ウパニシャッド』*Śvetāśvatara-upaniṣad* に一回（VI, 4）用いられているが、特に多用されるのが、『バガヴァッドギーター』であって、そこでは“tattvatas”が五回（IV, 9; VII, 3; X, 7; XVIII, 55; XVIII, 55）用いられ、その五つの用例のすべてが、「薬草喩品」第五一偈の“jānāti tattvataḥ”「実義として知る」と同様、〝知る〟という意味の動詞（√vid, √jñā）と結合して用いられている。即ち、次の通りである。

“vetti tattvataḥ”（BhG, IV, 9; VII, 3; X, 7）; “abhijānāti ... tattvataḥ ... tattvato jñātvā”（BhG, XVIII, 55）

しかるに、『法華経』梵本で“tattva”という語が用いられるのは、〔617〕の「薬草喩品」第五一偈の“jānāti tattvataḥ”

「実義として知る」という表現においてだけなのである。つまり、“tattva”は『法華経』の他の個所では全く用いられていない語なのである。とすれば、そこには、『バガヴァッドギーター』からの直接の影響を認めてもよいと思われる。しかも、興味深いことに、“tattva”が本来〝同一性〟を意味するにもかかわらず、「薬草喩品」第五一偈・第五二偈〔617〕に説かれるのは、差別的な〝三乗各別説〟であることは、そこで、〝菩薩〟「独覚」「声聞」の三者が、“śūnya-jñāna”「空の知」の所有の仕方にもとづいて、三つに明確に区別されていることによって、知られるであろう。しかるに、この差別性も、また『バガヴァッドギーター』から受け継いだものなのである。

勿論、仏教文献に“tattva”という語が使われないというのではない。しかし、原始仏典、またはパーリ仏典の五ニカーヤには、Jātaka文献に見られるものを除き、“tattva”、つまり、パーリ語“tatta”の用例は殆んどないのではないかと思われる。つまり、PTSDでは、〝知る〟という動詞と結びついた“tattato” = “tattvatas”の用例を二つ挙げているが、これもJātakaに見られるものであるから[563]、比較的新しい用例と見るべきであろう。また、大乗仏典においては古い成立と見なされる『八千頌般若経』には“tattva”の用例は全く存在しないと思われる。しかし、『根本中頌』には、“tattvatas”が四回(XVII, 26; XVII, 26; XVII, 26; XXIII, 2)使用されている他に、独立した名詞としての“tattva”が三回(XV, 6; XVIII, 9; XXIV, 9)用いられ、更に“tattva-darśana”(XXVI, 10)と“tattva-anyatva”(XXII, 8)の用例が一回ずつ存在する。

しかし、“tattva”という語を最も好んで使用したのは、やはり瑜伽行派であって、『菩薩地』には「実義品」tattvārthapaṭalaという章が設けられ、“sarvatra ca samadarśī samacittaḥ”の表現をもつ〔613〕も、この「実義品」に含まれる文章だったのである。この「実義品」は、“tattvārthaḥ katamaḥ”(BBh, 37,1)「実義(tattva)の意味(artha)とは何か」という問いから始まり、その後、“loka-prasiddha-tattva” “yukti-prasiddha-tattva” “kleśāvaraṇa-viśuddhijñānagocaras tattvam” “jñeyāvaraṇa-viśuddhijñānagocaras tattvam”という四種の“tattva”を順次に説明していくが、そこで“tattva”という語が極めて重視され多用されていることは間違いない。また、『中辺分別論』の第三章も、「実義品」

tattvapariccheda であり、そこでも、十種の “tattva” が説明されるのである。その他、『大乗荘厳経論』(564)『宝性論』(565)にも、“tattva” は多用されている。(566)

このように、その用例が次第に増加していく傾向を見れば、“tattva” という語は、『バガヴァッドギーター』を代表とするヒンドゥー教文献から、その一元論的思考の影響のもとに、大乗仏典に導入されるようになったことは、明らかだと思われる。

以上、「薬草喩品」にウパニシャッドや『バガヴァッドギーター』等のヒンドゥー教文献からの影響が顕著に認められることを論証してきたが、ここで、羅什訳『妙法華』が「薬草喩品」後半の訳文を欠いていることの理由について考えてみたい。即ち、『妙法華』では、梵本の第四四偈より後の部分（K, 131,13-143,6）に対する訳文が存在しない。しかるに、『正法華』と『添品』には、それが存在している。では、この『妙法華』の訳文の欠落をどのように理解すべきであろうか。羅什が参照した梵語原典には、この部分のテキストが欠けていたのであろうか。それとも、この部分のテキストがあったにもかかわらず、羅什は敢て翻訳しなかったのであろうか。

常識的には、前者の可能性が考えられるが、しかし、羅什訳の欠けた部分の梵語テキストを欠いている写本の存在は、知られていない。すると、「薬草喩品」の後半をなす問題の部分については、梵語テキストが存在していたにもかかわらず、羅什はこれを敢て訳さなかったという可能性が考えられるが、その場合には、その理由とは何であろうか。羅什訳の欠けた部分には、〝日月光の譬喩〟〔584〕、〝器の譬喩〟〔587〕が含まれている。(567)特に〝器の譬喩〟は『現観荘厳論』第一章第三九偈の形成をもたらした点でも、極めて重要である。しかるに、この〝器の譬喩〟が『チャーンドーギヤ・ウパニシャッド』〔597〕の影響のもとに形成されたことは明らかであるから、羅什は、そのウパニシャッドの教説とのあまりにも明白な一致の故に、〝器の譬喩〟を翻訳することに躊躇を感じ、従って、〝器の譬喩〟を含む「薬草喩品」後半部分を翻訳しなかったのではなかろうか。しかるに、〝日月光の譬喩〟と〝器の譬喩〟は、実はセットになって説かれているので、羅什は〝日月光の譬喩〟が始まる部分から翻訳を控えたのではなかろうか。

以上は、殆んど想像に類する見解であるが、私としては、一応〃器の譬喩〃のあまりにも明白なヒンドゥー教的性格に、羅什はその譬喩を含む部分を敢て翻訳をしなかったと考えておきたい。

では、最後に「薬草喩品」に関する考察を閉じるに当り、〃器の譬喩〃（「陶器の譬喩」）等に関する高崎博士の見解を参照しておきたい。即ち、博士は、次のように論じられるのである。

> (357)もう一つ〈仏子〉論として気づかれることは、迦葉が「菩薩の名を得ると、二重の役割をさせられることになる」と言っている点である。ここでは、前の「火宅三車の喩」の場合と異なって、〈仏子〉の自覚をもつことが、〈菩薩〉となることと理解されている。迦葉の言を羅什訳風に解すると、嘗ての〈声聞〉が〈菩薩〉となったということである。「劣れる法を信解するもの」つまり〈小乗〉が、「広大な仏の菩提」に、つまり〈大乗〉に転向したということである。これは所謂〈二乗廻心〉である。この解釈は、三乗が等しく〈仏子〉であり、〈一仏乗〉であるというのと、若干立場が異なるように思われる。そして、この考え方をすすめると、「化城の喩」における「二乗方便」の一乗説となる。『法華経』としては、この立場は主流ではないごとく見える（例えば「薬草喩品」中では、三乗が、同じ土から作られた、種々の容器に喩えられ、一乗は共通の材料たる土に比せられている）けれども、後のインド仏教では、二乗廻心的な一乗説の方が一般的である。羅什はいわばその解釈を『法華経』全体にもちこもうとしている感があるが、『勝鬘経』を初めとする〈如来蔵〉系経典の多くも、声聞・縁覚の無知を強調する点で、同じ線に立っているようである。もっとも、どちらがより徹底した〈一乗〉説であるかというと、「二乗方便、二乗廻心」の一乗説の方であって、上述の陶器の譬喩に見られる三乗方便説は、次元の異なるところでむしろ三乗を許容することにもなる。これは、『菩薩行方便境界神変経』（すなわち『薩遮尼乾子経』）の一乗説と、『現観荘厳論』の〈種姓〉論との類似点を見れば、気づかれることである。（『形成』四四一―四四二頁）〔傍線＝松本〕

ここで、「二重の役割をさせられる」というのは、「信解品」〔562〕の所説を指すと思われるが、その所説を「二乗廻心」と把えることに、私は若干の疑問を感じるのである。というのも、「信解品」〔562〕ⓑで“vayam punar bhagavatā dve kārye kārāpitā”「世尊によって、私たちは、二つの所作をさせられた」というのは、〝四大声聞〟が、ⓑ〝仮りの声聞〟＝〝実は菩薩〟であって、過去世以来、菩薩行を行じ菩提に向けて教化されてきたという意味であって、これを「二乗廻心」と呼ぶのは、私見によれば、適切ではないと思われるからである。即ち、〝四大声聞〟はⓑ「廻小入大菩薩」とも言われるが、実は本来から菩薩なのであるから、〝小乗〟から〝大乗〟への転向ということは、実はありえないのであり、〝仮りの声聞〟が〝実は菩薩〟であるということと、〝三乗各別説〟は全く矛盾しないのである。というのも、〝声聞〟の〝種姓〟をもつⓒ〝真の声聞〟が〝大乗〟に転向して〝菩薩〟となることなどありえないからである。

また、高崎博士は、“dve nirvāṇabhūmī”（K, 189,5）、即ち、「二つの涅槃地」という語が用いられる「化城喩品」の「化城の喩」を「二乗方便」説と解されたが、このこと自体、適切であることは言うまでもない。しかし、博士が更に「薬草喩品」の〝器の譬喩〟について、「陶器の譬喩に見られる三乗方便説は、次元の異なるところでむしろ三乗を許容することにもなる」と述べられ、その所説を「化城の喩」の「二乗方便」説と区別し、対比されているように見えることについては、必ずしも賛同できないのである。即ち、「化城の喩」の〝二乗方便説〟も、「薬草喩品」の〝器の譬喩〟の所説も、ともに〝三乗各別説〟〝三乗真実説〟であって、「方便品」散文部分で説かれた〝三乗方便説〟ではないという点においては、何等変るところはないであろう。つまり、「譬喩品」散文部分で〝一乗＝仏乗〟という「方便品」散文部分の図式が〝一乗＝大乗〟に変更されたとき、その〝一乗＝大乗〟以外の〝二乗〟は〝方便〟であるとする〝二乗方便説〟は、実質的には完成したのであるが、その〝二乗方便説〟は「信解品」散文部分〔36〕に至って“dvau puruṣau”「二人の人」とか、後出の「化城喩品」散文部分〔623〕で“dve nirvāṇabhūmī”「二つの涅槃地」という語によって、明確に表現されることになるのである。

この〝二乗方便説〟のポイントは、〝大乗〟と〝小乗〟（二乗）を、〝真実〟と〝方便〟、あるいは、優と劣として、明確に区別する点にあるが、だからと言って、そこで〝三乗各別説〟や〝三乗真実説〟が否定されたのではない。というのも、そこで〝三乗〟は丁度“dhātu-vāda”の図において、三つの〝超基体〟が相互に全く交流することもない存在として描かれているのと同様に、相互に交ることのない独立の存在、つまり、〝各別〟であり、〝真実〟である存在としてあると考えられているからであり、後には、更にその区別を決定的なものとするために、〝三乗各別〟の“gotra”「種姓」という観念が形成されるからである。

従って、〝三乗各別説〟〝三乗真実説〟とは、必然的に〝大乗〟こそが優れているという〝大乗主義〟にもとづく〝二乗方便説〟の形態をとることは明らかであって、このことは、瑜伽行派の〝三乗各別説〟〝三乗真実説〟が、実は〝大乗だけが優れている〟という〝大乗主義〟にもとづいていることを考慮すれば、容易に理解されることであろう。以上の点から考えて、私は、㊼に述べられた高崎博士の見解とは異なり、「陶器の譬喩」によって説かれているのは、「三乗方便説」ではなく、〝三乗真実説〟〝三乗各別説〟であり、それはまた、〔587〕の“kāṇicid dhīnāny aśucibhājanāni bhavanti”「あるものは、小（hīna）なる、不浄物（aśuci）の器となる」という表現によっても示されているように、〝大乗〟と〝小乗〟を優と劣として対比する〝大乗主義〟にもとづいていると見るのである。

では、次に第六章「授記品」以下の問題点について検討することにしよう。ただし、私見によれば、「授記品」には特に論じるべき問題は認められないように思われるので、第七章「化城喩品」という重要な章の検討から始めよう。この章の中心をなすのは、釈迦仏の本生話（jātaka）、つまり、過去世物語であり、釈迦仏は無限とも言えるような過去世に存在した〝大通智勝如来〟の息子である〝十六王子〟の一人として、無数の衆生たちに『法華経』を説き、その結果として今世にこの娑婆世界で成仏したが、その過去世に釈迦仏の前身が『法華経』を説いて教化した衆生たちこそ、今、釈迦仏の面前にいる比丘たちであるというのである。

そこで、この釈迦仏の面前にいる比丘たちが、実は過去世に釈迦仏の前身から『法華経』を聞き、菩提に向けて教化されていたという〝秘密〟を釈迦仏が明らかにする文章を、次に示すことにしよう。

〔620〕ⓐ ye punas te bhikṣavas tadāsmākaṃ śrāmaṇerabhūtānāṃ sattvā dharmaṃ śrutavantas tasya bhagavataḥ śāsana ekaikasya bodhisattvasya mahāsattvasya bahūni gaṅgānadīvālukāsamāni sattvakoṭīnayutaśatasahasrāṇi yāny asmābhiḥ samādāpitāny anuttarāyāṃ samyaksaṃbodhau tāny etāni bhikṣavo 'dyāpi śrāvakabhūmāv evāvasthitāni paripācyanta evānuttarāyāṃ samyaksaṃbodhau / eṣaivaiṣām ānupūrvy anuttarāyāḥ samyaksaṃbodher abhisaṃbodhanāya / ⓑ tat kasya hetoḥ / evaṃ duradhimocyaṃ hi bhikṣavas tathāgatajñānam / katame ca te bhikṣavaḥ sattvā ye mayā bodhisattvena tasya bhagavataḥ śāsane aprameyāṇy asaṃkhyeyāni gaṅgānadīvālukāsamāni sattvakoṭīnayutaśatasahasrāṇi sarvajñatādharmam anuśrāvitāni / yūyaṃ te bhikṣavas tena kālena tena samayena sattvā abhūvan // (K, 185,5-186,2)

〔621〕ⓐ又告比丘、吾等十六為沙弥時、在彼仏世、講説経法、衆生聴受。一一菩薩、開化無量諸江河沙億百千姟、発無上正真道者、今得成就為菩薩道、住声聞地者、漸当誘進無上大道、稍稍当成最上正覚。ⓑ所以者何、如来之慧、難限難計、不可逮及、為若此也。又告比丘、何所是乎、吾為菩薩時、開化無量億百千姟江河沙等、聴聞諮受諸通慧者。（『正法華』九二中五―一二）

〔622〕ⓐ諸比丘、我等為沙弥時、各各教化無量百千万億恒河沙等衆生。従我聞法、為阿耨多羅三藐三菩提。此諸衆生、于今有住声聞地者。我常教化阿耨多羅三藐三菩提。是諸人等、応以是法漸入仏道。ⓑ所以者何。如来智慧、難信難解。爾時所化無量恒河沙等衆生者、汝等諸比丘〔及我滅度後未来世中声聞弟子〕是也。（『妙法華』二五下七―一四）

(358)ⓐまた、比丘たちよ、その当時（tadā）、沙弥（śrāmaṇera）であった私たちに、法（dharma）を聞いた衆生たち、つまり、その世尊（大通智勝如来）の教誡（śāsana）のもとで、〔私たち〕一人一人の菩薩・摩訶薩に、〔法を聞いた〕ガンジス河の砂にも等しいほどの幾百千コーティ・ナユタもの多くの衆生たち、彼等は、私たちによって、無上正覚（anuttara-samyaksaṃbodhi）において教化された（samādāpita）のであるが、彼等は、比丘たちよ、今も（adya api）、声聞の地（śrāvaka-bhūmi）だけに住してはいるが、〔実は〕無上正覚において、成熟させられている

（paripācyante）のである。これこそが、これらのものたちが無上正覚を悟るための順序（ānupūrvī）なのである。
ⓑそれは何故かというと、比丘たちよ、如来の智（tathāgata-jñāna）は、信解し難い（duradhimocya）からである。しかるに、比丘たちよ、菩薩であった私によって、その世尊の教誡のもとで、一切智者性（sarvajñatā）という法（dharma）を聞かされた、量り知れず計算もできないガンジス河の砂に等しいほどの幾百千コーティ・ナユタの衆生たちとは誰であろうか。比丘たちよ、そのとき、その当時、それらの衆生であったのは、〔今、ここにいる〕あなたたち（yūyam）なのである。

ここで二つの点を理解すべきであろう。一つは、“tāny … adyāpi śrāvakabhūmāv evāvasthitāni paripācyanta evānuttarāyāṃ samyaksaṃbodhau”「彼等は、今も、声聞の地だけに住してはいるが、〔実は〕無上正覚において成熟させられている」というのは、「信解品」〔562〕ⓑの“vayaṃ punar bhagavatā dve kārye kārāpitā”「世尊によって、私たちは、二つの所作をさせられた」という文章と内容的に対応している点である。即ち、彼等は、今でも自分では〝声聞〟だと思ってはいるが、実は、過去世以来、釈迦仏から教化されてきた〝菩薩〟であるというのである。しかるに、ここに使われている“paripācyante”という語について言えば、これは現在形であるから、「成熟させられている」と訳すのは、一応妥当であろうが、では誰によって「成熟させられている」のかと言えば、常識的には直前に出る“asmābhir”、つまり、「私たちによって」と解することができるであろう。しかし、『妙法華』〔622〕を見ると、そこには「我常教化阿耨多羅三藐三菩提」とあり、この訳文中の「常」は、〝現在〟の時点ではなく、〝現在に至るまで常に〟を意味するであろう。それ故、坂本幸男博士の書下しも、ここを「われ、常に……に教化せしかば」（『岩波 中』六八頁）と読んでいるのである。しかも、「我」の語は、“paripācyante”の行為主体、つまり、誰によって「成熟させられている」かを、〝釈迦仏によって〟と解しているのである。すると、“paripācyanta evānuttarāyāṃ samyaksaṃbodhau”は、羅什によって、直前に出る“samādāpitāny anuttarāyāṃ samyaksaṃbodhau”と殆んど同義と解されていると思われるが、私は、この羅什の解釈を優れたものであると考える。というのも、〝仮りの声聞〟＝〝実は菩薩〟に対して、〝実は菩薩である〟ということを理解させるためには、「譬喩品」散文部分〔181〕で、釈迦仏がシャーリプトラに対して行ったように、〝あなたは、実は、過去世以来、常に私によって無上正覚に向けて教化されてきた菩薩なのである〟という〝秘密〟を明かす必要があるからである。従って、〔620〕ⓐの"adyāpi śrāvakabhūmāv evāvasthitāni paripācyanta evānuttarāyāṃ samyaksaṃbodhau"は、釈迦仏の面前にいる〝声聞〟たちに対して、〝あなたたちは、自分では声聞であると考えているけれども、実は私が過去世以来、常に無上正覚に向けて教化してきた菩薩なのである〟と告げる言葉であると解すべきであろう。

さて、〔620〕における第二のポイントは、「譬喩品」散文部分〔181〕ⓑで"mayā tvaṃ śāriputra viṃśatīnāṃ buddha-koṭīnayutaśatasahasrāṇām antike paripācito 'nuttarāyāṃ samyaksaṃbodhau / mama ca tvaṃ śāriputra dīrgharātram anuśikṣito 'bhūt"「シャーリプトラよ、あなたは、私によって、二百万コーティ・ナユタもの諸仏のもとで、無上正覚において、成熟させられてきた（paripācita）。また、シャーリプトラよ、あなたは、長い期間、私に従って学んできた」と言われた文章の意味が、この「化城喩品」散文部分〔620〕によって一層明確に具体的に示されたという点である。つまり、〔620〕と〔181〕との間に整合性を認めるとすれば、〝釈迦仏は、かつて大通智勝如来のもとで菩薩であり沙弥であったときから、常に無数の諸仏のもとで、シャーリプトラ等に法を説き、無上正覚に向けて教化してきた〟ということが、ここに示されたのであり、〔181〕ⓑの前掲の文章は、ここにいわば具体的な明証を得たと言えるのである。

さて、「化城喩品」の「化城譬喩」には、すでに高崎博士が(357)で指摘された通り、明確な〝二乗方便説〟が説かれていると見られるが、この説を説く経文を、以下に一応示しておこう。

〔623〕evam eva bhikṣavas tathāgato 'py arhan samyaksaṃbuddho mahopāyakauśalyenāntarā dve nirvāṇabhūmī sattvānāṃ viśrāmaṇārthaṃ deśayati saṃprakāśayati / (K, 189,4-6)

〔624〕中路……〔化作城者謂羅漢〕泥洹……示現泥洹、如来至真等正覚、善権方便。（『正法華』九二下二一―二九）[568]

〔625〕以方便力、而於中道、為止息故、説二涅槃。（『妙法華』二六上一八―一九）

(359)それと同様に、比丘たちよ、如来・阿羅漢・正覚者は、大いなる方便善巧（upāya-kauśalya）によって、途中に（antarā）、二つの涅槃の地（dve nirvāṇa-bhūmī）を、衆生たちを休息させる（viśrāmaṇa）ために示し（deśayati）[569]説示する（saṃprakāśayati）のである。

この“dve nirvāṇa-bhūmī”「二つの涅槃の地」が、〝声聞乗〟〝独覚乗〟の〝二乗〟を意味し、それが〝方便〟であるとする〝二乗方便説〟がここに説かれていることは明らかである。この点は、〔623〕に対応する「化城喩品」第一〇六偈第四句に“viśrāmaṇārthaṃ tu dvi yāna deśitā”（K, 198,4）「しかし、休息させるために、二つの乗が示された」と述べられることによっても、知られるであろう。

では、次に第八章「五百弟子品」の所説の問題点について論じよう。おそらく、この章で最大の問題となるのは、プールナ（富楼那）という〝声聞〟のあり方についてであろう。即ち、この章の前半には、プールナという〝声聞〟に釈迦仏が授記する一段（K, 199,1-206,4）があり、これを苅谷博士は、〝富楼那授記段〟と呼ばれ、

(360)結論的には、富楼那授記段全体が後代の挿入ではないかと考えられるのである。（『一仏乗』三〇九頁四行）

と主張されているのである。

では、苅谷博士のこの主張の根拠とは何かと言えば、その根拠として、シャーリプトラが成仏するときの仏国土の描写に対して、プールナが成仏するときの仏国土の描写が異質であること、即ち、シャーリプトラ等の仏国土が『阿弥陀経』的であるに対し、プールナの仏国土は、女性のいないことなどの点で、『無量寿経』的浄土であることや、〝浄仏国土〟、つまり、“buddhakṣetraṃ pariśodhayati”（K, 201,3）「仏国土を浄める」という表現・思想が、『法華経』においては、この〝富楼那授記段〟にのみ存すること等が、博士によって挙げられている。[570] 確かに、苅谷博士も言われるように、〝浄仏国土〟の思想は『般若経』や『維摩経』等で力説されることではあるが、[571] その『般若経』等からの影響が認められたとしても、それを根拠に〝富楼那授記段〟が「後代の挿入」であると見なすことはできないと思われる。というのも、『般若経』からの影響は、〝一乗〟を〝仏乗〟ではなく、〝大乗〟と規定した「譬喩品」散文部分

以来、明確に認められると考えられるからである。また、〝浄土〟の描写に関しては、苅谷博士の言われる通り、〝富楼那授記段〟の〝浄土〟の描写は、「『後期無量寿経』と共通する[572]」と見ることができるかもしれない。しかし、これも、「譬喩品」散文部分〔187〕に説かれるシャーリプトラの〝浄土〟の描写よりも発展した〝浄土〟の描写が〝富楼那授記段〟に示されていると考えれば、この一段を敢て「後代の挿入」と見なす必要はないであろう。

しかるに、苅谷博士が〝富楼那授記段〟の異質性を主張される最大の根拠は、この一段に含まれる「五百弟子品」第二偈―第七偈に見られる〝声聞〟の描写が、かなり特異に見えることにあるであろう。即ち、その第二偈は、次の通りである。

〔626〕 hīnādhimuktā ima sattva jñātvā udārayāne ca samuttrasanti /
tatu śrāvakā bhontimi bodhisattvāḥ pratyekabodhiṃ ca nidarśayanti // [VIII, v.2]（K, 203,6-7）

〔627〕此諸衆生、脆劣懈廃、故当演説、微妙寂静、
示現声聞、縁覚之乗、而常住立、菩薩大道。（『正法華』九六上一四―一七）

〔628〕知衆楽小法、而畏於大智、是故諸菩薩、作声聞縁覚。（『妙法華』二八上一一―一二）

(361)「これらの衆生たちは、小〔乗〕を信解するもの（hīna-adhimukta）であり、高大な乗（udāra-yāna）〔大乗〕を恐れている」と知って、それ故、これらの菩薩（bodhisattva）たちは、声聞（śrāvaka）となり（bhonti）、また、独覚の悟り（pratyeka-bodhi）をも示す（nidarśayanti）のである。

ここには、〝菩薩が自らの意志で声聞や独覚になる〟という、一見すると、驚くべき説がなされている。ここで、「これらの菩薩たち」とは、釈迦仏の面前にいる者たちを指し、「化城喩品」〔620〕で説かれたように、〝過去世以来、常に菩提に向けて教化されてきた実は菩薩〟たち、つまり、ⓑ〝仮りの声聞〟たちを指しているであろう。従って、〔626〕の「これらの菩薩たち」は「富楼那のみならず舎利弗や大迦葉などの大声聞たちを指している[573]」と見なす苅谷博士の解釈は妥当であろう。

しかるに、苅谷博士は、この第二偈〔626〕に述べられている〝「これらの菩薩たち」が声聞になる〟という思想は、『法華経』の基本的思想と全く異質であるとして、次のように主張されるのである。

(362)もし、これらの偈頌が言うように、富楼那や舎利弗等の大声聞は自己の菩薩たることを知りながら、それを隠して、わざと声聞の姿をとったものだとするならば、「三車火宅の喩」も、「長者窮子の喩」も、さらには「衣裏繋珠の喩」も全く成り立たないであろう。なぜなら、それらの喩は全て、声聞がいかに自己の本来の姿、即ち〈一仏乗〉のぼさつたることを知らなかったか、という点を出発点にし、そこから、それを自覚するに至る経過を述べ、総じて声聞の本来よりぼさつであることを説き明かすものであるからである。（『一仏乗』三一一頁九―一四行）〔傍線＝松本〕

確かに、これは優れた解釈であると思われる。というのも、「譬喩品」散文部分〔181〕で、釈迦仏が〝あなたは過去世以来、私が教化してきた菩薩なのである〟という〝秘密〟を明したのは、シャーリプトラがそれを知らなかったからであり、この点が、その個所で、それをシャーリプトラに“anusmārayitukāma”「思い出させたいと欲して」という表現によって示されたと考えられるからである。また、「五百弟子品」に説かれる「繋宝珠譬喩」でも、“daridra-puruṣa”[574]「貧しい人」に“purāṇa-mitra”（K, 210,10）「旧友」が、“vastra-antara”[575]（K, 210,6; 210,10; 211,2; 211,3）「衣服の内」に結びつけておいた“maṇi-ratna”（K, 210,10）「宝珠」の存在を知らせるのであるが、勿論、その人は、その「宝珠」が自らの内に存在していることなど、知らなかったのである。従って、(362)において苅谷博士が、「声聞がいかに自己の本来の姿……ぼさつたることを知らなかったか、という点を出発点にし、……それを自覚するに至る経過を述べ」と言われるのは、妥当であると言わざるを得ないであろう。

しかし、注意すべきは、「五百弟子品」第二偈〔626〕で述べられた「これらの菩薩たち」というのは、ⓑ〝仮りの声聞〟＝〝実は菩薩〟〔廻小入大菩薩〕であるという点であって、彼等はすでに「信解品」〔562〕で「私たちは、如来の真実の子であるけれども、しかし、小〔乗〕を信解していた（hīna-adhimukta）」と言われていたのである。従って、彼等は〝実は菩薩〟ではあるけれども、現実には〝仮りの声聞〟であるという二面性をもっているのであるから、現実には〝仮りの声聞〟であるという後者の側面が発展すれば、そこから〝仮りに声聞の姿を現しているだけである〟という教説が生じたとしても不自然ではないであろう。従って、私は、「五百弟子品」第二偈〔626〕に述べられた「これらの菩薩たち」が「声聞となる」という説が、「信解品」散文部分〔562〕で「如来の真実の子であるけれども、しかし、小〔乗〕を信解していた」と述べられた説の延長線上にあるものと理解し、決して「全く異質のものである」とか、「後代の挿入」であるとか、考えないのである。[576]

ただし、私がすでに述べたⓑ〝仮りの声聞〟＝〝実は菩薩〟像の発展ということは、「五百弟子品」の偈の部分においては、やや極端にまで達しているという印象は否めない。というのも、この章の第五偈・第六偈には、次のように説かれるからである。

〔629〕ajñātacaryāṃ[577] ca caranti ete vayaṃ khalu śrāvaka alpakṛtyāḥ /
nirviṇṇa sarvāsu cyutopapattiṣu svakaṃ ca kṣetraṃ pariśodhayanti // [VIII, v.5]
sarāgatām ātma nidarśayanti sadoṣatām cāpi samohatāṃ ca /
dṛṣṭīvilagnāṃś ca viditva sattvāṃs teṣām pi dṛṣṭīm samupāśrayanti // [VIII, v.6]（K, 204,1-4）

〔630〕身口及心、常遵所行、如是声聞、力勢薄少、
畏厭一切、終始之患、而復厳治、浄己仏土。〔第五偈〕
或復示現、己在愛欲、怒害瞋恚、及闇痴冥、
覩諸衆生、迷惑邪見、壊裂蠲除、疑網弊結。〔第六偈〕（『正法華』九六上二一―二七）

〔631〕内秘菩薩行、外現是声聞、少欲厭生死、実自浄仏土、〔第五偈〕
示衆有三毒、又現邪見相。〔第六偈〕（『妙法華』二八上一七―一九）

(363) これらの〔菩薩〕たちは、「私たちは、少ない所作（kṛtya）をもつ声聞（śrāvaka）である」と言いながらも、知ら

れていない（ajñāta）〔菩薩〕行（caryā）を行じている。すべての死と再生を厭いながら、〔実は菩薩として〕各自の国土（kṣetra）を浄めている（pariśodhayanti）、〔第五偈〕

彼等は、自分が貪（rāga）をもち、瞋（doṣa）をもち、痴（moha）をもつように見せかけている（nidarśayanti）。また、衆生たちが邪見（dṛṣṭi）に執着しているのを知って、彼等の邪見に依存したりもする。〔第六偈〕

ここには、まず“ajñātacaryāṃ ca caranti ete”「これらの〔菩薩〕たちは、知られていない〔菩薩〕行（caryā）を行じている」という重要な表現が見られるが、これを『妙法華』〔631〕は「内秘菩薩行、外現是声聞」と訳している。これは〝菩薩行を内に隠し、外には声聞のふりをする〟という意味であろうが、『大乗玄論』では、

〔632〕法華経中、内秘菩薩行、外現是声聞者、権行声聞。故権実二種声聞。（大正四五、四七下二〇―二二）

と説明されていて、「内秘菩薩行、外現是声聞」とは、「実行声聞」つまりⓒ〝真の声聞〟と対比された「権行声聞」つまり、ⓑ〝仮りの声聞〟と見なされていることが知られる[578]。すると、〔629〕の「五百弟子品」第五偈の“ajñātacaryāṃ ca caranti ete”「知られていない〔菩薩〕行を行じている」という文章は、ⓑ〝仮りの声聞〟=〝実は菩薩〟像の発展形態の一つを示すものと考えられるから、この文章を「後代の挿入」と見ることはできないであろう。また、かつて、この文章を含む〝富楼那授記段〟を「後代の挿入」と見る苅谷説に賛同した私見も[579]、ここで訂正しておきたい。

なお、〔629〕の「五百弟子品」第五偈冒頭で用いられた“ajñāta-caryā”「知られていない〔菩薩〕行」という語は、第九章「人記品」第一〇偈でも、“ajñātacaryā iya rāhulasya”（K, 220,13）「ラーフラの、この知られていない〔菩薩〕行」として用いられていて、この“ajñāta-caryā”を『妙法華』では「密行」（三〇上二九）と訳している。つまり、ラーフラ（羅睺羅）という〝声聞〟も、やはりⓑ〝仮りの声聞〟であり〝実は菩薩行（「密行」）を行じている菩薩〟であるというのである。

また、関連して言えば、『妙法華』〔631〕の「内秘菩薩行、外現是声聞」という文章とともに、平川彰博士によって、「法華経の基本的な思想」を説くものとして重視されている[580]「薬草喩品」第四四偈の次の文章も、『妙法華』〔631〕及

び、その原文である「五百弟子品」〔629〕と同様に、〝仮りの声聞〟（権行声聞）が、菩薩行を行じている〝実は菩薩〟であることを言うものにほかならないであろう。

〔632〕 caranti ete varabodhicārikāṃ [V, v.44c]（K, 131,12）

〔633〕縁斯之行、当得仏行。（『正法華』八五上一五—一六）

〔634〕汝等所行、是菩薩道。（『妙法華』二〇中二三）

(364) これらの〔声聞〕たちは、優れた菩提の行（bodhi-cārikā）を行じている。

さて、私は、すでに〝仮りの声聞〟＝〝実は菩薩〟像の発展は、第二偈〔626〕や第五偈・第六偈〔629〕を含む「五百弟子品」の偈の部分においては、〝やや極端にまで達している〟と述べたが、それは、その第六偈において、いわば〝悪の肯定〟とも言うべき密教的な教説が説かれていると考えるからである。即ち、〝実は菩薩〟が〝声聞の姿〟を現ずるというだけならばまだしもであろうが、〔629〕の第六偈には、〝実は菩薩〟が「貪」「瞋」「痴」の三毒と言われる最も根本的な煩悩をもつように見せかけ、更には非仏教的な「邪見」をも肯定すると言われているのである。しかるに、私は、ここに、『維摩経』からの影響を認めざるを得ないのである。すでに見たように、苅谷博士は、『法華経』では「五百弟子品」の〝富楼那授記段〟にのみ〝浄仏国土〟、つまり、〝仏国土を浄める〟という思想が説かれると見なされ、それを『般若経』や『華厳経』等に説かれるものとされるが、藤田宏達博士の研究によっても知られる通り、[581]『維摩経』こそ〝浄仏国土〟思想を代表する経典と言えるのである。というのも、その第一章は "Buddhakṣetrapariśuddhi"「仏国土を浄めること」を章名としており、"buddhakṣetraṃ pariśodhayitukāmena bodhisattvena"（VNS[T], 40,10）「仏国土を浄めたいと欲する菩薩によって」という表現によって明示されるように、そこには、〝仏国土を浄める〟という〝浄仏国土思想〟が、"buddhakṣetra-pariśuddhi" "kṣetra-pariśuddhi" 等の語を用いて繰返し説かれているからである。

しかるに、その〝浄仏国土思想〟を説く『維摩経』には、私見によれば、〝悪の肯定〟とも見るべき教説が何度も繰返されるのである。それを代表する文章を、以下に、玄奘訳『説無垢称経』の訳文とともに示してみよう。

〔635〕sa upāyakauśalyena glānam ātmānam upadarśayati sma /（VNS[T], 64,2）

〔636〕其以方便、現身有疾。（大正一四、五六〇下一五—一六）

(365)彼（ヴィマラキールティ 維摩）は、方便善巧によって、自らを病気で疲弊している（glāna）ように見せる（upadarśayati）[582]のである。

勿論、これは〝悪の肯定〟とまで言うべき教説ではなく、有名な「以一切衆生病、是故我病」（大正一四、五四四中二一）とか、「菩薩病者、以大悲起」（同、五四四中二八）という羅什訳『維摩詰所説経』の経文によって示されるように、〝衆生に対する菩薩の慈悲による行為〟であると見なされるかもしれない。

しかし、『維摩経』の次の経文は、どのように見るべきであろうか。

〔637〕acintyavimokṣapratiṣṭhitā bodhisattvā upāyakauśalyena sattvaparipācanāya māratvaṃ kārayanti //（VNS[T], 246,4-5）

〔638〕安住不可思議解脱菩薩、方便善巧、現作魔王。（大正一四、五七二中三—四）

(366)不可思議解脱（acintya-vimokṣa）に住している菩薩（bodhisattva）たちは、方便善巧（upāya-kauśalya）によって、衆生を成熟させる（sattva-paripācana）ために、魔（māra）となる。

このヴィマラキールティの言葉によれば、〝菩薩〟は「衆生を成熟させるために」〝方便善巧〟によって〝māra〟「魔」となるというのであるが、ここにも、〝sattva-paripācanāya〟「衆生を成熟させるために」という理由が述べられているので、これも〝衆生に対する菩薩の慈悲による行為〟と見なされるべきであろうか。

では、〝tathāgata-gotra〟「如来の種姓」を章名とする第七章の次の二つの経文についてはどうであろうか。

〔639〕rāgadoṣamohā gotraṃ（VNS[T], 304,4）

〔640〕貪欲瞋恚愚痴種性、是如来種性。（大正一四、五七五中二六）

(367)貪（rāga）・瞋（doṣa）・痴（moha）が〔如来の〕種姓（gotra）である。

〔641〕tad anenāpi te kulaputra paryāyeṇaivaṃ veditavyaṃ yathā sarvakleśās tathā tathāgatānāṃ gotraṃ /（VNS[T], 306,13-15）

〔642〕是故当知、一切生死煩悩種性、是如来種性。（大正一四、五七五下一九—二〇）

(368) このようにして、善男子よ、一切の煩悩（sarva-kleśa）は如来たちの種姓（tathāgatānāṃ gotram）であると、このように知るべきである。

ここには、“upāya-kauśalya”「方便善巧」という語も、“sattva-paripācanāya”「衆生を成熟させるために」という理由づけも、最早述べられていない。単に「貪・瞋・痴」等の「一切の煩悩」が「如来の種姓」であると言われているだけなのである。これを〝悪の肯定〟と評価するのは不適切であろうか。

そこで、〔629〕の「五百弟子品」第六偈を見てみると、そこにも、この『維摩経』〔639〕〔641〕と同様の表現と教説を見出すことができるように思われる。特に“rāga”“doṣa”“moha”の三毒を挙げる点は、全く一致している。「五百弟子品」〔629〕の趣旨は、〝実は菩薩であるにもかかわらず、声聞の姿を現じたり、三毒をもつ者と見せかけたり、邪見に依っているふりをする〟というところにあるのであろうが、その〔629〕が、表現としては〝善〟よりも〝悪〟を尊重しているかに見える『維摩経』の所説から影響を受けていることは、明らかであるように思われる。その『維摩経』の所説は〝悪の肯定〟というよりも〝偽悪〟と呼ぶ方がより穏当であるという見方もあるかもしれないが、その〝偽悪〟からはすぐに〝悪の肯定〟が帰結するというのが、『維摩経』の所説に対する私の評価なのである。

なお、付け加えておけば、“tathāgatagotra-parivarta”「如来種姓品」を第七章の章名としてもち、“tathāgata-gotra”について詳論する『維摩経』は、〝一切衆生は成仏できる〟とか、〝一切衆生にtathāgata-gotraがある〟と説く経典ではないことは言うまでもない。即ち、『維摩経』では〝声聞〟や〝独覚〟は、“jāty-andha”（VNS[T], 244,1; 244,2; 244,4 etc.）「生まれながらの盲人」、“atyanta-upahata-indriya”（VNS[T], 244,7）「永久に根の害なわれたもの」（「永絶其根」羅什訳、大正一四、五四七上八）、“dagdha-vinaṣṭāni iva bījāny”（VNS[T], 244,7）「燃されて、破壊された種子（bīja）のようなもの」（玄奘訳「如燋敗種」大正一四、五七二上二一）等と呼ばれている。従って、〝声聞は決して成仏できない〟というのが『維摩経』の基本的立場であり、この点は、次の一文によっても明示されているのである。

〔643〕śrāvakāḥ punaḥ yāvajjīvam api buddhadharmabalavaiśāradyāni śrutvānuttarāyāṃ samyaksaṃbodhau na śaktāḥ cittam utpādayitum //（VNS[T], 308,19-21）

〔644〕正使声聞、終身聞仏法力無畏等、永不能発無上道意。（羅什訳、大正一四、五四九中二四—二六）

(369) しかし、声聞（śrāvaka）たちは、生きている限り、仏法（buddha-dharma）である力（bala）・無所畏（vaiśāradya）を聞いても、無上正覚（anuttara-samyaksaṃbodhi）において、心（citta）を生じることは（utpādayitum）できない（na śaktāḥ）。

即ち、ここで、羅什訳の「永不能発無上道意」、及び玄奘訳の「終不能発正等覚心」（大正一四、五七六上七—八）は、〝声聞は永久に菩提心を発すことはできない〟という趣旨を明示している。従って、〝声聞は永久に成仏できない〟というのが、『維摩経』の基本的立場であると見るべきであろう。(583)

しかるに、そのような立場を有する『維摩経』からの影響を受けていると思われる「五百弟子品」第五偈・第六偈〔629〕、及び「五百弟子品」それ自体が、〝声聞は永久に成仏できず、菩薩だけが成仏できる〟という〝一分不成仏説〟〝三乗各別説〟〝大乗主義〟を説いていることは、明らかであると思われる。

以上、簡略ではあるが、第四章「信解品」から第八章「五百弟子品」までの諸章について問題点を検討したが、最後に、〝一乗思想〟を問題とする以上、梵本では第一九章に位置づけられる「常不軽菩薩品」の所説について、論究せざるを得ないであろう。というのも、そこでは、「方便品」散文部分〔124〕で、会衆から退出していった五千人の〝adhimānika〟「増上慢をもつ」四衆に対して、一種の救済策が提示されているように思われるからである。即ち、「常不軽菩薩品」では、過去世に威音王（Bhīṣmagarjitasvararāja）という同名の多数の仏が、何度も世に出現しては入滅するということを繰返していたが、最後の威音王仏が涅槃に入り、正法・像法が滅尽しようとしたときに起ったとされる出来事が、次のように述べられているのである。(584)

〔645〕ⓐ tasya bhagavataḥ parinirvṛtasya saddharme 'ntarhite saddharmapratirūpake cāntardhīyamāne tasmiñ śāsane 'dhimānikabhikṣ[585]vadhyākrānte sadāparibhūto nāma bodhisattvo bhikṣur abhūt / ⓑ kena kāraṇena mahāsthāmaprāpta sa bodhisattvo mahāsattvaḥ sadāparibhūta ity ucyate / sa khalu punar mahāsthāmaprāpta bodhisattvo mahāsattvo yaṃ yaṃ eva paśyati bhikṣuṃ vā bhikṣuṇīṃ vopāsakaṃ vopāsikāṃ vā taṃ tam upasaṃkramyaivaṃ vadati ⓒ nāham āyuṣmanto yuṣmākaṃ paribhavāmi / aparibhūtā yūyam / tat kasya hetoḥ / sarve hi bhavanto bodhisattvacaryāṃ carantu / bhaviṣyatha yūyaṃ tathāgatā arhantaḥ samyaksaṃbuddhā iti /（K, 377,9-378,3）

〔646〕ⓐ時此諸仏次第滅度、正法没已、像法次尽。彼世比丘、憍慢自大、越背法詔。有一比丘、名曰常被軽慢、為菩薩学。ⓑ何故名之、常被軽慢。其開士、見比丘比丘尼清信士清信女、毎謂之曰。ⓒ諸賢、無得憍慢自高、所以者何。諸賢志趣。当尚菩薩、如来至真等正覚。（『正法華』一二二下二〇―二六）

〔647〕ⓐ最初威音王如来、既已滅度、正法滅後、於像法中、増上慢比丘、有大勢力。爾時有一菩薩比丘、名常不軽。ⓑ得大勢、以何因縁、名常不軽。是比丘凡有所見、若比丘比丘尼優婆塞優婆夷、皆悉礼拝讃歎、而作是言。ⓒ我深敬汝等、不敢軽慢。所以者何。汝等皆行菩薩道、当得作仏。（『妙法華』五〇下一四―二〇）

[370]ⓐその世尊が般涅槃したあとで、正法（sad-dharma）が滅し、像法（sad-dharma-pratirūpaka）も滅しつつあるとき、その教誡が、増上慢をもつ比丘（adhimānika-bhikṣu）たちによって圧倒されていたとき、サダーパリブータ（Sadāparibhūta 常に軽蔑されないもの[586]）という名の菩薩（bodhisattva）である比丘がいた。ⓑマハースターマプラープタよ、その菩薩・摩訶薩（mahāsattva）は、何故、サダーパリブータと言われたのか。マハースターマプラープタよ、実に、その菩薩・摩訶薩は、比丘であれ、比丘尼であれ、優婆塞であれ、優婆夷であれ、その誰を見ても近づいてから、こう語ったのである。ⓒ「尊者たちよ、私はあなたたちを軽蔑しません（na ... paribhavāmi）。あなたたちは、〔私によって〕軽蔑されません（aparibhūta）。それは何故かというと、あなたたちはすべて、菩薩行（bodhisattva-caryā）を行じなさい。そうすれば、あなたたちは、如来・阿羅漢・正覚者になるでしょうから」と。

即ち、威音王仏が入滅し、正法が滅し、像法が滅しつつあったとき、"adhimānika-bhikṣu"「増上慢をもつ比丘」たちが優勢であったが、そのとき、サダーパリブータ（常不軽）という名の一人の菩薩である比丘が現れて、比丘・比丘尼・優婆塞・優婆夷の四衆の誰を見ても近づいていって、ある重要なメッセージを語ったというのである。

そのメッセージとは、『妙法華』〔647〕ⓒの「我深敬汝等、不敢軽慢。所以者何。汝等皆行菩薩道、当得作仏」という二十四字によって、あまりにも有名であるが、まず、ここで注意すべきことは、このうち「我深敬汝等」には、対応する梵語の原文も、対応する『正法華』の訳文も、存在しないという点である。すると、「我深敬汝等」は、羅什による付加と見るのが自然であると思われる。では、何故、羅什はこの語を付加したのであろうか。

考えてみれば、どのような人であろうと、つまり、増上慢をもつ人であろうとなかろうと、全くの他人が突然目の前に現れて、「私はあなたを軽蔑しません」と言ったとしたら、怒らない人はいないであろう。そのあまりの不自然さ、唐突さを和らげるために、羅什は「不敢軽慢」の前に敢て「我深敬汝等」という原文にない語を付加したのであろうと推測される。

また、『妙法華』〔647〕ⓒの二十四字中「不敢軽慢」の「敢」も、羅什による付加であろう。ハーヴィッツは、この「不敢軽慢」に対して、

㊲ I dare not hold you in contempt. (*Hurvitz*, p.280)

という訳文を与え、「敢」を"dare"によって訳しているが、羅什は、上述したのと同じ配慮のもとに、つまり、常不軽菩薩が増上慢をもつ四衆に、突然「私はあなたたちを軽蔑しません」と呼びかける不自然さを緩和しようとして、この「敢」の語を付加したのであろう。ここに、訳者である羅什の文学的感性を認めることができるかもしれないが、羅什がこのような操作を施したことによって、梵語原文のもつ正確な意味は、読者にとって、むしろ不明確なものとされたのである。

また、『妙法華』〔647〕ⓒには、更に重要な思想的問題が含まれている。すなわち、「汝等皆行菩薩道」という訳文

の梵語原文は命令形であるが、この訳文を命令形と見ることはできない。つまり、この訳文は、「汝等は皆菩薩の道を行じて」（『岩波 下』一三二頁）などと書下しされるのであり、ハーヴィッツによっても、

(372) You are all treading the bodhisattva-path,（*Hurvitz*, p.280）

と英訳されている。しかし、「あなたたちはすべて、菩薩行を行じなさい」という原文と、「あなたたちはすべて、菩薩行を行じている」という羅什訳との間に、重要な趣旨の違いが見られることは明らかであろう。

すでに、(95)(96)の苅谷説で見たように、また、

(373)この「一切衆生皆悉ぼさつ」こそ『法華経』の根本的立場であると言うことが出来よう。（『一仏乗』一〇九頁三行）

という論述によっても明示されているように、苅谷博士は〝一切衆生は皆悉く本来から菩薩である〟という説を『法華経』の根本的立場であると主張されるのであるが、その際「常不軽菩薩品」〔645〕ⓒや『妙法華』〔647〕ⓒが、その苅谷博士の主張の根拠の一つとされているように思われる。というのも、博士は、〔645〕について、ある註記で次のように言われるからである。

(374)後の「常不軽菩薩品」で、常不軽菩薩が誰かれなしに「あなたはぼさつだ」と呼びかけてまわったというのは、よくこの立場を表していると言える。（『一仏乗』一四八頁、註（22））

ここで、「この立場」が何を指しているか必ずしも明瞭ではないが、この註記が付された本文の方を見ると、これはやはり「一切衆生皆悉ぼさつ」というテーゼを指すか、「法華〈仏乗〉は「転向」、「廻心」ということから全く無縁であること」[587]を指しているように見える。

しかし、私は、この苅谷博士の解釈に賛同できないのである。博士は、(374)で「常不軽菩薩が誰かれなしに「あなたはぼさつだ」と呼びかけてまわった」と言われるが、この説明は、「あなたたちはすべて、菩薩行を行じなさい」という命令形の文章をもつ〔645〕ⓒの趣旨には合致しないと思われる。

おそらく、博士は、「あなたたちはすべて、菩薩行を行じなさい」という梵語原典の文章を、基本的には、「あなたたちはすべて菩薩（ぼさつ）[588]である。それ故、菩薩行を行じなさい」という意味に解されたのであろう。これに対して、私は、常不軽菩薩が呼びかけた相手が菩薩であるならば、すでに菩薩行を行じているはずであるから、彼等に改めて「菩薩行を行じなさい」と命じることは意味をなさないと考えるのである。つまり、私は、「菩薩行を行じなさい」という呼びかけは、相手が現に菩薩ではないと見なされているからこそ意味をもつと思うのである。

そこで再び、梵語原文〔645〕ⓒの始まり方について考えてみよう。それは「尊者たちよ、私は、あなたたちを軽蔑しません」で始まっているのである。何と奇妙な、そして唐突な呼びかけであろうか。そのあまりの唐突さの故に、羅什は、すでに述べたように、この語に対応する「不〔敢〕軽慢」の前に「我深敬汝等」という訳語を付加せざるをえなかったのであるが、しかし、この付加によって、実は、原文の真義が、読者にとって不明瞭なものとされたのである。というのも、常不軽菩薩の呼びかけの言葉は、「我深敬汝等」などではなく、あくまでも「私は、あなたたちを軽蔑しません」で始まっていなければならなかったからである。つまり、この唐突にみえる発言の真意は、「あなたたちは、一般には軽蔑されるべき人々と見られているけれども、私〔だけ〕はあなたたちを軽蔑しません」というものだったのである。では何故、彼等は軽蔑されるべき人々と見られているのかと言えば、それは、言うまでもなく、彼等が〝菩薩〟ではなく〝声聞〟と見なされているからにほかならない。

「常不軽菩薩品」〔645〕で、常不軽菩薩が呼びかけた相手というのは、『妙法華』〔647〕ⓑの表現を借りれば、「比丘比丘尼優婆塞優婆夷」とされるが、これを〔647〕ⓐに言われる「増上慢比丘」“adhimānika-bhikṣu”（〔645〕ⓐ）と区別する必要はないであろう。というのも、「常不軽菩薩品」の〔645〕よりも後の個所には、“adhimānika-bhikṣu-bhikṣuny-upāsaka-upāsikābhiḥ”（K, 379,3-4）〔「彼等四輩」『正法華』一二三上一二、「増上慢比丘比丘尼優婆塞優婆夷」『妙法華』五一上二一―二二〕、つまり、「増上慢をもつ比丘・比丘尼・優婆塞・優婆夷たち〔によって〕」という表現も認められるからである。ただし、〔645〕冒頭のⓐに“adhimānika-bhikṣu”とあることから考えても、また、〔645〕ⓒで“āyuṣmanto”

「尊者たちよ」と呼びかけていることから見ても、〝増上慢をもつ四衆〟の中心が、「増上慢をもつ比丘たち」であることは、明らかであろう。

では、彼等は〝菩薩〟なのであろうか、それとも〝声聞〟なのであろうか。その答えは、一般に〝五千起去〟とも称される「方便品」散文部分〔124〕の次の文章との関連において考察されるべきであろう。

tataḥ parṣada adhimānikānāṃ bhikṣūṇāṃ bhikṣuṇīnāṃ upāsakānāṃ upāsikānāṃ pañcamātrāṇi sahasrāṇy utthāyāsanebhyo bhagavataḥ pādau śirasābhivanditvā tataḥ parṣado 'pakrāmanti sma

その会衆から、増上慢をもつ（adhimānika）比丘・比丘尼・優婆塞・優婆夷の五千人ほどが、座から起って、世尊の両足に頭で礼拝してから、その会衆から退出した。

ここで、まず「増上慢をもつ比丘・比丘尼・優婆塞・優婆夷」という表現の一致から考えて、「常不軽菩薩品」〔645〕で、常不軽菩薩が呼びかけた相手である「増上慢をもつ比丘たち」＝「比丘であれ、比丘尼であれ、優婆塞であれ、優婆夷であれ」が、「方便品」〔124〕で会衆から退出した五千人と基本的には〝同じ人々〟であることは、明らかであろう。あるいは、より厳密に言えば、「常不軽菩薩品」〔645〕の「増上慢をもつ比丘たち」＝「比丘であれ、比丘尼であれ、優婆塞であれ、優婆夷であれ」という表現が、「方便品」〔124〕の「増上慢をもつ比丘・比丘尼・優婆塞・優婆夷」という表現を意識して形成されたものであることは、確実であろう。確かに、「常不軽菩薩品」には、〝増上慢をもつ四衆〟の数が五千人であるとは明記されていないが、しかし、すでに述べたように、表現の一致から考えて、また、後論する『法華論』の解釈を根拠としても、この二つの章における〝増上慢をもつ四衆〟が、〝同じ人々〟を指しているということは、疑問の余地がないと思われる。

しかるに、「方便品」〔124〕で退出した〝増上慢をもつ四衆〟については、これを〝増上慢をもつ声聞〟と見るべきであって、単に〝声聞〟と見るべきではないという解釈をすでに提示した。つまり、退出した〝増上慢をもつ四衆〟を、単に〝声聞〟と見るならば、会衆に残った人々は、退出した〝声聞〟と対比された存在、つまり、〝菩薩〟と考えられ、ここに〝『法華経』は菩薩だけに説かれる〟、従って〝菩薩だけが成仏できる〟という考え方が成立することになるのであるが、このような考え方は、「譬喩品」散文部分以後に成立するものであって、「方便品」散文部分では、まだ成立していなかったというのが、私の基本的な理解なのである。

では、「常不軽菩薩品」で常不軽菩薩が呼びかけた相手である〝増上慢をもつ四衆〟についても、同じことが言えるかといえば、私はそのようには考えないのである。というのも、そこでは、〝声聞〟と〝菩薩〟の明確に二元論的な対比というものが、すでに成立しており、また、明示されていると思われるからである。その証拠に威音王仏の〝像法〟が滅しつつあったときに起った〔645〕以下に述べられる事件に登場するのは、〔645〕ⓐで“bodhisattva”「菩薩」であることが明記されている常不軽菩薩と、彼に“daṇḍa”（K, 379,2）「杖木」等を投じることによって彼を迫害する〝増上慢をもつ四衆〟という二者だけだからである。従って、その二者は明らかに〝菩薩〟と〝声聞〟として対比されているのであり、そのうち、一般には軽蔑されるべきものと見なされている〝声聞〟に対して、「私〔だけ〕は、あなたたち〔声聞〕を軽蔑しません」と呼びかけたのが、常不軽菩薩という〝菩薩〟だったのである。つまり、この「常不軽菩薩品」では、〝声聞〟と〝菩薩〟の二元論的な対比にもとづいて、〝菩薩だけが成仏できる〟という考え方は、すでに自明なものとして確立していたのである。

しかるに、このような解釈は、〔645〕ⓒにおける常不軽菩薩の言葉を検討することによっても支持される筈である。というのも、彼は「あなたたちはすべて菩薩行を行じなさい。そうすれば、あなたたちは如来……になるでしょう」と呼びかけたからである。即ち、この言明は、〝菩薩行を行じなければ成仏できない〟〝菩薩だけが成仏できる〟という立場を明示するものであり、これは「譬喩品」散文部分〔184〕で、釈迦仏がシャーリプトラに授記するに際し、“bodhisattvacaryāṃ paripūrya”「菩薩行を満たしてから〔成仏するであろう〕」と述べたとされることによって示された立場と同じものであると考えられる。

従って、「常不軽菩薩品」〔645〕で、常不軽菩薩が呼びかけた相手である〝増上慢をもつ四衆〟とは、「方便品」散文部分〔124〕で会衆から退出し、それ故、全く成仏の可能性から排除されてしまった〝声聞〟であると見るべきであり、その〝声聞〟に〝菩薩〟である常不軽菩薩が救済の手を差しのべたのが、「菩薩行を行じなさい。そうすれば、如来……となるでしょう」という常不軽菩薩の言葉であったと解するべきであろう。従って、その言葉は、〝声聞〟に対して〝菩薩〟〝大乗〟への転向を迫るものであると見ることもできる。

「常不軽菩薩品」の〔645〕以降の説明によると、〔645〕で「菩薩行を行じなさい。そうすれば、如来・阿羅漢・正覚者になるでしょう」と呼びかけられた〝増上慢をもつ四衆〟は、そのように呼びかけられて、怒り、「杖木」等を投じて迫害し、死後、阿鼻地獄に落ちて[589]苦を受けるが、しかし、その後、常不軽菩薩によって、“paripācitā anuttarāyāṃ samyaksaṃbodhau”(K, 382,10)「無上正覚において成熟させられた」と言われるのであるから、彼等は〝将来成仏するもの〟と見なされ、従って、〝一切衆生は残らず成仏できる〟という「方便品」散文部分の根本的立場への回帰が、〝菩薩だけが成仏できる〟という〝大乗主義〟によってではあるが、ここで許られたと見ることができるであろう。

また、「常不軽菩薩品」散文部分の末尾には、常不軽菩薩とは実は釈迦仏の前生であり、また、当時の〝増上慢をもつ四衆〟とは、現在、釈迦仏の会衆の中にいる者たちであるというジャータカに共通する結びの文章が存在するが、その文章中で最も重要なのは、“sarvāṇy avaivartikāni kṛtāny anuttarāyāṃ samyaksaṃbodhau”(K, 383,2-3)「すべてのもの(全員)が、無上正覚において不退転(avaivartika)とされたのである」という一文であろう。つまり、〝増上慢をもつ四衆〟は、「無上正覚において不退転」とされたのであるから、彼等も〝将来必ず成仏できるもの〟とされたと考えられるのであり、ここに〝一切皆成〟という『法華経』の根本的立場が示されたのである。

つまり、『法華経』全体の筋書きにおける時間的前後関係からは考えられないことではあるが、「方便品」〔124〕で釈迦仏が『法華経』を説く直前に、会衆から退出していった「五千人の増上慢をもつ四衆」に対して、後に成立した「常不軽菩薩品」〔645〕では、釈迦仏の前生である常不軽菩薩によって救済の手が差し伸べられ、ここに〝一切衆生は成仏できる〃という立場が回復されたと考えられるのである。

「方便品」〔124〕における〃増上慢をもつ四衆〃は、〃一切衆生は成仏できる〃という『法華経』の説示を聞かないで退出していった〃度し難い衆生〃として、後の大乗『涅槃経』の一闡提（icchantika）に発展すると考えられるが、[590]大乗『涅槃経』も元来、法顕訳の原テキストの段階では〃一闡提不成仏〃を説いていたが、曇無讖訳の原テキストの段階に至って〃一闡提成仏〃を主張することになる。すると、『法華経』「常不軽菩薩品」は、その〃一闡提成仏〃の主張を、ある意味で、先取りしていると見ることができるであろう。

最後に、「方便品」散文部分〔124〕で退出したとされる〃増上慢をもつ四衆〃と「常不軽菩薩品」〔645〕で常不軽菩薩が呼びかけた相手である〃増上慢をもつ四衆〃は〃同じ人々〃であるという解釈の妥当性を、『法華論』の説明によって、補強しておきたい。即ち、『法華論』には、次のように説かれているのである。

〔648〕因授記者、如経「止止。舎利弗、不須復説。若説是事、一切世間諸天人等、皆生驚怖故」。此因授記。「皆生驚怖」者、有三種義。一者欲令彼諸大衆、推求甚深妙境界故。二者欲令彼諸大衆、生尊重心、畢竟欲聞如来説故。三者欲令諸増上慢声聞之人、捨離法座而起去故。（大正二六、六下二六―七上三）

〔649〕菩薩記者、如下不軽菩薩品中示現応知、「礼拝讃歎、作如是言、我不軽汝、汝等皆当得作仏」者、示現衆生皆有仏性故。言声聞人得授記者、声聞有四種。一者決定声聞。二者増上慢声聞。三者退菩提心声聞。四者応化声聞。二種声聞、如来授記。謂応化者、退已還発菩提心者。若決定者、増上慢者、二種声聞、根未熟故、不与授記。菩薩与授記者、方便令発菩提心故。（同、九上一二―二〇）

このうち、〔648〕では、「方便品」〔124〕で説かれる「法座」を「捨離」して「起去」した〃増上慢をもつ四衆〃が、「増上慢声聞之人」と呼ばれ、〔649〕では、〃四種声聞〃のうち「決定声聞」と「増上慢声聞」には、「如来」は「授記」しないが、「菩薩」が「授記」すると言われている。ここで「菩薩」が常不軽菩薩を指していることは「礼拝讃歎」以下の経文の引用によって明らかであるから、『法華論』では、「方便品」〔124〕の〃増上慢をもつ四衆〃と「常不軽菩薩品」〔645〕の〝増上慢をもつ四衆〟を〝同じ人々〟と見なし、「増上慢声聞」と呼んでいることが理解される。

しかるに、〔649〕に説かれる〝四種声聞説〟は、実質的には、〝声聞〟をⓑ〝仮りの声聞〟＝〝実は菩薩〟とⓒ〝真の声聞〟とに二分する〝二種声聞説〟であるから、[591]『法華論』では「方便品」〔124〕と「常不軽菩薩品」〔645〕に説かれる〝増上慢をもつ四衆〟を「増上慢声聞」と呼んでいるが、それはⓒ〝真の声聞〟を指していることは明らかである。つまり、〝声聞〟と〝菩薩〟の対比を二元論的に、即ち、第三項の存在を認めない二項対立として把える〝大乗主義〟は、『法華論』自身の基本的立場でもあるから、「常不軽菩薩品」〔645〕における〝増上慢をもつ四衆〟が、『法華論』では、〝菩薩〟と二項対立的に対比された〝声聞〟、つまり、ⓒ〝真の声聞〟と見なされていると解することに問題はないであろう。実際、ⓒ〝真の声聞〟が〝慢心をもつもの〟であることは、「真の声聞に関する表現」というリストに示された“adhimāna-prāpta”（II, v.34, II, v.131）や“mānin”（II, v.66, III, v.111）という語によって明示されているのである。従って、常不軽菩薩は、それまで〝成仏〟の可能性から全く排除されていたⓒ〝真の声聞〟に対して、初めて救済の手を差し伸べたと見ることもできるであろう。

では、〝三乗各別説〟〝一分不成仏説〟という〝大乗主義〟を説く瑜伽行派の作品と思われる『法華論』〔649〕の「菩薩与授記者、方便令発菩提心故」という文章において、「増上慢声聞」が、将来、成仏するであろうことが果して認められているかと言えば、これは大きな問題であろう。[592]しかし、これについては、『宝性論』の〝種姓論〟の問題とも絡めて次の機会に論じることにして、ここで一応、『法華経』の〝一乗思想〟に関する考察を終りたいと思う。

註

(1) 「一乗思想」という用語については、後出の論述②参照。

(2) 後論するように、苅谷定彦博士は、この「一切衆生は菩薩である」というテーゼを説くのが『法華経』であると見なされていると思われる。しかるに、「一切衆生は如来蔵(tathāgata-garbha)である」というテーゼが『如来蔵経』に説かれ、「一切衆生に仏性(buddha-dhātu)がある」(一切衆生悉有仏性)というテーゼが大乗『涅槃経』に説かれるのとは異なり、「一切衆生は菩薩である」というテーゼは、明確な文章としては、『法華経』にも、また、他のインド成立仏典にも、全く説かれていないように思われる。

(3) 瑜伽行派の「二種声聞説」は、『解深密経』*Saṃdhinirmocanasūtra* に説かれている。これについては、拙論㋑「唯識派の一乗思想」三〇三頁参照。

(4) 例えば、『仏教の実践』(拙著㋓)における私の解釈は、『妙法蓮華経』の「今正是其時、決定説大乗」(『妙法華』八上五)という偈に大きく依存していたのである。なお、後論するように、梵語テキストには、この「大乗」という訳語に相当する"mahāyāna"という語は存在しない。

(5) 平川彰『インド仏教史 上巻』春秋社、一九七四年、三六三頁九—一二行。

(6) 『成立史』二一四頁参照。

(7) 末木文美士「『法華経』管見」『東洋学術研究』三三—二、一九九四年、五五—六一頁、勝呂信静「末木文美士氏に答う」『法華文化研究』二〇、一九九四年、一—一三頁、末木文美士「『法華経』への接近」『勝呂信静博士古稀記念論文集』山喜房仏書林、一九九六年、四一九—四三二頁参照。

(8) 私は、基本的に「方便品」の偈は、「譬喩品」散文部分よりも後に成立したと考えている。後者では、"mahāyāna"の語が、『法華経』に初めて導入されたと考えられ、前者には、"hīnayāna"の語が用いられているが、"hīnayāna"という語の成立が、"mahāyāna"という語の成立よりも遅いことは、平川彰博士によって、すでに論証されており(『初期と法華』三二四頁)、"mahāyāna"という語よりも成立の遅いその"hīnayāna"という語が、「譬喩品」散文部分で"mahāyāna"という語が『法華経』に導入される以前に、「方便品」の偈において使用されたということは、考えられないであろう。

(9) 例えば、平川博士は、次のように言われている。

大小対立の大乗が説かれたあとで、両者を総合する『法華経』の広い立場が現われたのであろう。(平川彰『インド仏教史 上巻』三六四頁一二—一三行)

（10）ただし、この二つの偈における“yāna”は、『正法華』では、順次に「真諦経法」（六八下七）、「仏道」（七〇中一五）と訳されており、特に後者は重要である。というのも、『正法華』において、「仏道」という訳語は、“buddha-jñāna”“bodhi”“yāna”等の訳語として用いられることが、『正法華詞典』（一四四—一四六頁）に示されているからである。とすれば、『正法華』が参照した梵本の「方便品」第五四偈には“yāna”ではなく“jñāna”か、または、辛嶋氏の言われる“jāna”という語が置かれていた可能性も、否定できない。

（11）例えば、藤田宏達博士は、「方便品」散文部分の冒頭にある記述〔59〕で用いられる“buddhajñāna”（K, 29,2）について、これを「仏智」と訳しつつも、「仏乗に当たる」（「一乗と三乗」三九五頁五行）とコメントされている。

（12）“dhammadāyādo no āmisadāyādo”という句に示される“dhamma”「法」と“āmisa”「肉」の対比は、後に大乗『涅槃経』において、次のように説かれる“dharma-kāya”「法身」と“āmiṣa-kāya”「肉身」の区別という教説の下敷とされるものと考えられる。

如来法身、非穢食身。（大正一二、八六〇中一一）〔法顕訳〕

というのも、「穢食身」の原語は、“āmiṣa-kāya”であると見られるからである。これについては、拙稿「『涅槃経』とアートマン」『前田専学博士還暦記念論集〈我〉の思想』春秋社、一九九一年、一四六—一五一頁、下田正弘『蔵文和訳『大乗涅槃経』（Ⅰ）』山喜房仏書林、一九九四年、一四〇—一四二頁、註（60）参照。

（13）高崎直道博士は、“aurasa”と“gotra”の関係について論じられ（『形成』五七—五八頁）、「gotra は正に家父長制社会の象徴で」（『形成』五七頁二〇行）と述べられている。

（14）Cf. SN, II, 221,25-27.

（15）Cf. *Jātaka*, I, 138,14.

（16）高崎博士は、この点について、私見とは異なった解釈を示されている。即ち、博士は、原始仏典には、〔10〕にも含まれている“bhagavato putto oraso mukhato jāto dhammajo dhammanimmito dhammadāyādo”というような定型句が見られることを指摘してから、「仏弟子〈声聞〉は由来〈仏子〉であり、「仏の口から生れたもの」であった。舎利弗が何の疑念もなく、‘jyeṣṭhaputra’と自称したのは当然であったのである」（『形成』四三八頁一一—一二行）と述べられたのである。博士は、この論述の直前にも、「方便品」第三五偈〔7〕について、「‘jyeṣṭhaputra’であることを当然のこととして、誇らしげに述べている」（『形成』四三八頁三行）と言われるのであるが、私としては博士によって二回用いられた「当然」という語に注目せざるを得ないのである。即ち、私見によれば、第三五偈において、シャーリプトラが自らを“jyeṣṭha-putra”「長子」であると、あたかも「当然のこととして述べている」のは、原始仏典における前述の定型句の存在を考慮したとしても、やはり唐突であり、不自然であって、この不自然さは、「方便品」第三五偈の作者が、すでに成立していた「譬喩品」散文部分〔184〕における〝シャーリプトラに対する授記〟という記事を知っていたと考えるのでなければ、解消されないと思われる。

(17) “loka-nātha” はヒンドゥー教において、ヴィシュヌ Viṣṇu 神やシヴァ Śiva 神を指す語であるが、原始仏典においては、多用されていなかったようである。即ち、PTSD (p.587) によれば、『スッタニパータ』*Suttanipāta* (Sn), v.995 に用いられたことが示されているが、「小部」を除いた他の「四部」における用例は挙げられていないのである。

(18) これについては、後出の〔360〕、及び後註 (357) 参照。

(19) 「方便品」第一二八偈は、『正法華』に訳出されていない。即ち、「聖衆之徳」(『正法華』七二下九) と「其聞最勝」(同、七二下一〇) との間に、この偈が訳されるべき位置がある。

(20) 辛嶋氏は、“prasthita” や “samprasthita” について、「これらの (saṃ)prasthita は prārthita の俗語形 p(r)aṭṭhita の hypersanskritism の可能性が高い」(『乗と智慧』一六四頁) と論じられた (『乗と智慧』一八九頁、註 (14) 参照)。“prārthita” は「求められた」という意味であり、ここでも、『妙法華』〔12〕の「志求」はこの意味に合致している。従って、辛嶋氏の見解が極めて有力なものであることは明らかである。しかし、本書においては、一応、伝統的な (?) 訳し方をも考慮して、“prasthita” については、「……を求めて発趣した」というような訳語を採用することにしたい。

(21) 「渡辺詳解」四七回、一四三頁上参照。

(22) ただし、この個所の “agra-yāna” が、『妙法華』〔258〕ⓐでは、「第一」と訳されているが、『正法華』〔257〕ⓐでは訳出されていない点は、極めて重要である。というのも、この語を、後代の付加であると見ることもできるからである。しかるに、もし、この見方が正しいとすると、「譬喩品」第一偈の用例が、“agra-yāna” の初出である可能性もある。つまり、『法華経』梵本における “agra-yāna” の用例は少ないのであって、SP-Index によれば、梵本における “agra-yāna” の用例は、四つだけであって、その第一例は「方便品」第一〇四偈のもの (ただし、これはK本では、すでに述べたように “agra-bodhi”)、第二例は「譬喩品」第一偈 (K, 61,7) の用例、第三例は「譬喩品」散文部分〔256〕(K, 82,5) の用例、第四例は「五百弟子品」第一一偈 (K, 204,14) の用例なのである。私は、「譬喩品」の偈は、「譬喩品」散文部分の成立の後に作成されたと考えているから、「譬喩品」散文部分〔256〕における “agra-yāna” の用例が、後代の付加でなければ、その用例が『法華経』における最初の用例となるであろうが、もし後代の付加であるとすれば、「方便品」第一〇四偈か「譬喩品」第一偈が最初の用例ということになるであろう。

ただし、「譬喩品」第一偈の用例も、漢訳では、「仏乗」(『正法華』七三中一九)、「大乗」(『妙法華』一〇下一八) となっており、

“agra-yāna” の読みを確たるものとして確定できないのである。

（23）　松山俊太郎「法華経と蓮」（連載〈第十四回〉『第三文明』一九七六年二月号）で、次のように述べられる。

> この点を重視すれば、現行「法華経」はかつて、「アグラ・ダルマ（最高法）」と名づけられる「法門」群と、「サッダルマ・プンダリーカ（原・法華）」の「法門」群の、別箇・独立のグループに分かれていたと推察される。（一〇一頁中）
>
> ただ、はっきり主張しておきたいのは、より古い「アグラ・ダルマ」系の諸品には、「法華」と名のるべき要素がもともとは皆無なことと、「サッダルマ・プンダリーカ」系の諸品は、「アグラ・ダルマ」系の思想の延長上に成立はしても、新しい別箇の体系であるとの自覚のもとに成立し、「法華経」の「経題」の根拠のみならずその「真髄」もまた、この系統の中に見られるということである。（一〇一頁下）

さらに、「法華経と蓮」（連載〈第十八回〉『第三文明』一九七六年七月号）には、次のように述べられている。

> 「方便品」を主体とする諸品の「中心論題」は「アグラ・ダルマ（最高至上の法）」であり、「原・経題」も「アグラ・ダルマ」であった可能性が濃厚である。（一〇三頁中）

（24）　なお、一般には「微妙」という訳語に対応すると見られる “sūkṣma” という語にも、注意が必要である。即ち、この語は、「方便品」第三偈・第三四偈では用いられるが、「方便品」散文部分には、使用されていない。また、「譬喩品」においても、第一〇偈で用いられるが、その散文部分には、使用されていない。この語の『法華経』梵本における用例は八つであって、「見宝塔品」と「随喜功徳品」の用例（K, 263,1; 350,11）を除けば、他の六例はすべて偈に見られるものである。従って、“sūkṣma” も、偈に多用される感性的表現の一つと見るべきであろう。

（25）　この “ayukta-yogin” はチベット訳では、“mi rigs shugs pa”（P, chu,42b8）、つまり、「不当に修行したもの」と訳されているが、“ayukta” は「不当な」「不正な」という意味ではなく、「修行しなかった」という意味であろう。つまり、“ayukta-yogin” は、「方便品」第四六偈の “acīrṇa-carya”「〔菩薩〕行を行じなかったもの」とほぼ同義であると思われる。この解釈は『妙法華』〔24〕の「懈怠」という訳語によっても、支持されるであろう。

（26）　K本には “hi” とあるが、G1本・O本等の多数の写本に “mi” とあり、チベット訳にも、“ṅa yi”（P, chu,17b7）とある。従って、渡辺博士の提言された通り（「渡辺詳解」三六回、一五二頁下）、“hi” は “mi” に訂正すべきであろう。

（27）　この個所についても、渡辺博士の指摘に従って、K本の “-dharmasmi” を “-dharmam mi” に改める。チベット訳 “ṅa yis chos bśad”（P, chu,17b8）も、『正法華』〔26〕の「吾説」、『妙法華』〔27〕の「我法」も、“mi”「私の」「私によって」という読みを支持している。「渡辺詳解」三六回、一五四頁上参照。
(28) "sūkṣma" については、前註(24)参照。
(29) 「渡辺詳解」三六回、一五二頁下。
(30) K本には "loṣṭam vā daṇḍam vā kṣipanti" (K, 379,2) とある。
(31) 所謂〝法華七喩〟のそれぞれの呼び方については、『法華論』に示されたものを使用したい。それらは、『法華論』(大正二六、八中八、一一、一四、一七、二一、二四、二七)によれば、「火宅譬喩」「窮子譬喩」「雲雨譬喩」「化城譬喩」「繋宝珠譬喩」「輪王解自髻中明珠与之譬喩」「医師譬喩」である。
(32) O本では、"ādhya-puruṣa" (106b1, 107b1, 109a2) という複合語も成立している。
(33) Cf. *Kern*, p.101, *l*.7; p.102, *l*.1 etc.
(34) "nirvṛti-prāpta" は、『法華経』梵本において、ここにしか用いられない単独例であるが、O本では "nirvāṇa-prapto" (105a3) という読みを示している。"nirvāṇa-prāpta" という語は、「方便品」散文部分〔93〕でも「涅槃を得た」という意味で用いられるが、「化城喩品」の「化城譬喩」では、〝安息を得た〟という意味でも使用されていて (K, 188,3; 188,6)、この個所の "nirvṛti-prāpta" と意味がほぼ一致している。
(35) K本では "yatra" の前に "yāvad" の語が置かれているが、O本・G2本等には、この語を欠くので、この語を省いた読みを示した。
(36) 〔31〕の訳文は、『正法華』(八〇中一八)には欠けている。
(37) 『松濤Ⅱ』一二七頁、『中村 上』一〇二頁、一〇四頁、『岩波 上』二三三頁。
(38) 『中村 上』二五八頁、註(8)参照。
(39) この "ākarṣaṇa" という語は、〝一乗思想〟に関連して、後出の『大乗荘厳経論』〔565〕でも用いられているが、これについては後に論じる。本書、五九五頁参照。
(40) 「化城喩品」の「化城譬喩」に、〝二乗方便〟説が説かれていることについては、高崎博士の指摘がある。後出の(357)参照。また、『一仏乗』三六六頁参照。
(41) 『松濤Ⅰ』一二七頁、『中村 上』一〇四頁。
(42) *Kern*, p.103, n.2.
(43) *Burnouf*, p.66.

(44) 梵文テキストとの対応が明確ではないが、辛嶋氏の見解に従い、この一文が〔39〕に対応すると見ておきたい。「慰喩、具解語之」「有紫磨金」「積聚」「飲食具」という訳語の原語の想定も、氏によってなされている。Cf. *Textual Study*, p.87.

(45) その典型的な例として、大乗『涅槃経』における女性差別的表現を挙げたい。即ち、法顕訳「問菩薩品」においては、

其女人法、猶如大地、多諸渇愛。（大正一二、八九四下二一―二二）

と説かれていたものが、曇無讖訳になると、

一切女人、皆是衆悪之所住処。（大正一二、四二二上一六―一七）

と言われ、この後の個所では、さらに著しい女性差別的表現が連ねられていくのである。

(46) "kāṇa[ka]" は、III, v.119, v.121 で使用され、"kuṇṭhaka" は、III, v.119 (Cf. W, p.90, n.1) で用いられる。

(47) K本には "subuddhaghoṣaṃ" とあるが、渡辺博士の見解（「渡辺詳解」四二回、一一八頁下）に従い、"mu buddhaghoṣaṃ" に訂正する。なお、チベット訳には "mu" に相当する "ḥdi" (P, chu,23b6) があり、O本にも "ima" (55b5) とある。

(48) 「渡辺詳解」四二回、一一八頁上参照。

(49) 『成立史』二五三頁。

(50) 『成立史』二三九頁。

(51) 「乗と智慧」一七五頁参照。なお、辛嶋氏はそこで、「また、既に指摘されている様に（布施 1934: 239）、これらの偈は散文部分で全く言及がなく、別に成立していたものを後世挿入した可能性は大いにある。」と言われているので、「第一類」においては、偈（辛嶋説では triṣṭubh の偈）の成立が散文部分より古いと見る点だけではなく、「方便品」偈における「塔像関係の頌」を「後世の挿入」と見る点でも、氏は布施説を継承していると思われる。

(52) 大正八、四七六中一七―二六参照。

(53) 『成立と思想』一二三頁。

(54) 拙論㋚「『法華経』における一分不成仏説の問題」七〇―七一頁参照。

(55) 本書、五五六―五七七頁参照。

(56) この文章の付加が、〝空から有へ〟という大乗仏教の思想的変遷を示しているという私見については、『縁起と空』二二六―二二九頁参照。

(57) 本書、五一三―五一八頁参照。

(58) 吉蔵が「実相」を「一切法本」、つまり〝一切法の基体〟と考えたことについては、『禅批判』五五二頁、五五八頁、五六〇頁、五六二頁参照。

(59) "navayāna-saṃprasthita"について、辛嶋氏は、「本来〝仏の智慧を求め始めた〟という意味であっても決して不自然ではない」(「乗と智慧」一六四頁)と述べられる。これは、"yāna"は"jñāna"を、そして"prasthita"は"prārthita"を意味するという氏の基本的理解にもとづくものであり、妥当な見解であると思われる。

(60)『道行般若経』「道行品」第一には、「法師」の語はない。「難問品」第二に「法師」の用例が一つ(大正八、四三〇上四)あるが、梵本では、これに対応する原語は"dhārmaśravaṇika"(AS, 20,10)、つまり、「聴法者」となっている。次に「功徳品」第三にも、「法師」の用例が三つある。その内、第一の用例(大正八、四三四下六)には、梵本(AS, 42,2)に対応する原語"dharma-bhāṇaka"が確かにあるが、第二の用例(大正八、四三五上二)と第三の用例(四三六下四)には、対応する原語が存在しない(Cf. AS, 42,24-44,25; 53,4)。「法師」="dharma-bhāṇaka"の語が『道行般若経』で本格的に使われるようになるのは、「嘆品」第七以降においてであろう。大正八、四四三下一六、四四七下—四四七上参照。

(61)『初期大乗』四七—四八頁、二八六—二九六頁参照。

(62) 静谷博士は、「『小品般若経』を作ったダルマバーナカたち」(『初期大乗』二九二頁一三行、二九三頁五行)と言われ、

このようなダルマバーナカ(法師)の登場ぶりをみると、『小品』『大品』の般若経典をはじめ、初期の重要な大乗経典の多くが、「法師」によって作られ、宣伝されたことが予想される。(同、二八七頁)

と述べられたが、この見解には、『小品般若経』においても、『法華経』においても、その最古層に「法師」は言及されていないという重要な事実に関する認識が欠けていると思われる。即ち、「法師」は経典を「宣伝する人」ではあっても、その経典の根本思想を発想し、それを経典として「作る人」ではないというのが、私の基本的理解である。

(63)〔48〕に対応する訳文は『正法華』(一〇〇下一二)に存在しない。従って、〔48〕を後代の付加と見ることも不可能ではないであろう。

(64) この主張は、漢訳では、もう少し穏健なものとして示されている。即ち、『妙法華』〔52〕では、確かに「応以如来供養而供養之」の語はあるが、「法師」を「如来」そのものとするのではなく、「大菩薩」と呼んでいる。また、『正法華』〔51〕では、「成無上正真道」と述べられており、これは〝未来に成仏するであろう〟ということを述べるものであろう。なお、O本(214a6)には、"'nāgate"「未来に」の語があり、これは、「法師」が「如来」そのものではなく、「未来に」「如来」となることを言うものと思われる。

(65)「乗と智慧」一九二頁、註（8）、本書(208)参照。

(66)「乗と智慧」一九二頁、註（8）、本書(208)参照。

(67) 本書、三八七—三八九頁参照。

(68) K本では“samprajñānas”とするが、これは写本に認められない読みである。従って、W本の註記（p.28, n.1）に従い、“samprajānas”と訂正する。

(69) K本には“pratibuddhaṃ”とあるが、O本・G1本等の大多数の写本は“pratividdhaṃ”という読みを示しているので、渡辺博士の指示に従い、この読みを採用する。「渡辺詳解」二七回、七六頁下—七七頁上参照。

(70) 殆んど同文が、他のパーリ仏典にも認められる。Cf. MN, I, 167,30-38; SN, I, 136,6-13; DN, II, 36,1-9.

(71) テキストに“<u>su</u>duddasaṃ”とあるが、対応するMN, I, 167,37; SN, I,136,11; DN, II, 36,7では、単に“duddasaṃ”としている。

(72) Cf. *Ālaya*, II, p.294, n.203.

(73)「従地涌出品」の説明によれば、仏陀が悟ってから、『法華経』が説かれるまでの期間を、“sātirekāṇi catvāriṃśad varṣāṇi”（K, 311,4）「四十年あまり」としている。この語が『妙法華』では、「四十余年」（四一下六）と訳されるのである。

(74) “nāyaṃ dhammo susambuddho”の意味について、〝これは悟るのが容易ではない。知るのが容易ではない、という意味である〟という趣旨の註釈がなされている。Cf. *Samantapāsādikā*, V, 962,2-3.

(75) “svapratyayān dharmān”を、O本のみは“svapratyayaṃ ... dharman”（36b5-6）という単数形で示しているが、これを渡辺博士は、「この写本に類例の多い誤写にすぎない」（「渡辺詳解」二八回、八三頁上）と見なされている。一応、この見解に従いたい。

(76) K本には“nirdeśanārambaṇa”とあるが、すでに指摘されているように（「渡辺詳解」二八回、八三頁上—下、『松濤Ⅰ』二七三頁、註〔108〕、『中村 上』二四〇頁、註〔2〕、『一仏乗』八五頁、註〔23〕）、多くの写本に“nidarśanārambaṇa”とあり、また、他の個所（K, 41,2-3; 41,12-13; 42,4-5; 42,14; 71,7）にも、“nanābhinirhāra-nirdeśa-vividha-hetu-kāraṇa-<u>nidarśanārambaṇa</u>-nirukty-upāyakauśalya”とあることから、“nidarśanārambaṇa”に訂正する。

(77) K本には“prajñaptibhis”とあるが、O本を含めた多くの写本は“vijñaptibhis”“vijñaptibhiḥ”という読みを示している。チベット訳にも“rnam par rig byed”（P, chu,14b7）とあるので、渡辺博士は、この読みを採用されたが（「渡辺詳解」二八回、八三頁下）、“prajñapti”「仮説」の方が論旨に合致すると思われる。

(78) ここに、“jñāna-darśana”「知見」という語が置かれていることに、私は疑問を感じる。即ち、すべての写本がここに、この語を置いているのであるが、“jñāna-darśana”という語は、後出〔74〕の“jñāna-darśana-bala-vaiśāradya-”という用例を考慮しても、〃方便的なもの〃〔B〕ではなく、〃真実なもの〃〔A〕に相当するのではないかと考えるからである。現に前註（76）に示した“nānābhinirhāra-nirdeśa-vividha-hetu-kāraṇa-nidarśanārambaṇa-nirukty-upāyakauśalya”という複合語に、“jñāna-darśana”は欠落しているのである。また、両漢訳〔69〕〔70〕にも、“jñāna-darśana”の訳語は存在しない。

（79） ここに〔68〕では再び“upāya-kauśalya”の語が出るのであるが、漢訳では、この語は、「善権方便」（〔69〕）、「方便」（〔70〕）というように、一度しか訳されていない。すると、第一例の“upāya-kauśalya”、つまり“vividha-upāya-kauśalya-jñāna-darśana-hetu-kāraṇa-”の“upāya-kauśalya”について疑問が生じるのではなかろうか。この“upāya-kauśalya”を、その直後の“jñāna-darśana”とともに削除してしまうと、“vividha-hetu-kāraṇa-nidarśanārambaṇa-nirukti-prajñaptibhis”となり、これは、“vividha”の後に“hetu-kāraṇa-nidarśanārambaṇa”が来るという点で、前註（76）で示した“nānābhinirhāra-nirdeśa-vividha-hetu-kāraṇa-nidarśanārambaṇa-nirukti-”という複合語に一致することになり、また、『妙法華』〔70〕の「種種因縁、種種譬喩」とも合致すると思われる。

（80） “saṃdhā-bhāṣya”については、最近、従来の研究を概観した、次のような有益な論文が久保継成博士によって公けにされた。

Kubo T., “The Buddha's Attitude toward Communication with People as Depicted in the Lotus Sūtra : *Saṃdhābhāṣya*”『法華文化研究』三三、二〇〇七年、七一―九一頁。

この論文でも扱われているが、私にはV・バッタチャルヤ Vidhushekhara Bhattacharya の“Sandhābhāṣā”（*The Indian Historical Quarterly*, 4, 1928, pp.287-296）という論文が優れたものに思われた。即ち、この論文で、

That sandhā of sandhā-bhāṣya, sandhā-bhāṣita, etc. is in reality a shortened form of sandhāya, a gerund from sam + √dhā is beyond doubt. (p.289, *ll*.1-3)

と述べられた“saṃdhā-bhāṣya”の“saṃdhā-”を gerund と見る見解に、私は基本的に賛成なのである。この見解の妥当性は、松濤誠廉「法華経の Saṃdhābhāṣya に就いて」（『法華文化研究』一、一九七四年、九―二五頁）という論文（二三頁）でも言及された『金剛般若経』の“tathāgatena saṃdhāya vāg bhāṣitā”（Max Müller ed., p.23, *ll*.15-16）という文によっても、示されているのではないかと思われる。

ただし、バッタチャルヤも“-bhāṣya”を“speech”“talk”と把えたため、“saṃdhā-bhāṣya”に対して“intentional speech”（p.293, *l*.3）という訳語を与えているが、これには賛成できない。というのも、私は“saṃdhā-bhāṣya”は〃言葉〃ではなく、その〃言葉〃によって意図されたもの〔A〕を指すと考えるからである。従って、私は、松濤博士の「saṃdhā-bhāṣya は仏智とは明瞭に区別されるべきものである」（同上論文、一一頁上一六―一七行）という見解にも、苅谷博士の「三乗の教法は「仏のある意図にもとづく所説」（saṃdhā-bhāṣya）だと言われているのである」（『一仏乗』六九頁六—七行）という見解にも、賛成できないのである。

（81）K, 29,7; 34,2; 34,10(II, v.23); 39,11; 60,12; 70,5(III, v.36); 70,8(III, v.37); 273,14(XII, v.16); 337,2(XVI, v.36).

（82）K, 125,2; 125,3; 199,2; 233,11; 288,2.

（83）この言葉を、苅谷定彦博士は、「（衆生）自身に起因する諸々の教法」（『一仏乗』六七頁八行）と訳され、後出の(215)で独自の解釈を示されるが、その解釈に従うことはできない。これについては、本書、三九九—四〇二頁参照。

「方便品」散文部分〔68〕の“svapratyayān dharmān”は、中村博士によって、「自ら実証された法」（『中村 上』二九頁）と訳されているが、私は、この翻訳や、「自分で理解した法」（「渡辺詳解」二八回、八二頁上）という渡辺博士の翻訳を、「法」が複数であることが明示されていない点を除けば、“raṅ gis rig paḥi chos rnams”（P, chu,14b6）というチベット訳を考慮しても、適切な訳だと考えている。

なお、“sva-pratyaya”の語義を検討する際に、問題となるのは、『根本中頌』*Mūlamadhyamakakārikā*（MK, de Jong ed.）第一八章第九偈の“apara-pratyaya”の解釈であろう。羅什訳『中論』では、「自知不随他」（大正三〇、二四上七）と訳され、チャンドラキールティCandrakīrti によっては、“pratyātma-saṃvedya”「自内証」とも説明されるこの偈の“apara-pratyaya”について、私は、「他のものを縁(pratyaya)としない」という意味であると論じたのであり（『縁起と空』三五二—三五三頁、三六六—三六九頁、註〔45〕）、この私見の妥当性を現在でも疑問視していないのであるが、しかし、それにもかかわらず、「方便品」〔68〕の“sva-pratyaya”の語義を検討すると、この語や『根本中頌』の“apara-pratyaya”から、「自内証」つまり〝各自、自分で理解されるべきもの〟というニュアンスを切り離すことは、難しいように思われる。

（84）例えば、「寿量品」の最大のテーマは、如来に関して〝涅槃〟（死）を否定することであると考えられる。つまり、如来はこれから〝涅槃〟に入ることなく、生き続けるというのである。この解釈について、本書、五三八頁以下参照。

（85）この“vividha-dharma-saṃprakāśaka”という複合語における“vividha-dharma”を〔A〕と見るべきか、〔B〕と見なすべきかが問題であろう。即ち、この語を〔68〕の“svapratyayān dharmān prakāśayanti”と同趣旨と考えるならば、“svapratyayān dharmān”を〔A〕と見なした私見によれば、この複合語における“vividha-dharma”も〔A〕を意味するということになるであろう。これに対して“vividha-dharma-saṃprakāśaka”が“svapratyayān dharmān prakāśayanti”と同趣旨であることを認めたとしても、苅谷博士のように、“svapratyayān dharmān”を〔B〕を意味するものと考えるならば、ここの“vividha-dharma”も〔B〕を指しているということになるであろう。従って、苅谷博士は、“vividha-dharma-saṃprakāśaka”を「種々の教法の説示者」（『一仏乗』六七頁）と訳されているのである。

私見によれば、“svapratyayān dharmān”が〔A〕に相当することは明らかだと思われるが、しかし、“vividha-dharma”も〔A〕に相当すると見ることには、抵抗を感じざるを得ない。というのも、〝仏陀によって悟られたもの〟〔A〕が、果して、"vividha"「様々な」という形容詞によって表現されるであろうか、という疑問が生じるからである。現に〔68〕においても、"vividha"は"upāya-kauśalya...prajñapti"〔B〕の形容詞とされているのである。すると、"vividha-dharma-saṃprakāśaka"における"vividha"は〔B〕に相当し、従って、"svapratyayān dharmān prakāśayanti"における"svapratyayān dharmān"も〔B〕を意味するということになるのであろうか。

また、ここで注意したいのは、漢訳で"vividha-dharma-saṃprakāśaka"に対応するのは、『正法華』〔75〕では、「所説経典、不可及逮」であり、『妙法華』〔76〕では、「能種種分別、巧説諸法」であると考えられる点である。即ち、このうち、前者では、「不可及逮」が"vividha"に対応しているようには見えないのであるが、後者には確かに「種種」という訳語が対応しており、「諸法」は"dharma"に対応している。しかるに、その「諸法」は、「分別、巧説諸法」と言われるのであるから、これは〝方便によって説かれた教法〟、つまり〔B〕に対応すると見なされているのであろう。

しかし、『正法華』の「所説経典、不可及逮」の「不可及逮」は、直前にある「不可限量」とほぼ同趣旨と思われる。すると、両者の主語となっている「大智慧力無所畏……正受」と「所説経典」、さらに言えば、末尾の「得未曾有、巍巍難量」の主語となっている「大聖所説」も、基本的には、同じもの、即ち、〔A〕を指しているのではなかろうか。つまり、私が主張したいのは、次の点なのである。即ち〔74〕において、"jñānadarśana-bala-vaiśāradya...samāpatty-adbhuta-dharma-samanvāgatā"とあり、その直後に"vividha-dharma-saṃprakāśaka"とあるのであるから、後者の"vividha-dharma"とは、直前に言われた"jñāna-darśana-bala-vaiśāradya...samāpatty-adbhuta-dharma"を指すと見るのは、極めて自然ではなかろうかということなのである。従って、最終的判断は控えるものの、ここでは、一応"vividha-dharma"は〔A〕を意味するという解釈を示しておきたい。

(86) K本には"dharmaṃ"という単数形があるが、W本（p.29, n.1）では、次に"yān dharmāṃs"という複数形があるので、ここにも複数形があるべきだとして、"dharmān"という読みに訂正がなされている。しかし、P3本、T8本等の"dharmān"という複数形に訂正すべきであろう。なお、ここで、"dharma"が複数形であるというのは、〔74〕において"dharma"が複数として述べられたことを承けているであろう。

(87)「渡辺詳解」二八回、九〇頁上―下参照。

(88) 同右、八九頁上参照。

(89) 同右、八九頁上参照。

(90) 同右、九〇頁下参照。

(91) ただし、この王の名は、「序品」の該当個所で、『正法華』（六三中一二）にも、『妙法華』（二中五）にも、確かに挙げられている。

(92) Cf. SP-Index, p.816, s.v. “mahā-śrāvaka”.『妙法華詞典』「大阿羅漢」の項（p.46）参照。

(93)『法華義疏』大正三四、五四四上六―一〇参照。

(94)『岩波 上』七六頁。

(95) このチベット訳〔96〕だけではなく、O本の次のような読みも、私の読解の根拠となったのである。

tat kathaṃ vayaṃ nirvāṇaprāptā buddhadharmāṇāṃ lābhina (40b5-6)

この一文は、「それなのにどうして、涅槃を獲得した我々が、仏陀の諸法を得るものであろうか」と訳されるべきものであり、全体の趣旨は、〔93〕のテキストとは逆になるように思われるが、しかし、重要なことは、ここでは “nirvāṇa-prāptā” が “vayaṃ” という主語を形容していて、“buddhadharmāṇāṃ lābhina” はその主語に対する述語とされているように見える点なのであり、この点が、私の読解と一致するのである。

(96)「譬喩品」（K, 61,2）、「信解品」（K, 100,9）、「化城喩品」（K, 188,3; 188,6）。

(97) その典型的な例が、「化城喩品」散文部分の次の一文であろう。

yuṣmākaṃ nirvāṇaṃ naiva nirvāṇam / （K, 189,9）

汝等の涅槃（nirvāṇa）は、決して涅槃ではない。

即ち、この一文を、『妙法華』では、「所得涅槃、非真実也」（二六上一二）と訳すのである。

(98) K本には “jñānadarśana-” とあるが、渡辺博士が指摘されるように（「渡辺詳解」三三回、九一頁上）、G1本を含め多くの写本が “darśana” を欠いており、チベット訳（P, chu,16b5）も、“darśana” の訳語を欠いている。さらに、N2本では、“jñānadarśana” という語自体が欠落している。二つの漢訳〔98〕〔99〕に “jñānadarśana” の訳語がないことを考慮すれば、渡辺博士の言われるように、“jñānadarśana” を欠くのが、「本来の形かも知れない」（同上）ということになるであろう。

(99)「知見の」は、削除すべきかもしれない。前註（98）参照。

(100) K本には “tasyāṃ” とあるが、G1本等に “asyāṃ” とあり、この読みの方が、チベット訳 “ḥdi na”（P, chu,17b3）、漢訳「於此衆会」「是会」に一致すると思われるので、“asyāṃ” の読みを採用する。また、それに従い、先行する “bhagavaṃs” も “bhagavaṃn” に改めた。

(101) “pūrva-buddha-darśāvin” は〝過去の諸仏を見たもの〟なのか、それとも〝過去に諸仏を見たもの〟なのかという問題がここにあるであろう。チベット訳 “sṅon gyi”（P, chu,17b3）は、明らかに前者の理解を示しているが、『妙法華』〔107〕の「曾見諸仏」は、後者の解釈に従っているようである。しかるに、『正法華』〔106〕の「曾見過仏」は、"pūrva"を二回訳すことによって、両方の解釈を採用していると思われる。ここでは、『妙法華』の「曾見諸仏」に従って、和訳した。

(102) Cf. *Vinaya*, I, 6,37-7,3.

(103) よく知られているように、『スッタニパータ』には、"jāti"によって、〝バラモン〟や〝賤人〟（vasala）となるのではなく、"karman"（kamma）によって、〝バラモン〟や〝賤人〟となるという教説が説かれている。Cf. Sn, v.142.

(104) シャーリプトラが自ら〝実は菩薩である〟という自覚を得たのは、「譬喩品」散文部分の〔178〕においてと見るべきか、〔181〕においてと見なすべきかということは、問題であろうが、〔181〕においては、シャーリプトラ自身の過去世の菩薩行という"rahasya"「秘密」が、釈迦仏によって初めて明らかにされるのであるから、シャーリプトラが〝実は菩薩である〟という自覚を得たのは、〔181〕においてであると見ておきたい。また、『正法華』〔179〕ⓒには、"putra"の訳語が存在しない。本書、二〇〇頁参照。

(105) K本には"ˇbhimāna-"とあり、"abhimāna"の語が採用されているが、G1本・O本を含む多くの写本は、"adhimāna"を採っている。後論するように（一一三頁）、パーリ語"adhimāna"との一致も考慮して、"adhimāna"を採用したい。

(106) K本には"prāṇi-śatāni"とあるが、G1本を含む大多数の写本では、"prāṇi-"を欠いているので、この読みに従う。O本では、やはり"prāṇi-"を欠き、K本の"prāṇi-śatāni"に相当する個所が、"śata-sahasrāṇi"（43b7）となっている。

なお、ここに"prāṇi"の語があるかないかは、思想的に重要である。つまり、もしも、それがあれば、ここでは、"prāṇin"という語によって、〝菩薩〟が言われているということになるであろう。これについては、後論する。

(107) K本には"saṃvidyante 'nyāṇi"とあるが、『写本集成』（II-119）のすべての写本が、"saṃvidyante /(//) anyāṇi"という読みを示しているので、"anyāṇi"という読みを採用した。

(108) 『一仏乗』一〇七—一〇九頁参照。

(109) 末木文美士『仏教—言葉の思想史』岩波書店、一九九六年、六九頁四—一八行。

(110) K本には"kiṃ vakṣyāmi"とあるが、W本では、『妙法華』〔123〕の「豈得不説」にもとづいて、「恐らくはkiṃ na vakṣ なるべし」（W, 36, n.1）という推定が述べられている。『正法華』〔122〕の「安得不説」も、この"kiṃ na vakṣyāmi"という推定された読みに対応するように見える。しかし、"kiṃ na vakṣyāmi"という読みを示す写本は、現在の所、認められない。従って、ここでは、渡辺博士の解釈（「渡辺詳解」三七回、一二二頁上—下）に従って、K本の読みを訂正せずに、和訳を提示した。なお、『中村 上』二四五頁、註〔24〕参照。

(111) K本には、“abhimānā-”とあるが、“adhimānā-”とする。これについては後論する。なお、渡辺博士は、「〝悪い根性〟（不善根）と読む写本は、一本も知られていない」（「渡辺詳解」三七回、一二五頁上）と言われるが、T8本とN1本は、“abhimānākuśalamūlenā-”という読みを示している。

(112) 「渡辺詳解」三七回、一二五頁下参照。

(113) 以下、多くの点で、私は北知秀氏の「法華経と原始仏典—śraddhā-sāra 或は śuddha-sāra を含む定型句について—」（二〇〇七年八月二日）なる論文から教示を得ている。この論文は残念ながら私家版であるが、当時、駒沢大学大学院修士課程の学生であった北氏が駒沢大学大学院仏教学研究会の定例研究発表会（二〇〇七年七月一八日）で発表した内容を補訂したものである。私は、大学院の演習で、北氏とともに「方便品」を読む機会をもったが、その際、北氏は特に原始仏典との関係を精査して、授業中に報告してくれた、その研究の成果が上記の北論文である。

なお、『分別論』〔128〕については、北論文（一三頁、註〔22〕）に言及がある。

(114) *Vinaya*, I, 17,30. Cf. Sn, 104,14.

(115) K本には、“śraddhāsāre”とあるが、G1本・T8本の“śuddhā sāre”という読みを採用したい。これについては、後論する。

(116) 前註（113）の北論文、三頁参照。

(117) 同右、四頁参照。

(118) Cf. BHSD, p.396, s.v. “phalgu.”

(119) 「渡辺詳解」三八回、六七頁上—六八頁上参照。

(120) 前註（113）の北論文、九—一〇頁参照。

(121) 村上真完・及川真介『仏のことば註㈠—パラマッタ・ジョーティカー—』春秋社、一九八五年、三九五頁参照。

(122) K本には“karhicic”とあるが、G1本を含む大多数の写本が、“karhacic”と読んでいるので、渡辺博士の見解（「渡辺詳解」三八回、六八頁下）に従い、この読みを採用する。

(123) K本には“karhicit”とあるが、前註（122）で述べたのと同じ理由で、“karhacit”の読みを採用する。

(124) K本には“nirdeśanair”とあるが、G1本を含む多数の写本に“nidarśanair”とあるのに従う。「渡辺詳解」三八回、六九頁上参照。

(125) K本には“atarko”とあるが、G1本を含む多数の写本に“atarkyo”とあるのに従う。「渡辺詳解」三八回、六九頁下参照。

(126) K本には“saddharmaḥ”とあるが、G1本を含む多数の写本に“sa dharmaḥ”とあるのに従う。渡辺博士の言われる通り（「渡辺詳解」

三八回、六九頁下)、『妙法華』〔138〕にも、「是法」とあり、"sa dharmaḥ" が本来の形であることは、明らかであろう。しかるに、"sa dharmaḥ" が "saddharmaḥ" に変更されたのは、「譬喩品」散文部分〔181〕において、『法華経』に "saddharma-puṇḍarīka" という経名が与えられたことに影響されたのであろう。従って、この経名を知らない「方便品」散文部分の作者が、"sad-dharma" の語を使用する筈もないのである。

(127) 『妙法華』の「時乃」の意義については、拙論㋙「『法華経』の文学性と時間性」五七―五八頁参照。

(128) C5本とR本には、"mahākṛtyaṃ mahākaraṇīyaṃ" が欠けている。

(129) 前註(128)参照。

(130) 後出の⑩、及び『一仏乗』八九―九六頁参照。

(131) 『一仏乗』一〇八―一一〇頁参照。

(132) O本の特異性、及び、「加増文」が多いことは、渡辺博士によっても、指摘されている。渡辺照宏「法華経原典の成立に関する一考察」(金倉円照編『法華経の成立と展開』平楽寺書店、一九七〇年)、八九―一〇一頁参照。

(133) 末木文美士『仏教―言葉の思想史』六八―六九頁。

(134) 『一仏乗』九九―一〇二頁参照。

(135) 苅谷博士が、「一切衆生皆悉ぼさつ」を、「仏智」「仏知見」「正覚」の内容そのものであると論じられたこと(『一仏乗』一〇八―一〇九頁)は、私には理解に苦しむと言わざるを得ないのであるが、しかし、次の文章は、この苅谷説を明示している。

「仏知見」とは、……実にこの「一切衆生皆悉ぼさつ」ということをその内容とするものなのである。(『一仏乗』一〇八頁)

(136) 苅谷博士も、問題の "sattva" について、次のように言われている。

「衆生」には、それを限定する何らの語句も附せられていないのであるから、それは無差別に誰でもということであり、それ故に「ありとあらゆるもの」、「生きとし生けるもの」即ち「一切衆生」という意味に解さなくてはならないであろう。(『一仏乗』一〇五頁)

ただし、私は、〔139〕ⓑの "sattvānām" の "sattva" が、単に "sattva" であって、"sarva-sattva" とはなっていない点に、積極的な意味を見出せるのではないかと思うのである。というのも、私は、"sarva-sattva"「一切衆生」という概念に、如来蔵思想的、一元論的性格が認められるのではないかという疑問をもっているからである。即ち、『如来蔵経』に "sarvasattvās tathāgatagarbhāḥ"「一切衆生は如来蔵である」という文章が説かれたこと、及び、大乗『涅槃経』の「一切衆生悉有仏性」の梵語原文に "sarva-sattva" の語が用いられたことは、確実であろう。しかるに、『如来蔵経』の "sarvasattvās tathāgatagarbhāḥ" という文章は、『大乗荘厳経論』の偈（MSA, IX, v.37d）では、"tadgarbhāḥ sarvadehinaḥ" という形で引用されるが、この "sarva-dehin" という語は、後論するように、『宝性論』の偈（RG, I, v.18; I, v.27）に用いられるだけではなく、『バガヴァッドギーター』*Bhagavadgītā*（BhG, XIV, 8）にも使用されているのである。

以上を考え合わせると、"sarva-sattva"「一切衆生」という概念の問題点、つまり、如来蔵思想やヒンドゥー教的一元論との関係が浮び上ってくるように思われる。即ち、例えば、後出の『バガヴァッドギーター』〔607〕には "sarvatra samadarśanaḥ"（BhG, VI, 29d）、つまり、「一切〔の衆生〕において、等しいもの（sama）を見る者」という表現があるが、ここで "sama"「等しいもの」「同一なもの」とは、"samaṃ brahma"（BhG, V, 19c）と言われる以上、"brahman" または "ātman" を指していると考えられる。すると、大乗『涅槃経』の「一切衆生悉有仏性」、つまり、「一切の衆生に、仏性（buddha-dhātu）がある」という表現は、『バガヴァッドギーター』に説かれるアートマン論、一元論と、その思想構造は一致すると見ざるを得ないであろう。

なお、問題の "sarva-sattva"「一切衆生」という語は、「方便品」の散文部分には、全く用いられていないが、その偈（II, v.1; II, v.44; II, v.60）で使用されており、「譬喩品」散文部分でも三回（K, 76,3; 81,3; 82,9）用いられている。この点からも、"sarva-sattva" という語の『法華経』への導入が "mahāyāna" 等の語と同様、「譬喩品」散文部分以後であることが、理解される。

（137） 例えば、『律蔵』「大品」には "yathābhūtaṃ ñāṇadassanaṃ"（*Vinaya*, I, 11,20）とあり、さらに、"ñāṇañ ca pana me dassanaṃ udapādi"（*Vinaya*, I, 11,29-30）とある。このことから、"ñāṇa = dassana" つまり、"jñāna = darśana" という等式が成り立つと思われる。しかるに、苅谷博士は、〔139〕ⓑに出る "tathāgata-jñāna-darśana" の "jñāna-darśana" について、「智慧の直観」（『一仏乗』八九頁一六―一八行）という訳語を提示された。しかし、この訳語に、"jñāna = darśana" という理解が示されているかどうかは疑問であろう。

（138） 『初期と法華』四三四頁一一行。

（139） Cf. BHSD, pp.567-568, s.v. "samādapaka" "samādapana" "samādapeti" "samādāpaka" "samādāpayati."

（140） SP-Index の "samādāpana" の項目（p.1049）で、〔139〕ⓑ①の "samādāpana" のチベット訳が "yaṅ dag par ḥdsin du gzuṅ ba（T19a4）" と記されているのは、"yaṅ dag par ḥdsin du gzud pa" に訂正すべきであろう。"gzud" は "ḥdsud" の未来形であり、"ḥdsud" は "ḥjug" の同義語であって、使役を表す助動詞として用いられるからである。

（141） 『一仏乗』一一九―一二二頁、註（18）参照。

（142） 辛嶋氏は、"samādapentā" が「三昧」と訳されたという解釈を示されているが、妥当だと思われる。Cf. *Textual Study*, p.56.

（143） K本には "bodhisattvayānam" とあるが、苅谷博士も指摘されている通り（『一仏乗』二五七頁、註〔69〕）、O本には "bodhisatvā"

（76a7）とあるので、『妙法華』の「化菩薩」という訳語を重視して、“bodhisattvān” に改める。なお、この訂正については、本書、第五章（二四〇―二四二頁）で詳論する。

(144) 大正三〇、五三〇下―五三一下参照。

(145) すでに言及した『大乗荘厳経論釈』の “samādāpanā” の用例（MSBh, 116,7）は、その被註釈偈である『大乗荘厳経論』第一六章第七二偈の “samādāya”（MSBh, 116,5）という語を註釈するために用いられた語であることは、注意すべきである。つまり、ここに、“samādāya” のいわば名詞形である “samādāna” と “samādāpanā” の親近性が示されているのである。

(146) Cf. DN, II, 42,8-9,12-13. ただし “saṃdarśayati” “samādāpayati” “samuttejayati” “saṃpraharṣayati” という四語が順次に並記される定型句の存在は、(98)で述べられた苅谷説にとって、必ずしも好都合なものではない。というのも、この定型句においては、(98)の言葉を用いれば、“samādāpayati” は四語の「序列的関係」中に、その一項として、並列されているように見えるからである。即ち、“samādāpayati” だけが、四項の中から、レヴェルの異なるものとして、特出されているわけではないのである。

(147) “-tāraṇa” が「宝」に対応するというのは、辛嶋氏の解釈である。Cf. *Textual Study*, p.47.

(148) しかし、第一項目には、“tathāgata-jñānadarśana” に対応する訳語は存在しない。ただし、この事実から直ちに、そこには本来 “tathāgata-jñānadarśana-samādāpana” ではなく、“bodhisattva-samādāpana” という原語が存在したのだという想定に飛躍することもできないであろう。

(149) 北京版は、“la brtsams te”（P, chu,19b5）であるが、デルゲ版は “las brtsams te”（D, ja,17a6）であり、この形の方がよいであろう。

(150) 『梵和』“ārabhya” の項（p.1115）、BHSD, pp.102-103, s.v. “ārabhya.”

(151) 『梵和』“ārabhya” の項（p.1115）参照。

(152) 『正法華詞典』「増進」の項（p.575）参照。

(153) 「転使増進」を「唯大覚乗」につなげて解すると、「転使増進」から「況三乗乎」までが四字四句となり、さらに「転使増進」の前にある〔143〕も四字四句となるので、文章の落ち着きがよいように思われる。

(154) 『妙法華詞典』「以……故」の項（p.327）参照。

(155) K本には、“ṣaṭ-” の前に “ca” があるが、G1本、O本等の写本に従い、“ca” を省いた。

(156) 大正蔵のテキストには、「無上正真」とのみあるが、異読により、「道」を補った。

(157) この「興」の字が、よく理解できない。ここに「為」とでもあれば理解が容易なのであるが、そのような異読の存在は知られていない。あるいは、「興」は「與」（与）の誤りかとも考えてみたが、仮りに「與」であるとしても、これを「……のために」と読む用例は、『正法華』に存在しないようである。

(158) 私は、一応『道行般若経』「道行品」の次の一節などを、『般若経』に“mahāyāna”という語が用いられた最古の用例の一つを示すものと考えている。

須菩提、白仏言、何因為摩訶衍三抜致。何所是摩訶衍。従何所当住衍中。何従出衍中。誰為成衍者。（大正八、四二七下二七―二九）

この一節は、AS（11,31-12,3）に対応しており、そこには確かに“mahāyāna”という語が用いられている。

(159) 『初期大乗』三九―五一頁参照。なお、次の一文は、静谷説を明示するものであろう。

「大乗」の語を使用した大乗仏教以前に、自己の作仏を理想としながらも「大乗」の語を使用しなかった仏教が存在したという結論に達し、このような仏教を呼ぶのに「原始大乗」の新語を適用したのである。（『初期大乗』「はしがき」三頁）

(160) 『初期大乗』五一―一四七頁参照。

(161) 私は、『般若経』最古層の〝三乗〟説を〝阿羅漢（声聞）・独覚・仏〟の〝三乗〟説ではなく、〝阿羅漢・独覚・菩薩〟の〝三乗〟説であると見なしているが、その根拠は『道行般若経』「道行品」の次のような文章等にある。

ⓐ欲学阿羅漢法……欲学辟支仏法……欲学菩薩法、当聞般若波羅蜜、当学当持当守（大正八、四二六上六―九）

ⓑ菩薩行般若波羅蜜、一切字法不受。是故三昧無有辺、無有正。諸阿羅漢辟支仏、所不能及（同右、四二六上二九―中二）

この二つの文章ⓐⓑに対応する梵文テキスト（AS, 3,31-4,6; 5,4-6）では、三者は“śrāvaka”“pratyekabuddha”“bodhisattva”という語によって示されている。つまり、「道行品」の「阿羅漢」が、梵本では“śrāvaka”「声聞」として示されているのである。

(162) K本には“saddharmaḥ”とあるが、諸写本の読みは、ここを“saddharma[ḥ]”とするものと“sa dharma[ḥ]”とするものと“dharma[ḥ]”とするものに大別される。O本、G2本、C3本では、“sa dharma”とあり、一応これに従って、“sa dharmaḥ”と読んでおきたい。未来と現在の諸仏の説法についても、“[antikāt] tam dharmam”（K, 41,19; 42,10）ということが言われるからである。勿論、本来、単に“dharmaḥ”とあった可能性も捨てきれないが、最も重要なことは、“saddharma[ḥ]”という読みは、「譬喩品」散文部分〔181〕で、“saddharma-puṇḍarīka”という経名が『法華経』に導入されたことに影響されて生じたものと考えられる点である。

なお、渡辺博士も、この個所について、

底本に〝正法〟（妙法）とあるのは〝その法〟の誤り。写本のあるものには〝その〟（サ）を省くものもあり、それでもよいが、

〝正法〟（妙法）は、このばあいに不適当である。（『渡辺詳解』三七回、八二頁上）

と述べられていて、適切であると思われるが、“saddharma-puṇḍarīka”という経名の問題については、言及されていない。なお、前註（126）参照。

（163）ただし、後出の『妙法華』〔153〕ⓒには、三世十方の諸仏の説法のまとめとして、「示」「悟」「入」の〝三仏知見〟または「教化」「示」「悟」「入」の〝四仏知見〟が示されている。

（164）「乗と智慧」一四三頁一四行参照。

（165）『正法華詞典』「諸通慧」の項（pp.602-603）参照。

（166）Cf. MN, I, 482,8; MN, II, 31,7,31,16; MN, II, 126,33,127,1,127,8.

なお、MN, II, p.31とp.126とp.127の“sabbaññū sabbadassāvī”は、漢訳で「薩云然、一切知、一切見」（大正一、七八四上四、八、一一、一八）と「一切知、一切見者」（大正一、七九三中一九、二一、二六）と訳されているが、「薩云然」の原語も、「一切知」と同様に、“sabbaññū”と考えられるから、「薩云然」は後の付加ではないかと思われる。

（167）即ち、「道行品」（大正八）に出る「薩芸若」の用例について、その原語と思われるものを、これに対応する『八千頌般若経』第一章から挙げれば、次のようになる。

①「薩芸若」（四二六上二四）＝“sarvajñatā”（AS, 5,1）、②「薩芸若」（四二六中三）＝“sarvajñatā”（AS, 5,6）、③「薩芸若」（四二六中四）＝AS（?）、④「薩芸若」（四二六中五）＝AS（?）、⑤「薩芸若」（四二六中一八）＝“sarvajñatā”（AS, 6,8）、⑥「薩芸若」（四二六中二九）＝“sarvajñatā”（AS, 6,10）、⑦「薩芸若〔無所従生〕」（四二六中二九）＝“sarvadharmāḥ”（AS, 6,11）、⑧「薩芸若」（四二六下二）＝“sarvajñatā”（AS, 6,11; 6,12; 6,14）、⑨「薩芸若」（四二七下一六）＝“sarvajñatā”（AS, 11,8）、⑩「薩芸若」（四二八上二）＝“sarvajñatā”（AS, 12,8）、⑪「薩芸若」（四二八下一）＝“sarvajñatā”（AS, 14,31）、⑫「薩芸若」（四二八下二）＝“sarvajñatā”（AS, 14,32）、⑬「薩芸若」（四二八下五）＝“sarvajñatā”（AS, 15,1）、⑭「薩芸若」（四二八下五）＝“sarvajñatā-dharma”（AS, 15,1）、⑮「薩芸若」（四二八下六）＝“sarvajñatā-dharma”（AS, 15,2）、⑯「薩芸若」（四二八下九）＝“sarvajñatā”（AS, 15,6）、⑰「薩芸若法」（四二八下一〇）＝“sarvajñatā-dharma”（AS, 15,7）、⑱「薩芸若」（四二八下一二）＝“sarvajñatā”（AS, 15,8）

即ち、「薩芸若」の一八例中、対応する原語の不明確な③と④、及び原語として“sarva-dharmāḥ”が置かれている⑦を除けば、他の一五例は、すべて“sarvajñatā”という原語と対応していると考えられる。

この点について、「道行品」に出る「薩芸若」の原語は本来は、“sarvajña”であったのが、後に“sarvajñatā”に変更され、それが現在の梵本（AS）に反映されているのではないかという疑問があるかもしれない。しかし、右の用例中の⑩は、「自致薩芸若中住」"sarvajñatāyāṃ sthāsyati"（AS, 12,8）という一文において使われたものであり、この文章の構造が本来の形を示していると見るならば、そこに"sarvajñatā"ではなく、"sarvajña"が用いられていたという可能性は、考えられないであろう。というのも、〝……に住する〟というときの〝……〟が、"sarvajñatā"ではなく"sarvajña"であるというのは、不自然に思われるからである。

（168）"sarvajña-jñāna"は、①"sarvajñajñāne adhimucya"（AS, 5,8）と②"parivrājako 'dhimuktaḥ / so 'tra sarvatra śraddhānusārī sarvajñajñāne dharmatāṃ pramāṇīkṛtya"（AS, 5,16）という表現で用いられるが、①については、「余道人信仏」（大正八、四二六中五―六）、②については、「以学成就仏、了知従法中」（同、四二六中一一―一二）が対応するように思われる。つまり、①②において、"sarvajña-jñāna"は、「仏」という訳語に対応しているように見えるのである。

（169）瑜伽行派の"nānā-dhātu"説については、袴谷憲昭「三乗説の一典拠――*Akṣarāśi-sūtra*と*Bahudhātuka-sūtra*――」『唯識思想論考』大蔵出版、二〇〇一年、二三六―二五一頁参照。

（170）拙論㋚「『法華経』における一分不成仏説の問題」七〇―七一頁参照。

（171）K本は、"bahusattveṣu"という読みを示すが、ケルン自身が註記しているように（K, p.43, n.4）、大多数の写本は、"bahumaleṣu sattveṣu"という読みを示しているので、『正法華』〔161〕の「多垢」との一致も考慮して、これに従った。渡辺博士も、「底本〝バフ〟の次に〝マレーシュゥ〟を補わなければいけない」（「渡辺詳解」三八回、九七頁下）と言われている。

（172）『正法華』〔161〕『妙法華』〔162〕にある「五濁」という訳語に対応する原語と見られる"paṃcasu kaṣāyeṣu [lokeṣv]"という語がO本（51a5）のみにあることが、渡辺博士によって指摘されている。「渡辺詳解」三八回、九八頁下参照。

（173）拙論㋚「『法華経』における一分不成仏説の問題」七四―七五頁参照。

（174）本書、一九八―一九九頁参照。

（175）K本は、"-samādapanāṃ"という読みを示すが、G2本を含め大多数の写本は、"-samādāpanaṃ"という読みを示しているので、後者に従う。また、『写本集成』（II-220）には、"-samādapanāṃ"という読みを示す写本は存在しない。すると、『法華経』梵本においては、専ら"samādāpana"が用いられ"samādāpanā"という女性名詞の用例は、皆無であるということになるであろう。

（176）「渡辺詳解」三八回、一〇〇頁上。

（177）『妙法華』〔165〕の「若我弟子、自謂阿羅漢……」という訳文は、この読解の妥当性をおぼろげながら示しているように思われる。というのも、この訳文において、「阿羅漢」は「弟子」と"vā"「または」で結ばれているのではなく、むしろ「弟子」を何等かの仕方で限定しているからである。勿論、直後の「辟支仏」も、やはり「弟子」を限定しているではないかという反論もあり得るであろうが、少なくとも、「阿羅漢」が「弟子」と "vā"「または」で結ばれているという解釈を、羅什が採用していないことだけは、確実であろう。

(178) K本は "imeṣu buddhadharmeṣu" という読みを示し、かつ、この語句の前に句点 daṇḍa を置いて、この語を直後の "śraddadhādhvaṃ" に結びつける解釈を示している。しかし、渡辺博士が指摘されたように(「渡辺詳解」三八回、一〇三頁下—一〇四頁上)、G2本を含む多くの写本には、"buddha-" を欠いた "imeṣu dharmeṣu" の読みが示され、かつ、『妙法華』〔168〕に「於此法中、便得決了」とあり、チベット訳にも、"chos ḥdi la the tshom med par ḥgyur ro" (P, chu,22a5) とある。従って、"buddha-" は省き、daṇḍa は "imeṣu dharmeṣu" の後に置くという読みを採用した。この読みは、苅谷博士によっても採用されている。『一仏乗』一四八頁、註(24)参照。

(179)「方便品」散文部分〔166〕ⓐに言及される人々を、〝聞いても、信じない人々〟と見る苅谷博士の解釈は、〝「方便品」の声聞観〟と題された「表1」(『一仏乗』一四二頁)に明示されているであろう。

(180) 中国撰述の『法華経』註釈文献では、"eteṣām evaṃrūpāṇāṃ sūtrāntānāṃ" に対応する『妙法華』の「如是等経」という訳語を、『法華経』それ自体と解するのが、一般的であったようである。例えば、次のような註釈がなされるのである(『妙法華』〔168〕ⓒの経文には、傍線を付した)。

ⓐ仏滅度後、悪世多難、如是法華、有能受持読誦者、是人難得。(『法華義記』大正三三、六〇五中一八—一九)

ⓑ仏滅度後、雖有此経、解其文義者、此人難遇。(『法華文句』大正三四、五三下二六—二七)

ⓒ以仏滅度後、法華経難聞難解。(『法華義疏』大正三四、四九八中二五)

ⓓ我滅度後、以無良縁善方便誘、諸趣寂中、多愚於法、於此等経、受持解義、乃為難得。(『法華玄賛』大正三四、七二〇上一八—二〇)

従って、菅野博史氏も、次のような解説をされている。

というのは、釈尊が涅槃に入った後、すなわち、無仏の世では『法華経』を受持(本来は記憶するの意であるが、漢語・日本語としては、強い信心によって保持しつづけるという意味が添えられる)、読誦し、それを理解するものはいないからであるとされる。(『法華経入門』岩波新書七四八、岩波書店、二〇〇一年、四八頁)

ただし注意すべきは、ⓓの『法華玄賛』だけが、「此等経」という複数を意味する語を用いている点である。これは、おそらく『妙法華』の「如是等経」という訳語に忠実であろうとした結果であろう。

これに対して、「これらの、この様な諸経典」が、「この法」または『法華経』自体を指すという註釈文献の解釈ⓐⓑⓒは、確かに分り易いものではあるが、原典の意図を正確に伝えるものとは、言えないであろう。

(181)『一仏乗』一三九頁四行。

(182) K本には“tathāgatajñāna[gocarāj jñāna]darśanāt”とあるが、G2本、O本等に“tathāgatajñānadarśanāt”とあり、これは、チベット訳“de bshin gśegs pahi ye śes gzigs pa hdi lta bu las”(P, chu,28a7)とも一致している。従って、渡辺博士(「渡辺詳解」五二回、九六頁上)や、苅谷博士(『一仏乗』二五〇頁、註〔3〕)の見解に従い、“tathāgatajñānadarśanāt”の読みを採用する。

(183)“tāvat”の意味を“jusque à présent”(*Burnouf*, p.38, *l*.23)の意味に理解したい。辞書に出る“so far”も、この意味であろう。

(184) K本は“tulya”という読みを示すが、G2本等が“tulye”の読みを示しているので、W本(p.59, n.2)が“tulye”と訂正しているのに従う。「渡辺詳解」五二回、九六頁下—九七頁上参照。

(185)“nirvāṇaprāptaḥ /”と“adyāsmi”の間に、大多数の写本は、“adyāsmi bhagavan śītībhūtaḥ”という読みを示しているので、この読みを採用するかどうかが問題となる。これについて、渡辺博士(「渡辺詳解」五二回、一〇〇頁下)と苅谷博士(『一仏乗』二一五頁一一行)は、この読みを採用されるが、その理由を、苅谷博士は、次のように説明されている。

「清涼となった」(sītī-bhūtāḥ)は『版本』及び『荻原本』(p.60.1)には欠くも、『写本集成』(III-15)を見るに、N_1、D_3(=G本)以外の全てに存す。『チベット訳』にもbsil bar gyur to(28b-7)とある。(『一仏乗』二五〇頁、註〔11〕)

しかし、二つの貝葉写本に欠けている点を、全く無視することもできないであろう。また、『写本集成』(III-15)のT7という貝葉本では、確かに“adyāsmi bhagavan śītībhūtaḥ”という句はあるが、それは、括弧で括られていて、行間などに書き込まれたものが、その個所に置かれたものかもしれない。さらに、書体も異なっているように見える。すると、この句は後で書き込まれたという可能性もあるであろう。いずれにせよ、問題の句が、漢訳に対応をもっているとも考えられないので、一応、この句を補わないことにした。

(186) 拙著『仏教思想論 上』大蔵出版、二〇〇四年、第二章「瑜伽行派とdhātu-vāda」参照。

(187) Cf. MSA, XI, v.53. 拙論㋑「唯識派の一乗思想」三一二頁、三〇八—三〇五頁、二九三頁、註(2)参照。

(188) 苅谷博士の〔178〕ⓒに関する次のコメントも、この解釈を示すものであろう。

『法華経』を聴いて声聞(仏弟子)が自己の本来からの仏子であることを自覚したことを表わす言葉である。(『一仏乗』二一六頁一六—一七行)

(189)『一仏乗』二二三頁一行。

(190) 本書、七七—七八頁参照。

(191) これについて、厳密に言えば、〝釈迦仏〟と言えるかどうかという問題があるであろう。即ち、苅谷博士は、

この「過去の無量諸仏のもとで、私によって」とは、当時ボサツであった私によって、という意味なのであり、(『一仏乗』二二五頁一―二行)

と述べられ、〝釈迦仏〟ではなく〝釈迦菩薩〟によって、シャーリプトラは、成熟させられてきた、という解釈を示されている。この苅谷博士の解釈は、「化城喩品」に説かれる「大通智勝仏の過去譚」、つまり、〝過去世に大通智勝仏のもとで十六王子の一人として、釈迦菩薩が『法華経』を説き、その教化を受けたものは、その後も釈迦菩薩から教化を受け、現在では声聞となって、この釈迦仏の会衆にいる〟という話にもとづいている。

この「大通智勝仏の過去譚」には、確かに次のように説かれている。

ⓐ katame ca te bhikṣavaḥ sattvā ye mayā bodhisattvena tasya bhagavataḥ śāsane aprameyāṇy asaṃkhyeyāni gaṅgānadīvālukāsamāni sattvakoṭīnayutaśatasahasrāṇi sarvajñatādharmam anuśrāvitāni / yūyaṃ te bhikṣavas tena kālena tena samayena sattvā abhūvan // (K, 185,10-186,2)(〔620〕ⓑ)

また、比丘たちよ、菩薩である私によって、その世尊(大通智勝仏)の教説〔の場〕において、一切智者性の法を聞かされた、無量無数でガンジス河の砂の数に等しい百千コーティ・ナユタもの衆生たちとは、誰であるか。比丘たちよ、あなたたちが、そのとき、それらの衆生だったのである。

従って、ここに「菩薩である私によって」と言われるのであるから、「譬喩品」〔181〕ⓑで、シャーリプトラを、無上正覚に向って成熟させたと言われるのも、やはり、「菩薩である私」、つまり、釈迦菩薩を意味しているという解釈がなされるのである。

しかし、ここに疑問が生じるのは、「譬喩品」〔181〕ⓑで〝mayā ... paripācito〟「私によって成熟させられてきた」と言われたとき、果して「化城喩品」の「大通智勝仏の過去譚」が、意識されていたであろうかという点なのである。常識的に考えれば、「譬喩品」〔181〕ⓑの「〔汝シャーリプトラは、〕私によって、成熟させられてきた」というような教説が先にあり、それにもとづいて、現在、釈迦仏の会衆にいる声聞たちに関する「大通智勝仏の過去譚」の説明が後に成立したと見るのが自然であって、両者の関係は逆ではないであろう。

苅谷博士は、両者の関係について、「それとこれとはその説く所において全く符合している」(『一仏乗』二二四頁一七―一八行)と言われるのであるが、「全く符合している」ように見えるのは、「大通智勝仏の過去譚」の問題の部分が、「譬喩品」〔181〕ⓑの所説に依存して、おそらく、その内容を説明するために成立したからであって、先に「大通智勝仏の過去譚」があり、それにもとづいて、「譬

喩品」〔181〕ⓑで、「私によって、成熟させられてきた」と述べられたと見るのは、適切ではないであろう。

もしも、「大通智勝仏の過去譚」は、「久遠」の過去以来の話であるから、これにもとづいて、現在世について語る「譬喩品」〔181〕ⓑの所説を解釈できると考えるならば、「三千塵点劫」に比べて、遙かに「久遠」である「五百塵点劫」の昔に〝釈迦仏〟が〝成仏〟したという「如来寿量品」の所説については、どう見るべきであろうか。これは、〝釈迦仏〟が十六王子の一人（菩薩）であったときよりも遙か以前に〝成仏〟したことを言っていることにならないであろうか。

結論として言えば、「譬喩品」〔181〕ⓑの「私によって成熟させられてきた」というような教説を、「大通智勝仏の過去譚」や〝久遠実成の仏〟というような、その後の諸章の所説にもとづいて解釈するという方法は、私には適切とは思えないのである。

(192) 「渡辺詳解」五五回、一二一頁上—下、『松濤I』二八一—二八二頁、註（151）参照。

(193) 「法師品」〔45〕の“rahasya”は、『正法華』〔46〕で「密」、『妙法華』〔47〕で「秘要」と訳されている。

(194) 「渡辺詳解」五五回、一二一頁下—一二二頁上参照。Cf. *Textual Study*, p.64.

(195) 「渡辺詳解」五五回、一二二頁上。

(196) ①“buddhānubhāvena buddhatejasā buddhādhiṣṭhānena”（AS, 17,7）＝「持仏威神、持仏力」（大正八、四二九上一五）、②“buddhānubhāvena buddhatejasā buddhādhiṣṭhānena”（AS, 17,13）＝「持仏威神、持仏力」（同、四二九上二〇）、③“buddhānubhāvena buddhādhiṣṭhānena”（AS, 99,3）＝「承仏威神」（同、四四三中一六）、④“buddhānubhāvena buddhādhiṣṭhānena buddhaparigrahena”（AS, 111,9）＝「諸仏威神之所擁護」（同、四四六上一九）、⑤“buddhānubhāvena buddhādhiṣṭhānena buddhaparigrahena”（AS, 111,14）＝「諸仏威神恩……諸仏所護」（同、四四六上二〇—二一）、⑥“buddhānubhāvena buddhādhiṣṭhānena”（AS, 124,16）＝「仏威神」（同、四四八下一四）、⑦“tathāgatānubhāvena buddhādhiṣṭhānena”（AS, 159,22）＝「持仏威神」（同、四五四中一）

以上の対応を見ると、少なくとも「持」の訳語をもつ①②⑦については、原語に“buddhādhiṣṭhānena”が存在したことは、確実であるように思われる。

(197) 即ち、“yathāpi nāma tathāgatānubhāvena te pratibhāti, tathāgatādhiṣṭhānenopadiśasi”（AS, 7,27）に対応する訳文は、『道行般若経』では、単に「如我所説」（大正八、四二七上二）なのである。

(198) 『一仏乗』二二五—二二六頁参照。

(199) Cf. *Textual Study*, p.64.

(200) Cf. K, 21,16; 182,2; 183,12; 241,2; 241,9; 241,11; 241,12; 241,14 etc.

(201) 経名以外に“puṇḍarīka”が用いられる用例としては、例えば、“utpala-padma-kumuda-puṇḍarīkāṇāṃ”（K, 360,6）がある。

(202) 『禅批判』四四五頁以下参照。

(203) 本書、四五—四六頁参照。

(204) 前田恵学『原始仏教聖典の成立史研究』山喜房仏書林、一九六四年、三九二—三九三頁参照。

(205) 同右、二一四頁。

(206) 本書、四三二頁参照。

(207) 辛嶋氏は、『正法華』〔382〕の「諸新学者」が“navāṅgam”に相当するという解釈を示されている。Cf. *Textual Study*, p.50. この解釈は基本的に妥当だと思われる。

(208) ただし、勿論、㋒「ほかならぬこの菩薩行」とは、㋐「諸仏の正法を受持すること」と㋑「諸仏に供養を為すこと」との両者を指すという解釈も可能であろう。

(209) 『松濤Ｉ』八三頁一三行。苅谷博士のと中村博士の訳語も、単に「正法」（『一仏乗』二二九頁九行、『中村 上』六六頁二〇行）である。

(210) まず、「序品」に見られる「講説正法」（『妙法華』二下二二）の「正法」に相当する原語は、“buddha-dharma”（K, 9,12）[I, v.8d]であるが、この語が『法華経』を指しているとは思えない。というのも、この“buddha-dharma”を説く者は、〃諸仏〃であり、また、その説法の内容は、無知な人々には“nirvṛti”（K, 10,2）[I, v.9c]、つまり、「涅槃」が説かれ、菩薩たちには“bodhi”（K, 10,6）[I, v.11d]、つまり、「菩提」が説かれるというように、〃三乗各別説〃的なものだからである。
次に、「序品」に見られる「演説正法」（『妙法華』三下二〇）の「正法」に相当する原語は、“dharma”（K, 17,11）であり、これは、“sa dharmaṃ deśayati sma”という句に含まれるものであるが、この“sa dharmaṃ”を“saddharmaṃ”とする異読も、多くの写本に見られる。しかし、ここを“saddharmaṃ”と読んだのでは、“deśayati”の主語になる“sa”「彼は」が欠落してしまうので、“saddharmaṃ”という読みは殆んど採用されていない。また、“sa dharmaṃ deśayati sma”中の“dharma”には、「初善中善後善」というような定型句が形容詞として付加されているが、これは原始仏典以来“dharma”の形容詞として使用されたものなのである（Cf. *Vinaya*, I,21,4-6）。従って、問題の“dharma”が『法華経』を指すとは考えられないであろう。しかも、この“sa dharmaṃ deśayati sma”という句の“dharma”を説く主体である日月灯明仏は、この句の直後で、〃声聞〃のためには〃四諦〃を説き、〃菩薩〃のためには〃菩提〃を説くと述べられるのであるから、この句中の“dharma”、つまり、「演説正法」中の「正法」の原語である“dharma”が『法華経』を指している可能性はないであろう。

次に、「方便品」第六六偈〔42〕に対応する部分に見られる「不聞仏名字、亦不聞正法」（『妙法華』八中二〇―二一）の「正法」は、直接対応する原語を欠いているが、原文には“te naiva śṛṇvanti mu buddhaghoṣaṃ”とあり、この“mu buddhaghoṣaṃ”「この仏の音声」が、「仏名字」と「正法」との二通りに翻訳されたとも考えられ、その点では、ここで「正法」が『法華経』を指しているという解釈も可能かもしれない。

さらに、「五百弟子品」の散文部分では、「正法」の語が二回（『妙法華』二七下一、二七下四）用いられ、また、第一二偈に対応する部分にも一回（『妙法華』二八中五）使用されている。これらの原語は“saddharma”（K, 200,4; 200,9; 205,2）であり、いずれも、プールナ（Pūrṇa 富楼那）が“saddharma-parigrāhaka”（K, 200,7）「正法の護持者」であることに関連して述べられるが、その場合の「正法」を『法華経』と解してよいか明らかではない。

さらに、「法師功徳品」には、「皆順正法」（『妙法華』五〇上一四）という語があるが、この「正法」の原語は、“dharma-naya”（K, 372,5）、つまり、「〔諸〕法の道理」であり、これが『法華経』を指しているようには思われないのである。

(211) この点は、「法師品」の「此経是諸仏秘要之蔵」（『妙法華』〔47〕）という訳文からも知ることができる。ただし、この訳文の原梵文〔45〕には“dharma-rahasya”という語があるのに対し、「方便品」第一四〇偈には“dharma”の語は用いられていない。

(212) ただし、“bodhisattvacaryāṃ”の“bodhisattva-”を欠いた読みは、『写本集成』（III-75）に示された写本には、認められない。つまり、すべての写本が“bodhisattvacaryāṃ”という読みを示している。

(213) 本書、一六七頁参照。

(214) この点については、『禅批判』四四四頁以下参照。

(215) K本の“jana”を『写本集成』（III-80）のC1本・C2本・C6本・B本・T3本・T6本・T7本によって、“nara”と改める。「渡辺詳解」五五回、一二五頁下―一二六頁上参照。

(216) “sama”という語は、ここでは、国土が平らであるということを言っているように見えるが、しかし、この語は〝等しい〟〝同じ〟〝単一の〟をも意味し、一元論や、一元論にもとづく差別というものと切り離せない語であると私は考えている。この点について、『大乗阿毘達磨経』の〝無始時の界〟の偈〔493〕において、〝基体〟（dhātu, āśraya）が“sama”と言われていることに注意しなければならない。さらに、『縁起と空』二四三―二四七頁参照。

なお、“sama”は「方便品」散文部分には全く用いられない語であるが、「譬喩品」散文部分では、もう一個所、後出の〔231〕ⓑに重要な用例がある。さらに、“sama”が一元論や差別と不可離の関係をもつことを明示しているのは、「薬草喩品」の所説であろうが、これについては、本書、五九九頁以下で、論究する。

また、“sama”は所謂〝浄土〟の描写においても、『八千頌般若経』〔191〕及び『無量寿経』〔190〕に使用されていないが、『大阿弥陀経』（大正一二、三〇三下一）と『平等覚経』（同、二八三上一三）では、「平正」の訳語があり、その梵語原典で“sama”という語が用いられたことは、明らかであろう。

(217) 『原始浄土思想』四七八頁参照。

(218) 同右、四五三頁参照。

(219) 同右、四七五―四七七頁参照。

(220) 同右、四七七頁参照。

(221) 同右、一六七―一七〇頁、『浄土三部経』八八―九〇頁参照。

(222) 『原始浄土思想』四五三頁、『浄土三部経』三五九頁参照。

(223) 『浄土三部経』三五九頁、三六七頁、註(23)、三七二頁、三七四頁、三八〇頁、註(22)、三八一頁、註(23)参照。

(224) これ以外にも、Ratnāvatī, Padmāvatī, Aruṇāvatī, Dīpāvatī という類似の名称があることについては、『浄土三部経』三五二頁参照。

(225) 『浄土三部経』三四〇頁参照。

(226) この願については、『浄土三部経』三三九頁参照。

(227) 「二乗種」の「種」は、“gotra”の訳語と見るべきであろう。

(228) 『浄土論』〔198〕の「譏嫌」とは、『バガヴァッドギーター』第九章第二九偈〔605〕の“dveṣya”と同様、“√dviṣ”「憎む」という動詞語根から派生した言葉を原語としているであろう。というのも、〔605〕では“samo... na dveṣyo”と言われ、〔198〕では「等、無譏嫌」と述べられたからである。

(229) 「渡辺詳解」五五回、一二五頁上―一二六頁上参照。

(230) 『原始浄土思想』四七六―四七七頁参照。

(231) “apagatapāpam”について、多くの写本が“apagatāpāyam”という読みを示していること、及びこの読みが、『妙法華』〔203〕の「無諸悪道」とも一致し、チベット訳“ṅan soṅ med pa”（P, chu,88a7）とも一致していることが、辛嶋氏によって指摘されている。Cf. *Textual Study*, p.125. ただし、ここでは、一応、K本の読みを採用した。なお、『正法華』〔202〕の「其土無有……網」というのは、“apagata ...

jālaṃ〟という読みに対応しているようにも見える。

(232) 即ち、〝ratnāni śāriputra buddhakṣetre bodhisattvā ucyante〟(K, 66,2-3)「シャーリプトラよ、〔その〕仏国土では、菩薩たちは、宝と言われる」と述べられている。

(233) 〝brahma-carya〟「梵行」という語は、〝禁欲〟そして〝女性の排除〟という問題と関連する。つまり、「五百弟子品」〔201〕で描かれたダルマプラバーサ如来（プールナ）の仏国土では、衆生はすべて〝brahma-cārin〟「梵行者」であるとされるが、このことと、そこに〝女性が存在しない〟とされることとは、関連しているのである。

しかるに、これについて、実際には、このように女性を排除する機能をもつ〝brahma-carya〟という語が、パドマプラバ如来（シャーリプトラ）の仏国土にいる菩薩たちについて、使用されているということは、その仏国土には、やはり〝女性は存在しない〟ということを示しているのではないかという疑問が生じるかもしれない。しかし、ダルマプラバーサ如来（プールナ）の仏国土については、〝すべての衆生が梵行者である〟と言われているのとは異なり、パドマプラバ如来の仏国土については、〝すべての衆生が久しく梵行を修してきた菩薩である〟と言われている訳ではない。また、〔204〕の「三乗だけのために法を説くであろう」という文意を自然に解釈するならば、パドマプラバ如来の仏国土には、〝二乗〟、つまり、声聞乗・独覚乗に従う人々もいると見なされているのであろう。また、すでに〔187〕で見た〝bahunaranārīgaṇākīrṇam〟（「男女衆多」『正法華』〔188〕）という表現より考えてみても、この仏国土では、まだ女性が完全に排除されているとは思えない。〝仏国土からの女性の完全な排除〟は、『法華経』では、ダルマプラバーサ如来（プールナ）の仏国土に至って初めてなされるのである。

なお、以上のような趣旨から、私は大乗経典で用いられる〝brahma-carya〟や〝brahma-cārin〟という語に差別的性格を認めざるを得ないのであるが、この二つの語が、「方便品」散文部分には全く使用されていないことは、「方便品」散文部分の所説の〝非差別性〟を示しているように思われる。

ただし私は、「梵行」という語が用いられていれば、すぐに差別的であると断じている訳ではない。さもなければ、初転法輪における〝cara brahmacariyaṃ sammā dukkhassa antakiriyāya〟(*Vinaya*, I,12,24-25)「正しく苦を滅するために梵行を行じなさい」というメッセージも、差別的なものとなってしまうであろう。

(234) ただし、両漢訳〔211〕〔212〕に用いられている「復」が〝dvitīyam〟の訳語でありうるかという問題があるであろう。私は、この「復」は、〝punar〟の訳語であると見るのであるが、SP-Index, s.v. 〝dvitīya〟(p.503) では、〔211〕〔212〕の「復」を〝dvitīyam〟の訳語と見る解釈を示しているようである。この解釈の強みは、「譬喩品」第三四偈前半の〝prathamaṃ pravartitaṃ tatra dvitīyam iha nāyaka〟に対応する訳文が、『妙法華』で「今復転最妙、最上大法輪」（一二上二一）となっていることにあるであろう。というのも、ここには、"punar" という原語は存在しないのに、「復」という訳語が用いられており、この「復」が "dvitīyam" の訳語となっているように見えるからである。しかし、この「今復」の「復」は、"dvitīyam" の訳語というよりも、散文部分〔212〕の「今乃復」に合せて形成された訳語ではないかと思われる。従って、ここでは、漢訳〔211〕〔212〕の原文には、"dvitīyam" は用いられていなかったという解釈を示しておきたい。

(235) Cf. *Vinaya*, I, 16,3.

(236) ただし、「譬喩品」第三四偈 "tatra dvitīyam iha nāyaka" という句の "dvitīyam" は、『正法華』では、対応する訳語を全く欠いている。というのも、この句に対応するのは、「今導師演説」（七五上一一）だからである。すると、この偈について言えば、『正法華』の梵語原典にも、あるいはまた『妙法華』の梵語原典にさえも、"dvitīyam" の語が使用されていなかった可能性も否定できない。すると、この語がどの時点で『法華経』に導入されたのかが、改めて問題となるであろう。

(237) K本には "bodhisattvayānam eva" とあるが、"bodhisattvān eva" に訂正する。この訂正について、前註（143）参照。

(238)『一仏乗』二五七頁、註（69）。

(239)『初期と法華』三七五―三七九頁参照。なお、その論述個所において、平川博士は、結論的に「「大乗」よりも「菩薩乗」の方が成立が新しいと見てよかろう」（三七九頁一―二行）と言われている。

(240)『初期と法華』三二二頁一行。

(241) 同右、三七四頁八行。

(242)『一仏乗』二五七頁、註（69）。

(243) 本書、三一頁、三八―四〇頁参照。

(244)『正法華』における「象馬車乗」の用例（〔220〕を除いたもの）の個所を、その原語と思われるものとともに、以下に示しておこう。

① 「信楽品」（八〇中五）＝ "hasty-aśva-ratha"（K, 102,3）

② 「信楽品」（八一中二三）＝ "hastī ca aśvāś ca padātayaś ca" [IV, v.6]（K, 111,8）; "hastīś ca aśvāś ca rathāś ca pattayo"（O, 115a1）

③ 「七宝塔品」（一〇五中二）＝ "hasty-aśva-ratha"（K, 256,14）

④ 「安行品」（一〇九下一）＝ "hasty-aśva-ratha"（K, 289,10）

⑤ 「安行品」（一〇九下二九）＝ "hastīṃś ca aśvāṃś ca rathān" [XIII, v.48]（K, 292,2）

⑥「勧助品」（一一八中一三）＝"gorathānāṃ lābhī bhaviṣyaty aśvarathānāṃ hastirathānām"（K, 349,11-12）
⑦「楽普賢品」（一三三上一五）≒"gaja-rāja"（K, 475,1）

(245) 前註（244）の⑥参照。

(246)『正法華詞典』一九八頁。

(247) ただし、譬喩の末尾に置かれた偈頌は省いて示すことにする。

(248) K本には"ramaṇīyāni"とあるが、G1本・O本・K′本・C1本・N1本等の多数の写本に見られる"ramaṇīyakāni"という読みに訂正する。この読みは、〔219〕の"ramaṇīyakāni"とも一致する。

(249) Cf. K, 239,1-5.

(250)『成立史』二六四頁一五行、二三三頁一三行、二三三頁一一行。

(251) ここで「火宅譬喩」において"yāna"という語が初めて用いられている。つまり、これまで"rathaka"「車」と言われていたものが、ここで"yāna"「乗りもの」という語に置き換えられたのであるが、これは、言うまでもなく、以下に"mahā-yāna"「大きな乗りもの」「大乗」という語を導入するために、意図的になされた操作なのである。

(252) 私は、〔231〕のⓑに、後出の『バガヴァッドギーター』〔605〕の次の詩句からの影響を認めざるを得ない。

samo 'haṃ sarvabhūteṣu na me dveṣyo 'sti na priyaḥ / (BhG, IX,29ab)

私は一切の生類において平等（sama）である。私には、憎むべきものはなく、愛すべきもの（priya）はない。

その理由は、「譬喩品」散文部分〔231〕ⓑに用いられている"sarva""priya""sama"という語は、この詩句でも使用されているからである。なお、私は、『バガヴァッドギーター』の"sama"というメッセージを、一元論の表明であり、差別的なものと理解しているが（『縁起と空』二四三―二四七頁、二九三頁、註〔31〕〔32〕、拙稿"Buddha-nature as the Principle of Discrimination"『駒沢大学仏教学部論集』二七、一九九六年、三一三―三一二頁参照）、〔231〕ⓑの"sama"のメッセージも、〝菩薩だけが成仏できる〟という〝大乗主義〟を説くものであり、同様に、差別的なものであると考えられる。

(253) この偈は、K本では主格で示されているが、これは写本で対格で書かれていたものを、主格に変更したものである。Cf. K, 89, n.1. しかし、ここでは、この変更を不要と考え、対格の読みを示すW本に従った。Cf. W, p.83, n.4.

(254) O本には"jñānadarśanabala-"（87b5）とある。おそらく、この読みの方がよいと思われることについては、後註（257）参照。

(255)『一仏乗』二三六頁五行。

（256）『一仏乗』二三六―二三七頁参照。

（257）『正法華詞典』「大聖」の項（六九―七一頁）参照。辛嶋氏は、〔247〕ⓓの「大聖普見之慧〔力無所畏〕」を、梵本〔246〕ⓓの“tathāgata-jñāna[-bala-vaiśāradya-]”に一致するものではなく、むしろ、O本の“tathāgata-jñāna-darśana[-bala-vaiśāradya-]”（87b5-6）に一致するものと見なされている（Cf. *Textual Study*, p.68）。ということは、「大聖普見之慧」の「見」が“darśana”の訳語であると想定されているのであろう。興味深いことに、『妙法華』〔248〕ⓓでも、上述の四つの智を挙げた直後に、「如来知見力無所畏」とあるのであるから、本来のテキストには、O本のように“jñāna”の後に“darśana”の語が置かれていた可能性が高いであろう。しかも、「方便品」散文部分の冒頭近くにある〔74〕には、“asaṅgāpratihatajñānadarśanabalavaiśāradya[-āveṇika-]”という表現があったのであるから、この個所にも本来、“jñāna”ではなく、“jñāna-darśana”という語が存在したと見るのは、極めて自然であろう。

（258）「乗と智慧」一五四頁一三行、一八三頁、註（2）、一八六頁、註（19）参照。Cf. *Textual Study*, p.68.

（259）Cf. SP-Index, p.419, s.v. “tathāgatayāna,” p.417, s.v. “tathāgata-parinirvāṇa.”

（260）“darśana”については、前註（257）参照。

（261）『一仏乗』一九九頁、註（18）参照。

（262）K本には“-śāsane dvāreṇa”とあるが、『写本集成』（III-302）では“śāsanedvāreṇa”と“śāsanadvāreṇa”という二通りの読みが示されており、『妙法華』〔252〕ⓑの「以仏教門」という訳語を重視し、K′本やO本等の“śāsanadvāreṇa”の読みに従いたい。この点は、すでにW本で指摘されている。Cf. W, p.76, n.1.

（263）K本には“mahājñāna-”とあるが、『写本集成』（III-303）では、A2本を除くすべての写本に“me jñāna-”という読みがあり、A2本では“me”を欠いている。K本の“mahājñāna-”という読みが、いかなる写本にもとづくのかは不明であるが、『妙法華』〔252〕ⓒの「我有無量無辺智慧……」をも考慮して、“me jñāna-”の読みを採る。『中村 上』二五三頁、註（35）参照。

（264）“udāra”という語の使用についても、充分な注意が必要であろう。“udāra-yāna”という複合語は、すでに〔231〕ⓔ末尾でも用いられたのであるが、“udāra”という語自体が「方便品」散文部分には使用されていない。また、「方便品」偈にも用例がない。それ故、この語が何故、「譬喩品」散文部分で導入されたのかが問題となるが、おそらく、それは〝大乗〟を意味するため、それも“mahāyāna”という語よりも、不明確な形で、つまり、〝仏乗〟との相違が不明確な形で〝大乗〟を意味するためであったと想像される。なお、“udāra”は、〔243〕にも用いられていたが、どの用例が『法華経』における“udāra”の最初の用例であるかは明らかではない。つまり、梵本の中の位置としては、最も前にある“udāra”の用例、即ち、〔231〕末尾の“udārayānāny eva dattāni”は、両漢訳の「珍宝」を“udāra”の訳語とでも見ない限り、後代の付加である可能性が高いであろう。また、“udāra” が単独で用いられる以前に、“udāra-yāna” という複合語が使用されるというのも、やや不自然に思われる。

(265) 同様の考え方は、「このようなものは、決して涅槃（nirvṛti）ではない」という表現をもつ「五百弟子品」第四偈（K, 214,1-2）にも説かれている。

(266) 〔232〕を見れば分る通り、『正法華』において、“mahāyāna” は「大乗」と訳されるのが一般的である。また、辛嶋氏も、『正法華』の「大道」の原語として、“bodhi” 等を挙げるが、“mahāyāna” を原語とする「大道」の用例は、一つも指摘されていない。『正法華詞典』「大道」の項（六二一―六二三頁）参照。

(267) ただし、『写本集成』（III-307）では、O本の “tathāgata indriyabalabodhyaṃgadhyāna-” (89a3) を除き、すべての写本が “tathāgato dhyāna” の読みを示している。つまり、“tathāgatadhyāna ...” と読む写本は存在しない。

(268) “krīḍanaka” という語は、〔250〕ⓓの用例（K, 82,2）以前には、①（K, 72,13）②（K, 74,1）③（K, 74,3）④（K, 74,8）⑤（K, 75,4）⑥（K, 76,11）と六回用いられている。このうち、①は、「火宅」の中で、子供たちが、火災にも気づかず、夢中になって遊んでいるときの遊具を指している。②は、「長者」が、子供たちがその多様な「信解」「意楽」に応じて種々の遊具を望んでいることを、理解するという場面に用いられるものであり、③は、〔219〕に見られるもので、〝方便の三車〟を指しており、④と〔225〕に見られる⑤も同様である。⑥は、〔231〕ⓔの質問、つまり、長者が、以前に「三乗」を示してから、後に「大乗」だけを与えたことは妄語ではないのか、という釈迦仏の質問に対するシャーリプトラの答えの中に含まれるものであり、やや難解である。そこで、⑥を含む文章を『妙法華』の訳文、及び、私訳とともに示してみよう。なお、『正法華』の訳文（七五下七―一〇）は、明確ではない。

ⓐ ātmabhāvapratilambhenaiva bhagavan sarvakrīḍanakāni labdhāni bhavanti / (K, 76,10-11)

ⓑ若全身命、便為已得玩好之具。（『妙法華』一三上五―六）

ⓒ世尊よ、〔火宅から脱出して〕身命（ātma-bhāva）を得たことだけによって、一切の遊具（krīḍanaka）が得られたことになるのです。

ここで「一切の遊具」とは、〝方便の三車〟という「遊具」を指しているであろう。即ち、その「一切の遊具」は、実際には、与えられなかったけれども、火宅から脱出して、身命を得たということだけによって、「一切の遊具」が得られたのと同じことになるのだというのである。従って、ここでも、やはり、“sarva-krīḍanaka” は〝方便の三車〟を指していると考えられる。

なお、ⓒの読解に従えば、松濤博士の次の訳文は、適切ではないであろう。

ⓓ世尊よ、自分の生命を全うしたからこそ、すべての玩具が得られたわけです。（『松濤Ⅰ』九五―九六頁）

というのも、これでは、「……だけによって、……になる」という構文が理解されていないと思われるからである。

(269) 即ち、"agra-yāna"は、「譬喩品」第一偈（K, 61,7）と「五百弟子品」第一一偈（K, 204,14）に用いられている。

(270) ただし、『写本集成』（III-315）では、O本以外に"buddhayānaṃ"という読みを示す写本は存在しない。O本以外の写本のうち、C5本とT4本は、"mahā-"を欠き、単に"yānaṃ"とするが、他の写本はすべて"mahāyānaṃ"と読んでいる。しかし、中村博士は、O本の"buddhayānaṃ"を採用されている。『中村 上』二五四頁、註（40）参照。

(271) 「大法化」の「法」は"sarvajñajñānasahagataṃ dharmam upadarśayitum"の"dharma"の訳語であろう。「現大法化」の「現」は"upadarśayitum"の訳語と考えられるからである。

(272) 『正法華詞典』「大法」の項（六四頁）参照。

(273) 拙稿㋚「『法華経』における一分不成仏説の問題」七二―七三頁参照。

(274) 同右、七三―七九頁参照。

(275) Cf. *Textual Study*, p.70.

(276) K本には"ca"とあるが、韻律的には長母音が必要なので、C2本・C3本・P2本・T3本等にある"co"という読みを採る。

(277) 「謗法の罪報の説明」を説く「B部分」は、「譬喩品」第一一二偈より始まるという見方もあるであろう。しかし、私は、「謗法」の「謗」に相当する"√kṣip"という動詞が、第一一二偈において"kṣipitva"という形で二回用いられるだけではなく、第一一一偈にも"kṣipeyu"という形で用いられることを重視して、「B部分」は第一一一偈より始まると考えておきたい。

(278) 拙稿㋗「『法華経』の思想」二四―二五頁参照。

(279) Cf. *Monier-Williams*, p.408, s.v. "jaghanya."

(280) チベット訳"de dag mya ṅan ḥdas pa ñe bar bstan"（P, chu,23b6-7）では、"tatra"は"de dag"と訳されていると思われる。この"de dag"は"de dag la"の省略形であろうから、チベット訳者も"tatra"を「彼等に」と読んでいると思われる。

(281) ただし、以下のリストには、以上に論じていない個所の〝真の声聞に関する表現〟も含めて、示しておきたい。

(282) K本には"evam eva"とあるが、W本（p.84, n.4）の指摘に従い、G1本・G2本・K'本・C1本等の"emeva"の読みを採る。

(283) K本には"putrāś ca te"とあり、O本はこれに一致するが、G1本では"putrā ime"とあり、G2本では"putrā cime"とある。しかし、"putrāś ca me"（K'本）や"putrāś cime"（R本・T8本・T9本・A2本）や"putrāś ceme"（C1本・T5本）という読みもある。問題は、ここに"ime"「これらの」があるのか、"me"「私の」があるのかということであろうが、ここに"me"があるとすると、後にも

“mahyam”「私の」があるので、「私の」を意味する語が二重になってしまい、文意が把握しにくいことになるであろう。チベット訳も“srog chags hdi dag thams cad ṅa yi bu” (P, chu,41b2) であり、やはり“ime”という語がここにあると見るべきであろう。従って、“putrāś cime”という読みを採りたい。

(284) 前註（283）に示したチベット訳を直訳すれば、このような和訳となるであろう。

(285) 『一仏乗』二四六―二四七頁。

(286) 苅谷博士は、「譬喩品」第八五偈〔283〕について、K本のテキストを修正する旨を記されていない。ということは、この偈の問題の部分を“putrāś ca te”と読まれたことになるが、その場合にも“te”は訳されなければならない。つまり、訳文は「それらの生類は、すべて私の子である」となるであろう。

(287) K本には“paṇḍita”とあるが、K´本・G1本・G2本・T5本・A1本・N1本に“paṇḍitān”とあるのに従う。この訂正については、『一仏乗』二六二頁、註（123）参照。苅谷博士が指摘されたように、チベット訳には“mkhas pa de dag la” (P, chu,41b7) とあり、これは“teṣa ... paṇḍitān”の訳語であろう。つまり、ここで“paṇḍitān”は属格複数であり、“-a”語幹の属格複数が“-ān”“-āṃ”の形をとることは、BHSG (p.60; 8.124) に説明がある。なお、問題の個所についてR本・P1本・P2本・T2本・T4本・A2本・A3本は“paṇḍitāṃ”の読みを示しているが、これも、BHSG の説明で分るように、属格複数である。

(288) “tat kṣaṇam”というのは、〝時間の二分法〟という考え方に関っているであろう。つまり、この語は、「譬喩品」散文部分〔178〕ⓒの“adya”と同様に、基本的には〝『法華経』出現以後〟（大乗）〔β〕の起点を表していると思われる。

(289) 例えば、ケルンは“Any Bodhisattas here present obey my Buddha-rules” (*Kern*, p.90) と訳している。また、漢訳も、問題の二者の並置を認めていない。

(290) 興味深いことに、O本は、“ye”と“kecit”を離さずに、“ye kecit santi iha bodhisatvā śṛṇvanti sarve” (96a7) という読みを示しているが、これは正に私が(187)で示した読解に合致するものであり、またそのような読解に合致させるために、本来のテキストを整理したもののように見受けられる。

(291) 『一仏乗』一六六頁四行、一八六頁一三行。

(292) “samādāpana”の用例リスト（本書、一三七頁）⑤⑥参照。

(293) 『一仏乗』一〇五―一一〇頁参照。

(294) 例えば、「譬喩品」第一〇六偈に対する『正法華』の訳文「仮使有人……至不退転」（七八中二六―二九）に含まれている「為悉供養、過去諸仏」は、訳者による付加であるように思われる。
(295)『一仏乗』二六三頁、註(128)参照。
(296) K本には“abhijña jñatvā na mamaita”とあるが、K´本の“abhijñajñānāni mi etu”という読みに従って訂正するというW本(p.88, n.3)の指示に従わざるを得なかった。ただし、G2本を始めとする大多数の本(C2・C3・C4・C5・R・T4・T5・T9・A1・A2・A3・N2)は“abhijña jñatvā hi mi”という読みを示している。
(297)『一仏乗』二六三頁、註(127)参照。
(298) Cf. *Monier-Williams*, p.685, s.v. “pra√mā.”
(299) ケルンによる英訳は“innumerable”(*Kern*, p.32, *l*.11)である。
(300) PTSD (p.526) によって、“mahāvīra”が『スッタニパータ』第五四三偈・第五六二偈で用いられたことが知られる。これらの偈で“mahāvīra”は釈迦仏を指している。
(301) Cf. SP-Index, p.815, s.v. “mahā-vīra.” なお、偈において“mahā-vīra”が多用されるのは、“mahā-yāna”を意図したためであるという解釈もありうるかもしれないが、それはあまりにも穿ち過ぎと言うべきであろう。
(302) K本では“vimokṣāś ca”とあるが、G1本・K´本・O本等に“vimokṣā”とあり、この読みに従った。これについては、W本(W, p.29, n.3)、及び「渡辺詳解」二九回、九六頁上—下参照。
(303) K本には“gambhīrā”とあるが、G1本・P1本等の“gambhīrāś”という読みを採る。
(304) K本に“sūkṣmā”とあるが、G1本の“sūkṣmāś”という読みを採る。
(305) K本に“durvijñeyā”とあるが、G1本の“durvijñeyāḥ”という読みを採る。
(306) K本に“sudurdṛśā”とあるが、G1本の“sudurdṛśāḥ”という読みを採る。
(307) 以下、漢訳の偈の番号は梵本に準じて便宜的に付したものであるが、必ずしも原梵文と一致しないことがある。
(308)“〔それらの仏陀の諸法は〕”という補いは、第三偈後半に見られる“gambhīra”“sūkṣma”“durvijñeya”“sudurdṛśa”という四個の形容詞を、第三偈前半に出る“caryā”ではなく、第二偈後半に見られる“buddhadharmāś”を形容しているという解釈にもとづいて、なされたものである。この解釈は、前註(303)(304)(305)(306)に示したG1本の“gambhīrāś”“sūkṣmāś”“durvijñeyāḥ”“sudurdṛśāḥ”に依存しているが、『正法華』〔316〕の「入於深妙誼、所現不可及」と『妙法華』〔317〕の「甚深微妙法、難見難可了」という訳文を見ると、上述の四個の形容詞が“caryā”にかかるという解釈よりも、それらが“buddhadharmāś”にかかると見るこの解釈の方が妥当であると見ざるを得ない。以上の二つの解釈については、「渡辺詳解」二九回、九八頁上―下参照。

(309) SP-Index (p.1113, s.v. “sūkṣma”) によれば、『法華経』梵本には “sūkṣma” の用例は八つ認められるが、その内の六つは偈における用例であり、他の二つは、「見宝塔品」(K, 263,1) と「随喜功徳品」(K, 350,11) の散文部分に認められる。なお、“sukhama” は、「方便品」第一六偈・第一八偈に用いられている。

(310) 伊藤隆寿『中国仏教の批判的研究』大蔵出版、一九九二年、一五九―一七四頁参照。

(311) 『律蔵』「大品」〔67〕では、“me adhigatam”「私によって証得されたもの」= “ayaṃ dhammo”「この法」〔A〕が、“gambhīra”「甚深」、“duddasa”「難見」であり、更に “aṇu”「微」であると言われている。この “aṇu” が「方便品」第三偈の “sūkṣma” に意味的に対応しているように思われるが、“aṇu” が用いられている〔67〕も偈であって、同じく “adhigato ... myāyaṃ dhammo”「私によって証得されたこの法」について、“gambhīra” “duddasa” という形容詞を列挙する『律蔵』「大品」〔62〕という散文には、“aṇu” という語は使用されていない点に注意したい。つまり、原始仏典においてさえも、対応している筈の散文と偈の所説との間に、〝偈の方が通俗的神秘主義的でヒンドゥー教的である〟というような思想的相違を認めることができるかもしれない。

(312) K本は “adhimuktīya” というO本の読みを採用するが、K′本・G1本等の大多数の写本は “adhimuktau hi” という読みを示している。また、B本は “adhimukto hi” と読んでいる。この点については後論する。

(313) この “tat” が、第五偈前半の “tat”、または第四偈後半の “phalaṃ ... tat” を指しているという解釈は確かに可能であろうが、この “tat” と “phalaṃ” との関係は、かなり不明瞭なものとなっている。いずれにせよ、この “tat” は〝仏陀によって悟られたもの〟〔A〕または、〝絶対的存在〟を指していると思われる。後註(328)参照。

(314) この訳文の後半は、羅什訳『中論』の「諸法実相者、心行言語断」(大正三〇、二四上三) という訳文に、趣旨も表現も類似しているであろう。この訳文は、次のような『根本中頌』第一八章第七偈前半に対応していると考えられる。

ⓐ nivṛttam abhidhātavyaṃ nivṛttaś cittagocaraḥ / (MK, XVIII, v.7ab)

ⓑ言語表現されるもの (abhidhātavya) が止滅し、心の行境 (citta-gocara) が止滅した。

(315) 「渡辺詳解」三〇回、一〇八頁上参照。

(316) 同右、三〇回、一〇六頁上。

(317) 「方便品」散文部分〔129〕の “śuddhā sāre pratiṣṭhitā” に対するK本の読み “śraddhāsāre pratiṣṭhitā” は、〝信解に住する〟と類似の表現に見えるが、このK本の読みが不適切であると思われることについては、すでに〔129〕に関する考察で示した通りである。

（318） Cf. BHSG, p.76, 10.106; *Toda*, p.[19], III, 14.

（319） ただし、松濤博士が "sthita" を「立っている」ではなく「出で立っている」と訳されたのには賛成できない。松濤博士は「序品」第三一偈・第三二偈・第三三偈に見られる "prasthita agrabodhim" を「最高の菩提へ向って出で立ったのである」（『松濤Ⅰ』一九頁）と訳されているので、"prasthita" と "sthita" を区別されなかったのかもしれないが、それは適切ではないであろう。

（320） ただし、後出〔363〕の「方便品」第三三偈においては "śraddhā" という語が用いられていると思われるが、これについては後に論じる。また、その偈の "śraddhā" という写本の読みについては、後註（359）参照。

（321）『成立と思想』二二二頁、一一行、一二行参照。

（322） 山崎守一氏は、「備忘」（三六四頁）で、BHSG（p.4, n.11）等にもとづき、この "jñāne" は中性の単数主格であると主張されたが、"ye śes ḥdi la [med]"（P, chu,15b4）というチベット訳から考えても、また、後出〔339〕の「方便品」第一六偈・第一七偈の "asmin [visayo na vidyate]" を考慮しても、この "jñāne" は於格と解するべきであろう。

（323） K本には "ekībhavitvānuvicintayeyuḥ" とあるが、K′本・C1本・P2本・N1本等の多数の写本にある "ekībhavitvāna vicintayeyuḥ" という読みに改める。W本（p.30, n.2）、「備忘」三六五頁参照。

（324） K本には "yac cāprameyaṃ" とあるが、渡辺博士の見解に従い、T4本等の "yāvāprameyaṃ" に改める。博士の言われる通り、"yāva" はチベット訳 "ji tsam"（P, chu,15b6）とも一致するであろう。「渡辺詳解」三〇回、一一四頁上、「備忘」三六七頁参照。

（325） K本に "me" とあるが、おそらく誤植であろう。これを支持する写本は存在しないからである。即ち、すべての写本が "ye" と読んでいるので、W本の指摘（p.42, n.3）に従い、"ye" と改める。

（326） "parijāni" を BHSG（p.213, s.v. "jñā"）では、optative と解するが、*Toda*（p.[38], s.v. "iṣ-Aorist"1）では、aorist と解釈している。『正法華』〔337〕の「未曾能知」という訳は、この解釈に従うものであろう。これに対して、山崎氏は「備忘」（三六八頁）で、"parijāni" を〔327〕の「方便品」第一〇偈の "bhavi" と同様、optative であり、三人称単数の動詞が三人称複数の動詞として使用されたと解されている。ここでは、一応、"parijāni" を optative と見る解釈に従っておきたい。

（327） ただし、「譬喩品」散文部分〔256〕ⓐにある "agra-yāna" という語が本来テキストに存在したかどうかについては、若干の疑問がある。これについては、〔256〕に関する考察で論じた通りである。

（328） ウパニシャッドの二大文章の一つ "tat tvam asi"「汝はそれなり」の "tat"「それ」や、『バガヴァッドギーター』の "tat param"（BhG, V, 16）「最高のそれ」は、〝最高の絶対的実在〟を意味する語であろう。

(329) K本には“dharmabhāṇakās”とあり、この読みは大多数の写本によって支持されるが、O本だけは“dharmadeśakās”という読みを示している。このO本の読みを採用するが、その理由については後に論じる。

(330) “aprameya”は、この場合は〝量ることができない〟〝不可量〟を意味すると見るのが自然であろう。『正法華』も「不可限量」という訳語を充てている。ただし、“aprameya”が「方便品」第一偈で〝不可知〟の意味で用いられたと思われることの重要性を考慮し、また、〝量る〟も〝知る〟の一種であると考え、敢て「不可知」という訳語を用いることにした。

(331) ただし、『写本集成』(II-50)によると、“dharmabhāṇakās”“dharmabhāṇakāḥ”“dharmabhāṇakā”という他の写本の読みに対して、“dharmadeśakās”という読みを示すのはO本しかないことは、認めざるを得ない。

(332) 即ち、“dharma-bhāṇaka”(K, 228,15; 358,12; 402,5)=「説法者」(『妙法華』三一上二四、四八上二三、五九中一二)。

(333) 『正法華』〔340〕でも、この点は同様であるが、『妙法華』〔341〕の「新発意菩薩、供養無数仏、了達諸義趣、又能善説法」という訳文を見ると、“kṛtādhikārā bahubuddhakoṭiṣu”と“suviniścitārthā bahu dharmadeśakās”という限定語が“navayānasaṃprasthita”だけにかかり、“avivartikā”にはかかっていないように見えることは、確かである。しかし、“suviniścitārthā bahu dharmadeśakās”と「五百弟子品」〔342〕の“suviniścita-dharmadeśaka”との対応を認めるならば、「方便品」〔339〕の“suviniścitārthā bahu dharmadeśakās”が、そこでは“navayānasaṃprasthita”だけを限定するという解釈は不自然なものとなるであろう。というのも、「五百弟子品」〔342〕で“suviniścita-dharmadeśaka”と言われているプールナは、「新発意」であるどころか「説法人たちの最勝のもの」であると述べられており、また、「五百弟子品」〔342〕の直前の個所には、プールナが過去世の九十九コーティもの仏陀のもとで“sad-dharma”「正法」を護持したことが述べられているからである(Cf. K, 200,8-9)。つまり、プールナは過去世に無数の諸仏のもとで〝菩薩行〟を行じてきた〝菩薩〟であると見なされていることは明らかであり、そのプールナを「新発意」と見なすことは、到底不可能であろう。

(334) K本には“pi”とあるが、G1本・O本に“mi”という読みがあり、『妙法華』〔347〕の「我今已具得」を重視して、この読みを採用する。「渡辺詳解」三二回、八八頁下参照。

(335) K本に“ca”とあり、この読みはG2本を始め多くの写本に示されている。ただし、渡辺博士は次のように指摘される。

〝私も〟=〝唯我〟(妙法華)、〝独仏世尊〟(正法華)という漢訳からみると〝アハン、ヴァ〟と読むべきかも知れないが、写本の支持がない。P本のみは〝アハメーヴァ〟と読み、この解釈にとって都合がよいが、韻律上具合が悪いので、これが本来の読みとは思われない。(「渡辺詳解」三二回、八九頁上)

つまり、「唯我」「独仏世尊」という漢訳から見て、〝だけ〟を意味する語“eva”がここにあるべきであり、O本は“aham eva”という読みを示しているので、この解釈に合致するが、韻律上、"aham eva" は不都合であるというのである。しかし、この「方便品」第一九偈の "ahaṃ ca (?) jānāmiha yādṛśā hi te" が「方便品」散文部分〔77〕の "sarvadharmān api tathāgata eva jānāti / ye ca te dharmā yathā ca te dharmā yādṛśāś ca te dharmā"（K, 30,3-4）に対応していることは明らかであるから、この点から見ても、第一九偈の "aham" の後には "eva" の語があることが望ましいと考えられる。しかるに、O本に "aham eva" とあるだけではなく、G1本には "ahaṃ vi [jānāmi]" とあり、またK′本には "ahaṃ hi" とある。この "hi" を、"eva" と同様に、「だけ」を意味すると見ることも可能ではなかろうか。ここでは、K本の "ahaṃ ca" というテキストは修正しなかったが、この "ca" の位置にはどうしても "eva" のように「だけ」を意味する語があるべきだと考え、拙訳においては、「私だけが」という訳語を示すことにした。"声聞" "独覚" "菩薩" の誰も知ることはできない〔A〕について、「私だけが知っている」と述べることは、充分に論理的だと思うのである。

(336) K本には "bhavāhi" とあるが、K′本・G1本等の大多数の写本に従い、"bhavesi" という読みを採る。これについては、「渡辺詳解」三二回、九二頁上参照。

(337) "sarvaśrāvakān" というK本の読みについては後論する。

(338) K本には "ca ye 'bhiprasthitāḥ" とあるが、G1本等の大多数の写本にある "ye prasthitā narāḥ" という読みを採る。これについては、「渡辺詳解」三二回、九二頁下参照。

(339) K本には "mama" とあるが、G1本・O本の "maya" という読みを採る。これについては、「渡辺詳解」三二回、九二頁下—九三頁上参照。

(340) K本には "nirvṛtīya" とあるが、K′本・G1本等の多数の写本にある "nirvṛtau hi" という読みを採る。これについては、「渡辺詳解」三二回、九三頁上参照。

(341) 「だけが」という訳語については、前註(335)参照。

(342) チベット訳は、"ñan thos pa ... la bskoḥo"（P, chu,16a5-6）である。

(343) 『写本集成』（II-61）参照。

(344) Cf. BHSG, p.117, § 21.70.

(345) Cf. BHSG, p.57, § 8.93.

(346) Cf. BHSG, p.115, § 21.30.

(347) 『写本集成』（II-62）による限り、"ye" を "te" と読む写本は存在しない。

（348） *Burnouf*, p.22; *Kern*, p.34;『南条・泉』四四頁、「渡辺詳解」三二回、九四頁上、『松濤Ⅰ』四四頁、『一仏乗』六七頁、『中村 上』三三頁。

（349） Cf. *Textual Study*, p.97.

（350）『一仏乗』六七頁八行。

（351）『一仏乗』六七頁一二行。

（352）「方便品」散文部分の“svapratyayān dharmān”については、前註（83）も参照。

（353）『松濤Ⅰ』四五頁。

（354）K本には“prārthenti”とあるが、G1本・G2本・T2本等の“prārthentā”という読みに改める。これについてはW本（p.33, n.4）、「渡辺詳解」三四回、九一頁上—下参照。

（355）渡辺博士は、“samālapanto”が『妙法華』〔359〕で「相視」と訳されていることから、その原語を“samālokento”ではないかと想定されたが、博士自身が認めておられるように、この読みを示す写本は存在しない。「渡辺詳解」三四回、九一頁上参照。

（356）「渡辺詳解」三四回、九一頁下。

（357）K本には“samagrabodhim”とあるが、渡辺博士の指摘に従い、G1本・C1本等の“mam agrabodhim”という読みを採る。「渡辺詳解」三五回、一〇四頁上参照。博士の言われる通り“mam”は“imam”の略であり、“ḥdi”（P, chu,17a7）というチベット訳にも一致する。

（358）K本には“jināna uttamā”とあるが、渡辺博士の指摘に従い、G1本等の“narendrarāja”という読みを採る。「渡辺詳解」三六回、一五〇頁下—一五一頁上参照。博士が言われるように、漢訳の「人中王」「法王無上尊」も“narendrarāja”の訳語と見られるであろう。

（359）K本には“śrāddhāḥ prasannāḥ”とあるが、K′本・G1本・O本等の大多数の写本の“śraddhāprasannāḥ”という読みを採る。この点は、W本（p.34, n.4）に従った。なお、『写本集成』（II-111）には、“śraddhāḥ”と読む写本は二つ（P1・N1）あるが、“śrāddhāḥ”、または“śrāddhā”と読む写本は存在しない。この点は、K本（K, p.36, n.13）も認めているようである。

（360）K本では、第二句が“ye cāpi te prasthita agrabodhaye”となっており、C3・R・P1・A1等の多くの写本は“ye cāpi me prasthita agrabodhaye”という読みを示している。これに対してO本だけは、第二句を“ye cānyi prārthentiha agrabodhim”と読んでおり、この読みが両漢訳『正法華』〔367〕の「及余衆党、求尊仏道」と『妙法華』〔368〕の「及余求仏者」という訳文に一致することが、渡辺博士・辛嶋氏によって指摘されている。「渡辺詳解」三七回、一二一頁上参照。Cf. *Textual Study*, p.46. 従って、ここでは両漢訳の古さ、及び「方便品」散文部分〔112〕に“anyāni”という語が用いられているという事実を重視して、敢てこのO本の読みを採りたい。このO本の読みを採る点は、中村博士も同様である。『中村 上』三八頁、二四四頁、註（23）参照。

(361) K本は冒頭に"atha"という語を置くが、これはケルン自身が"added conjecturally"（K, p.44, n.3）と断っているように、写本に根拠をもたないので、渡辺博士が言われるように、省くべきである。また、第三八偈前半のテキストも、博士の理解に従い、N2本・N3本の"bhikṣuṇyo tha"という読みを採用した。「渡辺詳解」三九回、八七頁上―下参照。

(362) "sampaśyanta"を"apaśyanta"と読みかえるだけで、『正法華』〔370〕の「不自見瑕穢」や『妙法華』〔371〕の「不自見其過」という訳文、及びO本の"svāni doṣāṇy apaśyantās"（53a1）という読みに一致する。この点は、渡辺博士によって指摘されている。「渡辺詳解」三九回、八八頁上参照。

(363) K本には"dhvaṃsi tān"とあるが、渡辺博士の指摘に従い、K´本・G2本・B本等の"dhvaṃsayi"という読みを採る。「渡辺詳解」三九回、八八頁下―九〇頁上参照。

(364) K本には"ye imam"とあるが、渡辺博士の指摘に従い、K´本・G2本・C3本等の"yen imam"という読みを採る。また、O本には"yena"の語があるが、K本の"ye imam"という読みを示す写本は、『写本集成』（II-238）には存在しない。「渡辺詳解」三九回、九〇頁上参照。

(365) K本には"sārā"とあるが、ケルン自身が"All sāre"（K, p.44, n.12）と述べて、この読みが写本にもとづかないことを認めており、渡辺博士の指摘に従い、O本・B本・C5本等の"sāre"という読みを採る。「渡辺詳解」三九回、九一頁上参照。

(366) 『正法華』〔370〕の「奉戒有欠漏」や『妙法華』〔371〕の「於戒有欠漏」より見て、これらの原文には、"śikṣā"の代りに"śīla"という語が置かれていた可能性が高い。現にO本だけは"-śikṣāsamanvitāḥ"の所を"śīlā samantataḥ"（53a1）と読んでいる。この点について、『中村 上』二四七頁、註（41）参照。

(367) ここで"kuśala"「善」が過去世でなされた善を指していることは、「方便品」第四三偈の"purākṛtaṃ yat kuśalaṃ"（K, 45,4）、つまり、「過去になされた善」という表現によって示されているであろう。とすれば、それは過去世の〝菩薩行〟を意味することは明らかであり、この〝菩薩行〟という「善」をもつ〝菩薩〟だけが聞法できるという立場がここに示されていると考えられる。即ち、〝菩薩〟ではない〝非菩薩〟は聞法できずに、会衆から追放されるのである。

(368) この不自然さについて、勝呂博士は詳しく考察され、「偈が長行より先に成立したとは考えられない」⑧という結論を導かれている。『成立と思想』一一四―一一五頁参照。

(369) 実際には"sraddhāsāre ..."という読みがK´本・C3本・C6本・B本・N2本等に見られる。

（370） あるいは、辛嶋氏の理解は、「方便品」の原型（triṣṭubh 部分）には、〝五千人の退出〟の話は述べられていなかったというものであるかもしれない。

（371） これは「方便品」散文部分〔148〕〔151〕〔154〕に見られる "upāyakauśalyair nānādhimuktānāṃ sattvānāṃ nānādhātvāśayānām āśayaṃ viditvā dharmaṃ deśitavantaḥ（deśayiṣyanti, deśayanti, deśayāmi）" という表現にもとづいているであろう。

（372） K本はO本の "sūtrāṇi"（53b1）という読みを採用しているが、K′本等の大多数の写本は "sūtrānta" という読みを示している。山崎守一氏は、この読みを採用されるが（「校訂の試み」二〇五頁）、伝統的な九分教の第一としての "sutta" より考えても、本来は "sūtra" が使われていたのが、後に "sūtrānta" に変更されたと見るのが自然ではないかと思われる。

（373） Cf. *Textual Study*, pp.49-50.

（374） 渡辺博士は、『正法華』〔373〕の「分別」を "upadeśa" の訳語であると見なされている。「渡辺詳解」四〇回、一〇七頁下参照。

（375） 「方便品」第五七偈には "yadi hīnayānasmi pratiṣṭhapeyam ekaṃ pi sattvaṃ"（K, 47,4）「もし私が、小乗に衆生を一人でも住させるならば」と述べられている。

（376） 平川博士は、「しかし大乗にたいする「小乗」（hīnayāna）という言葉は成立がおくれる」（『初期と法華』三二四頁五行）と述べられている。

（377） K本の "prabodhanārtham" という読みは、"praveśanārtham" という読みを示すO本以外の全ての写本に見出されるが、しかし、O本の "praveśanārtham"（53b5）という読みは、『正法華』〔376〕の「使入仏慧」とも、『妙法華』〔377〕の「令得入仏慧」とも、一致していることが、指摘されている。「渡辺詳解」四〇回、一〇八頁下参照。

（378） K本に "na tu" とあるが、W本の指摘（W, p.42, n.2）により、G2本等の "tatu" という読みに改める。

（379） Cf. *Textual Study*, p.50.

（380） 「方便品」第一三〇偈にも "tatas" と "kṣaṇa" という語、更に "samaya" という語が用いられている。なお、「方便品」第一三〇偈で用いられる "tat kṣaṇam" という表現は、〔286〕の「譬喩品」第九一偈でも使用されていることに注意したい。「方便品」第四八偈を含めて、これらの三つの偈は、時間〔B〕の起点を説く点で一致するであろう。前註（288）参照。

（381） 『一仏乗』一八九頁一〇行。

（382） 「方便品」第四八偈〔378〕が〝方便〟ではなく〝真実〟の立場を説くものとして述べられているということは、第四八偈にある "so 'yaṃ kṣaṇo adya kathaṃci labdho" の中の "kathaṃci" という語に注目すれば、容易に理解される筈である。即ち、この "kathaṃci" という語は、「方便品」第一三五偈に出る"kadāci kahiṃci kathaṃci loke utpādu bhoti puruṣarṣabhāṇām"（K, 57,15）中の"kadāci kahiṃci kathaṃci"という表現、及び「方便品」第一三七偈に出る"audumbaraṃ puṣpa yathaiva durlabhaṃ kadāci kahiṃci kathaṃci dṛśyate"（K, 58,3）中の"kadāci kahiṃci kathaṃci"という表現と同様、「方便品」散文部分〔136〕の"kadācit karhacic chāriputra tathāgata evaṃrūpāṃ dharmadeśanāṃ kathayati / tadyathāpi nāma śāriputrodumbarapuṣpaṃ kadācit karhacit saṃdṛśyate"中の"kadācit karhacit"（"karhacit"はO本では"kathaṃcit"）という表現にもとづいていることは明らかであるから、「方便品」散文部分〔136〕以下でなされる「仏知見」と「一乗」に関する説法と同様、「方便品」第四八偈の所説も、『法華経』自身の〃真実〃の立場を説くものとして述べられていることが知られるのである。

(383) 従来の訳し方では"ca"が訳されていない。例えば、松濤博士の訳は「九部からなる私のこの教説は」（『松濤Ⅰ』五九頁）である。

(384) Cf. *Texual Study*, p.50.

(385) 「渡辺詳解」四〇回、一一一頁上一行。

(386) K本の"-rūpāya"という読みは、O本を除くすべての写本に認められるが、O本だけは"-śīlāya"（54a3）と読んでいる。しかるに、この読みは、チベット訳"rnam par dag paḥi tshul"（P, chu,23a1）や『妙法華』〔386〕の「浄戒」、及び、おそらくは『正法華』〔385〕の「行能具足」の「行」に一致することが、渡辺博士によって指摘されているので、敢て"-śīlāya"の読みを採りたい。「渡辺詳解」四〇回、一一三頁上参照。

(387) 『一仏乗』一五三頁一—四行参照。

(388) K本には"etam agyam"とあるが、G2本・O本・C1本等にある"eta mahyam"という読みに改める。この訂正については、「渡辺詳解」四〇回、一一四頁上—下、『一仏乗』一九八頁、註（14）参照。

(389) K本には"caritaṃ ca śīlaṃ"というO本の読み（56b5）が示されるが、渡辺博士の指摘に従い、K′本・G2本等の大多数の写本にある"caritā ca śīle"という読みを採る。「渡辺詳解」四三回、八八頁上参照。

(390) これについては、拙論㋚「『法華経』における一分不成仏説の問題」七〇—七一頁参照。また、この拙論でも論じたように、私は「方便品」第七五偈・第七八偈の解釈に関して津田眞一博士の次の論文から有益な示唆を得ている。津田眞一「小善成仏から願成就へ、〈「方便品」三世代関与説〉をもってする『法華経』「方便品」の救済論の測深」『国際仏教学大学院大学研究紀要』一一、二〇〇七年、二一八頁。また、上記の二つの偈については、久保継成『法華経菩薩思想の基礎』春秋社、一九八七年、二六八頁参照。

(391) 『正法華』（七二下一〇）には、「方便品」第一二七偈に対する訳文が欠けている。

(392) "upadarśayati"は、「方便品」偈では〃方便〃による教えを示すときに用いられる動詞であるという解釈をすでに示したが、その解釈は、ここでも妥当するであろう。というのも、「涅槃の地」を説くのは〝真実〟ではなく〝方便〟による教えと見られるからである。ただし、この偈では "vadāmi" も用いられており、その内容もやはり〝方便〟による教えと考えられるから、少なくとも、ここでは "vadāmi" が〝真実〟の教えを説くときに用いられるという理解は成立しない。

(393) この語は『妙法華』では「四十余年」(四一下六)と訳されている。

(394) K本には "analpakāni" とあるが、渡辺博士の指摘に従い、G2本・O本等の "anantakāni" という読みを採る。「渡辺詳解」五〇回、九〇頁下参照。

(395) 『正法華』(七二下一〇)には「方便品」第一二八偈に対する訳文が欠けている。Cf. *Texual Study*, p.60.

(396) "bahu-prakāra" は "upāya-kauśalya" にかかるのか、それとも "dharma" にかかるのかという問題意識をもって、SP-Index (p.711, s.v. "bahuprakāra") を見てみると、K本における "bahu-prakāra" の用例は一一例あり、そのうちの一つだけが散文部分の用例であり、他の一〇例はすべて偈の部分に見られることがまず知られる。その散文部分の用例とは、「譬喩品」散文部分〔219〕に見られるものであり、そこで "bahu-prakāra" は "krīḍanaka"「遊具」の形容詞として用いられている。しかるに、偈における一〇の用例のうち、「方便品」第一二九偈における用例を除いて、他の五の用例において "bahu-prakāra" は "dharma" を形容しているが、"bahu-prakāra" が "upāya-kauśalya" を形容する用例は、全一一例のいかなる用例にも見出されない。従って、"bahu-prakāra" は "dharma" にかかると解したい。

(397) 『一仏乗』一九〇—一九一頁参照。

(398) "bhūta-niścaya" = "agra-bodhi" という等式が成立することからも、「方便品」第四八偈で説かれた "bhūta-niścaya" に関する苅谷博士の解釈 (227) が妥当でないことが示されているであろう。即ち、"bhūta-niścaya" は〝真実〟として説かれるものとされているのであって、「〈巧みな方法〉によって説かれ」るものとされているのではない。

(399) 「乗と智慧」一三八頁参照。

(400) K本では "ajita taṃ" とあるが、その内の "taṃ" をK´本・G1本・G2本・O本・C5本・T7本等では欠いている。チベット訳 "teḥi bsod nams mṅon par ḥdu byed pa ni" (P, chu,150a1) にも "taṃ" の訳語は欠けている。従って、ここでは "taṃ" を省くことにしたい。

(401) 「乗と智慧」一三八頁参照。

(402) Cf. K, 224,1-4.

(403) 『初期と法華』五一〇頁一七行—五一一頁一行。

(404) K本の "pariśuṣkagātraḥ saṃghaṭitakāyo" という読みを、このように訂正することについては、苅谷定彦「法華経見宝塔品について」

『印度学仏教学研究』一一―一、一九六三年、一三八―一三九頁、戸田宏文「梵本法華経考」『仏教学』七、一九七九年、(四)―(五)頁、拙論㋔「法華経と日本文化に関する私見」一三〇頁参照。

(405) 私は「方便品」偈の成立をかなり新しく考えている。つまり、その作者は、おそらくは、所謂「第二類」の中心をなす「寿量品」散文部分の内容さえも知っていたのではないかと感じられる。しかし、これについて、詳しい論証は別の機会に譲りたい。

(406) K本には“aham”とあるが、K′本・G2本に“iha”とあり、チベット訳“byaṅ chub dam pa ḥdi”(P, chu,27b5)とも一致するので、“iha”に改めるべきであるというのが、渡辺博士の見解である。「渡辺詳解」五一回、一〇二頁上参照。しかし、他の写本はすべて“aham”か“ahu”と読んでいるため、K本の読みをそのまま採用した。

(407) 『一仏乗』一九三―一九四頁参照。

(408) K本には“tena jinena”とあり、この読みはK′本・G2本・G3本・O本にも見られるが、A2本・R本・P1本・T8本等には“tehi jinehi”という読みが示されている。私は“tehi jinehi”という読みを採りたいが、その理由については、後に論じる。

(409) Cf. *Kern*, p.59.『南条・泉』七二頁、「渡辺詳解」五一回、一〇四頁上、『松濤Ⅰ』七六頁、『一仏乗』一九五頁参照。

(410) Cf. *Burnouf*, p.38.『中村 上』五九頁参照。

(411) 「方便品」第一四二偈と「信解品」第四一偈に対する『正法華』の訳文に共通する「覩見」という語が何を意味するか、現在のところ理解できないが、“prakāśitaṃ”“prakāśayāmaḥ”に対応するのかもしれない。

(412) 北京版(P)には“rabs”とあるが、中村瑞隆博士によるチベット訳の校訂テキストに示された異読(中村「Dam paḥi chos pad ma dkar po shes bya ba theg pa chen poḥi mdo (2)」『法華文化研究』三、一九七七年、五八頁、註(17))によって、N、C、L、つまり、ナルタン版・チョネ版・ラサ版では“rabs”の代りに“rab”という読みが見られることが知られる。中村博士は“rabs”という読みを採用されたが、この個所を“rabs”と読むならば、直前の“sṅon”と結合して“sṅon rabs”「前代」「昔」という意味になるであろうし、“rab”と読むならば、直後の“bśad”と結びついて“prakāśitaṃ”の訳語となるであろう。つまり、“rab”は“pra-”という prefix の訳語となるのである。“prakāśayati”という動詞のチベット訳として“rab tu bśad pa”“rab tu ḥchad pa”は『法華経』のチベット訳で、一般的に用いられることが、SP-Index (p.651, s.v.“pra√kāś”) によって知られるから、“rab”の読みが妥当であろう。

(413) 『松濤Ⅰ』七六頁、『中村 上』五九頁。

(414) 『一仏乗』一九五頁一三―一四行参照。

(415) K本には“bhaveyu”とあるが、“bhavanti”と読むことについては、後に論じる。

(416) K本には "samprasthitā" とあるが、"ye prasthitā" と読むことについては、後に論じる。

(417) "lajjin" は、『法華経』梵本（K本）において、一回しか用いられていない単独例であって、そこには "lajjā" という名詞すら用いられていない。従って、『法華経』における他の用例について検討することもできないのである。

(418) "ye prasthitā" ではなく "samprasthitā" という読みを想定することには、次のような難点もある。即ち、"samprasthita" という語は、『法華経』の偈において多用されるものではない。即ち、SP-Index (p.1060, s.v. "samprasthita") による限り、この語は、第九章「人記品」以後の散文部分には多く用いられるが、偈の部分にはその用例は二つしか存在しない。その一つは、今問題にしている「方便品」第一四三偈における用例であり、他の一つは〔339〕の「方便品」第一四偈で "navayāna-samprasthita" として用いられるものである。しかし、後者の用例は、複合語の後分として使用されるものであり、単独で用いられるものではない。しかるに、この点は、「人記品」以前の散文部分における "samprasthita" の唯一の用例である「方便品」散文部分〔81〕の "pratyekabuddhayāna-samprasthita" でも同様である。すると、『法華経』梵本の偈において、"samprasthita" が複合語の後分としてではなく、単独で使用されるのは、「方便品」第一四三偈における用例しか存在しないということになるであろうが、これは極めて不自然であろう。

これに対して、"prasthita" という語は、「方便品」偈で使用されても、全く不自然なところはない。"prasthita" 自体は「方便品」偈において四回（II, v.25; II, v.37; II, v.125; II, v.128）用いられているが、すでに本論でも述べたように、そのうちの一つである第一二八偈（〔395〕）における用例は、"ye prasthitā uttamam agrabodhim" という表現中に見られるものであり、問題の第一四三偈についても、"ye prasthitā" という読みを採用するならば、第一四三偈でも "ye prasthitā uttamam agrabodhim" という全く同じ表現が繰返されたことになるのである。

更に言えば、"prasthita" は「序品」の偈においても盛んに用いられる語であって、その合計一〇の用例のうちの八例（I, v.31; I, v.32; I, v.33; I, v.35; I, v.40; I, v.41; I, v.42; I, v.71）は、"te prasthita agrabodhim" という表現の中で用いられるものであるが、「方便品」第一二八偈、そして、おそらくは、問題になっている「方便品」第一四三偈でも用いられた "ye prasthitā uttamam agrabodhim" という表現も、「序品」第八五偈に認められるのである。また、この表現は「譬喩品」第一三七偈・第一四九偈、及び「信解品」第三七偈でも使用されている。

以上見たような『法華経』偈における "samprasthita" と "prasthita" の使用頻度の相違、及び "ye (te) prasthitā [uttamam] agrabodhim" という表現の多用という事実を考慮するならば、「方便品」第一四三偈第二句の読みを "ye prasthitā uttamam agrabodhim" と想定することの妥当性が、ほぼ確認されたと思われる。

(419) 初めて『法華経』の経名を述べる「譬喩品」散文部分〔181〕ⓓにも、『法華経』は“śrāvakāṇām”「声聞たちに」説かれるということが述べられている。この「声聞たち」を、ⓐ〝真の菩薩〟〔直往菩薩〕と見ることも、ⓒ〝真の声聞〟と見ることもできないであろう。即ち、彼らは、シャーリプトラ等のⓑ〝仮りの声聞〟=〝実は菩薩〟〔廻小入大菩薩〕と考えられているのである。

(420)『一仏乗』一九五頁一九行。

(421)「渡辺詳解」五一回、一〇五頁下参照。

(422) 同右、一〇五頁下参照。

(423) K本には“bahūni”とあるが、渡辺博士の指摘に従い、C4本・C5本・N3本の“bahūhi”という読みを採る。「渡辺詳解」五一回、一〇六頁上参照。

(424)『成立と思想』三九八頁参照。

(425) K本には“yo”とあるが、渡辺博士の指摘に従い、『写本集成』(II-295) に示される全ての写本に見られる“so”という読みに改める。「渡辺詳解」四二回、一二九頁下参照。

(426) SNS[L], 66,25-26.

(427) Cf. SNS[L], p.67, n.39, n.40.

(428) これと全くの同文がハリバドラの *Abhisamayālaṃkārakārikāśāstravivṛti* (Amano ed., 54,20) にも存在する。

(429)『四巻楞伽』におけるこの文章の漢訳は、次の通りである。

菩薩一闡提者、知一切法本来般涅槃已、畢竟不般涅槃。(大正一六、四八七中二七—二九)

他の二つの漢訳(大正一六、五二七中一三—一五、同、五九七下一八—一九)も参照。

(430) 即ち、〝一闡提〟についての教説が説かれる直前には、四つの偈 (II, vv.130-133) が置かれているが、そのうちの第一三一偈には“triyāṇam ekayānaṃ ca ayānaṃ ca” (LAS, 65,11)「三乗と一乗と非乗」と言われ、第一三二偈には“yānatrayavyavasthānaṃ nirābhāse sthite kutaḥ” (LAS, 65,14)「無顕現 (nirābhāse) に住する人に、どこに三乗の区別 (yānatraya-vyavasthāna) があるだろうか」(「住於無所有、何建立三乗」大正一六、四八七中一六)という文章が認められる。この文章を常識的に理解するならば、ここでは「三乗の区別」が否定されて「一乗」が肯定されていると考えられるであろう。

(431) すでに論じたように、“dvitīyaṃ dharmacakraṃ”「第二の法輪」という語は、「譬喩品」散文部分〔210〕に説かれている。「方便品」第六八偈では、“ca”「また」という語に「第二に」という意味が込められていると考えたい。

(432) ここでは「方便品」の第四六偈と第四七偈を一括して一個のものとして扱う。つまり、第四六偈に“upāya”はない。

(433) 『一仏乗』一六一頁六行。

(434) 「方便品」第五一偈第三句“vadāmi tān buddha bhaviṣyatheti”が“iti”「と」で終っていることは、「方便品」第六八偈の第一句の“bhāṣāmy”「私は語る」が、第二句末尾の“… sarvadharmāḥ”までではなく、第四句末尾の“… jino bhaviṣyati”までを内容としていることを示している点で、極めて重要である。即ち、正確な表現とすれば、“… jino bhaviṣyati”の後に、“iti”が補われるべきである。つまり、

私はまた、次のようにも説く。「これらのあらゆる存在は、はじめから寂静なのであり、常に寂滅（涅槃）している」と。（しかも）かの仏陀の息子たちは、修行を完成して、未来においては勝利者となるであろう。（『松濤Ⅰ』六三頁）

という翻訳において、“」と”というのは、「なるであろう」の後に置かれるべきであろう。ここには、“so … buddhaputro”が「かの仏陀の息子たち」というように複数で訳されているという欠点が認められるが、それ以上に重要であるのが、“bhāṣāmy”がどこまでかかるのか、つまり、「私は説く」という“説法”の内容がどこで終るのかという点であろう。“… jino bhaviṣyati”までを、その“説法”の内容と見ることによって、この「勝者になるであろう」という“説法”の内容に対して“疑惑を除きなさい”ということが、第七〇偈〔448〕の冒頭で“vyapanehi kāṅkṣām”と言われることの意義が、理解されるのである。

なお、渡辺博士も、松濤博士と同様の理解を、「私は“これらすべての存在は常にネハンの状態にあり、最初から寂滅している”と説く」（『渡辺詳解』四二回、一二九頁上）という訳文によって示されている。

(435) 私見によれば、後出の「如来寿量品」の文章〔469〕〔477〕〔480〕には“涅槃の否定”が説かれていると考えられる。その正確な意味については、これらの記述を考察するときに論じる。

(436) 「方便品」第一三九偈（〔420〕）の第一句“vyapanehi kāṅkṣām iha saṃśayaṃ ca”と言われるとき、この“疑い”の内容とは何かと言えば、それは第三句の“samādapemi aham agrabodhau”「私は、最勝の菩提（agrabodhi）に教化する（samādapemi）」という表現によって示されているであろうが、この“疑い”の内容も、“仏陀になるであろう”ということに関する“疑い”の内容と異なるものではないと思われる。

(437) K本には“śruṇensu”とあるが、W本の指摘（W, p.50, n.10）に従い、“śruṇiṃsu”という読みを採る。この読みはT3本に見出されるが、K′本・C3本も“sruṇiṃsu”という読みを示している。

(438) 苅谷博士も、第七七偈—第九六偈を「〈仏滅後〉の衆生について述べるもの」（『一仏乗』一六四頁四行）と見なされている。

(439) 苅谷博士の「それら（過去）の諸仏がすでに滅度されていた時（〈仏滅後〉）でも、あるいは現に存しておられた時（〈仏在世時〉）

でも、そのいずれの時でも」（『一仏乗』一六四頁六―八行）という翻訳は、このチベット訳にほぼ一致していると思われる。

(440)「方便品」第八二偈には、これ以前にも三度繰返された"karonti"、または"kurvanti"が省略されていると考えて、「作る」という訳語を補った。

(441) この『正法華』の翻訳は、「方便品」第九三偈を、前半と後半に分けることなく、全体として訳したものであるから、そこから第九三偈前半だけの訳文を切り離して示すことはできない。

(442)「方便品」第九三偈前半と正確に対応する『妙法華』の訳文を示すことはできない。

(443) K本には"ca"とあるが、渡辺博士の指摘に従い、K′本・G２本等の"te"という読みを採る。「渡辺詳解」四五回、一〇三頁上参照。

(444) このテキストは、ほぼ「渡辺詳解」四五回、一〇七頁上に示されたものに従っている。

(445) Cf. *Śikṣāsamuccaya* (Bendall ed.), 94,1-9.

(446) ただし、『正法華』においては、第九五偈の後に〃x偈〃前半だけの訳文が置かれていて、その後に、第九六偈の訳文が置かれ、その後に〃x偈〃後半の訳文が置かれていることは、注意しておきたい。

(447)『一仏乗』一七二頁一一行。

(448) K本には"paurvikī"とあるが、渡辺博士の指摘に従い、"paurvika-"という読みを採用する。渡辺照宏「法華経原典の成立に関する一考察」八五頁参照。ただし、苅谷博士は、K本の"paurvikī"という読みを、そのまま採用されている。『一仏乗』一七一頁八―九行参照。

(449) この訳文は〔472〕の訳文なのではなく、〔472〕の後に来る"idānīṃ khalu punar ahaṃ kulaputrā aparinirvāyamāṇa eva parinirvāṇam ārocayāmi"（後出の〔480〕）という文章の訳文であると考えられる。Cf. *Textual Study*, p.186.

(450)『一仏乗』二〇二頁、註（57）参照。

(451) ここで「旧人」とは、湛然によって、光宅寺法雲を指すと見られている。というのも、湛然の『法華玄義釈籤』に次のように説かれるからである。

光宅意、以寿量品、為神通延寿利益衆生。（大正三三、八三七上二五―二六）

しかし、「神通延寿」という言葉自体は、法雲の『法華義記』には用いられていないように思われる。

(452) ただし、「常住」も「不滅」も、『妙法華』自身が使用している言葉であることは確認しておきたい。即ち、後出の『妙法華』〔479〕には「常住不滅」という語があるのであり、また、この語は〔477〕の"sadā sthitaḥ / aparinirvṛtas"という表現に正確に対応しているように見えるのである。しかし、この表現の正確な意味については後に論じたい。

(453) 拙論㋙「『法華経』の文学性と時間性」六四—七三頁参照。

(454) K本には“-āyuṣpramāṇaṃ”とあるが、W本の指摘（W, p.271, n.9）に従い、K′本・G1本・O本・C1本・C5本・T7本等の“-āyuṣpramāṇas”という読みを採る。

(455) K本には“-vaśena”とあるが、W本の指摘（W, p.271, n.10）に従い、K′本・G1本等の“vaśāt”という読みを採る。

(456)「方便品」偈に見られる“upadarśayati”「示す」という動詞と同じことが、この“ādarśayati”についても言うことができる。即ち、これは“実際には……ではないけれども、……のように見せる”という意味をもっているのである。

(457) “sātirekāṇi catvāriṃśadvarṣāṇi”（K, 311,4）「四十年あまり」は、『妙法華』では「四十余年」（四一下六）と訳される。

(458) 前註（457）参照。

(459) この“darśayāmi”については、前註（456）参照。

(460) “x偈”に関して言えば、そこに“te sarvi bodhāya abhūṣi lābhinaḥ”という定型句はあるものの、“聞法”のことは言われていない。しかし、“見仏聞法”と言われるように、“見仏”すれば必ず“聞法”すると考えられるから、“x偈”には“聞法”のことも暗に言われていると見るべきであろう。

(461)『一仏乗』一七二頁一二—一四行参照。

(462) ただし、両漢訳は、“te sarvi prāptā imam agrabodhim”を、“te sarvi bodhāya abhūṣi lābhinaḥ”という定型句と同様に、「皆已成仏道」（『妙法華』〔465〕）とか、殆んど同様に「斯等皆当、逮尊仏道」（『正法華』〔464〕）と訳している。

また、第九三偈〔457〕の“sarve ca te buddha abhūṣi loke”という表現についても、『正法華』〔458〕は「一切皆当得成仏道」、『妙法華』〔459〕は「皆已成仏道」という訳文を与えているが、この表現は上述の定型句とは似て非なるものであり、“成仏した”“菩提に達した”という点では、むしろ、“te sarvi prāptā imam agrabodhim”に一致している。では、この〔457〕の表現と定型句との違いをどのように理解すべきかと言えば、それについての答えを、私はまだ見出してはいない。

(463)『末灯鈔』第一通、『定本親鸞聖人全集』第三巻(2)、法蔵館、一九六九年、六〇頁。

(464)『定本親鸞聖人全集』第一巻、法蔵館、一九六九年、一三八頁。

(465) Sukh, p.96.

(466) 平川彰『インド仏教史 上巻』三六三—三六四頁。

(467) K本には"buddhās"とあるが、渡辺博士の指摘に従い、G2本・C5本等の"buddhvā"という読みを採る。「渡辺詳解」四六回、一五八頁上参照。

(468) RG, 72,13-14.

(469) 『縁起と空』四六—四九頁参照。

(470) Cf. RG, 72,15-73,8.

(471) 『縁起と空』二二六—二二八頁参照。

問題の経文"prakṛtiś cittasya prabhāsvarā"〔494〕が、漢訳でどのように訳されているか、以下に示しておきたい。

ⓐ欠(『道行』大正八、四二五下二四)

ⓑ浄意光明。(『大明度』同、四七八下二一)

ⓒ心者浄。(『鈔経』同、五〇八下一六—一七)

ⓓ心相本浄。(『小品』同、五三七中一四—一五)

ⓔ〔是心非心〕本浄〔故〕(『大般若』大正五、二〇二上一三)

ⓕ心性浄。(『仏母』大正八、五八七中一五)

以上を通覧すると、〔494〕の経文は、ⓑの『大明度』の段階では、すでに翻訳されていて、その梵語原典には、この経文が付加されていたことが知られる。

(472) 「渡辺詳解」四六回、一五六頁下参照。

(473) 私は、この"upadarśayanto"「示しながら」という語に否定的な語感を感じざるを得ないのである。つまり、『妙法華』〔497〕は、"upadarśayanto imam ekayānaṃ"「この一乗を示しながら」を「其実為一乗」と訳していて、「一乗」を「示す」ことを「実」の立場を説くことと見なしているようであるが、「一乗を示しながら」というのを〝一乗を説いているように見せながらも、実は如来性について法を説くのである〟という意味に理解することはできないであろうか。つまり、"ekayāna"「一乗」よりも"tathāgatatva"「如来性」の方が言わば高度な存在、あるいは真の実在として述べられていると見るのである。

また、"tathāgatatva"が第一〇一偈で"tathāgatatve"という於格で示されている点も、『大乗阿毘達磨経』〔493〕の"dhātu"を〝基体〟と見る私見よりすれば、重要な意義をもっているように思われる。つまり、"dharmaṃ ... tathāgatatve"は「如来性について法を」ではなく、「如来性において法を」と訳すのが適切であるかもしれない。

(474) この私見にもとづけば、〔489〕の第一〇二偈第一句の“hi”は、「実に」ではなくて、「というのも」という意味で〃理由〃を示す語と解するのが、適切であるかもしれない。

(475) Cf. RG, 72,9-10; 82,13 [II, v.18c]; 85,7.

(476) Cf. MSA, 33,16 [IX, v.2d]; 34,3 [IX, v.4a]; 34,13 [IX, v.6a]; 34,21 [IX, v.7a]; 35,6 [IX, v.9a]; 35,10 [IX, v.10d]; 35,14 [IX, v.11b].

(477) 『禅批判』四八七頁参照。

(478) 大正一六、四六二中九（TGS[Z], p.273, Ch2）。ただし、仏陀跋陀羅による第一の漢訳では、“tathāgatatva”に対応する個所に「如来無量知見」（大正一六、四五八上一二―一三、TGS[Z], p.272, Ch1）とあるので、本来のテキストには、“tathāgatatva”ではなく、“tathāgata-jñāna”という語が、この個所に置かれていたかもしれない。Cf. TGS[Z], p.115, n.108.

(479) Cf. TGS[Z], p.115, n.108.

(480) ここで「怛薩阿竭」「無師」「薩芸若」は、それぞれ“tathāgatatva”“svayaṃbhūtva”“sarvajñatva”の訳語だと思われる。ということは、『道行』のこの個所の原梵語テキストには、“buddhatva”は欠けていたのであろう。しかるに、この点は『大明度』の「如来、無師、一切智」（大正八、四九二中八）も同様であって、ここでも“buddhatva”の訳語は欠落している。しかるに、『小品』の「如来法、仏法、自然法、一切智人法」（大正八、五五九上二〇―二一）になると、「仏法」という“buddhatva”の訳語が加わるのである。『仏母』の「如来法、仏法、自然智法、一切智法」（大正八、六三二中二〇―二一）も、この点は同様である。

(481) Cf. TGS[Z], pp.51-52.

(482) VSN[T], 268,16.

(483) 『縁起と空』二三四―二三五頁、二四四―二四六頁参照。

(484) この部分は、梵文との対応を正確に示すことは困難である。また、『小品』（五五八下三―五）においても、『仏母』（六三一下一八―一九）においても、正確に対応する訳文を示すことはできない。従って、〔517〕は後代の付加である可能性がある。

(485) 梶山雄一・丹治昭義訳『八千頌般若経Ⅱ』（大乗仏典３）中央公論社、一九七五年、四二頁七行。

(486) 高崎直道訳『如来蔵系経典』（大乗経典12）中央公論社、一九七五年、一八頁一四行。

(487) ただし、『仏母』（六二八下一二）には「法界」という訳語がある。

(488) 刊本に“lakṣyata”とあるのは、“lujyata”と訂正されるべきである。Cf. AKBh, p.5, n.6.

(489) ここで、“śūnyatā”「空性」という語が、〔511〕で用いられた“śūnya”「空」という語と微妙に使い分けられていることに注意したい。

つまり、ここで重要なのは、“śūnyatā”という抽象名詞の方であって、〔528〕では、その“śūnyatā”が〝常住なる単一の普遍的実在〟という意味を担っているので、それは、“dharma-dhātu”「法界」と同一視されるのである。しかるに、この点は『中辺分別論』*Madhyāntavibhāga*（MAV, Nagao ed.）においても、同様であって、その第一章第一四偈では、“śūnyatā”の“paryāya”「同義語」として“dharma-dhātu”が説かれるのである（MAV, I, v.14）。

(490) 後に論じるように、ここに見られる“avavadita”“anuśiṣṭa”という表現と動詞語根が一致する“avavadiṣyāmi anuśāsiṣyāmi”という表現が、後出の『八千頌般若経』〔548〕に認められる。

(491) ハーヴィッツの英訳も“when the Buddha instructed bodhisattvas in anuttarasamyaksaṃbodhi”（*Hurvitz*, p.84）となっている。

(492) 『一仏乗』二六五―二六六頁参照。また、同様の説は、「信解品」の偈（IV, vv.37-39）にも認められる。『一仏乗』二六六頁参照。なお、〔531〕には、本来“asmābhir anye bodhisattvā avaditā abhūvan”というようなテキストがあったとすると、『正法華』〔532〕の「誨我、以奇特誼」の「誨」と「我」は、それぞれ“avaditā”と“asmābhir”の訳であり、「奇特」は“adbhuta”の訳語として一般に使用されるので、“abhūvan”に対応しているということかもしれない。

(493) ただし、〝窮子〟が〝声聞〟（実は〝仏子＝菩薩〟）を指すとしても、〔534〕の趣旨を「窮子譬喩」の話にどうあてはめるべきか明らかではない。というのも、管財人である〝窮子〟が、その財産（仏智）〔A〕に欲をもたなかったというのはよいとしても、それを誰かに教えたということは、「窮子譬喩」に説かれていないからである。

(494) 梶山雄一訳『八千頌般若経Ⅰ』（大乗仏典2）中央公論社、一九七四年、七頁一二行。

(495) シュミットハウゼン教授の理解も“Prajñāpāramitā der Bodhisattvas”「菩薩たちの般若波羅蜜」というものである。Cf. Schmithausen L., “Textgeschictliche Beobachtungen zum 1. Kapiter der Aṣṭasāhasrikā Prajñāpāramitā” *Prajñāpāramitā and Related Systems* : Studies in honor of Edward Conze (ed. Lancaster L.), Berkeley Buddhist Studies Series, 1977, p.40, *ll*.9-10.

(496) Cf. AS, 1,5-7.

(497) 『鈔経』五〇八中一九―二四、『小品』五三七上二二―二六、『大般若』大正七、七六三中七―一二、『仏母』五八七上七―一二参照。

(498) 『大明度』〔553〕の「敬首為上首」も同様であるが、ここにマンジュシュリー Mañjuśrī（文殊）菩薩の名が出されることの理由は明らかではない。というのも、『八千頌般若経』では、すでに述べたように、マイトレーヤ菩薩は聴衆の一人として登場し、スブーティ等と会話を交すが、マンジュシュリー菩薩は登場しないと思われるからである。

(499) Cf. AS, 12,22.

(500) 『小品』(五三七中二〇)と『大般若』(七六三下二八)に対応するが、そこに“atas”の訳語は存在しないように思われる。

(501) この偈の翻訳は、『正法華』(八二中二〇)に欠けている。Cf. *Textual Study*, p.88.

(502) 梵語テキストの“te codārāyāṃ”の“te”「彼等」「それら」をどのように解するかは大きな問題である。つまり、“te”は“bodhisattvānāṃ”を指すと解するのか、“vayaṃ”「私たち」を指すと解するのかによって、文意は大きく異なってくる。この前者の解釈によれば、“te codārāyāṃ buddhabodhau samādāpitāḥ”は「彼等(菩薩たち)は、高大な仏陀の菩提において、〔私たちによって〕教化されてきた」という意味になり、これは〔531〕〔534〕で述べられたように、〝四大声聞〟が〝菩薩たち〟に説法し、彼等を「菩提」において教授したということを意味することになるであろう。

この解釈を支えると思われる根拠が、少なくとも三つある。その第一は、『正法華』〔563〕で「二事」の語の後に、「為諸菩薩、現甘露法」という訳文があることであり、この訳文は〝菩薩たちのために甘露法を説く〟という意味に解釈できるであろう。ただし、〔563〕末尾にある「転復勧進入微妙誼」の「勧進」が“samādāpitāḥ”に対応していることは明らかであるから(本書一三八頁“samādāpana”の用例リスト⑫参照)、「為諸下劣志願小者、転復勧進入微妙誼」が、原文の“hīnādhimuktikā … codārāyāṃ buddhabodhau samādāpitāḥ”あたりに対応していると見られる。すると、「為諸菩薩、現甘露法」の「現甘露法」が“samādāpitāḥ”に対応していると見るのは困難であり、おそらく“uktās”に対応しているであろう。要するに、『正法華』が〔563〕の原梵文をどのように解釈したかは、極めて不明確なのであるが、少なくとも、〔563〕では“dve kārye”「二事」が「為諸菩薩、現甘露法」と「為諸下劣志願小者、転復勧進入微妙誼」、つまり、〝小乗に対する信解をもつものを、転じて「微妙誼」という大乗の教えに入らせること〟として説明されているのであろう。

次に、“te”が「菩薩たち」を指すと解する第二の根拠は、“udārāyāṃ buddhabodhau”に用いられた“udāra”という語が、〔534〕でも、「その私たちは、菩薩・摩訶薩たちに、如来の知見のために、高大な(udāra)説法を行い」というように使用されていたという点である。従って、〔562〕の“udārāyāṃ buddhabodhau samādāpitāḥ”も、具体的には、〝菩薩たち〟に対するこの「高大な(udāra)説法」を指すのではないかと考えられるのである。ただし、“samādāpita”という語は、〔534〕でも、また〔531〕でも用いられていないことは、注意しなければならない。〔531〕では「私たちによっても、他の菩薩たちは、無上正覚において、教授され(avavadita)教誡された(anuśiṣṭa)」とは言われていても、「教化された」(samādāpita)とは言われていないのである。

次に、“te”が“bodhisattvānāṃ”を指すと見る解釈の第三の根拠は、次のような「信解品」第四〇偈なのである。

ⓐ etādṛśaṃ karma karoma tāyinaḥ saṃrakṣamāṇā ima dharmakośam /
prakāśayantaś ca jinātmajānāṃ vaiśvāsikas tasya yathā naraḥ saḥ // [IV, v.40] (K, 116,9-10)

ⓑこの法の蔵（dharma-kośa）を〔秘かに〕護りながら、勝者の子（jina-ātmaja）〔菩薩〕たちに、それを説き明しながら、守護者の
　このような仕事（karman）を、私たちはする。あたかも彼〔長者〕の信頼を得たあの男のように。

即ち、ここでも、「信解品」散文部分〔562〕の“dve kārye”「二つの所作」について、それを“karman”「仕事」と呼んで、一つの解釈が示されていると思われるが、その解釈によれば、「二つの所作」の第一は、〝窮子〟が〝長者〟の管財人になって宝庫を護ったように、「法の蔵」を秘かに護ることであり、第二は、その「法の蔵」を〝菩薩たち〟に説き明すことだとされているのである。従って、ここには“te codārāyāṃ buddhabodhau samādāpitāḥ”の“te”を“bodhisattvānāṃ”を指すと解し、“udārāyāṃ buddhabodhau samādāpitāḥ”を〝菩薩たち〟に説法することと見なす解釈が示されていると思われる。

しかし、結論として、私は、“te”は“vayaṃ”「私たち」即ち〝四大声聞〟を指すとする解釈、苅谷博士によって主張されている解釈（『一仏乗』二九〇頁、註〔51〕）に従いたいと思う。博士の論拠は二つあり、その第一は、O本に問題の“te”の個所が“tayā ca vayaṃ”（114a1）とあることである。この個所は、戸田博士によって、“ta(s)yā(m) ca vayaṃ”（*Toda*, p.58）と校訂されているが、いずれにせよ、このO本の読みに従えば、“vayam ... samādāpitāḥ”「私たちは教化された」ということになり、ここで〝菩薩たち〟に対する説法のことは、言及されていないことになる。苅谷博士は右のO本の読みに従って、梵文テキスト“te codārāyāṃ”を“te ca vayam[udārāyāṃ]”に校訂するとされたが、“te vayaṃ”という表現は、〔534〕冒頭にも見られたので、“te ca vayaṃ”という苅谷博士の校訂も有益かもしれない。ただし、私としては、テキストを変更しなくても、つまり“te codārāyāṃ”のままでも、“te”が“vayaṃ”を意味することは可能ではないかと考えている。

次に、苅谷博士の第二の論拠は、『妙法華』〔564〕の「然仏実以大乗教化」という訳文である。これは〝仏陀は、実は〔私たちを〕大乗によって教化してきた〟と解釈できる訳文であり、これを〝仏陀は、実は〔菩薩たちを〕大乗によって教化してきた〟と解することはできない。従って、この『妙法華』の解釈によれば、問題の“te”は“vayaṃ”「私たち」を指し、ここに「私たち」が仏陀によって教化されてきたことは言われるが、「私たち」が〝菩薩たち〟を説法によって教化してきたことなど言われていないということになるであろう。

しかるに、私が苅谷説を支持し、“te”は“vayaṃ”を指すと解する最大の理由は、〔562〕ⓑの問題の文章の構造にあるのである。即ち、その構造とは、次のようなものであろう。

①uktās
vayaṃ ... bhagavatā dve kārye kārāpitā

②te ... samādāpitāḥ

つまり、ここには、三つの過去分詞"kārāpitā""ukās""samādāpitāḥ"が存在するが、それらの過去分詞は、すべて"vayaṃ"という主格と"bhagavatā"という具格によって限定されていると見るのが、自然ではないかと思われるのである。つまり、"samādāpitāḥ"とは"bhagavatā"「世尊によって」〝教化された〟という意味であって、「私たちによって」〝教化された〟という意味ではないのである。もしも、「私たちによって」〝教化された〟というならば、当然②の"te"と"samādāpitāḥ"の間に"asmābhiḥ"「私たちによって」というような語が存在しなくてはならないであろう。それがなければ、上に述べた構造、つまり、三つの過去分詞に対して、主語が一つ、具格が一つという、「……が……によって、……された……された……された」という構造がこわされるということはないであろう。

確かに「信解品」第四〇偈は、問題の"te"を〝菩薩たち〟と解した有力な解釈であることは、否定できないであろう。しかし、ここでも散文部分と偈との間には、その成立の時期に相当の隔りがあるであろう。従って、それは一つの有力な解釈であるが、散文部分の"te codārāyāṃ buddhabodhau samādāpitāḥ"の解釈としては適切ではないというのが、私の理解である。

(503)『大乗荘厳経論』(XI, vv.53-59)に説かれる〝一乗方便説〟については、拙論㋑「唯識派の一乗思想」三一二―三〇七頁参照。

(504)"dadrū"と"kaṇḍū"を合せて、『妙法華』では「瘡癬」(一八上一)と訳していると思われる。なお、"kaṇḍū"は「謗法の罪報の説明」である「B部分」(III, vv.111-135)に含まれる「譬喩品」第一三三偈でも用いられている。本書、三三三頁参照。

(505)『縁起と空』五頁。

(506)K本には"yukyopadiśaty upanikṣipati"とあるが、W本の指摘(W, p.114, n.1)に従い、"upadiśaty"を欠いたK′本・G1本・O本等の読みを採る。

(507)マティラルは"substratum-superstratum relation(ādhāra-ādheya-bhāva)"を"L-relation"と命名した。Cf. Matilal B. K., *The Navya-nyāya Doctrine of Negation*, HOS, 46, Cambridge, 1968, pp.109-110. 私が〝基体説〟の仮説で"locus"と"super-locus"の関係を言うのは、このマティラルの考え方の影響を受けているが、"L-relation"にせよ"locative relation"にせよ、〝aとbにL-relationがある〟と述べただけでは、aとbのいずれが他方の〝基体〟であるかが示されないという欠点がある。つまり、"L-relation""locative relation"という言葉自体は、関係の方向性を示していないから、必ず〝aはbにある〟〝a⊥b〟という形で、bがaの〝基体〟であることが明示されなければならないであろう。

なお、〝⊥〟という記号は、私が前著『仏教思想論 上』以来、用いているものであって、すでに述べたように、〝a⊥b〟は、〝bがaの基体である〟という関係を示しているのである。

(508)『一仏乗』三四二頁一六―一八行参照。
(509)「薬草喩品」の“sarva”と“sama”についての批判的考察として、本書と重複する部分も多いが、一応、次の拙稿を挙げておきたい。
「「薬草喩品」の問題―sarva「一切」とsama「平等」―」『こころ・在家仏教こころの研究所紀要』五、二〇一〇年、三九―四七頁。
(510)『縁起と空』三二〇―三二一頁参照。
(511)同右、三二一頁五―六行。
(512)『仏教思想論上』二九三―二九四頁参照。
(513)『解深密経』は、基本的に梵語原典が知られていないので、“sarvabījam cittam”は私によって想定された原語であり、シュミットハウゼン教授は“sarvabījakaṃ cittam”を想定されている。『仏教思想論上』四二六頁、註(25)参照。Cf. *Ālaya*, I, p.71, *l*.22.
(514)『仏教思想論上』二二九―二三一頁、四二六頁、註(27)参照。
(515)“yathā-bījam”という語は、『法華経』梵本において〔569〕にしか使用されていないことは、注意しておきたい。
(516)“pratiṣṭhā-hetu”と“janana-hetu”の区別は、例えば、『瑜伽師地論』「摂決択分」に、次のように説かれている。
転依是煩悩不転因、聖道転因。応知但是建立因性、非生因性。(大正三〇、五八一下一三―一五)
この一節の意味等について、Cf. *Ālaya*, II, p.369, n.570.
(517)ここで〝四乗〟という語を用いたのは、〔569〕において多数性は、「草・薬草・灌木・森林樹」とか「茎・枝・葉・花弁」とか「相続・成長・増長・広大」とか「大地・山・山岳・渓谷」というように、常に〝四つのもの〟によって表現されていると思われるからである。しかるに、これらの〝四つのもの〟は〝人天乗〟〝声聞乗〟〝独覚乗〟〝大乗〟という〝四乗〟を指すという理解が、後に成立すると思われる。この点については、『縁起と空』三〇〇―三〇四頁、三二三―三二五頁参照。
(518)『仏教思想論上』一五八―一六〇頁参照。
(519)Cf. *Monier-Williams*, p.418, s. v. “jāti.”
(520)『梵和』四九九頁“jāti”の項目参照。
(521)例えば、羅什も漢訳した『維摩経』には、後論するように、「如来種姓品」Tathāgatagotraparivartaという章があり、そこでは、後出〔639〕〔641〕のように、“tathāgatānāṃ gotram”「如来たちの種姓」とは何かが論じられているが、この『維摩経』は、“vikalendriya-puruṣa”(VNS[T], 308,12)「根敗之士」(羅什訳、大正一四、五四九中二〇)のような〝声聞〟には成仏の機会はないと説くものであり、〝一切衆生は成仏できる〟と説くものではないから、そこで“gotra”は“bīja”と同様、〝生じる原因〟という意味をもっているだけではなく、瑜伽行派の"gotra"論におけると同様、差別化の原理ともなっているように思われる。なお、"tathāgatānāṃ gotram"（VNS[T], 304,2）を羅什は「如来種」（大正一四、五四九上二八）と訳している。

（522）『縁起と空』一八四頁、註（25）、二四三頁、二九三頁、註（31）参照。

（523）"-prabhā"と"-deśanā"の文法的な関係がよく把握できない。"-prabhā"を"deśanā"を形容する所有複合語（bahuvrīhi-compound）と考えれば、両者の格関係を理解できないこともないが、"prabhā"をもつものではなく、"prabhā"そのものが何等かのものの上に落ちるというのが、全体の趣旨であろうから、所有複合語による解釈も妥当とは思えない。チベット訳は"-ḥod kyis"（P, chu,58a2）となっているので、"-prabhayā"と読んだのであろうか。また、『添品』〔586〕の「為説正法」というのは、"saddharmadeśanāyai"という与格の読みを訳したものであろうか。いずれにせよ、ここには、テキストの混乱があるように思われる。

（524）〔584〕末尾の"prajñapyante"が『添品』〔586〕で「施設」と訳されていることを考慮すれば、『添品』〔589〕ⓑ末尾に「別異施設」とあるのは、"prajñāyate"ではなく"prajñapyate"を訳したものであろう。しかるに、この"prajñapyate"という読みの方が、文意は明快になるであろう。

（525）"bhājana"が"mṛttikā"を〝基体〟とする於格的関係は、「薬草喩品」第四七偈の"mṛtsu samāsv"（K, 138,5）「平等な泥土において」という表現にも、明示されているであろう。なお、〝⊥〟記号については、前註（507）参照。

（526）『縁起と空』三二三—三二四頁参照。

（527）丸山孝雄『法華教学研究序説 吉蔵における受容と展開』平楽寺書店、一九七八年、二六七頁、二七九—二八八頁参照。

（528）『如来蔵荘厳』P, pi,136b1-2.

（529）『如来蔵荘厳』P, pi,136b2-4.

（530）『形成』二七三頁、註（13）、二六九頁参照。

（531）『縁起と空』七頁参照。

（532）ここには"gotra"という語を"go-tra"と見なし、"go"と"tra"を、それぞれ"guṇa"と"uttāraṇa"という語によって説明する語義解釈が示されていると思われる。

（533）ここに示された"gotra"の語義解釈は、『大乗荘厳経論』第三章第四偈の"guṇottāraṇatārthataḥ"（MSA, 11,11）に対する『大乗荘厳経論』の次の註釈文を踏襲したものであろう。

guṇottāraṇārthena gotraṃ veditavyaṃ guṇā uttaranty asmād udbhavantīti kṛtvā /（MSABh, 11,13-14）

功徳を生起させるものという意味で、gotra であると知るべきである。これ（gotra）から、諸の功徳が生起し出現すると考えて。

（534）高崎直道「ツォンカパのゴートラ論」『如来蔵思想Ⅱ』法蔵館、一九八九年、二七七―二七八頁。

（535）“hīnāny aśucibhājanāni” という表現は、〝「小なる不浄物」の器〟ではないことに注意したい。即ち、これは「不浄物」の容れ物であるというだけではなく、〝器〟自体が “hīna”「劣っている」のである。また、“hīna” が “hīnayāna”「小乗」を含意していることは、言うまでもない。

（536）前註（533）参照。

（537）ここで、〝S〟は、〝超基体〟（super-locus）の〝超基体〟（super-locus）、つまり〝超基体〟〔S〕の上に置かれているものという意味で用いる。㉟の〝S〟も、同じ意味である。

（538）『縁起と空』七頁六行。

（539）『宝性論』の “gotra” 論については、別の機会に論じたいが、『宝性論』のある個所では “gotra” は “buddhadhātu”〔L〕と同一視され、他の個所ではそれと区別されていると思われる。この意味では、『現観荘厳論』と同じく〝弥勒の五法〟に含まれる『宝性論』を、“gotra ≠ dharmadhātu [buddhadhātu]” という瑜伽行派の根本教義を説く瑜伽行派の正統的文献と見ることはできないであろう。

（540）更に後出の『バガヴァッドギーター』第九章第二九偈〔605〕における “tu”「しかし」も、私見の大きな根拠となったものである。これについて、『縁起と空』二九三頁、註（31）参照。

（541）『梵蔵漢対照『智光明荘厳経』』大正大学綜合仏教研究所梵語仏典研究会、大正大学出版会、二〇〇四年。

（542）*Ten Principal Upanishads with Śānkarabhāṣya*, Motilal Banarsidass, 1964, 505,11.

（543）Ibid., 505,4. ただし “rucaka-kumbha” は「首飾りと瓶」と読むべきものであろうか。しかし、「泥土」から「首飾り」が作られるというのは、不自然に思われる。

（544）ここには、『維摩経』で、次のように説かれるのと同じ所謂〝一音説法〟が述べられているように思われる。

ⓐ ekāṃ ca vācaṃ bhagavān pramuñcase nānā rutaṃ ca parṣad vijānāti /（VNS[T], p.24, *ll*.1-2）

ⓑ仏以一音演説法、衆生随類各解。（羅什訳『維摩詰所説経』大正一四、五三八上二）

ⓒ世尊は、一つ（eka）の語（vāc）を発せられる。しかるに、会衆（parṣad）は、〔その〕音（ruta）を、様々に（nānā）区別して認識する（vijānāti）。

（545）Cf. *Kern*, p.xxix, n.2. ただし、ケルンは、「雲雨譬喩」と BhG, IX, 29 との一致を指摘しているだけであって、「薬草喩品」第二一偈・

第二二偈を特に指示している訳ではない。

(546) 例えば、PTSD (p.331, s. v. “dehin”) には、“dehin” について *Pañcagatidīpana* における用例が一つ指摘されているだけであるから、この語は「五部」Pañcanikāya では用いられていなかった可能性がある。

これに対して、ジェイコブの *Concordance* (p.453, s. v. “dehin”) を見れば、この語が古ウパニシャッド文献において多用されたことが知られるのであって、そこでは *Kaṭha-upaniṣad* (V. 4; V. 7), *Śvetāśvatara-upaniṣad* (II. 14; III. 18, V. 11; V. 12), *Maitri-upaniṣad* (VI. 28) における用例、及び『バガヴァッドギーター』における用例 (II, 13; II, 22; II, 30; II, 59; III, 40; XIV, 5; XIV, 7; XIV, 20; XVII, 2) が指摘されている。〔ただし、BhG, XIV, 8 における用例が指摘されていない。〕『バガヴァッドギーター』における用例については、後に論じるが、そのうちで “dehin” が “ātman” の同義語であることを明示していると思われる詩句を、次に示すことにしよう。

dehī nityam avadhyo 'yaṃ dehe sarvasya bhārata / (BhG, II, v.30ab)

バーラタよ、一切のものの身体 (deha) にあるこの “dehin” (身体をもつもの) は、常住 (nitya) であり、決して殺されることがない。

(547) 前註 (546) 参照。

(548) 袴谷憲昭「チベットにおけるマイトレーヤの五法の軌跡」(山口瑞鳳監修『チベットの仏教と社会』春秋社、一九八六年) 二三五—二六八頁 (袴谷『唯識思想論考』大蔵出版、二〇〇一年、一六四—二〇〇頁) 参照。

(549) 袴谷憲昭「チベットにおけるインド仏教の継承」(岩波講座・東洋思想第一一巻『チベット仏教』岩波書店、一九八九年) 一三四頁。ただし、袴谷氏は、現在ではこの見解を維持されていないであろう。というのも、氏はその後、私の “dhātu-vāda” の仮説を、氏自身の「円のイメージ」を守るためという理由で、批判されたからである。袴谷憲昭『唯識思想論考』六八—六九頁、註 (111)、註 (113) 参照。

(550) Gokhale, V.V., “A Note on Ratnagotravibhāga, I, 52 = Bhagavadgītā, XIII, 32”『山口益博士還暦記念・印度学仏教学論集』法蔵館、一九五五年、九〇—九一頁、高崎直道『宝性論 和訳』インド古典叢書、講談社、一九八九年、二八三—二八四頁、註＊3参照。

(551) Cf. *Concordance*, pp.971-972.

(552) この “doṣa” が「薬草喩品」〔602〕の “doṣa” と同様、「過失」ではなく「憎」を意味するのではないかという私見については、“On the term *doṣa* in the *Bhagavadgītā*, V, 19”『駒沢大学仏教学部研究紀要』六八、二〇一〇年、二九二—二八五頁参照。

(553) ここで、“svabhāva” と “guṇa” は、それぞれ、瑜伽行派の “gotra” 論における “buddha(dharma)-dhātu”〔または “prakṛti”〕と “gotra”

に対応すると思われる。というのも、前者は〝一切衆生にあるもの〟であり、後者は〝特定の衆生だけにあるもの〟と考えられるからである。

(554) Radhakrishnan S., *The Bhagavadgītā*, London, 1948, p.181, *l*.2.

(555) 宇野惇「バガヴァッド・ギーター」（世界の名著1『バラモン教典 原始仏典』中央公論社、一九六九年）一六四頁下。

(556) *Śrīmadbhagavadgītā Śrīśāṅkarabhāṣyasametā*, Ānandāśrama Sanskrit Series, No.34, 89,14.

(557) 『スッタニパータ』第九〇偈後半には、次のように“sama”が用いられている。

ⓐ kathaṃ hi duṭṭhena asampaduṭṭham suddhaṃ asuddhena <u>samaṃ</u> kareyya // (Sn, v.90cd)

ⓑどうして、汚れていないものを汚れたものと、清浄なものを不浄なものと、等しい（sama）とすべきであろうか。

しかるに、ここでは“sama”が、むしろ否定されているのではないであろうか。つまり、これがヒンドゥー教の一元論の影響を受けた大乗経典であれば、おそらく、〝浄と不浄は、不二（advaya）であり、平等（sama）である〟などと説かれていたであろう。

(558) 『縁起と空』二四四―二四五頁参照。また、『八千頌般若経』第一章に頻出する“advaya”または“advaym etad advaidhīkāram”という〝不二〟を説く表現が『道行』に訳されていないことについては、『縁起と空』二四八―二四九頁参照。

(559) ここで、“upekṣā”「捨（平静）」とは、『バガヴァッドギーター』第九章第二九偈〔605〕で「私には憎むべきものもなく、愛すべきものもない」と言われたような愛憎を離れた「平静」を意味するであろう。

(560) “sarvatra ca samadarśī”という表現は、『善戒経』〔614〕に訳されていないと思われる。ということは、この表現は『バガヴァッドギーター』〔609〕等からの影響によって、後に付加されたものと考えられるであろう。

(561) “sarvadharma-<u>sama</u>-āśraya”「一切法の平等な（sama）所依（āśraya）」＝“dhātu”「基体」を説く『大乗阿毘達磨経』の偈〔493〕には、瑜伽行派が“sama”を愛好したことが示されているであろうが、この『大乗阿毘達磨経』の成立については、勝呂博士の次の見解が極めて重要であろう。

『大乗阿毘達磨経』と『摂大乗論』とが特別に親密な関係にあることは『摂大乗論』みずからが述べるところであるが、この親密性から推察すると、本経は、『摂大乗論』の所説が仏説に由来することを示すための典拠（聖典としての根拠）とすべく作成されたのではあるまいか。あるいは無着自身によって作成された可能性も考えられよう。（勝呂信静『初期唯識思想の研究』春秋社、一九八九年、一九四頁三―五行）

つまり、私見によれば、無着Asaṅgaとの密接な関係より考えて、『大乗阿毘達磨経』の問題の偈〔493〕に説かれる〝基体〟の“sama”

「平等」性＝〝単一性〟の主張は、瑜伽行派の根本的、かつ正統的教義だと考えられるのである。

(562) “tat tvam asi”「汝はそれである」は、“tattvam asi”「汝は tattva である」とも読めるという重要な見解を、私は金沢篤氏から口頭で聞いたと記憶しているが、〝大文章〟について考察した氏の論文に、この見解は必ずしも明記されていないようである。金沢篤「梵我一如―シャンカラによる―(1)」『駒沢大学仏教学部論集』一七、一九八六年、五八五―五五五頁、同「ヴェーダーンタ学派と「大文章」」『高崎直道博士還暦記念論集 インド学仏教学論集』春秋社、一九八七年、一一一―一二三頁参照。なお、“tattva” と “tat tvam asi” の関係について、cf. *Monier-Williams*, p.432, s.v. “tattva.”

(563) PTSD（p.295, s. v. “tatta”）には、*Jātaka*(J) の用例 “tattato ñatvā”（J, II, 125,25）, “tattato ajānitvā”（J, III, 276,5）の用例が示されているだけである。

(564)『大乗荘厳経論』における “tattva” の用例を代表するものとして、〝三性説〟を説く、次の偈を挙げておこう。

ⓐ tattvaṃ yat satataṃ dvayena rahitaṃ bhrānteś ca saṃniśrayaḥ
śakyaṃ naiva ca sarvathābhilapituṃ yac cāprapañcātmakaṃ / [XI, 13ab]（MSA, 58,15-16）

ⓑ常に二（dvaya）を離れたものと、迷乱（bhrānti）の所依（saṃniśraya）と、全く言語表現できず無戯論（aprapañca）を本質とするものが、実義（tattva）である。

(565)『宝性論』における “tattva” の用例の代表として、次のものを挙げておこう。

ⓐ pṛthagjanāryasaṃbuddhatathatāvyatirekataḥ /
sattveṣu jinagarbho ’yaṃ deśitas tattvadarśibhiḥ // [I, v.45]（RG, 39,10-11）

ⓑ凡夫と聖者と仏陀の真如（tathatā）〔と〕は離れていない（異なっていない）から、衆生において、この如来蔵（jina-garbha）があると、実義を見るもの（tattva-darśin）たちによって説示された。

なお、“tattva-darśin” という語は、『バガヴァッドギーター』でも二回（II, 16; IV, 34）用いられていたが、いずれも、右のⓐと同様に、複数形、つまり、「実義を見るものたち」であって、そのうちの一つの用例（II, 16d）は、ⓐと全同の “tattvadarśibhiḥ” なのである。

(566)『現観荘厳論』における “tattva” の用例は一例（VII, v.5）のみであって、そこでは、次のように述べられている。

ⓐ dharmāṇām advayaṃ tattvaṃ kṣaṇenaikena paśyati / [VII, v.5cd]（AAĀ, 910,28）

ⓑ諸法の無二（advaya）なる実義（tattva）を、彼は一刹那（kṣana）によって見る。

(567) また、難解な〝生盲と医者と仙人たちの譬喩〟（K, 133,3-137,13）も、この部分の末尾をなしている。

(568)『正法華』の訳文は、「……者、謂……」という形式で譬喩の意味を説明しているために、梵語原典との対応を正確に示すことができない。

(569) この“deśayati”「示す」にも、“仮りに存在するように見せかける”という意味が含まれているかもしれない。

(570)『一仏乗』三〇七—三〇九頁参照。なお、“浄土における女性の存在”の問題については、本書、二二四—二三一頁参照。

(571)『原始浄土思想』五〇八—五一〇頁参照。

(572)『一仏乗』三〇八頁七行。

(573)『一仏乗』三一〇頁一三行。

(574) K本には、単に“puruṣasya”（K, 210,10）とあるが、O本には“daridrapuruṣasya”（200a7）という読みがある。しかるに、この“daridra-puruṣa”「貧しい人」というのは、実は「信解品」散文部分〔36〕等で、“長者”を指す“āḍhyaḥ puruṣaḥ”「富んだ人」と対比されて、“窮子”を指すのに用いられた語であるから、O本には、この「繋宝珠譬喩」でも、“āḍhya-puruṣa”と“daridra-puruṣa”の対比が示されていると考えて、“puruṣasya”に“daridra-”を加えた読みが示されているのであろう。

しかるに、このような解釈は全く不適切であるとは考えられない。というのも、この譬喩で、衣裡に高価な宝珠を付けられた男は、それに気づかずに、他国に趣いて衣食を求めて苦労するということが述べられるが、その“anyaṃ janapadapradeśam”（K, 210,7）「他の地方に」趣くという表現や、“āhāracīvaraparyeṣṭihetoḥ”（K, 210,8; 211,1）「食と衣を求めるために」という表現が、「信解品」の「窮子譬喩」で、“窮子”が他国に趣いて衣食を求めて苦労するという表現、つまり、“anyataraṃ janapadapradeśam”（K, 101,11-12）「他の地方に」という表現、及び“paryeṣamāṇa āhāracīvarahetor”（K, 101,13-14）「〔生計を〕求めながら、食と衣のために」という表現と殆んど一致しているからである。従って、ここでは、論旨を明確にするために、敢て“daridrapuruṣasya”という読みを採用することにした。

(575) K本には“vastra-anta”「衣服の端」とあるが、O本に従って、“vastra-antara”「衣服の中」と読むべきであろう。これについては、拙論㈡「『法華経』の文学性と時間性」七五頁、註（11）参照。

(576)「信解品」散文部分〔562〕と「五百弟子品」第二偈〔626〕の間には、趣旨の一致だけではなく、表現の一致も認められる。つまり、両者には、“hīna-adhimukta”という語が用いられているからである。おそらく、「五百弟子品」第二偈は「信解品」散文部分〔562〕の影響の下に形成されたのであろう。

(577) K本に“ajñāna-”とあるが、W本（W, p.179, n.4）の指摘、及び苅谷博士の指摘にも従い、C1本・T9本・A3本等の“ajñāta-”という読みを採る。『一仏乗』三二七頁、註（68）参照。

(578) 吉蔵の『法華玄論』では、「内秘菩薩行、外現是声聞」は、次のように「五種声聞」の一つとされている。

次明五種声聞得記不得記義。一者退大学小声聞、如身子之流。二者発軫学小声聞。三者以仏道声令一切聞。四内秘菩薩行外現為声聞。五増上慢声聞。（大正三四、四二二下七―一一）

なお、吉蔵の〝声聞〟理解については、奥野光賢『仏性思想の展開　吉蔵を中心とした『法華論』受容史』大蔵出版、二〇〇二年、九五―一七一頁参照。

(579) 拙論㋔「法華経と日本文化に関する私見」二二七頁下一―三行参照。

(580) 平川博士の「法華経の基本的な思想」に関する理解は、次の論述に示されているであろう。

たとえば「五百弟子受記品」には、「内秘菩薩行、外現是声聞」と説いており、また「薬草喩品」には、「汝等所行、是菩薩道、漸漸修学、悉当成仏」とも説いている。この二文は『妙法華』の文章であり、梵本や『正法華』には見当らないが、しかし声聞の修行がそのまま菩薩の修行になりうるという趣旨は、『妙法華』のみでなく、法華経の基本的な思想である。（『初期と法華』三九四頁一二―一八行）〔傍線＝松本〕

なお、同様の趣旨は、『初期と法華』（三二二頁、四三二頁、四三五頁）に説かれている。

(581) 『原始浄土思想』五〇九―五一〇頁参照。

(582) "upadarśayati"「示す」「見せる」という動詞と"upāya"「方便」との結合は、「譬喩品」散文部分〔256〕に"upāyakauśalyena trīṇi yānāny upadarśayitvā"に見られる他、「方便品」の第五四偈〔387〕、第六七偈〔274〕等に認められる。

(583) 『維摩経』〔643〕を含む一節について、高崎博士は、次のように言われている。

ここで、声聞は全く〈如来の種姓〉から排除されているごとく見える。……（中略）……

しかし、そのような理論に立って、この『維摩経』が大声聞を〈如来の種姓〉から排除したと考えるのは間違いであろう。ここは、前にも述べたように、正定聚の声聞と、邪定聚の凡夫の対比における逆説の妙味を読むべきところである。（『形成』四九一―四九二頁）

この引用で省略した部分には、『法華経論』や『大宝積経論』の〝四種声聞説〟を用いた説明が博士によってなされるのであるが、私は、基本的に、右の引用文の前半の趣旨には賛成であるが、「しかし」以下の後半の趣旨には賛同できない。「逆説の妙味」を除いて、『維摩経』の経文を読めば、そこでは〝声聞〟は〝如来の種姓〟からも、従って、また〝成仏〟からも、排除されていることは、明らかだと思われるからである。

(584) 原語である〝sarvapūrvaka〟(K, 377,7)は、『妙法華』で「最初」(五〇下一四)と訳され、チベット訳で〝thams cad kyi thog ma〟(P, chu,160b2)、つまり、「一切のものの始め」と訳されているので、松濤博士は「すべてに先行する(最初の)」(『松濤Ⅱ』六四頁六―七行)と訳されているが、『正法華』には、「時此諸仏、次第滅度、正法没已、像法次尽。彼世比丘、憍慢自大」(一二二下一一―一三)とあるだけで、〝sarvapūrvaka〟の訳語は存在しない。従って、論旨を考慮しても、むしろ「最後の」と解するのが適切ではないかと思われる。これについて、拙論㋙「『法華経』の文学性と時間性」七五―七六頁、註(20)参照。

(585) O本には〝adhimānikair bhikṣubhis〟(363a4-5)という読みがあることを、注意しておきたい。

(586) 〝sadāparibhūta〟という名前を、〝sadā-paribhūta〟と見るのか、〝sadā-aparibhūta〟と見るのかは、解釈の分れる点であり、『正法華』の「常被軽慢」という訳が前者の解釈に従っていることは明らかである。これに対し、『妙法華』の「常不軽」は〝sadā-aparibhūta〟という解釈に従っているのであろうが、この菩薩を「常に軽蔑されないもの」と呼ぶのは、不自然であろう。というのも、「軽蔑されない」のは、彼ではなくて、彼が呼びかけた相手の四衆だからである。しかし、〔645〕の経文を見ると、この菩薩が〝sadāparibhūta〟と呼ばれた理由は、〔645〕ⓒで示されていなければならないが、そこには、〝aparibhūta〟「軽蔑されていない」という語が述べられているのである。従って、この菩薩の名称は、基本的には〝sadā-paribhūta〟ではなく、〝sadā-aparibhūta〟であると見るべきであろう。
これに対して、〝sadā-paribhūta〟と見る解釈が、定方晟「法華経「常不軽菩薩品」の読み方―常被軽か常不軽か―」(『こころ・在家仏教こころの研究所紀要』三、二〇〇八年、三一―三八頁)に示されている。

(587) 『一仏乗』一三五頁一一―一二行。

(588) すでに見た通り、苅谷説においては「ぼさつ」と「菩薩」は区別されている。即ち、「菩薩」は大乗仏教の菩薩を指し、「ぼさつ」は『法華経』の根本テーゼと苅谷博士が見なされる〝一切衆生はぼさつである〟というときの「ぼさつ」を指している。これに対して、このような区別は成立しないというのが、私が論証しようとしている点である。

(589) 〝阿鼻地獄に落ちる〟のは、ⓒ〝真の声聞〟とされるものの特徴である。即ち、「譬喩品」偈の「B部分」(謗法の報いを説く部分)[II, vv.111-135]に含まれる第一一四偈には、「真の声聞に関する表現」のリストに示されているように、〝avīci ... tatra prapatanti〟と言われている。

(590) この点に関しては、別に詳しく論じる必要があるであろう。

(591) 前掲の論述④参照。また、『解深密経』(SNS[L], p.74)に説かれる「廻向菩提声聞」(ⓑ〝仮りの声聞〟)と「一向寂滅声聞」(ⓒ〝真の声聞〟)との〝二種声聞説〟については、拙論㋑「唯識派の一乗思想」三〇三頁参照。

(592) 奥野光賢氏の『仏性思想の展開』は、吉蔵を中心とする中国・日本の諸学者による『法華論』の解釈にもとづいて、この問題を追求した優れた研究であるが、『法華論』(649)に関する解釈については、特に同書、一〇一頁以下を参照。

(二〇〇九年八月五日)

E 研究者

〔F.M. 作成〕

D 典　　籍

テキストを提示した典籍の索引。各項目の後に置かれる［　］内の数字は、〔　〕で示されたテキストの番号を指す。

C 事　　項

B 訳　語

梵語（パーリ語も含む）のテキストに対する筆者の訳語の索引。
各項目の後の◯付き数字は、本書の◯内の訳文番号を指す。

【h】

[n]

[p, ph]

[t]

[d, dh]

A 梵語・パーリ語

梵語（パーリ語）テキストの語彙の索引。各項目の後に置かれる数字のうち、［　］内の数字は、〔　〕で示されたテキストの番号、p. または pp. は本書の頁数、n. は註番号を指す。

【a】

索　　引

A 梵語・パーリ語　B 訳語
C 事項　D 典籍　E 研究者

著者略歴

松本史朗（まつもと　しろう）

1950年　東京に生れる。
1973年　駒沢大学仏教学部仏教学科卒業。
1981年　東京大学大学院博士課程（印度哲学）満期退学。
現　在　駒沢大学仏教学部教授，博士（仏教学）。
著　書『縁起と空――如来蔵思想批判――』（1989年，大蔵出版）
　　　『仏教への道』（1993年，東京書籍）
　　　『禅思想の批判的研究』（1994年，大蔵出版）
　　　『チベット仏教哲学』（1997年，大蔵出版）
　　　『道元思想論』（2000年，大蔵出版）
　　　『法然親鸞思想論』（2001年，大蔵出版）
　　　『仏教思想論 上』（2004年，大蔵出版）

法華経思想論

2010年9月15日　初版第1刷発行

著　者　松本史朗
発行者　青山賢治
発行所　大蔵出版株式会社
〒113-0033　東京都文京区本郷 3-24-6-404
TEL. 03-5805-1203　FAX. 03-5805-1204
http: //www.daizoshuppan.jp/
印刷所　中央印刷(株)
製本所　(株)ブロケード
装　幀　(株)ジー・ワン 高月利江

ISBN 978-4-8043-0578-3 C3015